善
惡

善恶之争

怀爱伦 著

THE GREAT CONTROVERSY

ELLEN G. WHITE

langbookpublishing.com

Originally published as 'The Great Controversy Between Christ and Satan During the Christian Dispensation' in 1888. Chinese generously donated from the Chinese Union of Seventh-day Adventists based on free-domain text.

Cover design by: Blair McLean

National Library of New Zealand Cataloguing-in-Publication Data
Lang Book Publishing 2015

ISBN: 978-0-9941293-4-5 – Paperback
ISBN: 978-0-9941293-7-6 – Hard Cover
eISBN: 978-0-9941293-5-2 – eBook
eISBN: 978-0-9941293-6-9 – ePub

Published in New Zealand

A catalogue record for this book is available from the National Library of New Zealand.
Kei te pātengi raraunga o Te Puna Mātauranga o Aotearoa te whakarārangi o tēnei pukapuka.

目录

序　言……7
导　言……8
第一章 世界命运的预测……12
第二章 殉道者的信心……21
第三章 灵性的黑暗时代……25
第四章 忠贞的擎光者……30
第五章 宗教改革的晨星……38
第六章 两位殉道英雄……45
第七章 徘徊歧路的路德马丁……55
第八章 真理的战士……66
第九章 瑞士的改革运动……77
第十章 改革运动的进展……83
第十一章 诸侯的抗议……88
第十二章 法国的改革运动……94
第十三章 尼德兰和斯干的那维亚……106
第十四章 真理在英国的进展……110
第十五章 圣经与法国革命……119
第十六章 清教徒的追求自由……129
第十七章 黎明的曙光……134
第十八章 一个重要的预言……142
第十九章 失望中的希望……153
第二十章 普世的宗教奋兴……158
第二十一章 拒绝真理的后果……167
第二十二章 预言的应验……174
第二十三章 洁净圣所……182
第二十四章 作中保的耶稣基督……188
第二十五章 预言中的美国……192
第二十六章 最后的改革运动……199
第二十七章 真悔改的必要……203
第二十八章 查案审判……211
第二十九章 罪恶及痛苦的起源……216
第三十章 人类的大敌……221
第三十一章 邪灵的工作……224
第三十二章 撒但的罗网……227
第三十三章 永生的奥秘……233
第三十四章 招魂术……242
第三十五章 罗马教廷的策略……243
第三十六章 迫近的争斗……255
第三十七章 我们惟一的保障……260
第三十八章 最后的警告……264
第三十九章 大艰难的时期……268
第四十章 上帝的子民蒙拯救……277
第四十一章 全地荒凉……284
第四十二章 善恶之争的结束……288
附　录……295

序言

连年烽火，生灵涂炭。不惟身罹战祸者，谈战色变，即位居人上，所谓高峰者流，亦无不标榜和平，倡以战弭战之说。不幸世事每与人愿相违，世人对战争虽表憎恶而喜爱和平，但战争仍此伏彼起，连绵无已。诚以人类历史，殆即一部战争史也。

根据圣经启示，战争之衅初启天庭。有大能之天使——路锡甫，亦称撒但反叛上帝政权。迨阴谋暴露，在天战败被逐，乃率其从者逃窜人间，迷惑世人，使互相残杀，以破坏上帝之统治，自此人间乃无宁日矣。

上帝不忍人类追随撒但而灭亡，故特遣其圣子耶稣基督降世，痛斥罪恶，倡导仁义，攻击魔权，发扬真理，且为人类代死赎罪，而使一切信者有永生之望，并承受将来在新天新地中万世升平之业。

今日世上之个人、家庭、社会以及国际间种种纠纷，与人类心中时刻发生之善念与恶欲之交战，不一而足，并且愈演愈烈，胥乃基督与撒但之间大争战之演进，表示人类命运已届胜负关头，端赖乎基督之战胜撒但，乃可永息干戈，光复上帝太初赐予人类之主权。

近代伟大宗教作家怀爱伦氏，秉承上帝启示，运用灵感之笔，著述善恶之争一书，将基督与撒但之间的争战过程——发动、演变及最后结局，作委婉详尽之陈述，与警惕之诰诫。全书计五十万言，曾译成三十种语文畅销世界各地。

本社素以服务国人为职志，前曾特选该书重要各章，译为中文发行简本。兹幸全书告成，谨献于全国同胞，俾明善恶战争之内幕，共同参与铲除罪恶之圣战，高扬真理正义之旌旗，而于将来共享最后胜利之硕果，是所至福。

时兆出版社谨序

导言

在罪恶进入世界之前，亚当能享有与造物主直接的交往。可是，自从人类因犯罪而与上帝隔绝之后，他们就失去了这种无上的权利。虽然如此，借着救赎计划已经开辟了一条途径，使地上的人仍能与上天取得联络。上帝借着祂的灵与人交往，并借着启示祂所拣选之仆人将神圣的光分赐与世人。“因为预言从来没有出于人意的，乃是人被圣灵感动，说出上帝的话来。”(彼后1:21)

在人类历史的起初两千五百年间，并没有写成的启示。那些曾受上帝训诲的人用口授的方法教训人，父子相传，一代一代的流传下来。至于写成书卷的经典，则始自摩西的时代，那时已将灵感的启示汇订成册。这工作一直延续了一千六百年之久——从创世记律法书的作者摩西起，直到写福音中最崇高之真理的约翰为止。

圣经自述乃上帝所著，然而却是借人手写成的，而各卷中不同的笔调，也表现了作者的不同性格。圣经中的真理固然“都是上帝所默示的”，(提后3:16)但却是用人的言语表达出来。那位无穷者曾借着祂的圣灵，光照祂众仆人的心思意念。祂曾使他们看见异象和异梦、表号和象征，得到真理之启示，然后用人的话语将这些意念具体的表达出来。

十条诫命是上帝亲口颁布、亲手书写的，完全是上帝的作品，而并非人的作品。可是圣经全书乃是用人的话语表达上帝所赐的真理，这就显明了神与人的联合。这一联合也存在那位既是上帝的儿子，同时也是“人子”基督的性格上。这样，“道成了肉身，住在我们中间”(约1:14)这一句话，在基督固然是真实的，在圣经也是如此。

写作圣经的人既生存于不同的时代，他们的身分职业既不相同，而智力和属灵的天赋也各异，所以圣经各卷的文体有着很大的区别，而所彰显主题的性质也各有不同。这些不同的作者因用了不同的语气，故往往对于同一的真理，一个人比较另一个人表达的更为明显。所以一个题目经过几个作者从不同的角度和关系上去发挥，对于一班肤浅，不求甚解，或有成见的读者，或许会显着有自相矛盾之处。但一个审慎、敬畏上帝，而有清晰眼光的读者，却能看出其中基本上的和谐。

真理既经不同的作者发挥出来，就可以有多方面的表现。一个作者对于一个题目的某一方面受到较深的印象，他能掌握那与自己经验或理解力和体会力相称的几个要点。另一个人则掌握到另一方面。于是每一个人都在圣灵的引导之下，将自己心中所受到的最深刻的印象写出来，各人对真理写出不同的一方面，而全部却呈现着完全的和谐。这样，显示的许多真理都能联合成为一个完整的系统，并能适合于处境和经验不同之人们的需要。

上帝乐意借着人为媒介，将祂的真理传给世人。祂也亲自借着祂的圣灵，使人有资格和能力来担任这一工作。祂引导人的思想选择所当说的和所当写的。真理的财宝虽是放在瓦器里，但它毕竟是从天上来的；所作的见证虽然是用世人不完全的语言表达出来，但它总是上帝的见证；而且上帝每一个顺命有信心的儿女，都可以在其中看出神圣能力的光荣，满有恩典和真理。

上帝已经在祂的圣言中，将有关救恩必需的知识交付与人。人应当接受圣经为具有权威而毫无错误之上帝旨意的启示。它是品格的标准，真道的启示者和经验的试金石。因为“圣经都是上帝所默示的，于教训、督责、使人归正、教导人学义都是有益的，叫属上帝的人得以完全，预备行各样的善事。”(提后3:16，17)

上帝虽已借着圣经将祂的旨意启示给人，但这并不是说圣灵的继续同在与引导不再需要了。反之，我们的救主还应许赐下圣灵向祂的仆人解释圣经，启发并应用圣经中的教训。再者，圣经既是上帝的灵所默示的，则圣灵的教训就绝不至于与圣经的教训相抵触。

圣灵的赐予绝不是——而且永不会取圣经而代之的，因为圣经明说上帝的圣言乃是测验一切教训与经验的标准。使徒约翰说：“一切的灵，你们不可都信，总要试验那些灵是出于上帝的不是，因为世上有许多假先知已经出来了。”(约壹4:1)以赛亚说：“人当以训诲和法度为标准，他们所说的若不与此相符，必不得见晨光。”(赛8:20)

现在有一等人说自己有圣灵的光照，就认为自己不再需要圣经的指示，这一等人的错误使圣灵的工作受到极大的侮辱。他们以为自己意念中的幻想就是上帝对他们心灵所讲的话。其实这控制他们的并不是上帝的灵。这种顺着自己观感而忽略圣经的风气，只能产生混乱、欺骗和败坏，它只能促进那恶者的计谋。圣灵的工作对基督的教会既是极关重要的，所以撒但想利用极端主义者和狂热派来藐视圣灵的工作，并使上帝的百姓忽略我们主所亲自赐下的能力来源。

根据上帝的话，祂的灵要在传福音的时期中自始至终继续不断的工作。即使在新旧约圣经的著作期间，圣灵在启示圣经的工作之外，也未曾停止将真理的亮光启示给其他个人。圣经本身也记载借着圣灵如何警告、责备、劝戒，并教导人一些与著作圣经无关的事。并且提到某几个时代的先知，没有将他们所讲的话记录下来，照样，在全部圣经写成之后，圣灵还要继续工作、光照、忠告，并安慰上帝的儿女。

耶稣曾应许门徒说：“保惠师，就是父因我的名所要差来的圣灵，祂要将一切的事指教你们，并且要叫你们想起我对你们所说的一切话。”“只等真理的圣灵来了，祂要引导你们明白一切的真理，因为祂不是凭自己说的，乃是把祂所听见的都说出来，并要把将来的事告诉你们。”(约14:26；16:13)圣经明说，这些应许绝不是限于使徒时代的，乃是要延展到各时代的基督教会。救主向跟从祂的人保证，说：“我就常与你们同在，直到世界的末了。”(太28:20)而且保罗也说过，圣灵在教会中的恩赐和显现，乃是“为要成全圣徒，各尽其职，建立基督的身体，直等到我们众人在真道上同归于一，认识上帝的儿子，得以长大成人，满有基督长成的身量。”(弗4:12，13)

保罗曾为以弗所的信徒祈祷说：“求我们主耶稣基督的上帝，荣耀的父，将那赐人智慧和启示的灵赏给你们，使你们真知道祂。并且照明你们心中的眼睛，使你们知道祂的恩召有何等指望，祂在圣徒中得的基业有何等丰盛的荣耀；并知道祂向我们这信的人所显的能力是何等浩大。”(弗1:17—19)保罗为以弗所教会所求的，乃是上帝圣灵的恩赐，为要光照他们的悟性，并向他们的心思启明上帝圣言的奥秘。

圣灵在五旬节作奇妙的显现之后，彼得就劝告众人要悔改，奉基督的名受洗，使他们的罪得赦。并说：你们“就必领受所赐的圣灵，因为这应许是给你们和你们的儿女，并一切在远方的人，就是主我们上帝所召来的。”(徒2:38，39)

主曾借着先知约珥应许紧接着上帝大日景象的出现，必有祂圣灵的特别显现。(见珥2:28)这个预言在五旬节圣灵沛降时已得到初步的应验，可是这应许充分的实现乃是要在福音的工作结束，上帝的恩典最后彰显之时。

善与恶之间的大战，将要愈演愈烈，直到末日。在每一个时代，撒但的怒气不住的向基督的教会发作。所以上帝将恩典和圣灵赐给祂的百姓，坚固他们，使他们有力量抵抗那恶者的势力。在基督的使徒们奉命往普天下传福音，并将这福音为后代之人写成书卷时，他们曾经得蒙圣灵特别的光照。但当教会临近她最后蒙拯救的日子，撒但要尽更大的力量做工。他“知道自己的时候不多，就气忿忿地下到你们那里去了。”(启12:12)他要“行各样的异能、神迹和一切虚假的奇事。”(帖后2:9)那曾经一度在上帝众天使之中居最高地位的主谋者，竭其全力进行欺骗和毁坏的工作已经有六千年之久。他要用历代以来修炼的技巧和诡诈，以及所养成的极端的残酷，于最后的大战争中，全部使用在上帝的子民身上。正在临到这危险的时候，跟从基督的人要向全世界传出救主复临的警告，预备一班人在祂降临的时候得以“没有玷污，无可指摘”(彼后3:14)地站立在祂面前。今日我们对上帝的恩典和能力所需要的补给，并不比使徒时代教会所需要的还少。

作者曾蒙圣灵的光照，得以看到善与恶之间长期战争的种种情景。并多次蒙主准许得以目睹生命之君——我们救恩的创始者基督，与那邪恶之君——罪恶的创始者——就是第一个违犯上帝律法的撒但之间历代的大战争。撒但对基督的仇恨，一向是在对跟从祂的人身上表现出来。在已往的历史中，我们可以看出撒但是一贯地恨恶上帝律法的原则，一贯的采用欺骗政策，给邪道披上真理的外衣，拿人的律法来代替上帝的诫命，令人敬拜受造之物，而不敬拜那创造万物的主。撒但曾竭力对上帝的品格进行诬蔑，令人对造物主怀着错误的观念，以致不但不敬爱祂，反而惧怕并且恨恶祂。撒但又不住的力图废除上帝的律法，令人以为自己已不受它条款的限制。同时，凡是胆敢抗拒他诱惑的人，他就加以迫害。以上种种情况都可以在众先祖、先知、使徒、殉道者和宗教改革家的历史上看出来。

在最后的大战争中，撒但所要使用的策略，所要表现的精神和他所要达到的目的，与先前的各世代一样。所以历史必要重演，不过那未来的争战异常剧烈是世界上从来没有见过的。撒但的欺骗要更加狡猾，他进袭的意志将更加坚决。倘若可行的话，他要把选民都迷惑了。(见可13:22)

上帝的灵既将圣经中的伟大真理向我指明，并将过去和未来的种种景象显给我看，就吩咐我将启示我的事告诉众人，要我循着历代善恶战争的史迹叙述出来，借以显明那即将临近之未来战争的真相。为了达到这一目的，我选了一些教会历史的史书，将这些大事联贯起来，以便说明一些重大而有考验性的真理在不同的时代是怎样逐步发展，怎样传给世人，因而激起撒但和贪爱世俗的教会仇视这些真理，就是由那些“虽至于死，也不爱惜性命”(启12:11)之人的见证保存下来的。

在这些史实中，我们可以看出未来战争的先兆。根据圣经的记载和圣灵的光照，我们可以看穿那恶者的阴谋，并看出凡要在主降临时显为“没有瑕疵的”人所必须避免的危险。

过去标明教会改革进展的大事乃是前代的史实，是为一班改正教人士所公认的，也是没有人能反驳的事实。本书限于篇幅，只得将历史作简略的叙述，将所有的事实尽量简缩，凡观览所需，以不妨碍正确了解为原则。时或遇有史家已将一些事迹作简短概括的叙述，足供读者对其题目得到正确的概念。或有作者已将某些细节作了合适的总括，我就引用了他们的话，可是在所节录的话中，有一些并没有注明来源，因为我引用的话，并不是作权威性的根据，只是因为这些话能有力地表达某一点意思。在叙述现时代进行宗教改革者的经历和见解时，我照样引用了他们出版的作品。

本书无意发表多少有关以前战争的新道理，乃是要从历史中找出一些直接关系那将要临到之大事的事实和原理。可是，我们既把过去的历史看为光明与黑暗全部战争史中的一个阶段，就能在这些史实上看得出新的意义来。借此也可以把未来的事看得更清楚，并为一些像过去改革家一样蒙召遇着丧失地上一切利益的危险，去“为上帝的道且为耶稣作见证”的人照亮前程。

本书的内容旨在叙述真理与邪道之间大战争的经过，暴露撒但的诡计，并提供抵挡他的有效方法；对罪恶存在的大问题予人充分的解答，说明罪恶的起源和罪的最后处理，以便完全显出上帝在对待受造之物所用的一切公正和慈爱的方法，证明上帝律法的圣洁和不能改变的本质。作者恳切祈求上帝，使读者诸君因本书的影响，能脱离黑暗的权势，“与众圣徒在光明中同得基业。”(西1:12)愿颂赞归于那爱我们并为我们舍己的主！

怀爱伦于主历一八八八年

第一章
世界命运的预测

“耶稣快到耶路撒冷，看见城，就为它哀哭，说:巴不得你在这日子知道关系你平安的事，无奈这事现在是隐藏的，叫你的眼看不出来。因为日子将到，你的仇敌必筑起土垒，周围环绕你，四面困住你。并要扫灭你和你里头的儿女，连一块石头也不留在石头上，因你不知道眷顾你的时候。”(路19:41－44)

耶稣从橄榄山顶上，望着耶路撒冷。一片美丽升平的景象，毕呈在祂面前。那时正是逾越节的时候，雅各的子孙由各地前来，庆祝这国家的节令。在花园内，在葡萄园中，以及在碧绿的山坡上，都支搭着巡礼者的帐幕。在周围的几个山上，巍立着堂皇的宫殿，及拱卫以色列国京都的坚厚堡垒。锡安的女子似乎是自豪地说:“我坐了皇后的位，绝不至于悲哀，”又显出可爱的样子，自以为邀得天上的恩宠，正如古时皇家乐队所唱的歌词，“锡安山，大君王的城，在北面居高华美，为全地所喜悦。”(诗48:2)在这里可完全看到那庄严伟大的圣殿。夕阳的余辉照耀着圣殿云石的墙壁，耀眼犹如白雪，还有那黄金的门楼和尖阁，也都反射出万道金光来。这种雄姿堪“称为全美的”，并为犹太全国所夸耀。当以色列的子民注视到这一幅景象的时候，谁不感到欣慰赞叹呢！但这时耶稣心中的感想则迥然不同。当祂“快到耶路撒冷，看见城，就为它哀哭。”(路19:41)在这万头攒动，庆祝祂凯旋进城，挥舞着棕树枝，赞美歌声山呼谷应，万口同声拥护祂为王的时候，这位救世主的心却因突然的、神秘的忧伤而压倒了。祂是上帝的儿子，是向以色列人所应许的那一位，祂的权力曾胜过死亡，并从坟墓中召出死亡的俘虏。祂这时却哀哭了，况且祂的忧伤并不是普通的忧伤，乃是一种非常的，抑制不住的惨痛。

祂虽然深知自己面临的遭遇如何，但祂这一场哀哭却不是为了自己。这时客西马尼园业已在望，那里是祂将要受苦的地方。祂也看见了羊门，就是历代以来一切被献的祭牲所经过的门，这门也将要为祂而开。届时，祂必须“像羊羔被牵到宰杀之地。”(赛53:7)离那里不远是髑髅地，就是十字架的刑场。当基督把自己献上为赎罪祭的时候，必有大黑暗的恐怖笼罩在祂所必经的路上。虽然如此，那在这欢乐时辰中给祂投下悲惨忧郁的，还不是因为祂想到这些情景，也不是因为祂预知自己所要遭受的非人惨刑，以致祂那无私的精神受到影响。祂乃是为耶路撒冷城内将要遭劫的千万人民而哀哭，因为祂来所要赐福拯救的人们竟盲目无知，不肯悔改。

上帝一千多年来对祂选民特别眷顾与保护的历史，这时全展开在耶稣面前了。那里有摩利亚山，那由应许而生的儿子曾在该处被捆绑在坛上，成了一个不抵抗的牺牲——作为上帝圣子被献的表号。(见创22:9；16－18)在那里，上帝与有信心之人的父坚定了赐福的约，就是弥赛亚降生的光荣应许。在那里，有献祭的火焰，从阿珥楠的禾场上升到天庭，阻挡了行毁灭的天使的刀，(见代上21章)这就是救主牺牲，为罪人作中保的一个适当表号。耶路撒冷曾为上帝所重视，超过地上一切的城邑。“因为耶和华拣选了锡安，愿意当作自己的居所。”(诗132:13)在那里，历代都有圣先知发出他们的警告。在那里，有祭司摆动他们的香炉，烟云缭绕，与会众的祈祷一同升到上帝的面前。在那里，天天有人献上被杀之羔羊的血，预指上帝的羔羊。在那里，耶和华曾亲自在施恩座上的荣耀云彩中显现。在那里，有顶天立地的神秘梯子树立，(见创28:12；约1:51)在梯子上，有上帝的使者上去下来，这梯子也向世人显明那通到至圣所的道路。以色列国如能对上天保持忠顺之心，耶路撒冷城就必坚立直到永远，为上帝所特选的。(见耶17:21－25)然而这蒙眷爱的子民所有的历史，却是一篇退后与悖逆的记录。他们抗拒了上天的恩典，滥用了自己的特权，并轻看了自己的机会。

以色列人虽曾“嘻笑上帝的使者，

藐视祂的言语，讥诮祂的先知，”(代下36:16)但祂仍然亲自向他们显现，“是有怜悯，有恩典的上帝，不轻易发怒，并有丰盛的慈爱和诚实，”(出34:6)他们虽然屡次拒绝祂，而祂仍然发出怜悯的召请。上帝的爱胜于父亲疼爱儿子的爱，祂“因为爱惜自己的民和祂的居所，从早起来差遣使者去警戒他们。”(代下36:15)及至劝告、恳求和责备全归无效之后，祂便把天庭最佳美的恩赐送给他们，不但如此，在这一个恩赐中，祂简直是把天庭所有的一切都倾赐给人类了。

上帝的儿子亲自奉差遣来到这个顽梗的城邑，发出恳切的劝告。昔日引领以色列子民如同从埃及挪出一棵好葡萄树栽子的一位，就是基督。(见诗80:8)祂亲手在它面前驱逐了那里的异邦人，祂曾经把它栽植在“肥美的山岗上”，周围圈上篱笆，小心的守护着它，又差遣仆人去培植它。祂曾扬声地问，“我为我葡萄园所作之外，还有什么可作的呢？”虽然如此，但到了祂“指望结好葡萄”的时候，它“倒结了野葡萄”。(见赛5:1—4)然而祂仍旧抱着有丰收的希望，亲自来到祂的葡萄园中，以为这样或许可以救它免遭毁灭。祂把葡萄树周围掘松，又加以修剪栽培，祂不倦不息地努力要挽救自己所种植的葡萄树。

这位光明荣耀的主在祂的子民中间出入凡三年之久。祂“周流四方行善事，医好凡被魔鬼压制的人。”(徒10:38)安慰伤心的人，叫受压制的得自由，使瞎眼的得看见，瘸腿的能行走，耳聋的能听见，长大麻风的得洁净，死了的人复活，并传福音给贫穷的人。(路4:18；太11:5)祂向各阶层的人发出同样的慈声：“凡劳苦担重担的人可以到我这里来，我就使你们得安息。”(太11:28)

虽然祂所得的报答是以恶报善，以恨报爱，(见诗109:5)但祂还是坚决执行祂慈悲的使命。凡向祂求恩的人，祂从来没有拒绝。祂是一个无家可归的人，日日忍受着辱骂与贫困。祂活着是要服务穷苦的人，减轻他们的愁苦，请求他们接受生命的恩赐。这恩典的波涛既被刚愎的心所抗拒，就以更高的浪潮，即无可形容的怜爱，涌流回来。但以色列人已经离弃了他们最好的朋友与惟一的援助者。祂那出于爱心的劝勉被人藐视了，祂的忠言被人拒绝了，祂的警告被人讥诮了。

希望与赦罪的时辰快要过去，上帝久已容忍的忿怒之杯快要满溢了。那历代以来背道与叛逆所积累的凶恶乌云，即将倾降在这犯罪作恶的子民头上。而那惟一能救他们脱离厄运的主，却被他们轻视、侮辱、拒绝，并快要被钉在十字架上了。及至基督被挂在髑髅地十字架上的时候，以色列国蒙上帝恩眷与赐福的时日也就满了。原来就是一个人的沉沦也是莫大的不幸，因为一个人的性命比全世界的财宝还要贵重得多。何况当基督俯瞰耶路撒冷时，全城与全国的厄运都呈现在祂面前，更何况这个城，这个国，曾一度被上帝拣选作为祂特别的产业呢。

先知们曾为以色列的背道，以及他们的罪所招致的悲惨及荒凉而哀哭。耶利米巴不得自己的眼为泪的泉源，以便为他百姓中被杀的人昼夜哭泣，因为耶和华的群众被掳去了。(见耶9:1；13:17)但祂的慧眼不只见到数年的事，也见到历代以来的事，祂所感到的该是何等的忧伤啊！祂看到那行毁灭的天使拔出刀来，要攻击这久已成为耶和华居所的城邑。从橄榄山上，就是日后提多及其军队所要驻扎的地方，祂望到山谷对方的神圣殿宇和回廊，在祂泪眼蒙胧的观察下，有凄惨的情景出现，城的四周都被敌军包围了。祂听见军队出动的步伐声，祂听到被围困的城中妇孺的饥啼声。祂看到神圣而美丽的殿宇、宫院与阁楼，都付诸一炬，凡他们莅临之地尽都化为废墟。

祂又展望到未来的日子，只见这与自己立过约的子民分散到各地，“像荒凉海岸上的破船一样。”祂看出他们今生所要遭受的报应，不过是他们在最后的审判大日所要喝的忿怒之杯的第一口苦汁而已。祂神圣的怜悯、热切的爱情，发出了悲哀的叹息，说：“耶路撒冷啊，耶路撒冷啊！你常杀害先知，又用石头打死那奉差遣到你这里来的人。我多次愿意聚集你的儿女，好像母鸡把小鸡聚集在翅膀底下，只是你们不愿意。”(太23:37)唉，你这特蒙眷爱超于万国的子民啊，巴不得你知道眷顾你的日子和关系你平安的事！我已经阻留那执行赏罚的天使，我已经呼召你们悔改，但是依然无效。你们所反对所拒绝的，不只是仆人、代表和先知，而乃是以色列的圣者——你们的救赎主。如果你们遭到毁灭，那是咎由自取，因为“你们不肯到我这里来得生命。”(约5:40)

基督以耶路撒冷代表全世界，就是因不信、叛逆而刚愎，并即将遭受上帝刑罚的世界。堕落的人类所遭遇的祸患，压在主的心上，从祂口中发出极惨痛的呼喊。在人类的痛苦与血泪之中，祂看到罪恶的惨史。祂的心因受无穷之爱的激动，怜悯地上受苦受难的人，祂渴望要拯救他们每一个人。然而这时连祂的手也无法挽回人类祸患的狂澜，因为来向这惟一援助之源求助的人实在太少了。祂极愿舍弃自己的生命，将救恩带给他们，但是很少有人肯来就近祂，以便得到生命。

天上的大君落泪了！无穷上帝的圣子心中忧伤，因悲痛而垂首了！这种情景使天庭全体充满了惊奇。这情景向我们说明罪的极其凶恶，使我们看出拯救罪人脱离干犯上帝律法的后果是多么的艰难，甚至使无穷能力的主也感到棘手。耶稣展望到末世，看到世人受了一种欺骗，正像那造成耶路撒冷毁灭的欺骗一样。犹太人所犯的大罪，就是拒绝基督。今日基督教界所犯的大罪，就是拒绝上帝的律法，这律法乃是祂天上与地上之政权的基础。耶和华的诫命将要被人轻视，被人废弃。千万的人虽然受了罪恶的捆绑，作了撒但的奴仆，注定要受第二次死亡的痛苦，但在蒙眷顾的日子他们竟不肯听从真理的道。这种盲目真是可怕！这种执迷不悟真是可怜！

在逾越节的前两天，基督末次离开圣殿，并痛斥犹太领袖的虚伪之后，祂又同门徒出去到橄榄山上，与他们一同坐在绿草如茵的斜坡上，眺望着耶路撒冷城。祂再注视着城墙、城楼和宫殿。祂再度看到那耀目的辉煌圣殿，这殿像是圣山上的一顶极光荣的美丽冠冕。

在一千年前，诗人曾颂扬上帝眷爱以色列人，以他们的圣殿为自己的居所，说：“在撒冷有祂的帐幕，在锡安有祂的居所。”(诗76:2)祂“却拣选犹大支派，祂所喜爱的锡安山，盖造祂的圣所，好像高峰。”(诗78:68，69)这第一座圣殿是在以色列最强盛的时代建造的。大卫王曾为这工程收集巨额的材料宝物，而且建造圣殿的样式，乃是被灵感动而得的。(见代上28:12，19)以色列国极睿智的王所罗门完成了这项工程。圣殿的壮丽乃是空前的。但上帝却借着先知哈该预言到第二个圣殿说，“这殿后来的荣耀必大过先前的荣耀。”“我必震动万国，万国所羡慕的必来到，我就使这殿满了荣耀，这是万军之耶和华说的。”(该2:9，7)

及至尼布甲尼撒毁灭圣殿之后，在基督降生前五百多年，它又由那些终身被掳而又回到荒废的故乡之人重新建造起来。在这些人中，有若干曾经见过所罗门圣殿之荣耀的老年人，他们在这后来远逊于昔日的建筑重奠新基的时候痛哭流涕了。先知曾生动地描写当时一般人的伤感，说：“你们中间存留的，有谁见过这殿从前的荣耀呢？现在你们看着如何？岂不在眼中看如无有么？”(该2:3；拉3:12)随即有应许给他们说，这殿后来的荣耀必大过先前的荣耀。

但这第二次建的圣殿，到底比不上第一次建的圣殿壮丽；也没有什么现象证明有上帝的临格，使之成圣，如同从前的圣殿所有的一样。在落成奉献典礼中，没有什么超自然权能的表现，没有看到荣耀的云彩充满这新建的圣殿，也没有火从天降下，焚烧坛上的祭牲。在至圣所内的基路伯之间也没有荣光显现，里面没有约柜、施恩座和法版。天上也没有发出声音来，使求问的祭司能知道耶和华的圣旨。

几世纪以来，犹太人曾尽力想要说明上帝借哈该所发的应许是怎样的应验了，但也是枉然。他们的骄傲与不信蒙蔽了他们的心，以致不明白先知之话的真意。这第二次建的圣殿，虽然没有耶和华荣耀云彩降临的光荣，却有上帝本性一切的丰盛居住在祂里面的主——就是借着肉身显现的上帝亲自莅临。当拿撒勒人耶稣在圣殿的院宇中教训百姓并医治病人的时候，真可以说是“万国所羡慕的”莅临祂的殿中了。在基督亲临圣殿的这件事上，也只有在这一件事上，可以说第二个圣殿比第一个圣殿更有荣耀。但以色列人却把上天所赐的恩典弃绝了。在那一天，当这一位谦恭的教师走出圣殿的金门之时，那荣耀便永远离开这殿了。救主所说“你们的家成为荒场，留给你们”的话，当时就应验了。(太23:38)

门徒听见基督预言圣殿将要遭毁灭，便充满了恐惧和惊奇，并渴望要更充分地明白祂话的意义。过去犹太人为增加圣殿的光荣起见，曾费了许多财力、劳力、技巧和四十余年的光阴。大希律曾把罗马人的财物与犹太人的珍宝都浪费在这个工程上，甚至于罗马皇帝也曾赠送礼物来增加圣殿的光荣。有巨大的云石，大得几乎令人难以置信，从罗马运来，作为修殿材料的一部分，门徒曾指着这些石头来引起主的注意，说:“夫子，请看。这是何等的石头！何等的殿宇！”(可13:1)

对于这些话，耶稣作了一个严肃而惊人的回答，说，“我实在告诉你们，将来在这里，没有一块石头留在石头上不被拆毁了。”(太24:2)

从耶路撒冷遭毁灭的事上，门徒联想到基督亲自带着属世的威荣降临，登上世界大帝国的宝座，来刑罚那些顽梗的犹太人，并折断罗马帝国的轭。主曾告诉他们，说祂要再一次降临。所以他们一听到耶路撒冷所要遭受的刑罚，他们就想到主的降临。故此当他们围着救主一同坐在橄榄山上的时候，便问祂说:“什么时候有这些事？你降临和世界的末了，有什么预兆呢？”(太24:3)

未来的事已经慈怜地向门徒隐蔽了。假使门徒当时能充分明白这两件可怕的事实——就是救赎主的受难受死和圣城圣殿的毁灭，他们便要被恐怖压倒了。基督只向他们提及末日之前大事的概略。祂的话在当时还不能充分了解，但在祂的百姓需要其中的教训时，这些话的意义便要显明了。祂所说的预言具有双关的意义:一方面是预示耶路撒冷的毁灭，同时也预指末后大日的惨剧。

耶稣向侧耳倾听的门徒讲说那将要临到悖逆的以色列人的刑罚，尤其是因为他们拒绝弥赛亚，并把祂钉在十字架上，所要临到他们的报应。在这可怕的高潮未来之前，必有一些不容误会的预兆出现。而那可怕的时辰将要突然而迅速的来到。因此救主警告祂的门徒说:“你们看见先知但以理所说的‘那行毁坏可憎的’站在圣地(读这经的人须要会意)，那时在犹太的，应当逃到山上。”(太24:15，16；路21:20)当时的耶路撒冷城内和近郊地带，犹太人都视为圣地，所以当罗马人带有偶像的军旗竖立在城外的圣地时，基督的门徒就应当逃跑，以求安全。当这警告的预兆出现的时候，凡要逃跑的就不可耽延。在犹太全地的人，也要像耶路撒冷城中的人一样，应当立时遵照那信号的警告而逃命。凡在房上的，绝不要下来进到屋里，去抢救他最宝贵的财物。凡在田间或葡萄园中做工的人，也绝不可跑回家去，取那因天热而脱下的外衣。他们切不可踌躇片刻，免得被卷在这场普遍毁灭的漩涡中。

在希律王统治之下，耶路撒冷不但大为美化了，同时也建有城楼、城墙和堡垒，再加以该城所坐落的有利地势，所以被认为固若金汤，牢不可破。这时若有人公开预言这城要遭毁灭，那简直是像在挪亚的时代一样，要被人讥为痴人说梦。但基督却说:“天地要废去，我的话却不能废去。”(太24:35)耶路撒冷因为罪的缘故，已经是上帝忿怒的对象，又因它顽梗不信，所以它的劫运是注定的了。

上帝曾借着先知弥迦宣告说:“雅各家的首领，以色列家的官长啊，当听我的话！你们厌恶公平，在一切事上屈枉正直；以人血建立锡安，以罪孽建造耶路撒冷。首领为贿赂行审判，祭司为雇价施训诲，先知为银钱行占卜。他们却倚赖耶和华，说：“耶和华不是在我们中间么？灾祸必不临到我们。”(弥3:9—11)

这些话忠实地描写到耶路撒冷居民的腐败和自以为义的情形。他们一面自称严格遵守上帝律法的条例，一面却干犯了全部律法的原则。他们恨恶基督，因为祂的纯正与圣洁显明他们的不义；他们谴责祂，并把自己犯罪作恶所招来的一切困苦烦恼，都归咎于祂，以祂为祸首。他们虽然明知祂是无辜的，但他们却说，为了全国人民的安全起见，必须把祂处死。犹太人的领袖也说， “若这样由着祂，人人都要信祂，罗马人也要来夺我们的地土和我们的百姓。”(约11:48)他们以为如果牺牲基督，他们也许可以再度成为一个强盛而统一的民族。他们这样推论之后，便都同意照着大祭司的决定而行，宁可让一个人死，免得通国的灭亡。

这样，犹太的领袖们便“以人血建立锡安，以罪孽建造耶路撒冷”了。可是，他们虽然因救主指责他们的罪而把祂杀了，他们还以为是自己的义行，甚至看自己是上帝所宠爱的子民，并期望上帝来拯救他们脱离仇敌的手呢。因此先知便接着说:“所以因你们的缘故，锡安必被耕种像一块田，耶路撒冷必变为乱堆，这殿的山必像丛林的高处。”(弥3:12)

在基督亲自宣布耶路撒冷的劫运之后，祂迟延着不向城中和国内降刑罚，约有四十年之久。上帝在拒绝祂福音而又杀害祂圣子的人身上所显出的耐心，真是令人惊奇。那不结果子之树的比喻，足以显明上帝怎样对待犹太国。命令已经发出了，“把它砍了吧，何必白占地土呢？”(路13:7)但神圣的慈悲还要宽容它一个短的时期。在犹太人中，还有许多未曾认识到基督的品德与工作的人。还有后一代的儿童，没有得到机会接受他们父母所弃绝的真光。因此上帝便借着众使徒和他们同工传道的工作，使真光照亮他们，让他们看出先知的预言是怎样地应验了:不但是基督的降生与生活，就是祂的死与复活，也都已应验了预言。儿女没有因为父母的罪而被判刑，但是及至他们明白那赐给他们父母的全部真光之后，他们又拒绝了那补赐给他们的真光，那么他们就要与他们父母的罪有份，而自己也就恶贯满盈了。

上帝对耶路撒冷城的忍耐，只有使犹太人更加顽固刚愎。他们既恨恶而又残害了耶稣的门徒，就是拒绝了恩典的最后召请。因此，上帝便撤回祂所给予他们的保护，并收回那遏制撒但和他使者的能力，把全国交给他们所拣选的首领去管理了。但全国的人民已经弃绝了那本可以帮助他们制服自己恶性冲动的基督的恩典，而今邪恶的冲动反而占了上风，胜过了他们。撒但鼓动人们心中最热烈与最卑鄙的情欲。那时人不再讲情理，他们已失去理性——被情感与盲目的狂怒所支配了。他们变成鬼魔似的残酷，在家中、在国内、在富贵贫贱的各阶层中，都是猜疑、嫉妒、仇恨、纷争、叛逆、凶杀，到处没有平安。朋友亲属彼此出卖，父母杀儿女，儿女害父母，民间的官长连自己也无自制之能。放荡不羁的情欲使他们横行霸道，无法无天。犹太人曾凭着假见证把上帝无辜的儿子定了死罪，这时他们自己的性命，也因虚假的控告而得不到保障。在他们的行动上，他们早已声明:“不要在我们面前再提说以色列的圣者。”(赛30:11)这时他们的愿望果然实现了。敬畏上帝的心，再不拦阻他们了。撒但已在领导着全国，国内政治宗教的最高权力都已在他的支配之下了。

彼此对立的各党派领袖有时联合起来，强掠并虐待同一个可怜的对象，但过后又彼此以武力相见，互相残杀。连圣殿的神圣性也不足以遏制他们的残酷与凶狠。有许多前来敬拜的人都在祭坛之前被杀害，圣所便被尸体所污秽了。但在盲目的，亵渎的狂妄之下，这些残杀凶恶之事的煽动者竟公然宣告说，耶路撒冷没有被毁灭的危险，因为这城乃是上帝自己的城。为了巩固自己的权力起见，他们在罗马军兵已经包围圣殿的时候，还贿买假先知出来劝告说，百姓要等待从上帝而来的搭救。直到最后的一天，群众还坚信至圣者必要降下干涉，击败他们的敌人。但是以色列已经弃绝了上帝的保护，现今是得不到保障了。哀哉，耶路撒冷！内讧内乱，彼此残杀，血染市街，同时有敌军攻陷了它的堡垒，杀死了她的战士！

基督所说关乎耶路撒冷毁灭的预言，字字都应验了。犹太人从经验上体会到祂所警告的真理：“你们用什么量器量给人，也必用什么量器量给你们。”(太7:2)

有许多的时兆与奇事出现，预指灾祸与刑罚的来到。在深更半夜，有一道奇异的光芒照射在圣殿与祭坛之上。在夕阳落山的云端，出现了战车战士聚集备战的幻象。夜间在圣所中供职的祭司们，因神秘的响声而震惊，大地震动了，随后听见群众的呼喊声：“我们快逃开吧！”巨大的东城门本是极沉重的，而要二十个人才能把它关上，还有巨大的铁闩把它稳稳地系在坚固的基石中，但在半夜的时候，竟然不假人力而自开了。(注1)

有一个人在耶路撒冷城的街上走来走去，宣告那将要临到这城的灾祸，一直传了七年之久。他日以继夜地狂放悲歌：“东方之声兮！西方之声兮！攻击圣城圣殿之声兮！攻击新郎和新妇之声兮！攻击全民之声兮！”这个怪人曾被捕入狱，遭受鞭打，但他的口中却不出怨言。他对于所受羞辱和虐待的回答只是：“祸哉，耶路撒冷！祸哉，其中的居民！”他警告的呼声没有停止，直到他在自己所预言的灾祸中被杀的那日。

在耶路撒冷的毁灭中，没有一个基督徒遭害。基督早已向祂的门徒发出警告，所以凡相信祂话的人，都儆醒等候所应许的兆头。耶稣说：“你们看见耶路撒冷被兵围困，就可知道它成荒场的日子近了。那时，在犹太的应当逃到山上；在城里的应当出来。”(路21:20，21)在薛提亚统率罗马军兵围城之后，正在有利于即刻进攻的时候，他们却出人不意地突然解围了。这被围困的城邑正处于苦战绝望想要屈服投降的时候，罗马的将军却毫无理由地下令军队撤退了。其实这是上帝的慈悲安排，指示祂自己子民逃脱的良机。主所应许的兆头已经向那些等待着的基督徒显现了，现在正是给一切听从救主警告的人一个机会。上帝掌握了当时的局面，使犹太人和罗马人都不能拦阻基督徒的逃亡。在薛提亚撤兵的时候，犹太人从耶路撒冷出去追赶那在撤退中的敌军；正当两军相遇全面交锋的时候，基督徒就得了一个出城的机会。在这时，四乡里也没有那些会阻拦他们的敌军了。在耶路撒冷被围的时候，犹太人正聚集在城里守住棚节，因此全地的基督徒尽可以逃走而不受阻扰。他们赶快逃到一个安全的地方，——就是约旦河外比利亚地的柏拉城。

犹太的军队在追击薛提亚和他的军队时，猛然突袭他们后面的部队，几乎把他们完全消灭了。罗马人经过极大的困难才把军队撤回。犹太人几乎是毫无损失地押着战利品凯旋耶路撒冷，然而这次表面上的胜利只有带来不幸的后果，它只有鼓励他们更顽固地抵抗罗马人，终于使那不可形容的灾祸迅速地临到这注定遭劫的城邑。

在提多大将再度包围耶路撒冷城的时候，该城所遭的灾难是极其悲惨的。那时正当逾越节，有数百万的犹太人聚集在耶路撒冷城内。他们的粮食若是善予保藏，原可以供应城中居民数年之用，但城内敌对的党派在嫉妒纷争之余，早已把存粮破坏糟蹋了，现在，饥荒的种种惨剧都演出来了，一升小麦售价一他连得。饥荒的灾情极其惨重，以致人们啮食自己的皮带、鞋履和盾牌上的皮面。许多人在夜间偷出城外采取野草，虽然有很多人被敌军捉去用惨刑处死。即使能有人安然回来，但他们那冒极大危险所得来的一点东西却往往又被人抢夺去了。当时有权的人施用极惨酷的拷刑，迫使困疲欲死的平民交出他们所藏的最后一点食物。而且这样的惨事往往是少数衣食温饱的人所为，意在囤积以备后用。

千万的人因饥荒和瘟疫而死亡，人的情感似乎已经消没无余，丈夫抢妻子的，妻子抢丈夫的，儿女从他们年老的父母口中抢取食物。先知所发的问题，“妇人焉能忘记她吃奶的婴孩？”(赛49:15)然而在这遭劫的城内得到了答案，“慈心的妇人，当我众民被毁灭的时候，亲手煮自己的儿女作为食物。”(哀4:10)再者，一千四百年前先知所预言的警告也应验了:“你们中间柔弱娇嫩的妇人，是因娇嫩柔弱不肯把脚踏地的，必恶眼看她怀中的丈夫与她所要生的儿女，她因缺乏一切，就要在你受仇敌围困窘迫的城中，将他们暗暗地吃了。”(申28:56，57)

罗马的军长尽力设法用恐怖手段恫吓犹太人，迫使他们投降。那些倔强的俘虏被提了出来，施以严刑拷打，随后把他们钉在十字架上，竖立在城下。这样被处刑的，每天有好几百人，这严酷的惨事继续下去，直到约沙法谷及髑髅地到处都竖满了十字架，甚至人在其中也无法走动了。这就悲惨地应了犹太人在彼拉多审判台前所发的可怕誓言:“祂的血归我们和我们的子孙身上。”(太27:25)

提多大将本来很愿意结束这场可怖的惨剧，使耶路撒冷城免于遭受全面的毁灭。当他看到满山满谷堆积的尸首时，他心里充满了颤栗。他从橄榄山顶上遥望着那壮丽的圣殿，欣赏得出神了，于是便发出命令，不许他的部下动圣殿的一块石头。在他试图攻入这坚城之前，他曾向犹太的首领们发出一个极恳切的劝告，叫他们不要逼他在圣地内杀人流血。如果他们肯出城，在另一个地方交锋，罗马人便不会侵犯圣殿的神圣。约瑟弗也曾亲自发出一个极动人的请求，劝他们投降，以便救自己的性命、城邑和敬拜之所。但他们却以苦毒的咒骂回答他。当这最后一个调停人站在他们面前发出恳劝的时候，他们竟用镖枪投刺他。犹太人已经拒绝了上帝儿子的请求，所以这时的劝谏与忠告只有使他们更加坚决，顽抗到底。提多为保全圣殿所作的努力终归徒然，那位比他更伟大的主已经宣布过了，在那里必没有一块石头留在石头上。

犹太领袖们的盲目强项，以及围城之中所有可憎的罪恶，煽起了罗马人的憎厌与愤怒，最后提多便决定要猛攻圣殿，将它占领。虽然如此，他还是定了主意，无论如何要尽量保护圣殿免遭毁灭，然而他的命令竟被漠视了。在他夜里回到营帐休息之时，犹太人从圣殿中突然冲出，袭击外面的阵地。在这次作战中，有一个兵士将一个火把丢进了圣殿廊前的一扇门内，于是圣所四围的香柏木厢房立刻着火了。后来提多赶到那里，有许多的军长和士兵跟着他，他命令兵士去救火，但都置若罔闻。这些兵丁在愤怒之下，纷纷将火把丢进那接连着圣殿的房间内，然后他们用刀剑杀戮许多在圣殿中避难的犹太人。从圣殿的台阶上，鲜血像河水一样流了下来，成千上万的犹太人被杀了。人们听见一阵阵的大叫声，比交战杀伐的声音更为响亮，说:“以迦博！”——意思就是“荣耀离开以色列了！”

“提多无法制止士兵的狂怒，便同手下的几个官兵一齐进入圣殿，观看这神圣建筑的内部。殿中的辉煌景色使他们惊讶不已，这时火焰还没有烧进圣所，于是他便作最后的努力，要挽救这殿，他一跃而出，再吩咐兵士防止大火的蔓延。百夫长力勃拉利还用指挥杖去迫使他们服从，但那些拚命攻击犹太人的疯狂兵士，因了战争的兴奋和抢夺劫取的无餍欲望，这时，连指挥杖所象征的皇帝权威也视若无睹了。兵士看见周围每一样物件都发出金光，在熊熊的烈火中，光耀夺目，他们以为圣殿内必是藏有无数的财宝。有一个士兵趁人不防备，把一个烧着的火把塞进殿门的枢纽里；全部建筑在一刹那间便燃烧起来了。浓烟和烈火迫使那几个军官退出圣殿，于是这座壮丽高大的建筑物，只好任其遭劫了。

“这场大灾，在罗马人看来，是一件骇人听闻的惨事，而在犹太人看来又怎样呢？圣城所坐落的整个山头，像一座火山一样四面着火。房屋轰然一声，一座一座地倒塌了，被卷入烈火吞没无遗。香柏木的屋顶成了一片火焰，镀金的尖阁看上去好像烧红的大铁锥一样，城楼上的火焰与烟云直升天空。邻近的山头映得通红，照出黑暗中的人群正在恐怖焦急中注视着这一场大劫。在上城(译者按:耶路撒冷分上下二城)的城墙上与高处站着许多人，有的脸上露出失望、苦恼、面无血色，有的显出有仇难报的怒容。罗马兵士跑来跑去的呐喊声，倒在烈火中之叛徒的哀鸣声，大火焚烧的怒吼声和梁柱倒塌的轰隆声，混成一片。四面山谷中的回声，响应着站在高处之人的尖锐叫啸，沿城一带，回应着哭泣号啕的声音。饥饿垂毙的人们重新鼓起残余的一点力量，发出痛苦绝望的哀鸣。

“城内的屠杀比外面所见到的情景更惨。男女、老少、叛徒、祭司，以及顽抗的和求情的，都一律在这场不分青红皂白的大屠杀中被砍倒了。被杀之人的数目，远超过杀人者的数目。军兵只好在死人堆里爬上爬下，进行杀灭的工作。”(注2)

在圣殿被毁之后，不久全城就陷落于罗马人的手中。犹太的领袖们放弃了他们那些牢不可破的堡垒，提多大将进去占领的时候，发现堡垒都是空的。他惊异地望着这些防御工事，并宣称这是上帝将城交在他手中，因为这样雄伟的堡垒，原非任何猛烈的武器所能攻陷。

结果，全城和圣殿都被夷为平地，连根基也被挖出来了，至于圣所坐落的地基，也“被耕种像一块田”一样。(耶26:18)自从被围直到这场大屠杀为止，死亡的人数达一百余万。剩下的人都被掳去了，或被卖为奴，或被带到罗马，用以增加胜利者凯旋的光荣，也有的人被带到圆形戏场投在野兽群中，此外还有一些人则分散在世界各地，成为无家可归的流浪者。

犹太人已经为自己铸了镣铐，并为自己盛满了忿怒之杯。这全国所遭遇的毁灭，以及此后在困苦流离中所受的一切祸患，都不过是他们亲手所撒之种的收获而已。先知说:“以色列啊，你自取败坏，”“你是因自己的罪孽跌倒了。”(何13:9；14:1)他们所受的灾难，往往被人看为是上帝所直接判决的刑罚。那个大欺骗者正在利用人的这种看法，来掩饰他自己的工作。犹太人因为顽固地拒绝了上帝的慈爱与恩典，所以上帝就撤回祂保护的手，撒但便可任情的管理他们了。在耶路撒冷遭毁灭的巨灾浩劫中，就可见撒但在那些服从他管理之人身上所施用的毒辣手段了。

我们因为享受所赐的平安与保护，真不知欠了基督多少的债。那使人类不致完全屈服于撒但权下的，乃是上帝约束撒但的能力。上帝的慈悲与忍耐常遏制那恶者残忍恶毒的权势，这就是世上背逆与忘恩之徒所应该感激上帝的地方。但何时人越过了上帝忍耐的限度，祂就要把约束的能力撤回。上帝并不以执行审判者的姿态看待罪人，祂只是让那些拒绝祂恩典的人自食其果。人每次拒绝一线光明，轻视或忽略一道警告，放纵一次情欲，干犯上帝的一条律法，就是撒了一粒种子，后来必要得到收获，毫厘不爽。上帝的灵若是一直被罪人拒绝，最后只好从他身上收回。此后这人就再没有能力控制自己心中的邪情恶欲，也没有保障可以脱离撒但的凶恶与仇恨了。对于一切轻忽上帝恩典的邀请，并抗拒上帝慈悲恳劝的人，耶路撒冷的毁灭乃是一个可畏而严肃的警告。再没有什么能比这个警告更确切地说明上帝对于罪恶的憎恨，和有罪的人所必受的刑罚了。

救主所说有关耶路撒冷遭受刑罚的预言，将要应验在另一件事上；对于这件事，耶路撒冷的凄凉荒废只可算是一个隐约的预表。从这蒙拣选之城的厄运上，我们可以看出这个拒绝上帝恩典并践踏祂律法的世界所必遭受的灭亡。大地在这犯罪作恶的数千年中，证明了人类不幸的记录是幽暗的，人心在思考中厌倦了，思想也疲惫了。世人拒绝上天权威的结果真是一系列的可怕。虽然如此，但那有关将来之事的启示，却提供一幕比这更为忧郁的景象。这以往的记录——骚扰、相争、革命，“战士在乱杀之间所穿戴的盔甲，并那滚在血中的衣服，”(赛9:5)等等，若与上帝约束之灵从罪人身上全部撤回，不再抑制人类的情欲和撒但忿怒之时的恐怖状态相比，那真是算不得什么了！到那时，世人就要看到从来未曾见过的事，就是撒但统治的最后结果。

但在那日子，正如耶路撒冷遭毁灭的时候一样，上帝的子民，就是一切“在生命册上记名的”，(赛4:4)必蒙拯救。基督已经宣布，祂要第二次降临，招集祂忠心的百姓，那时“地上的万族都要哀哭。他们要看见人子有能力、有大荣耀，驾着天上的云降临。祂要差遣使者，用号筒的大声，将祂的选民从四方，从天这边到天那边，都招聚了来。”(太24:30，31)那些不顺从福音的人，要被祂口中的气所灭绝，并被祂降临的荣光所废掉。(见帖后2:8)像古时的以色列人一样，恶人要自取灭亡，他们要被自己的罪孽所绊倒。他们因了罪恶的生活，使自己与上帝不能相容，他们的天性因罪恶而极其卑劣，以至上帝荣耀的显现对他们竟成了毁灭的烈火。

但愿人人儆醒，免得疏忽基督所给予他们的教训。他曾警告门徒说，耶路撒冷城要遭毁灭，又给了他们一个预兆，使他们知道毁灭何时临近，以便逃命；照样，祂已经警告世人关于最后毁灭的日子，又给了他们许多兆头，使一切愿意的人都可以知道毁灭的临近，逃避那要来的忿怒。耶稣宣告说：“日月星辰要显出异兆，地上的邦国也有困苦。”(路21:25；太24:29；可13:24－26；启6:12－17)凡看到祂复临的各种预兆的人，“应该知道人子近了，正在门口了。”(太24:33)祂向世人发出忠告说：“所以你们要儆醒。”(可13:35)凡注意这警告的人，就不致被丢在黑暗之中，那日子也不致出其不意地临到他们。但对于那些不儆醒的人，“主的日子来到，好像夜间的贼一样。”(帖前5:2－5)

今日世人不相信那向现代所发的警告，正如昔日犹太人不接受救主论到耶路撒冷所发的警告一样。无论如何，上帝的大日早晚终必在恶人不知不觉之时临到。当人的生活照常进行的时候；当人专心于享乐、营业、经商与积攒钱财的时候；当宗教领袖正在夸大世界的进步与文明，而众人却醉生梦死于一种虚伪之安全感中的时候，那时，正如半夜里的盗贼偷进没有防备的居所一样，突然的毁灭必要临到一切不儆醒与不敬虔的人，“他们绝不能逃脱。”(帖前5:3)

注1: Milman, “History of the Jews.”卷13。

注2: 同上卷16。

第二章
殉道者的信心

当耶稣将耶路撒冷的厄运和祂第二次降临的景象启示给门徒时，祂也预言到从祂被接离开他们直到祂带着权柄和荣耀再来拯救他们，这一段时期中祂百姓所必有的经验。在橄榄山上，救主见到了那将要加于使徒时代教会的暴行，祂的慧眼也看明了跟从祂的人在未来的黑暗和逼迫时期中，所要遭受凶狠剧烈的迫害。祂用几句意义深长的简捷话语，预言到这世界的掌权者将要怎样对待上帝的教会。（见太24:9，21，22）基督的门徒必须踏上他们的夫子所走过的同一条遭受屈辱、诬蔑和痛苦的道路。那向世界的救赎主所发泄的仇恨，也要向凡信祂名的人发泄。

早期教会的历史证实了救主的话。地上和阴间的掌权者都联合起来攻击跟随基督的人，借以攻击基督。异教已看明若是福音获得胜利，则她的庙宇和神坛势必铲除净尽。故此，她集合了她的全部势力来摧毁基督教。于是逼迫的火焰点燃起来了。基督徒的财产被夺去，并从自己家中被人赶出。他们“忍受大争战的各样苦难。”（来10:32）他们“忍受戏弄、鞭打、捆锁、监禁。”（来11:36）无数的人用自己的血印证了自己所作的见证。贵族和奴隶、富户和穷人、智士和愚夫，一律都被无情地惨杀了。

这样的逼迫在尼罗皇帝统治之下，约在保罗殉难时开始，或弛或张地延续了两百多年。基督徒被诬告犯了一些最严重的罪，并被控为饥荒、瘟疫、地震等大灾难的祸根。当他们成了群众仇恨和猜疑的对象时，有许多人为了财利，以告密的手段出卖无辜的人们。他们被定为叛国的匪徒、宗教的死敌和社会的毒害。无数的人被抛给斗兽场中的野兽，或被活活烧死。有的被钉在十字架上；有的则披上了兽皮被投入场中，任猛狗撕裂。他们的受刑常被作为公共节期的娱乐节目。广大的人群聚集观看取乐，以大笑和喝采来嘲弄他们惨痛的死亡。

基督的门徒不论在何处藏身，总是像野兽般的被人追捕。以致他们不得不躲避在荒凉偏僻之地“受穷乏、患难、苦害，在旷野、山岭、山洞、地穴飘流无定，本是世界不配有的人。”（来11:37，38）千万的人住于墓穴中，他们在罗马城外的山脚下，在泥土和岩石中挖了深长的地道，这些黑暗复杂的地道一直伸展到城外数里之遥。在这些地下的隐蔽处，基督徒埋葬了他们的死人。当他们被人猜忌而失去法律的保障时，他们也就在这里找到栖身之所。当那赐生命的主来唤醒一切打过美好之仗的人时，许多为基督殉道的人，将要从这些幽暗的洞穴中出来。

在最凶暴的逼迫之下，这些为耶稣作见证的人保持了他们信仰的纯洁。他们虽然失去了生活上的各种舒适，终日不见阳光，居住在大地黑暗而温暖的怀抱中，但他们总是不发怨言的。他们以信心、忍耐和希望的话彼此勉励，来忍受困乏和苦难。他们虽然失去世上所有的享受，但这并不能使他们放弃对基督的信仰，患难和逼迫只能使他们更快地得到他们的安息和奖赏。

许多人正像古时上帝的仆人们一样，“忍受严刑，不肯苟且得释放，为要得着更美的复活。”（来11:35）这使他们回想夫子的话，就是当他们为基督的缘故受逼迫时，应该分外的欢喜快乐，因为他们在天国的赏赐是大的。因为在他们以前的先知，人也是这样逼迫他们。他们因自己配为真理受苦而欣喜，于是他们的凯歌从猛烈的火焰中上闻于天了。他们凭着信心，仰望基督和众天使站在天城的城垛上，以深切的关怀注视着他们，并嘉奖他们的坚定意志。随后有声音从上帝的宝座那里传到他们耳中说：“你务要至死忠心，我就赐给你那生命的冠冕。”（启2:10）

撒但虽然用暴力来摧毁基督的教会，但他一切的努力都是徒然的。当这些忠心高举真理旗帜的勇士在他们的岗位上光荣牺牲时，耶稣的门徒所殉身的大战争并未就此停止。他们借失败获得了胜利。上帝的工人固然被杀了，可是祂的圣工却稳步前进。福立继续传开，信徒的数目也不断的增多。它深入了最难进入的地区，甚至传到罗马的御营中。有一个基督徒向一些推动逼迫的异教官长申辩说:你们可以“杀死我们，残害我们，裁判我们。你们的不公道正足以证明我们的无罪。你们的残暴，并不能使你们成功。”这种逼迫反成了更有力的邀请，叫别人也来接受他们的信仰。“我们被杀的越多，我们的人数就越多，基督徒的血乃是福音的种子。”(注1)

千万的人被监禁、被残杀，可是另有人起来补充他们的空缺。而且那些为信仰殉身的人便确定是属于基督的人，祂也认为他们为得胜者。他们已打了美好的仗，当基督再来时，他们将要接受荣耀的冠冕。基督徒所忍受的苦难使他们彼此更为接近，并且更加亲近他们的救赎主。他们生活的榜样和临死的见证经常为真理作了申辩。而且在人所最难意料的地方，有撒但臣仆也离开了他的行列，而投身于基督的旗帜之下。

于是撒但布置了新的计划，把他的旌旗插在基督的教会当中，以便更有效地对上帝的政权作战。若是基督的门徒能被诱惑，因而招致上帝的不悦，那么他们的力量、果敢、坚定，将要衰退，而他们就很容易地成为他的掠物了。

那大仇敌这时企图借着欺骗的手段，来达到他用武力所未能达到的目的。于是逼迫停止了，代之以暂时的兴旺和属世尊荣可怕的引诱。拜偶像者接受了基督信仰的一部分，而拒绝了其他主要的真理。他们口头上承认耶稣是上帝的儿子，并相信祂的死和复活，可是他们并不自觉有罪，也不感到有悔改或心灵更新的必要。他们既然作了一些让步，他们就建议基督徒也应有所让步，以便人人可以在信仰基督的大原则上团结起来。

于是教会便处于极可怕的危险之中了。与监禁、刑罚、火刑和刀剑比起来，倒要算为幸福。有一些基督徒坚定不移，宣称他们绝不能妥协。其他的人则赞成放弃或修改他们信仰的某些方面，与那些接受了基督教一部分信仰的人团结，并主张说，这样作或许可能使他们彻底悔改。这是忠心的基督徒身心最痛苦的时期。撒但披着伪装基督教的外衣钻进了教会，为要败坏他们的信仰，并使他们的心意转离真理之道。

最后，大多数的基督徒同意降低他们的标准，于是基督教和异教团结起来了。敬拜偶像者虽然口称悔改，并加入了教会，但他们并没有放弃拜偶像的习惯，只不过把他们跪拜的对象改换为耶稣，甚至马利亚，或圣徒的像而已。拜偶像的邪恶影响进入教会之后，就继续地发生其毒害的作用。错误的教义，迷信的礼节，拜偶像的仪式，与教会的信仰和崇拜混杂起来了。基督的门徒既与拜偶像者联合，基督教就渐渐腐化了，而教会也就失去她的纯洁和力量。纵然如此，还有一些人没有因这些诱惑而步入歧途。他们仍坚持效忠真理的创始者，单单敬拜上帝。

在自称为基督徒的人中，向来就有两等人。一等人研究救主的生活，并诚恳的设法改正自己的缺点，以求合于基督的榜样，而另一等人，则逃避那暴露他们错误的清楚而实际的真理。即使在最良好的情况下，教会内的分子也并非完全是真实、纯洁和忠诚的。我们的救主固然教导我们不可让故意放纵罪恶的人加入教会，同时祂也曾使一些在性格上有缺欠的人与自己接近，并以自己的教训和榜样帮助他们，使他们可以有机会看清楚他们的错误，并加以改正。在十二使徒中有一个是叛徒。犹大之所以被接纳，并不是因为他性格上有缺点，而是因为主不顾他的缺点。他与门徒同列，为要让他因基督的指导和榜样，而明白什么是基督徒的品格，并借此看出自己的错误，以至于悔改，然后借上帝恩典的帮助，“因顺从真理”而洁净自己的心。主虽然如此慈爱地让真光照在他身上，可是他却没有行在光中，他因放纵罪性，招引了撒但的试探。他品格上的劣点得了权势。他的思想随从了幽暗权势的操纵，在他的过错受到责备时，他就发怒了，终于犯了出卖他夫子的可怕罪行。凡自称敬虔而心怀罪恶的人，必要同样地恨恶那些责备他们罪行而打搅他们安宁的人。他们遇有适当的机会，就要像犹大一样，出卖那些为了他们的好处而责备他们的人。

使徒们曾在教会中遇到一些有敬虔的外貌而内心却怀藏罪孽的人。亚拿尼亚与撒非喇行了欺骗的事，他们假装为上帝作了完全的奉献，可是因贪心而为自己留下一份。真理的灵向使徒们揭露了这些伪善者的真面目，于是上帝的刑罚把这可憎的污点从教会中洗除了。那监察人心的基督的灵显著地表现在教会当中，就使伪善和行恶的人大大恐怖。他们不能与那些在习惯和品性上经常代表基督的人长久共处，于是当试炼和逼迫临到祂的信徒时，惟有那些甘心为真理撇弃一切的人才愿意作祂的门徒。因此，何时逼迫延续不断，教会就比较纯洁。可是逼迫一停止，便有比较不真诚和不敬虔的人加入教会，这样就给撒但开了方便之门，使他得到立足之地。

光明之君和黑暗之君中间是没有什么联合的，所以在跟从他们的人中间，也不能有什么联合。当基督徒同意和那些方从异教中出来而没有彻底悔改的人联合时，他们就是走上了一条离真理越走越远的道路。撒但见到自己欺骗了这么多的基督徒，便大为欣喜。于是他将力量完全用在这些人身上，促使他们去逼迫那些仍然效忠上帝的人。那些曾经一度护卫基督的信仰而后来背道的人，去反对基督真理的真信仰是最有办法的。于是这些叛道的基督徒便会同一些半信异教的人，向基督的道理中最主要的特点进行攻击。

既有这些披着宗教外衣的人进入教会，施行欺骗和可憎之事，凡要忠心坚决抵抗这些事的人，就不得不作一番拼命的奋斗。那时圣经已不再公认为信仰的标准了。宗教自由的教义已被斥为异端，而且凡拥护宗教自由的人，反而遭到恨恶，被人排斥。

经过长期剧烈的争战之后，少数忠实的信徒认为如果这叛道的教会不肯放弃虚伪和拜偶像的罪，他们就决意和她割断一切关系。他们看出如果他们要听从上帝，则这种分裂是无法避免的。他们不敢容忍任何对灵性有致命之害的谬道，也不敢留下一个足以危及子子孙孙信仰的榜样。为求和平与团结起见，只要不妨碍他们对上帝的忠贞，他们尽可让步，可是他们认为如果必须牺牲真理的原则去换取和平，其代价是太高了。如果为求团结而必须牺牲真理和正义，那么，就让它分裂吧，即使引起战争也在所不计。

这鼓励当时那些坚决不移的圣徒的原则，如能重新振作现代自称为上帝子民之人的心，那么教会和世界都必受到良好的影响。如今一般人对基督教的基本教义表示惊人的冷淡。许多人认为教义问题究竟不是最重要的，而且这种看法已在逐渐得势了。这种退化的现象正在加强撒但党羽的势力，以致多年来忠实信徒冒着性命的危险所去抗拒并暴露的虚假理论和阴毒欺骗，这时倒被千万自称为基督徒的人所赞同了。

早期的基督徒确实是一班特殊的人。他们无可指摘的操行和毫不动摇的信仰，乃是一种不断使罪人感觉不安的谴责。他们人数虽少，又没有财富、地位或尊号，可是不论在什么地方，只要他们的品格和教训为人所共知，作恶的人就必战兢恐惧。因此，他们被恶人恨恶，正如亚伯被不敬虔的该隐恨恶一样。为了这同一的原因，该隐杀死了亚伯，那些想要摆脱圣灵约束的人也照样把上帝的子民杀害了。犹太人之拒绝并钉死救主，也就是为了这个原因。因为祂性格的纯洁、圣善，对于他们的自私和腐化乃是一种经常的斥责。从基督的时代直到如今，祂忠心的门徒不断地激起了喜爱并顺服罪恶生活者的仇恨和反对。

既是这样，福音怎能称为和平的信息呢？当以赛亚预言弥赛亚的降生时，他称祂为“和平的君”。当天使向牧羊人宣告基督的降生时，他们在伯利恒的平原上歌颂说：“在至高之处荣耀归与上帝，在地上平安归与祂所喜悦的人。”(路2:14)可是基督曾说:“我来，并不是叫地上太平，乃是叫地上动刀兵。”(太10:34)基督的这一句话，好像与以上的预先宣告有了矛盾。其实我们如能正确地了解这两方面的意思，便可以看出它们是完全一致的。福音确是一个和平的信息。基督的道理若为众人所接受、所遵守，那么和平、融洽与幸福，必要洋溢于全世界。基督的宗教能使一切接受其教训的人团结起来，如同弟兄般的亲热。耶稣的使命就是使人与上帝和好，借此使人与人之间也彼此和好。可是世界大部分还伏在基督的死敌撒但的控制之下。福音既带给他们一种与他们的习惯和欲望完全不同的生活原则，他们就要起来反抗。他们恨恶那足以暴露并指摘他们罪的纯洁生活，于是他们就要逼迫并毁灭那些劝他们服从福音的正直和圣洁之要求的人。正因这个缘故，——福音所带去高尚的真理，必要激起人的仇恨和反对，——所以福音又称为“刀兵”。

容许义人在恶人手中遭受逼迫的奥秘的神旨，常使信心薄弱的人感到大惑不解。因为上帝往往让极卑鄙的人顺利亨通，而极良善和极纯洁的人，倒为恶人的残暴势力所苦害，所以有些人就想放弃他们对上帝的信仰了。他们疑问说，一位公正、仁慈而有无穷能力的上帝，怎能容忍这种不公正的行动和压迫呢？这是我们不必过问的事。对于上帝的慈爱，祂已经给了我们充分的凭据，我们不应该因不能了解祂的作为和美意而怀疑祂的良善。救主曾预先看到门徒在患难和黑暗的时期中所要产生的疑虑，所以祂对他们说:“你们要记念我从前对你们所说的话，仆人不能大于主人。他们若逼迫了我，也要逼迫你们。”(约15:20)耶稣为我们所受的苦，比任何跟随祂的人在恶人残暴之下所能受的苦惨重多了。凡蒙召为道受难而殉身的人，无非是在追随上帝爱子的脚踪而已。

“主所应许的尚未成就，其实不是耽延。”(彼后3:9)祂并不忘记或疏忽祂的儿女，祂让恶人暴露他们的真面目，是叫一切愿意遵行祂旨意的人，对于这些人不再存什么幻想。再者，义人被置于苦难的炉火中，乃是要熬炼他们，使他们纯洁，叫别人因他们的榜样而看出这信仰和敬虔是真实的。同时，他们言行一致的作风，也要定那不敬虔和不信之人的罪。

上帝让恶人兴盛，并显露他们对于祂的仇恨，乃是要在他们恶贯满盈而被毁灭时，人人都可看出上帝的公义和慈爱。祂报应的日子迫近了，那时凡违犯祂律法并压迫祂百姓的人，将要得到他们行为的报应。那时恶人对上帝忠心的子民所有的每一件残暴或不公正的行为，将要受到惩罚，如同是行在基督身上一样。

另有一个更重要的问题，是今日的教会所当注意的。使徒保罗宣称:“凡立志在基督耶稣里敬虔度日的，也都要受逼迫。”(提后3:12)但是现在为什么逼迫似乎是非常的消沉呢？惟一的原因，就是教会已经效法了世界的标准，所以引不起反对。今日流行的宗教已经失去了基督及使徒时代信仰的纯洁和神圣的特质。基督教之所以能博得群众的赞许，乃是因为它与罪恶的妥协精神，因为它对圣经伟大真理的漠不关心，并因为它缺乏真正的敬虔。只要把早期教会的信心和能力恢复过来，则逼迫的风云必将再起，逼迫的火焰也必复燃。

注1: Tertullian’s “Apology,” par. 50(ed. T. Clark, 1869).

第三章
灵性的黑暗时代

使徒保罗在帖撒罗尼迦后书中曾预言日后的大背道，其结果就是罗马教皇势力的建立。他说，在基督复临之前，必有“离道反教的事，并有那大罪人，就是沉沦之子，显露出来。他是抵挡主，高抬自己，超过一切称为神的和一切受人敬拜的，甚至坐在上帝的殿里自称是上帝。”使徒保罗接着进一步警告他的弟兄们说：“那不法的隐意已经发动”了。(帖后2:3，4，7)在那个早期时代，他已经看到种种异端邪道渗入教会，为罗马教的发展预备了道路。

这“不法的隐意”起初是在暗中静静地发动的，及至它势力日增，深得人心之后，它便逐渐公开地进行那欺骗和亵渎的工作。异教的风俗习惯大都是在人不知不觉之中潜入基督教会的。教会在异教徒手中所受的剧烈逼迫，把妥协和屈从世界的风气一时都抑制住了。及至逼迫停止，基督教传进王宫和贵族之间以后，教会便失去了基督与使徒们谦卑俭朴的精神，效法异教僧人和官僚的傲慢与虚荣，并且废除了上帝的律法，而代之以人为的理论和遗传。在第四世纪初叶时，君士坦丁皇帝在表面上的悔改信教，使教会大为兴奋，同时属世的精神就披上公义的外衣，步入教会之内。从此以后，腐化的影响便迅速蔓延了。异教虽在表面上销声匿迹，但实际上她却胜利了。她的精神控制了教会。她的教义、仪文和迷信，都搀入那些自称为基督徒者的信仰与敬拜之中。

异教与基督教的妥协，终于产生了预言所示抵挡主，高抬自己超过上帝的“大罪人”。这庞大的虚伪宗教制度，乃是撒但权势的杰作，是他为自己登上宝座，按己意统治世人所作一切努力的结晶。

撒但曾一度想与基督妥协。在上帝的儿子受试探的旷野中，撒但曾来到祂面前，将天下万国和万国的荣华指给祂看，并表示愿将这一切交在祂手中，只要祂承认幽暗世界魔王的无上权力。基督却斥责那狂妄僭越的试探者，并迫使他离开了。然而撒但现今用这同样的方法试探人类的时候，他却收了极大的效果。为要取得世俗的利益及荣誉起见，教会便被引诱去寻求地上大人物的赞助与支持，她既然这样拒绝了基督，就进一步的被诱惑去效忠撒但的代表——就是罗马城的主教了。

罗马教的主要教义之一，就是声称教皇为普天下基督教会看得见的元首，并具有至上的威权，可以管理世界各地的主教和教牧人员。此外，更有甚者，就是教皇已僭称了上帝的尊号。他也被称为“主上帝教皇”，并被宣布是绝无错误的。他要众人都向他敬拜。撒但在旷野里的试探中所作的同样主张，他今日仍借着罗马的教会贯彻到底，并且竟有许多人欣然向他敬拜。

但一切敬畏上帝的人必能应付这胆大包天的僭越者，正如基督应付那奸猾的仇敌说：“当拜主你的上帝，单要侍奉祂。”(路4:8)上帝在祂的圣言中，从来没有暗示祂已委派任何人担任教会的元首。以教皇为至尊至上的教义，乃是与圣经的教训直接冲突的。教皇除非用巧取豪夺的手段，绝不能有权力统治基督的教会。

罗马教徒坚持反对基督教徒，并诬告他们是信异端的，说他们故意脱离真教会。但这些诬告正应该用在他们自己的身上。那落下基督的军旗，并离弃了那“从前一次交付圣徒的真道”(犹3)的人，正是他们。

撒但深知圣经能使人洞悉他的骗术，抗拒他的权力。即连世界的救赎主也曾运用圣经来抵挡他的袭击。对他每一次的进袭，基督皆迎之以永生真理的盾牌，说：“经上记着说。”在祂应付仇敌的每一提议时，祂总是运用圣经中的智慧和能力。所以撒但为要维持他统治人类的权力并建立篡位者教皇的威权起见，他就必须使人们不明白圣经。圣经是高举上帝的，必须把智慧有限的世人置于其应有的地位。故此，撒但必须把圣经中神圣的真理加以隐蔽与禁止。这就是罗马教会所采用的理论。数百年来，她禁止圣经的销售，禁止人阅读圣经，也不准他们家里藏有圣经，而只让他们听取一班神父和主教们无原则地曲解圣经的教训，来支持自己的虚伪。在这种情形之下，教皇便几乎被公认为上帝在地上的代理人，并赋有统治教会与国家的权威了。

撒但既把那错谬的发现者除掉，就可以任意妄为了。先知的预言说过，罗马教皇必“想改变节期和律法”。(但7:25)这种工作，他当即下手尝试了。为使更多的教徒在表面上信奉基督起见，便制作一些神像来代替所敬拜的偶像，于是敬拜偶像和圣物的风气，便渐渐的潜入了基督教的敬拜中。最后在一次宗教会议上，便正式成立了这拜偶像的制度。(注1)为巩固这种亵渎的风俗起见，罗马教竟敢擅自从上帝的律法中，删掉那禁止人拜偶像的第二条诫命，并把第十条诫命分作两条，以补足十条之数。

向异教让步的精神，打开了一条门路，使人更进一步轻视上天的威权。撒但利用教会中不专心侍奉主的领袖们，企图窜改第四条诫命，想要废除古传的安息日，就是上帝所分别为圣并赐福的日子，(见创2:2，3)而高举异邦人所遵守的“可敬之太阳日”来代替它。这种更改，最初并不是公开进行的。在第一世纪，所有的基督徒都是遵守真安息日的。他们热切关心上帝的尊荣，还相信祂的律法是永不改变的，所以他们热心维护律法每一条的神圣性。但撒但却极其狡猾地利用自己的代理人来达成他的目的。为吸引人注意日曜日起见，便定这一日为记念基督复活的节期。在这日他们举行宗教礼拜，但还是公认它为娱乐的日子，而安息日则仍被遵守为圣日。

为贯彻他自己的计划准备条件起见，撒但在基督降世之前，就已经引诱犹太人造出许多严格的条例加在安息日上，使遵守安息日的事成为重担。这时，他又利用自己所给人的这种错误见解，使人轻看安息日，说它是犹太人的制度。他一面使基督徒遵守日曜日为欢乐的节日，一面使他们定安息日为禁食、悲苦和忧愁的日子，来表示他们对犹太教的仇恨。

在第四世纪初期，君士坦丁皇帝下谕将日曜日定为全罗马帝国的公共节期。因那时他的异教臣民是敬奉太阳日的，而且一般基督徒也很尊重这一天，皇帝的政策是要解除异教与基督教之间的利害冲突。教会的主教们也催促他实行这个政策，故他们利令智昏、热衷权力，以为基督徒与异教徒若能同守一日，可以促使异教徒在名义上接受基督教义，如此则教会的权力与光荣便要大大增加了。那时，虽然有许多敬畏上帝的基督徒渐渐被引诱去承认日曜日为圣日，但他们一面还是承认真安息日为耶和华的圣日，并依照第四条诫命去遵守。

这时那大欺骗者尚未完全成功。他坚决要将基督教界置于自己的麾下，并利用他的代表人，就是那自称为基督的代表的傲慢教皇去行使他的权力。撒但利用那些半悔改的异教徒，野心勃勃的主教和贪爱世俗的信徒去达成自己的目的。各地时常举行宗教大会，从世界各地招集教会的主要人物前来参加。几乎每一次会议都把上帝所制定的安息日压低一点，同时把日曜日相应地提高了。因此，这异教徒的节日终于被尊为一种神圣的制度，而圣经的安息日却被宣布为犹太教的遗物，而且凡遵守的人都要受咒诅。

这大背道者在高抬自己“超过一切称为神的和一切受人敬拜的”事上，(帖后2:4)已经成功了。上帝的诫命中，只有一条向全人类明确的指出真实的永生上帝，而他竟敢把它更改了。第四条诫命显明上帝是创造天地的主，如此就把祂与一切假神分别出来了。第七日之所以被分别为圣，作为世人休息的日子，乃是为要记念上帝创造之工。设立安息日的原意，是要在人的心中时常记念永生上帝为他们生命的根源和尊崇敬拜的对象。撒但竭力要鼓动人不忠于上帝，不顺从祂的律法，因此他便特别致力于攻击那指明上帝为创造主的诫命。

现今的基督教徒声称，基督既在日曜

日复活，就使这日成为基督教的安息日。然而这种说法却没有圣经上的根据。基督和祂的门徒并没有如此尊敬这天。以日曜日为基督教圣日的制度，乃是那“不法的隐意”(帖后2:7)所首创，而这个势力在保罗的时代就已经发动了。请问，上帝曾在何时何地承认过这个罗马教的产品呢？有什么有力的理由可以偏袒这种圣经所不认可的变更呢？

在第六世纪，罗马教已经坚强地建立起来了。她权力的宝座安置在罗马帝国的首都，罗马主教被称为全教会的元首。罗马教已承继异教的系统了。那“龙”已“将自己的能力、座位和大权柄，都给了”那兽。(启13:2)在但以理书和启示录中所预言教皇施行逼迫的一千二百六十年从此就开始了。(但7:25；启13:5—7)基督徒必被迫选择，到底是要放弃自己的忠贞，去接受罗马教的仪文与敬拜呢，或是要在牢狱中折磨自己的生命，在拷问台上、火刑柱上或在刽子手的斧下舍生呢。耶稣以下的话此时便应验了：“连你们的父母、弟兄、亲族、朋友也要把你们交官，你们也有被他们害死的。你们要为我的名被众人恨恶。”(路21:16，17)忠心的信徒所受的逼迫是空前残暴，以致当时的全世界竟成了一个广大的战场。经数百年之久，基督的教会必须在穷乡僻壤与人迹罕至之处避难。这就是先知所预言的情形：“妇人就逃到旷野，在那里有上帝给她预备的地方，使她被养活一千二百六十天。”(启12:6)

在罗马教开始掌权的时候，也就是黑暗世代的开始。她的势力愈增强，而黑暗也就愈形加深。人的信仰便从那真的基础基督，转移到罗马的教皇身上了。一般人为要求得赦免和永久的救恩，就不再信赖上帝的儿子，却代之以仰望教皇和他权威的代表人——神父与主教了。他们受教说，教皇是他们地上的中保，若不借着他，无人能到上帝面前，而且对他们，他是代表上帝，所以人人必须绝对的服从。人若偏离了他的命令，就足以使最严厉的刑罚临到自己的身上和灵魂。因此，众人的心便远离上帝，而转向容易犯错误、荒谬，而残暴的人，更是转向那借着这些人行使他权力的幽暗魔王了。罪恶竟披上了一件圣洁的外衣。每当圣经被人禁止流行，而人自称为至高至上的时候，其结果总不外乎犯诡诈、欺骗和卑鄙的罪。人的律法和遗传既被高举，那么，废弃上帝律法所必引起的败坏就出现了。

那时真正是基督的教会遭遇危难的日子，忠心高举真理旗帜的人实在是寥寥无几。为真理作见证的人虽然没有完全断绝，但有时异端与迷信似乎将要完全得胜，而真实的宗教信仰险些要从地上消灭了。一般人已经看不到福音的真光，同时形式的宗教却愈来愈多，众人都被宗教的种种严格规则所压倒了。

他们受教，认为非但要仰望教皇为罪人的中保，同时也要靠自己的行为赎罪。长途跋涉去朝拜圣地，刻苦修行，敬拜圣物，以及建造教堂、神龛、祭坛，并捐献巨款给教会——这些事，以及诸如此类的行为，是要用来平息上帝的怒气，或获得祂恩宠的。他们把上帝看作凡人一样，以为祂会因琐事而震怒，并可用礼物或苦行来和解的。

当时虽然罪恶普遍地流行，甚至在罗马教会的领袖之间也是如此，但这个教会的势力似乎仍然在不断地增加着。在第八世纪的末叶，罗马教徒出来主张说，在早期教会中，罗马城的主教本来就有他们现在所有的属灵权力。为证实这种主张起见，他们必须想办法给它加上一副权威性的假面具，于是“说谎之人的父”也就很自然地为他们想出办法来，僧侣们伪造了许多古代的文书，从来没有听说过的议会法令这时忽然发现了，证明教皇的至上权威是从最早的时期流传下来的。于是这个已经拒绝真理的教会，便饥不择食地接受了这些欺骗。

那在真实的根基上(见林前3:10，11)建造的少数忠实信徒，因为异端邪说的垃圾妨碍了工作，便感到困惑而无法进行。他们正像尼希米时代修造耶路撒冷城墙的工人一样，有人说，“灰土尚多，扛抬的人力气已经衰败，所以我们不能建造城墙。”(尼4:10)有一些本来是忠心的建造者，因不断地与逼迫、欺诈、罪恶，以及撒但所能想出来拦阻他们前进的种种障碍争战，就感到疲惫灰心了，于是为了追求和睦并保全生命财产起见，他们便离开了真实的根基。至于其他不因仇敌反对而丧志的人，却毫无惧怕地宣告说:“不要怕他们，当记念主是大而可畏的。”(尼4:14)于是他们像古时造城的工人一样，各人都在腰间佩剑，仍旧进行工作。(见弗6:17)

在每一个时代中，上帝的仇敌都为这同样的憎恨并反对真理的精神所鼓动，同时祂的仆人也必须具有这同样的严密、警戒和坚守忠诚的精神。基督向早期的使徒所说的话，也可以应用在祂一切的信徒身上，直到末时:“我对你们所说的话，也是对众人说，要儆醒。”(可13:37)

黑暗似乎越来越深沉了，拜偶像之风也越发普遍。信徒们竟在偶像面前点燃灯烛，向它祈祷。最荒诞最迷信的习俗和礼节，风行各地。人们的思想完全被迷信所支配，甚至似乎已失去了理性。神父和主教们自己既然贪爱宴乐、纵情色欲、沉醉于败坏之事，则一般仰赖他们为导师的民众，自然全陷溺于愚妄和罪恶之中了。

在第十一世纪，教皇贵钩利七世宣布教会是完全的，这是教皇又进一步的僭越举动。在他所宣布的公告中，有一条说根据圣经的教训，教会是从来没有错误的，而且永远也不会有错误。但当时他并没有提出圣经的证据。这个傲慢的教皇接着又主张自己有黜废君王之权，并声称他所宣布的每一个判决，任何人都不得更改，而他自己却有权推翻别人的决议。

在教皇对待德国皇帝亨利第四的事上，我们可以看到一个显著的例子，说明这自称绝无错误者的专横作风。因为亨利擅敢冒犯教皇的威权，教皇便宣布开除他的教籍，废了他的王位。同时，还鼓动亨利手下的公侯造反，他们就背弃并恫吓他，使他不得不向教皇求和。他携同王后和一个忠心的仆人，在仲冬严寒的时节，攀越阿尔卑斯高山，以便到教皇之前卑躬服罪。及至他到了教皇贵钩利驻跸的城堡，便把卫兵留在城外，进入宫殿的外苑。在冬日严寒之下，他免冠徒跣，衣衫单薄，站在那里等候教皇的传见。直到他禁食认罪三日之久，才蒙教皇予以赦免。就是这样，他还必须等候教皇正式下令许可之后，才能恢复王位，行使王权。贵钩利因这次的胜利而非常得意，并夸口说他的职责乃颠覆骄横的君王。

这傲慢至极目空一切的教皇的作风，与基督的柔和谦卑相较，真是何等显著的对比啊！基督形容自己是站在人的心门之前，请求人让祂进去，以便带来赦免与平安。祂曾教训自己的门徒说，“谁愿为大，就必作你们的用人。”(太20:27)

一世纪一世纪地过去，从罗马城所传出来的教义，越发荒诞不经了。在罗马教会尚未成立之前，异教哲学家的学说就已经为教会所重视，并在教会中发生了影响。许多自称是悔改信主的人仍然固守着异教的学说，不但自己继续研究，而且也鼓励别人去研究，以便借之扩大在异教人中的感化工作。因此许多严重的错误异端，便混入基督教的信仰之中了。其中最显著的异端，就是人的灵魂不死和死人仍有知觉的信仰。这种教义奠定了罗马教建立圣徒为人代求，和崇拜贞女马利亚教条的根基。从此也构成了终身不悔改之人受永远痛苦的异端邪说，这邪说很早就已成为罗马教信条之一了。

这样就为异教的另一个谬论开了门路，就是罗马教会所称为“炼狱”的道理，以便用来恫吓许多愚夫愚妇与迷信之徒。根据这种异端宣称有一个执行酷刑的所在，凡不必永远沦入地狱者的灵魂，便要在炼狱里为自己的罪受罚，及至罪恶的污秽被炼净之后，他们便可升入天堂。

罗马教会为了从信徒的恐惧心理和罪恶生活上图利起见，又虚构一种荒诞不经之说，那就是她所提倡的特赦之道。她应许说，凡参加教皇军役的人，或去扩张他在世上之领土，或去惩罚他的敌人，或去消灭那些反对他属灵的至上权威的人，他们过去、现在以及将来的罪，都可全部赦免，而且他们因这些罪而应受的痛苦和刑罚，也可以同时勾销。她又教训人说，借着捐款给教会，他们也能脱罪自由，甚至可以释放那些在炼狱火焰中受痛苦的已故亲友的灵魂。由于这些方法，罗马教廷便金银满库，足供那些冒称“没有枕头的地方”之主的代表者尽情地奢侈挥霍，放荡邪淫。

这时，圣经上的圣餐礼节，已被拜偶像式的弥撒祭所代替了。罗马教的神父们竟伪称他们能借着他们那种无意义的画符念咒，把普通的酒和饼变成基督的真肉、真血。(注2)他们怀着亵渎僭越的心，公然宣称自己有创造万物的创造主上帝的权能。他们甚至用死刑来威胁一切基督徒，要他们承认这种可憎的，侮辱上天的异端。成千成万拒绝这种教条的人，竟被处火刑焚死。

在第十三世纪，罗马教成立了最残酷的机构，就是信仰裁判所。那时黑暗的魔君和罗马教的领袖们密切合作了。在他们的秘密会议中，有撒但和他的使者控制着恶人的思想。同时在冥冥之中，也有上帝的天使在场，将他们罪恶的命令留下可怕的记录，并把他们罪恶的历史写了下来，这些记录，就是在人看来，也是残忍不堪的。这“大巴比伦”已经“喝醉了圣徒的血”。千万殉道者血肉狼藉的遗骸向上帝呼叫，求祂追讨这背叛势力的罪。

罗马教皇已经成了全世界的独裁统治者。各国的帝王都俯首贴耳，唯命是从。众人的命运，不论是今生或来世的，似乎都已操在他的掌握之中。数百年来，罗马教的教义已被广泛而绝对地接受了，她的仪式、规例已被恭谨地奉行，她的节期也被普遍地遵守了。她的神父僧侣们为人所尊敬，并领受人的慷慨布施。当时罗马教会所得的尊荣、威严和权力，可以说是空前的。

“罗马教廷的中午，正是社会的半夜。”(注3)不但是一般人民几乎都不知道有圣经存在，就连神父们也是如此。罗马教的领袖们正像古时的法利赛人一样，恨恶那显出他们罪恶的真光。上帝的律法本是公义的标准，这时既被废除，他们就能横行无忌，尽情作恶。各种欺诈、贪欲、淫荡的行为到处风行，人们只要有名有利，就无所不为。教皇和主教们的宫庭成了极度荒淫邪恶的场所。有一些教皇和主教的罪恶是那么可憎，甚至连世俗的官吏也认他们为不可容忍而过分邪恶的怪物，要设法罢免他们。几百年之久，欧洲各国在学问、艺术和文化方面，是毫无进步的。道德和智力上的麻痹状态临到了当时的基督教界。

处于罗马教权势之下的世界状况，正好应验了先知何西阿的预言：“我的民因无知识而灭亡。你弃掉知识，我也必弃掉你。你既忘了你上帝的律法，我也必忘记你的儿女。”“因这地上无诚实、无良善、无人认识上帝。但起假誓、不践前言、杀害、偷盗、奸淫、行强暴、杀人流血接连不断。”(何4:6，1，2)这一切都是因废弃圣经而产生的后果。

注1：Second Council of Nice, A. D. 787.

注2：Cardinal Wisemcn’s Lectures on “The Real Presence,” sec. 3, Par. 26.

注3：Wylie, “History of Protestantism,” 卷1，第4章。

第四章
忠贞的擎光者

在罗马教掌权的漫长时期中，全世界都黑暗了，可是真理的光芒并不能全然消灭。每一个时代都有上帝的见证人，——他们笃信基督为上帝与人类之间的惟一中保，他们以圣经为人生的惟一准绳，他们也遵守安息日为圣日。后代的人永不会充分赏识这些人对全世界所有的贡献 。当时人竟诬告他们为旁门左道，非难他们的动机，破坏他们的名誉，他们的作品被禁止发行，或被诽谤和篡改。可是他们并不摇动，却世世代代保持自己信仰的纯洁，作为传给后代的神圣基业。

在罗马教会掌权之后的黑暗时期中，上帝百姓的经历已经记录在天上，可是在世人的历史文献中却少有记载。他们的遗迹不多，而且所有关于他们的记录多半还是在逼迫他们之人的控告辞中。罗马教会的政策，乃是要将一切反抗她教义和命令之人的遗迹全然消灭。凡她所认为是属于异端的人物或作品，她企图要毁灭净尽。无论贫富贵贱，只要有人表示怀疑，或胆敢过问教皇所颁布的教条，这人就有丧失性命的危险。罗马教会也曾设法毁掉一切有关她虐待反对之人的记录。罗马教会的议会曾通过议案，规定一切载着这一类记录的书籍和作品，都要付之一炬。在尚未发明印刷术之前本来就没有多少书籍，而所有的书本也不容易保藏，所以罗马教会的毒计是不难实施的。

凡在罗马教会管理范围之内的教会，没有一个能长久享受信仰自由的。教皇握得大权之后，他便伸手压迫一切不承认他威权的教会，于是众教会便一个一个地向她低头了。

在大不列颠群岛，纯正的基督教很早就奠定了基础。不列颠人在早世纪所接受的福音，这时还没有受到罗马教会叛道的腐化影响。不列颠各教会从罗马城所得到的惟一“恩赐”，乃是一些信奉邪教的皇帝所加在他们身上的逼迫，因为古罗马帝国反基督教的势力竟伸展到那么遥远的地区。许多英格兰的基督徒因逼迫而逃到苏格兰去，然后从那里将福音传到爱尔兰，这些地方的人民多有欢喜领受福音的。

及至撒克逊人侵入不列颠，邪教就得了统治权。撒克逊人不屑领受他们所征服之奴隶的教导，于是基督徒被迫退隐到山野之间。虽然如此，那一时隐蔽了的真光，仍然没有熄灭。过了一个世纪，它便在苏格兰照耀出来了，并且所射出来的光芒一直照到远方之地。爱尔兰出了几位以敬虔闻名的哥仑巴和他的同工们，他们将四散的信徒聚集到一个名叫爱欧那的小岛上，他们就以这个偏僻的岛屿做为向外布道的中心。这些传道人中有一位是遵守圣经中安息日的，他便将这真理介绍给这些人。他们在爱欧那成立了一所学校，并从这里派出传道士，不但到了苏格兰和英格兰，而且也到了德国、瑞士，甚至意大利半岛。

罗马教廷早已注意到不列颠，而且决心要将这地带收归自己的权下。在第六世纪，她的宣教士便着手教化英国的撒克逊异教徒。罗马教的宣教士蒙这些骄傲的蛮族善意接待了，而且其中成千的人宣称信服了罗马教。及至传教的工作进展到相当程度之后，罗马教的领导人和他们的信徒便遇到了原始教会的基督徒。二者相形之下，显然有些不同。这些基督徒在品格、道理和举止方面乃是淳朴、谦卑，并符合圣经的，而罗马教徒却显出教皇制度下的迷信、奢华和傲慢的作风。罗马教的特使饬令这些基督教会承认教皇的至高权威。不列颠的信徒则委婉地回答说，他们固然要以爱心对待众人，可是教皇无权在教会中居至高的地位，所以他们顺服他，也只能像顺服每一个跟从基督的人一样。罗马教屡次设法使这些人归顺罗马，可是这些谦卑的基督徒，对罗马特使的傲慢作风甚感惊异，并坚决地答复他们说，在基督之外，我们不承认任何人为师尊。于是罗马教的真面目暴露出来了。罗马教的特使威胁他们说：“你们若不愿接待那带和平给你们　的弟兄，你们便要迎见与你们作战的敌人。你们若不同我们联合起来去向撒克逊人指明生命之道，你们便要遭到他们致命的攻击了。”（注一）这并不是虚言恫吓，结果这些为圣经信仰做见证的人遭到了战争、阴谋和欺骗的摧残，直到不列颠的各基督教会或被毁灭，或被胁迫服从教皇的权威为止。

在罗马教势力范围以外的地区，有许多基督徒的团体几乎完全没有受到罗马教的腐化，竟达数世纪之久。可是他们被异教所包围，年复一年，所以总难免不受谬道的影响，虽然如此，但他们仍以圣经为信仰的唯一准绳，并保守其中的许多真理。这些基督徒笃信上帝律法的不变性，并遵守第四条诫命的安息日。保持这种信仰和习惯的教会，多数是在中非洲和亚洲的阿米尼亚。

在抗拒罗马教势力的各教会中，瓦典西宗派可算是站在最前列的了。教皇设立宝座的地方，恰好也就是他腐化影响和虚假教义受到最顽强抵抗的地方。瓦典西人住在意大利北部的庇德蒙省，这一带的教会坚持独立数百年之久，可是过了多年，罗马教终于强逼他们归顺。他们对罗马压迫的抵抗无效之后，这些教会的领袖们迫不得已，最后承认了这个似乎全世界所服从的至尊权。虽然如此，还有少数人坚决不承认教皇或主教们的权力。他们决心效忠上帝，并保持自己信仰的纯洁和淳朴，于是他们中间分裂了。凡要保持古代传统之信仰的人即行退出，其中有些人离开了阿尔卑斯山地带，到国外去高举真理的旗帜，还有一些人退到偏僻的山谷里和高山上，在那里保持他们敬拜上帝的自由。

瓦典西派的基督徒多年所保持和宣讲的信仰，与罗马教会所散布的虚假道理相形之下，显然不同。他们的宗教信仰乃是根据圣经的明文，是属于基督教的真正系统的。可是，这些卑微的农民既住在那么偏僻的山区，又必须每日在果园和牧场上操作，他们之能找到那与背道教会之教皇的邪说迥不相同的真理，并不是凭着他们自己的能力。他们所领受的并不是新的信仰，而是从他们先祖承受下来的遗产。他们乃是为使徒时代的信仰，就是“从前一次交付圣徒的真道”(犹3)而竭力争辩。真正的基督教会乃是“在旷野中的教会”，而不是那设宝座于欧西世界中心的骄傲教廷；这教会也是上帝已经交付给祂子民传与世人之真理财宝的守护者。

真教会和罗马教分裂的主要原因，乃是罗马教对安息日的仇恨。正如预言所说，罗马教的权势要将真理抛在地上。上帝的律法要被践踏于尘埃中，而高举人的遗传和习俗。凡受教皇管理的教会很早就被迫尊重星期日为圣日。在当时的谬论和迷信的气氛之中，许多人的思想都模糊了，以致连上帝的真信徒们也一方面遵守真安息日，同时也在星期日停工。可是，这还不能使罗马教的首领们满意。他们不但要人尊崇星期日，而且也要人干犯安息日，他们还用极尖刻的话斥责一切胆敢尊敬安息日的人。人若想要服从上帝的律法而不受迫害，那惟有逃出罗马教势力范围之外的一途了。

瓦典西人是欧洲最早翻译圣经者之一(见附录)。在宗教改革运动之前数百年，他们已经有自己语言的圣经译稿。他们所有的乃是最纯洁的真理，他们之所以成为罗马教仇恨和逼迫的对象，正是为此。他们声称，罗马教会乃是启示录中叛教的“巴比伦”，于是他们冒了性命的危险，起来抗拒她的腐化影响。在长期逼迫的压力之下，难免有人在信仰上作了一些妥协，而逐渐放弃他们信仰上的原则，可是总有一些人坚持了真理。在悠久的黑暗和叛教时期中，总有一些瓦典西人否认罗马教的至高权力，拒绝敬拜偶像而遵守真安息日。在反对势力最猛烈的摧残之下，他们保持了自己的信仰。他们虽遭刀枪的杀戮和火刑的焚烧，但他们仍为上帝的真理和祂的尊荣屹然立定，毫不动摇。

高山峻岭的保障里——历代以来是受逼迫者的避难所——成了瓦典西人的藏身之地。在这里，真理的火炬在中世纪的黑暗时代中得以长明不灭。在这里，真理的见证人保持了亘古不变的信仰，竟达一千年之久。

在欧洲的山地里，上帝曾为祂的百姓预备一个雄壮巍峨的避难所，与交付给他们的伟大真理相称。在那些忠实的逃亡者看来，这些山寨正象征着耶和华不变的公义。他们将雄伟的山峰指给自己的儿女看，借此向他们讲说那没有改变，也没有转动的影儿的上帝，祂的言语句句坚定，有如永世的山岭。上帝以大能束腰，用力量安定诸山，所以除了全能者的膀臂之外，无人能使诸山挪移。祂照样坚定祂的律法，作为祂在天上和地上政权的基础。人的手或许能加害于同胞，甚至杀死他们，可是他们若妄想更改耶和华的一条律法，或抹煞祂对遵守祂旨意的人所发的一句应许，还不如把众山岭连根拔起来丢在海里呢。照样，上帝的仆人在忠实遵守祂的律法上，也应当像永不挪移的山岭那么坚定。

环绕瓦典西人居所的山岭，经常向他们见证上帝创造的大能，并向他们保证上帝的眷顾和保护。久而久之，那些在地上作客旅的圣徒，对这些耶和华与他们同在的象征物起了爱慕之感。他们也没有因命途艰苦而发怨言，他们在孤寂的深山中并不觉得寂寞。他们反倒因上帝为他们预备了躲避世人愤怒和残酷的避难所而感谢祂。他们常因有崇拜祂的自由而欢喜。他们被仇敌追逐时，山岗的铁壁往往成了他们稳固的保障。他们在丛山危崖绝壁之间，歌颂上帝，罗马教皇的军旅也无法使他们感恩的歌声止息。

那些基督徒的虔诚乃是纯洁、淳朴而热烈的。他们重视真理过于房屋、地产、亲戚、朋友，甚至过于自己的性命。他们认真地设法将这些真理铭刻在他们儿女的心中。他们的青年人很早就受圣经的训诲，学习尊重上帝的律法。那时圣经抄本极少，故此他们将其中宝贵的训言背诵纯熟。许多人能背诵新旧两约中的大部分。他们把有关上帝的事与自然界的幽雅景致，日常生活中所领受的恩惠都联系起来。他们教训小孩子感谢上帝，以祂为一切福惠和舒适的赐予者。

作父母的虽然是柔和而亲热的，但也没有因溺爱自己的儿女，而让他们放纵私欲。他们看出儿女的前途是一个受考验和艰难的人生，也许还不免为道殉身。所以儿女从小就学习度清苦的日子，一方面受长辈的管教，同时也要养成独立的思想，学习采取独立的行动。他们很早就学习担负责任，谨慎自己的言语，并明白保守缄默的智慧。一句失检点的话让敌人听见了，不但危害到说话者本人，而也会牵涉到成千成百弟兄们的性命，因为真理的仇敌对一切胆敢争取宗教自由的人，如同豺狼捕捉掠物一样的凶狠。

瓦典西人曾为真理而牺牲属世的成功，并恒切忍耐地为口腹而劳碌。他们尽量利用山间的每一块可耕之地，并且设法使山谷和山坡上的瘠地增加出产。儿女们所承受的惟一遗产，乃是艰苦生活的实际教育，而节约和严肃的克己乃是这教育中的功课之一。他们受教认为上帝指定人生要成为一种有规律的人生，而且他们的生活需要，非经亲身的劳动、计划、思虑和信心，是无法获得的。过程固然辛苦疲劳，可是在实际上却是有益的，而且正是人类在堕落状况之中所必需的，这就是上帝为训练并造就世人所设的学校。青年虽然要受辛劳艰苦的磨炼，但他们并没有疏忽学识方面的培养。他们受教知道所有的才能都是属于上帝的，而且都是为祂的圣工而受培养、受造就。

瓦典西的教会在纯洁和淳朴上，与使徒时代的教会相仿。他们不承认教皇和主教们为至上，而单以圣经为至高绝无错误的权威。他们的牧师不像罗马教会趾高气扬的神父们，乃是效法他们的主“不是要受人的服侍，乃是要服侍人。”他们喂养了上帝的羊群，并且带他们到青草地上和祂圣言的生命之泉。这班人聚会的场所与世人骄奢的建筑差远了，他们未能在壮大华丽的教堂里，而只能在高山的阴下，阿尔卑斯山谷里聚集礼拜，而且每当遇险的时候，他们或许要在岩石的避难所里聆听基督的仆人讲解真理之道。作牧人的非但宣传福音，而且也拜访病人、教育儿童、劝戒有过失的，并在弟兄之间调解纠纷，增进友爱。在太平的日子，他们靠信徒乐意捐输维持生活，但每人也学会一种手艺，在必要时可像制造帐棚的保罗一样，维持自己的生活。

青年人从牧师们领受教育，他们虽然也注重普通学识，但圣经却是他们的主要科目。他们将马太福音和约翰福音，以及许多新约书信背诵出来。他们也用不少功夫抄写圣经。有些抄本抄下全部圣经，而其他的只有节略的精选，凡能讲解圣经的人，往往在这些篇幅上加上简略的注解。那些要抬举自己高过上帝的人所想埋没的真理财宝，如此就彰显出来了。

瓦典西人有时藏在又深又黑的山洞里，在火炬的光下，恒切不倦地，一节一节，一章一章地把圣经抄写下来。这种工作不断地在进行着，上帝的圣旨便像精金一样照耀出来了；而且惟有那些亲身担任这工作的人，才能体会到圣经的话是如何因他们所受的熬炼而更显光明、清晰、有力。在这些忠心工作者的四围有天上来的使者环绕着。

撒但曾促使罗马教的神父和主教们把真理葬在邪道、异端和迷信之中，可是它却以最奇妙的方法，在整个黑暗时期中得蒙保守，不受邪道的沾染。因为它是上帝的印证，而不是人的手迹。世人曾不倦地设法模糊经中简明的意义，并使它显着自相矛盾，可是上帝的道像浮在洪水汹涌波涛之上的方舟一样，胜过了那想要毁灭它的每一次风暴。金银的矿床总是埋在地下深处的，非经钻探挖掘就无法采取。照样，圣经中有许多真理的宝藏，只向诚恳、谦虚，而以祈祷精神去寻找的人显明出来。上帝的旨意乃是要圣经作为全人类的课本，作为儿童、青年和壮年终身学习的资料。祂将自己的话赐给人，乃为将祂自己彰显出来。我们在其中所能发现的每一条新的真理，就是著作圣经的上帝品德之新的启示。上帝命定人类要借着查考的方法，与创造主发生更亲切的关系，并完全了解祂的旨意。圣经就是上帝和人类之间的交通媒介。

瓦典西人固然认为敬畏耶和华就是智慧的开端，但他们并没有忽视与世人接触的重要，即对一般世事人情应有的体验，以便放宽自己的眼界，操练自己的辨识力。有一些青年从山间的学校里被派到法国和意大利的学府中，他们在这些地方可以找到深造的机会，有比家乡更广大的学习、思想和观察的范围。被派去的青年总难免受到试探，他们亲眼看到邪恶的事，亲身遇到撒但狡猾的差役，用最阴险的异端和最恶毒的欺骗向他们进攻。但他们从小所受的教育对这一切已经为他们作了准备。

在这些青年人所去的学校中，他们势必不敢信任任何人。他们将自己最宝贵的财物——抄本圣经，缝在自己的衣服里。他们将这些经年累月辛辛苦苦抄来的篇幅，经常带在身边，每遇良好的机会，不会引起人的猜疑时，就审慎地将一篇放在那些似乎愿打开心门接受真理的人所容易看见的地方。瓦典西的青年人在母亲膝下受训时，即以这种工作为目的，他们明白自己工作的意义，并且忠心地完成了他们的任务。在这些著名的学府里竟有人接受了真的信仰，而且往往全校都受到这真理原则的影响，可是罗马教的首领们尽管仔细调查，也无法找出他们所谓腐化之异端的来源。

基督的精神就是传道的精神。一颗悔改了的心首先受到的激励，就是带领别人到救主面前。这也就是瓦典西人的精神。他们感觉上帝对他们的要求，不单在自己教会中保守真理的纯洁。他们认为自己也有严重的责任，让真理的光照耀那些住在黑暗里的人。他们想用上帝圣道的力量挣断罗马教所加在人心灵上的锁链。所以瓦典西的传道人都要在国外布道的工作上受训练，每一个有志传道的青年，必须先出去得布道的经验。他们必须在国外布道区至少服务三年，才可以在本乡担任牧养教会的工作。这种服务就开始叫他们克己牺牲，在那艰苦的时期中，这种经验正是牧师生活的入门。凡接受牧师圣职的青年，他们的前途并没有属世的财富和光荣，而是一个辛劳和危险的生活，最后或要为道殉身。出去布道的人是两个两个地出发，正像耶稣差派使徒的方式一样。每一个青年人常和一个年纪较大而有阅历的人在一起。那青年人要受他同伴的指导，而那年长的要负责青年人的训练，青年人也必须听从长者的训诲。二人不经常在一处，可是常常聚集祈祷、磋商，借此互相坚强信仰。

这些传道人若是向人说明自己的任务，就等于注定自己的失败，所以他们不得不小心翼翼地隐藏自己的真面目。每一个传道人都已学习一种手艺或技术，于是他们在普通业务的掩护之下进行工作。经常大多数人都作了商人或小贩，他们带着绸缎、珠宝和一些当时不易购得的货物。这样，许多不欢迎他们来传道的地方，倒要欢迎他们来作买卖了。”(注2)在他们经营商业的时候，他们不断地祈祷上帝赐予智慧，以便将那比金银宝石更贵重的真理介绍给人。他们身边藏着圣经，或是全部，或是散篇。每遇合适的机会，他们便请主顾留意这些抄本的话语。在他们可以引起人兴趣读经的时候，他们就欣然将几篇经文留给那些喜欢领受的人。

这些传道士的工作开始于自己住的山脚下的平原或山谷里，并一直扩展到远方。他们赤着脚，并穿着像他们的主所穿的征尘满身的粗布衣服，走遍了各大都市，并进入了遥远的地区。他们到处散布宝贵的真理种子，在他们所经过的地方，便有新的教会成立，也有殉道者的血为真理作了见证。到了末日，这些忠实传道人的工作所有的成效必是丰盛的。上帝的道如此蒙着头，静静地走遍了当时的基督教世界，而到处有人开门欢迎，满心接受。

在瓦典西人看来，圣经不仅记载上帝在古时如何对待世人，以及如今世人有什么责任和义务，而也启示将来圣徒所要临到的危险和承受的荣耀。他们相信万物的结局已经不远了，于是在他们流泪祈祷研究圣经时，他们便对其中宝贵的训言，以及他们将其中救人的真理传给别人的责任，受到更深刻的印象。他们看出救恩的计划在圣经中清楚地启示了，并且他们因信耶稣而得了安慰、盼望和平安。真理的光既照亮了他们的悟性，并鼓舞了他们的心，他们就渴望将这光照耀那些在罗马教谬论之黑暗中的人。

他们看出来，在教皇和神父们的指引之下，成群的人徒然在那里设法为自己的罪伤害自己的身体，想借此得蒙赦免。罗马教既教训他们要靠自己的善行来救自己，他们就不住地注意自己，而又想起自己的罪，看见自己将要受到上帝忿怒的责罚。他们虽苦待自己的身心，可是依然得不到平安。凡有良心的人，就这样被罗马教的教条所束缚了。成千的人离开了亲戚朋友，在修道院的密室里消磨一生的光阴。成千的人想借多次的禁食和残酷的鞭伤，或夜半儆醒祈祷，或长久躺卧在黑暗小室里那寒冷而潮湿的石头地上，或跋涉漫长的路程，或是自卑的苦修和可怕的酷刑，以求得良心的平安。许多人因受罪愆的压迫，又惧怕上帝报应的忿怒，就经常地在痛苦之中折磨下去，直到身体不能支持，他们得不到一线光明，便与世长辞了。

瓦典西人渴想拿生命的粮孳给这些因缺乏灵粮而将要沦亡的人，并将上帝应许中所含平安的信息向他们说明，又向他们指出基督为惟一得救的希望。他们认为人犯了上帝的律法之后，再想用善行去赎自己的罪，乃是虚假的教义。人若想依靠自己的功劳，就必看不见基督无限的爱。耶稣为人类牺牲性命，乃是因为堕落了的人类作不出什么可以得上帝喜悦的事。基督徒信仰的基础乃是那被钉而又复活之救主的功劳。人的心灵对于基督的依赖和与祂所发生的联络，必须像肢体与身体，或像树枝和树干那样实际，那样密切。

教皇和神父们的教训曾教人看上帝、甚至于基督的性格为严酷、阴沉和可怕的。他们把救主形容为完全不能同情堕落的人类，甚至必须请神父和死了的圣徒们来为人代求。所以那些因上帝的话而蒙了光照的瓦典西人渴望将他们慈悲、爱怜的救主指给那些人看，说明救主正在向他们伸手，请他们带着一切罪恶、忧虑和疲劳来到祂面前。撒但曾在人面前堆积许多障碍物，使人看不见上帝的应许，不能直接来到上帝面前承认罪恶，而蒙受赦免与平安，瓦典西人渴望将这些障碍物扫除净尽。

瓦典西的传道人恳挚地将福音的宝贵真理向每一个寻求真理的人解明。他们谨慎地将那郑重抄写的圣经抄本拿出来。常有心地诚实而被罪恶摧残的人，只能看到一位刑罚罪恶，等着要施行审判的上帝。他既能将希望带给这一等人，这就是他最大的喜乐。他往往带着战战兢兢的口吻和满眶的热泪，双膝跪下，向他的弟兄们说明宝贵的应许和罪人的惟一希望。真理的光就这样照入许多黑暗的心里，将悲愁的乌云驱散，使“公义的日头”带着医治之能射入人心。往往他将某一段圣经重复诵读，因为听的人要求再听一遍，似乎是要确定自己没有听错。他们特别喜欢重复背诵：“祂儿子耶稣的血也洗净我们一切的罪。”“摩西在旷野怎样举蛇，人子也必照样被举起来，叫一切信祂的都得永生。”(约壹1:7；约3:14，15)

许多人看穿了罗马教的虚伪教义，他们看出依靠人或天使为罪人代求是多么地无用。真光照入他们心里之后，他们就欢喜感叹道：“基督是我的祭司，祂的血是我的祭物，祂的坛就是我认罪的地方。”他们全心投诚在耶稣的功劳之下，反复地说：“人非有信，就不能得上帝的喜悦。”“因为在天下人间，没有赐下别的名，我们可以靠着得救。”(来11:6；徒4:12)

这些颠沛流离，备尝忧患的听众，似乎难以领会救主这么大的爱。福音所带来的安慰是那么广大，他们所得的光照是那么充足，他们似乎是被提升天了。他们以信心的手握住基督的手，他们的脚在“万古的磐石”上也立稳了，惧怕死亡的心全然消除了。如果他们能因被监禁或被焚烧而尊荣他们救赎主的名，他们是乐意忍受的。

上帝的道就是这样在秘密的地方拿出来读，有时只读给一个人听，有时读给一小群渴慕亮光和真理的人听，他们往往整夜这样做。听众的惊异和羡慕是那么深，以致读经的人常要停下来，让听众的悟性能以领会救恩的信息。他们常问道：“上帝果真肯悦纳我的奉献么？祂肯向我表示笑容么？祂肯饶恕我么？”于是有圣经的话读出来说：“凡劳苦担重担的人，可以到我这里来，我就使你们得安息。”(太11:28)

信心握住了这应许，他们就欢喜地说道：“不必再作长途的旅行，不必再痛苦地走到圣地去立功。我能带着我一切的罪恶和污秽来到耶稣面前，而祂必不拒绝悔罪的祈祷：‘你的罪赦了’，我的罪——我一切的罪竟都蒙赦免了！”

这时便有神圣喜乐的热潮涌入人心，他们便以颂赞和感谢称耶稣的名为大。那些人快乐地回到家里去将恩光分散给人，并向别人尽情讲述他们新的经验。他们向人说，他们已经找到了那又真又活的路。有圣经的话带着神奇而严肃的能力直接向渴慕真理之人的心说话。所发出来的乃是上帝的声音，凡听见的人也信服了。

工作完成之后，真理的使者便又登程他往了。可是他那谦虚的风度，他那恳挚、认真、敦厚的热忱，使人受了深刻的印象，时常谈讲。往往听他讲道的人没有问他从哪里来，往哪里去。因为他们先为惊奇，后为感恩和喜乐所充满，以致没有想到要问他。及至他们要请他到他们家里去的时候，他答复说，他必须拜访其他的迷羊。于是他们自相议论说，这会不会是一位天使？

他们往往就再看不到这一位真理的使者了。他已走往别处，或许在某个偏僻的地窖里消磨他一生的光阴，或许他的骸骨已经暴露在他为真理作见证的地方。可是他所留下来的遗训不能被人磨灭。这些训言却要继续在人心中做工。而其美好的结果，必须到审判的日子才能充分显明。

瓦典西的传道士们既向撒但的黑暗国度进攻，黑暗的权势就要更加惊奇起来了。邪恶之君注意着圣徒推进真理的每一次努力，于是他就激动他爪牙的恐惧。罗马教的首领们看出这些谦卑的游行布道士对于罗马教的威胁。如果真理的光不受拦阻，它势必将那笼罩在众人身上谬论的乌云驱散，而使人心转向上帝，终必破坏罗马天主教的权威。

这些人既保有古代使徒教会的信仰，他们的存在就不住地证明罗马教的叛道，所以激起了他们最恶毒的仇恨和逼迫。瓦典西人不肯把圣经交出来，也是罗马教所不能容忍的罪障。她决心将他们从地面上完全消灭。于是展开了可怕的讨伐战役，要杀害住在山间的上帝的百姓。有“异端审讯专员”追逼着他们的踪迹，于是无辜的亚伯倒在嗜杀的该隐面前的悲剧，这时便重演又重演了。

瓦典西人的肥沃田地屡次被敌人蹂躏，他们的房屋和会堂被人焚毁，以致原来有安居乐业之人民的地区一变而成了旷野。正如猛兽尝了鲜血，兽性就越发发作起来，照样，罗马教的专员看到他们所害之人的痛苦，就更加兴奋。他们进入山野，追逼这些为纯正信仰作见证的人，并在他们藏身的山谷、森林和岩石穴里剿灭他们。

没有人能说这一群律法所不再加以保护的人品行上有什么污点。连他们的仇敌都说他们是一群和平、安分、虔敬的人。他们的大罪乃是不肯照着教皇的意思敬拜上帝。为了这一个罪，人和魔鬼所能发明的一切侮辱、痛苦和酷刑，都堆在他们头上了。

罗马教廷既决定要消灭这一个他们所恨恶的宗派，教皇便发出一道谕旨，定他们为叛教徒，并任凭众人杀害他们。(见附录)他并不说他们是游手好闲、不诚实或不守秩序的人，乃是说他们看上去是敬虔至善的，以致“引诱了真羊圈里的羊。”因此教皇下令:“那一派毒恶可憎的败类如果不肯放弃自己的异端，就要拿他们当毒蛇一般地予以消灭。”这傲慢的教皇说这话的时候，可曾想到将来有一天还要把它句句供出来么？他可知道这些话都已记录在天上的册子里，并要他在审判的时候作交代么？耶稣说:“我实在告诉你们，这些事你们既作在我这弟兄中一个最小的身上，就是作在我身上了。”(太25:40)

教皇的这一道谕旨吩咐教会的全体教友参加反异端的讨伐运动。为要给人相当的奖励，他宣布凡参加这运动的，“得以免去教会加在他们身上一切普通的和个别的刑罚。可以不守誓约，凡他们非法得来的财产，可以算为合法的，凡能杀死一个叛教徒的，可以免去一切的罪愆。这一道旨意也对一切有利于瓦典西人的契约一概宣布无效，并吩咐瓦典西人所雇用的仆人要离弃他们，又禁止任何人帮助他们，最后准许众人夺取他们的财产。”(注3)这一个文献清楚地说明幕后的主谋者是谁了。所发的音调乃是龙的怒吼，而不是基督的口吻。

罗马教的领袖们不肯使自己的品格符合上帝律法的伟大标准，却按自己的意思立一个标准，并勉强众人服从。他的惟一理由乃是罗马教廷如此决定，于是演出了最可怕的惨剧。腐败而傲慢的神父和教皇执行了撒但派他们去作的工，他们的性情里根本没有怜悯的余地。从前鼓动人钉死基督，杀害使徒，并鼓动嗜杀的尼罗皇帝去杀害当时代圣徒的恶魔，这时又在发动人去除灭上帝所喜悦的人了。

那些敬畏上帝的子民在逼迫之下所表现的忍耐和坚稳，足为他们的救赎主增光。他们虽然受到讨伐的袭击和残忍的屠杀，但他们仍不住地派遣他们的传教士去散布宝贵的真理。他们被追逼以致于死，但他们的血浇灌了所撒的种子，这种子也结出果实来。在路德马丁出世数百年之前，瓦典西人就这样为上帝作见证。他们散居各地，散布宗教改革的种子，到了威克里夫时代，这改革运动就开始了。在路德马丁的时候则发扬光大，并将要继续发展下去，直到末日。推进这伟大运动的人，乃是那些甘心“为上帝的道，并为给耶稣作的见证”(启1:9)而忍受一切痛苦的人。

注1：D’ Aubigne,“History of the Reformation of the Sixteenth

Century,” 卷17，第2章。

注2：Wylie，卷1，第7章。

注3：同上卷16，第1章。

第五章
宗教改革的晨星

在宗教改革成功之前，所有的圣经册数极少，然而上帝并没有让人将祂的话完全毁灭，其中的真理也不能永远埋没。上帝从前为了解救祂的仆人，怎样打开监狱的铁门，祂也能很容易地将那束缚生命之道的锁链解开。在欧洲各国都有人受上帝圣灵的感动去寻求真理，如同寻找埋藏的财宝。上帝先引导他们注意圣经，于是他们便以热烈的心情研究其中的圣言，他们愿意付出任何代价来接受真光。他们虽然未能洞悉其中一切的教训，但有许多已埋没多年的真理却被他们发现了。于是他们以天国使者的身分出去挣断谬论和迷信的锁链，并号召那些久受奴役的人起来争取自由。

这时，除了瓦典西人已将圣经译成自己的方言之外，上帝的话在其他地区仍被埋没在古文之中，只有受过高深教育的人才能明白这些文字，可是时候已到，必须把圣经翻译出来，使各地人民都能有自己方言的圣经。因为世界的午夜已过，黑暗的时辰渐渐消逝，各地已有清晨的曙光出现了。

在第十四世纪有所谓“宗教改革的晨星”在英国出现。威克里夫约翰乃是宗教改革运动的先锋，不单是为英国，而也是为整个基督教界的。他向罗马教廷所提出的严重抗议将要响彻到世世代代。那一次的抗议乃是长期抗战的开始，其结果使许多人、许多教会和许多国家，都得到解脱。

威克里夫曾受过高深的教育，但在他看来，敬畏耶和华是智慧的开端。他在大学里度着极虔诚的生活，并以才高识广闻名。他渴慕一切的知识，所以努力攻修各科的学术。他精通哲学、教会的规条和国家的律法，尤其是他本国的律法。这早年的教育在他日后的工作上显然有了相当的贡献 。他既熟悉当时空洞的哲学，就能暴露其中的虚伪；他对国家和教会的法令既有研究，就为争取政治和宗教自由的战争有了准备。他一方面能运用圣经的武器，同时也受了学校的训练，并熟悉一般学者所用的策略。他卓越的天才和渊博的学问使敌人和友人都尊敬他。他的门人见他站在国家学者的前列，也引以为慰。他的敌人也未能轻视宗教改革运动，说它的首脑人物是软弱无知的。

威克里夫在大学读书时已开始研究圣经了。在那时期，只有古文的圣经，所以惟有学者才能找到这真理的源头，至于一般未受教育的人却无从寻找。威克里夫日后进行宗教改革的工作，在此时已经有了准备。在他以前已经有不少的学者研究过圣经，并找到其中所启示有关上帝白白赐下救恩的伟大真理。他们在教学的时候也曾将这真理的知识传开，并引领别人去研究这活泼的圣言。

威克里夫一注意到圣经，便认真下手研究，他过去怎样透彻地钻研其他的学科，现在也照样地去研究圣经。以前他曾感觉到自己有一种大需要，是他的学问和教会的教义所不能满足的。如今在圣经里他找到了过去所无法找到的真理。在圣经中，他看明上帝所启示的救恩计划，并看明基督为人类的中保。于是他献身为基督服务，决心要宣传他所发现的真理。

在工作开始的时候，威克里夫并没有预料这工作将要发展到什么地步，像后起的改革家一样，威克里夫原来无意与罗马教廷对立。可是一个效忠真理的人，至终不得不与谬论发生冲突。他既看出罗马教的错谬，就更热切地传讲圣经的教训。他既看出罗马教廷已经离弃了上帝的真道，去随从人的遗传，他就毫无忌惮地控告神父们，说他们已将圣经置之度外了，他非要他们把圣经交还给广大人民，并在教会中恢复圣经的权威不可。威克里夫是一个精明强干的教师，也是一个富有口才的传道人。他在日常生活上实践他所传讲的真理。他那对于圣经的知识、辩证的能力和生活的纯正，以及他那不屈不挠的勇敢和正气，博得一班人的尊敬和信任。多数的民众既看到罗马教中所普遍存在着的罪恶，就感觉不满，并公然地欢迎威克里夫所阐明的真理。可是罗马教的领袖们看到这一个改革家发挥比他们更大的影响力，就极其恼恨。

威克里夫善于辨别错谬的道理，并大胆抨击罗马教廷所赞许的许多恶习。他曾一度被聘为英国国王的牧师，他就勇敢地反对教皇命令英国国王纳贡的事，并说教皇如此作威作福，干涉国家的君王，根本是悖乎情理，更不合乎启示的。这时教皇所索取的贡物已经引起普遍的反感，所以威克里夫的言论在英国一班领袖人物的思想中起了很大的作用。于是英国国王和贵族联合起来否定教皇自取的政治权威，抗拒纳贡。这样，教皇原来在英国所享有的至上权威便受了一次严重的打击。

改革家进行持久而坚决作战的另一个对象，乃是当时的"托钵僧"制度。这些罗马教的僧侣们已遍及英国，到处皆是，他们成了国家的大害，使国家无法富强起来。工业、教育和社会风气都受到这制度的恶劣影响。僧侣们闲游乞食的生活非但大大地损耗人民的资财，而也使人轻看劳动。一班青年人因之而腐化败坏了。僧侣们常劝青年人进入修道院，终身修行，他们非但没有得到父母的同意，甚至还不让父母知道，或是背着父母的命令。罗马教的一位神父强调修行高过孝敬父母的义务，说："即或你的父亲躺在门前痛哭流涕，抑或你的母亲把生养你的身体和乳养你的胸怀给你看，你务要将他们一并践踏脚下，勇往直前，到基督那里去！"借着路德马丁所痛斥为这种"狼心狗肺一般，绝非基督徒和人道所能容忍的残暴，"罗马教的僧侣们使儿女的心硬如铁石，违背父母。罗马教的领袖们用这种方法使上帝的诫命因他们的遗传而失效，正像古时的法利赛人一样。许多家庭因而离散，许多父母失去了儿女的敬爱。

连许多大学生也都受到僧侣们的欺骗去加入他们的组织。后来其中有许多人看出这样行乃是断送了自己的人生，并使父母备尝忧患，就懊悔莫及，可是既入罗网，就无法挣脱了。许多父母为预防僧侣们的影响，就不肯将自己的儿子送到大学里去。因此，各大学学生的数目显著地下降。于是教育不振，文化普遍地低落了。

教皇曾授权给僧侣们去听人认罪，并赦免罪恶。从此弊端百出，僧侣们只图增加自己的收入，所以一贯将赦罪之恩作为商品出卖，于是各种各类的罪犯皆来光顾，结果社会上罪恶猖獗，无法无天。贫穷和患病的人无人照顾，而那应该用来解救他们痛苦的捐献，却都送给那些用威胁手段向人民勒索钱财的僧侣们了。凡不慷慨捐输的人，就被他们痛斥为不敬虔分子。僧侣们虽然外表装出贫穷的样子，事实上他们的财富与日俱增，而且他们所住壮丽的修道院和所吃的山珍海味，与国家日益贫困的经济显然是有别了。僧侣们每日度着奢侈宴乐的生活，同时派出无知的小人到民间去替他们做工。这些人只会讲一些荒唐的神话和诙谐的故事来愚弄人民，使他们更加完全成为僧侣们的奴才。僧侣们就这样将广大人民蒙蔽在迷信之中，叫他们相信一切的宗教义务全在承认教皇为至上权威，敬拜古代圣徒，并馈赠礼物给僧侣们，人只要照此殷勤去作，就可以保证在天上有他的地位了。

许多敬虔的学者曾设法改良这种修道院的制度，但始终是劳而无功，束手无策。威克里夫却有更清楚的眼光，便下手要将这罪恶的制度连根拔起。他声称，修道院制度本身就是错误的，必须废止。于是众人渐渐开始议论并询问起来了。当僧侣们走遍全国出售教皇的赦罪券时，许多人就开始怀疑，罪的赦免究竟能否用金钱购买？众人也提出疑问说，与其向罗马的教皇求赦，还不如向上帝求赦呢。（见附录）也有不少人看到贪得无餍的僧侣们肆无忌惮地勒索财物，就大大不安。他们说，"这些罗马教廷的僧侣和神父们成了我们国家的疮痍，吸尽民脂民膏，惟愿上帝救我们脱离这些人，若不然，全国人民只有死路一条了。"（注1）僧侣们为掩饰自己的贪心，声称自己是在跟随救主的榜样，他们说，耶稣和他的门徒曾倚赖百姓所赠送的财物养生。这种说法结果对僧侣们自己反倒不利，因为许多人听了这话之后，为要明白问题的究竟，——就自己去查考圣经，其结果乃是罗马教廷所最不欢迎的。许多人的思想转向真理的源头去了，而这真理的源头正是罗马教廷所要埋没的。

这时威克里夫开始写作一些反对僧侣制度的传单，他主要的目的还不是想和他们进行争辩，乃是要使众人注意到圣经和启示圣经的上帝。他声称，教皇所有赦罪或开除教籍的权柄并不比普通的神父大，而且除非一个人先招致上帝的定罪，则开除教籍之举是不能成立的。威克里夫用这种最有效的方法，去推翻教皇所筑成那属灵和属世的庞大组织，在这种组织里有千万人的身体和心灵受到捆绑。

后来威克里夫又有一次机会代表英国政府，去抗拒罗马教廷的侵略政策。他受任为英国大使，在荷兰与教皇的使节会商凡两年之久。他在那里接触了从法国、意大利和西班牙来的宗教人士，得有机会观察到罗马教廷的内幕，并看到许多在英国所看不到的事。他所经历的，对他晚年的工作有很大的帮助。他在这些教廷的代表身上，看出罗马教的真相和行动的方针。他回国后，便更公开而热切地重述他往年所传的教训，说明罗马教廷所拜的偶像，不外乎是贪婪、骄傲和欺诈。

他在他的一张传单上指控教皇和教皇的征收员说，“他们每年将穷人养生的金钱和国库中成千的马克(当时的货币)，去用来维持他们的宗教礼节和所谓属灵的活动，这一切无非是一种可咒诅的买卖，他们还想全世界都同意他们这样呢。即使我国境内有一座黄金堆成的高山，而除了这骄傲世俗化神父的征收员之外，并没有别人来挖取，我敢说在相当时期内，这座山也必要给他挖空了，他不住地把我国的财富往外运送，而所给我们的无非是上帝因这种买卖而降的咒诅。”(注2)

威克里夫回国之后，英国国王派他在洛特勿教区传道。这事至少能说明国王并没有反对他直爽的言论。威克里夫非但能影响到全国人民的信仰，而也曾影响到朝廷的行动。

过了不久，教皇便向威克里夫大发雷霆了。有三道指令送到英国，一道给他所属的大学，一道给国王，一道给英国的主教，每一道指令都吩咐他们采取有效的措施来堵住这宣讲异端之教师的口。(见附录)在指令未到达之前，罗马教在英国的主教们曾经一度把威克里夫传去受审。但当时有两位国内最有势力的王侯陪他到公庭上去，同时有许多民众将法庭包围，并冲进里面，以致审问威克里夫的人甚是恐慌，当即宣布延期开庭，威克里夫就平安地回去了。当时年纪老迈的国王爱德华第三常受主教们的怂恿，要他加害于威克里夫，但过不久这位国王死了，继位的乃是一位先前拥护过威克里夫的人。

及至教皇的指令传来，全国因教廷的威风而不敢不服，认为必须将威克里夫逮捕监禁起来。再进一步就必走向火刑柱了。根据当时的形势看来，威克里夫是注定要受罗马教廷严重回击的。可是古时向人说“不要惧怕，我是你的盾牌”(创15:1)的上帝，这时再度伸手保护了祂的仆人。死亡没有临到威克里夫，反而临到那下令要消灭他的教皇。贵钩利十一世死了，于是那些聚集预备审判威克里夫的主教们也解散了。

上帝的智慧更进一步地为宗教改革运动预备了道路。教皇贵钩利死后，接着就有两个教皇出来争夺教权。于是有两个相敌对的势力，各说自己是绝无错误的，各说自己是众人所必须跟从的。(见附录)他们各自号召忠实的信徒来帮助他攻击对方，并用最可怕的咒诅互相威胁，用天国的赏赐奖励自己的仆从。这一件事大大地减弱了罗马教的声势。两个敌对派在互相攻击之后，已经自顾不暇，于是威克里夫得到了一时的平安。两个教皇之间常有咒诅和指责的命令相继颁布，而且他们的纠纷竟酿成许多血腥的凶杀案件。教会内部乌烟瘴气，罪恶滔天。这时，改革家威克里夫则在自己洛特勿教区幽静之所殷勤地劝人不再信靠那两个自相纷争的教皇，而应当仰望和平之君耶稣。

这一次的分裂以及所产生勾心斗角、黑暗腐败的事，使众人看出罗马教的真相，借此为宗教改革铺平了道路。威克里夫写了一个传单，题目是："两个教皇的分裂"。他叫众人考虑一下，这两个教皇互相控告为敌基督者，二人所讲的可能都是确实的。他说，"上帝现在不再容许恶魔附在一个教皇身上，所以把他分成两个，叫人奉基督的名可以更容易地胜过他们。"(注3)

威克里夫效法他的主耶稣，将福音传给贫穷的人。他在洛特勿教区的穷人家中将真光传开，而还不以此自满，却决心将这光传到英国的每一角落。为达到这目的起见，他组织了一班传道人。他们是淳朴、虔诚、热爱真理者，他们喜爱将真理传开，过于喜爱一切。他们走遍全国，在各市场，大都市的街道上和农村中教训人。他们找到年老的、患病的、贫穷的，将上帝恩惠的喜信讲给他们听。

威克里夫曾任牛津大学神学教授，常在大学的礼堂中讲道。他忠心地将真理传讲给他门下的学生，以致他们称他为"福音博士"。然而他一生最大的工作，乃是将圣经译成英文。在"圣经的真理及其意义"的一篇文章中，他表示自己译经的决心，为要使英国的每一个人都能用自己的语文，读到上帝奇妙的作为。

可是威克里夫的工作突然中止了。他虽然还不满六十岁，但因不住地工作、研究，又加上敌人的攻击，终致精疲力尽，积劳成疾。他的病状极为严重，僧侣们闻之大为庆幸。他们想他现在一定会为他过去危害教会的行为懊悔了，于是赶到他的病房去听他悔罪。四个僧侣教团各派代表一人，会同四位政府的官员来到威克里夫的榻前，以为他快要断气了。他们对他说："死亡快要临到你了，务要觉悟自己的错误，并当着我们，将你破坏我们的言论全部收回。"这位改革家静听他们说话之后，便请侍候他的人扶他坐起，随后定睛望着那些等待他反悔的人，用常使他们战栗的那坚稳而有力的声音向他们说："我是不会死的，却要活下去，再控诉僧侣们的罪恶。"(注4)僧侣们惊异羞愧地狼狈而去。

威克里夫的话果然实现了，他从病榻起来之后，终于将最有利于反抗罗马教廷的武器交在他的同胞手里——把圣经交给他们，这经就是上帝命定为解救世人、光照世人，并将福音传给他们的媒介。为完成这一工作起见，威克里夫必须先克服许多极大的障碍。那时他年老多病，知道自己至多只有几年的工作时间了，他看出他所必遭的反对，但他想起上帝的应许，就刚强壮胆无所畏惧地向前迈进。好在他的智力强健，经验丰富，上帝过去保护并锻炼他，也正是为这一项重大的工作。于是正当举世骚乱不安之际，威克里夫在洛特勿教区却不顾外面所起的风云，专心致力于他所拣选的工作。

最后大功告成——第一本英文圣经译本问世了。上帝的圣言终于向英国展开。这时不管是监狱，或者是火刑，这位改革家都无所惧怕了。因为他已将永不熄灭的火光交给英国人民，借此他已打断迷信与罪恶的捆锁，解救并提高他本国的声望。在这一点上，他所成就的比任何战场上的胜利还多。

那时印刷术尚未发明，所以要发行圣经，必须用手抄的方法慢慢缮写。那时众人对圣经极其羡慕，虽然有很多的人自愿从事抄写，但仍供不应求。那些富有经济能力的人都想购买全部圣经。其他的人只买得一部分。往往有几家人联合定购一本。这样，威克里夫的圣经很快地在民间找到销路了。

威克里夫既凭公理讲话，众人就对自己服从教皇的教条，觉悟其非了。他宣讲了改正教教义的特点，就是因信基督而得救，和惟有圣经是绝无错误的真理权威。他所派出去的传道人将圣经和他的作品普及各处，以致接受这新信仰的人几达英国人数的一半。

圣经的出现使教会当局大费周章。这样一来，他们所必须对付的力量比对付威克里夫个人大得多了——这个力量是他们的武器所无法抵抗的。这时英国还没有律法禁止圣经，因为这时圣经还没有译成民间通行的方言。后来禁止圣经的律法终于制定并严厉地执行了。但在未颁布之前，神父们虽然设法反对，发行圣经的机会还是存在的。

过不久，罗马教的首领们又设法要堵塞威克里夫的口。他先后受审三次，但每次敌人都不得逞。首先罗马教的僧正会宣布威克里夫的作品是叛教的文字，随后僧侣们赢得当时年轻的国王里查第二的赞同，使他颁布御旨，监禁一切信从威克里夫教义的人。

威克里夫立即上诉于英国议院，他毫无忌惮地当着众议员控告罗马教廷，并要求对罗马教所赞许的诸多弊端进行改革。他有力地抨击罗马教廷僭越权限和腐化败坏的行为。他的敌人当场张皇失措，无法应对。当初他的许多朋友和赞助者曾被迫服从上级，所以教会当局确信威克里夫本人既衰老、又孤立，他必向国王和教皇的双重权威低头。可是结果，罗马教的首领们反而惨遭挫败。英国议院听了威克里夫动人的诉辞，便废止了那一道逼迫改正教的御旨，威克里夫的自由也就恢复了。

威克里夫第三次受审乃是在全国教会最高权威的审判案前。这机构是绝不能同情任何“异端”的。这次罗马教廷以为自己必能胜利了，而改革家的工作也必然停止。如果他们真能达到目的，威克里夫就必被迫否定自己的教训，不然就必从审判厅一直走向火刑场去了。

可是威克里夫没有收回他的言论，他不肯作一个口是心非的人。他勇敢地坚持自己的教义，并反驳了敌人的控告。他一时忘记了自己和自己的地位，以及当时的场合，却把听众带到上帝的审判台前，并把他们那似是而非的理论，和欺骗人的虚言放在真理的天秤上衡量一下。那时在场的众人感觉到圣灵的能力，上帝使众人听得目瞪口呆，他们似乎没有能力离开他们的座位。威克里夫的话好像是上帝的利箭穿透他们的心，他将人所加在他身上叛教的罪名反而有力地加在他们头上了。他质问他们说：“你们怎敢散布你们错谬的道理？怎敢拿上帝的恩典作为生财之道？”

最后他说：“你们所反抗的对象是谁呢？是一个行将就木的老人么？不是，你们所抗拒的乃是真理，这真理比你们强，而且终必战胜你们！”(注5)威克里夫说了这话，便退出会场，也没有人敢阻止他。

威克里夫的工作行将结束了。他多年高举的真理旗帜，这时快要从他手里落下来了，可是他还要为福音作一次见证。他将要在悖谬的道理的中心堡垒将真理传开。威克里夫竟被传到罗马教皇的审判案前受审。这个机构曾多次流了圣徒的血。他对于在罗马所必遭的危险是可以预料的，但他决心要去受审。无奈他身体忽然瘫痪了，无法启程前往。他虽然不能在罗马亲口发言，但他仍然可以用书信发表意见，他决心这样作。他从洛特勿教区写了一封信给教皇，其中的语气是很恭敬的，表现了基督的精神，同时对罗马教廷的奢华和骄傲的作风，予以痛痛的指责。

威克里夫写道：“我极欢喜向人人宣讲我的信仰，更喜欢向罗马的主教这样作。我认为我这信仰是健全真实的，我想罗马主教也必欣然赞同，若不然，我希望他能纠正我。”

“第一、我认为基督的福音乃是上帝律法的全部，教皇既是基督在地上的代理人，我认为他就比别人更有责任遵守福音的律法。因为基督门徒的伟大，并不在于属世的尊荣，乃是在于生活和行动遵循基督的榜样，基督在世上生活的时候，祂是最贫穷的人，祂曾推辞并拒绝一切属世的权柄和尊荣。”

“除非教皇或任何古代圣贤，效法主耶稣基督，则任何忠心的信徒都不应该效法他们，因为彼得和西庇太的儿子曾偏离基督的脚步而贪图属世的虚荣。在这一点上他们也作错了，所以信徒不可学他们去犯错误。”

“教皇应该将一切属世的权威和地位让给属世的政权，并劝他手下的全体僧侣们也要如此，基督是这样的劝我们，更借着祂的使徒劝我们。所以我若在这几点上说错了，我就甘愿被纠正，如果必须受死刑也是可以的。如果我可以照自己的意思行，我定要亲身晋谒罗马主教，可是主对我另有指示，并教训我要听从上帝，而不听从人。”

最后他说：“我们要祈祷上帝，求祂像古时一样感动我们的教皇尔班六世，使他和他的神父们在生活和行动上效法主耶稣基督，并有效地教训众人，使他们也能忠心地在这事上效法他们。”(注6)

威克里夫如此将基督的谦卑和虚己向教皇和他的红衣主教们说明，并将他们和他们所想代表的主之间的差别显明给他们自己和全世界看。

威克里夫以为他终必为自己的忠贞殉身。国王、教皇和主教们都联合起来要除灭他，所以看上去再过几个月，他就要受火刑了。可是他并不为此而沮丧。他对人说：“你们何必说要在远处寻找殉道者的冠冕呢？只要传福音给傲慢的主教们听，殉道的命运就必是你们的了。什么！我要为苟延性命而保持缄默么？绝对不可！任由他们杀我吧，我正等着他们呢！”(注7)

然而上帝的膀臂依然护卫着祂的仆人。上帝不认可这个一生冒着性命危险为真理而勇敢辩护的人倒在敌人的刀下。威克里夫从来没有想保护自己，但有主作他的保护者，而现在正当他的敌人认为他们的掠物唾手可得之时，上帝却使他们永远害不到他了。威克里夫在洛特勿的教堂中正准备擘饼主领圣餐的时候，突然瘫痪，一病不起了。

威克里夫的工作是上帝所安排的。上帝曾将真理的道放在他的口中，并派天使保护他，使他的话可以达到众人的耳中。上帝保守了他的性命，并延长了他工作的时期，直到他为宗教改革的工作奠定了基础为止。

威克里夫出身于中古黑暗时代之中。在他以前并没有改革家可资效法。上帝兴起他来像兴起施洗约翰一样。有特别的任务要完成，并作一个新纪元的先锋。虽然如此，他所传之真理系统的统一和完全，是百年以后的改革家所未能超过的，而且也有一些人未能赶得上他。他所立的根基是那么宽而且深，所有的结构又是那么坚稳，以致后起的人不需要重新建造。

威克里夫所发起的伟大运动，终于解放了人的良心和理智，并使多年受罗马教廷辖制的许多国家也得到解放。这一个运动的根源乃是圣经。圣经是恩惠河流的源头。这河流如同生命水的江河一样，从十四世纪一直流到现代。威克里夫笃信圣经为上帝旨意的启示，并是信心和行为的全备标准。他所受的教育，曾令他相信罗马教会为神圣而绝无错误的权威，并以毫无疑问的敬畏，接受千古不变的教义和习惯，可是威克里夫终于转离了这一切，去听从上帝的圣言，这就是他劝告众人所要承认的权威。他声称那惟一的真权威，不是教会借教皇的口所讲的话，乃是上帝在圣经中所讲的话。他非但教训人圣经是上帝旨意的全备启示，而且圣灵乃是解释圣经的惟一权威，并且每一个人必须研究其中的教训，亲自看出自己的义务。这样，他就使众人转离教皇和罗马教会，去注意上帝的圣经了。

威克里夫在宗教改革家中是最伟大的一位。他渊博的学识、清新的思想，以及坚持真理的毅力和为真理辩护的勇敢，是后起的人很少能相与比拟的。这一位改革家先锋的特点乃是生活上的廉洁，研究和工作上的殷勤，不受腐蚀的正直，基督化的爱和服务上的忠心。鉴于当代社会的黑暗和道德的败落，这些优点就更显得难能可贵了。

威克里夫的人格说明圣经教育并改造人心的能力。他所以能达到那么高的程度，完全是因了圣经。当人努力探讨上帝所启示的伟大真理时，就能使各部机能得着新的力量。这种操练能使心智发达，理解力增强，鉴别力熟练。圣经的研究能提高人的每一种思想、感情和愿望。这是任何其它学科所作不到的。它能使人有坚稳的志向、忍耐、勇敢和毅力。能锻炼人的品质，使心灵成圣。人若恭敬地认真研究圣经，使自己的思想接触无限的思想，就能为社会造就具有强健智力和高尚行动原则的才干。这样的人绝非属世哲学的训练

所能栽培出来的。诗人说，“你的言语一解开，就发出亮光，使愚人通达。”(诗119:130)

威克里夫的教义继续传了相当的一段时期之后，通俗称他的门人为“威克里夫派”或“洛拉尔德人”。他们非但走遍英国，也带着福音的知识走遍外国。他们的夫子既已去世，这些传道人就比以前更加殷勤做工了，也有成群的人蜂拥来听他们的教训。贵族中，甚至连王后，也有悔改归主的。许多地方民众的生活有了显著的转变，许多教堂里也取消了罗马教为敬拜而陈设的偶像。可是过了不久，逼迫教会的暴风就向一切胆敢以圣经作为向导的人发作了。英国国王为要得到罗马教廷的支持，借以巩固自己的势力起见，就毫无顾虑地牺牲了国内的宗教改革者。于是他就下令取缔他们，定他们受火刑，这是英国有史以来空前的一次逼迫，殉道的事件就相继发生了。真理的辩护人既不能受法律的保护，又为敌人所苦害，只得向万军之主上诉呼求了。他们虽被斥为教会的死敌和国家的蟊贼，但却能继续地秘密传道，尽可能地在穷苦人家借宿，往往甚至藏在山洞和石穴里。

逼迫虽然剧烈，但教徒仍不断地向当时普遍存在的腐败信仰，提出沉着、虔诚、恳挚和忍耐的抗议。当代的基督徒对真理虽然只有局部的认识，可是他们热爱上帝的道，并乐于遵行，所以也忍耐地为真理受苦。其中有许多人像使徒时代的门徒一样，为基督的缘故牺牲了他们属世的财产。凡能继续住在自己家中的人，快乐地收容了被驱逐的弟兄，及至他们自己也被驱逐时，便快乐地忍受流浪者的命运。固然，有成千的人因逼迫者的威力而吓倒，并为苟全性命而放弃了信仰。他们从监狱里出来时，披着忏悔者的礼服，游行示众。但坚持信仰的人也不在少数，其中有穷人也有贵族。他们在地窟里，和所谓“洛拉尔德人”，在苦刑和火焰中，勇敢地为真理作见证。他们都因配得“和祂一同受苦”而欢喜。

罗马教的首领们未能当威克里夫在世的时候将事办得称心，及至他死了之后，他们还不满意。在他去世后四十年，罗马教在康士坦司所开的会议通过议案，将威克里夫的遗骸掘出来，当众焚烧，然后将骨灰抛在附近的河滨里。一位古代的作家写道，“这个河滨将他的骨灰送入阿方河，阿方河流入塞文河，塞文河注入沧海，于是就进入大洋了。如此威克里夫的骨灰象征他的教义，现在已经散布到全世界。”(注8)他的敌人这样向他泄愤，可是没有想到他们这种恶毒的行为有了多么深远的意义。

后来波希米亚的胡斯约翰放弃了罗马教的许多谬道，着手改革的工作，也是因为看了威克里夫的作品。这样，真理的种子得以散布在两个相隔很远的国家。从波希米亚，这工作又发展到别的国家。许多人的思想就转向那久被遗忘的圣经了。可见为宗教改革大运动铺平道路的，乃是神圣的手。

注1：D’Aubigne，卷17，第7章。

注2：Lewis, Rev. John, “History of the Life and Sufferings of J.Wiclif,”第37面(1820年版)。

注3：Vaughan, R.,“Life and Opinions of John de Wycliffe,”卷2第6面(1831年版)。

注4：同注1。

注5：Wylie，卷2，第13章。

注6：Foxe, “Acts and Monuments”(edited by Rev. J. Pratte)，卷3，第49，50面。

注7：同注1，卷17，第8章。

注8：Fuller, T.,“Church History of Britain,”卷4，第2编，第54段。

第六章
两位殉道英雄

早在第九世纪时，福音就已传到波希米亚了，那时圣经业已译成通行的方言，礼拜聚会也用普通的语言。可是教皇的势力渐渐增强，上帝的话就被埋没了。教皇贵钩利七世既从事于压抑诸王的威风，又专心于奴役各地的人民，于是便颁布旨意，禁止用波希米亚语举行礼拜。教皇声称，“全能者乐意叫人用一种听不懂的语言举行礼拜。正因人们没有遵守这个法则，所以发生了许多的弊病和异端。”(注1)罗马教廷用这种方法消灭圣经的光辉，使人民陷于黑暗之中。然而上帝已经另有安排，为要保守祂的教会。有许多瓦典西人和阿比坚斯人于此时因受逼迫而被驱逐离开法国和意大利的家乡，来到波希米亚。这些人虽然不敢公开传道，但他们却热心地秘密工作。真的信仰就如此一世纪一世纪地保持下来。

在胡斯以前，波希米亚境内曾有多人起来，公然指责教会的腐败和社会的荒淫。他们的工作引起了普遍的注意。罗马教廷因而警惕起来，发起镇压信从福音者的运动。这些信徒被迫在森林和山野中举行礼拜，于是教皇派兵去剿灭他们，其中有许多被杀戮的。再过不久，教会宣布凡偏离罗马教礼拜仪式的人都必须受火刑。许多基督徒虽然牺牲了性命，他们却指望着自己所信真理的最后胜利。在那些宣讲“惟有相信钉十字架的救主才有救恩”的人中，有一位在殉道的时候说：“真理死敌的威力现在固然能战胜我们，可是这绝不是永久性的，将来从平民中必有一个手无寸铁，没有权威的人，起来与他们对抗，他们也不能胜过他。”(注2)此时离路德马丁的日子固然还远，但这时已经有一个人起来，他反抗罗马教廷的见证将要震撼寰宇。

胡斯约翰出身卑微，早年丧父。他敬虔的母亲认明教育和敬畏上帝的心，乃是最宝贵的基业，便设法为她的儿子争取这个权益。胡斯先在公立学校读书，后来进布拉格大学为免费生。他的母亲陪他到布拉格去。她既是寡妇，又贫穷，就没有什么属世的财物可以送给她的孩子，可是在进城之前，她和孩子一同跪下祈祷，为他求天父的厚恩。当时母亲可没有想到所献上的祈祷要如何蒙应允。

在大学里，胡斯好学不倦，进步极快，同时他那纯正的人格和温雅可爱的风度，博得一般人的尊敬。那时他是罗马教会的忠实信徒，经常地热心寻求教会所自称有权赐与的福分。在某次大节期时，他在一个神父面前认罪之后，便从自己囊中捐出仅存的几文钱，随即又参加游行，为要在所应许的大赦上有份。大学毕业后，胡斯献身作神父，随即扶摇直上，不久便在王廷有了地位。他同时在母校任教授，后来作了校长。过不几年，他竟成了国人景仰，天下闻名的俊才了。

然而胡斯开始改革运动乃是在另一个服务地点。他作了神父数年之后，被委作布拉格城内伯利恒堂的传道士。该堂的创办者曾竭力主张用民间流行的方言宣讲圣经。这种常例虽为罗马教廷所反对，但在波希米亚境内始终没有完全停止。当时对圣经有认识的人极少，而且社会各阶层中普遍存在着极腐败的现象。胡斯毫不留情地斥责这些罪恶，用圣经的话来加强他所宣传真实和纯正的道理。

这时布拉格的一位市民耶罗米，就是后来和胡斯密切合作的一位，从英国带了威克里夫的一些作品回来。同时英国皇后本为波希米亚的公主，既因威克里夫的教训而悔改信主，就设法使威克里夫的作品能在波希米亚普及起来。胡斯读了这些作品，深感兴趣，他相信作者必是一个真诚的基督徒，他也大致上赞同威克里夫所提倡的改革，胡斯这时已经在无意之中走上一条必要使他与罗马教廷决裂的道路了。

此时，有两个学者从英国来到布拉格，他们于领受了真光之后，就来到这遥远的地带进行宣传福音。他们一开始就公开抨击教皇的至上权威，但很快就受到当局的制裁，他们不愿就此放弃自己的宗旨，于是改变了工作方式。他们既是传道人，又是艺术家，遂下手运用他们的技能。他们找到一个公共场所，在那里画了两幅图画。一幅画着基督进入耶路撒冷，“是温柔的，又骑着驴，”(太21:5)在后面有门徒，穿着旧衣服，赤着脚跟从祂。另一幅则绘着教皇巡行图——教皇身穿华丽的衣服，头戴三层冠冕，骑着一匹装饰富丽的马，前面有人吹着号筒开道，后面有许多威风凛凛的红衣主教、高僧、教长等相随。

这两幅意味深长的图画，人人看了无不注意。成群的人看了又看，而且都明白其中的意义。许多人看到主基督的谦卑自虚和自称为基督仆人的教皇的骄傲自大，不得不因其间的差别而深受感动。布拉格合城轰动了，以致那两位外人不得不为自己的安全而离开。但他们所留下的教训却没有被人忘记。那两幅图画在胡斯心中留下了深刻的印象，使他更殷切地研究圣经和威克里夫的作品。这时他虽然还不能接受威克里夫所提倡的全部改革方案，但他对教廷的真面目却有了更清楚的认识，于是他更热切地斥责教廷的骄傲、野心和腐败。

真光从波希米亚终于传到德国，因此布拉格大学中起了一次风潮，以致成百的德国学生自动退学。其中有许多人曾从胡斯那里得着有关圣经的知识，所以他们回国之后，就在祖国将福音传开了。

布拉格改革工作的消息传到罗马，不久就有命令叫胡斯去向教皇作交代。他若遵命前往则难免一死。于是波希米亚的国王和王后、布拉格大学、贵族人士和政府人员联名请求教皇准胡斯留在布拉格，而派代表去罗马。教皇非但没有允准，反而继续进行审问并判胡斯的罪，又向布拉格全城宣布了一道咒诅令。

在那个时代，教皇无论向哪一地宣布咒诅令，就必引起普遍的惊慌。其所附带的仪式，也足以使民众大大恐怖，因为一般人都相信教皇乃是上帝的代表，并且握有天国和地狱的钥匙，无论是在属世或属灵的事上，都有权柄惩罚人。他们相信一个地区既受教皇咒诅，该地居民就不可能进入天国了。而且在那里死了的人，除非教皇取消禁令，一概无法升天。为要充分表明这种可怕的灾祸起见，一切宗教聚会都停止了，教堂也关闭了。婚礼只能在教堂外院举行，死人不得葬在教会的坟地，也没有神父来主持丧礼，所以死人只得葬在山沟或野地里。罗马教廷想用这种足以吓人的手段来控制他们的良心。

于是布拉格全城大大骚动了。许多人斥责胡斯为他们的祸源，并声称非把他交给罗马教廷去惩办不可。为平息这次风波起见，胡斯暂时避到他自己的本乡。他写信给留在城里的朋友说：“我为了避免让恶人自取永久的咒诅，同时不为敬虔的人惹起患难和逼迫起见，乃依照耶稣基督的教训和榜样，从你们中间退避出来。我隐退的另一个原因，乃是恐怕我留在城里，不虔诚的神父们就一直不许人在你们中间传道，可是我离开你们，并不是为要否认神圣的真理，只要有上帝帮助，我甘愿为真理牺牲性命。”(注3)胡斯没有停止工作，他周游乡间，却也有成群的人听他讲道。如此，教皇为镇压福音而采取的措施，反而使福音更加广传了。“我们凡事不能敌挡真理，只能扶助真理。”(林后13:8)

“胡斯在这一段经历中，思想上所经过的一番痛苦挣扎是可想而知的。教会虽然正在向他大发雷霆，想要把他制伏，他却还没有否定教会的权威。在他看来，罗马教还是基督的新妇，教皇也是上帝的代表和代理人。胡斯所反对的乃是权威的滥用，而不是这原则的本身。因此，他理智所能了解的事实和他所原有的信仰信条之间起了剧烈的战争。他既相信教会的权威是正确而绝无错误的，那么他为什么又不得不抗拒这权威呢？他看出来若是服从，就要犯罪，可是所服从的既是绝无错误的教廷，又何至有这种结果呢？这是他无法解决的问题，又是时时刻刻叫他极其苦恼的疑难。他所能想出来的最近情理的解释，乃是当时的教廷重蹈了救主时代犹太首长们的覆辙，以致教会的神父们已经腐化了，并滥用合法的教权去进行不合法的事。于是他为自己定了一个原则，也教训别人这样做，那就是圣经的训言通过人的理性，必须作为良心的准则；换句话说，那惟一绝无错误的向导乃是上帝在圣经中所讲的话，而不是教会借着神父们所讲的话。”(注4)

布拉格的紧张空气渐渐缓和下来了，于是胡斯回到伯利恒堂，以加倍的热心和勇敢传讲上帝的道。他的敌人固然非常活跃，又有势力，可是王后和许多贵族都是他的朋友，而且民间也有许多人拥护他。许多人看到他的纯正而高尚的教义和廉洁的生活，再看到罗马神父们所传败坏的教义和他们贪婪淫荡的作风，就认为同胡斯站在一条阵线上是光荣的。

以前胡斯是单独工作的，如今有前在英国接受威克里夫教训的耶罗米来参加改革工作。从此二人生则同生，死则同死。耶罗米有足以博得众人景仰的聪明，在口才和学识方面，尤具特长，但在德行和意志坚强方面，则胡斯较为伟大。他那稳重的判断力足以抑制耶罗米易受冲动的感情。耶罗米也看出胡斯的高贵品质，故能虚心接受他的劝告。在二人合作之下，宗教改革的工作就更迅速地展开了。

上帝使大量的真光照耀在这两位蒙拣选的人心中，又将罗马教的许多错谬道理向他们显明，但他们并没有领受到上帝所要赐给世人的全部真光。上帝要借祂的仆人带领世人脱离罗马教的黑暗，可是他们必须遭遇到许多巨大的障碍。所以上帝根据他们所能领受的程度，逐步引领他们。他们不能一次领受全部真光。他们好像长久住在黑暗中的人，如果突然见到中午的日光，倒要闭眼不敢看了。因此，上帝根据众人所能领受的，将真光一点一点地启示给改革运动的领袖们。从一世纪到另一世纪，必有忠心的工作者相继兴起，在改革的路上更进一步地领导众人。

这时罗马教的分裂形势继续发展。后来竟有三个教皇争夺这至尊权，他们的争执使得整个基督教界充满了罪恶和扰乱。他们彼此咒骂还不以为足，后来竟至采用武力。于是各都招兵买马，筹备战争。但他们必须先设法筹款，为要达到此一目的，他们就出卖教会的馈赠、地位和福惠。(见附录)神父们也跟着上级的领导，学习采用贿赂和武力打倒自己的对头，来巩固自己的地位。胡斯则日益勇敢地痛斥这些人披着宗教外衣所进行的罪恶行为，民众也公开控诉罗马教的首领们为基督教界一切痛苦的祸根。

于是布拉格城血腥的战争似乎即将爆发了。正如古时一样，上帝的仆人被斥为“使以色列遭灾的”。(王上18:17)于是全城再度受到教皇的咒诅令，胡斯则又避到本乡去。他在伯利恒堂忠心传道的工作就此结束了。此后，在他为真理殉身之前，他将要在更广大的据点上向全世界基督教徒作见证。

为了清除当时扰乱欧洲全地的祸害起见，终于在康士坦司召开了一次宗教会议。这会议乃是经西基斯孟皇帝示意，而由互相敌对的三个教皇中的约翰二十三世出名招集的。教皇约翰本人是最不希望举行这一次会议的，因为他自己的人格和作风，即或根据当时僧侣们低下的道德标准来说，也是经不起考验的。但无论如何，他是不敢违抗西基斯孟皇帝意思的。(见附录)

会议的主旨乃在解决教会分裂的问题并根除异端。所以其他两个教皇和宣传新教义的主要人物胡斯皆被邀出席。两个教皇为求安全起见，未敢亲自莅临，只委派代表赴会。教皇约翰虽然是会议的招集人，却也有不少顾虑，他一方面恐怕皇帝蓄意把他废掉，一方面又怕有人要追讨他玷辱教皇位分的种种恶行，以及他走上教皇宝座所犯的罪案。但在他进入康士坦司的时候，他依然大张声势，耀武扬威。在侍从的人中有最高级的僧侣和大队臣仆。全城的神父和长官陪同成群的市民都出去欢迎他。在他的头上有黄金的华盖，由四位首长高擎着。在前面还抬着“圣体”(弥撒祭使用的饼)，各红衣主教和贵族们的服装也令人望而生畏。

同时，另有一位旅客在走近康士坦

司。胡斯知道前面所等待着他的危险。他和朋友分离时，似乎是永别了，他在路上时，也感觉是走向火刑柱去。他虽然持有波希米亚王和西基斯孟皇帝所发的护照，但他依然准备就死了。

他写信给在布拉格的友人说："弟兄们，我携有国王所发给我的护照去应付我的许多死敌。我完全相信一位全能的上帝和我的救主，我深信祂必垂听你们的诚恳祈祷，将祂的聪明智慧赐给我，使我有口才能以抵挡他们，并且祂必赐给我圣灵，保守我站稳真理的立场，使我能勇敢地忍受试探、监禁，如果必要的话，就是死在酷刑之下也可。耶稣基督既为祂所爱的人受苦，留下榜样，使我们也要忍受一切痛苦以致得救，这又何足为怪呢？祂是上帝，我们是祂所造的；祂是主，我们是祂的仆人；祂是全世界的主宰，我们是卑微必死的世人。虽然如此，祂还要受苦！所以我们为什么不也受苦呢？尤其是当我们受苦难时，就是洁净了我们。所以亲爱的，如果我的死能为基督增光，你们就求主让死亡速速临到我，并求祂在我的一切患难中用恒忍的精神支持我。但如果我回到你们中间是更有益处的话，那么我们求上帝使我回来时不带有任何罪迹——就是说，叫我不避讳福音真理的一点一画，以便给我的弟兄留下好榜样。或许你们不能在布拉格再见我的面，但如果全能的上帝乐意叫我回到你们那里，那么我们务要以更坚固的心在认识并热爱祂律法的事上向前进。"(注5)

胡斯又写一封信给一个悔改作福音信徒的神父。在信中胡斯谦虚地提到自己的过失，自责说："我曾经喜爱穿华丽的衣服，并在虚浮荒唐的事上旷费时间。"随后，他补充了以下动人的劝告："愿上帝的荣耀和罪人得救的问题充满你的思想，你不要追求名誉、地位和财产。不可装饰自己的房屋过于修养心灵，务要专心建造属灵的房屋。要以虔诚和虚心对待穷人，不可在吃喝宴乐上耗费资财。如果你不悔过而戒除虚浮的事，我怕你会受严厉的责罚，像我一样。你很熟悉我的教训，因为你从小就受我的教育，所以我无需多写。但我凭着主的怜悯嘱咐你，不可在你见我陷入虚浮的事上效法我。"在信封上他写着："朋友，请你不要拆开这封信，直到你确知我已经死了。"(注6)

胡斯在沿途到处都看见传播他教训的迹象，以及一班人对于他的赞助。各地人民蜂拥的来欢迎他，而且某些城镇的首长竟在街道上护送他。

胡斯初到康士坦司时，他享有完全的自由。除了皇帝的护照之外，教皇还向他提出保护的诺言。但过不久，这些屡次郑重提出的保证竟被破坏了。教皇和红衣主教团竟下令逮捕这位改革家，把他囚禁在可嫌厌的地窖里。后来他被关在莱茵河对岸的坚固堡垒里。不过教皇自己并不能因这不顾信义的手段而有所收获，不久他也被关在同一个牢狱里了。(注7)会议上证实他除了谋杀、贩卖圣职和奸淫等"不堪述说的罪"之外，还犯了其他极卑鄙无耻的罪。这是会议所宣布的，于是他被免职，并被囚入狱。至于其他两个敌对的教皇，他们也被废除，会议则选了一个新的教皇。

前一个教皇所有的罪行虽然远比胡斯控告神父们的罪行更为卑鄙，虽然胡斯也是要求教会在这些事上进行改革，但那免了教皇职分的同一个会议转而加害于这位改革家了。胡斯之被监禁，在波希米亚引起了公愤，大有权势的贵族对此暴行向会议提出严正的抗议。当时皇帝也不认可人违犯他所发的护照，所以也反对会议对于这位改革家所采取的手段。可是胡斯的敌人心地狠毒，意志坚决，他们用种种方法引起皇帝的偏见、恐惧和对教会的热心，他们花言巧语，强词夺理地证明"叛教徒或是有叛教行为的嫌疑犯，虽有皇帝或君王所发的护照，人也不应向他们守信。"(注8)这样，他们终于胜利了。

胡斯因疾病和监禁而身体衰弱了。因他所住地窖里的潮湿瘴气使他生了一场大病，几乎丧了性命。后来他又被带到议会上去了。他全身带着锁链，立在那曾经发誓保护他的皇帝面前。在那一次长久的审讯中，他稳重地坚持了真理，并在许多国家和教会的领袖面前，对教廷的腐败罪行提出了严正而忠实的抗议。及至他必须考虑取消他的言论，或者是受死刑的时候，他就决定为道殉身。

上帝的恩典支持了胡斯。在未宣判之前的几周内，上天的平安充满了他的心。他写信给朋友说："我在牢狱里手上带着锁链写这一封信。明天大概就要宣判死刑了。将来我们靠着耶稣基督的帮助能在来世甜美的安乐中再次会面时，你就必知道上帝曾经如何地怜悯了我，并在我的试炼和考验中用祂的大能支持了我。"(注9)

胡斯在地窖的黑暗环境中展望到真理信仰的最后胜利。他在梦中回到他从前在布拉格讲道的会堂里，看见教皇和他的主教们在那里涂抹他在会堂墙上所画基督的像。"这一个异梦令他非常地不安，可是翌日他又看见有许多艺术家将基督的像重新画到墙上去，而且画得更多，色彩更为美丽。有很多的观众围绕着这些艺术家，及至他们画完了，便说道：'现在让教皇和主教们来吧，他们再不能涂掉这些画像了。'"这位改革家讲述这梦以后，就作结论说："我认为这是必然的，基督的像是永远不能抹杀的。他们要想毁掉它，但将来必有比我更能干的传道人把这像描绘在众人的心里。"(注10)

胡斯最后一次被带到议会前，那确是一次极大而声势显赫的集会——有皇帝、王侯、贵族的代表、红衣主教、主教、神父和当日旁听的广大群众。从基督教世界的每一角落，都有人来观看这第一个为争取信仰自由的持久战而牺牲的勇士。

这次会议吩咐胡斯作最后的决定，他便表示不肯否定自己的言论，随即定眼望着那不顾羞耻违犯自己誓约的皇帝说："我是经过在场皇帝公开的保护和诺言，而自动的出席这次议会。"(注11)西基斯孟皇帝在众目睽睽之下，面红耳赤，羞惭万分。

罪状既已宣判，侮辱的方式便开始了。起先由主教们拿神父的礼服穿在囚犯身上，正穿的时候，他说："我们的主耶稣基督被希律王送到彼拉多面前时，人用白袍(注:根据圣经应为紫袍)给祂穿上，侮辱祂。"(注12)当害他的人再度逼他收回自己言论的时候，他便面向群众说："如果收回，我将有何面目望天呢？又怎能见那些听过我传讲纯正福音的人群呢？不，我重视他们得救的问题过于这个已经定了死刑的身体。"随后主教们将礼服一件一件地从他身上剥下来，每剥一件，就咒诅一次。最后他们"给他戴上一顶纸糊的尖帽子，在上面画着可怕的妖精鬼怪，并在前面写着'叛教罪魁'。胡斯说：'耶稣啊，我为你的缘故戴这可耻的冠冕是极快乐的，因为你曾为我戴荆棘的冠冕。'"

他穿戴完毕之后，"主教们便对他说：'我们现在将你的灵魂交给魔鬼。'胡斯约翰则仰首向天说：'主耶稣啊，我将我的灵魂交在你手里，因为你已经救赎了我。'"(注13)

于是他们将他交给政府当局，把他送到刑场。有无数的群众跟在后面，其中有成百的武装人员，有穿着富丽衣服的神父主教们和康士坦司的居民。及至胡斯被绑在火刑柱上即将燃火的时候，他们再度劝这位殉道者务要否定自己的谬论，以救自己的性命。他回答说："要我否定什么谬论啊！我不知道自己讲过什么谬论。我请求上帝见证，我所写的和所讲的完全是以抢救生灵脱离罪恶和灭亡为目的，所以我极乐意用自己的血来坚定我所写作和所传讲的真理。"当火焰在四面燃起的时候，他便开始歌唱一首诗，题目是"大卫的子孙耶稣啊，可怜我吧！"他继续歌唱，直到歌声永远停息为止。

连他的敌人都被他的勇敢所感动。一位热心的罗马教首领描述胡斯和以后随之殒命的耶罗米的蒙难情形说："二人临终时都非常镇静。他们准备受火刑，好像是预备赴婚姻筵席一样。他们没有一次叫痛，当火焰上升时，他们却开始唱诗，而且烈火似乎难以止住他们的歌声。"(注14)

胡斯的身体烧尽之后，他们便将他的骨灰连同灰下的尘土一齐抛入莱茵河中，借此送入海洋。逼迫胡斯的人妄想这样作就是将他所传的真理连根都拔去了，却没有梦想到那天所流入海洋的骨灰要像种子一样，散布到世界各国，而且将要在他们所不知道的地带结出丰盛的果子，就是许多为真理作见证的人。那天在康士坦司议会厅里发言的声音将要响到永远。胡斯固然已经不在了，可是他殉身所见证的道却永不消灭。他忠诚坚贞的榜样将要鼓励许多的人，冒着酷刑和死亡坚持真理，不让一步。他的死刑已经向全世界说明罗马教廷不守信誉的残酷，所以事实上真理的敌人却在无意之中推进了他们所想要毁灭的运动。

此后康士坦司将要再竖起一个火刑柱。另一个见证人的血必须为真理作见证。耶罗米向胡斯辞别的时候曾勉励他务要刚强坚稳，并说，如果胡斯遇到危险，他必定亲自赶去相助。所以这位忠实的门徒，一听到这位改革家被监禁，就立即准备履行他的诺言。他没有得到通行护照，只带着一个人为旅伴，便向康士坦司出发了。他一到那里，就发觉自己不能作一点有助于营救胡斯的事，只是徒然危险而已，于是他逃出了那地方，但中途被逮捕了，并加上锁链，由一队兵士押到康士坦司。在他第一次站在议会想对控告他的人为自己辩护时，会众喊叫说："把他烧死，把他烧死！"(注15)他们将他关在牢狱里，用锁链把他锁住，使他保持一种不自然的姿势，使他受非常的痛苦。他所吃的只是面包和清水。过了几个月，耶罗米因监禁的痛苦，以致病得很重，几乎丧命。他的仇敌恐怕他死去，就减轻了他的痛苦，此后他继续被监禁达一年之久。

胡斯殉道的结果，并不如罗马教会所希冀的一样。皇帝所发护照的被破坏引起了普遍的公愤，于是议会定意不焚烧耶罗米，而尽力设法使他放弃自己的信仰。他们把他带到会场上，吩咐他放弃他的信仰，否则必受死刑。其实鉴于他所已经受的痛苦，如果在他初被监禁时就治死他，倒是善待他了，如今衰弱的病体，监牢里的严酷，以及焦虑和悬念的摧残，又因与朋友的隔离，再想起胡斯的死亡，他灰心极了。他一时向议会屈服，表示愿意依从议会的决定。他起誓顺服罗马教的信条，并接受议会罪责威克里夫和胡斯之教义的议案，只是声明对他们所讲的"神圣真理"仍然相信。(注16)

耶罗米想用这种权宜之计抑制良心的责备，苟存性命，可是在他回到寂寞的牢狱之后，他便更清楚地认识到自己作为的真相。他想起胡斯的勇敢和忠诚，再考虑到自己如何否认了真理，他也想起自己起誓要服侍的主，如何为他的缘故忍受了十字架的死。在他屈服之前他身体虽受痛苦，但精神上仍因确知得蒙上帝的喜悦而有安慰，如今悔恨和怀疑使他精神上非常痛苦了。他也知道，如果与罗马教廷妥协到底，他势必作更多的让步。他所已经走上的路结果必是完全的叛道。于是他下了决心，再不为苟免暂时的痛苦而否认他的主。

不久他又被带到议会前。他第一次的屈服未能使审问他的人满意。他们嗜杀的心因胡斯的死而受了鼓舞，非得新的对象以逞其欲不可。耶罗米若想苟全性命，就必须毫无保留地放弃真理。可是他已经决心辩明自己的信仰，并跟随他殉道的弟兄到火刑场去。

这次耶罗米否定了他第一次的反悔，并以临死者的身分要求有机会为自己辩护。主教们恐怕他的话发生太大的影响，就限定他对控告的罪状或承认或否认。耶罗米就向这种残酷和不公正的待遇提出抗议说："你们把我关禁在污秽、肮脏、臭恶可怕的牢狱中，也不给我一样需用的东西，已有三百四十天了，然后你们才把我带出来，并依着我仇敌的意思，不肯听我为自己辩护。如果你们真是智慧人，又是世界的光，那么务要谨慎，免得你们违背正义。至于我本身，只不过是一个软弱而必死的人，我的性命无关紧要，我现在劝你们不可下不公正的判决，还是为了你们，而不是为自己着想。"(注17)

大会终于准了耶罗米的要求。于是他当着众人跪下祈祷，求圣灵指引他的思想和言语，叫他不要说什么与真理相背或不与救主相称的话。上帝向早期的门徒所发的应许，那天实现在耶罗米身上了。那应许说：“你们要为我的缘故，被送到诸侯君王面前。你们被交的时候，不要思虑怎样说话，或说什么话，到那时候，必赐给你们当说的话。因为不是你们自己说的，乃是你们父的灵在你们里头说的。”（太10:18－20）

结果耶罗米的话引起了普遍的惊异和感佩，连他的仇敌也不得不希奇。因为他被囚在地窖里已有一年之久，非但不能看书，就是什么东西也都看不见，同时他不断地受肉体上的痛苦和思想方面的焦虑。但这次他所提出的理由是那么清晰而有力，好像是他在牢狱中有过良好的机会进行研究的一样。他使听众想起古时被不公正的法官所定为有罪的许多义人。几乎每一代都有一些人存心要为同胞造福，却被众人所诬告、所唾弃，但过了许久才发现这些人是配得尊敬的。连基督耶稣也曾被不公正的议会判为犯法者。

耶罗米前次反悔时，曾赞同那定胡斯为有罪的判决，但现在他声明懊悔了，并为胡斯的无罪和圣洁作了见证。他说道：“我从小就认识他，他是一位最善良的君子，又公道、又纯洁，他虽然无罪，却仍被定罪。如今我也准备要死，我绝不因我敌人和作假见证之人所准备加在我身上的痛苦而畏缩。有一天，他们终要为他们欺骗的行为向那不能受欺骗的上帝交代。”（注18）

耶罗米又为他自己一度否认真理的罪行痛恨自责说：“我从少年直到如今，所犯的罪行中，没有一样像我在这里赞同你们惩办威克里夫和我的良师益友胡斯的案件上所犯的罪，使我更加悔恨。是的，我从心中认罪，并痛悔当初因怕死而可耻地畏缩，并否定了他们的教义。所以我现在恳求全能的上帝饶恕我一切的罪，特别是这一个最可恶的罪。”于是耶罗米指着审判他的法官肯定地说：“你们定了威克里夫和胡斯约翰的罪，不是因为他们破坏了教会的教义，乃是因为他们谴责了僧侣们许多不名誉的事——他们的奢侈和骄傲，以及主教和神父们的一切罪行。威克里夫和胡斯二人所传讲的事实是无可驳斥的，所以我同他们一样相信，并宣明这些事实。”

讲到这里，耶罗米的话被人打断了。主教们大为震怒，喊叫说：“我们还需要什么证据呢？大家亲眼看明他是最顽固的叛教徒！”

耶罗米很坚定地说：“你们以为我怕死么？你们把我关在比死去还可怕的地窖里已有一年之久。你们对待我比对待土耳其人、犹太人、或化外人，更加惨无人道，以致我的皮肉竟活活地腐烂了。虽然如此，我不怨天尤人，因为大丈夫没有为自己哀哭的，但我不得不因你们这样野蛮地虐待一个基督徒而惊奇。”（注19）

说到这里，会场上又爆发了一阵的狂怒，他们就把耶罗米匆匆地带回到牢狱里去了。但会场中有一些人因耶罗米的话受了深刻的印象，所以他们想设法营救他。于是教会的权贵们去探访他，劝他务要服从议会。他们向他提出最动心的利诱，来奖励他放弃反对罗马教的立场。但耶罗米像他的主一样，在以全世界的荣华富贵诱惑他的时候，依然坚立不动。

他说：“你们用圣经的话证明我有错，我就一定放弃这错误。”

诱惑他的人回答说：“圣经，难道一切的问题都用圣经来批判么？若不是先经教会来解释圣经，谁能明白其中的话呢？”

耶罗米回答说：“难道人的遗传比我们救主的福音更加可信么？连保罗都没有叫读他书信的人去听从人的遗传，却劝人考查圣经。”

于是那人回答他说：“叛教徒，我后悔用这么多的工夫来劝你。我看你是受了魔鬼的怂恿。”（注20）

不久，死刑判决了，他们把他带到先前胡斯受刑的地方。他走向刑场的时候，一路歌唱着，脸上发出喜乐和平安的光彩。他仰望着基督，所以死亡在他身上已失去了恐怖的力量。及至执行死刑的人到他背后去燃点柴薪的时候，耶罗米喊叫说：“到前面来吧！当着我的面把火点起来。假使我惧怕的话，我早就不会到这里来了。”

他最后的几句话就是在火焰烧起来的时候的祈祷：“主全能的父啊，可怜我，饶恕我的罪吧！你知道我一直是热爱你的真理的。”(注21)于是他的声音止息了，但他的嘴唇继续默祷。及至焚烬，他们便像对待胡斯一样，将耶罗米的骨灰和灰下的尘土收拾起来，丢在莱茵河里。

上帝的两位忠心擎光者就这样牺牲了。可是他们所宣讲的真理光辉是永远存在的，他们英雄的典范必永垂不朽。人想阻止那正在破晓的新纪元，还不如设法叫太阳倒退一度呢！

胡斯的殉难在波希米亚全境引起普遍的愤慨和惊异。全国的人民都认为他是因神父们的阴毒和皇帝的奸诈而牺牲的，他们公认他是真理的忠心教师，并控告害死他的议会犯了杀人的罪。于是胡斯的教训比从前更引起了许多人的注意。威克里夫的作品早已因教皇的命令而被焚烧了，但还有一些幸免于毁灭的作品，则被人从秘藏的地方取出来与圣经一同研究，许多人只有圣经的一小部分，但也接受了这改正教的信仰。

谋害胡斯的人并没有坐视他工作的胜利。教皇和皇帝同心合力地下手要消灭这运动，于是西基斯孟的军队向波希米亚进攻了。

但上帝兴起了一个救星。席斯加是当时最英明的将领，虽在战争开始之后便双目失明，但依然能率领波希米亚人作战。他们笃信自己的立场是正义的，必蒙上帝的帮助，所以屡次抵御最强大的敌军。皇帝多次失败，屡次重整旗鼓，卷土重来，但每次都狼狈败退。波希米亚的军队——俗称“胡斯军”——作战奋不顾身，视死如归，无人能敌。但战争开始之后不多年，勇敢的席斯加死了，起而代之的是卜罗可庇。他的勇敢和干练不亚于席斯加，而且在领导上表显得比席斯加才力更高。

敌军既知盲战士死了，就认为这是一个挽回过去失败的良机。于是教皇宣布一次反胡斯派的十字军大战役。有一支新的大军来进袭波希米亚。但结果又是惨败。此后又发动一次十字军，他在所统治的国家中征集大量的军火、军饷和兵力。成群的人蜂拥到教皇的旗帜之下，确信胡斯派的叛徒这次难免于消灭了。于是这支浩浩荡荡的大军怀着必胜的信心越过波希米亚的边界。民众起而抵抗，两军终于相遇了。一天，两军只有一水相隔。十字军阵营的兵力远为强盛，但他们并没有渡河与对方交锋，却目瞪口呆地立在河边观望着对岸的胡斯军，(注22)这时十字军中突然呈现一种奇特的恐怖状态。他们没有攻打，就开始瓦解四散了，似乎是被一种看不见的势力所驱散。于是胡斯军起来追击，杀戮了许多敌人，掳来大批物资，结果这次战役非但没有使波希米亚人受到丝毫损失，反而增添了他们的财富。

过了几年，在新的教皇领导之下，又一次的十字军战役动员起来了。像前一次一样，兵力和财力是由教廷所统治的欧洲各国供给的。所提供的利诱最足以使人动心。凡参加这次战役的人，不论其罪状多么严重，必蒙全然宽赦。凡在这次战役中丧命的，必能立即升天享受丰厚的赏赐，而那些幸免于死的人，则必在战场上获得光荣与财富。于是又一次大军征集齐备越过疆界，侵入波希米亚境内。这次胡斯军在他们面前撤退，引他们深入境内，使之以为胜利已经属于他们了。最后，卜罗可庇的军队扎住，并向敌人正式反击了。十字军这时才发觉自己的错误，便守在自己的营盘里等待应战。及至他们听见胡斯军进军的声音，但还没有看见他们的时候，十字军的阵营已起了恐慌。王侯、将领和士兵们，都弃甲曳兵，狼狈而逃。当时率领大军的是教皇的代表，他试图下令重整旗鼓，但大势已去，无可挽回。纵使他尽到最大的努力，他自己最后也不得不随着士兵逃亡。于是十字军一败涂地，而且又一批掠物落到胜利者的手中。

这样一来，由欧洲最强盛的国家所派遣雄伟的大军，包括成万勇敢并且受过训练的武装部队，竟在这一弱小国家的守卫军面前，又一次不战而败了。这实在是上帝能力的表显，侵略军为一种超自然的恐怖所震动。那使法老的全军在红海倾覆，使米甸的大军在基甸和他的三百精兵面前奔逃，并在一夜之间击溃高傲的亚述王的上帝，这时再次伸手摧毁压迫者的势力。“他们在无可惧怕之处，就大大害怕，因为上帝把那安营攻击你之人的骨头散开了。你使他们蒙羞，因为上帝弃绝了他们。”(诗53:5)

罗马教廷的首脑们，既见武力不能成功，便采用狡计了。结果双方进行妥协，在表面上波希米亚人可以享受宗教自由，但在实际上这次妥协却把他们出卖给罗马教了。起先波希米亚曾提出四个和平的条件:自由宣讲圣经；在举行圣餐时，全体信徒有权力领受杯和饼，并在礼拜时用通行的方言；担任圣职的人不得兼任政治职务；遇有刑事案件，担任圣职的人应与庶民同受法院的裁判。罗马教廷最后“同意接受胡斯派的四个条件，但同时声明解释这些条件的权利却归于议会——就是教皇和皇帝。”(注23)双方根据这四个条件签订了和约，于是罗马教用强权所不能获取的，终于借虚伪和欺蒙的手段得到了。因为她能照她解释圣经的一贯作风去按自己的心意解释和约的条款，并任意歪曲来达到自己的目的。

波希米亚国内有许多的人看明这和约实际上出卖了他们的自由，就不能赞同。于是他们内部起了争执和分裂，甚至发生杀人流血的事。在这次内乱中，英雄的卜罗可庇牺牲了，于是波希米亚的自由也就此断送了。

出卖胡斯和耶罗米的西基斯孟皇帝作了波希米亚王。他不顾自己发誓保护波希米亚人自由权的诺言，却进行恢复教皇的势力。其实他如此效忠罗马，对自己并没有什么收获。他过了二十年辛劳艰危的生活，由于长期无谓的战争，他的兵力耗损殆尽了，他的国库也取用一空。在他作了波希米亚王仅仅一年之后，他便与世长辞，并留下一个岌岌可危，内战将起的国家，和一个遗臭万年的骂名。

骚动、纷争和流血的事相继发生。外国的军队再度侵入了波希米亚的境界，而国内的分裂状态继续扰乱全境。凡忠心信服福音的人都遭到血腥逼迫。

有一些信徒在与罗马教廷订立和约之后，便信从了它的错谬道理，但那些固守真道的人却团结在一起，并组成一个独立的教会，定名为“弟兄联盟”。他们为此受到各界的咒骂，但他们仍坚定不移。他们被迫退到森林和山洞里去避难，但仍聚集诵读圣经，并一同敬拜。

他们秘密地派遣使者到各国去，借知“到处有孤立的真理教徒，这一城几个，那一城几个，而且这些都是众人逼迫的对象；他们也得到消息，在阿尔卑斯山中有一个古老的教会，以圣经为信仰的基础，并抗议罗马拜偶像的种种腐败现象。”他们听得这个消息大为欣喜，于是就开始与瓦典西的信徒取得联络。

波希米亚的圣徒坚守着福音，忍耐地度过逼迫的黑暗，就是在最黑暗的时候，他们的眼目展望到将来，如同守夜的等候天亮。“他们生在邪恶的时代中，但他们没有忘记胡斯的话，后来又为耶罗米所重述，就是天亮之前必须再等一百年。胡斯派的信徒，对于这句预言的重视，有如古时在埃及地被奴役的以色列人重视约瑟的遗嘱:‘我要死了，但上帝必定看顾你们，领你们从这地上去。’”(注24)“十五世纪末叶，弟兄派的教会逐渐增多。他们虽然常受磨难，但比较起来还算平安。及至十六世纪初叶，他们在波希米亚和莫拉维亚所成立的教会单位共有二百之多。”(注25)“可见那能幸免于火柱和刀剑之害的余民不在少数，他们终于看到胡斯所预言的新时代的破晓。”(注26)

注1，2：Wylie，卷3，第1章。

注3：Bonnechose，“The Reformers before Reformation,”卷1，第87面(1844年版)。

注4：Wylie，卷3，第2章。

注5，6：Bonnechose，卷1，第147－149面。

注7：见同上第247面。

注8：Lenfant，“History of the Council of Constance”卷1，第516面。

注9：Bonnechose，卷2，第67面。

注10：D’Aubigne，卷1，第6章。

注11：Bonnechose，卷2，第84面。

注12：同上第86面。

注13：Wylie，卷3，第7章。

注14：同上。

注15：Bonnechose，卷1，第234面。

注16：Bonnechose，卷2，第141面。

注17：同上第146，147面。

注18：同上第151面。

注19：同上第151－153面。

注20：Wylie，卷3，第10章。

注21：Bonnechose，卷2，第168面。

注22：Wylie，卷3，第17章。

注23：同上第18章。

注24：同上第19章。

注25：Gillett，“Life and Times of John Huss，”(第3版)卷2，第570面。

注26：Wylie，卷3，第19章。

第七章
徘徊歧路的路德马丁

在一切蒙召引领教会脱离教皇制度的黑暗而走向更纯洁之信仰的人中，路德马丁是站在最前列的。他是一个火热、殷切、忠实的人，除了上帝之外，他别无畏惧。除了圣经之外，他不承认任何其他标准为宗教信仰的基础。路德确是当时代所需要的人物，借着他，上帝在改革教会和光照世界的事上，成就了一番伟大的工作。

路德像其他的福音先锋一样，出身是穷苦的。他的童年是在德国一个平凡的乡民家里度过的。他的父亲每日在矿穴里作苦工，借以供给路德的教育费。父亲原要他作一个律师，但上帝的旨意是要使他成为一个建筑师，为祂建造一座圣殿，这殿要经过多少世纪的建造才能完成。艰苦、穷困和严格的锻炼，乃是那无穷智慧的主为路德所预备的学校，这一切将要给他一种必要的准备，使他能胜任一生的使命。

路德的父亲有坚强而活泼的心志，雄伟的魄力和诚实、果断、豪爽的天性。他只知忠于人生的本分，从来不考虑后果如何。他那高超的见识使他不信任当时代的修道院制度。所以当路德没有得到父亲同意而进入修道院时，他父亲就大大不悦。两年之后，父子间的感情方得恢复，但他父亲的意见并没有改变。

路德的父母对儿女的教育和训练是很关心的。他们总设法教训儿女关于认识上帝的知识和基督徒道德的实践。他时常听见父亲为他祈祷，要他记念主的名，并帮助推进祂的真理。父母殷切地利用他们辛劳生活所能给他们的一点机会，来追求道德和文化方面的造就。他们认真而恒切地准备他们的儿女过一种虔诚而有用的生活。他们的坚忍和毅力有时会使他们过于严格，这位改革家自己虽然感觉父母在某些方面是作错了，但他认为在他们管教儿女的方法上，优点总比缺点多。

路德年纪很小就上学了，他在学校里屡受虐待，甚至挨打。那时他的父母非常穷困，甚至他从家里走到邻近的村镇去上学的时候，有一度必须挨家唱歌讨一口饭吃，并且还要时常挨饿。再者，当时宗教界所流行的迷信观念使他心中充满恐惧。他往往在夜间心情沉重地睡下去，战战兢兢地眺望着黑暗的将来。他没有认明上帝是一位慈爱的天父，只晓得祂是一个严厉、无情的审判者，一个残酷的暴君，因而恐惧不已。

路德虽然受到如此繁多而沉重的折磨，但他仍毅然向前迈进，为要追求那吸引着他的道德和文化的崇高标准。他渴求知识，他那认真而实践的性格使他喜爱切实和有用的事，而轻看虚浮和肤浅的事。

他十八岁入了艾弗大学，那时他的家境已经好转，他的前途比早年更光明了。他的父母经过多年的勤俭生活，已经有了一点积蓄，所以能供给他需要的费用。同时，他和几个贤明朋友的来往多少消除了他早期教育的恶影响。他在大学里专心研读最好的文学作品，并殷勤地将其中最有价值的思想存记在心，把智者的智慧化成自己的。就是在早年教师严厉的管教之下，他已经表现出是有天才的。如今他既受到更好的熏陶，他的智能就很快地发展了。他具有坚强的记忆力、活泼的想像力和敏锐的理解力，再加上孜孜不倦的研究，他很快的就扶摇直上，脱颖而出。智力的锻炼使他的理解成熟，思想活泼，而辨识加强，为他一生的奋斗作了准备。

路德有敬畏耶和华的心，这足以使他的心志坚强，并在上帝面前深切自卑。他一直感觉到自己需要上帝的帮助，所以在每一天的开始，他总要先作祷告，同时他心中不住地祈求上天的引领和帮助。他常说:“祷告好，就是研究好的先决条件。”(注1)

有一天路德在大学的图书馆里翻阅图书，偶然发现了一本拉丁文的圣经。这一本书是他从来没有见过的。他根本不晓得有这样的一本书存在。他固然在礼拜聚会时听过领会的人朗诵福音书和新约书信中的几段话，但他以为这几段话就是圣经的全部内容了。这时是他平生第一次看到一部完整的圣经，于是他心中百感交集，恭敬而惊奇地逐页翻阅。他思潮起伏，情不自禁地亲自读到了生命之道，他一面读着，一面感叹道:“惟愿上帝给我这样一本书作我自己的宝贝！”(注2)有天上的使者在他身边，并有从上帝宝座那里来的光亮照明真理的宝藏。固然，他向来是不敢得罪上帝的，但现在他深深觉悟到自己是一个罪人，这种觉悟是他从来所没有过的。

由于他诚心要摆脱罪担，并与上帝和好，他终于入了修道院，打算终身作修道士。他必须在修道院里从事最卑微的苦工，并挨家讨饭，在他那青年时期，他的本性爱好人的尊敬和重视，所以这种卑微的工作使他精神上非常痛苦，但他耐心地忍受了这种屈辱，并相信他所以必须忍受这一切的，乃是因了自己的罪。

路德在每日劳作上所余下来的光阴，他都用来研究，甚至废寝忘食，专心研读。他所最喜爱研究的乃是圣经。他在修道院里见到一部圣经，是用链锁在墙上的，他便时常到那里去阅读。当他深深感到罪的沉重时，他便设法靠自己的行为得到赦免与平安。于是他自己便过一种非常严格的生活，企图借禁食，夜半的祈祷和肉体上的鞭伤来抑制本性的罪恶。虽然他甘愿付出一切的牺牲，以期得到心灵的纯洁和得蒙上帝的悦纳。但这种罪恶不是修道院的生活所能解决的，日后他回忆，说:“那时我确是一个虔诚的修道士。我曾严格地遵守所属宗派的规则。如果一个修道士真可以靠自己的行为进入天国的话，那么我必定是可以进去的了。如果我一直继续苦修的话，我很可能连性命都送掉了。”(注3)由于他这种刻苦的锻炼，他的体力衰弱了，甚至时常晕倒。后来他一直未能完全摆脱这种病害的影响。但即使这样努力苦修，他那痛苦的心灵始终没有得到平安。日后他被迫得几乎要绝望了。

在路德看来一切都没有希望的时候，上帝兴起了一个朋友来帮助他。虔诚的斯道庇兹把上帝的道向他讲明了，劝他不要只看自己，也不要一直想念那违犯上帝律法所招致的刑罚，只要仰望赦免他罪愆的救主耶稣。“不要为自己的罪而加害己身，只要把自己完全交在救赎主的怀抱里。要信靠祂，信靠祂生平的义，信靠祂借舍命而成就的救赎。要听从上帝的儿子。祂为使你得到上帝的恩眷而成了肉身。”“你要爱那先爱你的主。”(注4)

这位怜爱的使者斯道庇兹这样向他讲话，他的话在路德心中留下深刻的印象。路德与自己思想中根深蒂固的错谬经过多次的挣扎，终于掌握到真理，他困苦的心灵也就得到平安了。

路德被封为神父，后来威丁堡大学聘他担任教授，他就离开了修道院。在大学里，他专心研究原文圣经。他开始讲授圣经，将诗篇、福音书和新约书信讲给成群欢喜倾听的人。他的朋友与师长斯道庇兹劝他到礼拜堂里去讲道，路德却踌躇不前，自觉不配奉基督的名向人宣讲上帝的话。经过了长时期的思想挣扎，他终于依从了朋友的劝化。那时他已经是很熟悉圣经的了，而且有上帝的恩典在他身上。他的口才吸引了他的听众，他使真理显得清楚有力，使众人感悟而信服，他的热忱熔化了他们的心。

这时路德还是罗马教的忠实信徒，而且根本无意改变这个身分。由于上帝的安排，他得到一次机会旅行往罗马城去。他是徒步行路的，沿途寄宿在各地的修道院。在意大利的一个修道院里，他所看到富裕奢侈的现象使他非常惊奇。那里的修道士既有丰富的收入，便住在壮丽的宅第里，每天过着锦衣玉食的生活。路德便在痛苦矛盾的心境之下，拿这种现象和他自己克己艰苦的生活作了对比。于是他心中就感到非常困惑了。

最后，那坐落在七个山头上的罗马城远远在望了。路德深深感动地俯伏在地喊着说:“神圣的罗马，我问你安！”(注5)他随即进了城，拜访了各处的教堂，聆听了那里的神父和修道士们所讲的神迹奇事，并遵守了那应守的种种礼节。他到处看见许多令他惊奇而嫌恶的事。他看到在各等级的僧侣中普遍存在着罪恶。他听到主教们讲说猥亵的戏语，又因他们可怕亵渎的话而憎厌不已，就是在献弥撒祭的时候，他们还要讲这样的丑话。当他与修道士和平民接触的时候，他所遇到的乃是放荡和淫佚。他无论到何处去，在应当找到圣洁事物的地方，他却遇见了亵慢的事。他后来写道：“没有人能想像到罗马城里罪恶卑鄙情况的万一。若不是亲眼看见，就没有人能置信。无怪有人说，‘如果真有地狱的话，罗马必是造在其上的。各种的罪恶都从这个深渊涌出来。’”(注6)

由于新近颁布的御旨，教皇应许凡是双膝下跪攀登“彼拉多台阶”的人，他们的罪都可以赦免。据说，这个台阶就是从前救主离开罗马巡抚审判厅的时候所走过的台阶，后来是以神奇的方式从耶路撒冷运到罗马来的。有一天路德正在虔诚地攀登这个台阶时，忽然有一个声音像雷霆一样，似乎对他说：“义人必因信得生。”(罗1:17)他立即站了起来，羞愧而惶恐地走了下来。这一节经文在他心上始终没有失去感动力。从那时起，他更清楚地看出靠自己的行为得救是多么愚妄，并看出自己必须经常信靠基督的功劳。对于罗马教的虚假，路德已经看穿了，而且今后永不会再盲从。当他掉转脚步离开罗马的时候，他的心也就永远离开罗马了。从那日起，他与罗马之间的距离越来越远，直到他与罗马教会完全绝交为止。

路德从罗马回来之后，在威丁堡大学得到神学博士的学位。这时，他能比早先更自由地专心研究他所爱的圣经了，他已经起了严肃的誓约。愿意终身专门研究并忠实地传讲上帝的话，而不讲教皇的言论和教训。他已经不再是一个普通的修道士或大学教授，而是正式被任命为讲解圣经的人。他已蒙召作牧人来喂养上帝饥渴慕义的羊群。他坚决地声称，除了那以圣经的权威为基础的教训之外，其他的言论基督徒应当一概拒绝。这句话直接打击到教皇至高权威的基础，并且包含着宗教改革运动的基本原则。

路德看出高举人的理论过于圣经的教训是多么危险。他无畏地攻击当时一般学者所倡导否定上帝的空洞神学。他痛斥这种学理，说它不但无益，而且有害。所以他设法使听众的思想脱离当时哲学和神学家的巧言，而转向先知与使徒们所陈明的永恒真理。

路德所传给专心倾听的群众的信息，实在是宝贵的。他们从来没有听过这样的教训。这有关救主之爱的大喜信息，这靠祂赎罪之血而赐赦免与平安的应许，使他们心里充满喜乐和永生的盼望。在威丁堡所燃起的火光必要照到天涯地极，而且要发扬光大，直到末时。

可是光明与黑暗是不能协和的，在真理与邪道之间存在着无可避免的冲突。既要支持并保护这一方面，就必须攻击并推翻那一方面。我们的救主亲自说过：“我来，并不是叫地上太平，乃是叫地上动刀兵。”(太10:34)在宗教改革运动开始数年之后，路德说道：“上帝并不是引领着我，乃是推着我猛进，带着我向前。我不能支配自己。我很想过些安舒的日子，但总被置于扰攘和革命之中。”(注7)况且这时他正被催逼着去参加又一次的论辩呢。

罗马教会竟拿上帝的恩典作为商品出卖了。兑换银钱之人的桌子(见太21:12)竟被安置在她的讲台旁边，空中也充满了作买卖之人的喧嚣。罗马教假借在罗马城兴建圣彼得堂的名义，仗着教皇的权柄，公开贩卖赎罪券。他们要拿罪恶的代价来建造一所敬拜上帝的圣殿，用罪孽的工价奠定它的根基！但结果这用来增进罗马光彩的方法，正好引起了那摧毁她权力和荣誉的最沉重的打击。这一件事激起了教皇的最坚决而有力的敌人，结果爆发了一次战争，以致震动了教皇的宝座，并几乎把他的三重冠冕从头上震了下来。

奉命到德国来贩卖赎罪券的人名叫帖慈尔。这人犯过滔天的罪行，为社会人士和上帝的律法所不容。现今他居然能逃脱应受的刑罚，并受教会重用去推进教皇那唯利是图的狂妄计划。他厚颜无耻地说了一些最明显的谎言，又讲了许多神话奇事来欺骗一般愚鲁、幼稚和迷信的民众。如果这些人手里有了圣经，他们就不至于被欺哄了。可见罗马教不许百姓阅读圣经，就是为要把他们控制在教廷的势力之下，借此增加野心的教会领袖们的权力和财富。

每当帖慈尔到一个城镇的时候，总是派一个差役走在前面，宣布说:“上帝和圣父(教皇)的恩典临门了！”(注8)于是百姓就出来欢迎这个亵渎上帝的骗子，把他当作从天降临的神明一样看待。可耻的赎罪券交易便在教堂里开始了，帖慈尔则登上讲台，大事宣传，说赎罪券有神奇的效能，可以预赦购买人将来所犯的一切罪，而且“连悔改也是不必要的。”(注9)再者，他向听众保证，赎罪券非但能救活着的人，而且也能救死了的人。他们的钱币何时碰到库底，叮当一响，他们所代为付款的死人的灵魂便立即从地狱里升到天堂了。

从前行邪术的西门要向使徒购买行奇事的能力时，彼得回答他说:“你的银子和你一同灭亡吧！因你想上帝的恩赐是可以用钱买的。”(徒8:20)但帖慈尔所提供的赎罪券却为千万人所抢购。金子和银子源源不绝地流入他的钱库。一种可以用银钱购买的救恩，确是比那必须借着悔改、信心、抗拒并制胜罪恶而得的救恩更容易获取呢。

赎罪券的错谬道理曾经被罗马教会一些有学问的敬虔分子所反对，况且有许多人也不相信这种违背理性与启示的虚谎。虽然当时连作主教的都不敢对这罪恶的交易提出任何抗议，但总有许多人心中颇为不安，而且其中也有不少人恳切询问上帝是否要采取什么方式来洁净祂的教会。

这时路德虽然是一个极严格的罗马教徒，他却因赎罪贩子亵慢的妄言而震惊不已。他自己教堂里的许多教徒都买了赎罪券，过了不久，他们便前来向他承认他们的许多罪，并指望立刻得蒙豁免，不是因为他们痛悔前非，决心改过，乃是因为买了赎罪券的缘故。路德不肯向他们宣布豁免，却警告他们，如果他们不真实忏悔，在生活上改过，他们就必死在罪中。于是这些人就困恼不悦地回到帖慈尔那里向他诉苦说，他们的神父不承认他们的赎罪券，还有一些人大胆地要他当场退钱。帖慈尔听了勃然大怒，破口谩骂，吩咐在各十字路口上点起烟火，公然宣布他已经“奉了教皇的命令，要将一切胆敢反对他最神圣赎罪券的人活活的烧死。”(注10)

这时路德便挺身而出，要为真理抗争了。他常在讲台上发出诚恳严肃的警告。他向人说明罪恶的可憎性，并教训他们，人类绝不能靠自己的行为减轻自己的罪愆或逃避其刑罚。罪人惟有向上帝悔改，并笃信基督才能得救。基督的恩典是不能用银钱购买的，它乃是白白给人的恩赐。他劝人不要买赎罪券，却要凭着信心仰望钉十字架的救赎主。他叙述了自己过去的痛苦经验，说明自己怎样想靠自卑和苦修来获得救恩，结果他还是借着不看自己而相信基督，才找到了平安和喜乐。

当帖慈尔继续他的买卖和亵渎的欺骗工作时，路德决定用更有效的方法来抗议这些彰明昭著的弊端。过不久，他有了一个机会。威丁堡的一个古教堂里藏有许多“遗物”，(译者按:例如十字架上的一块碎木，古时圣人的骸骨等等。)每逢节期陈列出来，凡到该教堂来认罪的人，都可以得到豁免。所以在这些节期间，前来礼拜的人甚多。这时有一个最重大的节期，即“万圣节”届临。路德在前一天跟着拥往该教堂的一群人到达该地，随将写好的一张反对赎罪券的九十五条条文钉在教堂门上，同时声明，如果有人要来辩论的话，他愿意次日在威丁堡大学为这九十五条条文辩护。

这些条文引起了普遍的注意。众人把它看了又看，并到处传讲，议论纷纷。威丁堡大学甚至全城的空气因而紧张起来。这些条文说明上帝从来没有把赦罪或豁免罪刑的权柄交给教皇或任何人。这整个计划简直是一出骗人的滑稽戏剧——是用来愚弄百姓，勒索钱财的手段——是撒但用来毁灭一切轻信他谎言之人的巧计。这些条文也说明基督的福音乃是教会最贵重的财宝，而且福音所阐明的上帝的恩典，是白白赐给凡借悔改和信心来寻求之人的。

路德公布的条文欢迎人来进行讨论，可是没有人胆敢应战。不过几天，他所提出的问题已经传遍德国，又过几个星期，则传遍当时的基督教世界了。许多为教会中流行的罪恶而悲愤的虔诚罗马教徒一读到路德的条文，大大欢喜，认明这必是出于上帝的启示。他们认定主已经伸手遏制那从罗马教廷涌出来的日甚一日的腐化影响。许多王侯和官长见到那不许任何人过问其权威的势力受到挫折，暗中庆幸万分。

但一般喜爱罪恶的迷信群众，一看到那曾安抚他们恐惧的谬论竟被扫除，甚是恐慌。狡猾的僧侣们见他们赞助罪恶的工作受到拦阻，就大为恼怒，并联合一致来维护自己的虚谎。这位改革家遭到了许多恶毒的控告。有人说他是受情感冲动，操之过急；有人说他是僭越自恃，绝不是受上帝的指示，而是出于骄傲自大，冒昧从事。路德回答说："谁都知道，每逢有人提出一个新的主张，总不免有一点骄傲自大的嫌疑，总要被人诬告为挑拨是非之人。基督和许多殉道者是为什么而被害的呢？因为人看他们是轻视当代哲人的智慧，因为他们提出了一些新的主张而没有事先请教于古老的传统意见。"

他又说："凡我所要作的事绝不会出于人的智慧，而必须出于上帝的旨意。这工作既是上帝的，谁能阻挡它呢？若不然，谁又能推动它呢？不是要听我的意思，也不是凭他们或我们的意思，乃是凭你在天上圣父的旨意。"(注11)

路德开始工作，虽然是出于上帝圣灵的感动，但他不是没有经过艰苦奋斗的。他敌人的责骂和诬蔑，以及对他人格和动机的阴毒毁谤，如同洪水一般向他冲来，结果也起了相当的作用。他起先总以为教会和教育界的领导人物必能欣然与他合作，进行改革的工作。一些身居高位的人当初所讲鼓励他的话，给他不少的安慰和希望。那时他已经可以在指望中看到教会走向未来的光明了。但结果人的鼓励竟变成责难和指控。教会和政府方面的许多大人物固然承认路德主张的正确性，但他们很快就看出人若接受这些真理，势必引起很大的变化。若要在民间提倡教育和改革，终于难免推翻罗马教廷的权威，并使多方面的经济来源枯竭，如此就要影响到教会领袖们的奢侈生活了。再者，如要教训百姓为自己的思想和行动负责，而只许仰望基督，靠祂得救，势必推翻教皇的宝座，而终于破坏他们自己的权威。因此他们拒绝了上帝所要给他们的知识，并因反对祂所差来光照他们的人，而实际上也就反对了基督和祂的真理。

路德看到自己的处境，看到自己一人与世上最强大的势力相抗衡，就不禁颤抖起来了。有时他还要怀疑上帝究竟是否在引导他，叫他反抗教会的权威。后来他写道："我是谁，竟敢反抗这地上的君王与庶民所敬畏，威风凛凛的教皇？谁不知道我头两年所受精神上的痛苦，以及所有灰心丧志的经验？"(注12)但上帝没有让路德全然绝望。当人的支持落了空的时候，他只能仰望上帝，他学会了安心地依靠那全能的膀臂。

路德在写给一位拥护改革运动的人说："我们不能单靠研究或智力去明白圣经。你的第一个本分乃是事先祈祷，求主凭祂的大怜爱使你能真正明白祂的话。除了那启示这道的主以外，没有什么人能解释这道，正如祂自己所说：'你的儿女都要受耶和华的教训。'所以你不要想靠自己的努力和理解而有所收获。要单靠上帝和祂圣灵的感召。这话你尽可相信，因为我是有过这种经验的。"(注13)凡相信上帝已经选召他们去宣讲现代所需要严肃的真理的人，可以从这几句话中得着重要的教训。这些真理一定会引起撒但的仇恨和那些喜爱撒但所捏造的虚谎之人的反对。所以在和恶势力争战时，我们需要比人的聪明智慧更大的力量。

当路德的仇敌用风俗、遗传或教皇的言论与权威和他辩论时，他就单单拿圣经去应付他们。圣经里有许多他们所无法反驳的论据。于是那些被形式主义和迷信所束缚的奴隶们便恨不得要流他的血，正如古时犹太人要流基督的血一样。罗马教的狂热派喊着说："他是个叛徒。谁若容忍这么可憎的叛徒继续存活一小时之久，谁就是犯了叛逆的罪。我们要立即为他树立绞刑架！"(注14)但路德没有就此作了他们狂怒的牺牲品。上帝有一定的工作要他作，所以派天使来保护他。可是有许多从路德那里领受真光的人，却成了撒但忿怒的目标，并为真理的缘故勇敢地忍受了酷刑和死亡。

路德的教训在德国普遍地引起了一班有思想之人的注意。从他的讲章和著作中射出亮光来，唤醒并光照了成千的人们。一个活泼的信仰正在代替那长久束缚着教会的形式主义了。百姓对罗马教的迷信逐渐失去了信心，老偏见的屏障渐渐被废去。路德用来试验每一个信条和主张的上帝的圣言，正像一把两刃的利剑一直刺入人心。处处有追求属灵长进的愿望，处处有空前饥渴慕义的心情。众人久已仰赖于人为的礼节和地上的中保，这时却以痛悔的信心转向钉十字架的基督了。

这种普遍性的兴趣使教会当局更加恐慌了。有一天路德接到一个通知，命令他去罗马为叛教的罪作交代。这个命令使他的朋友们极其恐慌。他们深知在那腐化的罗马城中所等待着路德的危险，因那城已经喝醉了耶稣圣徒的血。于是他们反对路德去罗马，并要求让他在德国受审。

这办法终于照准了，教皇只得授权给他的代表去审问路德的案件。在教皇给他代表的指示中，他说明路德已经被宣判为叛教徒。所以他嘱咐代表"务要赶快办理，雷厉风行。"如果路德坚持他的主张，而代表又无法逮捕他的话，他便有权"宣布路德在德国全境失去法律的保护，并给一切和路德联络的人以放逐、咒诅和开除教籍的处分。"(注15)教皇又指示他的代表说，为要彻底铲除这瘟疫般的异端起见，若有官长不肯逮捕路德和他的同党交给罗马去惩办，那么除了皇帝一人之外，不问其在教会或国家职权等级的高低，一律处以开除教籍。

教皇制度的庐山真面目，于此可见一斑。在全部通令中看不到一点基督化的原则，甚至连一点普通公理的意味也没有。这时路德离罗马甚远；他还没有机会可以为自己申辩，而今在他的案情未经审问之前，他竟被宣布为一个叛教徒，而又在同一天被斥责、控告、宣判而定罪。况且这一切还是那自命为"圣父"，为教会与国家独一至上，绝无错误的权威所办的事呢！

正当此时，在路德最需要一位忠实朋友之同情和指导的时候，上帝就派梅兰克吞到威丁堡来。这人年纪尚轻，为人谦恭有礼，他持重的判断、渊博的学问和动人的口才，加上他人格的纯洁和正直，博得人们的钦佩和景仰。在他聪明的天才之外，他还有温和的性格。他很快就成了福音的热心门徒和路德所最信任的有力助手。梅兰克吞温柔、审慎和仔细的作风正好辅佐了路德的勇敢和魄力。二人的合作为宗教改革运动增添了不少能力，也给路德很大的鼓励。

审问路德的地方指定在奥斯堡城，路德便步行到那里去。许多人为他非常担心。有人曾经公然地威胁他，说要在路上谋害他，所以他的朋友就恳劝他不可冒险。他们甚至劝他离开威丁堡一个时期，而投奔到一些乐意保护他的人那里去。但他却不肯离开上帝所派给他的岗位。不管有多大的暴风雨催逼着他，他必须忠实地继续维护真理。他对人说："我是像耶利米一样'相争相竞的人'，人威胁我的话越多，我就越发喜乐。他们已经破坏了我的名誉和声望，现在只余下我这卑贱的身体了！他们尽管把它拿去，他们可以把我的寿命缩短几小时。至于我的灵魂，却是他们拿不走的啊。凡愿望把基督的道传给世界的人，必须准备随时丧命。"(注16)

教皇的使臣得到了路德到奥斯堡的消息，甚是得意。这个兴风作浪，引起全世界人注意的叛教徒现今总算落到罗马的权势之下了，使臣决意不让他逃脱。这时这位改革家还没有为自己申请护照。他的朋友劝他在尚未领到护照之前，万不可去见教皇的使臣，于是他们自行为他向皇帝申请护照。使臣决定要尽可能地强迫路德反悔，如果不成功的话，就设法把他送到罗马去受胡斯和耶罗米一样的厄运。所以他设法通过他的爪牙告诉路德不必领取护照，而完全信任使臣的慈心，这一点路德不能同意。他必须待领到皇帝保证他安全的证件，然后才去见教皇的使臣。

罗马教廷的政策是先设法用柔和的手段争取路德。使臣和他会谈的时候，起初表示非常友善，但他一味要求路德必须无条件地服从教会的权威，并在任何问题上不加辩论而完全屈服，可见他对于他的对手并没有正确的估计。路德回答说，他尊重教会，而又喜爱真理，并愿随时答复一切有关他教训的意见，然后请几个主要的大学来批判他所讲的道。同时路德抗议使臣在尚未证明他有错误之前就叫他反悔。

使臣惟一的答复乃是“反悔，反悔！”这位改革家说明他的立场是以圣经为根据的，所以坚决的声明他不能放弃真理。使臣既无法答复路德的论据，便拿出一连串责备、挖苦和谄媚的话，间或引证古人的传说和教父的言论，口如悬河，滔滔不绝，不让路德有讲话的机会。路德看出这样继续下去是枉费光阴的，随即要求作书面的答复，使臣终于勉强同意了。

后来路德写信给朋友论到此事说：“这样我这受压迫的人可以得到双重的利益。第一，凡写下来的话可以拿给别人看，请他们批评；第二，我有更好的机会，即或不能引动一个骄傲自大，呶呶不休的独裁者的良心，也可以多少叫他生一点恐惧，不然他真要用蛮横无理的话把我压倒了。”(注17)

在下一次的会谈中，路德对自己的主见作了一个清楚、简明而有力的解释，其中引证了许多经文作根据。他宣读了这一篇文章之后，把它交给使臣，而使臣轻蔑地把它丢在一边说，其中不过是许多废话和与论旨无关的经文。这时路德的精神才全振作起来，拿使臣自己的武器，就是教会的遗传和人的教训来对付他，结果把使臣驳倒了。

使臣既看出路德的论证是无法对抗的，就不能再含忍下去，于是大声喊着说：“反悔！不然我要把你送到罗马去，在那里有法官审问你的案件。我要把你和你的同党，以及一切赞助你的人都开除教籍，赶出教会。”最后他用傲慢和发怒的声调说，“反悔！否则你就不必再到这里来！”(注18)

路德和旁听的几个朋友当即退出会场，借此表明休想从他口里听到什么反悔的话。但这并非使臣始料所及。他想一定能用威力把路德吓倒。但是现在他坐在众人当中，彼此面面相觑，为自己计策的失败而愤懑了。

路德这次的努力不是没有良好结果的。当时聚集旁听的群众趁机把这两个人比较一下，并对二人所表现的精神，以及主张中的力量和真理，自行批判了。他们相形之下，显然是不同！改革家那俭朴、谦卑和坚定的态度，显明他是靠着上帝的力量，并持有真理。而教皇的代表则高傲而蛮横地大摇大摆，耀武扬威，却拿不出一个以圣经为根据的论点来，只知虚声恫吓说：“反悔，否则我把你送到罗马去受处分。”

路德虽然领有护照，但罗马教廷仍想用阴谋将他逮捕监禁，他的朋友们认为他继续逗留在奥斯堡是无用的，所以劝他立即回到威丁堡去，而且一切动静必须严守秘密。于是路德在次日尚未破晓之前，就骑马离开了奥斯堡，只有市长所派的一个向导伴他上路。于是在危机四伏的紧张局势之下，他秘密地穿过黑暗而寂静的街道。这时，他那残酷而戒备森严的敌人正在阴谋要消灭他。他可能逃脱那为他布置的网罗么？那短短的一刻乃是焦虑而诚恳祷告的时辰。他走到一个小的城门时，就有人为他开门，于是他和向导没有受到一点阻碍就出城了。一到城外这两个逃亡者便急速上路，这样，在使臣尚未得悉路德离去之前，即已摆脱了那些想要害他之人的手。撒但和他的爪牙失败了，他们以为在他们掌握之中的人已经离去，好像雀鸟从捕鸟人的网罗里逃脱了。

使臣听见路德已经逃走，不胜惊讶恼

怒。他本在处理这个搅扰教会之叛徒的案件上，想借自己所表现的智慧和决心而得到荣誉，但现在他的希望已经落了空。于是他写信给撒克逊选侯(译者按:选侯即享有选举皇帝之权的诸侯)腓特烈痛斥路德，并要求他把路德送往罗马，或把他逐出撒克逊境。

路德则为自己辩护，主张使臣或教皇应该根据圣经来指明他的错误。他以最严肃的方式保证，如果有人能证明他讲的道理是与圣经有抵触的，他一定要把这道理撤回。同时他自己因配为这神圣的运动受苦而感谢上帝。

这时选侯对改革运动的道理还没有多少认识，但他对路德的坦白、有力、明晰的言论受到了深刻的印象，所以他决定在人未能证明路德有错之前，他一定要保护他。于是腓特烈答复教皇使臣的要求说，“‘马丁博士既然已经在奥斯堡受过你的审问，你就应当满意了。我们想不到你在尚未使他看出自己的错误之前，就叫他反悔。在我境内的一些博学的人士，没有一位说马丁的教训是不敬虔、反基督教或邪僻的。’同时腓特烈不肯把路德送到罗马去或驱逐他出境。”(注19)

选侯看到社会上的风气败坏，道德堕落，很需要一番改革。如果众人能承认并顺从上帝的律法，并受纯正良心的控制，那么，当时所用来遏制并刑罚罪恶的繁杂而费财的行政机构就不需要了。他又看出路德正在努力要达到这个目的，所以他因看到教会里出现这种良好的影响，反倒为之庆幸。

他看出路德在大学里担任教授也是很成功的。自从这位宗教改革家在威丁堡的旧式建筑的教堂门上贴出他的九十五条条文以来，不过一年，而在“万圣节”来朝拜的人已大为减少了。因此罗马教廷在人数和收入方面不免受到相当的损失，但是这损失却被另一等人所弥补了。这些人来到威丁堡不是为要朝圣或跪拜那里的遗物，乃是到该地的学府来求学。路德的作品已经在各地引起人对圣经的兴趣，所以许多学生从德国各地，甚至从其他各国蜂拥到这大学来了。这些青年人于初次远远望到威丁堡时，便“举手赞美上帝，因祂已使光明从这城照耀出来，直到最遥远的国家，如同古时从锡安城照耀出来一样。”(注20)

这时路德还没有完全摆脱罗马教的错谬。但当他继续把圣经与教皇的旨令和法律互相参照的时候，他却满心的惊奇。他写道:“我读了教皇的一些通令，我真不知道教皇究竟是敌基督本身呢，或是敌基督的使者呢？因为这些通令完全侮辱了基督，而把祂钉在十字架上了。”(注21)虽然如此，路德仍是拥护罗马教会的，而且根本没有想到自己会与她脱离关系。

宗教改革家的作品和他的道理已经传布到基督教世界的每一个国家。这工作传到了瑞士和荷兰。路德的作品也在法国和西班牙传开了。在英国，有人把他的教训当作生命之道领受了。这真理在比利时和意大利也传开了。成千的人从死亡般的麻痹状态中醒悟过来，接受这活泼信仰的喜乐和指望。

路德对罗马教廷的批评使教廷越来越忿怒了，以致路德的一些狂妄的仇敌，甚至于罗马教大学里的教授都声称，什么人杀死这叛逆的僧侣，并不算为有罪。有一天，一个陌生人身上暗藏着手枪前来问这位宗教改革家，他怎么敢只身独行。路德回答说:“我是在上帝手中的。祂是我的力量和盾牌，人能把我怎么样呢？”那陌生人听到这话，便惊恐万状，面若死灰，立即逃跑了，好像从天使面前躲去一样。

罗马教廷坚决要除灭路德，但上帝作了他的保障。他的教训已经到处传开——“在农民的茅屋里，在修道院中，在贵族的堡垒和各地大学里，以及王的宫廷内，”(注22)同时在各处都有高贵的人士起来支持他。

约在此时，路德读到胡斯的一些作品，并发现他自己所设法提倡并教导的因信称义的伟大真理，也是那位波希米亚的改革家所持守的。于是他惊叹道:“保罗，奥古斯丁和我本人在无意之中都作了胡斯一派的人啊！”他又说:“谁知早一百年

这真理已经有人传过了，不幸它竟被人烧掉！上帝将来一定要同世人算这一笔账啊！”(注23)

路德写了一封信给德国的皇帝和诸侯，为宗教改革运动辩护。信中论到教皇说：“这个自命为基督的代理人竟敢如此铺张扬厉，甚至其富丽堂皇的场面绝非任何皇帝所能及，诚足令人痛恨。这样的人像不像贫穷的耶稣或谦卑的彼得呢？他们竟说教皇是全世界的主！而他所自命代替的基督却说：‘我的国不属这世界。’难道一个代理人所统治的区域可以超出他主人所统治的范围么？”(注24)

他论到大学问题，这样写道：“我深恐各地大学若不殷勤努力解释圣经，并把它的真理铭刻在青年人的心上，这些机关就要变成地狱的门户了。我劝众人不可把自己的孩子送到一个不以圣经为至上的学校内。一个学校里的人若不是经常在研究圣经，那学校至终必要渐渐腐化。”(注25)

这个劝告很快就传遍德国，并在众人身上起了很大的作用。全国都振奋起来了，而且成群的人都起来拥护宗教改革运动。路德的敌人渴欲复仇，故催促教皇采取决定性的措施来对付他。于是就有命令下来，路德的教训必须立即予以制裁。他给路德和他的同人六十天的宽限，如果他们在期满之后尚未反悔，则必被开除教籍。

那是宗教改革运动一个可怕的危机。几百年来，罗马教的开除处分很足以使有权力的君王惊怖，并曾使强大的帝国瓦解。凡受到这样处分的人，普遍地为人所厌恶、所畏避。他们为社会所共弃，被视为毫无法律的保障，被追逼、受残害，以致消灭。路德对于那将要落在头上的暴风雨是可以料想得到的。但他一点没有动摇，只以基督为他的倚靠和盾牌。他具有殉道的信心和勇敢，并写道：“将来要发生什么事，我不知道，也不必知道。这次的打击尽管来吧，我是毫无惧怕的。若不是天父旨意许可的话，就是一片叶子也不能落在地上，祂岂不更要顾念我们么？为“道”殉身真算不得什么，因为那成了肉身的“道”自己已经死过了。我们若与祂同死，也必与祂同活，而且我们既经过了祂所预先经过的事，祂在那里，我们也要在那里，并且要永远与祂同在。”(注26)

及至教皇的敕令交给路德时，他说道：“因为它是不虔敬、悖谬的，我鄙视，我要攻击它。它所制裁的乃是基督自己。我因配为这最神圣的运动受苦而欢喜。现在我已经感到更兴奋的自由在我心里，因为我已确知教皇就是那‘敌基督的’，而且教皇的宝座就是撒但的宝座。”(注27)

但罗马教廷的敕令不是不起作用的。牢狱、酷刑和刀剑，究竟是有力的武器，足以强逼人们服从。所以许多懦弱迷信之人一听到教皇的敕令，就震惊不已。虽然众人普遍地同情路德，但也有许多人觉得为改革运动牺牲性命还是不值得的。由各方面的迹象看来，似乎这宗教改革家的运动很快就要结束了。

可是路德依然无所畏惧。罗马教廷已经把她的咒诅堆在路德头上，而全世界也都在观望着，确信路德一定要被消灭，或被迫让步。但路德却以非常的毅力把罗马的裁判反控到罗马教廷自己身上，并公开宣布他脱离罗马教的决心。路德当着一群学生、教师和许多市民，将教皇的敕令、教会的法规和拥戴教皇的著作，一概丢在火里焚烧。他说：“我的敌人曾焚烧我的书，借此在一般人民心中破坏真理的声誉，并伤损他们的心灵，故此我也焚烧他们的书籍。一场正式的战争已经开始了。已往我不过是和教皇争一日之长罢了，现在我是奉上帝的名开始这工作，而这工作不必靠我，却要借上帝的大能胜利完成。”(注28)

对于那一些讥笑他运动势力弱小的敌人，路德回答说：“谁敢说上帝没有拣选并呼召我呢？谁敢说他们蔑视我不是蔑视上帝呢？摩西是单独离开埃及的，以利亚在亚哈作王时也是孤独一人，以赛亚独自在耶路撒冷，以西结一人在巴比伦。上帝从来没有拣选大祭司或任何身价高贵的人作祂的先知，却常拣选卑微而被人轻视的人们，有一次竟拣选一个牧羊人阿摩司。

在每一个时代，圣徒都有责任冒着性命的危险去责备一些有名望有势力的君王、诸侯、祭司和所谓智慧人。我不说我是一个先知，但我说他们正应当因我只是单独一个人，而他们却有许多人而惧怕。因为我确知我有上帝的道，而他们却没有呢。”(注29)

虽然如此，路德之最后决定脱离罗马教会，也不是没有经过一番艰苦的奋斗的。约在此时，他写道:“我每天深深感觉到要摆脱童年时期所养成的偏见是多么困难。唉，我虽然有圣经支持着我，但我每想只有我一个人反抗教皇，并且必须提出充足的理由说明他是敌基督者，我是受了多大的痛苦啊！我内心的痛苦是多么剧烈啊！我多次悲愤地拿罗马教派的人所常质问我的话问自己说:‘只有你一人是有智慧的么？难道别人都错了么？如果最后证明是你错了，而你竟使这许多人都陷入你的错误里以致永远灭亡，你将要怎样呢？’我就是这样同自己和撒但争战，直到基督用祂绝无错误的话坚固了我的信心。”(注30)

教皇曾威胁路德说，他若不反悔就要被开除教籍。现在这威胁果然实现了。有新的敕令传来，宣布最后决定将这位改革家逐出罗马教会，并声明他是上天所咒诅的，同时把一切接受路德教训的人都列在同样的咒诅之下。这样，这场大争战就正式开始了。

凡上帝用来传讲适合于当代之警告的人，都是要遭到反对的。在路德的时代有合乎那个时代的信息，是在那个时代显为特别重要的真理。照样，上帝也有现代的真理要传给现代的教会。那位随己意行作万事的主，乐于把一些人放在不同的境遇之中，并将一些适合于他们生活环境和特殊情形的任务交付他们。如果他们能重视上帝所给他们的亮光，就必有更广大的真理园地启示给他们。可是今日大多数的人并不比那些反对路德的罗马教徒更欢迎真理。现今像古时一样，人还是轻易接受人的理论和遗传而不接受上帝的话。那些宣传现代真理的人不要想自己能比早年的改革家更受世人的欢迎。真理与谬论，基督与撒但之间的战争将要愈演愈烈，直到这世界历史的末了。

耶稣对祂的门徒说:“你们若属世界，世界必爱属自己的，只因你们不属世界，乃是我从世界中拣选了你们，所以世界就恨你们。你们要记念我从前对你们所说的话:仆人不能大于主人。他们若逼迫了我，也要逼迫你们。若遵守了我的话，也要遵守你们的话。”(约15:19，20)另一方面，我们的主又明说:“人都说你们好的时候，你们就有祸了，因为他们的祖宗待假先知也是这样。”(路6:26)这世界的灵与基督的灵今日既与往时一样的不协调，所以凡宣讲上帝纯正之道的人，现今也不会比从前更受欢迎。反对真理的方式或许要改变，而且那敌视真理的仇恨可能不比从前那么露骨，但那同样的仇恨必然是存在的，而且终必显露出来，直到末时。

注1：D’ Aubigne, “History of the Reformation of the Sixteenth Century,”卷2，第2章。
注2：同上卷2，第2章。
注3：同上卷2，第3章。
注4：同上卷2，第4章。
注5：同上卷2，第6章。
注6：同上卷2，第6章。
注7：同上卷5，第2章。
注8：同上卷3，第1章。
注9：同上卷3，第1章。
注10：同上卷3，第4章。
注11：同上卷3，第6章。
注12：同上卷3，第6章。
注13：同上卷3，第7章。
注14：同上卷3，第9章。
注15：同上卷4，第2章。
注16：同上卷4，第4章。
注17：Martyn, “The Life and Times of Luther,”第271，272面。

注18：D’ Aubigne, “History of the Reformation of the Sixteenth Century”，卷4，第8章。

注19：同上卷4，第10章。

注20：同上卷4，第10章。

注21：同上卷5，第1章。

注22：同上卷6，第2章。

注23：Wylie， “History of Protestantism,” 卷6，第1章。

注24：D’ Aubigne, “History of the Reformation of the Sixteenth Century,” 卷6，第3章。

注25：同上卷6，第3章。

注26：同上卷6，第9章。

注27：同上卷6，第9章。

注28：同上卷6，第10章。

注29：同上卷6，第10章。

注30：同注17第372，373面。

第八章
真理的战士

德国新皇查理第五即位，罗马的使臣急忙前来相贺，并劝诱皇帝用他的权力来镇压宗教改革运动。在另一方面，撒克逊选侯因查理获得皇位而对他的感激，便请求查理在尚未审问路德之前，不要采取任何干涉的行动。德皇因此感到烦恼，进退两难。他如果不定路德的死罪，罗马教徒们是绝不会满意的。但选侯曾坚决地声明：“皇上或任何别人都还没有向他证明路德的著作已被驳倒了。”因此，他请求“德皇发护照给学者路德，使他可以在博学、敬虔和公正的法官所组成的审判厅上为自己辩护。”(注1)

查理即位不久，便决定在俄姆斯召开德国的议会，这件事引起了各派人士的注意。在这次议会上将要讨论重大的政治问题。德国的诸侯也将在这个大会上第一次会见他们青年的皇帝。罗马教和政府的重要人物从全国各地而来。出身贵胄，有权有势，在世袭权利方面不容人侵犯的封建领主们，在地位和权力上满有优越感的尊贵主教们，彬彬有礼的爵士和他们武装的侍从，以及从国外远方各地前来的使节都聚集在俄姆斯。然而在这一次大会上，众人所最感兴趣的还是那撒克逊的改革家的问题。

查理曾预先指示撒克逊的选侯把路德带来赴会，他也保证他的安全，并应许他可以和那些有相当资格的人士在所争论的问题上进行自由讨论。路德也情愿谒见皇帝。虽然当时他的健康欠佳，但他在信中向选侯表示：“我现在还在病中。若是我不能以健康的身体到俄姆斯去，我也决定要请人把我抬去。因为皇帝既已召我，我深信这就是上帝的呼召。倘若他们要用武力对付我——这是很可能的，因为他们此次要我出面，绝非要向我领教。我只有把这件事交托在主的手中。那在古时拯救火窑中三位以色列青年的上帝如今依然活着，并且掌管万有。如果祂的旨意不要救我脱险的话，我的性命也算不得什么。我们只要注意不让福音受到恶人的侮蔑，我们务必为福音流出我们的热血，以免恶人得胜。因为我们若是惧怕，他们就要得胜。我或生或死，哪一样对众人的得救有最大的贡献，不由我来决定。你要我做什么都可以，不过要我逃走或反悔是不能的。逃避，我不能；反悔，我更不能。”(注2)

当路德要来出席议会的消息在俄姆斯传开之时，这消息就引起了普遍的兴奋。受命负责处理这个案件的教皇使节亚利安德非常震惊愤怒。他看出将来这事的结果对教皇有极大的不利。因为皇帝若重新审问教皇所已判决的案件，那就是对教皇至尊权威的一种蔑视。再者，他惟恐路德的口才和有力的辩证，可能使许多诸侯不再支持教皇。因此，他极其迫切陈词地向查理抗议，反对路德到俄姆斯来。正在此时，教皇开除路德教籍的通令已经公布，再加上这次教皇使节的反对，皇帝终于屈服了。他便写信给撒克逊的选侯说，路德若不反悔，他必须留在威丁堡。

亚利安德对于这次的胜利并不满足，更尽所有的权力和伎俩促使大会定路德的罪。他便小题大作的极力来催促诸侯、教长和其他到会的人注意这事，并控诉路德犯了“煽乱、叛教、不敬虔和亵渎的罪。”但他所表现的这种激烈忿怒的态度，清楚地显明他是被怎样的一种精神所支配。一班人的评论乃是说：“他的动机并非是由于对宗教的热忱，而是出于仇恨和报复的心。”(注3)议会的大多数人因而更格外同情于路德的主张了。

亚利安德加倍的努力催促皇帝要尽力协助执行教皇的命令。但根据德国的律法，这件事情若得不到诸侯的同意是不能执行的。结果，皇帝终于因亚利安德的恳求不已而让他向议会陈述他的意见。“那是这个使臣最骄傲的一天。这是一次极大的会议，而所进行的工作却是更加的伟大。亚利安德将要为罗马教会——众教会之母和主妇而辩护，”他要在基督教世界各国的代表面前为所谓彼得的教权而辩护。“他具有演讲的天才，挺身出现于这个伟大的场面。这也是上帝的旨意，要在罗马教廷被否定之前，先让她派出一个最有力的演说家，在这庄严的议会上为她辩护。”(注4)那些同情改革家的人带着疑惧的心情，惟恐亚利安德的演说将要发生影响。撒克逊的选侯没有出席，但他曾指派他的几个议员出席，记录罗马教皇使节这一次的演说。

亚利安德尽他学识和口才的能力去推翻真理。他提出一连串的罪状，控诉路德为教会和国家，死人和活人，修道士和平民，议会和平信徒的公敌。他声称:“路德一人所传的谬论已足使十万个叛教徒被处火刑。”

最后，他竭力对那些接受改革信仰的人进行侮蔑，“这些路德派的人是些什么东西？——一群傲慢的文学家，腐化的修道士，放荡的僧侣们，无知的律法师和堕落的贵族，以及他们所诱惑的平民。我们罗马教会无论在人数、才能和权势方面，都是何等的优越！这个伟大的大会若能一致通过一个法令，就必能使愚昧的人明白真理，卤莽的人受到警告，动摇的人站稳立场，懦弱的人得到力量。”(注5)

历代提倡真理的人一向是被这种武器所攻击的。在今天，人还是用这同样的论据来攻击讲解圣经中正直和诚实的教训而反对谬论的人。那些喜爱世俗的宗教人士大声说:“这些传新道理的是些什么人？他们是一小撮不学无术的贫民阶级。他们还自称持有真理，是上帝的选民呢。他们是因无知受骗了。而我的教会无论在人数或势力方面，都是何等的优越！在我们中间伟大而有学问的人是何等的多！在我们一边的权势又是何等的大！”这样的说法在属世的人听来是很有力的，可是正如在改革家路德的日子一样，它依然不能成立。

宗教改革运动并没有像许多人所想像的一样，随路德而终止。改革运动必要继续发展，直到世界历史的结束。路德固然有一番伟大的工作要作——就是把上帝所赐给他的光反照给别人，然而他并没有得到所要赐给世界的全部真光。从那时到现今，有新的亮光继续照在圣经上，有新的真理不断地提示出来。

教皇使节的演说给议会一个深刻的印象。当时没有路德在场，用圣经中清晰而折服人心的真理去驳倒这个教皇的发言人。当时也没有人为路德作任何辩护。大会倒有一个普遍的趋势，不但要定路德的罪，并且要制裁他所讲的教训，而且若是可能的话，还要根本铲除这个异端。罗马教廷已经得到一个最有利的机会为自己辩护。她所能用来为自己争辩的话都已经说尽了。但这个表面上的胜利乃是失败的征兆。从此以后，当真理与谬论公开作战的时候，此二者相形之下就越发明显。从那一天起，罗马教廷就要失去她先前的稳固地位了。

议会中的大多数议员固然都毫不犹豫地准备把路德交给罗马教廷去任意惩处，但也有许多人看出教会内部所存在着的腐败而大不以为然，并希望制止教会当局的腐化与贪财所造成的种种弊端，因为这些弊端曾危害德国人民不浅。

教皇使节方才对教皇的“仁政”作了最有利的叙述。而正在此时，主的灵感动了议会中的一个议员，将教皇专制的恶影响暴露无遗。一位撒克逊的公爵乔治带着高尚而坚决的态度在这个贵族所组成的大会上站了起来，他非常正确地逐一列举了教皇的种种欺诈和令人憎恶的事，以及其悲惨的结果。他最后说道:——

“以上所叙述的，还不过是罗马教廷的许多弊端中几件罪恶昭彰的事实。她毫无羞耻地只知道一个目的就是钱！钱！钱！以致连那些本应宣扬真理的人也变得满口谎言，何况这些行为不仅为教廷当局所默许，而且还要予以奖励——因为他们的谎言说得越夸大，所得的酬报也越丰厚。从这个肮脏的源头，流出了许许多多污浊的祸水。淫佚和贪婪双管齐下。哀哉，那使许多可怜的生灵陷入永久沉沦的，就是这些神父们的罪行。所以我们非进行一番彻底的改革不可。”(注6)

像这样对罗马教廷之弊端的有力谴责，就是路德本人也无以复加，又因这位发言人是改革家路德的坚决的敌人，他的话也就更有影响力。

如果大会的议员能以看见的话，他们就必看到上帝的使者在他们中间，发出亮光驱散那谬论的黑影，并启发人的思想与心灵来接受真理。有真理和智慧之上帝的大能甚至控制了那些反对宗教改革运动的人，并为那将要完成的伟大工作预备了道路。路德马丁虽没有出席大会，但那比路德更大的主已经向大会发言了。

议会立刻指派了一个委员会，要将教廷对于德国人种种的压迫一一加以胪列。结果有一百零一条呈给皇帝，请求他立即采取措施，纠正这些弊端。这些请愿者说:“基督教世界的属灵元首周围的种种弊端所造成基督徒的丧亡和抢劫勒索的事是何等可怕！我们有责任防止我们国人的灭亡和耻辱。因此我们很谦卑地，而且也很迫切地求你下令发动一次普遍性的改革运动，并负责推进完成这项工作。”(注7)

这时议会要求准许改革家路德出席议会。虽然亚利安德一再请求、抗议、威胁，皇帝至终还是同意了大会的要求，传令叫路德出席议会。他随同传票还发出一张护照，保证路德可以回到安全的地点。这些都由传令官送往威丁堡，这官同时受命将路德带到俄姆斯来。

路德的朋友们都惊恐张皇起来了。他们深知罗马教廷对路德的成见和恶意，所以惟恐皇帝所发的护照不为人所尊重，他们恳请路德不要冒生命的危险。他回答说:“这些罗马教徒们不要我到俄姆斯去，只想将我定罪处死。但这毫无关系。你们不要为我祈祷，但要为上帝的道祈祷。基督将要把祂的灵赐给我去战胜这些邪道的使者。只要我存活一天，我就要鄙视他们一天，我一定能借着我的死胜过他们。他们在俄姆斯急急的准备着要我反悔。那么我的反悔就是这样:从前我曾说过教皇是基督的代表，现在我要说他是主的敌人，是魔鬼的使徒。”(注8)

路德没有独自行走这危险的旅途，除了皇帝使臣以外，还有他的三位最忠实的朋友决心陪他前往。梅兰克吞也急切地希望与他们同行。他的心和路德的心深相契合，他一心想跟他去，若是有必要的话，他不辞下监或受死。但是他的请求被拒绝了。万一路德被害，宗教改革的希望就必须集中在路德的这一个年轻的同工身上。当路德和梅兰克吞分别时，路德说:“倘若我不回来，我的敌人把我处死的话，你务必要继续传道，在真理上站稳。接替我的工作，只要你的生命得以保存，我的死就算不得什么。”(注9)那些集合前来为路德送行的学生和市民们都为此深受感动。一群热爱福音的人都含泪与路德作别。这位改革家和他的同伴们就此从威丁堡出发了。

他们在旅途中，看出群众有不祥的预感压在心头。在几个市镇里，他们没有受到什么款待。当他们在某处过夜的时候，有一位同情路德的修道士为了表示他对路德的担心起见，就在他面前举起一幅已经殉难的意大利改革家的遗像。第二天，他们就听说路德的著作已在俄姆斯被禁止了。皇帝的使节正在宣布着他的通令，号召人民把被禁止的著作一律送交官府。这时传令官很为路德在大会的安全担心，并以为路德的决心可能已发生动摇，就问路德是否还要继续前进。他回答说:“即使我在每一个城市里都被禁止，我仍要继续前进。”(注10)

在艾福市，路德受到了欢迎。当他经过街上时，有许多钦佩他的群众包围了他，这些街道是他从前常常带着乞丐的行囊周游过的。他回到了他从前的修道院小室里，回想自己过去的挣扎和随之而来的属灵光照，而今这个光已经照射到德国全境了。这里有人请他讲道，原来他是被禁止讲道的，但传令官却准许他讲道，于是这个曾在该修道院充当苦工的“托钵僧”，现在竟登上了讲坛。

他向拥挤的会众宣讲基督的话说:“愿你们平安。”他接着说:“哲学家、博士和著作家常设法教训人们如何获得永生，但他们没有成功。现在我要把这永生之道告诉你们。上帝已经叫一‘人’从死里复活，就是主耶稣基督，使祂可以败坏死亡，赎尽罪孽，并关闭地狱的门，这就是救恩的大功。基督已经得胜了！这就是那大喜的信息！我们得救不是靠着自己的功劳，乃是靠着祂的功劳。我们的主耶稣基督说：‘愿你们平安，看我的手！’那就是说，人哪，看，那除去你罪的，救赎你的，并且现在使你有平安的，就是我，也只能是我，这是主说的。”

他继续说明一个真正的信仰必须借着一种圣洁的生活表现出来。“上帝既拯救了我们，我们就当谨慎行事，以致上帝能悦纳我们的行为。你是富足的么？就让你的财富去接济穷人的需要。你是贫穷的么？就让你的服务得蒙富足者的悦纳。若是你的劳动仅仅是为了自己，那么你所献给上帝的服务是虚伪的。”(注11)

众人听得出神了。有生命之粮分给这些饥饿的心灵。基督在众人面前被高举，超过一切教皇、教皇的使臣、皇帝和君王之上。关于路德自己危险的处境，他始终只字不提，他不求自己成为别人思想和同情的目标。他既然沉思并仰望基督，就看不见自己了。他把自己隐藏在那髑髅地之“人”的后面，只求彰显耶稣为罪人的救赎主。

当这位宗教改革家继续前行的时候，各地的人都对他表示深切的关怀。到处有热心的群众拥挤在他周围，许多亲切的声音警告他注意罗马教廷的阴谋。他们说：“他们要把你活活地烧死，把你的身体烧成灰烬，像胡斯约翰一样。”路德回答说：“纵使他们从俄姆斯到威丁堡沿路都点起火来，甚至火焰冲天，我还要奉主的名走过这火焰，勇往前进，站在他们面前，我要进入这个猛兽的口中，打断它的牙齿，承认主耶稣基督。”(注12)

他快到俄姆斯的消息，引起了很大的骚动。他的朋友为他的安全而发抖，他的敌人也为自己的成败而担心。他们尽力设法劝阻他不要进城。在罗马教徒的布置之下，他们劝他往一位友好的骑士的城堡里去避难，据他们说，在那里一切困难都可以迎刃而解。朋友们为要激起他的恐惧起见，也竭力强调一些威胁着他的危险。但他们一切的努力都失效了。路德依然毫不动摇，说：“即使俄姆斯的魔鬼如屋上的瓦片那么多，我也要去。”(注13)

他一到俄姆斯，就有广大的群众齐集在城门口欢迎他。即使銮舆入城时，也没有这么多的群众集合来接驾呢。当时的情绪极为高涨，群众中有人用震颤而悲哀的声音唱出一支送葬的哀歌，警告路德那等待着他的是怎样的厄运。当路德从马车上下来的时候，他说：“上帝必要作我的保障。”

那些罗马教徒们原来不相信路德真会冒险来俄姆斯的，他的到达使他们张皇失措了。皇帝立刻招集议员，商讨应该采取什么方针。有一个主教是一个严格的罗马教徒，说：“我们对于这件事已经考虑很久了。愿皇上立即除灭这个人。西基斯孟岂不是把胡斯约翰处了火刑么？我们对一个叛教者并没有义务给他护照，或尊重他的护照。”皇帝说：“不是这样的，我们必须遵守我们的诺言。”(注14)于是决定这位改革家必要在议会上受审问。

全城的人都急切地要来看这个非常的人物，于是一群前来拜访的人很快就挤满了路德的住所。他最近才生过一次病，而且还没有完全复原，又加上整整两个星期旅途的疲劳，还要准备应付次日的大事，他实在需要安静和休息。但因这些人急于求见，所以路德仅仅休息了几个小时，就有贵族、骑士、修道士和公民们热切地围绕在他周围。其中有许多贵族曾大胆地要求皇帝进行一个改革宗教弊端的运动，这些人也就是路德所说，“都是被我的福音所释放的。”(注15)不但朋友，就是敌人也都要来看看这个无畏的修道士，而他竟稳重沉着的接待他们，并庄严地用智慧的言语回答众人。他的态度是坚定而勇敢的。他面黄肌瘦，显出劳苦和疾病的模样，却带着仁慈和喜乐的表情。他的话严肃而诚恳，以致使他有能力，甚至他的敌人也不能完全抗拒。仇敌和友人都满心惊奇。有些人深信有上帝的能力在他身上，另一些人却说：“他身上有鬼附着，”正如古时法利赛人斥基督时所说的一样。

次日，路德被传去参加议会。有皇帝

派来的一位官员把他带进大会会所，然而他走到这个地点也是不容易的。每一条路上都挤满了观众，热切地要看这一位胆敢抗拒教皇权威的修道士。

当他将要到那些审判他的人面前时，一位年老的将官——身经百战的英雄——和蔼地对他说：“可怜的修道士！可怜的修道士！你将要经过一次艰苦的争战，像这样的争战，连我或是别的许多将官们，就是在我们最血腥的战斗中也是从来没有经过的。但如果你的事是正义的，并且你确知它是正义的，你尽管奉上帝的名前进，什么也不要惧怕！上帝绝不会丢弃你。”(注16)

最后，路德出席大会了。皇帝坐在宝座上。帝国中的显赫人物都在他的周围。从来没有人出席过比路德马丁这一次必须为自己的信仰作辩护的大会更庄严的会场。“这一次路德之得以向大会讲话，在教皇说来，是一次显著的失败。教皇早已定了路德的罪，而他现在居然又站在大会的审判台前，就这一件事说来，大会实际上已在教皇的权威之上了。教皇早已下禁令管制路德，并且断绝他一切社会的关系，如今皇帝却很郑重地把他传来，并且他又为世界上最庄严的大会所接待。教皇早已禁止他，永远不许他开口讲道，而现在他倒要当着成千来自基督教世界最远地区的听众开口演讲了。可见路德的工作已经发动了一个非常伟大的革命。这时罗马教皇已经开始从他的宝座上倒下来了，而那造成这种羞辱的，乃是一个修道士的言论！”(注17)

在这个有权力有名气的大会面前，这位出身低微的改革家似乎胆怯而困窘了。有几个诸侯注意到他的情绪，就挨近他，有一位轻轻的向他说：“那杀身体不能杀灵魂的，不要怕他们。”另一位说：“并且你们要为我的缘故，被送到诸侯君王面前，你们父的灵必要将当说的话赐给你们。”这样，基督的话就从世上的伟人口中说出来，在试炼临到的时候加强祂仆人的力量。

路德被带到指定的地位，正面对着皇帝的宝座。这个拥挤的大会深沉的寂静下来。随后皇帝的一位大臣站起来，手指着一堆路德的著作，要他答复两个问题——他是否承认这些著作是他写的，并是否打算撤回他在那些著作中所发表的意见。既将书名宣读完毕，路德就回答说，关于第一个问题，他承认这些著作是他写的。“至于第二个问题，”他说：“我看这个问题有关信仰、灵魂得救和上帝的道——就是天上地下最伟大、最珍贵的财宝，我若不加思索而贸然回答，未免卤莽失当。惟恐我所讲的不能满足环境的要求，或者超过真理的要求，这样我就违犯基督所说的：‘凡在人面前不认我的，我在我天上的父面前也必不认他。’(太10:33)因为这个缘故，我冒犯地恳求皇上，赐我充足的时间加以思考，使我的答复不致触犯上帝的道。”(注18)

路德提出这个请求，乃是智慧之举。他使大会看出他行事不是出于情感的冲动。他这样镇静和自制——在他这向来表现自己是勇敢而不肯妥协的一个人，是出乎意料之外的，并且增强了他的力量，使他此后在答复这个问题时，可以表现得慎重而果断，智慧而庄严，以致他的敌人都感到惊奇失望，使他们的傲慢和自大受到斥责了。

第二天，他必须出席陈述他最后的答复。有一个时候，当他想到那些集合起来反对真理的势力时，他就意志消沉了，他的信心动摇了，他不禁畏惧战栗起来，恐怖使他遭到挫折。在他面前的危险极多，他的敌人似乎即将得胜，黑暗的权势也将要占优势了。有乌云笼罩着他，似乎把他和上帝隔开了。他渴望得着万军之主与他同在的保证。在心灵的痛苦中他仆倒了，面伏在地，期期艾艾地倾吐出忧伤的呼吁，这呼吁只有上帝能完全了解啊。

他恳求说：“上帝啊，永在的全能上帝！这个世界是多么可怕啊！看哪，它张口要来吞吃我，而我的信心在你里面又是何等的小。我倘若只能依靠这世界上的力量——一切都完了。我最后的时刻已经来到。我的罪案已经定了。上帝啊！求你帮助我胜过这个世界上的一切智慧。求你成就这事，唯有你能成就，因为这个工作不是我的，乃是你的工作。我在这里不能做什么。我无法同这些世界上的伟人争论。但这个工作是你的，而且这是正义永恒的工作。主啊，帮助我！诚实而永不改变的上帝啊！我不依靠任何人。凡是出于人的，都是动摇不定的，凡是从人来的帮助一定要失败。你已经拣选我进行这工作。为了你自己的爱子耶稣基督——我的保障，我的盾牌和我的堡垒的缘故，求你站在我旁边。”(注19)

一位全智的上帝使路德认识到自己的危险，使他不致依靠自己的力量，擅自进入险境。那令他挫折的恐怖，并不是因为他畏惧那似乎立刻就要临头的肉体的患难、苦刑或死亡，他乃是感觉到自己的力量不足以应付这个危机。他惟恐真理要因他的软弱遭受到损失。他如此和上帝较力，并非为他自身的安全，而是为了福音的胜利。这种心灵的痛苦和争战正和以色列夜间在孤寂河边的挣扎一样。而也像以色列一样与神较力得了胜。在他极软弱无力的时候，他的信心紧紧地抓住基督，就是那位大能的拯救者。于是他得到保证，上帝绝不让他单独出席大会，这样他就得到了力量。他心里又重新得到了平安，并因上帝让他在国家的君王面前高举上帝的道而感到兴奋。

路德既能坚心依靠上帝，便下手为他前面的争战作准备。他考虑了应怎样答复，检查了自己的著作，并从圣经中引证了合适的经文来支持自己的论点。于是他把左手放在展开着的一本圣经上，右手向天举起，宣誓:“即使要用他的血来印证他的见证，他也要永久坚守福音，坦然承认他的信仰。”(注20)

当他再被带进议会的时候，他面上没有一点畏惧和不安的表情。他很镇静温和，同时也勇敢而高贵地站在世上的伟人当中，俨然作为上帝的见证人。皇帝的大臣现在要他肯定地答复是否愿意撤回他所讲的道理。路德用一种缓和而谦卑的声调作了答复，既不激昂，又不急躁。他的举止谦恭有礼；同时也表现有信心和喜乐，使会众感到惊奇。

路德说:“皇帝陛下，诸侯爷殿下，敬爱的公爵们，我奉昨日钧旨命于今日晋见，实为万幸。我凭着上帝的怜悯恳求皇上陛下和至尊的诸侯爷，垂听我为我所坚信的公义正直的主张而辩护。如果我在陈词时因下愚而有不合朝庭仪节之处，敬请开恩原宥，因我并非生长在宫廷之中，而是生长在那与世隔绝的修道院内。”(注21)

他随即论到问题的本身，说到他所出版的书籍种类不同。在有些书里面，他论到信心和善行，关于这些书，就是他的敌人也公认不但无害而且是有益的。如果撤回这些道理，就等于推翻众人所公认的真理。第二类书籍包括一些揭露罗马教的腐败和弊端的写作。撤回这些书籍，就等于加强罗马教庭的专横、暴行，并为许多重大的罪恶开了更大的门户。第三类书籍是攻击那些袒护一些流行的罪恶的个别分子。关于这些，他坦白承认，过去是太激烈而失检。他并不是说自己没有错误，但是连这些书籍他也不能撤回，如果撤回的话，将会使真理的敌人更为明目张胆，他们将要乘机以更大的残酷来压迫上帝的百姓了。

他接着又说:“但我不过是一个人，而不是神。所以我要为自己辩护，像基督所作的一样:‘若是我说错了，你们指出我的错来。’我以上帝的慈悲，恳求皇上陛下和诸侯殿下，要根据先知和使徒的著作证明我的错误。在我明白看出我的错误之后，我就必立刻撤回每一个错误，并愿首先把我的书丢在火里。”

“我刚才所说的，表明我对于我可能遭受的危险已经加以深思熟虑。可是我非但不因这些危险而沮丧，反而大大喜乐，因为我看到今天的福音像古代一样，已经成为磨难和倾轧的缘由。这就是上帝之道的特征与结果。基督说过:‘我来并不是叫地上太平，乃是叫地上动刀兵。’上帝的旨意是奇妙可畏的，你们务要谨慎，免得在试图止息争端时，反而攻击了上帝的圣道，以致招来可怕而难以解救的危险、祸患和永久的灭亡。我可以从上帝的教训中举出很多的例子，我可以讲到法老、巴比伦王或以色列诸王，当他们采取一些似乎极机巧的措施，如利用议会等来巩固自己的权力的时候，事实上他们正是在毁灭自己呢。‘上帝发怒，把山翻倒挪移，山并不知觉。’”(注22)

路德是用德语讲述的，他们现在要他再用拉丁语重讲一遍。虽然他这时已经相当疲乏，但他还是答应了，就又重新讲了一番，像第一次一样的清楚、有力。这是出于上帝旨意的安排。许多诸侯的心眼既被谬论和迷信所蒙蔽，故未能在路德第一次演说时体会到他辩证的力量，但第二次的演说就使他们清楚地看出他所提出的论点。

那些故意闭眼不看真光，并坚决不受真理感化的人，被路德讲话的能力激怒了。在他讲完之后，议会的代言人便发怒说:“你还没有答复我们所发的问题。你必须作一个清楚明确的答复。你究竟撤回还是不撤回？”

这位改革家回答说:“至尊陛下和伟大的侯爷既然要我作一个明白、简单而确切的答复，我的答复就是:我不能将我的信仰交给教皇或是议会去审断，因为很明显的，他们常常犯错误，并且互相矛盾。除非借着圣经的明证或清晰的推理使我信服，除非根据我所引证的经文使我满意，除非使我的良心受到圣经的约束，我就不能，也不愿撤回这些著作。因为一个基督徒违背自己的良心是不妥当的。这就是我的立场，此外我别无主张，惟愿上帝帮助我，阿们！”(注23)

这个义人就这样地立在圣经的稳固根基之上。有天上的光辉照耀在他的脸上。当他指控谬论的权势，并证明那得胜世界的信心的超越性时，就向众人表现了他人格的伟大和纯洁，以及他内心的平安与喜乐。

会场一时惊讶无言。在第一次回答的时候，路德用很低的声音，带着恭敬而几乎是驯服的态度讲话。罗马教徒以为这种态度表明他的勇气已经开始消失了。也认为他延期的请求就是他反悔的先声。查理本人带着一点轻视的态度，注意到这个修道士消瘦的身体、朴实的服装和简单的言词，便向人说:“这个人永不会把我变成一个叛教徒。”而今路德有力而清晰的理论，和他所表现的勇敢和毅力，使各派的人都很惊奇。皇帝也惊异地说道:“这个修道士说话有胆识，有坚强的勇敢。”德国的许多诸侯很得意地、兴奋地注视着这一位他们本国的代表。

罗马教派已被打败了，他们的形势显得非常不利。他们每次企图维持自己的权势时，总没有运用圣经的真理，而是借助于威胁的手段，这就是罗马惯用的武器。议会的代言人说:“倘若你不撤回，皇帝和境内的各邦将要考虑怎样对付一个顽固不化的叛教徒。”

路德的朋友们起先是非常快乐地听着路德勇敢的辩护，现在听到这些话就发抖了。但这位博士自己却沉着地说:“但愿我的上帝作我的帮助，因为我不能撤回什么。”(注24)

他被指示退出会场，以便诸侯聚集商讨。当时众人都感觉到已有极大的危机来临。路德的坚决不肯屈服可能影响到将来许多世纪的教会历史。因此他们就决定再给他一个撤回的机会。他最后一次被带到大会上。这个问题又重新向他提出，问他肯不肯放弃他自己的教义。他说:“除了我已经回答的以外，我没有别的话讲。”很明显的，无论是利诱或是威胁，都不能使他屈服于罗马的命令。

罗马教的权势曾经使君王与贵族颤抖不已，而现在竟被一个卑微的修道士如此藐视，罗马教廷的领袖们就恼羞成怒。他们希望能用苦刑把他折磨至死，使他尝受他们的愤怒。路德明知自己的危险，但他在大会中说话，仍然表现着基督化的庄严和沉着。他的话语里没有一点骄傲、感情的冲动或虚伪的作风。他竟忘记了自己和那些包围着他的大人物。只感觉到自己是站在那远远超过皇帝、君王、教皇和主教之上的圣者面前。基督已经借着路德的见证，用大能和威严讲话，并一时令他的朋友和敌人都肃然起敬，大大惊奇。有上帝的灵临格在大会之中，感动全国首领们的心。有几位诸侯大胆承认路德的改革运动是正义的。许多人的心被真理所折服，但有一些人所受的感动只是暂时的。还有一些人虽然当时没有发表意见，但经过亲自考查圣经之后，在后来就成了宗教改革运动的无畏的拥护者了。

选侯腓特烈从前曾热切地期待着路德出席议会，所以现在听着他的演说深受感动。他亲眼见到路德的勇敢，坚决和沉着，就不胜欣喜而得意，并决意更要努力维护他。他把敌对的双方比较一下，就看出教皇、君王和主教们的智慧，在真理的能力之下已化为乌有。罗马教廷已遭受了一次失败，而其影响将要波及各代、各国。

当教皇的使节看到路德演说所产生的影响时，他就为罗马教廷的权势空前地惧怕起来，他决意要用一切办法来除灭这位改革家。他使尽了一切的口才和杰出的外交手腕，向这位年轻的皇帝说明，若是他在这一个无名的修道士的案件上牺牲了强有力的罗马教廷的友谊和支持，乃是愚妄而危险的。

他的话终于起了作用。在路德答复的第二天，查理便下谕旨给议会，宣布他决心要执行前任皇帝的政策，维持并保护罗马教。路德既然不肯放弃他错谬的道理，就应当采取最严厉的手段来对付他和他所传的“异端”。“仅仅一个修道士因自己的愚鲁误入歧途，居然敢挺身反抗全基督教世界的信仰。我宁愿牺牲我的国度，我的财宝，我的朋友，我的身体和血，我的灵魂和我的生命，来制止这个邪道。我即将命令奥古斯丁派的路德回去，禁止他在民间进行任何扰乱，然后我要把他和他的一党看作顽固的叛徒予以制裁，逐出教会，停止活动，我还要尽一切方法把他们消灭。我号召各州的议员要在行动上作忠实的基督徒。”(注25)虽然如此，皇帝也宣布必须尊重路德的护照，必须先让他平安到家，然后再采取措施制裁他。

这时议会的议员提出了两个相反的意见。教皇的使节和代表们又提出要求，不要尊重路德的护照。他们说：“莱茵河要容纳他的骨灰，正如一百年前容纳胡斯约翰的骨灰一样。”(注26)但德国的许多诸侯虽然自己是罗马教徒，是路德公开的敌人，但却反对这种破坏信誉的举动。他们认为这种举动有损国家的尊荣。他们指出，在胡斯死后接连着发生一些灾祸，并声称他们再不敢惹上帝的恼怒，以致使那些可怕的灾祸重演在德国和他们年轻的皇帝身上。

查理本人在答复使节这个卑鄙的建议时，认为“尊荣与信誉即使从全地消灭，却仍应在君王心中存有地位。”(注27)后来教廷方面最仇恨路德的敌人，又催促皇帝采取西基斯孟过去对付胡斯的办法来对付路德——把他交给教廷全权处理，但查理回想到当日胡斯在大会上指着自己身上的链条，提醒西基斯孟皇帝所发出保护的诺言那一幕情景，就说：“我不愿像西基斯孟那样面红耳赤。”(注28)

然而查理故意拒绝路德所陈述的真理。他写道：“我坚决主张步我祖先的后尘。”(注29)他已决定不肯违犯旧规，甚至真理和公义也可置之不顾。因为他的祖先都是拥护罗马教廷的，所以他也要照样而行，连教廷的残酷和腐败他也要袒护。他拿定了主意，凡他祖先所未曾接受过的亮光，一概拒绝接受，凡他祖先所未曾履行过的责任，一概拒绝履行。

现代有许多人也同样地紧紧墨守着祖宗的习惯和遗传。当主赐给他们新的亮光时，因为他们的祖先既没有得到这些亮光，也没有接受过，他们就一概拒绝。殊不知我们的地位不同于我们祖先的地位，因此，我们的本分和责任也就与他们不同了。我们若依照我们祖先的榜样来决定自己的本分，而不去为自己查考真理的道，上帝是不悦纳的。我们的责任比我们的祖先更大。他们所接受的光，固然要传授给我们，也要我们负责遵循，但现在从上帝的道中所照在我们身上的新的亮光，也是要我们负责遵循的。

基督曾论到那些不信的犹太人说：“

我若没有来教训他们，他们就没有罪；但如今他们的罪无可推诿了。”(约15:22)如今借着路德，这同一的神圣权能已向德国的皇帝和诸侯讲话。而且当亮光从上帝的道中发出的时候，上帝的灵就最后一次向大会中的许多人发出恳劝。正像一千多年前，彼拉多容许骄傲和虚荣关闭了他的心门，拒绝了世界的救赎主，又像那惶恐的腓力斯吩咐那位真理的使者说：“你暂且去吧，等我得便再叫你来，”(徒24:25)又像那骄傲的亚基帕王承认说：“你这样劝我，几乎叫我作基督徒了。”(徒26:28。小注)照样，查理第五甘心接受了世俗的骄傲与智慧的影响，而决心拒绝真理的光。

阴谋杀害路德的谣言普遍地传开了，随而引起全城的骚动。这位改革家已经结识了许多朋友，这些朋友深知罗马对于那些胆敢揭露她罪行的人所施的阴险毒辣手段，就决心不让路德牺牲在她手里。有数百名贵族立誓要保护他。有不少人公然抨击皇帝给大会的谕旨，认为这是表示他对罗马教廷统治权力的一种懦弱的屈服。在公共的场所和私人住宅的门上，贴了许多标语，有些是攻击路德的，有些是支持路德的。有一个门上仅仅写着一句意味深长的智慧者的话：“邦国啊，你的王若是孩童，你就有祸了。”(传10:16)全国群众拥护路德的热潮高涨起来，使皇帝和议会都深深觉悟到，如果对路德有任何不公正的处置，势必危害帝国的安全，甚至危及宝座的安定。

撒克逊的腓特烈胸有成竹，故保持缄默，谨慎地隐瞒着他对这位改革家的真实心意，同时却殷切不倦地警惕着，留心注意路德和他敌人的一切行动。但有许多人并没有企图隐瞒自己对于路德的同情。诸侯、伯爵、男爵，以及社会上和宗教界的许多有名望的人物都来拜访他。改革运动的历史家斯伯拉丁写道，“这位博士的小房间，容不下那些自动来拜访的宾客们。”(注29)群众看他好像是超人一等的人物，甚至那些不相信他教训的人，也不得不钦佩他那种宁愿殉身而不愿违背良心的高尚品质。

另有许多人竭力规劝路德和罗马教廷妥协。许多贵族和诸侯都向他说明，如果他坚持他的主张而不顾教廷和大会的意见，他不久将要被逐出国境，以后就没有保障了。对于这种劝告，路德回答说：“传基督的福音而不得罪人，是不可能的。既然如此，我为什么要让惧怕危险的心使我和主的那惟一真理的圣道隔绝呢？不！我宁愿牺牲我的身体、我的热血和我的性命。”(注30)

后来他们又力劝他服从皇帝的判断，那么，他就可以无所惧怕了。他回答说：“我完全同意让皇帝、诸侯，甚至最卑微的信徒来检查和判断我的著作。但只有一个条件，他们必须以上帝的道为他们的标准。人除了服从上帝的圣道以外，没有其他更大的义务。我的良心是完全受圣经的约束，所以请你们不要叫我违背良心。”(注31)

他又回答另外一位的劝告说：“我同意放弃我的护照，听凭皇帝处理我个人的身体和我的性命，至于上帝的道——则绝不能！”(注32)他表示愿意接受大会的决议，但是惟一的条件，就是大会必须按照圣经来判决。他又说：“纵使教皇有一百万个大会来支持他，关于上帝的道和信仰问题，每一个信徒也都能自行决定，像教皇决定的一样。”(注33)他的朋友和敌人最后都感觉再进行和解也是无用的了。

倘若路德仅仅让了一步，撒但和他的全军就必得胜了。但由于他坚定不移的忠心，教会终于获得了释放，一个新的，更美好的时代已经开始了。这一个在自己的宗教信仰上敢想敢作的人，不仅影响到当时代的教会和全世界，而也要影响到以后的每一个时代。他的坚强和忠心将要激励每一个遭遇同样经历的人，直到末时。在那一次的会议上，上帝的能力和威严已经显现出来，超过了人的计谋和撒但的大能。

不久，路德就接到皇帝的御旨叫他回去，他知道这御旨一下，紧接着他的罪案就要确定了。在他行的路上布满了恐怖的黑云，但是当他离开俄姆斯的时候，他心里充满了喜乐和赞美。他说："撒但亲自在把守着教皇的堡垒；但基督已经把它打破了，所以魔鬼不得不承认基督的能力比他更大。"(注34)

路德动身以后，他惟恐自己的决心被人误会为反叛，所以就上奏皇帝道："鉴察人心的上帝是我的见证，祂知道我如何准备要全心地尽忠陛下，除了那使人活着的上帝的道以外，毁誉褒贬，或生或死，均所不顾。在今生的一切事情上，我的忠心将是不动摇的。因为在这些事情上，或得或失，均于救恩无关。但在有关永恒利害的问题上，上帝的旨意不是要人服从人。这种属灵的服从才是真实的敬拜，并且这种敬拜只应当归于创造主。"(注35)

路德在归途中所受到的欢迎，比他来的时候更为热烈。高贵的主教们竟欢迎了这位被逐出教的修道士，而政府的官长们也招待了这位被皇帝所斥责的人。他被邀请讲道，虽然皇帝已下过禁令，但他仍上了讲台。他说："我从来没有答应过，将来也永不会答应锁住上帝的道。"(注36)

路德离开俄姆斯不久，罗马教徒奏准了皇帝，叫他出一道制裁路德的御旨。在这道御旨里，路德被斥为"是撒但的化身，披着一件修道士的外衣。"(注37)皇帝下令，一俟路德的护照期满，立即采取措施制止他的活动。所有的人民一律不许包庇，供给他饮食，或在言语行动方面公开或私下予以任何协助。同时通令全国，把路德就地逮捕，送交官府。所有依附他的人，也必须予以监禁和受没收财产的处分。他的著作要全部焚毁，凡胆敢违抗政府法令的人，应治以同等之罪。当时撒克逊选侯以及所有与路德友好的诸侯，在路德动身以后不久，都纷纷离了俄姆斯，因此，皇帝这道命令就在议会中通过了。于是罗马教徒们都欢呼高兴起来。他们认为宗教改革运动是注定要消灭的了。

在这危险的时机，上帝已经为祂的仆人预备了一条出路。那不疲倦的眼已在追随着路德的行动，一颗真诚高贵的心，已决定要营救他。显而易见地，罗马教廷非置路德于死地是绝不罢休的。所以若要保护他脱离这狮子的口，就必须把他隐藏起来。上帝赐智慧给撒克逊的腓特烈，使他想出一个保全路德性命的计划。在几个忠实朋友的协助之下，这位选侯的目的终于达到了，路德被他们隐藏起来，以致他的朋友和敌人都找不到他。在路德的归途中他忽然被拿，离开了他的同伴，很快地穿过森林，被带到瓦特堡的城堡——一个偏僻的山寨上。他的被拿和隐藏都是在极端秘密中进行的，甚至腓特烈自己有一段很长的时期也不知道路德究竟被带到什么地方去，这也不是没有目的的。只要这位选侯不知道路德的下落，他就不可能透露什么消息。他自己既知路德安全无恙，也就放心了。

春天，夏天，秋天已经过去，冬天又来了，路德依然是一个被囚的人。亚利安德和他的党羽欢欣雀跃，以为福音的真光将要熄灭了。但相反地，这位改革家却在那里从真理的仓库中，把自己的灯装满了油，并且它的光将要更明亮地照射出来。

路德在瓦特堡友善安全的生活中，曾一度因能摆脱酣战和烦扰而欣喜。但他不能长期满意于这种安静和休闲的生活。他惯于过一种活动和战斗的生活，所以对于这长期的隐退实难以忍受。在那些孤寂的日子里，教会的情况发展现在他面前，于是他在绝望中喊着说："哀哉！在这上帝愤怒的末后日子里，竟没有一个人像堡垒一样站立在主的面前，来拯救以色列民！"(注38)接着，他又联想到自己，他怕有人说他是因懦弱而退出了战场。于是他就责备自己的懒惰和安逸。其实，在这些日子里，他每天所作的工还超过了一个人平常所能作的。他的笔总没有停过。当路德的敌人们正在自欺自慰地说他的口已被封住时，他们便忽然看到明显的凭据，证明路德仍在继续活动，这就使他们惊慌失措了。从他笔锋之下出来的大批宗教册子传遍了德国全境。他也完成了一项极重要的工作，就是将新约圣经译成德文给他的同胞。在他那磐石般的"拔摩海岛"上，他继续宣扬福音，并斥责当时代的罪恶和谬道，为时将近一年之久。

上帝使祂的仆人退隐，不仅是为要保护他脱离敌人的忿怒，也不仅是为要给他一段安静的时间来完成这些重要的工作。还有比这一切更宝贵的收获，在他避难于山间的孤寂和隐退中，他失去了属世的支持，并远离了人间的称赞。这样，他就蒙拯救脱离了那因成功而常常产生的骄傲和自恃。借着痛苦和谦卑他又得了准备，可以在令人眩晕的高位上，就是他忽然升到的地位上，安全地进行工作。

当人们在真理所带来的自由中欢呼时，他们往往轻易赞扬那些上帝所用来斩断谬道和迷信之锁链的仆人。撒但力求使人的思想和感情转离上帝而注意到人的身上。他引诱他们去尊荣那些不过是作上帝工具的人，而忽视了那掌管着一切时事变化的主。宗教领袖们这样受到了赞美和敬重，往往就会忘记自己必须依靠上帝，而渐渐走到自恃的地步。结果，他们就想要控制群众的思想和良心，特别是那些易于依赖他们的指导而不注意上帝的话的人。因为改革运动的拥护者感染了这种精神，就必使改革运动受到拦阻。故此，上帝要保护宗教改革运动脱离这种危险。上帝要这个运动不受到人的影响，而只受到祂的感化。众人的视线已经转移到路德身上，以他为真理的解释者。所以上帝就把他隐藏起来，为要使众人的视线可以转移到那真理的永生创始者身上。

注1：D’Aubigne，卷6，第11章。
注2，3：同上卷7，第1章。
注4：Wylie，卷6，第4章。
注5：同注1卷7，第3章。
注6，7：同上第4章。
注8：同上第6章。
注9－13：同上第7章。
注14：同上第8章。
注15：Martyn，“Life and Times of Luther,”第393面。
注16－24：同注1卷7，第8章。
注25－27：同上第9章。
注28：Lenfant，“History of the Council of Constance,”卷1第422面。
注29：Martyn，卷1，第404面。
注30－32：同注1卷7，第10面。
注33：Martyn，卷1，第410章。
注34，35：同注1卷7，第11章。
注36：Martyn，卷1，第420面。
注37：同注1卷7，第11章
注38：同注1卷9，第2章。

第九章
瑞士的改革运动

那为改革教会所用的拣选人才的计划，乃是与为建立教会所采用的计划相同的。那从天上来的教师，不顾那些在地上惯于受民众赞扬而尊为领袖的有财有势的大人物。因为他们骄傲自恃、自夸优越，所以不能同情他们的同胞，而成为这位谦卑的“拿撒勒人”的同工者。祂却向一些没有学问，刻苦耐劳的加利利渔夫发出呼召说：“来跟从我，我要叫你们得人如得鱼一样。”(太4:19)这些门徒是谦卑可教的。他们越少受当时虚伪教训的影响，基督则越能训练他们为祂服务。宗教大改革的时候也是如此。领导宗教改革的都是一些平凡的人们——比一般人少有那因高贵身分而生的骄傲，并少受当时的偏见和神父迷惑的影响。上帝的计划是要用卑微的器皿来成就伟大的事业。于是荣耀就不会归给世人，而只能归给上帝，因为他们立志行事，都是上帝在他们心里运行，为要成就祂的美意。

路德诞生在撒克逊一个矿工的小屋中不过几周之后，萨文黎就在阿尔卑斯山中一个牧人的茅舍中出世了。萨文黎儿时的环境和他幼年的训练，为他将来的使命作了准备。他在那巍峨、壮丽和雄伟的自然环境中长大成人，所以他心中很早就感觉到上帝的伟大、权能和威严。古人在他所住的山间所成就的伟迹，引起了他青年的壮志。他又在虔诚的祖母膝前，听到她从教会的传说中搜集来的几个宝贵的圣经故事。他以热切的兴趣谛听众先祖先知的伟迹，和牧人在巴勒斯坦山地看守羊群时天使向他们报信，以及伯利恒的圣婴，和髑髅地的救主等等故事。

萨文黎的父亲像路德的父亲一样，关心他儿子的教育，所以这个孩子从小就离开山中的故乡出外求学。他的智力发展很快，不久就很难找到有资格的老师来教导他。到了十三岁，他到百伦城瑞士最著名的一所学校去求学，但结果在那里发生了一个足以破坏他一生前途的危险。有一些托钵僧在那里竭力怂恿他入修道院。那时多密尼克教团和法兰西斯教团的僧侣们正在互争民众的拥护。他们就企图利用他们富丽的教堂，隆重的仪式，著名的圣物以及能行神迹的神像来吸引人，以求得到他们的拥护。

在百伦城的多密尼克教团的僧侣看出他们若能得到这个多才多艺的青年学子，他们就能名利双收。他年纪既是那么轻，又有演讲、写作、音乐和诗歌的天才，在吸引民众参加他们的礼拜，增加教团的收入方面，必要比他们一切的炫耀和浮华更有效力。于是他们设法用欺骗和谄媚的手段引诱萨文黎进入他们的修道院。从前路德在学校作学生的时候，就曾埋头于修道院的一间斗室中，如果不是上帝释放了他，他就必一生湮没无闻了。上帝没有让萨文黎遭遇这同样的危险。很幸运地，他父亲听到了僧侣们的计谋。他没有意思让儿子去度那种僧侣的闲懒无用的生活。他看出儿子的前途岌岌可危，所以吩咐他立时回家，不许迟延。

萨文黎遵从了父亲的命令，但这个青年不甘蛰伏于山间的故乡，不久他就到巴塞尔去继续他的学业。萨文黎在这里初次听到上帝白白赐恩给人的福音。那时有一个研究古代方言的教授威丁伯，在研究希腊文和希伯来文的时候，曾注意到圣经，于是就有从上帝那里来的光辉照在他门下的学生心中。他讲述有一种更古的真理，比当时的烦琐学者和哲学家所教导的理论有价值多了。这种古代的真理以基督的死为罪人惟一的赎价。这些话在萨文黎听来，乃是黎明之前的第一线曙光。

不久，萨文黎从巴塞尔被召去从事他一生的工作。他第一个工作的地点就在阿尔卑斯山的教区里，离他的故乡并不远。他的一位同工谈到他说：“他既被封为神父，就埋头搜求神圣的真理。因为他深知一个受托照管基督羊群的人，应当博学多闻。”(注1)他越查考圣经，圣经的真理与罗马教的谬论之间的区别就越显得清楚了。他认为圣经是上帝的话，是惟一完全而万万不能错误的标准。他看出必须以圣经的话来解释圣经。他不敢以解释圣经来支持一个先入为主的理论或教义，却以学习圣经中直接明白的教训为自己的本分。他尽量利用一切有助于他的材料，以便充分地、正确地明白圣经中的意义，所以他祈求圣灵的帮助，他说圣灵必向一切真诚祈求的人，启示圣经的奥秘。

萨文黎说："圣经是从上帝来的，并不是从人而来，而且那光照人的上帝必亲自使你明白这些圣言是由祂而来。上帝的话不能失效；它是光明的，它自己教导，自己发明，用一切救恩光照人心，使人在上帝里面得到安慰，使人谦卑，以致放弃自己而归依上帝。"(注2)萨文黎自己证明了这些话的真理。他后来论到自己这时的经历说："当我专心查考圣经的时候，哲学和烦琐神学时常在心中相争。最后我得了结论，就对自己说：'你必须把这些放在一边，单纯从上帝自己简明的话里学得祂的意思。'于是我开始祈求上帝赐我亮光，以后我对于圣经就比较容易明白了。"(注3)

萨文黎所传的道不是从路德那里领受的。他所传的乃是基督的道。这位瑞士的宗教改革家说，"如果路德传讲基督，那么他所作的正是我现在所作的。他所引领归向基督的人数比我所引领的更多。这没有关系。除了基督之外，我必不称任何别的名，我是基督的精兵，惟有祂是我的元首。我从来没有片言只字写给路德，他也没有写给我。这是为什么呢？乃是为要显明上帝的圣灵是一致的，我们二人并没有通过什么消息，然而我们所教导基督的道却是若合符节的。"(注4)

公元一五一六年，萨文黎被请作爱因西敦修道院的传道士。他在这里更清楚地看到罗马教的腐败情形，同时他在这里所发挥的宗教改革的影响，比在阿尔卑斯山间故乡所发挥的更加远大。在爱因西敦所有引人注意的事物之中，有一个童女马利亚的神像，据说它有行神迹的能力。在修道院的大门上有下列的刻字："此地可得完全赦罪之恩。"一年四季经常有朝圣的人前来参拜童女的神龛，但每逢一年一度的最大节期，必有许多人从瑞士各地来朝拜，甚至从法国和德国也有人来。萨文黎看到这种现象就极其痛心，他利用一切机会向这些被迷信束缚的人，宣传那借福音而得来的自由。

他说："莫想上帝住在圣殿中的时候比住在别处还多。你无论住在哪里，上帝就在你周围，并听你的祷告。那些无益的作为，例如跋涉长途的朝圣、献捐、制作神像、向童女或先圣祷告，能使你获得上帝的恩典么？我们重复的祷告有什么益处呢？耀目的头巾，剃光的头皮，飘飘的长袍和绣金的胸衣有什么效验呢？上帝是鉴察人心的，我们的心离祂太远了。"他说："基督曾一次献在十字架上，成了牺牲品，已经救赎了世世代代相信祂之人的罪。"(注5)

这些教训对于许多听众是难于领受的。他们听到长途跋涉的朝拜乃是枉然的，就极其失望。基督白白的赦免他们，这是他们所不能了解的。他们对于罗马教为他们划出的那条通到天国的老路甚感满意。至于搜求其他更美的事物，他们就大感困恼，裹足不前了。在他们看来，把得救的问题托给神父和教皇，比自己追求心灵的纯洁容易得多了。

但是另有一等人则欢喜领受那宣明罪人能再靠基督得蒙救赎的福音。罗马教所规定的种种仪式既不能使人的心灵得到平安，他们就因着信，接受了救主的血为他们的挽回祭。这些朝圣的人回去之后，便将自己所领受的宝贵亮光传给别人。于是真理从一村传到另一村，从一镇传到另一镇，因此去朝拜童女神像的人便大大减少了。捐款的数目也降低了，结果萨文黎从捐款中所支取的薪水也受到影响。可是这只有使他欢喜，因为他看到狂热和迷信的势力已经被打破了。

教会当局并非没有看出萨文黎所成就的工作，但他们当时没有加以干涉。他们还希望能使他赞助他们的工作，所以一直用奉承手段争取他，而同时真理在民众心中则渐渐得势了。

萨文黎在爱因西敦的工作使他作了准备，他不久就进入了更广大的工作园地。他在爱因西敦工作了三年之后，就被召到沮利克的一个大教堂去担任传道士。沮利克是当时瑞士联邦的一个主要城市，在这里所发出的影响能普及远近各地。那邀请他来沮利克的教会当局想要阻止任何新的设施，因此将他的本分训示他。

他们对他说：“你要尽一切的努力募集教堂的经费，一点不可疏忽。你要从讲台上和认罪会上劝勉忠心的教友付纳一切当纳的什一和捐献，借以显明他们对教会的爱心。你要从病人身上，从举行弥撒以及一班牧师所主持的礼节上，努力增加收入。”那些向他训话的人又说：“至于执行圣礼，宣讲教义和照顾羊群，固然也是牧师的本分，但为这些工作，尤其是宣讲教义的工作，你尽可以雇用一个助手代替你。除了一些大人物提出要求之外，你不可为任何人执行圣礼，你不可一视同仁地随便给人执行圣礼。”(注6)

萨文黎静听了这一番训话，他回答的时候，先对蒙召担任这重要职务所有的光荣表示感激，然后开始说明他所要采取的行动。他说：“基督的生活被埋没得太久了。我打算宣讲全部马太福音，单从圣经中深深的寻求本源，以经文与经文互相对照，并恒切祷告，祈求明白圣经的知识。我所献身从事的工作是以使上帝得荣耀，使祂的独生子受赞美，使众人得蒙救赎，以及他们在真信仰上得蒙造就为宗旨。”虽然教会当局的神父们不赞成他的计划，并劝他放弃，但萨文黎坚定不移。他声称，他并不是介绍新的方法，而是用古昔更纯洁时期的教会所使用的老方法。

这时，他所教导的真理已经引起了很多人的关注，民众蜂拥而来听他讲道。许多长久未来赴会的人也来听他讲道了。他开始服务时，以宣讲福音书入手，向听众宣读并解释基督的生平，以及祂的教训和牺牲。他在这里也像在爱因西敦一样，提出上帝的话为惟一绝无错误的权威，基督的舍命为惟一完全的牺牲。他说：“我要领你们皈依基督，基督是真正的救恩之源。”(注8)麇集在这个传道士周围的各等的人都有，有政治家、有学者、有工人，也有平民。他们都以极大的兴趣听他讲话。他不但宣传白白的承受救恩，而也毫无畏惧地斥责当时的邪恶和腐败。许多人从大教堂听道回来就赞美上帝说：“这个人是一个传讲真理的人。他要作我们的摩西，领我们从这埃及的黑暗中出来。”(注9)

起初众人虽以很大的热诚接受了萨文黎的工作，但过了一时，反对就起来了。僧侣们决意要拦阻他的工作，并谴责他的教训。许多人用辱骂和讥诮来攻击他；还有人用蛮横和恫吓的手段对付他。但萨文黎耐心忍受这一切的对待，他说：“如果我们想要使恶人归向耶稣基督，有许多事必须闭眼不看。”(注10)

约在此时，有一股新的力量来推进改革的工作。巴塞尔有一个赞助改革信仰的人，差他的一个朋友名叫琉善的带着一些路德的作品到沮利克来，他认为推销这些书籍乃是散播真光有力的方法。他写信给萨文黎说：“请你决定这个人是否具有充足的智慧和技巧，若是有的话，就请你让他带着路德的作品，尤其是他为教友所写的主祷文释义，在瑞士的各城镇乡村挨家挨户地推销。人越知道这些作品，购买的人也必越多。”(注11)这样，真光就照耀到各地了。

正当上帝预备打破无知和迷信的桎梏时，撒但就用他最大的力量要将世人笼罩在黑暗之中，并把镣铐更牢牢地锁住他们。当人们从各地起来将那借着基督宝血而得来的赦免和称义传给民众时，罗马教则下手以更大的努力在基督教世界开辟了购买赎罪券的市场。

罗马教为每一样罪都定出了它的价格，只要教会的银库可以经常充足，人们可以自由犯罪。这样，当时就有两种运动在推行——一种是叫人用金银购买赦罪之恩；一种是叫人靠基督得蒙赦免——一面有罗马教在那里放任罪恶，并以此为教会经济的来源；一面是宗教改革家在那里谴责罪恶，并指明基督是挽回祭和拯救者。

在德国，推销赎罪券的工作是委托给多明我教团的僧侣代办，由那丑名四扬的帖慈尔负责经营。这种贸易在瑞士则交给法兰西斯教团，由一个意大利的僧人撒母孙管理。撒母孙对罗马教会已经有了很大的贡献，他从德国和瑞士收集了大笔金钱充实教皇的财库。如今又遍历瑞士各地，吸引了许多群众，一面掠夺穷苦农民的微薄收入，一面勒索富裕人家的丰厚礼物。宗教改革的影响虽然未能完全制止他的贸易，可是他的收入已经因而减少了。撒母孙进入瑞士不久，就带着他的赎罪券到了一个邻近爱因西敦的城镇，那时萨文黎还在爱因西敦。这位改革家既知撒母孙的使命，就立刻予以反对。这两个人虽未见面，但萨文黎很成功地揭破了那僧侣的虚伪，使他不得不转向别处去了。

萨文黎在沮利克也热心传道，反对售卖赎罪券的商人，当撒母孙将要到沮利克的时候，该城的议会派使者通知他务必越过这城往别处去。他终于用欺诈的手段进了城，可是没有卖掉一张赎罪券就被遣送走了，他不久也离开了瑞士。

一五一九年，瑞士曾发生一次瘟疫，称为“黑死病”，这事给改革的工作一个很大的刺激。当众人面临死亡的时候，许多的人就不能不感到他们最近所购买的赎罪券是多么虚空无用，于是他们渴望一种更确定的信仰基础。萨文黎在沮利克染了瘟疫，他的病势非常沉重，以致一点痊愈的希望都没有了，而且普遍传说他已经死了。在那最危急的时候，他自己的希望和勇气并没有动摇。他凭着信心仰望到髑髅地的十字架，倚赖那全备的挽回祭。当他从“死亡的门”脱险回来时，他便以更大的热诚传讲福音，而且他的话发出了非常的力量。民众带着喜乐的心情欢迎他们所爱的牧师从濒于死亡的边缘又回到他们中间。他们自己也才侍候过患病和垂死的人，所以他们特别感到福音的可贵。

这时萨文黎已经更清楚地明白福音的真理，并更充分地体验到它更新的能力。人类的堕落和救赎的计划乃是他沉思默想的主题。他说“在亚当内，我们都死了，并沉溺在败坏和被定罪的状况之中。”(注12)“基督为我们换来了无穷无尽的救赎。祂的受苦是个永远的牺牲，是永远有效的救治之方，这个牺牲为一切以坚定不移的信心倚靠它的人，满足了上帝公义的条件。”可是萨文黎也清楚地教训人，我们不可因为基督的恩典而任意继续行在罪中。“无论何处，只要有人相信上帝，就有上帝临格；无论何处，只要有上帝与人同在，就有一种鼓励人行善的热诚存在。”(注13)

萨文黎的讲道引起了那么大的兴趣，以致沮利克的大教堂挤满了听众。他照着听众所能领受的程度，逐步将真理向他们阐明。他也非常小心，开始的时候并没有将任何足以令人惊异，或引起偏见的道理介绍给他们。他的工作是要赢得他们的心，使他们倾向基督的教训，用基督的爱融化他们的心，把基督的榜样摆在他们面前。当他们领受福音的原则时，他们所迷信的成见和行为，自然就会消除了。

改革的工作在沮利克逐步推进。于是仇敌警觉起来，要积极的反对它。一年之前，威丁堡的一个修道士曾在俄姆斯拒绝教皇和皇帝的命令，如今沮利克也有同样抵抗教皇威权的举动。萨文黎多次受到了攻击。在罗马教的行政区内，一些福音的信徒往往被处火刑，但他们还不以为满足，他们非要把讲异端的教师萨文黎治死不可。因此康士坦司的主教派遣三位代表到沮利克的议会上去，控告萨文黎教导百姓违犯教会的规则，危害到社会的安宁和秩序。主教强调说，如果教会的权威被抹煞，结果必要引起普遍的扰乱。萨文黎在回答中声明，他已经在沮利克宣传福音四年之久，而现在“沮利克在瑞士联邦的诸城中是最安静和平的。基督教岂不是社会安宁最好的保障么？”(注14)

代表们劝那些议员务要继续作忠实的罗马教徒，他们声称除了教会之外，别无拯救。萨文黎回答说：“你们不要因这些话信心动摇。教会的根基就是那磐石基督，祂曾因彼得忠心承认祂而称他为矶法。在各国之中，凡是全心相信主耶稣的人都必蒙上帝悦纳。这才是真教会，除此以外，无人可以得救。”(注15)因了这一次谈话的结果，主教所派的代表当中竟有一位接受了宗教改革的信仰。

沮利克的议会不肯采取反对萨文黎的措施，于是罗马教准备了新的攻势。当这位宗教改革家听到仇敌的计谋时，他说：“让他们来吧，我惧怕他们正如千寻的悬崖惧怕那冲击它的怒涛一般。”(注16)僧侣们的努力反而推进了他们所想要推翻的工作。真理继续传开了。因路德失踪而沮丧的德国信徒看到福音在瑞士的进步，就重新鼓舞起来了。

当改革运动在沮利克稳步前进时，它的效果就在抑制罪恶，建设秩序，改良治安上更充分地显明出来了。萨文黎说：“我们的城内有平安，没有争论、没有伪善、没有嫉妒、没有纷争。除了从主得来之外，还能从哪里得到这样的和谐呢？我们的道理使我们满得和平和敬虔的果实。”(注17)

宗教改革运动所得的胜利反使罗马教当局更坚决地要推翻它。他们看到在德国用逼迫的手段来镇压路德的工作收效既然不大，就决定用改革家自己的武器来应付他们。他们要与萨文黎举行一次辩论会，并且事先布置一切，不但拣选了辩论的地点，而也请好了自己的裁判员，以求稳获胜利。只要萨文黎落到他们手中，他们就绝不让他再逃脱。改革运动的领袖一死，这运动自必瓦解。虽然如此，他们却小心翼翼地隐瞒着这个目的。

辩论会指定在巴登举行，但萨文黎没有出席。沮利克的议会怀疑教皇的计谋，又鉴于教皇区域内过去在承认福音的人身上所执行的火刑，就不让他们的牧师陷于危险之中。若是在沮利克，他可以应付罗马教所派来的一切党羽。但是若到刚刚流了殉道者之血的巴登去，则必死无疑。于是他们拣选了爱克兰帕底和哈勒作宗教改革家的代表，而为罗马发言的乃是著名的艾克博士，还有一大队有学问的博士和主教帮助他。

萨文黎虽然没有出席会议，但他的影响仍然存在着的。会议的记录员都是由罗马教选任的，其余的人则不许作记录，违者处以死刑。虽然如此，萨文黎却每天收到一份关于巴登所发之言论的详尽记录。有一个参加辩论会的学生，每天晚上将当天所辩论的事都记录下来。另有两个学生负责连同爱克兰帕底每天的信件，送给在沮利克的萨文黎。这位改革家就把自己的意见和建议连夜写信回答。由学生第二天早晨带回巴登。为避免城门口守卫兵的盘查起见，这些送信的人头上顶着满装鸡鸭的筐子进城，就得以通行无阻。

萨文黎就这样与他狡猾的敌手作战。当时代的一个观察家麦克尼说：“他思考、研究、彻夜无眠，赶出意见书送往巴登去，这工作比他亲自在仇敌中辩论更为繁重。”(注18)

罗马教的代表预期必定胜利，因而兴高采烈地来到巴登，他们穿着华丽的衣服，戴着耀目的装饰。席丰履厚，大肆铺张，每天吃着最贵重的美味和上好的旨酒。他们因宴乐狂饮也不觉得教牧责任的繁重了。而宗教改革者的外表正是相反的对照，他们的样子在众人看来与一群乞丐无异，吃的是粗茶淡饭，所以在餐桌上的时间不多。爱克兰帕底的房东暗地里观察他，看到他在房中常在看书或祈祷，就大大惊异，说，这个“叛教徒”倒是一个“很敬虔”的人。

在辩论会中，“艾克傲慢地登上一个装饰华丽的讲台，而那平凡的爱克兰帕底则穿着简陋的服装，不得不坐在他对手面前的一张雕刻粗陋的凳子上。”(注19)艾克从始至终声音宏亮，气派很大。他的热情是由“名利双收”的希望所鼓舞的，因为他为罗马教的信仰辩护，可以得到一笔相当可观的津贴为报酬。所以当他找不到更有力量的论据时，他就借助于侮辱和咒骂的手段了。

爱克兰帕底那种温和谦虚的精神，曾使他对参加辩论有些胆怯，所以他开始就作了严肃的声明说：“除了上帝的话以外，我不承认任何其他裁判的标准。”(注20)他的态度虽然温和有礼，他却显明自己是练达而勇敢的。当罗马教的代表照着惯例提出教会的习惯为权威时，这位改革家却坚持以圣经为根据，说：“在我们瑞士国，习惯是不生效力的，除非这习惯合乎我们的宪法，如今既涉及信仰问题，则圣经就是我们的宪法。”(注21)

双方代表的态度在比较之下，不是没有影响的。改革家用谦恭的态度所作稳健而清楚的辩论，打动了众人的心，使他们厌恶艾克以傲慢暴躁的态度所作的武断。

辩论延续了十八天之久。结束的时候，罗马教的代表自鸣得意地宣告自己荣获胜利。大多数出席的代表偏袒了罗马教，所以议会宣布宗教改革家被驳倒了，并宣布开除他们和他们领袖萨文黎的教籍。但这次会议的最后结果，就显明胜利究竟属于何方了。这一次的辩论大大地振奋了改正教的工作，不久之后，那两座主要的城市百伦和巴登都声明拥护宗教改革的运动了。

注1：Wylie，卷8，第5章。
注2，3：Wylie，卷8，第6章。
注4：D’Aubigne，卷8，第9章。
注5：D’Aubigne，卷8，第5章。
注6—9：D’Aubigne，卷8，第6章。
注10，11：D’Aubigne，卷8，第6章。
注12：同注1卷8，第9章。
注13：D’Aubigne，卷8，第9章。
注14：同注1卷8，第11章。
注15：D’Aubigne，卷8，第11章。
注16：同注1卷8，第11章。
注17：同注1卷8，第15章。
注18—21：D’Aubigne，卷11，第13章。

第十章
改革运动的进展

路德神秘的失踪在德国引起了普遍的惊骇。到处有人询问他的下落。各地谣言四起，异常激昂，许多人以为他已被人谋杀了。不但那些自认是支持他的朋友，连千万没有公开赞助改革运动的人，都为他异常悲伤。许多人起了庄严的誓约，决意为他报仇。

罗马教的领袖看到民众反对他们的情绪到了这样的高潮，就大起恐慌。虽然他们起初以为路德已死而为之庆幸，但不久他们却想逃避民众的忿怒了。路德在他的仇敌中间之时所有最大胆的行动，还没有像他的失踪使他们感到那么棘手呢。那些曾经设法毁灭这个勇于改革的人当时所怀满腔的忿怒，如今在他成了一个无依无靠之俘虏的时候倒变成恐惧了。有一个人说："我们只有一条自救的道路，那就是点起火炬到世界各处去寻找路德，把他交还给这个一定要他的德国。"(注1)皇帝制裁路德的谕旨似乎没有起一点作用。教皇的使节看到国人对于这谕旨远不如对路德的命运那么关心，就不禁愤怒如狂。

及至消息传来，说路德虽已被囚，但仍安然无恙，民众因而忧惧的心就镇定下来了。可是这消息却引起了他们更热烈地拥护。众人以空前的热诚阅读他的作品。他们钦佩这一个在众寡如此悬殊的情形之下依然维护上帝圣言的英雄，所以参加改革运动的人就越来越多了。于是改革的运动逐渐加强。路德所撒的种子这时在各地发芽生长了。他的失踪倒成就了他在他们中间之时所未能成就的工作。这时这位大领袖既然不在，其他的工作人员就觉得自己有新的责任。这些人以新的信心和热诚，用他们全副的力量向前迈进，使这有了如此光荣开端的工作不至受到阻碍。

但撒但并不懈怠。他这时试用他在每一次改革运动中所用的方法——以鱼目混珠的手段来欺骗并毁灭世人。正如在第一世纪时基督教会中曾出现了假基督，照样，在第十六世纪时也有假先知兴起。

那时有几个人因宗教界振作的影响，就幻想自己受了上天特别的启示，声称自己负有上帝的使命来完成路德所开始的改革运动。他们声称，路德的一点成就是非常微小的。然而实际上他们却正是在摧毁路德所成就的工作。他们拒绝了改革运动的基本大原则——上帝的话乃是信心和行为的全备标准，而竟以他们自己容易改变，反复无常的情绪和感想，来代替那绝无错误的向导。他们既这样将那辨别错误及谬论的大标准丢在一边，就为撒但打开了门路，使他得以照他自己的意思控制世人的思想了。

这些假先知中有一个人声称自己受了天使加百列的指示。有一个与他同工的学生竟放弃了自己的学业，声称上帝已亲自赐给他解释圣经的智慧。还有一些本性倾向狂热派的人则与他们联合一起，这些狂热家的行动引起了不少的骚乱。路德的教训曾使各界人士感觉有改正的必要，所以这时不免有一些真心诚意的人，被这些新兴的假先知的谬论所迷惑了。

这些运动的领袖们到了威丁堡，就向梅兰克吞和他的同工迫切地陈述他们的主张。他们说："我们是奉上帝差遣来教导百姓的，我们与主有亲密的交往，我们知道将来必要发生什么事，总而言之，我们是使徒和先知，现在来请求路德教授的赞助。"(注2)

这些改革家大感惊异困惑了。这是他们从来没有应付过的问题，他们正不知应采取什么步骤才好。梅兰克吞说："这些人里面确有非常的灵存在，但是到底是什么灵呢？一方面我们要小心，不可消灭圣灵的感动，但另一方面，我们要谨防，不要让撒但的灵引我们误入歧途。"(注3)

这种新教训的果实不久就显露出来了。他们引领众人疏忽圣经，甚至把圣经完全丢在一边。各地学校都陷在混乱的状态中。学生拒绝一切的约束，放弃学业，退出大学。那些自以为有资格复兴并控制改革运动的人，只有令这工作濒于败亡的边缘。这时罗马教的当局又恢复了自

信心，庆幸地说：“只要作一次最后的挣扎，胜利就是我们的了。”(注4)

路德在瓦特堡听见所发生的事，就极其关怀地说：“我常料到撒但总会给我们这种迫害的。”(注5)他看穿了那些假先知的真面目，并认明了那威胁着真理事业的危险。过去教皇和皇帝的反对还没有给过他像现在这么大的困惑和苦恼。从一些自称为改革运动的朋友之中，已经兴起这运动最阴险的敌人。那曾使他得到那么大的喜乐和安慰的真理，倒被敌人用来激起纷争，并造成教会的混乱。

在改革的工作上，路德原是受上帝圣灵的激励，况且他进展的程度已经超过他自己的理想。他原先并没有意思采取那么坚决的立场，或是进行那么彻底的改革。他不过是无穷能力之主手中的工具而已。可是他时常为自己工作的效果担心。有一次他说：“我若知道我所传的道能使一个人受害，只要是一个人受害，无论他是多么卑微的人——其实这道是不会害人的，因为它就是福音——我宁可死十次而不愿不撤回它。”(注6)

这时改革运动的中心威丁堡，也很快地陷落到狂热和无律法的状态之下了。这种可怕的情形并不是路德教训的结果，但他的仇敌在德国全境都把这罪归在他头上。他在心灵悲苦中有时不免自问：“难道改革运动的大工结果就是这样的么？”当他在祷告中与上帝角力时，他心中又充满了平安。他说：“这工作不是我的，而是你自己的，你必不会让这工作受迷信或狂热的败坏。”(注7)但他一想到在这样的一个危机之中，自己倒长久置身事外，这是他所不能忍受的。所以他决意回威丁堡去。

于是他毫不迟疑地登上这一次危险的行程。此时国家制裁他的命令尚在执行中。仇敌得以自由的杀害他，朋友又不得予以任何帮助或庇护，帝国政府方面正在用最严酷的手段对待那些依附他的人。但是他看出福音的工作处于危险之中，就奉主的名毫无畏惧地出去为真理作战了。

路德在一封信中对选侯说明了他离开瓦特堡的目的之后，又说：“殿下要知道，我往威丁堡去是在一种比帝王和选侯所能给予的帮助更加有力的保护之下。我没有想到求殿下的支持，更不希望殿下的保护，我自己反要保护你呢。况且如果我知道殿下能保护或者要保护我时，那么我就根本不要往威丁堡去了。因为这个事业绝非刀剑所能推进，圣工必须单靠上帝行事，而不能靠人的支援或赞助。具有最大信心的人，乃是最能保护别人的人。”(注8)

路德在往威丁堡的路上写了第二封信，说：“我宁愿招惹殿下的不悦和全世界的愤怒。威丁堡人不是我的羊群么？上帝岂不是把他们交托给我了么？如果必要的话，我岂不应当为他们的缘故置自己的性命于度外么？再者，我不愿看见德国发生一次可怕的暴动，以致全国招致上帝的刑罚。”(注9)

路德以非常审慎、谦卑，而又果断和稳健的精神开始他的工作。他说：“我们必须用上帝的话语来推翻并破坏那用暴力所树立起来的事业。我绝不使用武力来反对迷信和不信的人，我们不可勉强任何人，自由乃是信仰的要素。”(注10)

路德回到威丁堡和他即将开始讲道的消息使全城轰动起来了。民众从各方面蜂拥而来，教堂内居然有人满之患。他走上讲台，用非常智慧和温柔的言语教训人、劝勉人、责备人。论到某些人想要用暴力的手段来废除弥撒制度的问题，他说：——

“弥撒固然不是一件好东西，上帝是反对这制度的，这制度应当废除，我惟愿全世界都用福音的晚餐来代替弥撒。但谁都不可用武力来使人放弃这制度，我们必须把这事交托给上帝，是祂的道在工作而不是我们。你们或许要问，为什么要如此？因为我的手并没有掌握住人们的内心，好像窑匠的手把握住泥团一样。我们有宣讲的权利，而没有权利去行动。所以我们就宣讲吧，其余的事有上帝掌管。如果我使用武力的话，能有什么收获呢？所得的无非是虚伪、形式主义、模仿他人、人为的条例和假冒为善而已。结果就没有真诚、信心或爱心。缺少了这三样，就缺少了一切，像这样的结果是不值得我们去作一点努力的。上帝单用祂的话所能成就的，比你、我以及全世界联合起来的力量所能成就的还多。上帝能掌握到人的心，既得了人心，就得到一切了。

“我要宣讲、讨论、写作，但我绝不勉强任何人，因为信仰是一件自动的事。请看我过去所作的事。我起来反对教皇，反对赎罪券，反对罗马教派，但我从来没有用暴力或骚动的手段。我只提说上帝的话，我所作的不过是宣讲和写作。而当我睡觉的时候，我所宣讲的道却把罗马教推翻了，任何诸侯或皇帝都没有给过它那么大的打击。其实我自己并没有做什么，这一切都是上帝的道所成就的。如果我采用了武力，则整个德国或许要血流成渠了。而其结果是什么呢？无非是使身体灵性灭亡和荒废而已。所以我保持缄默，而让上帝的道自行传遍天下。”(注11)

这样一天复一天地路德向热切的听众讲道一周之久。上帝的话打破了狂热派所引起的蛊惑，福音的大能引领了那些陷于错谬之中的人回到真理的路上。

路德无意与那些曾经产生重大灾祸的狂热派见面。他深知他们的见解有缺陷，他们的性情没有涵养，他们虽然自称受上天特别的光照，但不能忍受至轻微的反驳，抑有爱心的责备或劝告。他们僭取至尊的威权，要人人无条件地承认他们的主张。但当他们要求会见路德的时候，路德同意与他们会晤，但结果他好好地揭露了他们的真面目，以致这些骗子当时就离开了威丁堡。

狂热派的工作一时受到了遏制。但过了几年又爆发了，而且势力比以前更大，结果更可怕。路德论到这运动的领袖们说：“在他们圣经乃是死的字句，他们都呼喊‘灵！灵！’可是无论如何，我绝不打算随从他们的灵所引领的道路。惟愿上帝凭着祂的怜悯保守我们脱离那自称为完全圣洁的教会。我宁愿与平凡、衰弱、患病的人在一起，因为他们感觉自己的罪，并为要得到祂的安慰和扶持，经常从心灵深处向上帝叹息呼求。”(注12)

狂热派中最活跃的分子多马闵萨是一个具有相当本领的人，如果加以正当的指导，他原能造福人群，可惜他还没有学到真宗教的初步原理。“他有改革世界的愿望，但他像一切热心家一样，忘记了改革的工作是必须从自己身上开始的。”(注13)他有争夺地位和势力的野心，不愿位居第二，甚至不肯在路德之下。他声称，改革家用圣经的权威来代替教皇的权威，乃是换汤不换药。他又声称自己受了上帝的使命来介绍真正的宗教改革。闵萨说：“纵使他一生没有见过圣经，凡具有这灵的人就具有真信仰了。”(注14)

狂热派的教师们完全受了自己感动的支配，认为每一个思想和感触都是上帝的声音，结果他们就趋于极端了。有些人甚至于把自己的圣经都焚烧了，说：“字句是叫人死，圣灵是叫人活。”闵萨的言论引动了人们好奇的欲望，实际上把人的感想和见解置于上帝的圣言之上，这样就满足了他们的骄傲。他的道理竟为千万人所接受。不久他就反对一切公众礼拜的秩序，并声称人若顺从王侯的命令，就是想要侍奉上帝而又要侍奉彼列(撒但)。

民众的心既已开始摆脱罗马教皇的轭，也就不愿忍受国家权威的限制。闵萨既声称他革命性的言论是上帝所赞许的，他们就挣断一切的约束，恣意放任自己的偏见和情感。于是乎可怕的叛乱和纷争相继发生，德国举国竟陷在血泊中了。

当路德看到人们把狂热派的恶果归罪于改革运动的时候，他从前在艾尔福所久经的精神上的痛苦，这时又以加倍的力量压在他心上了。罗马教派的王侯们声称这次的叛乱乃是路德的道理必然产生的结果——许多人也赞同他们的说法。这种诬蔑的话虽然没有一点根据，但不能不使这改革家极其苦恼。他所从事的真理事业竟被列于最恶毒的狂热派中，而受到如此的侮辱，这似乎是他所不能忍受的。而在另一方面，叛乱的首领们也仇恨路德，因为他不但反对他们的道理，并否认他们是受上帝的灵感，而也斥他们为反抗国家权威的叛徒。他们为报复起见，就诬蔑他为最卑鄙的骗子。路德似乎是处在首领和百姓双方仇恨的夹攻之下了。

罗马教徒弹冠相庆，期望不久必能见到改革运动很快的一败涂地，他们竟把路德所最热切企图改正的错谬怪到他的头上。至于狂热派之徒，他们诡称自己受了虐待，因此博得许多人的同情，倒被人看为殉道者，这种现象原是古今一辙的。于是那曾经千方百计反对改革运动的人，倒被人怜惜，并被褒扬为遭受虐待和压迫的牺牲者。这是撒但的工作，是首先在天上出现的叛逆精神所鼓动的。

撒但经常设法欺骗人，引诱他们称罪为义，称义为罪。他的工作已经得到何等大的成功啊！上帝忠心的仆人毫无畏惧地为真理辩护，反而受到责难，蒙了羞辱，又是何等常见的事呢！同时，撒但的爪牙反倒受人赞扬、夸奖，甚至被视为殉道的烈士。而那些应受尊敬和支持的效忠上帝之人，却被陷在怀疑与猜忌之下，孤立无援了。

伪装的圣洁，假冒的虔诚，今日仍在行使其欺骗的工作。这种欺骗的工作在各种方式之下，显出与路德的日子有相同的精神，使人转离圣经，随从自己的心情和感觉，而不顺从上帝的律法。这是撒但一个最有效的诡计，使纯正和真实的道理受到羞辱。

路德曾大无畏地为福音辩护，抵挡从各方面来的攻击。在每一次战斗中，他都显明上帝的话是强有力的武器。路德曾用这话与教皇僭取的权威，以及烦琐哲学派的唯理学作战，而这时又像磐石一样地坚立不动，抵挡那想要与改革运动联合的狂热派。

这些敌对的分子都是凭自己的私意将圣经弃置一旁，而高举人的智慧为宗教真理和知识的泉源。唯理主义者以理智为神，为宗教信仰的标准。而罗马教则声称，教皇的主权是从使徒继承而来的，并且代代相传，从未间断，这样就使自己有充分的机会，在使徒任命的神圣外衣之下，遮掩了各样的奢侈和腐败。至于闵萨及其同人所自夸的“灵感”，则不过是出于自己的幻想，而其影响对世人或上帝的权威，却起了颠覆的作用。真正的基督教，必定接受圣经为圣灵默示的真理宝库，为辨别诸灵的标准。

路德从瓦特堡回来之后，就完成了翻译新约圣经的工作，不久，德国人民就得到他们本国方言的福音了。一切热爱真理的人以非常喜乐的心情欢迎这个译本，但那些注重人的遗传和吩咐的人，却轻蔑地拒绝了。

神父们思及现在的一般平民都能同他们讨论上帝圣经的训言，而他们自己的无知势必被人揭露无遗，他们就不胜惊惶了。他们所有世俗论理的武器，根本无力抵挡圣灵的宝剑。罗马教用尽她所有的权威来阻止圣经的流行，但是谕旨、咒诅令、酷刑，都一样的无效。她越是诬蔑圣经，禁止圣经，百姓就更要知道圣经里究竟讲一些什么教训。凡识字的人都热心亲自研究上帝的话。他们随身携带圣经，读了又读，直到能把大部的经节背诵出来。路德看到民众那么欢迎新约圣经，就立时开始翻译旧约，每卷一经译完之后，就立即印行。

路德的作品无论在城市或乡村中，都一样受到欢迎。“凡路德和他朋友所撰著者，都有别人为之发行。有一些修道士觉悟到修道院生活的不合理，所以愿将自己长期的懒惰生活一变而积极活动起来，可是他们既因未学而不能宣讲上帝的道，就往各省，遍历市镇乡村，推销路德和他朋友所著的书籍。不久，德国到处皆是这些勇敢的售书员了。”(注15)

无论贫富智愚，都以非常的兴趣研究这些作品。入晚，乡村学校的教师们，则向聚集在炉边的小群人们高声诵读。每一次总有一些人被真理所折服，欢喜快乐地接受了上帝的道，这些人就尽一切的力量，转而将这好消息传给别人。

圣经的话已证实了：“你的言语一解开，就发出亮光，使愚人通达。”(诗119:130)研究圣经使人的心灵和理智起了极大的变化。罗马教统治的铁轭曾放在百姓身上，把他们束缚在无知腐败之下。他们虽然严格地遵守种种迷信的仪式，但是这一切礼节对于他们的心灵和悟性却没有起什么作用。路德在宣讲中一面清楚地提出上帝圣言的真理，一面将上帝的话放在平民的手中，这话本身就唤醒了他们潜在的能力，不但洁净并提高他们属灵的品质，而他们的智力也得到新的力量，使之勃勃然有生气。

各色人等都手持圣经，维护宗教改革的道理。罗马教曾把研究圣经的事完全托付神父和修道士了，这时他们就叫他们与这新兴的学说去辩驳。可是神父和修道士们既不明白圣经，又不知道上帝的大能，所以竟被他们所斥为无学问和信异端的人完全驳倒了。有一位罗马教的作家说：“不幸得很，路德劝跟从他的人除了圣经之外，不相信任何其他权威。”(注16)有成群的人常聚集来谛听那些没有多少学问之人所维护的真理，也听他们与一些有学问有口才的神学家进行讨论。当圣言的简明教训驳倒了这些权贵们的论据时，他们那种惭愧无知是很明显的。许多工人、兵士、妇女，甚至小孩子们，还比那些神父和有学问的博士更熟悉圣经的教训呢。

福音的门徒与支持教皇迷信的人，二者之间比较起来，在平民眼中是如此，在学者眼中也是如此。“拥护教皇的人多数都忽略了语言的研究和文学的修养，而其对象却是豁达大度的青年，他们专心研究，查考圣经，并熟悉许多古典的名著。这些青年人具有活泼的精神、过人的热情和勇敢的心志，以致他们所获得的知识，许久都没有人能与之相比。因此，当这些拥护改革运动的青年在任何场合与罗马教的学者相遇时，他们很容易而有把握地予以驳击，致使这些无知的学者们含糊支吾，在众人眼前受了应得的轻视。”(注17)

当罗马教的神父们见自己的会众逐渐减少时，他们就请求官府的援助，企图用尽各样的力量使他们的听众回来。但是众人已经在新的教义中找到那能以满足心灵需要的粮食，他们就转离了那些多年以来，用无价值的糟糠来喂养他们的人。这些糟糠就是迷信的礼节和人为的遗传。

当煽起逼迫攻击真理的教师时，他们就遵行了基督的话：“有人在这城里逼迫你们，就逃到那城里去。”(太10:23)于是真光就照耀到各方各处了。这些逃亡者无论在哪里找到一个好客的人家，就住在那里宣讲基督，有时也在教会里，但若教会不准他们，他们就在人家里或在露天地里讲道。他们在哪里找到听众，那里就是一所奉献给上帝的圣殿。他们既凭着这样的努力和信心宣讲真理，真理就以难以抵抗的能力传开了。

教会和官府们想要镇压“异端”，并没有效果。他们借助于监禁、酷刑、火柱、刀剑也是枉然。千万的信徒用自己的血印证了他们的信仰，而工作仍然迈步前进。逼迫只能推广真理，撒但想要用狂热派来混淆真理，结果上帝的工作与撒但的工作之间的区别，更清楚地显明出来了。

注1：D’Aubigne，卷9，第1章。

注2—7：D’Aubigne，卷9，第7章。

注8—11：D’Aubigne，卷9，第8章。

注12—14：D’Aubigne，卷10，第10章。

注15—17：D’Aubigne，卷9，第11章。

第十一章
诸侯的抗议

一五二九年，信从基督的德国诸侯在斯拜耳兹所提出的抗议乃是人们为改革运动所作最伟大的一个见证。这些属上帝的人所有的勇敢、信心、坚决，终于为后代争取了思想和良心的自由。他们的抗议使改革的教会得了“改正教”的名称；（译者按:英文作“抗议教”）而它所倡导的主义乃是“改正教的本质。”（注 1）

一个黑暗而可怕的日子，临到了宗教改革运动。俄姆斯的敕令虽然剥夺了路德法律的保障，禁止人传讲或相信路德的道理，但宗教自由在国内仍是相当普遍的。上帝曾遏止了反对真理的种种势力。查理第五本来一心想要粉碎改革运动，但每当他举手要攻击的时候，就被迫将自己的矛头转向它方。一切胆敢反抗罗马的人，多次似乎临到了不可避免的将近毁灭。但在危急之秋，不是土耳其的军队在国境的东边出现，就是法王或教皇自己因嫉妒皇帝的威权日益扩大而与他作战，于是在列国的纷争和扰攘之中，改革运动就壮大扩展起来了。

但这几个信奉罗马教的君王终于抑制了他们阋墙之争，以便组成联合阵线去对付改革运动。一五二六年召开的斯拜耳兹会议曾规定各邦在宗教方面有完全的自由，直到下届全体大会为止。但查理皇帝一到那逼他让步的危险过去之后，就招集了第二次会议，定于一五二九年在斯拜耳兹开会，目的是要镇压“异端”。如果可能的话，他要用和平的手段劝诱诸侯帮助镇压改革运动。倘若不果，他就准备采用武力。

罗马教派欣喜极了，因他们来到斯拜耳兹的人数很多，他们公然敌对改革家和赞助他们的人。那时梅兰克吞说:“我们成了世界的渣滓和垃圾了，但基督必要垂顾祂可怜的百姓，并要保守他们。”新教派的诸侯来参加会议的时候，即使在自己的住处请人宣讲福音，也被禁止。但是斯拜耳兹的居民渴慕上帝的圣言，成千的人不顾这个禁令，竟蜂拥到撒克逊选侯的会堂里，去参加那里所举行的聚会。

这事促成了危机的来到。查理向议会发布命令说，准许宗教自由的决议既引起了极大的骚扰，故此必须明令予以废除。这种专制独断的行为，使信从福音的人极其愤慨、恐慌。有一个人说:“基督又落到该亚法和彼拉多手中了。”随后罗马教徒更加残暴了。一个顽固的罗马教徒说:“信从路德的人远不如土耳其人呢，因为土耳其人还遵守禁食的日子，而信从路德的人却予以破坏。如果我们必须在上帝的圣经和教会古老的谬道之间选择其一，我们宁可拒绝上帝的圣经。”梅兰克吞说:“斐勃尔每天在全体议会前用新的武器来攻击我们传福音的人。”(注2)

宗教信仰自由既是依法成立的，信从福音的各邦就决定要反抗这侵犯他们权利的命令。这时路德仍在瓦姆斯议会所颁布的禁令之下，所以不能到斯拜耳兹来出席议会，但他的地位却被他的同工和一些诸侯所代替了。上帝曾兴起这一班人在这危急之秋为祂的圣工辩护。从前保护路德的撒克逊选侯腓特烈已死，继承者是他的兄弟约翰公爵。约翰曾欣然欢迎改革运动，他虽然主张和平，但在一切有关信仰的事上，他却显出有极大的毅力和勇气。

在会议上，神父们要求那些接受改革运动的各邦绝对服从罗马教的权威。而那些宗教改革家则坚持以前所通过的宗教信仰自由议案。他们不同意让罗马教再把那些已经自愿接受上帝圣言的各邦，重新置于她的支配之下。

最后议会提出一个折中的方案，就是在改革运动还没有成立的地方，必须严格执行瓦姆斯所通过的禁令。而“在那些已经不遵该禁令，以及禁令的执行不免引起暴乱的地方，则必须限制他们，不可进行任何新的改革，不可引起辩论，不可反对弥撒礼，不可让任何罗马教徒归依路德教。”这个方案通过了会议，罗马教的神父和主教们便非常得意。

如果执行这一道命令的话，则“改革

运动既不能扩展到新的地区，也不能在已经有这运动的地方建立稳固的基础。”(注3)发言的自由必定会禁止，也不许人悔改信奉基督教了。议会饬令改革运动的赞助者立时服从这些限制和禁令，世界的希望似乎将要消灭。“罗马教会制度的重建必毫无疑问地使从前的暴政死灰复燃。”而且一有机会，罗马教就可以使那已经被狂热派和内哄“所严重地摇动了的工作趋于完全的毁灭。”

后来当信从福音的同人聚集商讨这问题的时候，他们只能面面相觑，茫然若失。彼此相问说：“我们怎么办呢？”世界已经临到一个重要的关头了。“宗教改革的领袖们会不会屈服，接受这一次的命令呢？改革家在这极严重的危险中，若为自己采取一个错误的步骤来辩护，是多么地容易啊！他们可以找出多少似是而非的借口和冠冕堂皇的理由，为屈服的行动辩解！信奉路德教的诸侯已经得了他们宗教信仰自由的保证。这同样的权利也已经给予一切在这次议案通过之前信奉宗教改革的人，这还不应当使他们满意么？顺从罗马可以避免多少危难，而反对罗马又将使他们遭遇何等不可逆料的危险和战争，而且谁能说将来再没有良好的机会？我们来争取和平吧，我们来接受罗马所提供的和睦而医治德国的创伤吧。改革家很可以拿这样的论调为自己所采取的步骤辩护，而这步骤不久必要使他们的事业瓦解。”

“幸亏他们考虑到了这次协议所根据的原则，而凭着信心来采取行动。那个原则是什么呢？就是罗马教有强迫人信仰，并禁止人自由寻求真理之权。但他们自己和信奉新教的国民岂不是可以享受信仰的自由么？不错，但这自由乃是这次协议所特别规定的恩惠，而不是一种权利。至于在这协议范围之外的人，他们都包括在强权的大原则之下，良心是没有一点地位的。罗马教廷就是万万不能错的裁判者，是人人所必须服从的。接受这个方案，事实上就是承认宗教自由必须限于已经信奉新教的撒克逊区域之内。至于基督教世界一切其他地区，自由寻求真理和信奉新教，就要被判为犯罪，并要受监禁和炮烙的处分。他们能够同意把宗教自由限于局部的地区么？他们能就此宣称宗教改革运动已经引领最后一个人悔改么？已经征服他最后的一片土地么？他们能承认罗马所管辖的地方要永远受她的统治么？如果按照这个协议去实行，成千成万的人势必要在罗马教的区域内牺牲他们的性命，这些改革家能宣称自己对于这些人的性命不负责任么？这无异要他们在危急之时出卖福音的事业和基督教世界的自由。”(注4)他们宁愿“牺牲一切，甚至于牺牲自己的国家，自己的冠冕，自己的性命。”

诸侯说：“我们务要拒绝这道指令，在良心问题上，大多数人是没有权柄作决定的。”议员们声明：“帝国之得享和平，乃是一五二六年的指令所赐。如果废止这道指令，势必使德国陷于苦难和分裂了。会议除了保障信仰自由，以待举行全体大会之外，无权办理其他的事。”保障信仰自由乃是国家的本分，在宗教的事上，它的权威只限于此。政府若想用国家的权力来规定或强制宗教的遵守，就是牺牲了许多基督徒英勇奋斗所争取的原则。

罗马教派决意压服这个他们所谓之“大胆的顽固者”。他们开始在支持改革运动的人中间进行挑拨离间，并恫吓一切没有公然赞助这运动的人。最后他们招集一切自由城市的代表到会议中来，要他们声明是否同意会议所提出的条件。这些代表们要求延缓答复，也未蒙允准。当他们进行表决时，几乎有半数的代表偏袒了改革运动。这些不肯牺牲信仰自由和个人抉择权的人，明知自己所取的立场必要受到批评、侮辱和逼迫。有一个代表曾这样说：“我们必须否认上帝的话，或被焚而死。”(注5)

代表皇帝出席会议的斐迪南王看出若不能诱导诸侯接受拥护这道指令，势必造成严重的分裂。他深知采用武力必使这些人更加坚决，所以他企图说服他们。他“请求诸侯接受会议的指令，这样他保证皇帝必要非常喜悦他们。”但是这些忠心的人承认那比地上君王还高的权威，所以镇静地回答说：“我们一定在一切足以维护和平与上帝尊荣的事上顺服皇帝。”

最后斐迪南在会议中向撒克逊选侯和他的朋友宣布说，这一道命令“就要成为皇帝的谕旨，”而“他们惟一的出路就是服从多数。”他说了这话就退出议会，没有给改革家讨论或回答的机会。“他们派代表去请王回来，结果也是徒然。”他对他们的谏诤只是回答说：“事情已经决定了，只有顺从的一条路可走了。”(注6)

保皇党的人看出基督教的诸侯必要坚持主张，圣经比人的道理、人的要求有更高的权威。他们也知道无论何处接受了这个原则，那里教皇的权威终必推翻。但是他们像历来的许多人一样，只“顾念所见的”事，自己欺哄自己说，皇帝和教皇权力大，而改革家弱小。如果改革家单单信赖人力的援助，他们真会像罗马教徒所想像的那么弱小了。但他们虽然在人数方面远比罗马教为少，但他们却另有力量。他们“以上帝的圣言对抗会议的议案，以万王之王、万主之主耶稣基督对抗查理皇帝。”(注7)

当斐迪南不肯理睬诸侯们出于良心的主张时，他们就决定不管斐迪南在场与否，立时向这全国性的议会提出他们的抗议书。所以他们写好一篇庄严的声明提交议会，它的主要内容如下：

“我们用这个文件在上帝面前向会议声明惟有祂是我们的创造主、保护者、救赎主和拯救者。到了一天，祂将要作我们的审判者。我们在万人万有之前，为我们自己和我们的国民提出抗议，声明我们绝不同意，也不能以任何方式，服从会议所建议的命令，去违背上帝，违背祂的圣言，违背我们正义的良心，并妨害我们灵魂的得救。”

“我们能承认这决议么？当全能的上帝招呼一个人来领受祂的知识时，我们能说这个人不可以领受么？”“除了与上帝圣言相符的道理之外，没有其他可靠的道理。上帝也禁止人传讲任何别的道理。每句经文必须用其他更清楚的经文来解释。在这一本神圣的经书中，凡有关基督徒所必需明白的事都是易于领会的，并足以驱散黑暗。我们决意要靠着上帝的恩典，单单传讲上帝纯洁的圣言，就是记在旧约和新约经卷中的教训，也不加添任何与之相抵触的话。上帝的圣言是惟一的真理，它是一切道理与生活的可靠规律，它绝不会使我们失望或欺骗我们。凡在这根基上建造的人，必能抵挡一切地狱的权势，而世人所用来反对它的荒谬言论，必要在上帝面前全然失败。”

“为这个缘故，我们拒绝那加在我们身上的轭。”“同时我们也深信皇帝陛下必以一个爱上帝过于爱一切基督徒的态度对待我们。我们也声明，我们必在公正合法的本分范围之内，向皇帝陛下和诸位贵族议员表示一切的爱戴和顺从。”(注8)

会议之人受了深刻的印象。多数议员对于抗议者的勇敢不胜惊异。在他们看来，国家的前途波荡不定。分裂、纷争、流血的事，似乎是无可避免的了。但是改革家深知自己的事业是正义的，便倚靠无所不能者的膀臂，“充满了勇敢，非常坚定。”

“这个著名的抗议书所包括的原则构成了基督教的基本要素。这抗议书反对世人在信仰上所犯的两种弊端：第一是官府横加干涉，第二是教会当局的专权。基督教反对这些弊端，而将良心的自觉置于官府的权势之上，将上帝圣言的权威置于教会的权威之上。原来它拒绝政府干涉信仰问题，与先知和使徒同说：‘顺从上帝，不顺从人，是应当的。’它高举了耶稣基督的冠冕，在查理第五的冠冕之上。但是它还进一步奠定了一个原则，就是人的一切教训都必须次于上帝的圣言。”再者，这些抗议者声明自己有权自由发表自己对真理的信仰。他们不单要相信真理，顺从真理，而且也要将上帝的话教导人，并否认神父或官府有权干涉。斯拜耳兹的抗议乃是反对宗教偏见的一个严厉的见证，并声明人人都有依照自己的良心敬拜上帝的权利。

声明书已经写成了。它不但写在千万人的记忆中，而且也记在天上的册子里，是世人所无法磨灭的。德国的基督徒都采纳了这个抗议，作为自己信仰的宣言。各处的人都在这声明书中看出一个更光明的新纪元。有一个诸侯对斯拜耳兹的抗议者说：“全能的上帝既赐给你们恩典，使你们积极地、充分地、无畏地承认了真理，我就愿祂保守你们在基督里的坚固信心，直到永远。”(注9)

如果改革运动在取得一点成功之后，随即缓和下来，以讨世人的喜悦，那就是既不忠于上帝，又不忠于自己，而且必要注定自己的败亡。这些高尚的改革家所有的经验，足以作后世的一个教训。撒但用来反抗上帝和祂圣经的种种方法是始终不变的，他今日反对以圣经为人生的指导，正如他在第十六世纪所反对的一样。今日人们已经远离了圣经的教训和典章，所以我们必须恢复基督教改革运动的大原则——单单以圣经为信仰与行为的规范。撒但仍在千方百计地设法破坏宗教信仰的自由。在斯拜耳兹提出抗议之人所拒绝的敌基督的势力，现在正重整旗鼓，想要重新建立它所失去的优势。宗教改革运动在那次危机中所表现的坚持上帝圣言的精神，乃是今日改革运动的惟一希望。

那时有种种迹象显明改正教徒是处于危险之中，但也有许多迹象说明上帝已伸出祂的圣臂要保护忠心的人。约在此时，“梅兰克吞领了他的朋友西门格里诺急急的通过斯拜耳兹的街道，向莱茵河走去，并催他赶紧过河。他的朋友对这慌张火急的情形至为惊异。梅兰克吞说：‘刚才有一个白发苍苍，态度严肃，素不相识的老人出现在我面前，对我说，在一分钟之内，斐迪南必派法警来捉拿格里诺。’”

当天，格里诺听到一个罗马教著名的博士斐勃尔的演讲，深为不服，随后指责他所辩护的是“可憎的谬论”。“当时斐勃尔隐忍了自己的愤怒，但立时到斐迪南王那里，领得逮捕这个心直口快的海得尔堡教授的命令。梅兰克吞深信这是上帝要拯救他的朋友，所以派了一位圣天使预先警告他。

“他茫然地立在莱茵河畔，等候这一条河流的水拯救格里诺脱离逼迫他之人的手。当梅兰克吞看到他的朋友到了对岸时，便说，‘他终于从渴欲流无辜人之血者的口中被抢救出来了。’当梅兰克吞回家之后，就有人告诉他，法警刚才在他家中寻找格里诺。”(注10)

这时，改革运动在地上的伟人之前将要更进一步地传开。斐迪南王曾拒绝听取这些信从福音之诸侯的申诉。如今他们却蒙允准，予以机会在皇帝以及教会和国家的显要人物面前，提出他们动机的原委。查理第五为要平息那滋扰他帝国的纷争起见，在斯拜耳兹抗议之后的次年，在奥格斯堡召开了一次会议，并声明他要亲自主持。基督教改革信徒的领袖们也被召出席。

改革运动有可怕的危险威吓着，但维护这运动的人仍然将他们的事交托给上帝，并立志效忠福音，始终不渝。撒克逊选侯的谋士们竭力主张他不可出席议会。他们说皇帝要诸侯出席，无非是要引他们陷入网罗。“一个人置身于强敌的城墙之内，不是冒太大的危险么？”可是其他的人勇敢地声称：“只要诸侯奋不顾身，敢作敢为，上帝的圣工必可保全。”路德说：“上帝是信实的，祂必不丢弃我们。”(注11)于是撒克逊选侯带着他的侍从出发到奥斯堡去了。大家都知道那威胁着他的种种危险，许多人面有愁容，带着沉重地心情前行。然而路德却陪伴他们上路直到科堡，他在路上写了一首赞美诗，题目是：“我们的上帝是坚固的高台”，他沿路唱着这首诗，振奋了同行之人消沉的信心。当他们听到这感动人的歌声时，许多焦虑的凶兆就消失了，许多沉重的心情也就振作起来。

从事改革运动的诸侯曾决定要根据圣经的凭据，把他们的信仰用有系统的方式写成一篇报告呈给会议；并决定由路德、梅兰克吞和他们的同工草拟。这一个信仰声明书后来就由改正教徒接受为他们信仰的宣告。这重要的文件写成之后，他们就招集一次聚会，大家在其上签名。那确是一个严肃考验的时候。改革家切望自己的事不要与政治问题混在一起，他们深觉除了上帝的话之外，不该运用其他的势力。正当信从基督的诸侯前来在信仰声明书上签署的时候，梅兰克吞却拦阻他们说：“发动这些事的应该是神学家和牧师们，让我们把地上的势力、权威留待用在别的事上吧。”撒克逊的约翰回答说：“你们要把我排除在外么？断乎不可。我已决定要作我所该作的事，利害如何，在所不计。我愿意承认主耶稣。在我，选侯的冠冕和职权不如耶稣基督的十字架那么可贵。”他说了这话，就把自己的名字签上了。另有一个王侯拿起笔来说：“如果主耶稣基督的尊荣有所需要，我愿意，把我的财物和性命置诸脑后。”“我宁可放弃我的臣民和我的国土，宁可空手离去祖国，而不愿在这信仰声明书所列举的信条之外，接受任何其他的教义。”(注12)这些属上帝的人所有的信心和勇敢，于此可见一斑。

指定谒见皇上的时候到了。查理第五坐在他的宝座上，周围坐着选侯和诸侯，于是信奉基督教的改革家就蒙召觐见。他们宣读了他们的信仰声明书。在那庄严的集会中，福音的真理被清楚地发表出来，罗马教会的错谬也被指明了。因此，这一日被称为“宗教改革运动最伟大的日子，也是基督教和人类史上最光荣的一天，”实在是合宜的。

自从威丁堡的那位修道士独自站在瓦姆斯全国会议前作证时起，到此时不过几年之久。如今代替他的，乃是国内最尊贵最有权势的王侯。路德不得在奥格斯堡出席，但他却借着自己的言论和祷告参加会议。他写道：“我能活到这时，得以看到基督在那么重要的聚会中，由那么显赫的人宣言，被公然高举，真使我大喜过望。”(注13)这样就应验了圣经的话说：“我也要在君王面前论说你的法度。”(诗119:46)

在保罗的日子，他虽然为福音的缘故被捆锁，福音也曾这样传到罗马城的王侯和贵族面前。这时的情形也是如此，皇帝所禁止，不准人在讲台上宣扬的福音却在王宫里传讲了。许多人所认为连奴仆也不宜于听聆的福音，却为国内的显要人物和贵族们所谛听了。君王和伟人是听众，首戴冠冕的王侯是传道人，讲章是上帝至尊的真理。有一个作家说：“自从使徒时代以来，还没有比这更伟大的工作，也没有比这更庄重的信仰宣言。”(注14)

一个罗马教的主教声称：“路德派的人所说的话都是实在的，我们无法加以否认。”另一个人问艾克博士说：“你能用正确的理由驳倒选侯和他的同盟所提出的信仰宣言么？他回答说：“用使徒和先知的著作么——不能！但用教父和议会的著作么——可以。”发问的人应声说：“我明白了，照你的说法，路德派的人有圣经的根据，而我们则没有。”(注15)

德国又有一些王侯相信了改正教的信仰。皇帝也亲自宣讲改正教徒所提出的意见确是真理。这一份信仰声明书译成了许多方言，通行全欧，连后世也有亿万人接受它为自己信仰的声明了。

上帝忠心的仆人并不是孤独地在工作。当“执政的、掌权的，以及天空属灵气的恶魔”联合起来反对他们时，主却没有丢弃祂的子民。如果他们的眼睛能以睁开，他们就要像古时的一位先知一样，得以看见上帝与他们同在，并帮助他们的显著凭据。当以利沙的仆人将围绕他们并截断他们逃路的敌军指给他主人看时，先知祷告说：“耶和华啊，求你开这少年人的眼目，使他能看见。”(王下6:17)他就看见满山有火车火马，有天军驻扎在那里保护上帝的仆人。众天使也是这样护卫着从事宗教改革运动的人。

路德所最坚决持守的原则之一，就是不借助于属世的权势来支持改革运动，也不采用武力来维护这运动。国内的王侯宣称相信福音，固然使他欢喜快乐。但当他们建议成立防守同盟时，他却声称：“福音的道理应该单单由上帝来保护。人的干涉越少，则上帝的作为就必越发明显。人们所设的政治方面的提防，在他看来都是无谓的惧怕和不信靠上帝之罪。”(注16)

当许多有力的仇敌联合起来想要推翻宗教改革的信仰时，当千万把利剑正要拔出鞘来攻击它时，路德写道：“撒但发怒了，不敬虔的主教们也在同谋，而我们受到了战争的威胁。务要劝勉众人，凭着信心和祈祷在主的宝座前勇敢呼吁，使我们的仇敌被上帝的灵所制伏，而不得不趋向和平。我们最大的需要，我们主要的努力就是祷告，人人务要知道，他们这时正在刀剑的锋刃之前，正在撒但的忿怒之下，让他们祷告吧！”(注17)

后来路德论到信奉新教的王侯们所考虑成立的联盟，又声称他们在这战争中所使用的惟一武器，应当是“圣灵的宝剑”。他写信给撒克逊的选侯说：“我们凭着良心不能赞同所建议的联盟。我们宁可死十次而不愿看到我们的福音使人流一滴的血。我们的本分是要像羊羔被牵到宰杀之地。我们必须背负基督的十字架。阁下可以不必惧怕。我们借祷告所能成就的要比我们仇敌用他们的矜夸之辞所能成就的还大。只要注意，不让你的手染上弟兄的血。如果皇帝要我们陈述于他的审判台前，而任凭他的审判员处理，我们也准备出席。你不能卫护我们的信仰，各人要为自己的信仰冒自己的危险。”(注18)

伟大的改革运动所有震动世界的力量，乃是从祈祷的密室中而来的。主的仆人在密室中以圣洁的镇静，把他们的脚立在祂应许的磐石上。在奥格斯堡的挣扎时期中，路德“每天至少要用三个小时祷告的，而且这几个小时，乃是他从最适宜于研究的时间内抽出来的。”在他私人的密室中，可以听见他在上帝面前倾心吐意：“满有尊荣、敬畏、希望，像人与朋友谈话一样。”他说，“我知道你是我们的天父，是我们的上帝，我也知道你必要驱散那些逼迫你儿女的人，因为你自己与我们同受危害。这一切的事都是你的，我们只是因了你的激励才从事这工作。所以，天父啊，求你保护我们。”(注19)

那时，梅兰克吞在忧虑和惧怕的重担下受了挫折，路德写信给他说：“愿恩惠平安在基督里归于你——我是说在基督里，而不是在世界里。阿们！我非常痛恨那些消耗你精力的过分忧虑。如果我们的事业不是正义的，那么放弃它好了。如果我们的事业真是正义的，那么我们为什么怀疑那吩咐我们安心睡眠之主的应许呢？对于正义和真理的工作，基督有充足的能力。祂是长远活着，祂掌管万有。既然如此，我们还有什么可惧怕的呢？”(注19)

上帝果然垂听了祂仆人的呼求。祂赐给王侯和宣道士们恩惠和勇敢来维护真理，并抵挡这世界黑暗的统治者。主说：“看哪，我把所拣选所宝贵的房角石安放在锡安，信靠祂的人必不至于羞愧。”(彼前2:6)基督教的改革家已经在基督身上建造，所以阴间的权柄不能胜过他们。

注1：D’ Aubigne，卷13，第6章。

注2：D’ Aubigne，卷13，第5章。

注3：同上。

注4：Wylie，卷9，第15章。

注5：D’ Aubigne，卷13，第5章。

注6：同上。

注7：同上，第6章。

注8：同上。

注9：同上。

注10：同上。

注11：D’ Aubigne，卷14，第2章。

注12：同上卷14，第6章。

注13：同上，第7章。

注14，15：同上，第8章。

注16：D’ Aubigne，卷10，第14章伦敦版。

注17：D’ Aubigne，卷10，第14章。

注18：同上卷14，第1章。

注19：同上卷14，第6章。

第十二章
法国的改革运动

在那表显德国宗教改革运动之胜利的斯拜耳抗议书和奥斯堡信仰声明书之后，接着就是多年的战争和黑暗。在支持这运动的人中间，内部的分裂削弱了它的力量，外面又受到强敌的攻击，以致改正教似乎注定要被完全消灭了。千万人用自己的血印证了他们所信的道。这时，内战爆发。新教的工作被内中的一个领导人物出卖了，以致信从新教的几个最高贵的王侯落到皇帝的手中，他们竟如俘虏一样，在各城里被拖来拖去。但在似乎已经胜利的一刹那间，皇帝却忽然失败了。他眼见着自己的俘虏从手中挣脱，结果他不得不准许宗教自由。他曾以扑灭新教为自己一生的抱负，他宁愿牺牲他的国度、财富，甚至自己的性命，来粉碎这个“异端”。如今却看到自己的军队在战争中损失殆尽，国库也渐渐枯竭，他国内的各邦又有背叛的危险，而他所妄想扑灭的信仰却到处扩展。查理第五曾与无所不能者作战。上帝说：“要有光！”而他却想保留黑暗。他的目的终于没有达到；他因长期挣扎而精疲力尽，未老先衰，于是放弃了宝座，在一个修道院里终老此生。

在瑞士也像在德国一样，改革运动临到了黑暗时期。虽然有许多县城接受了改革运动的信仰，但其他地区却盲目顽梗地固守着罗马的教条。他们对那些接受真理之人所施的逼迫，终于引起了内战。萨文黎和许多与他一同从事改革运动的人，都倒在卡帕尔血腥的战场之上了。爱克兰帕底被这些可怕的灾祸所压倒，不久便去世了。罗马踌躇满志，在许多地方都似乎要恢复所丧失的一切了。但那从亘古立定筹划的主没有丢弃祂的工作，也没有离弃祂的百姓。祂的圣手必为他们施行拯救。祂已经在其他的国家兴起工人来推进改革运动。

法国在尚未听到改革家路德的名字之前，就已现出曙光了。首先得见亮光的乃是年迈的李富黎，他学识渊博，曾任巴黎大学教授，又是一个真诚热心的罗马教徒。他在钻研古代文学的时候，渐渐注意到圣经，他便指导学生研究圣经。

李富黎原是热诚敬拜古代圣徒的，他有意根据教会的传说，编著一部先圣和殉道者的历史，这种工作是要费不少时间和心血的。但到他已经有相当成就和进展的时候，他想或许能在圣经中找到资料，于是就本着这个目的开始研究圣经。他果然在圣经里找到有关圣徒的记录，但这些圣徒与罗马教在节期中所崇拜的圣徒大不相同。于是神圣的亮光忽然普照在他心中。他就惊异而厌恶地放弃了自己计划的工作，专心去研究上帝的话了。过了不久，他就开始把在圣经中所发现的宝贵真理，教导别人。

一五一二年，即在路德、萨文黎开始改革工作之前，李富黎已经写道：“上帝因信赐给我们义，使我们得以靠恩典称义而得永生。”(注1)论到救赎的奥秘，他说：“此种变换的伟大确是言语所难以形容的，——那无罪的一位被定了罪，而有罪的人倒得了自由；有福的主受了咒诅，而该受咒诅的人倒蒙了福气；生命之君舍弃了生命，而必死的人倒得了生命；荣耀的王陷在黑暗之中，而无知蒙羞的人倒披上了光荣。”(注2)

他一面教导人救赎的功劳乃完全属于上帝，也一面声明顺从乃是人类的本分。他说：“若你是基督教会的一分子，则你就是祂圣体的肢体。若你是祂的肢体，则你就满有上帝的性情。若世人能领会这种特权，则他们的生活该是何等纯洁、清洁、圣善啊，此世的荣华若与他们内在的荣耀——肉眼所看不到的荣耀相比，那是何等地微不足道啊。”(注3)

李富黎的学生之中有一些人很热切地听他的教训，他们在这位老师去世之后，便继续的宣扬真理。威廉法勒尔就是其中之一。他的父母是虔诚的教徒，他所受的教育使他以绝对的信心接受教会的训诲，以致他能像使徒保罗一样说：“按着我们教中最严紧的教门作了法利赛人。”(徒

26:5)法勒尔是一个忠实的罗马教徒，心中火热，要除灭一切胆敢反对教会的人。他后来提到自己这一段时期的人生观说：“当我听到任何人说话反对教皇时，我就咬牙切齿，如同一只狂怒的豺狼一般。”(注4)他曾不息不倦地敬拜古代圣徒，陪同李富黎遍游巴黎的各教堂，在祭坛前跪拜，献礼物装饰神龛。但这些礼节不能使他的心灵得到平安，自知有罪的感觉紧紧地环绕着他，尽管他怎样苦修，也无法摆脱这种感觉。后来他听到改革家的话说：“救赎乃是出于恩典。”“那一位无罪的被定了罪，罪人倒得蒙赦免。”“惟有基督的十字架能打开天国的门，关闭地狱的门。”(注5)这些话在他听来，犹如从天上传来的声音一样。

法勒尔欣然接受了真理。他像保罗一样的悔改之后，便摆脱了遗传的束缚，得到了上帝儿子的自由。“他再没有残暴的豺狼嗜杀的心，却转变成安静的、温柔的、无害的羔羊，他的心已经从教皇那里收回而献给耶稣基督了。”(注6)

当李富黎继续在学生中传布真光的时候，法勒尔则热心于基督的圣工，正如他从前热心于教皇的工作一样，出去公开宣传真理。不久，有一个教会的显要人物，摩城的主教与他携手同工。同时又有其他才能卓越、学问渊博的教师们参加传讲福音，于是各阶层，从工人和农民的家庭直到王宫，都有人信从了福音。当时的法国国王法兰西斯第一的姊妹也接受了宗教改革的信仰。连国王自己和太后也都一时表示赞成，所以改革家们怀着极大的希望预期法国终有信从福音的一日。

但是他们的希望未能实现，反而有试炼和逼迫等待着基督的门徒。虽然如此，上帝怜爱他们，不让他们预先看到这事。中间还有一段平安的时期，使他们能得到力量，以便应付那要临到的风暴，使改革运动有迅速的进展。摩城的主教在自己的教区中热心工作，教导他的教牧人员和一般平民。他撤换了无知和腐化的神父，而尽量任用有学识和敬虔的人。这位主教非常希望他的教徒能为自己而研究圣经，不久他的希望就实现了。李富黎已经下手翻译新约圣经。正当路德的德文圣经在威丁堡出版时，法文的新约圣经也在摩城印行了。主教不惜工本，在他的教区中努力推销，不久摩城的乡民也都得到了圣经。

这些人欢迎上天的信息，正如干渴垂毙的行人欢迎活水的泉源一样。田地间的农夫和工厂里的工人，都借着谈论圣经中的宝贵真理，来使自己每天辛劳的生活感觉愉快。入晚，他们不再到酒店去，而乃是彼此聚集在家中诵读圣经，并一同祈祷赞美上帝。不久，这些村镇中有了极大的改变。他们虽然是平凡，没有知识，并辛劳工作的乡民，但在他们的生活上可以看出上帝恩典改革人，提高人的能力。他们所有谦卑、仁爱和圣洁的美德，证明福音为一切真诚领受的人所能成就的大工。

在摩城所发出的真光照耀到远近各地。悔改的人数天天增加。教会当局的忿怒一时被那轻视僧侣狭隘偏见的国王所遏制，但罗马教会的领袖终于得了胜。因为炮烙之刑业已树起，摩城的主教在火刑和反悔之间二者必须选择其一的时候，竟拣选了那比较容易的道路。但是领袖虽然跌倒，他的羊群却仍然坚定不移。许多人在火焰中为真理作了见证。这些平凡的基督徒借着他们在炮烙柱上显示的勇敢和忠心，向千万在平安的日子永远没有听到福音的人，作了美好的见证。

那在痛苦和侮辱之中胆敢为基督作见证的，不单是一些卑微和贫穷的人。就是在贵族的宅第中，也有高贵的人们视真理比财富、地位，甚至于性命更为宝贵。在王家的贵胄中竟有人表现了比主教更坚定的品质。柏昆路易出身贵族，是一个勇敢风雅的爵士，埋头书卷，举止大方，品行端正。有一位著作家说：“他忠心拥护罗马教的种种制度，热心参赴弥撒和宗教聚会，在他所具有的一切美德之外，他还特别憎恨路德教派。”但后来他像许多别人一样，受上帝引领去研究圣经，便非常惊异地发现其中“并没有罗马教的道理，反而是路德的道理。”(注7)从此以后，他就全心献身从事福音的工作了。

“他是法国贵族中最有学问的一个人，”他的天资和口才，他的不屈不挠的勇敢和沉毅果敢的热诚，以及他在宫廷中的影响——因为他是王所宠爱的人——使许多人认为他是命定作他本国改革家的。著作家俾扎说：“法兰西斯第一若是像撒克逊选侯一样，柏昆就可以成为第二个路德了。”罗马教徒说：“他比路德更坏。”法国的罗马教徒实在惧怕他比惧怕路德更甚。他们把他当作叛教徒囚在监牢里，可是王把他释放了。这种相争继续了多年。法兰西斯总是在罗马教和改革家之间举棋不定，反复无常，他有时容忍，有时遏制修道士们的狂怒。柏昆三次被罗马教当局监禁起来，但国王钦佩他的天才和他高尚的品德，不肯让他牺牲在修道士团体的毒手之下，故而把他释放了。

常有人把柏昆在法国所有的危险警告他，并恳劝他学别人的榜样，自动流亡在外，以求安全。当时有一个畏首畏尾的机会主义者伊拉斯莫斯，他虽有卓越的学识，却未能重视真理过于自己的性命和名誉，他写信给柏昆说：“你还是要求王派你出使外国吧，你到德国去游历一番也好。你知道像比大和他这样的人——他是一个三头六臂的猛兽，到处施用他的毒手。你的仇敌名字叫做“群”。即或你们的事业比耶稣基督的更伟大，他们还是不会放你过去的，直到他们把你悲惨地消灭了为止，不要太相信国王的保护了，无论如何，不要在神学教师面前连累到我。”(注8)

但当危险加深的时候，柏昆的热诚反而越发加强。他不但不采纳伊拉斯莫斯的投机和专顾自己的建议，反而断然取了更勇敢的步骤。他不但要维护真理，而且还要攻击谬论。罗马教徒所想要加在他头上“异端”的罪名，他要转过来加在他们头上。他最活跃的死敌乃是巴黎大学神学院的博士和修道士，该神学院乃是巴黎和法国一个最高的宗教权威。柏昆从这些博士的著作中找出十二项意见，并公开地称之为“违反圣经的异端”，他请国王作他们辩论的裁判。

王甚愿把双方的能力和敏捷作一次比较，并喜欢有一个机会，以挫折这些傲慢修道士的气焰，就命令罗马教徒用圣经来证实自己的主张。他们深知圣经这个武器对他们是没有多大用处的，监禁、酷刑、火柱，是他们更善于运用的武器。这时局势转变了，他们看出自己将要陷入他们本来希望柏昆陷入的深坑。于是他们惊慌的四顾，想找一条出路。

“正在那时，巴黎一个街口的童贞女马利亚神像被人损坏了。”全城大大骚动起来。无数的人拥到那里，莫不悲愤填膺。王也深为感动。这是修道士们正好利用的机会，他们也就迅速地利用了。他们说：“这就是柏昆所传之道的结果，一切——宗教、法律、连王位，将要被路德派的阴谋所推翻了。”(注9)

柏昆又被逮捕了。王自巴黎引退，这样僧侣们就可以为所欲为了。于是改革家被公审，被定死罪，他们惟恐法兰西斯还要出来救他，所以一宣布了柏昆的罪案之后，当天就予以执行。柏昆在中午被带到刑场。无数的人聚集来观看这件大事，许多人看见这次遇害的竟是法国贵族中最优秀、最勇敢的人物，不胜惊奇，疑惧不安。在这人山人海之中，人们的脸色都因惊异、愤怒、轻侮和毒恨而罩上了一层阴沉的暗影，惟独一人容光焕发。这个殉道者的思想一点也没有顾到这骚乱的景象，他只觉自己有他的主与他同在而已。

他所坐的死刑囚犯护送车，逼迫他之人的横眉怒目的神色，以及他所要遭受的可怕死刑，这一切他都毫不在意。那曾死过，现在又活了，直活到永永远远，并且拿着死亡和阴间的钥匙的主，这时正在他的旁边。柏昆的脸上焕发着上天的荣光和平安。他穿着华丽的衣服，“丝绒的外套，织锦缎的上衣和金色的袜子。”(注10)他将要在万王之王和全宇宙之前，为他的信仰作见证，所以不应当有一点悲哀的表情来中伤他的喜乐。

当这行列缓缓地在拥挤的街道上经过时，众人很惊异地留意到他脸色和态度上所显出的平安和充足的喜乐。他们说：“他

像一个人坐在圣殿中，默想圣洁的事。”(注11)

柏昆在受火刑之时想要对民众说几句话，但修道士们怕他说话发生影响，就开始呼喊喧嚷，兵士也用他们的兵器相击作声，他们的喧嚣就淹没了殉道者的声音。这样，在一五二九年，巴黎城文学和宗教方面的最高权威，“竟为一七九三年的平民立了一个卑鄙的榜样，在刑场上窒息了垂死之人所要讲的最后一句话。”(注12)

柏昆被绞死之后，遗体就在火焰中烧尽了。他的死耗使法国各地改革运动的友人至为悲伤，但他的榜样是很有影响的。其他为真理作见证的人说：“我们也准备愉快地应付死亡，把我们的眼睛集中在将来的生命上。”(注13)

在摩城遭受逼迫的时期，传讲改革信仰的教师被剥夺了讲道的权利，于是他们就转向其他的地方去了。过了一些时候，李富黎到了德国。法勒尔则到法国东部他的故乡去，在他儿时的家乡传布真光。那里早已接到摩城所发生之事的消息，因此他以无畏的热诚所教导的真理，赢得了许多听众。不久地方当局起来，禁止他宣讲，就把他驱逐出城。此后他虽然不能公开做工，但他遍行各地和乡村，在私人的住宅和偏僻的牧场上教训人，并在他儿时屡次来往的森林或岩穴中安身。这时，上帝正在预备他应付更大的试炼。他说：“撒但的拦阻、逼迫和暗算，就是别人所预先警戒我提防的，真是不少，它们比我自己所能忍受的厉害多了，但上帝是我的父，祂已经而且必要为我预备所需要的力量。”(注14)

正如使徒时代一样，逼迫“更是叫福音兴旺。”(腓1:12)从巴黎和摩城被驱逐出来的“那些分散的人，往各处去传道。”(徒8:4)这样真光就传到法国许多遥远的省份了。

上帝还在准备更多的工人来推进祂的圣工。在巴黎的一所学校里，有一个沉思恬静的青年已显明他的智力很强，心思很透彻，而且他生活的纯洁正如他心智上的热力和宗教上的虔诚一样著称。他的天才和好学不倦，不久使学校因他倍觉光荣，大家都确信约翰喀尔文要成为教会最有才能、最有声望的捍卫者。但是有一线神圣的光辉射进了那包围着喀尔文的烦琐哲学和迷信的墙垣。他听见这新的道理之后，便甚是惊异、憎恨，并确认这些叛教徒遭受火刑是应该的。孰料有一天他在无意之中与“异端”面面相对，而被迫来试用罗马神学的力量以对抗改正教的教训。

喀尔文有一个参加改革运动的表弟兄，这时正在巴黎，这两个表弟兄时常见面，并在一起谈论那搅扰当时基督教界的问题。新教徒奥力维坦说：“世界上只有两种宗教:一种是人所发明的，都是叫人靠着遵守礼节和善行来拯救自己。另一种是在圣经里所显明的宗教，是教训人单单信仰上帝所白白赐给的恩典而得救。”

喀尔文说：“我不要你的新道理，你想我信道信了这么些年一直是信错了么？”　(注15)

但他心中已经因此而起了种种思潮，是他所不能任意磨灭的。他独自在房中思考他表兄弟的话。自知有罪的感觉紧紧地逼着他，他看出自己在一位圣洁公义的审判者面前并没有一位中保。圣徒的代求，自己的善行，教会的礼节，都不足以赎他的罪。他在自己面前除了永远绝望的黑暗之外，再也看不见别的东西。教会内的学者们想要解除他的悲哀，也是枉然。他试用认罪和苦修的方法，也没有果效，这一切都不能使他的心灵与上帝和好。

当喀尔文正在从事这些徒劳无益的挣扎时，偶尔有一天他经过一个广场，看见那里正在焚烧一个“叛教徒”。他看到那殉道者的脸上所表现的平安，心中甚是惊异。那人虽在可怕之死的惨痛中，并受着教会最可怕的制裁，还能表显信心和勇敢，而这青年的学生喀尔文自己虽然严紧地顺从教会的规条，却落在失望与黑暗之中。二人的情况相形之下，使他不胜悲苦。他知道这些“叛教徒”的信仰是以圣经为根据的。于是他决意要研究圣经，如果可能，他要发现他们喜乐的秘诀。

他在圣经中找到了基督。他喊着

说："天父啊，祂的牺牲已经平息了你的怒气，祂的宝血已经洗净了我的不洁；祂的十架已经担负了我的咒诅；祂的舍命已经救赎了我。我们曾经为自己发明了许多无益的愚妄之事，但你已经把你的道放在我面前，如同火炬一样。而且你已经感动我的心，使我除了耶稣的功劳之外，便鄙视一切其他的功劳。"(注16)

喀尔文过去所受的教育乃是预备将来作神父的。当他刚满十二岁的时候，就已被派为一个小教会的牧师，那时主教按照教会的规条已经为他剃了头。他固然没有受过正式任命，也没有担任神父的工作，但他却是教牧人员的分子，有职任的称号，并收受相当的酬金。

这时，他感觉自己不能作一个神父，他曾一度去学习法律，可是终于放弃这个宗旨，而决定终身从事福音的工作。但他不敢作一个公众的教师。因为他秉性怯懦，并认为这种工作的责任重大，担当不起，所以他愿意仍旧专心从事研究的工作。虽然如此，他朋友们的恳劝终于赢得他的同意。他说："一个出身这样微贱的人，竟能被抬到那么崇高的地位，真是奇妙之极。"(注17)

喀尔文很宁静地开始了他的工作，他的话有如甘露之滋润土地。这时他已离开巴黎，到一个省城去在马加勒特公主保护之下工作，公主爱福音，愿意保护福音的信徒。喀尔文这时还是一个态度温和、谦虚自抑的青年。他开始在人们家中工作，向聚集的家人诵读圣经，阐明救恩的真理。那些听见这信息的人把这佳音传给别人，不久，这真理的教师就转向遥远的城镇和村庄去了。无论宫室或茅屋，他都能进去，他就这样进行他的工作，奠定了多处教会的根基，后来从这些教会中出了许多为真理作无畏见证的人。

过了几个月，他又到巴黎来了。那时，在学界中起了一次非常的骚动。古代语文的研究曾使人注意到圣经，而一些内心还没有受到真理感化的人，倒热心地讨论圣经，甚至于向维护罗马教的人挑战。喀尔文虽然是当地神学辩论的抗辩家，但他有一种比这些烦琐哲学家的喧嚷更高超的使命。当时人心都已被激动起来，所以那正是向他们阐明真理的机会。正当大学的演讲厅中充满了神学辩论的喧嚣时，喀尔文却挨家挨户向人打开圣经，讲论基督和祂的被钉十字架。

由于上帝的安排，巴黎人还要再蒙一次接受福音的邀请。李富黎和法勒尔所发的呼召虽然都遭拒绝了，但在这个伟大的首都，各界人士还要再听到福音的信息。法国国王因考虑到政治的关系，还没有完全偏袒罗马教，反对改革运动。而公主马加勒特则仍抱新教在法国胜利的希望。她决意要在巴黎宣讲改革的信仰。在国王离开首都的期间，她叫一个新教的宣教士在巴黎的各教堂里讲道。但罗马教的权贵们禁止这事，于是公主打开了王宫的门。将宫内的一间房子修作会堂，并发出通告，每天在指定的时间讲道。欢迎各界人士前来参加。于是众人蜂拥前来。不但会堂，连一切的接待室和走廊都挤满了人。每天有成千的人——贵族、政治家、律法师、商人、工匠——前来赴会。后来王不但没有禁止这些聚会，反而命令巴黎城的两个教堂必须开放。该城从来没有受过上帝之话那么大的感动。那时似乎有从天而来之生命的灵吹在众人身上。节制、纯洁、秩序和勤劳，一变而代替了从前的醉酒、淫荡、纷争和怠惰了。

但当时罗马教会当局并不是闲懒着的。王仍然不肯出面干涉、勒令改革家停止讲道，他们就转向一般平民进行煽惑。他们不惜以任何手段，设法引起无知和迷信的群众的惧怕、偏见和狂热。巴黎人盲目地屈从了罗马教虚伪的教师，正如古代的耶路撒冷人一样，竟不知道眷顾她的时候，也不知道关系她平安的事。上帝的道在京都宣讲了足有二年之久，虽然有许多人接受了福音，但大多数人还是拒绝。法兰西斯之所以准许宗教自由不过是为了表示宽大，为要达到自私的目的，所以后来罗马教又占了上风。于是教堂又被封闭起来，火刑的柱子又竖立起来了。

这时喀尔文仍在巴黎，借研究、默想

和祈祷准备应付将来的工作，并继续传布真光。虽然如此，当局终于怀疑了他，并决定处以火刑。有一天正当喀尔文认为自己在退隐中甚为安全，想不到有任何危险时，他的朋友急忙赶到他房中告诉他，法警已在路上来逮捕他了。这时大门外已有人高声敲门。时机非常的紧急。有几个朋友在大门口稽留着法警，别的朋友就帮助喀尔文，把他从窗户缒下去，他就赶紧逃到郊外去了。他在一个赞助改革运动的工人的茅舍中躲避了一时，后来穿上了这工人的衣服，扛着锄头，起身上路。他向南行去，到了马加勒特的辖境内，再度得到她的保护。(注18)

他在这里停留了几个月，在他有权势的友人保护之下安全无恙，他像从前一样专心从事研究的工作。但他一心想使法国受福音的教化，所以他不能长此毫无活动。一到这次的风暴稍为平静，他就在波亚垒找到一片新的工作园地，那里有一所大学，该地的人对于新教的道理也表示欢迎。结果各阶层的人都欣然听聆福音。喀尔文在那里没有公开宣讲，只是在该城首长的家中，或在他自己的寓所内，有时候在公园里，向那些愿意听聆的人打开永生之道。过了一时，听众的数目增多起来了，他们便认为在城外聚会较为安全。于是他们在深幽的峡谷旁边的一个山洞中，找到一个聚集之所，那里有大树和悬崖隐蔽着，使这个隐僻之处更为幽静而稳妥。一小群一小群的人由不同的路线出城到那里聚集。在这偏僻的地点诵读并解释了圣经。法国的新教徒在这里举行了第一次的圣餐礼。后来竟有几个忠心的传道人从这个小教会被派出去传道了。

随后，喀尔文又回到巴黎一次。直到这时，他仍然不能放弃法国终必接受改革运动的希望。但他发现几乎每一个工作的门户都已关闭。若要传福音的道理，就等于一直向火刑柱走去，于是他决定到德国去。他一离开法国，逼迫新教的狂风骤起，如果他那时仍留在巴黎，他势必在那一次大屠杀中牺牲了。

法国的改革家热望他们本国与德国和瑞士的同道取相同的步调，随即决定向罗马教的迷信作一次勇敢的打击，来唤醒全国的人。于是在一夜之间，法国各地贴满了攻击弥撒祭的标语。这一个狂热而不智的举动，不但没有推进工作，反而使全法国改革运动的传道人和赞助者遭到毁灭。这个举动使罗马教徒达到宿愿，给他们一个借口，说“叛教徒”是危害王朝并扰乱国家的，故主张把他们全然除灭。

借着一个秘密的手——是一位不智的朋友或是狡猾的仇敌，无人知道——有一张标语竟张贴在国王燕居的门上。王一见，便惊恐万状。在这一张标语上，历来受人崇敬的迷信受到了无情的抨击。而人竟敢将这些露骨而惊人的宣传，冒然张贴在宫庭之内，这事使王大发烈怒。他在震惊之余，一时立在门前，战栗恐慌，一言不发。随后他用以下可怕的话语发泄他的忿怒，说:“凡有依附路德教派之嫌疑的，一概予以逮捕。我要把他们完全消灭。”(注19)事情就此决定。王已决心要完全站在罗马的一边了。

于是当局立刻采取措施，去捉拿巴黎城内一切路德教派的人。他们先逮捕了一个贫穷的工匠，他是信服改革信仰的，并曾负责招集信徒到他们秘密聚会的地方。罗马教廷的使者威胁他，要他领他们到城内每一个新教徒的家中，不然，就立时把他烧死。对于这个卑鄙的建议，他起先惊慌退缩，不敢答应，但终于被火刑所慑服，同意作卖主卖友的人。皇家的侦探摩林同着这一个卖友的人缓步行去，经过城内的一切街道，后面跟着一大队神父、提香炉的人、修道士和兵士。这种外表上的虚张声势，说是尊敬“圣体”，为要洗雪新教徒所加在弥撒上的侮辱。其实在这外表的炫耀之下，却隐藏着一个毒计。每当他们来到一个路德教派的人的房子时，那卖友之人不必说话，只要作一个暗号，行列就停下了。随即有人进入那家，把全家拉出，捆锁起来。然后这一队可怕的凶神便继续地前行，去寻索其他为道牺牲者了。他们“没有越过一家人家，无论大小，连巴黎大学也没有放过。摩林使

全城都震动起来了。这真是一个恐怖的统治。”(注20)

这些牺牲者是在残酷的剧痛之下折磨至死的，为了延长他们的痛苦，当局特别命令将火势降低。但他们是慷慨就义，视死如归。他们的节操丝毫没有动摇，他们的平安一点不受影响。逼迫他们的人既无法改变他们不屈不挠的意志，就觉得自己失败了。“刑场分布在巴黎各处，炽火终日不熄，目的无非是要借此对“异端”散布恐怖的气氛。孰料结果还是福音占了优势。全巴黎的居民得以看到这新的道理能造就何等的人物。没有什么讲台能像殉道者的火葬堆一样有效。当这些人经过街道往刑场去的时候，他们脸上所焕发的安泰喜乐的光彩，他们在无情的火焰之中所显示英勇的气概，以及他们对于残害他们之人所表现的温柔饶恕的精神，使不少人的忿怒变为怜惜，仇恨变为仁爱，这些无声的见证为福音所讲的话，诚具有不能抗拒的能力。”(注21)

神父们为要使群众的忿怒达到最高峰起见，竟散播了改正教徒极可怕的罪状，控告他们图谋屠杀罗马教徒，推翻政府，杀害国王。这些罪状是毫无影儿的事。然而所预言的灾祸有一天要在极其不同的情况下，并由于完全不同的原因，一一应验。罗马教徒所加在无辜的改正教徒身上的酷刑，已经为自己积成惨重的报应，他们所预言即将来到的厄运，在后来的世纪中恰好临到法国的国王、政府和百姓身上，但是这些惨祸都是由于无神派的人和罗马教徒自己造成的。三百年之后，这些悲惨的灾祸之所以临到法国，不是因为改正教的建立，而是因为改正教会受了压制。

这时，猜疑、不信和恐怖充满于社会各阶层之间。同时普及各地的惊恐，显明路德的教训已经深深地影响了多少人的心，尤其是那些受过高深教育，拥有权势和品质高贵的人。许多重要和尊荣的地位无人署理。工匠、印刷工人、学者、大学教授、著作家，甚至于朝臣都不见了。成千成万的人逃出了巴黎，自愿离开祖国，流亡在外；许多人借此第一次声明了自己赞助改正教的信仰。罗马教看到自己的阵营之中有意料不到的“叛教徒”存在，大为惊异。他们就尽量在那些仍在他们掌握之中，较为平凡的对象身上泄忿。监狱大有人满之患，而且巴黎的空气似乎都被那为承认福音者而燃点起来的烟火所弥漫了。

法兰西斯第一曾以十六世纪初叶文艺复兴运动的领导者自豪。他欢喜招致天下文人于朝中。他的爱好文艺，轻视修道者的无知与迷信，至少是一部分缘于他过去准许宗教改革自由的。但是这个提倡文艺的人此时因热衷于扑灭“异端”，竟发布命令取消法国全境的印刷事业！法兰西斯第一乃是许多例证之一，说明人的才智方面的修养并不足以保证他能摆脱宗教的偏见，而不至于逼迫他人。

法国还要以一次庄严而公开的仪式，完全从事于除灭改正教徒的工作。神父们声称，那在反对弥撒的事上侮辱上天的罪必须用血来偿还，并要求国王代表他的百姓公开赞助这一可怕的工作。

他们决定在一五三五年一月二十一日举行这个可怕的仪式。神父们已在全国引起迷信的惧怕和顽固的仇恨。巴黎城的街道上挤满了从四方蜂拥而来的人群。那一天要以伟大而显赫的游行开始。“在游行的路线上，各家都要悬挂黑布以示致哀，每隔一段要设置神坛。”每家门前要点上火炬，以尊荣“圣体”。黎明之前，游行的队伍就在王宫前排好了。“前导的是几个教区的旗帜和十字架，以后是两人一排手执火炬的市民。”接着便是四个教团的修道士，各穿自己的特别制服。再后是搜集来的许多著名的“遗物”，随着这些“遗物”的是穿着紫色朱红色长袍，戴着珠宝装饰的教牧人员，组成华丽灿烂的行列。

“巴黎的主教在壮丽的华盖之下，手拿‘圣体’，四个贵族的首领护送着他。国王走在‘圣体’后面。法兰西斯第一没有戴皇冕，也没有穿王袍。”他“免冠垂目，手执点着的巨烛，”法国的元首竟“

扮成一个忏悔的罪人。”(注22)在沿路的每一座神坛之前，都卑躬地下跪，他不是为了自己污秽心灵的罪恶，也不是为了那染红双手的无辜人之血，而乃是为他的百姓胆敢反对弥撒的大罪。在他后面跟着王后和国内的权贵，都是手执点着的火炬，两个两个地排列前行。

当天的礼节之一，乃是国王亲自在主教公馆的大厅里，向国内的高级官员讲话。他愁容满面地出现在他们面前，以最动人的话语为这临到他国家的“罪恶、亵渎、忧伤和羞辱的一天”致哀。他号召每一个忠顺的百姓帮助他根除那行将使全国败亡的瘟疫般的“异端”。他说:“诸位，我凭着自己的王位起誓，我若知道我的一个肢体被这可憎的腐烂所玷污或传染，我就必把它交给你们砍掉。再者，我若看到我的一个儿女受了玷污，我也必不轻饶他。我必亲自将他交出来，把他献给上帝为祭。”他说话时，声泪俱下，全体聚集的人也都哭了，他们异口同声地说；“或生或死，我们必要坚守罗马教的信仰。”(注23)

那拒绝真理之光的国家已到了何等的盲目而黑暗的地步啊。那“救众人的恩典”已经显明。但法国在看到它的权能和圣洁，千万人也已经受到它神圣荣美的吸引，并在城市乡村都被它的光辉照耀之后，竟转离了这救恩，宁可选择黑暗而不要光明。上天赐给他们的恩赐，他们竟拒绝了。他们称恶为善，称善为恶，直到他们收获了故意自欺的悲惨结果。这时他们或许诚心相信自己逼迫上帝的百姓就是侍奉上帝，可是他们的诚心并不足以免去他们的罪。那能救他们脱离欺骗，保守他们不致流无辜人之血的真光，他们竟故意拒绝了。

他们在主教的大教堂里立了根除“异端”的誓约，这座大教堂就是忘记永生上帝的国家在三百年后设置“理智女神”的地方。于是队伍又排列起来，那些代表法国的人们又出去进行他们所起誓要作的工作。“沿途在相隔不远的地方，已经竖好火刑的柱子，预备把一些改正教徒活活的烧死。当天已安排就绪，要在国王莅临的时候，随时把柴薪点燃起来，使游行的人都可以观看死刑的执行。”(注24)这些为基督作见证之人所受的酷刑，实在不忍卒述，但他们都是坚持到底，毫不动摇。当有人叫他们反悔时，有一个人回答说:“我只能相信先知和使徒从前所传讲的以及一切圣徒所相信的道。我坚信上帝的心足以抵挡地狱一切的权势。”(注25)

行列一次又一次地在执行酷刑的地方停了下来。最后，众人回到王宫前的出发点就分散了，王和主教们也都回去，大家无不为这一天的工作表示满意，并自相庆贺，认为他们该日所开始的工作必要贯彻下去，直到“异端”完全消灭为止。

诚然，法国所拒绝的和平福音终于完全被根除了，而其结果是极其悲惨的。在一七九三的一月二十一日，恰好在法国完全从事于逼迫改正教徒的二百五十八年之后，另一个游行的行列，以完全不同的宗旨经过了巴黎的街道。“国王又是其中的主要人物，那时也有骚乱和呼叫，又有杀了再杀的喊声，也有黑色的刑架，又是以可怕的死刑结束那一天的节目。那一天路易十六与禁卒和刽子手角力挣扎，结果被拖到断头台上，用强力被按倒在地，直到大刀落下，他的头颅滚到台下为止。”(注26)法王还不是惟一的牺牲者，靠近那一带地方，在恐怖时代血腥的日子里，竟有二千八百人死在断头台上。

改革运动已经向世人提供一本展开的圣经，显明上帝律法的条例，并向人们的良心力陈律法的要求。那位具有无穷之爱的已经向人阐明上天的典章和原则。上帝曾说:“所以你们要谨守遵行，这就是你们在万民眼前的智慧、聪明。他们听见这一切律例，必说，这大国的人真是有智慧、有聪明。”(申4:6)当法国拒绝了上天的恩赐时，她就是撒下了扰乱和败亡的种子。而且有其因必有其果，终结就是大革命和恐怖时代的来临。

在张贴标语所引起的逼迫发生之前，勇敢而热心的法勒尔早已被迫逃到了他的故乡。他逃到瑞士，努力继续萨文黎的工作，结果帮助把当时的逆势扭转过来，使改革运动又在瑞士占了上风。法勒尔晚年寄居在瑞士，但他对于法国的改革运动继续发挥强有力的影响。在他开始流亡的几年中，特别致力于将福音传给故乡的工作。他在靠近故国边境的地带，向乡亲传了一个相当的时期。在那里，他以不息不倦的警惕，注视着福音所引起的战争，并以鼓励和劝勉的话帮助法国的同道。他得到其他流亡同道的帮助，将德国改革家的著作译成法文，连同法文圣经一齐大量印发。这些印刷品借着售书员在法国到处推销。这些书籍以低价供给售书员，使他们可以靠着利润继续工作。

法勒尔曾以一个卑微的小学教师的身分在瑞士开始他的工作。他找到一个偏僻的教区，在那里专心从事教育儿童的工作。除了普通课程之外，又小心翼翼地介绍了圣经的真理，希望能借着儿童将福音传给他们的父母。结果真有一些人相信了，但是神父们却出来拦阻这工作，并鼓动迷信的乡民起来反对它。神父们强调说："那不可能是基督的福音，因为宣传的结果不是和平，而是战争。"(注27)像第一世纪的门徒一样，有人在这城逼迫他们，他们就逃到那城去。法勒尔也是从这一乡到另一乡，从这一城到另一城，徒步旅行，忍受饥寒和疲劳。而且无论到哪里，他都是冒着性命的危险。他在市场里，教堂内讲道，有时也在大教堂里。有时候没有人来教堂里听他讲道，有时候他的演讲被喧哗和讥诮声打断了，有时他被人粗暴地从讲台上拖了下来。他曾多次被暴徒袭击，甚至几乎被打死。但他仍排除万难，勇往直前。他虽然屡次遭人拒绝，但他却不屈不挠，再接再厉。终于看到许多原来是罗马教堡垒的城镇，一个一个地开门欢迎福音。他开始工作的那个小教区，不久也接受了宗教改革的信仰。摩拉特和涅沙忒尔两区的一些城市也放弃了罗马教的仪式，并把教堂中的神像撤去了。

法勒尔久已盼望在日内瓦树立新教的旗帜。如果能得到这一座城，它就可以作法国、瑞士和意大利改革运动的中心。他既怀着这个目的，就继续工作，直到周围的许多城镇和乡村都建立了教会。随后他带着一个同伴进了日内瓦。结果，他在那里只有两次讲道的机会。该地的神父首先想叫政府当局定他的罪，既不得逞，他们就招他出席教会的一次议会，同时他们决定自己藏着凶器来杀害他。他们又在会议厅外布置了一群怒气汹汹的暴徒，手中拿着棍棒刀剑，准备万一他在议会内逃脱，则在厅外必可致他的死命。虽然如此，在场的官府和武装兵士却搭救了他。次日清早，他和他的同伴就被领到湖的对岸一个安全的地点。这样就结束了他第一次在日内瓦传道的工作。

第二次的尝试是借用一个极其卑微的器皿，就是连自称为改革运动的朋友也瞧不起的一个其貌不扬的青年人，名叫弗洛蒙特。在法勒尔遭到拒绝的地方，像这样的一个人还能做什么呢？最强壮最勇敢的人尚且不得不逃跑，这个比较少有勇敢和经验的人，怎能抵挡得住那里的风暴呢？"万军之耶和华说，不是倚靠势力，不是倚靠才能，乃是倚靠我的灵方能成事。""上帝却拣选了世上软弱的，叫那强壮的羞愧。""因为上帝的愚拙总比人智慧，上帝的软弱总比人强壮。"(亚4:6；林前1:27，25)

弗洛蒙特开始工作时，是作一个小学教师。他在学校里所教学生的真理，由学生在自己家中重述出来。不久，学生的家长们都来听他解释圣经了，直到他的教室里坐满了热切的听众。他又免费分散新约圣经和真理的小册子，这些印刷品就到了那些不敢公然来听这新道理的人手中。过了一些时候，这位工作者也被迫逃跑，但他所教的真理已经在众人心中根深蒂固了。改革运动的种子既已撒下，就继续的强大发展。后来传道人员回来，都是由于他们的努力，改正教的崇拜终于在日内瓦建立起来了。

喀尔文经过了多方的飘泊和搬迁之后，才到达日内瓦，那时该城已经公然表示支持宗教改革运动。当喀尔文往巴塞尔去，最后一次访问故乡的时候，他发现路上有查理第五的军队把守着，所以他不得不绕道日内瓦。

法勒尔认为这次的访问乃是上帝的安排。该城虽已接受宗教改革的信仰，但仍有很多的工作急待进行。因人不是集体入教，乃是一个一个地悔改归向上帝的。重生的工作不是由于会议的命令，而是由于圣灵的能力在人心内运行，启发人的良知获致成功的。日内瓦的居民虽已摆脱了罗马的权势，但他们还不易放弃他们在她权下所养成的恶习。要在这里确立福音纯洁的原则，并训练人以合适的资格配去充当上天所呼召他们去担任的职位，实在不是一件轻而易举的事。

法勒尔确信喀尔文是可以和他联合起来共同从事这工作的。他奉上帝的名严肃地嘱咐这个青年的传道人留在该地工作。喀尔文闻之大惊，畏缩不前。他秉性怯懦，喜爱和平，所以不敢与勇敢、独立，甚至生性过激的日内瓦人接触。他身体衰弱，又加上好学的习惯，所以他很想退修。他深信自己写作的才干对改革的事业可能有更大的贡献，他想找寻一个安静的读书之处，就在那里借着印刷品教训众人，建立教会。但是法勒尔严肃的劝告如同是从上天来的呼召一样，使他不敢推辞。似乎是“上帝从天伸出祂的圣手，捉住了他，使他无可抗拒地留在他所急要离开的地方。”(注28)

这时，有种种大危险包围着改正教的工作。教皇的咒诅曾威逼着日内瓦，而且强大的邻国随时要来毁灭它。这一个弱小的城市怎能抵挡那时常迫使君王和皇帝屈服的有强大势力的教廷呢？它怎能抗拒世界强大的征服者的武力呢？

在整个基督教世界中，改正教受了不可轻视之仇敌的威胁。改革运动的初期胜利已经过去了，罗马便重整旗鼓，希望彻底消灭这个运动。正当此时，在一切捍卫罗马教皇的团体中那最残忍放恣而有力量的耶稣会组织起来了。这一派人割断了一切今世的亲属利害关系，绝对不讲究人本性的、合理的、正当的要求。他们除了本组织的规则与关系之外，不承认任何其他的规则或关系，除了扩张本组织的势力之外，他们不知道什么其他的责任。基督的福音曾使信徒有能力应付危险，忍受苦难，在寒冷、饥饿、辛劳、穷乏之中，不屈不挠，在拷问、监禁、火刑之前，高举真理的旗帜。为要对抗这种力量起见，耶稣会在会员中灌输了狂热般的迷信，使他们也能忍受同样的危难，用尽欺骗的手段来反对真理的能力。没有什么重大的罪恶是他们所不敢犯的，也没有什么卑鄙的欺骗是他们所不肯行的，也没有什么离奇的伪造是他们所不能用的。他们立誓终身过贫苦卑贱的生活，他们一贯的目的就是获得执掌财富权，借以推翻改革运动，重建教皇的至上威权。

当他们以耶稣会会员的身分出现时，他们就披上了圣洁的外衣，到监狱和医院访问，为患病和穷苦的人服务，声称自己已经放弃世界，自命为那周流四方行善事的耶稣名下的人。但在无瑕无疵的外表之下，往往隐藏着最邪恶、最阴毒的计谋。耶稣会的基本原则乃是以目的决定手段。由于这一条规章，撒谎、盗窃、起假誓、暗杀等罪行，若是为求教会的利益，则不但可以原谅，而且应当奖励。耶稣会的人在各种伪装之下，混入政府的机关中，甚至擢升担任君王的顾问，左右国家的政务。有时他们扮成仆人去侦察主人的行动。他们为诸侯和贵族的子弟创办大学，为普通的民众设立学校；信从改正教者父母的儿女，则被引诱去遵守罗马教的仪节。他们用罗马教崇拜中的一切属于外表的壮观和炫耀混乱人心，刺激并迷惑人的想像力。这样，父亲们所辛劳流血换来的自由却被儿女们背弃了。耶稣会的会员迅速地散布到全欧，他们无论到了哪里，那里的罗马教就复兴起来了。

为了要给耶稣会更大的权力起见，教皇下令重新设置“宗教裁判所”。(见附录)虽然一般人，连罗马教国家的人，对这个机构非常憎厌，但信奉罗马教的统治者仍旧设立了这个可怕的审判所，那些在光天化日之下所不能容忍的酷刑，却在黑暗的监狱中重新演出来了。在许多国家中，千千万万社会的精华，最纯洁、最高尚、最聪明，受过最高深教育的人士，虔诚献身的牧师们，勤劳而爱国的公民，多才多艺的美术家，技巧的工匠，若不是被杀，就是被迫逃往他乡。

罗马教廷为要熄灭改革运动的亮光，从人间取消圣经，并恢复黑暗时代的无知与迷信起见，就不惜采用以上的这些手段。但在上帝的赐福和祂所兴起继续路德的那些尊贵之人的努力之下，改正教并没有就此被推翻。它的力量并不在乎诸侯的赞助或武力。而最弱小的国家，最平凡、最没有力量的邦国成了它的堡垒。那与当时最富强的国家西班牙的暴虐势力相周旋的，乃是那被困于阴谋毁灭它的强敌之间的小日内瓦城，以及北海沙洲上的荷兰国，还有为改革运动获得多次胜利的寒冷荒凉的瑞典。

喀尔文在日内瓦工作几近三十年之久；他首先在这里设立了一个固守圣经道德的教会，以后他又在全欧洲推进了改革运动。他作一个公众的领袖不是没有过失的，他所传的教义也不是没有一点错误的。但他在宣扬当时代特别紧要的真理上，在维护改正教的原则来抵拒罗马教反击的潮流上，在改正教会提倡俭朴纯洁的生活来代替罗马教所带来的骄傲与腐败上，他的贡献是不可埋没的。

有许多印刷品和传教士从日内瓦派遣出去传播改革的教义。一切受逼迫的地区都仰赖日内瓦为教训、劝戒和鼓励的来源。喀尔文的城(日内瓦)已成了全西欧被追逐之人的避难所。几百年来，躲避那可怕之风暴的流亡者，都逃入了日内瓦城。饥饿、受伤，为家庭及亲属所遗弃的人，受了热烈的欢迎和温慈的照顾。这些人在这里安家，用他们的技能、学识、敬虔为这城造福。也有许多到此避难的人，后来又回到他们的故乡去抵抗罗马的暴政。苏格兰的英勇改革家约翰诺克斯，英国的许多清教徒，荷兰、西班牙的改正教徒，法国的胡格诺派教徒，都曾从日内瓦带回真理的火炬，去照亮他们故乡的黑暗。

注1：Wylie，卷13，第1章。

注2：D’Aubigne，卷12，第2章(伦敦版)。

注3：同上。

注4：Wylie，卷13，第2章。

注5：Wylie，卷13，第2章。

注6：同注2卷14，第3章。

注7：同注5，第9章。

注8：同上。

注9：Wylie，卷13，第9章。

注10：D’Aubigne，“History of the Reformation in the Time of Calvin,”卷2，第16章。

注11：Wylie，卷13，第9章。

注12：Wylie，卷13，第9章。

注13：D’Aubigne，“History of the Reformation in the Time of Calvin,”卷2，第16章。

注14：同上卷12，第9章。

注15：Wylie，卷13，第7章。

注16：Martyn，卷13，第13章。

注17：Wylie，卷13，第9章。

注18：D’Aubigne，“History of the Reformation in the Time of Calvin,”卷2，第30章。

注19：D’Aubigne，“History of the Reformation in the Time of Calvin,”卷4，第10章。

注20：D’Aubigne，“History of the Reformation in the Time of Calvin,”卷4，第10章。

注21：Wylie，卷13，第20章。

注22：Wylie，卷13，第21章。

注23：D’Aubigne，“History of the Reformation in the Time of Calvin,”卷4，第12章。

注24：Wylie，卷13，第21章。

注25：D’ Aubigne, “History of the Reformation in the Time of Calvin,” 卷4，第12章。

注26：Wylie，卷13，第21章。

注27：Wylie，卷14，第3章。

注28：D’ Aubigne, “History of the Reformation in the Time of Calvin,” 卷9，第17章。

第十三章
尼德兰和斯干的那维亚

教皇的暴政在尼德兰很早就遭到坚决的反对。在路德之前七百年，有尼德兰的两个主教因事被派到罗马去，他们既看出教廷的真相，就毫无畏惧地宣言攻击罗马教皇说："上帝已经赐祂的新妇就是教会，以永不衰残，永不败坏的聘礼，为她的家作丰富而永久的准备，并赐给她永远的冠冕和王权，你竟像一个贼把这一切的恩惠都抢去了。你自行坐在殿中好像上帝一样，你不是一个牧者，倒成了羊群的一只豺狼。你要叫我们相信你是一个至尊的主教，谁知你的行动倒很像一个暴君。你原该作众仆之仆，正如你所自称的一样，谁知你却想要作万主之主。你使上帝的律法受了侮辱。圣灵原是全地上一切教会的建立者。我们原是上帝城中的公民，这城达到诸天的一切境界。而圣先知所称的巴比伦竟以为自己比那城还大，自称神圣，高得顶天，并夸张自己的智慧是无穷的。最后，她虽然毫无理由的，称自己是从来而且永远万万不能错的。"(注1)

一世纪一世纪地过去，常有人兴起响应这宣言。那些早期的教师们往来于不同的地方，而各有各的名称，但都具有瓦典西传教士的特征，走遍各地，到处传授福音的知识，直到尼德兰。他们的道理迅速的传开了。他们用诗歌的体裁，把瓦典西人的圣经译成荷兰语。他们说，"圣经对人有极大的益处。其中没有诙谐，没有妄语，没有戏言，没有欺骗，而都是真理的言语。内中固然也可以找到一些难懂之处，但其间良善，圣洁的精华和甜美，却是很容易发现的。"(注2)以上是第十二世纪相信古代信仰之人所写的话。

这时，罗马的逼迫开始了，但是在火柱和酷刑之下，信徒仍然不断的增加。他们竭力主张在宗教问题上，圣经乃是惟一绝无错误的权威，并且"不当勉强人信道，而要用讲道的方法使人信服。"(注3)

路德的教训在尼德兰找到一片好土，并有热诚忠心的人起来宣传福音。从荷兰的一个省份中出了一位孟诺西门。他受过罗马天主教的教育，并被封为神父，但他对圣经却没有一点的认识，而且不肯阅读，惟恐被引诱入于"异端"。当他有一次对"化体"的道理发生怀疑时，他就认为这是从撒但来的试探，于是祷告认罪，设法摆脱这思想，但终归徒然。他混迹于放荡的场合，想要抑制良心谴责的声音，也未成功。过了些时，他开始研究新约圣经，结果这本圣经和路德的作品就使他接受了宗教改革的信仰。不久之后，他在一个邻近的乡村中见一个人因再受洗礼而被处斩首之刑。这一件事使他下手研究圣经中有关婴孩受洗的教训。他在圣经中找不到什么凭据，只看到悔改和信心乃是领受洗礼所必需的条件。

孟诺退出了罗马教会，奉献一生去传讲他所领受的真理。这时，德国和荷兰都已兴起一班狂热之徒，他们宣传怪诞无稽和煽动暴乱的谬论，违反秩序和仁道，引起暴动和叛乱。孟诺看出这些活动所必要造成的可怕结果，就奋勇地反对狂热派的错谬教训和狂妄计划。有许多人虽然被这些狂热派所迷惑，但他们后来又放弃了这种有害的谬论。此外还有许多瓦典西人传道的果子，就是古代真实基督徒的后裔，散布各地。孟诺就以非常的热诚在这两等人中间工作，并得了极大的成功。

他带着妻子儿女出外旅行，忍受非常的艰难和穷困，时常冒着生命的危险，计有二十五年之久。他旅行尼德兰和德国北部，多半在比较卑微的人中间工作，发挥了广泛的影响。他所受的教育虽然有限，但生来是一个有口才的人。他为人刚正不阿，秉性谦卑，态度温和，真诚敬虔，在自己的生活上为他所讲的条例作见证，如此就博得了众人的信任。他的门徒遭受压迫，分散各地。他们因被人误认为狂热的闵斯德一派，而大受伤害。虽然如此，他工作的结果使多人悔改信主了。

宗教改革的信仰没有什么地方比在尼德兰为人所更普遍的接受了。但也没有多少国家的信徒忍受了比他们更可怕的逼迫。在德国，查理第五曾禁止改革运动，并且乐于将一切信从这运动的人，都处以火刑，但是那里的诸侯起来作抵御他暴政的屏障。尼德兰的情形就不同了，在那里查理的权势更大，逼迫的命令就一个一个地频频颁布下来了。阅读圣经，听道或讲道，甚至于谈论这道的人，都要受火刑的处分。私下祷告上帝，唱赞美诗，或是不肯跪拜神像，也有被处死刑的可能。一个基督徒即使放弃了这些“异端”，仍是要被定罪的，男的用刀杀，女的活埋。千万人在查理和腓力第二的统治之下，就这样丧掉性命了。

有一次，有一家人被带到宗教裁判所，被控为犯了不参加弥撒礼而从事家庭崇拜的罪。当法官审问到他们秘密的行为时，那一家最小的男孩子回答说：“我们跪下祈求上帝光照我们的心，赦免我们的罪；我们为皇上祷告，求上帝使他的国家繁荣，生活愉快；我们为官长祷告，求上帝保护他们。”(注4)有几个审判官深受感动，可是这一家的父亲和他的一个儿子还是被处火刑了。

逼迫者的怒气越疯狂，殉道者的信心却越坚固。不但是男子，连娇柔的妇孺和年轻的女子，也都显出誓死不屈的勇敢。“作妻子的常站在丈夫受火刑的柱旁，当丈夫忍受火灼的痛苦时，她们就轻声的说一些安慰的话，或唱几句赞美诗来鼓舞她们丈夫的心。”“青年女子在活埋的坑中躺下，彷佛是进入内室安睡一般；或者穿着她们最好的衣服到绞刑架下和火刑柱旁去，好像是要举行婚礼一样。”(注5)

正如古时邪教徒想要消灭福音时一样，基督徒的血就成了福音的种子。(注6)逼迫反而增加了为真理作见证之人的数目。国王因百姓的无法压服的决心而忿怒如狂，年复一年地竭力策进他那残酷的工作，但结果都是徒然。最后，在威廉奥伦治率领之下的革命，使荷兰得到了敬拜上帝的自由。

在皮特蒙的山岭间，在法兰西平原和荷兰的沿海一带，都有信徒的血迹标志着福音的进展。但是在北欧的几个国家里，福音却得以平平安安地传入了。威丁堡大学的学生于返乡之后，曾把宗教改革的信仰带到斯干的那维亚各国。路德著作的印刷品也传播了真光。于是北欧俭朴勤劳的居民转离了罗马的腐败、奢侈和迷信，而欢迎圣经中纯正、简明和赐人生命的真理了。

“丹麦的改革家”塔森是一个农夫的儿子。这孩子从幼年就显明有卓越的智力。他渴望受教育，但因家境贫寒，未能如愿，他便进入一个修道院。他生活的纯洁，工作的殷勤、忠顺，在这里赢得了上级的欢心。他经过考试之后，显明是有天才的，将来对于教会必能有极大的贡献。院方便决定保送他到德国或尼德兰的一个大学去受教育。他们让这个青年学生自己选择一个学校，只是不准他到威丁堡去。这些修道士们说:教会里的学子万不可受异端毒素的危害。

塔森决定到科伦大学去，那时科伦像现在一样，乃是罗马教的一个堡垒。他在这里不久就对烦琐哲学的玄妙学说发生厌倦了。约在同时，他得到了路德的作品。他研读之后至感惊喜，他非常希望能到这个改革家的门下亲聆教诲。但他若这样作，就难免冒犯了修道院的当局，并失去经济上的供给。可是他终于下了决心，不久就在威丁堡大学报名入学了。

回到丹麦之后，他又往原先的修道院去。那时人还没有疑惑他是路德的信徒，他又没有讲出自己的秘密，只是在不引起同伴偏见的情形之下，企图引领他们得到更纯正的信仰和更圣洁的生活。他常常打开圣经，解释其中的真义，最后向他们宣讲基督是罪人的义，为罪人得救的惟一希望。修道院的院长曾在他身上寄以极大的希望，要他作一个捍卫罗马教的勇士。这时听见他所作的事，就立时把他从自己的修道院移出，禁闭在一个小室中，并予以严密的监视。

不久，这个修道院里竟有几个修道士也声明自己悔改相信改正教了，这使他新的监护人至感惊慌。塔森在他被禁闭的小室中，竟把真理的知识传给他的同伴。如果这些丹麦的教父善于运用教会对待“异端”的手段的话，则塔森的声音必永远无人听见了。他们没有把他埋在某处地下监狱的坟墓中，却把他驱逐出境。于是他们再也无能为力了。这时国王正颁布了一道保护传讲新教之人的命令，塔森便开始讲道了。各地的教堂开门欢迎他，众人蜂拥而来听他讲道。同时也有别人传讲上帝的道。已经译成丹麦语的新约圣经又流行甚广。罗马教为要推翻这工作而进行的种种努力，反而使它愈形发展，不久，丹麦国就声明接受宗教改革的信仰了。

在瑞典也是如此，青年学生从威丁堡饱饮了生命之水后，就把这水带给他们的同胞。瑞典改革运动的两个领袖奥拉夫和劳林底斯，是厄速布鲁的一个铁匠皮特里的两个儿子，他们曾在路德和梅兰克吞的门下受教，后来就殷勤地把所学得的真理教导别人。奥拉夫像那大改革家路德一样，用他的热情和口才鼓舞众人。而劳林底斯则像梅兰克吞一样，具有好学、审慎、镇静的性格。弟兄二人都是热心虔诚的，在神学研究上都有很高的造诣，都是以勇敢不屈的精神推进真理。同时罗马教的反对也不断发生。神父们煽动了无知和迷信的民众。奥拉夫往往被暴徒袭击，有几次仅以身免。虽然如此，这些改革家却是国王所赞助所保护的。

那时瑞典人民在罗马教会的统治之下一贫如洗，受尽了折磨。他们没有圣经，只有一些象征的记号和礼节所组成的宗教，这宗教不能使内心得到光明，因此他们便逐渐回到他们祖先邪教的迷信和罪恶的生活之中去了。那时国内分成若干敌对的党派，他们不断的纷争，使人民更加困于水深火热之中。于是国王决意要在政治和教会方面进行改革，所以欢迎这些能干的助手来与罗马作战。

奥拉夫在瑞典国王和许多大臣面前用他非常的才能与罗马教的神父们对抗，为宗教改革的信仰辩护。他声称，古代教父的著作必须与圣经吻合方可接受。他又说，圣经所提供的教义非常清楚简明，所以人人都能明白。基督曾说：“我的教训不是我自己的，乃是那差我来者的。”(约7:16)保罗也曾声明，若是他传别的福音，与他所领受的不同，他就当被咒诅。(见加1:8)奥拉夫说：“既然如此，哪一个人胆敢随自己的意思颁布教条，并强制规定这些教条为得救所必需的条件呢？”(注7)他指明教会的法令若与上帝的诫命相违，是不能成立的，他又维护改正教的大原则，“惟有圣经”是信仰和行为的准绳。

这一次的争战虽然在一个比较偏僻的地方进行，但足以向我们显明“那组成改革运动之行列的是怎样的人物。他们并不是没有知识，固执偏见，无理取闹的争辩者——与之相去远甚，他们是研究过上帝圣言的人，深知如何运用圣经武库中所供给他们的武器。在博学方面要尊他们是先知先觉。当我们只注意到像威丁堡和沮利克等有名的文化中心，和像路德、梅兰克吞、萨文黎、爱克兰帕底等有名的人物时，自然就有人说这些人是改革运动的领袖，理应具有非常的能力和渊博的学问，但他们属下的人却比不上他们。我们不妨看一看偏僻的瑞典和平凡的　奥拉夫和劳林底斯——从师傅看到门徒，我们发现的是什么呢？他们是学者和神学家。他们精通福音真理的整个系统，他们极容易地胜过了烦琐哲学家和罗马权贵们的诡辩。”(注8)

由于这一次的辩论，瑞典国王接受了改正教的信仰，不久，全国会议也声明拥护。奥拉夫已将新约圣经译成瑞典文，这时他们弟兄二人遵照国王的意旨从事翻译全部圣经的工作。这样，瑞典人就首次借本国的文字领受上帝的圣言了。国会通令全国，传教士们都应当解释圣经，各地学校也应当教导儿童读经。

福音的真光安稳地切实驱散了无知和迷信的黑暗。国家既脱离了罗马的压迫，就达到空前的强大。瑞典就成了改正教一个坚固的堡垒。一百年之后，在一个最紧急的危机之下，这一个向来是弱小的国家，在“三十年战争”的可怕挣扎中出来支援了德国，而且这是欧洲惟一胆敢出力相助的国家。那时北欧各国几乎都要重新落到罗马的暴政之下。幸亏有瑞典的军队使德国能以转败为胜，使改正教徒——喀尔文派和路德派的信徒能以争得自由，并使那些已经接受改革信仰的国家，可以恢复宗教信仰自由的权利。

注1：Brandt，“History of the Reformation in and about the Low Countries，”卷1，第6面。

注2：Brandt，“History of the Reformation in and about the Low Countries，”卷1，第14面。

注3：Martyn，卷2，第87面。

注4：Wylie，卷18，第6章。

注5：同上。

注6：见Tertullian’s “Apology，”第50段。

注7—8：同注4，卷10，第4章。

第十四章
真理在英国的进展

正当路德把一本阖合的圣经向德国人民揭开的时候，廷达尔在上帝圣灵的激励之下，也在英国作这同样的工作。威克里夫的英文圣经是从拉丁文本翻译过来的，而这拉丁文本却有许多错误。那时圣经都是手抄的，而抄本圣经的价值非常昂贵，除了少数富户或贵族之外，别人都无力购买。再加上教会的严予禁止，所以圣经流通不广。到了一五一六年，就是路德发表他的宣言的前一年，伊拉斯莫斯出版了他的希腊文和拉丁文的新约圣经。这是原文圣经第一次的印行。这一个著作改正了过去译本的许多错误，而且意思也更加清楚了。它使许多学者更明白真理的知识，并使宗教改革的工作得到新的动力。可是一般平民大都还不能亲自阅读上帝的话。所以廷达尔必须出来完成威克里夫的工作，把圣经献给他的同胞。

廷达尔是一个孜孜不倦的学者，也是一个热心寻求真理的人，他从伊拉斯莫斯的希腊文圣经中接受了福音。他毫无畏惧地把自己所信仰的真理传给别人，并竭力主张一切道理都应以圣经为准则。罗马教声称，教会把圣经赐给世人，所以只有教会能解释圣经。廷达尔反驳这种论调说:“你知道是谁指教老鹰在空中抓食么？这同一位上帝也教导祂如饥如渴的子民在祂的圣言中寻找他们的天父。你们非但没有把圣经赐给我们，你们反而把圣经埋藏起来，不让我们阅读。把那些教导圣经的人烧死的也是你们，倘若可能的话，你们巴不得连圣经也要烧掉呢。”(注1)

廷达尔的讲道引起了极大的兴趣，许多人接受了真理。但神父们是时常警觉着的，当他一离开一个工作地点时，他们就要设法用威吓和诬蔑的手段破坏他的工作。他们也时常得到成功，廷达尔说:“这怎么办呢？我在一个地方撒下了种子，等我一离开，仇敌就来蹂躏。而我却不能同时在每一个地方。唉！惟愿各地的基督徒手中都有他们本国文字的圣经，他们自己就能抵挡这些诡辩的人了。若没有圣经，就不能把教友的信心建立在真理的基础上。”(注2)

这时，廷达尔心中立定了一个新的目的。他说:“以色列人在耶和华殿中所吟诵的诗篇乃是用以色列的方言，难道福音不该用英国的方言向我们讲话么？教会正在晌午的时候，难道亮光能比黎明的时候还少么？基督徒应该用他们本国的语文诵读新约圣经。”那时代教会中的学者和教师们对真理的意见不能一致。惟有借着圣经，人才能得到正确的结论。“一个人拥护这一个学者，另一个人则拥护那一个学者。这些著作家的意见都是彼此冲突的。我们怎能断定谁是谁非呢？有什么方法呢？惟有借着上帝的话。”(注3)

不久之后，有一个博学的罗马教教师同廷达尔辩论说:“没有上帝的律法，比没有教皇的律法还好呢。”廷达尔回答说:“我反对教皇和他一切的律法，如果上帝给我相当寿命的话，过不多年，我必要使农村中耕田的童子比你更明白圣经。”(注4)

这就坚定了他素来所怀抱的意向，就是将本国语文的新约圣经献给他的同胞，于是他立时着手工作。他因受逼迫便离乡背井到了伦敦，在那里继续工作，一时也没有受到阻挠。但后来罗马教徒又很凶暴的逼他走了。全英国似乎都闭门不纳，他就决意避到德国去了。他在德国开始印行英文新约圣经。他的工作两次受到了拦阻，但当一个城禁止他工作时，他就到另一个城去。最后他到了俄姆斯，就是几年前路德在会议前为福音辩护的地方。在这古老的城里，有许多赞助改革运动的友人，所以廷达尔在这里顺利的进行工作，再没有遇到什么拦阻。不久他初版印了三千本圣经，而同年又再版一次。

他以非常的热情和坚忍继续工作。虽然英国当局严厉地在各港口盘查禁运，但上帝的圣言终于用各样秘密的方法运到了伦敦，再从那里流通全国。罗马教会企图扑灭真理，总是徒然。有一次达尔汉的主教曾从廷达尔的朋友所开的书店中，把他所有的圣经都买了去，意思是要毁掉这些圣经，极力拦阻流通圣经的工作。但相反地，这一笔购买圣经的款子倒被用为采购纸张原料，以供再版更好的圣经，况且如果没有这笔经费的话，他们还无力进行再版的工作呢。后来在廷达尔被监禁的时候，当局要他供出那些曾经以经济援助他印行圣经之人的名字，作为他恢复自由的条件。他回答说:“达尔汉的主教所作的贡献比任何人都大，因为他付了重价购买大批的存书，使我们能奋勇地继续工作。”

廷达尔后来被卖到他仇敌的手中，有一次在监狱里受了好几个月的痛苦。他终于为道殉身，借此为自己的信仰作了见证，但他所预备的武器在以后的世纪中，使许多其他福音的战士能以相继兴起作战，直到今日。

另一位改革家拉替麦在讲道时，他也主张众人应当用本国的文字诵读圣经。他说圣经“乃是上帝自己”所著作的。圣经具有著作者的能力和永恒的性质。“任何君王、皇帝、官长和统治者，都有顺从祂圣言的本分。”“我们不可另辟蹊径，务要顺从上帝圣言的引领。我们不可随从我们的先祖行事，不要问他们作的是什么，而乃是要问他们应该作的是什么。”(注5)

廷达尔的忠实朋友巴尼斯和弗黎斯也曾起来维护真理。相继兴起的还有利特理和克蓝麦。这些英国的改革家都是很有名的学者，其中多数的人曾因热诚或敬虔而一度为罗马教会所器重。他们反对罗马教，乃是因为看出教廷的许多错谬。他们已经熟悉巴比伦的奥秘，这就使他们为反对她所作的见证更加有力了。

拉替麦说:“现在我要发一个意外的问题，谁是全英国最殷勤的主教呢？我看你们都在注意听我提出他的名字。我告诉你们，他就是魔鬼。魔鬼从来没有离开他的教区，你无论什么时候去看他，他总是在岗位上，他总是在工作着。我敢保证你们绝对找不到他在哪里空闲着。哪里有魔鬼居留，哪里就要抛弃书籍，拿出蜡烛；高搁圣经，拿出念珠；熄灭福音的光，点起蜡烛的光，即使在晌午也要把它点起来；除掉基督的十字架，高举炼狱的谬论来勒索金钱；不给赤身露体的人衣服穿，不帮助贫穷软弱的人，却要设置神龛，装饰木偶石像；除掉上帝的法典和祂最神圣的言语，高举人的遗传和人的律法。惟愿我们的传道人员都能像撒但撒稗子和莠草一样，殷勤地去撒真理的好种。”(注6)

这些改革家所维护的伟大原则，也就是瓦典西人、威克里夫、约翰胡斯、路德、萨文黎和他们的同工所坚守的同一原则:以圣经为绝无错误的权威，为一切信仰与行为的准绳。他们否认教皇、会议、教父、君王在宗教的事上有控制人信仰的权柄。圣经乃是这些改革家的根据，他们用圣经的教训来测验一切的道理和主张。当这些圣徒在火刑柱上殉身的时候，这种对上帝和圣经的信仰支持了他们。当火焰快要停止他们的声音时，拉替麦对一个与他同时殉道的弟兄说:“放心吧，借着上帝的恩典，我们今天必在英国点燃光明的火炬，我深信这是永远不能被人扑灭的。”(注7)

在苏格兰，科伦巴和他的同工所撒的真理种子始终没有完全被消灭。在英格兰的教会屈服于罗马教数百年之后，苏格兰的教会仍保持了他们的自由。虽然如此，到了第十二世纪，罗马教就在这里建立起来了，而其专横独断，并不比她在其他国家的统治稍有逊色。没有一个地方的黑暗比这里更为浓厚。但后来终于有一线光明穿透了黑暗，使人对将来生出希望。威克里夫一派的洛拉尔德人，从英格兰带来的圣经和威克里夫的作品，对保持福音知识的工作有很大的贡献，而且每一个世纪都有为福音作见证并殉身的人。

伟大的改革运动在欧洲大陆开始之后，路德的作品就到了苏格兰，以后廷达尔的英文新约圣经也到了。这些无声的使者在教廷不加注意的时候，静静地跋涉山川，到处把苏格兰几乎熄灭的真理火炬重新点燃起来，消除了罗马教四百年的压迫所加给他们的毒害。

后来又有殉道者的血使改革运动受到新的鼓励。罗马教的领袖忽然惊觉到这威胁着他们事业的危险，就把苏格兰一些最优秀、最尊贵的儿女，用火刑处死。而他们这样作却无异建立了许多讲台，这些垂死之人从其上所发出的见证，使全地的人都听见了，殉道者的话感动了众人的心，使他们以不屈不挠的决心，努力挣脱罗马的枷锁。

出身贵族，品格高尚的哈密尔敦和威沙特，以及一行比较卑微的信徒，都在火刑柱上牺牲了他们的性命。但是从焚威沙特的火堆上出来了一个火焰所不能烧灭的人，这个人将要在上帝的指导之下敲响苏格兰罗马教的丧钟。

诺克斯约翰曾离弃了教会的遗传和玄奥学说，而饱尝上帝圣言的真理。威沙特不挠的教训坚定了他的决心，使他放弃罗马教而与那些受逼迫的改正教徒并肩工作。

他的友人竭力劝他担任传道的工作，他却战兢退缩，不敢负起这样的责任，直到他经过多日的隐居和痛苦的奋斗之后，才答应了。但是他一经接受了这任务，就以不屈的决心和大无畏的精神勇往直前，始终不渝。这一个忠实的改革家毫不畏惧世人。在他周围猛烈地焚烧着殉道者的火焰，反而使他越发热心。当暴君的刀斧放在他颈上恫吓他时，他仍屹然坚立，顽强地抵挡多方面的打击，大力摧毁拜偶像的恶习。

诺克斯约翰终于被带到苏格兰女王面前，过去虽有许多改正教的领袖在她之前热忱减退了，但诺克斯却在女王面前为真理作了正确的见证。诺克斯是一个富贵不能淫，威武不能屈的勇士。女王斥他为“叛教徒”，说他曾教导人接受国家所禁止的宗教，这样他就是违犯了上帝吩咐祂百姓顺从君王的命令。诺克斯坚决地回答说：

“纯正宗教的原动力和权威，不是从世上的君王来的，乃是从永生的上帝而来，所以百姓就没有义务按照他们君王的嗜好，来决定自己的宗教信仰。因为君王往往是最不明白上帝纯正宗教的。如果亚伯拉罕的一切子孙因为长久作法老的百姓，而信了法老的宗教，你想世上所存在的将是什么宗教？或者，使徒时代的人都相信了罗马皇帝的宗教，那么地上会有什么宗教？所以你可以看出，上帝虽然命令百姓要顺服君王，但他们却没有相信君王所相信之宗教的义务。”

女王马利说：“你这样解释圣经，而他们(罗马教的教师)那样解释，我到底应该相信谁？谁可以作裁判呢？”

改革家回答说：“你应该相信那在圣经内明白发言的上帝，若是离开了圣经的教训，那么你就不要信这个说法，也不要信那个说法。上帝的话本身是很清楚的，如果有一处经文似乎不易明白，那永远不会自相矛盾的圣灵就必在另一段经文中把它解释得更清楚，所以除了对于那些顽梗刚愎，自愿留在无知之中的人以外，圣经并没有什么可怀疑的地方。”(注8)

这就是那无畏的改革家冒着性命的危险，在女王耳边所讲的真理。他以同样坚强的勇气继续贯彻他的目的，始终不渝地儆醒祈祷，为主作战，直到苏格兰挣脱了罗马教的桎梏。

英格兰立新教为国教之后，逼迫的事只减少而已，并没有完全停止。国教虽然革除了许多罗马教的道理，但仍保留了不少仪式。教皇的主权固然被拒绝了，但皇帝竟登上了教会元首的地位。教会的礼节中，仍有许多远离福音纯正和简朴的地方。他们还没有明白宗教自由的大原则。信奉新教的统治者虽然很少使用罗马教所用以反对“叛教徒”的残酷手段，但人人按照良心自由敬拜上帝的权利，却没有得到当局的尊重。众人必须接受国教所规定的教义，并遵守所设置的敬拜仪式。反对国教的人或多或少地都遭受了逼迫达数百年之久。

在第十七世纪，有成千的传道人被迫离开他们的岗位。百姓则除了国教所规定的聚会之外，不准参加任何其他的宗教集会，否则，就要苛以极重的罚金或遭监禁放逐的处分。那些不愿停止聚集敬拜上帝的忠心信徒，就被迫在黑暗的小巷、偏僻的阁楼，有时半夜在森林中聚会。这些遭受逼迫分散的主的儿女，常在树林深处的荫蔽之下，就是在上帝大自然的殿中聚会。倾吐心意，祈祷赞美。他们虽然这样小心提防，但仍有许多人为他们的信仰受苦。监狱人满，家庭离散，许多人被放逐到异乡。然而上帝与祂的子民同在，逼迫无法消灭他们的见证。许多人被逐渡洋到美洲去，在那里奠立了政治和宗教自由的基础，后来这两种自由就成了该国的保障与光荣。

正如使徒的日子一样，逼迫反而推广了福音。本仁约翰在挤满了荒淫的罪人和凶恶的重犯的污浊监狱之中，却能呼吸天上的空气；他在那里写了一本奇妙的寓言，就是从将亡城到天城的“圣游记”。从裴德福监狱所发出的这个声音，以生动的感化力向人的心灵说话达二百余年之久。本仁所著的“圣游记”和“罪魁领受大恩”这两本书，曾引领了许多人走到生命的路上。

巴克斯特、弗拉未尔、阿利因，以及其他有才能，有学识，并有丰富基督徒经验的人，相继兴起，为那“从前一次交付圣徒的真道”作勇敢的争辩。这些人虽然被世上的统治者剥夺公权，失去法律的保障，但他们所成就的工作乃是永远不能磨灭的。弗拉未尔的“生命之泉”和“蒙恩之法”，曾教导了成千的人把自己的心灵交给基督保守着。巴克斯特的“改正的牧师”，曾使许多渴望上帝工作复兴的人获益不浅，他所著的“圣徒永远的安息”，使许多人得到那“为上帝的子民存留”的安息。

一百年之后，在属灵的黑暗的日子，怀特腓德和卫斯理弟兄二人，出来为上帝作传播真光的人。当时英国的人民在国教的管理之下，已经渐渐陷到宗教堕落的地步，甚至他们的宗教与异教几乎没有什么分别。自然宗教成了教牧人员喜爱研究的题目，并组成了他们神学的主要部分。上流社会的人蔑视敬虔，并自夸高人一等，不受他们所谓“敬虔之狂热”的影响。至于下级社会的人则大都无知，并沉溺于恶习之中，而教会却已没有勇气或信心去挽救既倒的狂澜了。

路德所清楚教导的因信称义的伟大道理，这时几乎完全被忘记了，罗马教靠善行得救的原则已经取而代之。怀特腓德和卫斯理弟兄原来都是国教的教友，并是诚心寻求上帝恩眷的人，他们所受的教训，是教他们靠赖道德的生活和宗教的仪式去获得这种福惠。

有一次，当卫斯理查理患病，预测将要绝命的时候，有人问他永生的希望寄托在哪里。他的回答是:“我已经尽到我最大的努力侍奉上帝。”卫斯理看出那发问的朋友似乎不完全满意他的回答，心中便想道:“什么？难道我的努力还不足以作为他希望的根据么？难道他要剥夺我努力的成绩么？我没有其他可以倚靠的了。”(注9)这足以说明那笼罩着教会的是何等深沉的黑暗，这黑暗把救赎的真理隐蔽了，把基督的荣耀抢去了，并使人心转离了他们惟一救恩的希望——钉十架之救赎主的宝血。

卫斯理和他的同伴看出真宗教是内心的宗教，而且上帝律法的范围不但管束人的言语行为，而也管束人的心思意念。他们既感觉到内心必须圣洁，像行为必须端正一样，他们就认真地下手过一种新的生活。他们想用殷勤祈祷的努力来克制本性的邪情恶欲。他们过着一种克己、慈善、自卑的生活，并且非常严肃拘谨地遵守着许多规律，他们认为这样就可以得到他们最大的愿望——那能使他们得蒙上帝喜悦的圣洁。可是他们并没有达到所追求的目的。他们企图使自己脱离罪恶的谴责，或是打破罪恶的权势，但结果都是徒然。他们这时挣扎的情况，正如路德在艾尔福修道院小室里的经验一样。使他们心灵受痛苦的，也就是那使他极度不安的问题:“人在上帝面前怎能成为义呢？”(伯9:2)

那在改正教坛上行将熄灭之上帝真理的火，这时却要由波希米亚的基督徒世世相传的古代火炬重新点燃起来。在改革运动发起之后，波希米亚的新教受到了罗马侵略军的蹂躏。凡不肯放弃真理的人，便不得不逃亡异乡。其中有一些人逃到德国的撒克逊去避难，在那里保持了古代的信仰。卫斯理和他的同伴所得的真光，就是从这些基督徒的后人(即摩拉维亚教派)传来的。

卫斯理约翰和卫斯理查理在被立为牧师之后，奉命往美洲去。同船的有一班摩拉维亚教派的人。这一次海上起了狂风，卫斯理约翰既面临死亡，自觉没有与上帝和好的把握。相反地，这些德国人却表现了他所完全没有经验过的镇定和倚靠。

他说:“我久已注意到他们那极其真诚的行为。他们时常为其他旅客进行英国人所不屑去做的卑贱服务，证明他们具有真实谦卑的精神。为这些工作，他们不要、也不肯接受任何报酬，并说，这对于他们骄傲的心有良好的用处，而且他们可爱的救主为他们所作的还要更多呢。在旅程中，他们每天都有表现温柔的精神际遇，可是任何侮辱也不能改变他们。如果他们被推、被打或被摔倒，他们站起来就走了，口中连一句怨言也没有。这时又有一个机会可以试验他们是否能免于惧怕的心，像他们胜过骄傲、恼怒和报复的心一样。正当他们开会唱诗的时候，海上狂风大作，波浪翻腾，主要的桅杆折断了，甲板上满了水，好像是深渊已经吞灭了我们。在英国人中，立时发出了可怕的尖锐喊叫声。可是德国人却泰然地歌唱下去。后来我问他们中间的一位说:‘那时你不怕么？’他回答说:‘感谢上帝，我没有害怕。’我又问他说:‘可是你们的妇人孩子也不怕么？’他温和地回答说:‘不，我们的妇人孩子是不怕死的。’”(注10)

到了美洲塞芬那，卫斯理与这些摩拉维亚教派的人曾暂时同住，他因他们基督徒的生活深受感动。他们的宗教聚会与英国教会那种没有生气的形式主义大不相同，关于这一点，卫斯理写道:“整个聚会的非常简单和严肃的精神，几乎使我忘掉了一千七百年的距离，而想像自己是在参加那些不重外表和不拘形式的聚会，乃是制帐棚的保罗，或是作渔夫的彼得所主持的，然而他们确有圣灵和能力的明证。”(注11)

卫斯理回到英国，在摩拉维亚教派的一个传教士的教导之下，更加清楚地明白了圣经中的信仰。他看出，必须放弃一切倚靠自己行为得救的心理，而完全倚靠那“除去世人罪孽”的“上帝的羔羊”。在伦敦摩拉维亚教会的一次聚会中，有人宣读路德的一篇讲章，叙述上帝的灵在信徒心中所施行的改变。卫斯理听了，心中就燃起了信心，他说:“我觉得心中火热，我觉得自己确已完全靠基督得救，上帝也给我凭据，祂已除去我的罪，并救我脱离罪和死的律了。”(注12)

卫斯理经过多年疲倦、无聊，不得慰藉的努力——多年的严格克己，又受了多年的辱骂和委屈——他一贯以寻求上帝为唯一的目的。如今他已经找到上帝，并已发现他过去想靠祷告、禁食、施舍、克己而得的恩典，乃是“不用银钱，不用价值”得来的恩赐。

他一建立了在基督里的信心，于是就心中火热，渴望到各处去传播上帝白白赐恩的荣耀福音。他说:“我以全世界为我的教区，无论我在世界的哪一部分，我认为向一切愿意听讲的人宣讲救恩的喜信，乃是合宜的，这是我的权利，也是我的义务。”(注13)

他继续过着他那种严肃、克己的生活，但不再作为信仰的基础，而是作为信仰的效果；不再作为成圣的根源，而是作为成圣的果子。而这种恩典必要在顺从上显明出来。卫斯理终身宣传他所领受的伟大真理——因信基督赎罪的血而称义，并因圣灵在人心中所运行更新的能力，而使生活结出与基督榜样相符的果子。

怀特腓德和卫斯理弟兄过去既对自己陷入危亡的状况经受长期和严厉的自责，就为自己的工作作了准备。同时为要使他们能像基督的精兵一样忍受苦难起见，他们已经受了火炼的试验，在大学里并在开始服务的时候遭讥诮、侮辱和逼迫。他们的同学轻蔑地称他们和一些同情他们的人为“美以美派”(英文“纪律严格之意”)，——现在这倒成了英美各国一个最大的基督教宗派所珍重的名字。

他们既是英国国教的教友，就固守她敬拜的仪式，但主已经在圣经中向他们提出一个更高的标准。圣灵督促他们传讲基督并祂钉十字架的福音。有至高者的能力随着他们。千万的人信服并真心悔改了。这些羊群必须受到保护，脱离残暴豺狼的伤害。卫斯理本来没有意思成立一个新的宗派，只是在所谓"美以美团契"的名义之下把信徒组织起来。

这些传教士所遭遇之国教的反对，乃是不可思议而难以忍受的，但上帝凭着祂的大智慧执掌万事，使改革工作从教会内部开始。如果改革工作完全由教会外面而来，它就不能深入最有需要的地方。但领导奋兴的传道士既是教会的工作人员，并在教会范围之内随地有机会进行工作，所以真理就能进入那借其他方法所不能进入的地方。有一部分教牧人员在属灵的麻木状态中奋兴起来，就在他们自己的教区热心传道。那些因形式主义而死气沉沉的教会都变成生气勃勃了。

在卫斯理的日子，正如教会历史中各世代一样，恩赐不同的人成就了各自不同的工作。他们在教义的认识方面虽然见解稍有出入，但各人还是受到上帝圣灵的感动，在引人归向基督的大前提之下联合一致。怀特腓德和卫斯理弟兄之间意见的不同，有一次险些造成分裂。但是他们既在基督的门下学会了温柔，所以互相忍耐和彼此相爱的心终于使他们言归于好。正当谬论和罪孽充斥各地，罪人行将败亡的时候，他们哪里还有工夫彼此争辩呢？

这些上帝的仆人所行走的乃是一条崎岖的道路。许多有势力和有学识的人尽力要反对他们。过了一时，许多教牧人员也对他们表示坚决的敌意，多处教堂的门就关闭起来，要拒绝这纯洁的信仰和宣传的人。许多教牧人员在讲台上公然排斥他们，结果挑动了社会中黑暗、无知和罪恶的力量。卫斯理约翰多次完全是因上帝为他所施行的奇事，方能幸免于死。有一次当一群暴徒前来攻击他，他似乎没有逃生之路时，有一位天使装成人的形状来到他旁边，于是暴徒倒退，上帝的仆人就得以从危险之地平平安安地走出来了。

关于上帝拯救他脱离疯狂暴徒之手的许多经验，他提到一个例子说："当我们循着一条滑溜的小道下山进城时，许多人想要把我推下去；明知我一跌倒，就必永远起不来了。但我至终没有失足，连滑也没有滑过一次，直到我完全脱离了他们的手。虽然许多人想要拉着我的领子或衣服而把我拖倒，但总也没有抓住。只有一个人抓到我燕尾服后部的半翼，就被他扯掉了，另一半翼的口袋里有一张钞票，却只被他扯掉一半。一个孔武有力的人正在我后边，用一根橡木大棒打我好几次，他若能用这根棒子打中我后脑一下，他就不必再打下去了。但是每一次他的棒都偏了过去，我也不知道怎么会这样，因为我那时无法偏左或偏右。另有一个人从人群中挤了过来举手要打，可是忽然他的手落了下来，只是摸着我的头，说：'他的头发多么柔软啊！'那些最先改变了敌意的人都是城中的好汉，每次暴动总是他们领头的，其中的一个人还是斗拳场中的选手呢。"

"上帝用了何等温和的手段预备我们去实行祂的旨意啊！两年前，有一块砖头打中了我的肩头，过了一年，又有一块石头打中了我的鼻梁。上一个月，我挨了一拳，今天晚上挨了两拳，一拳在进村之前，一拳在离村之后，可是都没有受伤，因为头一个人虽然用他的全力捶击我的胸膛，另一个人打中我的嘴，以致当时鲜血涌流，但我却没有觉到一点疼痛，好像是他们只用了一根稻草碰了我一下似的。"（注14）

早期的美以美会教徒——平信徒和传道人一样——时常遭受国教教友和因他们的谰言而激怒的暴徒的讥诮与逼迫。他们常被传到法庭受审——当时的法庭徒有其名，实际上根本不按律法行事。他们时常遭受逼迫他们之人的残害。暴徒挨家挨户捣毁家具什物，任意抢掠并蛮横虐待男女和儿童。有几次他们竟张贴布告，号召凡愿帮助打破窗户抢劫美以美会信徒之住家的，某日某时在某地集合。这些公开违反国家和上帝律法的行为竟被当局默许，连一句责备的话也没有。他们竟发动一种有组织的逼迫，而他们所逼迫之对象的惟一“错误”，就是设法把罪人的脚步从灭亡的路上转向圣洁的路上去。

卫斯理约翰提到那控告他和他同伴的罪状说：“有人说这等人所传的道理是虚伪、错谬而狂热的，又说这些是新奇的教义，从来没有人听过，到了最近才有人传讲，又说他们是教友派、狂热派、罗马教徒。这整套荒谬的控告已经证明为毫无根据，我们所传的道理每一部分都完全显明为圣经中明白的道理，并且是按着我们教会的解经法来解释的。所以只要圣经是真的，我们的道理就不可能是虚伪或错谬的。”“其他的控告说：‘他们的道理太严格了，他们把天国的道路弄得太狭窄了。’这的确是基本的原因，（而且有一个时期这几乎是他们反对真理的惟一原因，）它也是一切其他反对真理之种种借口的实在动机。但是这些信徒是不是把天国的道路弄得比我主和祂使徒所宣讲的更为狭窄呢？难道现代信徒的道理比圣经的道理更为严格么？你只要思考以下几节经文就可以明白了：‘你要尽心、尽性、尽意、尽力，爱主你的上帝。’‘凡人所说的闲话，当审判的日子，必要句句供出来。’‘所以你们或吃或喝，无论作什么，都要为荣耀上帝而行。’”

“如果这一等人所讲的道理比这些话更为严格，他们就该受谴责，但你的良心知道事实并非如此。谁能减去一点一画而不致破坏上帝的话呢？哪一个‘上帝奥秘事的管家’能改变这神圣经典的任何一部分而还可以算为忠心的执事呢？断乎不是，他不能减少什么，也不能减轻什么，他必须向众人宣明：‘我不能降低圣经的标准来迎合你的口味。你必须上来迎合圣经的标准，否则，你必永远灭亡。’这就是许多人说‘这些人没有人情’的实在原因。他们真是没有人情么？在哪一方面呢？难道他们没有推食食人，解衣衣人么？‘不是的，问题不在这，他们在这一方面并无缺点。他们乃是在判断人的事上那么没有人情，他们认为除了那些依从他们道路的人之外，没有人能得救。’”(注15)

英国在卫斯理时代之前所显示灵性衰落的状况，都是唯信主义者之教训的结果。许多人主张基督已经废弃道德的律法，所以基督徒没有遵守的责任。一个人只要相信，他就可以脱离“好行为的奴役”。其他的人虽然承认律法的永久性，却声称传道人尽可不必劝勉人顺从律法的条例，因为上帝所拣选得救的人，必要“由于上帝恩典无可抵拒的动力，自然就有敬虔和道德的行为，”而那些注定永远灭亡的人，却“没有力量顺从上帝的律法。”

另有一些人主张“蒙选的人不能从恩典上堕落，也不能失去上帝的恩眷，”于是产生了更可憎的结论：“他们所作的恶事实在不算为罪，也不算为违犯上帝的律法，因此，他们不必承认他们的罪，也不必借着悔改来除掉罪恶。”所以他们声称，如果一个蒙选的人犯了一件最卑劣的罪行，“纵然大家认为他是一件严重违犯上帝律法的罪，但在上帝眼中却不算为罪。”“因为蒙选之人的本质和特性，不可能作出什么上帝不喜悦或所禁止的事。”(注16)

这些怪异的道理与近来一班著名的教育家和神学家的论调本质上是相同的，他们认为上帝没有规定什么不改变的律法为正义的标准，而道德的标准乃是由社会本身来决定，并且是时常改变的。这些思想都是同一个魔王所灌输的——从前他在天上无罪的居民之间已经开始了这种工作，意欲摧毁上帝律法合理的约束。

这种天命论主张世人的命运是已经注定，非人力所能改变的，因此许多人实际上就拒绝了上帝的律法。卫斯理坚决地反对唯信主义者的错谬，并说明那造成唯信主义的道理乃是与圣经相抵触的。“上帝救众人的恩典已经显明出来。”“这是好的，在上帝我们救主面前可蒙悦纳。祂愿意万人得救，明白真道。因为只有一位上帝，在上帝和人中间，只有一位中保，乃是降世为人的基督耶稣。祂舍自己作万人的赎价。”（多2:11；提前2:3－6)上帝的灵白白地赐下，使每一个人能掌握得救的方法。因此基督——“真光”——“照亮一切生在世上的人。”(约1:9)世人之所以不能得救，乃是因为他们自己故意拒绝生命的恩赐。

有人说，基督的死已经把十诫的律法和仪文的律法一同废去了，卫斯理回答说:“基督并没有废去那包括在十条诫命之内并为众先知所力行的道德律法。祂来的目的并不是要废掉这律法的任何部分。这一个律法是永远不能破坏的，它‘坚立如天上确实的见证。’自有世界以来，这律法‘不是写在石版上’，乃是在人类从创造主手中出来的时候就已经写在他们的心版上。尽管上帝指头所写的字因罪而大受毁损，但只要我们有辨别善恶的意识，这些字迹总不能完全磨灭。这律法的每一条都必须在全人类身上并且世世代代发生效力。这不在乎时间、空间或任何其他能改变的条件，却以上帝的本质，人类的性质，和二者之间不变的关系为基础。”

“‘我来不是要废掉，乃是要成全。’毫无疑问的，祂这话的意思乃是(前后相符合的。)——我来是要坚立律法，显出它的完美，不管世人为它加上多少虚文；我来是要使其中任何隐秘或含糊的地方完全明朗化。我来是要宣明每一条律法真确和完全的意义，显明每一条诫命的长、阔和整个范围，并显明它的高、深，以及其不可思议的纯洁和属灵的性质。”(注17)

卫斯理声称律法和福音是完全协调的。“所以在律法和福音之间可以看出一种最密切的关系。一方面，律法经常为福音预备条件，向我们指明福音；另一方面，福音经常引领我们更切实地完成律法。比如，律法要我们爱上帝，爱我们的邻舍，并要谦卑、温柔而圣洁。我们觉得自己对于这些美德大有缺乏。是的，‘在人这是不能的，’但我们看明上帝已经应许把这爱赐给我们，使我们可以成为谦卑、温柔、圣洁。于是我们持定这个福音，持定这些大喜的信息，这一切便要按着我们的信心为我们成全了。而且‘律法的义’就借着在基督耶稣里的信心‘成就在我们身上。’”

卫斯理说:“基督福音最大的仇敌，就是那些公然无忌地‘论断律法’和‘批评律法’的人，他们教训人不但要破坏(取消、放松、使之失效)其中的一条，无论是最小的或是最大的，而还要一下子废除全部律法。随着这个强烈欺骗而来的一切情形中，最令人惊骇的就是那些受其迷惑的人真诚地相信推翻律法倒是荣耀基督，破坏祂的教训倒是尊崇祂的使命！是的，他们尊荣祂，正像犹大从前对祂说:‘请拉比安，就与祂亲嘴’一样。耶稣也很可以对他们每个人说:‘你用亲嘴的暗号卖人子么？’他们一面谈论祂的宝血，一面摘去祂的冠冕，并以推进祂福音的借口来减轻祂律法的要求，这无异是用亲嘴的暗号把祂出卖了。人若借宣讲信心而直接或间接地废弃顺从的任何部分，或借宣讲基督而废除或削弱上帝律法最小的一条，他就不能摆脱这个罪名。”(注18)

有一人主张“传扬福音足以达到律法的一切功用。”卫斯理回答说:“这种说法我们绝对否定。传扬福音并不能达到律法的头一个功用，就是使人知罪，唤醒那些在地狱边缘上沉睡的人。”使徒保罗说:“律法本是叫人知罪，”“人必须先知道自己的罪，才能真正感觉到自己需要基督赎罪之血。我们的救主亲自说过:‘康健的人用不着医生，有病的人才用得着。’所以你若介绍一位医生去为康健的人或至少是自以为康健的人治病，岂非笑话？你必须先使人知道自己有病，不然，你的好意他们是不会感激的。照样，你若介绍基督给那些心安理得，从来没有为罪忧伤的人，岂不也是笑话。”(注19)

这样，卫斯理宣讲上帝恩惠的福音时，也像他的主一样，设法“使律法为大、为尊。”他忠心地完成了上帝所交付给他的工作，同时，上帝所让他看到的结果是光荣的。当他漫长的八十余年——游行布道的时间达半个世纪以上的一生结束的时候，他的门人竟有五十余万之多。至于那些借着他的工作而从罪恶的败亡和堕落之中被提拔起来过一种更高尚更纯洁之生活的人，以及那些因了他的教训而得到更深刻更丰富之经验的人，其数目的多少非到得赎之人完全聚集到上帝国的时候，是无法知道的。他的人生给予每个基督徒一个极宝贵的教训。惟愿基督这个仆人的信心、谦卑、不倦的热诚，自我牺牲和虔诚，能在今日的教会中反映出来！

注1—3：D’ Aubigne，卷18，第4章。

注4：Anderson，“Annals of the English Bible”，第19面(1862年修正版)。

注5：Latimer，“First Sermon Preached Before King Edward VI.”(Parker Society版)。

注6：Latimer，“Sermon of the Plough”

注7：“Works of Hugh Latimer.”卷1，第8面。

注8：Laing，“Works of John Knox，”卷2，第281，284面(1895年版)。

注9：Whitehead，John，“Life of the Rev. Charles Wesley，”第102面。

注10：Whitehead，“Life of the Rev. John Wesley，”第10面。

注11：Whitehead，“Life of the Rev. John Wesley，”第11，12面。

注12：Whitehead，“Life of the Rev. John Wesley，”第52面。

注13：Whitehead，Life of the Rev. John Wesley，”第74面。

注14：Wesley’ s Works，卷3，第297，298面(1831年版)。

注15：Wesley’ s Works，第152，153面。

注16：McClintock and Strong’ s Cyclopaedia，art. Antinomians(1871年版)。

注17—18：Wesley’ s Works，Sermon 25.

注19：Wesley’ s Works，Sermon 35.

第十五章
圣经与法国革命

在第十六世纪，宗教改革运动曾将一本敞开的圣经贡献给世人，这运动已经进入欧洲一切的国家。有些国家欣然欢迎它为天上来的恩赐。而在其他地区，罗马教则很成功地加以阻止，圣经知识的亮光，及其造就人的影响力，几乎完全被排斥了。有一个国家真光虽已进去，黑暗却不接受光。几百年来，真理和谬论各争雌雄。最后那恶者得了胜，天上的真理就被排斥出去了。“光来到世间，世人不爱光倒爱黑暗，定他们的罪就是在此。”(约3:19)这一个国家终于自食其果。上帝圣灵的管束已经从那轻视祂恩赐的人身上收回。他们已经恶贯满盈了。从此全世界都可以看到故意拒绝真光的结果了。

那在法国进行了几百年反对圣经的争战，终于在大革命的时期达到最高峰。这个可怕的暴动不过是罗马禁止圣经的必然结果。这是世人从来没有见过的最惊人的例证，说明施行罗马教的政策，以及罗马教会一千余年的教训所有的结果。

先知早已预言罗马教掌权时期对于圣经的制止；蒙启示的约翰也曾指明那特别由于“大罪人”的统治而临到法国的可怕结果。

主的使者说：“他们要践踏圣城四十二个月。我要使我那两个见证人，穿着毛衣，传道一千二百六十天。他们作完见证的时候，那从无底坑里上来的兽必与他们交战，并且得胜，把他们杀了。他们的尸首就倒在大城里的街上，这城按着灵意叫所多玛，又叫埃及，就是他们的主钉十字架之处。住在地上的人就为他们欢喜快乐，互相馈送礼物，因这两位先知曾叫住在地上的人受痛苦。过了这三天半，有生气从上帝那里进入他们里面，他们就站起来，看见他们的人甚是害怕。”(启11:2、3、7、8、10、11)

这里所提到的时期——“四十二个月”和“一千二百六十天”是一样的——同是指着基督的教会在罗马权下遭受压迫的一段时期。教皇掌权的一千二百六十年是从公元五三八年开始的，所以应到一七九八年终止。那一年，有法国军队进入罗马城把教皇掳去，他就死在异乡。不久之后，虽有一个新教皇被选出来，但从此以后教廷就一直未能发挥它以前所拥有的权柄。

教会的遭受逼迫，并没有一直延续一千二百六十年。上帝因爱怜祂的子民，所以减少了他们受火炼的日子。救主在预言“大灾难”临到教会的时候，说：“若不减少那日子，凡有血气的，总没有一个得救的。只是为选民，那日子必减少了。”(太24:22)因了宗教改革的影响，逼迫在一七九八年以前就停止了。

至于那两个见证人，先知进一步说：“他们就是那两棵橄榄树，两个灯台，立在世界之主面前的。”(启11:4)作诗的人说：“你的话是我脚前的灯，是我路上的光。”(诗119:105)这两个见证人代表旧约和新约圣经。二者对于上帝律法的起源和永久性，都有重要的申述，也同是救恩计划的见证者。旧约中的表号、祭礼和预言都是指明一位要来的救主。新约中的四福音和书信则记载一位已经照着表号和预言所指定的方式来到世界的救主。

“那两个见证人，穿着毛衣，传道一千二百六十天。”在这一段长时期中，上帝的见证人大都是隐遁着的。罗马教的权势企图将真理的道隐藏起来，而传讲虚伪的道理来抵销圣经的见证。当圣经被宗教和政治的权威禁止时，当其中的见证被人曲解，而世人和鬼魔千方百计地使世人转离它时，当那些胆敢宣传圣经神圣真理的人被追逐、出卖、折磨、监禁，为自己的信仰殉身，或被迫到山间的堡垒和地下的洞穴躲避时，那就是忠心的见证人穿着毛衣传道的时候。然而在一千二百六十年的全部时期中，他们是一直在作见证的。即使在最黑暗的时候，仍有一班忠心的人爱护上帝的圣言并为祂的尊荣大发热心。上帝赐智慧、能力和权柄给这些忠心的仆人，使他们在这一段长时期中宣扬祂的真理。

"若有人想要杀害他们，就有火从他们口中出来，烧灭仇敌。凡想要害他们的，都必这样被杀。"(启11:5)人绝不能践踏上帝的圣言而得以逃罪。这可怕之斥责的意义在启示录末章中说明了:"我向一切听见这书上预言的作见证，若有人在这预言上加添什么，上帝必将写在这书上的灾祸加在他身上。这书上的预言，若有人删去什么，上帝必从这书上所写的生命树和圣城，删去他的份。"(启22:18，19)

这就是上帝所发的警告，免得人以任何方式改变祂所启示所吩咐的话。凡借自己的影响使他人轻视上帝律法的人，这些严肃的斥责都适用在他们身上。那些轻率地声称无论顺从上帝的律法与否都是无关紧要的人，听到这些警告就应当胆战心惊。凡高举自己的意见过于上帝的启示的人，凡为求适应自己的方便或为迎合世人的习俗而改变圣经明显之教训的人，必须担负其可怕的责任。写在经上的话，就是上帝的律法，将要衡量每一个人的品格，凡经过这准确无误的试验而显出亏欠的人，必被定罪。

"他们作完(行将作完)见证的时候。"这两个见证人穿着毛衣作见证的时期，是在一七九八年完结。正当他们在隐遁中的工作行将结束之时，"那从无底坑里上来的兽"所代表的权势必与他们争战。几百年来，那在欧洲各国掌管教会和国家的政权，乃是撒但通过教廷为媒介而控制的。但这里所出现的政权，乃是撒但权势的一个新的表现。

罗马教的政策一向是在自称尊崇圣经的掩护之下，把圣经保留在一种多数人所不懂的语言之中，这无异是把圣经封锁起来，使众人无从获得。在她的统治之下，这两个见证人"穿着毛衣"传道。但另有一个权势——从无底坑里上来的兽要兴起来，公然与上帝的圣经争战。

那"大城"，就是两个见证人被杀——尸首倒在它街上的大城，"按着灵意叫作埃及。"在圣经历史所记载的一切国度中，埃及是最大胆否认永生上帝的存在并抗拒祂命令的。从来没有一个帝王比埃及王更狂妄蛮横地抗拒上天的权威。当摩西奉耶和华的名将信息传达给法老时，他竟傲慢地回答说:"耶和华是谁，使我听祂的话，容以色列人去呢？我不认识耶和华，也不容以色列人去。"(出2:5)这就是无神论。这个用埃及所代表的国家必要对于永生上帝的要求发出同样的否认，也要显出同样的不信和公然反对的精神。这"大城""按着灵意"也比作所多玛。所多玛破坏上帝律法的腐化行为，特别显明在淫乱的事上。而这种罪也是那应验这段圣经的国家的一个显著的特征。

按照先知的话，到了接近一七九八年的时候，将有从撒但而来并与其性质相同的权势兴起与圣经作战。在那地，上帝两个见证人的声音因此寂静下来，那里要出现法老的无神主义和所多玛的淫乱行为。

这段预言已经在法国的历史上很准确而显著地应验了。在一七九三年革命之时，"世人第一次听到一个国家的议会议员——都生长在文明的国家，受过相当的教育，并掌有政权管理欧洲最文明的一个国家——竟异口同声地否认人所能接受的最严肃的真理，并全体一致地抗拒对于真神的信仰和敬拜。"(注1)"法国乃是世上惟一的国家，曾伸手公然反对创造宇宙的主宰，而且这事是有确凿的历史斑斑可考的。英国、德国、西班牙，和其他国家向来有许多亵渎上帝和不信上帝的人。但法国在世界的历史上乃是一个突出的国家，由立法的议会颁发命令，宣称天地间没有上帝。为这一件事，首都的全体市民以及各处大多数的男女都聚集唱歌跳舞，以示庆祝。"(注2)

法国也表现了所多玛显著的特性。在革命的时候，一种道德沦亡，伤风败俗的情形与昔日所多玛平原诸城招致毁灭的罪行，如出一辙。有一位历史家叙述法国的无神主义和淫荡的风气，正如预言所说的一样:"在颁布这些影响宗教的律法的同时，紧接着就颁布破坏婚姻制度的律法。婚姻原是人类最神圣的制度，世人能恒久尊重这制度，才可使社会巩固。这时法国竟使它成为一种临时性的契约。男女可以随意结合，也可以随意仳离。如果鬼魔亲自出动要想出一种最有效的方法来破坏家庭生活中一切可敬、优美和恒久的事，而同时又能使这种祸害世世代代延续下去，他们再不能发明一种比贬低婚姻制度更有效的计划了。以擅长辞令著名的女伶苏菲亚诺尔特竟形容婚姻为‘奸淫的圣礼。’”(注3)

“就是他们的主钉十字架之处。”这一段预言也应验在法国了。没有什么地方比这里更显著地表现仇恨基督的精神，没有什么国家比法国更苦毒残酷地反对真理。法国所加给承认福音之人的逼迫，就等于在基督门徒身上把基督钉在十字架上了。

圣徒一世纪又一世纪地流了他们的鲜血。当瓦典西人“为上帝的道和耶稣基督的见证”在皮德蒙的山间舍弃自己的性命时，他们的弟兄，法国的阿比坚斯人也为真理作了同样的见证。在宗教改革的日子，改革运动的信徒曾死于可怕的酷刑之下。君王与贵族，名门的贵妇和娇柔的女郎，国内的骄子和绅士，都曾以观看为耶稣殉道之人的惨痛为赏心乐事。勇敢的许格诺派改正教徒曾为人类最神圣的权利斗争，并在许多苦斗的战场上流出他们的鲜血。改正教徒被视为非法之徒，有人悬赏购买他们的首级，并追逐他们像猎取野兽一般。

“旷野的教会”就是在第十八世纪仍留恋着法国的古代基督徒的少数后裔，曾隐遁在南部的山间，坚守他们祖先的信仰。当他们夜间冒险到山边或幽僻的原野聚集礼拜时，就有“龙骑兵”(译者按:龙骑兵是路易十四用以迫害改正教徒的。)出来追赶他们，把他们拖去在囚船中从事终身的奴役。最纯洁最高尚最睿智的法国人，被捆锁在强盗和杀人犯之中受可怕的酷刑。(注4)其他的人则受到较为慈悲的待遇，他们手无寸铁，毫无抵御地跪在地上祷告时，就被枪杀了。成千成百年迈的老人，纤弱的妇女和无辜的儿童在他们聚会的地方当场被杀。人若旅行到他们经常聚会的山边或树林中，往往可以看到“每隔数步，就有尸体散布在草地上，或者悬挂在树木上。”他们的国家因刀、斧和火刑而荒废，“变为广大凄凉的旷野。”“这种惨剧的演出并不是在黑暗时期，而乃是在路易十四的极盛时代。那时科学昌明，文学发达，而宫廷和首都的神父都是富有学识，大有口才，并表面上具有温柔爱心等美德的人。”(注5)

但是罪恶的黑暗记录中最黑暗的一篇，也是各时代最惨无人道的行为中至可怖的事件，就是圣巴多罗买节的大屠杀。世人仍以惊心动魄的恐怖来回忆那些最卑鄙最残酷之屠杀的惨景。法国的君王受了罗马教神父和主教的怂恿，竟容许这样可怖的工作。在夜静更深之时，钟声大鸣，作为开始大屠杀的信号。正当数以千计的改正教徒在家安睡，信赖他们国王的保护之时，竟没有得到一点警告而被拖出去无情地杀害了。

正如古时基督是人眼所看不见的领袖，拯救了祂的子民脱离埃及的奴役，这时撒但也是幕后的领袖，领导着他的百姓从事杀害无数殉道者的可怕工作。巴黎城内的大屠杀延续了七天之久，头三天的疯狂屠杀真是目不忍睹。而且大屠杀还不限于巴黎城内，由于王的特别命令，这次的暴行竟延及一切的省份和城市，只要有改正教徒在，就可以进行杀害。不拘年龄和性别，无辜的婴儿，白发的老人都不得幸免。贵族和平民，老人和青年，妇女和儿童都被一齐杀死。法国全境的屠杀延续了两个月之久。七万国家的英才丧失了性命。

“当这大屠杀的信息传到罗马时，神父们无不弹冠相庆。洛林的红衣主教赏给送信的人一千块银币，圣安吉罗的大炮发声庆祝。各教堂鸣钟志喜，夜间焰火照耀如同白日。贵钩利十三世领导着一长列的主教和教廷的权贵们到圣路易教堂，那里有洛林的红衣主教吟诵赞美诗歌。又制发纪念章来纪念这次的大屠杀，今日在梵蒂冈仍可看到美术家发萨里的三幅壁画，形容信奉改正教的法国首相被杀，国王设计屠杀的会议和执行大屠杀的种种情形。贵钩利送给查理一个金玫瑰的纪念章，在大屠杀之后四个月，他踌躇满志把听取一个法国神父讲论到“那兴高采烈的一天，当这‘至圣之父’得悉这佳音时，他严肃地向上帝和圣路易表示感谢。’”(注6)

那怂恿圣巴多罗买节大屠杀的同一个魔王也发动了大革命的事件。那时法国不信上帝的人宣布耶稣基督为骗子，并大声呼喊“消灭这个坏人！”意思是指基督。大胆的亵慢和可憎的罪恶横行无阻，最卑劣最残酷无耻的匪徒却最受尊敬，而在这一切事上，他们乃是向撒但致最高的崇敬，而基督在祂真实、纯洁和无私之爱的特性上，却被钉十字架了。

“那从无底坑里上来的兽，必与他们交战，并且得胜，把他们杀了。”在大革命和恐怖时代中统治法国的无神主义的政权确是与上帝和祂的圣经作战，是世人从来没有见过的。国家的议会决定取消上帝的敬拜。他们曾收集圣经，并用各种侮辱的方法在公共场所焚烧。他们又把上帝的律法践踏在脚下。圣经所倡导的制度都被废除了。每周休息的日子被取消，而代之以每十天休息一天的制度，并且这一天要作为尽情纵欲亵渎的日子。浸礼和圣餐礼也在被禁之列。并有标语张贴在坟地显著之处，声称死亡乃是永远的安眠。

他们说敬畏上帝远非“智慧的开端”，却是愚昧的开端。除了尊崇自由与国家之外，其他的一切宗教敬拜全被禁止。“巴黎城的主教出现在国会面前，表演了一出最厚颜无耻的丑剧，这种丑剧是从来没有在国家的代表面前表演过的。他盛装出现在国会之前，向他们声明自己那里多年所教导的宗教无非是僧侣法术的愚民政策，是没有历史和真理为根据的。他以一种严肃和肯定的口气否认神的存在，他过去曾献身敬奉上帝，而今后则决定要敬拜自由、平等、善良和道德。于是他把主教的衣冠和装饰放在桌上，然后与国会的主席拥抱。此外，还有几个背教的神父也照这个主教的榜样而行了。”(注7)

“住在地上的人，就为他们欢喜快乐，互相馈送礼物。因这两位先知曾叫住在地上的人受痛苦。”不信上帝的法国已经使上帝两个见证人指责的声音止息了。真理的圣经陈尸于她的街上，而且那些仇恨上帝律法之约束和要求的人也欢天喜地。人们公然反抗天上的君王。他们像古时的罪人一样喊着说：“上帝怎能晓得？至高者岂有知识呢？”(诗73:11)

有一个新派的神父用人们几乎不能置信的亵慢和大胆，说：“上帝啊，如果你真存在的话，你就为你受干犯的名施行报复吧！我现在公然向你挑战！你仍然保持缄默，你竟然不敢发出雷声。从今以后，谁还相信你存在呢？”(注8)这正是古时法老王所说之话的回声：“耶和华是谁，使我听祂的话？”“我不认识耶和华！”

“愚顽人心里说，没有上帝。”(诗14:1)关于歪曲真理的人，上帝曾说：“他们的愚昧必在众人面前显露出来。”(提后3:9)法国放弃了对永生上帝，就是那“至高至上，永远长存”之主的敬拜之后，过了不多几时就堕落到侍奉假神的地步，就是敬拜一个淫荡的妇人，称她为“理智女神”。而且这是在国家议会之内，并由行政和立法的最高权威来执行的！一位历史家说：“这疯狂时期的礼节之一真是极尽愚昧与亵慢之能事。议会的门大开，一个乐队在前领路，后面随着市政府的委员排成严肃的行列，唱着赞美自由的诗歌，护送着他们今后所要敬拜的对象，就是一个蒙着帕子的所谓“理智女神”的女子进来了。到了指定的席上，她的帕子就被隆重地揭开了，她便站在议会主席旁边，众人都认出她就是歌剧中的一个舞女。这一个人最适于代表他们所敬拜的“理智”，于是法国全国的议会就公然向她敬拜了。

“这种亵慢和荒诞的丑剧成了一种风尚，全国各处凡是不愿在大革命的激烈举动上落于人后的地方，都仿效了巴黎的样式来设置理智的女神。”(注9)

那介绍理智敬拜的发言人曾致辞说：“国会议员们，狂热已经让位给理智了。但它朦胧的眼睛还不能忍受这灿烂的光辉。今天已有无数的人聚集在那伟大的教堂之内，而那教堂也第一次听到了真理的声音。在那里，法国已经举行了惟一的真崇拜——就是对于自由和理智的崇拜。在那里，我们已经祝贺我们共和国的强盛。在那里，我们已经放弃了没有生气的偶像，而代之以理智之神，一个有生命的形像，大自然的杰作。”(注10)

当这个女神被带到议会会场时，这位发言人的手牵着她的手，向国会说:“世人哪，现在你们不必再畏惧那由你们自己的惧怕而创造出来的上帝所发出没有能力的雷霆了。从今以后，除了理智之外，你们不要承认任何神。我要把理性最高尚最纯洁的神像介绍给你们，如果你们必须要有神像的话，不妨单向这样的一位献祭吧！跪倒在威严的自由之权威面前吧！大哉，理智之神！”

“女神与主席拥抱之后，就坐在一辆华贵的车子上，在人山人海之中被带到诺脱尔达摩的大教堂内，去代替上帝。在那里，她升上一座高坛，接受一切在场之人的崇拜。”(注11)

这事以后不久，接着就是公开焚烧圣经。在一次的集会中，有某“民众团体”进入市政府的大厅，高呼“理智万岁！”他们拿着杠子，杠头上有几本烧掉一半的残书，其中有日祷课、弥撒书和新旧约圣经，主席宣布说:“它们在大火中补赎了它们使人类所犯一切愚妄的罪恶。”(注12)

罗马教所开始的工作这时由无神主义者来完成了。罗马教的政策已经造成社会、政治和宗教三方面的条件，促使法国到败亡的地步。许多著作家评论大革命的种种恐怖状态说，这些极端的事件理应由国王和教会负责。严格地说来，这些事应完全归咎于教廷。罗马教廷的政策已经在许多君王的心中灌输毒素，使他们反对宗教改革运动，并认为这运动乃是王室的仇敌，又是妨害国家和平与统一的因素。用这种方法去煽动法国的帝王行出最可怕的暴行和最残虐的压迫，乃是罗马的天性。

自由的精神是与圣经相辅并行的。无论何处接受了福音，人心就被唤醒起来。他们就开始挣脱那束缚他们的无知、罪恶和迷信的桎梏。他们的思想行动渐渐恢复有理性之人的作风了。帝王看到这种情形，他们就为自己暴政的前途胆战心惊起来了。

罗马很快就下手煽动他们那出于私心的恐惧心理。一五二五年，教皇曾对法国国王说:“这种疯狂病(指基督改正教)不但要颠覆并破坏宗教，而还要颠覆破坏一切君权、贵族、法律秩序和阶级。”(注13)几年之后，一个教皇的使节警告法王说:“陛下不要受欺骗了。基督改正教徒必要推翻一切政治和宗教的秩序。王位和神坛是同样受到威胁的。引进一个新的宗教，势必也要引进一个新的政府。”(注14)同时，神学家们还要引起民众的偏见，所以声称基督改正教的道理乃是“诱惑世人倾向新奇和愚昧的事，它要夺取百姓忠顺国王的心，并要摧毁教会和国家。”罗马就这样使法国反对宗教改革运动。“逼迫的剑最先在法国出鞘，乃是为要高举王位，保存贵族，维持法律。”(注15)

当地的执政者一点也没有预料到这足以决定国家命运的政策将有怎样的结果。圣经的教训原能灌输公正、节制、真诚、平等和慈爱的原则在人心中，而这些美德正是国家兴盛的基础。“公义使邦国高举。”“国位是靠公义坚立。”(箴14:34；16:12)“公义的果效，必是平安。”其效验“必是平稳，直到永远。”(赛32:17)一个顺从上帝律法的人也必是最真诚尊敬并顺从国家律法的人。一个敬畏上帝的人也必要尊敬那行使一切公正合法权威的君王。但是不幸法国禁止了圣经，逼害了它的信徒。一世纪复一世纪，忠于主义，心地正直的人和智力敏捷、道德高尚的人，都有勇气表白自己的信仰，有信心为真理受苦——几百年来这样的人竟被迫服辛劳的奴役，在火刑柱上丧命，或在囚船中憔悴至死。还有成千上万的人流亡在外，以求安全，而且这样的事在宗教改革运动开始之后，竟延续了二百五十年之久。

“在那漫长的时期中，没有哪一代的

法国人不看到福音的门徒在逼迫他们者的狂怒之下逃命，而把他们的知识、技艺、勤俭和纪律都带走了，况且他们在这几方面都是非常卓越的，他们也就使所逃往避难的各国相当地富强起来。而且他们优美的天才所给予这些国家的贡献使自己的国家受到相同的亏损。如果被驱逐出去的人都能留在法国；如果在这三百年的期间，这些流亡者的农业技术能一直在垦殖她的土地；他们的技艺能一直改进她的工业；他们所有创造的天才和分析问题的能力能一直发展她的文学，并培育她的科学；如果他们的智慧能一直领导她的议会，他们的勇敢能参加她的战争，他们的公正能制定她的法律，而且他们根据圣经的信仰能加强她百姓的智力，管理她百姓的良心，则今日的法国将有何等的光荣啊！她将成为何等伟大、繁荣而幸福的国家，足为列国的模范啊！”

“但是一种盲目和固执的偏见竟把每一个宣讲道德的教师，提倡纪律的志士，忠诚维护国家的分子都驱逐出去了，它给那些愿意使国家在地上有“名望和光荣”的人只有两条可走的路，就是火刑和流亡。于是国家到了完全败亡的地步，再没有争取自由的人可以被剥夺，再没有维持信仰的人可以被拖到火刑场去，再没有爱国的志士可以被放逐了。”(注16)其悲惨的结果就是大革命及其一切恐怖的发展。

“许格诺派的教徒出亡之后，法国就普遍地衰落了。繁荣的工业城市凋零了，肥沃的农村回复到原始的荒野了。一个空前进步的时代，一变而呈现了智力的愚钝和道德方面的衰颓。巴黎城变成一个庞大的救济院，有人估计在大革命爆发之际，城内足有二十万个乞丐仰赖王家的供给度日。而在这衰微的国家中只有耶稣会最为兴旺，并以可怕的残酷手段管理教会、学校、监狱和奴隶。”

福音原可解决法国政治和社会的许多问题，而这些问题曾使僧侣、君王和立法者都束手无策，最后使国家到了混乱败亡的地步。但是百姓在罗马教的支配之下已经忘了救主自我牺牲和无私之爱的教训。他们已经离弃了克己和为人造福的习惯。富人压迫穷人，却无人加以谴责，而穷人一直受奴役以致堕落，也无人予以援助。有财有势之人的私心变本加厉。几百年来，贵族的贪得无厌和荒淫无耻，使他们无情地搜括民膏民脂。富人亏待穷人，穷人仇恨富人。

在许多省份里，土地都掌握在贵族手中，劳动人民只能作他们的佃户。他们完全处在地主的掌握之中，不得不屈从地主苛刻的要求。供奉教会和国家的重担多半落在中下阶级的身上，他们必须负担政府和僧侣们所征收的重税。“贵族的意愿就算为无上的律法，农人和乡民纵使饿死，这些压迫他们的人也毫不顾惜。民众不得不在每一件事上考虑到地主阶级所独享的利益。农民的生活乃是终日不停的劳作和不得解救的痛苦；如果他们胆敢口出怨言，就要受到蛮横的侮辱。那时的法庭一贯地偏袒贵族，况且贿赂公行。因了这种普遍的腐化制度，贵族阶级的一时高兴就可发挥法律的威力。至于达官贵人和僧侣阶级从平民身上所征收的苛捐杂税，没有一半能缴到国家或主教的财库，都被浪费在荒淫放纵的事上了。这些使同胞日趋贫困的人，自己却得以豁免捐税，而且由于法律或习惯的规定，他们还有权担任国内的许多职位。这些特权阶级约有十五万人，但为要满足他们的欲壑起见，亿万人必须过着没有希望和堕落腐败的生活。”

宫廷之内骄奢淫佚。政府和人民之间，没有多少信任心存在。政府一切的措施都被人民怀疑为当权者专图私利的手段。在大革命爆发之前，路易十五已当政五十余年，就是在那种邪恶的时代中，他还是以一个怠惰、浪费和荒淫的君王著称的。再加上贵族政治的腐败和残虐，下层阶级的贫困无知，国家经济困难，人民怨声载道，人不必有先见之明，就可以看出随时会有可怕的事变爆发。王对于他谋士屡次的警告总是回答说：“你们设法在我活着的期间维持现状吧，到我死后，听其自然好了。”他们虽然竭力恳劝他采取必要的改革，结果都是枉然。他明明看出国内的许多弊病，可是既没有勇气，又没有能力去应付。那行将临到法国的厄运在他那懦弱而自私的回答，“在我死后，大祸必临！”这一句话中，描述得太为准确了。

罗马教曾一贯地鼓励君王和统治阶级的私心，借以影响他们把百姓捆绑在奴役之下，她深知这样作，就必使国家贫弱，所以故意用这方法把统治阶级和人民都紧紧地捆锁在她的奴役之下。由于远见的政策，她看出为要有效地奴役世人，她必须束缚他们的灵性。她又看出阻止他们挣脱枷锁的最好方法，就是使他们不可能得到自由。因此她的政策所造成道德方面的堕落，要比她所给予人肉体方面的痛苦远为可怕。百姓既得不到圣经，而又蒙了偏执和自私的教育，就为无知和迷信所蒙蔽，沉溺于罪恶之中，这样他们就完全失去了自制的能力。

但是这一切的结果竟与罗马所打算的大不相同。她的政策非但没有使众人盲目地服从她的教条，结果反而使他们成了无神主义者和革命分子。他们鄙视罗马教为僧侣阶级骗人的勾当。他们看出神父们在压迫他们的事上都是有份的。他们所知道的上帝只有罗马教的上帝，罗马的教义乃是他们惟一的宗教。他们认为她的贪婪和残虐乃是圣经必然的结果，因此他们把这些一概都拒绝了。

罗马过去曾诬蔑上帝的品德，并歪曲祂的要求，所以如今人们连圣经和上帝都拒绝了。罗马要人盲目地信服她的教条，而这些教条是假借圣经的权威为根据的。这种作风所造成的反应使福尔特耳和他的同人把圣经完全丢弃了，而在各处散播无神主义的毒素。罗马过去曾把人民压制在她的铁蹄之下，而今那堕落而凶狠的群众既能从她的暴政之下翻过身来，就摆脱了一切的约束。他们因为自己多年受罗马那种金玉其外败絮其中的欺骗而向她致敬，这时便忿怒如狂了，所以他们不管是真理或是谬论，一概都加以拒绝。他们误认放纵为自由，于是一班情欲的奴隶在他们所想像的自由之中欢欣鼓舞了。

在大革命初爆发的时候，由于国王的让步，准许革命党人在议会中的席位比贵族和僧侣合起来的席位更多。这样，多数的表决权就落在他们手中，可是他们还没有准备好以智慧和审慎来使用这个权柄。他们一心要报仇雪恨，便决定改组社会。一群暴乱的民众，心中含冤怀恨，决意要推翻他们过去所难以忍受的痛苦局面，并要向那些他们所认为是他们遭难的祸首复仇。这些受过压迫的人实行了他们在暴政之下所学来的教训，这时就成了从前压迫他们之人的压迫者。

可怜的法国在流血之中收获了自己所撒的种子。她屈从罗马统治权的结果是悲惨的。法国受了罗马教的影响，在宗教改革运动开始时所竖立的第一根火刑柱的地点，也就是大革命时设置第一架断头台的地方。在第十六世纪第一批为改正教信仰而殉道者被焚烧的地方，也恰好是第十八世纪的第一批人受断头处分的地点。法国既拒绝了那能救治她的福音，她也就为不信和败亡敞开了门户。在上帝律法的约束被人排斥之后，人就发现人为的律法并不足以遏制人性情欲的狂澜，于是国家在暴乱和无政府的状态之下大受摧残了。法国对圣经所进行的战争开始了一个新纪元，世界历史中称之为“恐怖时代”。平安和幸福就此从人心和家庭中消灭了。那时没有任何人是安全的。今日的胜利者明日就要被嫌疑、被定罪。强暴和情欲支配了一切，无人敢置一词。

国王、僧侣、贵族，都被迫屈服于激怒和疯狂的群众的残暴之下。众人渴欲复仇的心理在执行国王死刑之后，只有更为炽烈，而那些判决国王死刑的人不久也随着他到断头台上去了。凡是有反革命之嫌疑的都被杀了。监狱人满，有一度囚犯竟达二十余万之多。国内的许多城市也都充满了恐怖的现象。一派革命党人反对另一派，法国竟成了一个党争的大战场，被他们情欲的狂焰所支配。“巴黎城内暴乱相继，市民分成无数党派，似乎除了彼此消灭之外，没有别的目的。”这时，法国又与欧洲的列强作持久和歼灭性的战争，以致国内的祸患更加惨重。“国家濒于破产，军队要求欠饷群起哗变，巴黎人被饥荒所困，各省盗匪蜂起，大地荒凉，文明几乎因叛乱和荒淫而消灭了。”

法国人民对于罗马教过去所殷勤教导他们害人的残酷手段，已经学得非常熟练。报应的日子终于来到了。这时他们所下在监狱里，所拖到刑场上去的，不再是耶稣的门徒。这些人早已丧亡或被驱逐出境了。严酷的罗马这时才感觉到那些她所训练出来爱好流血之人的恶毒势力了。“法国的僧侣这么多年所显示逼迫人的榜样，这时却狠狠地反过来报应在他们头上了。断头台被神父们的鲜血染红了。从前挤满了许格诺教徒的监狱和囚船，现在却住满了逼迫他们的人。罗马教神父被捆锁在囚房之内，在囚船之上服苦役，就亲身经验了他们的教会所那么随便加在温和的‘叛教徒’身上的一切灾祸了。”

“在那些日子里，世上最野蛮的法庭执行了最野蛮的法律。人若向邻居问安，或是向上帝祷告，就有被处死刑的危险。侦探遍地窥伺，断头机每日早晨开始整天残酷的工作。监狱挤满了人，如同装载奴隶的船舱一样，血流成渠，通到森河去。当满装囚犯的车辆经过巴黎的街道开往刑场时，最高委员会所派到外省的官员也在肆意残杀，其惨状连首都也从来没有见过。断头台的刀斧起落得太慢了，不足以应付当时所要行使屠杀的工作。因此或用枪弹把一长列的囚犯射击倒地。或用囚船凿沉，使囚奴葬身鱼腹。里昂市变成了一座空城。在阿拉斯城，囚犯求速死而不得。在罗亚尔河流之上，从苏麦到海口，大群乌鸦和枭鸟饱享随流浮入海中的赤裸尸体。那时，对于妇女和老人也丝毫没有怜惜。被那蛮横政府杀害的十七岁的青年男女数以百计。婴孩竟从母亲怀里被抢去，在激进党徒的枪头上互相抛掷以为笑乐。”在短短的十年中，无数的人丧失了性命。

这一切正遂撒但所愿。这就是他世世代代努力的方向。他的政策乃是彻头彻尾的欺骗，他那不变的目的乃是使灾祸和患难临到世人，毁损并污秽上帝所造的人类，破坏上帝慈爱的旨意，借此使天庭忧伤。然后他就用欺骗的手段弄瞎了世人的心眼，叫他们把他所作的事怪罪上帝，好像这一切祸患都是创造主之计划的结果。照样，当那些因撒但残酷的手段而堕落变为野兽的人获得自由时，他便要怂恿他们趋于极端和残暴。于是一些专制和暴虐的君主便要指控这无羁荒淫的现象为自由的结果。

当撒但的一个假面具被揭穿之后，他就要装出另一个假面具，而许多人仍要热烈地加以接受，如同接受头一个假面具一样。当法国人民发现罗马教是一种骗术，以致撒但不能再用这种方式来引诱他们违犯上帝的律法时，他便怂恿他们把一切宗教都看为欺骗，把圣经看为神话。而且放弃上帝的律例，这样，他们就沉溺于无羁的罪孽之中了。

那使法国人民遭受惨祸的大错，乃是因为他们忽略了以下的伟大真理：“甚愿你素来听从我的命令，你的平安就如河水，你的公义就如海浪。”“耶和华说，恶人必不得平安。”“惟有听从我的，必安然居住，得享安静，不怕灾祸。”(赛48:18，22；箴1:33)

无神主义者，非基督教者，和离道叛教的人反对并非难上帝的律法。但是他们影响的结果，证明人类的幸福与顺从上帝的律例是息息相关的。那些不愿从上帝的圣经中学得这个教训的人，就要在国家的历史中去体会它了。

当撒但利用罗马教会去引诱人悖逆时，他掩盖了自己的工作，伪装了自己的工具，以致其所招致的堕落和灾祸没有显明为犯法的结果。同时他的权势被上帝圣灵的作为所抵制，以致他们宗旨没有完全实现。所以众人还未能根据因果的定律找出他们所遭灾祸的原因。但是在大革命的时候，国家的议会竟公然废除上帝的律法。所以在随之而来的恐怖时代中，众人就可以清楚地看出其中的因果关系了。

当法国公开地拒绝上帝，废弃圣经时，邪恶的人和黑暗之灵就大为庆喜，因为这就达到他们的宿愿——一个脱离了上帝律法之约束的国家。“因为断定罪名，不立刻施刑，所以世人满心作恶。”(见传8:11)但违犯公义律法的无可避免的结果，必是痛苦和败亡。恶人虽然没有立时受到刑罚，但他们终必造成自己的厄运。几百年的背道和罪恶堆积如山，已到该受报应的日子了。当他们的恶贯满盈时，轻慢上帝的人才知道招惹天怒是一件可怕的事，可是已经太晚了。那原来拦阻人犯罪并限制撒但残暴权势的上帝的圣灵这时几乎完全离开了法国，以致那单单欢喜人遭难的撒但得以任意而行。那些从事叛乱的人就不得不自食其果，直到全地充满罪恶，其可怕的程度远非笔墨所能形容。从荒凉的省份和倾覆的城市中传来可怕的哭声——一种极其惨痛的哭声。法国好像因地震一样震动起来了。宗教、律法、社会秩序、家庭、国家和教会——一概都被那一只反抗上帝律法的凶恶的手所扫荡无遗了。智慧人说得不错：“恶人必因自己的恶跌倒。”“罪人虽然作恶百次，倒享长久的年日。然而我准知道，敬畏上帝的，就是在祂面前敬畏的人，终久必得福乐。恶人却不得福乐。”他们“恨恶知识，不喜爱敬畏耶和华；”“所以必吃自结的果子，充满自设的计谋。”(箴11:5；传8:12，13；箴1:29，31)

“从无底坑里上来”的亵渎上帝政权所杀害的两个见证人不是长久缄默的。“过了这三天半，有生气从上帝那里进入他们里面，他们就站起来，看见他们的人甚是害怕。”(启11:11)法国国会通过取消基督教废除圣经的命令是在一七九三年。三年半之后，同一个国会通过了议案取消以前的禁令，这样就准许了圣经自由销行。全世界看到由于拒绝圣经所造成的滔天大罪不禁惊骇万状，他们也认识到必须信仰上帝和圣经为善良和道德的基础。耶和华说：“你辱骂谁？亵渎谁？扬起声来，高举眼目攻击谁呢？乃是攻击以色列的圣者。”“我要使他们知道，就是这一次使他们知道我的手和我的能力，他们就知道我的名是耶和华了。”(赛37:23；耶16:21)

关于这两个见证人，先知又说：“两位先知听见有大声音从天上来，对他们说，上到这里来。他们就驾着云上了天，他们的仇敌也看见了。”(启11:12)自从法国向上帝的两个见证人作战之后，圣经已经得了空前的尊荣。一八〇四年，大英圣书公会成立了。接着有类似的组织和无数分会遍设于欧洲大陆。一八一六年，美国圣书公会也成立了。当大英圣书公会组成时，圣经已用五十种方言印行，现在(注：指本世纪初)则已译成四百多种方言了。

在一七九二年之前半世纪，教会很少注意国外布道的工作，也没有组织什么新的布道团体，只有少数教会在异教之地作过宣传基督教的努力。但是到了十八世纪末叶，景况就大为改变了。世人不满于唯理主义的影响，而看出自己需要上帝的启示和实践的宗教。从这时以后，国外布道的工作有了空前的进展。

印刷术的改良大大加强了销行圣经的工作。各国之间交通事业的进步，古老的成见和闭关自守之籓篱的打破，罗马教皇之失去政治的权势，这种种因素都为上帝的话打开了门户，使之得以进入各国。好几年工夫，圣经得以在罗马城的街道上自由推销，不受禁止，如今得已销行到地球上一切人迹所到之处了。

无神主义者福尔特耳有一次夸口说：“我常听人说十二个人设立了基督教，我已经听厌了。我要证明，一个人就足以推翻它。”他死后已经一个世纪了，而且后来还有千万人起来与圣经作战。但圣经非但没有被毁灭，反而普遍销行，以致在福尔特耳的时候只有一百本圣经的地方，现在已经有了一万本，甚至于十万本。早期的一位宗教改革家论到基督教会这样说：“圣经是一个铁砧，已经消耗了许多锤子。”耶和华说：“凡为攻击你造成的器械，必不利用。凡在审判时兴起用舌攻击你的，你必定他为有罪。”(赛54:17)

“惟有我们上帝的话，必永远立定。”(赛40:8)“祂的训词都是确实的，是永永远远坚定的，是按诚实正直设立的。”(诗111:7，8)凡建立在人的权威之上的事物，都必倾覆。但那建立在上帝不变之道的磐石上的，必坚立直到永远。

注1：Scott, Sir Walter, “Life of Napoleon Buonaparte,” 卷1，第17章(1854年版)。

注2：Blackwood’s Magazine, 1870年11月号。

注3：Scott, Sir Walter, “Life of Napoleon Buonaparte,” 卷1，第17章(1854年版)。

注4：见Wylie，卷22，第6章。

注5：同上第7章。

注6：White, Henry, “The Massacre of St. Bartholomew,” 第14章，第34段(1871年版)。

注7：Scott, Sir Walter, “Life of Napoleon Buonaparte,” 卷1，第17章(1854年版)。

注8：Lacretelle’s “History,” 卷11，第309 面; in Alison’s “History of Europe,” 卷1，第10章。

注9：Scott, Sir Walter, “Life of Napoleon Buonaparte,” 卷1，第17章(1854年版)。

注10：Thiers, M. A., “History of the French Revolution,” 卷2，第370，371面。

注11：Alison,卷1，第10章。

注12：Journal of Paris, 1793年，第318号。Quoted in Buchez-Roux’s Collection of Parliamentary History，卷30，第200，201面。

注13：F’elice, G. de, “History of the Protestants of France,” 卷1，第2章，第8段。

注14：D’Aubigne, “History of the Reformation in the Time of Calvin,” 卷2，第36面。

注15：Wylie，卷13，第4章。

注16：同上第20章。

第十六章
清教徒的追求自由

英国的改革家虽然放弃了罗马教的教义，但仍保留了罗马教的许多仪式。这样，英国的国教虽然拒绝了罗马的权威和教条，但多少仍有她的风俗和礼节搀在崇拜之中。他们主张这一切与信仰问题无关，圣经固然没有明文吩咐，这些礼节固然是不必需的，可是圣经也没有明文禁止，所以这些事在本质上不能说是坏的。况且遵守这些仪式可以减少改正教与罗马教之间的距离，所以他们竭力主张这样行，可以使罗马教徒易于接受改正教的信仰。

这些论据在保守派和愿意妥协的人看来，似乎是确凿的。但另有一班人的看法却不是这样。在他们看来，这些风俗“可以跨过罗马教和改正教之间的鸿沟”(注1)的说法，正是他们反对保留这些风俗的有力理由。他们认为这些风俗正是他们从前所受奴役的标记，他们既得到释放，就没有再回到奴役中去的意向。他们推论上帝已在圣经中定立了敬拜祂的规例，人不得随意增加或删减。“大叛教”本来就开始于人想用教会的权威来增补上帝的权威。罗马起先是吩咐人遵守上帝所没有禁止的事，最后她却禁止人遵守上帝所明白吩咐的事。

许多人恳切地要恢复那作为原始教会的特征的纯洁和简朴。他们认为英国国教所设立的许多风俗乃是拜偶像的纪念，他们的良心不能同意自己参加她的崇拜。但教会方面既有国家的权威支持，就不准人对于她的仪式有什么异议。国家的律法规定人必须参赴国教的礼节，凡未经许可的宗教礼拜聚会一律禁止，违者处以监禁、放逐或死刑。

在第十七世纪初叶，那方才登位的英王声称他决心要使清教徒(译者按:即当时笃信圣经的基督徒)遵奉国教，不然，就驱逐出境，或者予以更厉害的处分。”(注2)他们被逮捕、遭逼迫、受监禁，并看不出将来有更光明的日子。许多人认明:若要凭着良心侍奉上帝，“英国将永远不是可以居住的地方了。”(注3)有一些人终于决定到荷兰国去避难。结果他们遭遇了困难、损失和监禁。他们的计划被破坏了，他们竟被卖到仇敌手中。但他们恒忍不屈，坚贞不渝，终于得到胜利，在荷兰共和国得到了保护。

他们逃走的时候曾撇下房屋、财产和谋生之道；而在异乡作客，人地生疏，言语风俗皆不相同。他们不得不从事新的职业以求糊口。一向以耕地为业的中年人，如今必须学习做工匠。但他们欣然努力适应环境，并没有袖手旁观，怨命自怜。他们虽然时常迫于穷困，但仍为上帝所赐给他们的恩典而表示感谢，并在不受阻挠的属灵交通中得到幸福。“他们知道自己是客旅，所以不以那些事为念，只是举目望天，仰望他们最可爱的家乡，借此安慰自己的心灵。”(注4)

他们在流亡和艰苦之中，爱心和信心更为坚强了。他们笃信主的应许，祂在他们需要的时候也没有让他们失望。祂的使者常在他们旁边，鼓励他们，支持他们。当上帝的圣手似乎指引他们渡海到一个新的地方，去为自己创设国家并把信仰自由的宝贵产业留给子孙时，他们就在天意所安排的道路上勇往直前，毫不退缩。

上帝让试炼临到祂的子民，为要预备他们成就祂对于他们慈爱的旨意。教会已经被降为卑，好使她得升为高。上帝行将为教会显示祂的大能，使世人再一次看出祂绝不丢弃那些倚靠祂的人。祂已掌管万事，使撒但的忿怒和恶人的计谋反而成全祂的荣美，并把祂的子民带到安全之地。逼迫和流亡反而为他们打开了自由的道路。

当清教徒迫不得已脱离英国国教时，他们曾团结一致地严肃立约作上帝自由的子民，“一同行在祂所已经指示或将要指示他们的一切道路之上。”(注5)这是改革的真精神，也是改正教的重要原则。清教徒是抱着这样的目的离开荷兰往新大陆去寻找安身之处的。他们的牧师鲁滨逊约翰由于环境的关系未能和他们同去，他在这些流亡者临别的时候，向他们致辞如下：

“弟兄们，我们今日即将分别，惟有上帝知道我是否能再见你们的面。但无论上帝的旨意如何，我在上帝和祂的圣天使面前嘱咐你们，只要在我跟从基督的事上跟从我。如果今后上帝用祂的其他工具向你们显明任何真理，你们要随时接受，如同你们过去接受我所传给你们的真理一样，因为我深信上帝将要使祂的圣言发出更多的真理和亮光。”(注6)

“至于我，我为目前改正教会的状况万分痛心，他们故步自封，不肯求进。路德派的人不肯相信路德所没有讲过的话。喀尔文派则固守上帝的这个伟人所留给他们的道理，其实这个人并没有看到一切的真理。这是一件极大的不幸，因为这些领袖虽然是照耀着当时代的亮光，但他们并没有参透上帝全部的旨意，如果他们生在今日，他们必须归依更进一步的亮光，正如他们从前接受当时的亮光一样。”(注7)

“切莫忘记你们教会的誓约，在那誓约中，你们曾经同意行在上帝所已经指示或将要指示你们的一切道路之上。要记得你们向上帝并彼此之间所立的诺言和誓约，就是要接受祂将来在祂的圣经中向你们所显示的一切亮光和真理。但同时我劝你们要谨慎查考你们所要接受为真理的一切新道理，务要用圣经中其他经文来比较衡量，然后才可接受。因为基督教世界既是新近从那么深浓的反基督教的黑暗中出来，所以真理的完全知识是不可能立时照耀出来的。”(注8)

这些清教徒渴望享受信仰自由，所以冒了梯山航海的危险，忍受开荒辟野的艰难，靠着上帝的恩典，在美洲的海岸上奠定了一个大国的基础。然而这些清教徒虽是诚实并敬畏上帝的人，但他们那时对于宗教自由的大原则还没有正确的认识。他们付出那么大的牺牲所获得的自由，他们却没有准备让别人一样享受。“就是在第十七世纪最前进的思想家和道德家之中，也只有极少数的人正确地认识到那伟大的原则，这原则乃是新约的产物，就是承认上帝为人类信仰的惟一向导。”(注9)上帝把管束信仰和裁判叛教徒的权利交托给教会的这种说法，乃是罗马教会最为根深蒂固的谬道之一。这些改革家虽然拒绝了罗马的教条，但他们还没有完全脱离她这种偏执的精神。罗马教长期的统治所笼罩在整个基督教界的深浓黑暗，还没有完全消散。马萨诸塞海湾殖民地的一个著名牧师曾这样说：“那造成世人反对基督教的原因正是信仰自由，所以刑罚叛教徒是绝对没有害处的。”(注10)这些殖民者通过了一条规则，指定惟有基督教徒能干预政治。这就成立了一种变相的国教，人民必须纳税来供养教政人员，官厅也有权柄镇压异端。这样，国家的权柄就执掌在教会手中了。这些办法不久就造成无可避免的结果，就是逼迫。

在设置第一个殖民地十一年之后，威廉罗哲来到了新大陆。他像早期的清教徒一样，是来享受宗教自由的。但他的看法却与他们不同，他看出当时很少人所能看到的——自由乃是人人不可侵犯的权利，不拘他的信仰如何。威廉罗哲是一个殷勤追求真理的人，他与鲁滨逊有相同的见解，就是他们还不可能是已经领受了上帝圣经中的全部真光，威廉“是近代基督教界第一个主张建立政府在宗教信仰自由，和人人的意见在法律面前完全平等的原则之上的人。”(注11)他声称，官厅的本分是遏制罪恶，但万不可控制信仰。他说：“群众或官厅固然可以决定人对于人的本分，但当他们试图规定人对于上帝的本分时，他们就是出了范围，而且社会也不能安全了。因为很明显地，如果官厅有了这个权柄，他就要今天定出一套意见和信条，而明天又可能另定一套。正如过去英国不同的国王和王后以及罗马教不同的教皇和议会所作的一样，这样信仰就要成为一团乱麻了。”(注12)

当时美洲殖民地的居民都必须参赴当地所设立之教会的聚会，不然，就要受罚款或监禁的处分。“威廉极力反对这个法律，他认为英国法典中最坏的一条就是强制人在国教的教会里作礼拜。他又认为勉强人与信仰不同的人联合，乃是公开违犯他们天赋的权利。勉强不信教和不愿意的人参加公众礼拜，无异是鼓励人假冒为善。他又说：‘若非本人同意，任何人都没有义务参加或以经济维持宗教礼拜。’反对他的人对于这种主张甚为惊异，说：‘难道工人不当得工价么？’他回答说：‘是当得的，不过只能向雇用他的人领取。’”(注13)

众人敬爱威廉罗哲为一个忠诚的牧师，为一个天才卓越，守正不阿，心怀仁厚的君子。但他的坚决否认国家的官吏有权干涉教会，和他所主张的信仰自由，为当局所不能容忍。他们强调，如果采纳这种新的主张，“就必颠覆殖民地政府的基础。”(注14)于是他被判逐出殖民地，最后他为避免被捕起见，不得已在风雪交加的寒冬逃到野地的森林中去。

他说：“我在严寒的季节中痛苦地飘流十四周之久，不知道吃饭和睡觉是什么滋味。”但“百鸟乌鸦在旷野供养我，”他时常在树穴中藏身。(注15)这样，他在雪地和绝无人迹的森林中继续他痛苦的逃亡生活，直到他在一个印第安部落中找到避难所，他曾将福音的真理教导过他们，并曾博得他们的信任和爱戴。

经过了几个月的颠沛流离，他终于到了那剌干塞特湾的海岸，他就在那里奠立了一个新政府的基础，就是现代第一个真真实实承认信仰自由之权利的政府。威廉罗哲的殖民地的基本原则是：“人人都应当有自由按照自己良心的见解敬拜上帝。”(注16)他那小小的一个省罗得岛成了受压迫之人的避难所，而且这一省的人数继续增多，地方渐渐繁荣起来，直到它的基本原则——政治和宗教的自由成了美利坚共和国的基石。

美国的祖先所认为自己民权之保障的宝贵文献——“独立宣言”声称：“我们认为这些真是无据自明的，人人生来都是平等的，创造主赋与他们一些不可侵犯的权利。其中包括生命、自由和追求幸福。”而且美国宪法以最清楚的语气保证信仰的自由不被侵犯：“在合众国出任公职，断不以宗教试验为合格的条件。”“国会不得规定任何有关设立宗教或禁止自由行使宗教权利的律法。”

“编制宪法的人承认一条永恒的原则，就是人和上帝之间的关系高过一切人为的法制，而且他的信仰自由是不可侵犯的。我们不必靠辩证来确定这个真理，我们心中自然就有这种感觉。许多殉道者之所以能反抗人为的律法，而在酷刑和火焰之中忍受一切，就是因了这种感觉。他们觉得自己对于上帝的本分超过人为的法令，而且别人不得在他们的信仰上行使权力。这乃是一种天赋的原则，是任何力量所不能磨灭的。”(注17)

消息传到了欧洲各国，说海外有一个地方，那里的每一个人得以享受自己努力的果实，并得以按照自己良心的决定行事。于是有成千的人蜂拥到新大陆的各海口去。殖民地迅速地增加起来了。“马萨诸塞省特别定出法律，用公家的款项免费接待并支援一切逃避‘战争、饥荒或逼迫他们之人的压迫’而横渡大西洋来到美洲的任何国家的基督徒。这样，逃亡和压制的人得以依法成为美洲殖民地的宾客了。”(注18)从美国的祖先第一次在普里穆斯登陆之后的二十年中，接踵来到新英格兰安家的人竟达二万人之多。

为要达到他们所追求的目的起见，“他们只要能过着一种俭朴辛劳，仅得糊口的生活，就心满意足了。他们只求从土地中得到自己劳力合理的收获。那时没有什么发财的幻梦在他们的路上引诱他们。他们满足于他们社会缓慢而稳步的进展。他们耐心忍受旷野中的种种艰苦，用他们眼中的泪珠和额上的汗水浇灌自由的树苗，直到它在地上根深蒂固。”

他们以圣经为信仰的基础、智慧的泉源和自由的宪章。他们在家庭、学校和教会中殷勤教导其中的原则，它的果效便在俭朴、知识、纯洁和节制上显明出来了。一个人虽在清教徒的殖民地居留多年，也“看不到一个醉汉，听不到一句咒骂，遇不到一个乞丐。”(注19)这足以证明圣经所教导的原则乃是国家强盛的可靠保障。那几个软弱无力和孤立相隔的殖民地渐渐联合而组成了一个强大统一的国家，世人都以惊奇的目光注视着这“一个没有教皇的教会和没有君王的国家”的和平繁荣的佳景。

但后来被吸引到美洲海岸的人越来越多，而他们的动机与那些初来的人大不相同。虽然有原始的信仰和纯洁仍在发挥着广泛陶冶的能力，可是，当那些单求世俗利益的人越来越多时，它的影响力也就越来越弱了。

早期殖民者只许教友在政府中有表决和任职的权利，这种规例造成了最恶劣的结果。这原是用来保持国家纯洁的办法，孰料其结果却使教会陷于腐化的状态中。表白信仰既是参政和担任公职的条件，许多单为属世利益所动的人就加入了教会，但他们的内心并没有改变。如此，教会之内就增添了许多没有悔改的人，甚至于在教牧人员之中，也有一些人不但相信错谬的道理，而且对于圣灵更新的能力也一无所知。这样，教会历史中自从康司坦丁直到今日所时常看到的不良后果再度出现了，这种后果是出于人们试图借助于政府的支持来建立教会，而凭借世俗的力量来维持那声称“我的国不属这世界”(约18:36)之主的福音。教会与政府联合，表面上可以使世界更接近教会，但实际上却使教会更接近世界了。

鲁滨逊和威廉罗哲所那么豪勇维护的大原则——真理是进步的，基督徒应当随时接受上帝圣言中所照耀的一切亮光，竟被他们的后人所忽略了。美国的改正教会——欧洲的教会也是如此——虽然受了宗教改革运动那么大的福惠，但没有在改革的道路上勇往直前。虽然时时有少数忠心的人兴起，宣讲新的真理并揭露教会所长久保留的谬道，可是大多数的人都像基督时代的犹太人或路德时代的罗马教徒一样，满足于他们祖先所相信的道理，并照他们做人的方法做人。因此宗教又堕落到徒具形式的地步，而且他们仍保留了许多错误和迷信。原来他们若能一直行在上帝圣言的光中，就必能放弃这些错误和迷信。于是宗教改革运动所引起的精神渐渐消失了，以致这时的改正教会本身竟也迫切地需要改革，几乎像在路德的时代罗马教会需要改革一样。因为这时教会中也存在着同样世俗的欲念和属灵的愚昧，同样地尊重人的意见，并用人的理论代替上帝圣言的教训。

第十九世纪初叶圣经广为销行，因此便有大光照耀在世界上，但是真理的知识和信仰的实践并没有同样的进步。这时，撒但不能像中古世代一样使人听不到上帝的话，因为这时人人都可以得到圣经。所以为要达到他的目的起见，他就引诱多人轻看圣经。人们既忽略查考圣经，他们也就继续接受虚伪的解释，并保持许多没有圣经为根据的道理。

撒但既看出他再不能用逼迫的方法扑灭真理，他便又采用了最先引起大背道并成立罗马教会的妥协的办法。但这时撒但不是引诱基督徒与异教徒联合，乃是与那些溺爱世俗的人，就是以世俗为偶像的人联合。这种联合的毒果今日并不稍减于从前的世代，骄奢淫佚竟在宗教的伪装之下滋长起来，于是教会就腐化了。撒但继续歪曲圣经的道理，于是那败坏千万人的遗传就根深蒂固了。教会一直高举并维护这些遗传，而没有“为从前一次交付圣徒的真道争辩。”这样，许多改革家所为之费了那么多心血，受了那么多痛苦的真理原则，竟被人轻视了。

注1：Martyn，卷五，第22面。

注2：Bancroft, George,“History of the United States of America,”卷1，第12章，第6段。

注3：Palfrey, J. G.,“History of New England,”第3章，第43段。

注4：同注2，卷1，第12章，第15段。

注5：Brown, J.,“The Pilgrim Fathers,”第74面。

注6：Martyn，卷5，第70面。

注7：Neal, D.,“History of the Puritans,”卷1，第269面。

注8：Martyn，卷5，第70，71面。

注9：Martyn，卷5，第297面。

注10：同上第335面。

注11：Bancroft, George,“History of the United States of America,”卷1，第15章，第16段。

注12：Martyn，卷5，第340面。

注13：Bancroft, George, “History of the United States of America,”卷1，第15章，第2段。

注14：同上第10段。

注15：Martyn，卷5，第349，350面。

注16：同上第354面。

注17：Congressional Documents (U.S.A.), Serial第200号，Document第271号。

注18：Martyn，卷5，第417面。

注19：同注2，卷1，第19章，第25段。

第十七章
黎明的曙光

圣经中所启示最严肃最光荣的真理之一，就是基督第二次降临来完成救赎大工的真理。上帝的子民像旅客一样久已寄居在“死荫之地”。救主将要显现的这个应许，给予他们一个宝贵而快乐的指望，因为祂就是“复活与生命”，祂要使“逃亡的人回来。”基督第二次降临的道理乃是全部圣经的中心。自从人类的始祖依依不舍地走出伊甸园以来，凡具有信心的儿女都曾仰望所应许的主降临，来打破那行毁灭者的权势，并带他们回到失去的乐园。古代的圣人都曾仰望弥赛亚在荣耀中降临，作为他们希望的实现。住过伊甸园之始祖的七世孙以诺曾在地上与上帝同行三百年之久，他得以远远望到拯救者的降临。他说：“看哪，主带着祂的千万圣者降临，要在众人身上行审判。”(犹14，15)先祖约伯在痛苦悲惨之夜，以毫不动摇的信心说：“我知道我的救赎主活着，末了必站立在地上。我必在肉体之外得见上帝。我自己要见祂，亲眼要看祂，并不像外人。”(伯19:25－27)

基督再来建立公义的政权，这件大事曾感动圣经的作者发出最高雅最动人的言论。圣经中的诗人和先知曾因圣灵的感化而用生动的词句详述此事。作诗的人曾歌颂以色列大君的权能与威严，说：“从全美的锡安中，上帝已经发光了。我们的上帝要来，决不闭口，祂招呼上天下地，为要审判祂的民。”(诗50:2－4)“愿天欢喜，愿地快乐，都要在耶和华面前欢呼。因为祂来了，祂来要审判全地，祂要按公义审判世界，按祂的信实审判万民。”(诗96:11，13)

先知以赛亚说：“死人要复活，尸首要兴起。睡在尘埃的啊，要醒起歌唱！因你的甘露好像菜蔬上的甘露，地也要交出死人来。”“祂已经吞灭死亡直到永远。主耶和华必擦去各人脸上的眼泪，又除掉普天下祂百姓的羞辱，因为这是耶和华说的。到那日，人必说，看哪，这是我们的上帝，我们素来等候祂，祂必拯救我们。这是耶和华，我们素来等候祂，我们必因祂的救恩欢喜快乐。”(赛26:19；25:8，9)

先知哈巴谷在异象中看到主的显现，说：“上帝从提幔而来，圣者从巴兰山临到。祂的荣光遮蔽诸天，颂赞充满大地。祂的辉煌如同日光。”“祂站立，量了大地，观看，赶散万民。永久的山崩裂，长存的岭塌陷，祂的作为与古时一样。”“你乘在马上，坐在得胜的车上。”“山岭见你，无不战惧；深渊发声，汹涌翻腾。因你的箭射出发光，你的枪闪出光耀，日月都在本宫停住。”“你出来要拯救你的百姓，拯救你的受膏者。”(哈3:3－13)

当救主将与门徒离别的时候，祂安慰他们不要忧愁并应许祂必再来，说：“你们心里不要忧愁。在我父的家里，有许多住处。我去原是为你们预备地方去。我若去为你们预备了地方，就必再来接你们到我那里去。”(约14:1－3)“当人子在祂荣耀里，同着众天使降临的时候，要坐在祂荣耀的宝座上；万民都要聚集在祂面前。”(太25:31，32)

在基督升天时，那留在橄榄山上的两个天使，向门徒重申主必复临的应许，说：“这离开你们被接升天的耶稣，你们见祂怎样往天上去，祂还要怎样来。”(徒1:11)使徒保罗在圣灵感动之下作见证说：“主必亲自从天降临，有呼叫的声音和天使长的声音，又有上帝的号吹响。”(帖前4:16)那被放逐在拔摩孤岛的先知也说：“看哪，祂驾云降临，众目要看见祂。”(启1:7)

在“万物复兴的时候，就是上帝从创世以来，借着圣先知的口所说的，”(徒3:21)这一切荣耀的事都要集中在基督的复临上。那时，那恶者长久握在手中的统治权便要被打破了。“世上的国成了我主和主基督的国，祂要作王，直到永永远远。”(启11:15)“耶和华的荣耀必然显现，凡有血气的必一同看见。”“主耶和华必使公义和赞美在万民中发出。”“到

那日，万军之耶和华必作祂余剩之民的荣冠华冕。”(赛40:5；61:11；28:5)

到了那时，世人所长久盼望的弥赛亚太平的国度便要在普天之下建立起来了。“耶和华已经安慰锡安和锡安一切的荒场，使旷野像伊甸，使沙漠像耶和华的园囿。”“黎巴嫩的荣耀，并迦密与沙仑的华美，必赐给它。”“你必不再称为撇弃的，你的地也不再称为荒凉的，你却要称为我所喜悦的，你的地也必称为有夫之妇。”“新郎怎样喜悦新妇，你的上帝也要照样喜悦你。”(赛51:3；35:2；62:4，5)

主的降临已经成为祂忠实信徒历代的指望。救主在橄榄山上临别之时所发祂必再来的应许，照亮了门徒的前途，使他们心中充满了喜乐和希望，这种喜乐和希望乃是忧伤所不能消灭，磨炼所不能蒙蔽的。在受痛苦与逼迫之际，那“至大的上帝和我们救主耶稣基督的荣耀显现，”乃是他们“所盼望的福”。当帖撒罗尼迦的教友把他们所亲爱的人——这些人曾盼望可以亲眼看见主的降临，埋葬入土的时候，他们的心中充满了悲哀，但他们的教师保罗却向他们指出在基督复临的时候所必有的复活。在那日，凡在基督里死了的人必要复活，并要和那些仍然活着的人一同被提到空中，与主相遇。他说：“这样，我们就要和主永远同在。所以你们当用这些话彼此劝慰。”(帖前4:16－18)

在那荒芜多石的拔摩岛上，蒙爱的使徒约翰听到了这个应许：“是了，我必快来！”他便发出殷切的响应，这也就表达了历代行走天路之教会的心愿，他说：“主耶稣啊，我愿你来！”(启22:20)

从监狱里，从火刑柱和断头台上，就是许多圣徒和殉道者为真理作见证的地方，从古时直到今日，我们都可以听到他们为自己的信仰和指望所发的宣言。在这些基督徒中曾有一位说：“他们确信基督已经亲自复活，并确信在主来时，他们自己也要复活。因此，他们轻看死亡，视死如归。”(注1)他们甘愿进入坟墓，以便“复活自由”。(注2)他们仰望“主带着祂父的荣耀，驾着天上的云降临。”“为义人建立天国。”瓦典西人也曾怀有这同一的信仰。(注3)威克里夫曾以救赎主的显现为教会的指望。(注4)

路德宣称：“我自己切实相信，审判大日绝不会迟延到三百年之后。上帝不愿，也不能容忍这罪恶的世界长久存留。”“那伟大的日子正逐渐临近，到那日，这罪大恶极的国度就要被推翻了。”

梅兰克吞说：“这个衰老的世界现在离它的终局不远了。”喀尔文嘱咐基督徒“不要犹豫，乃是热切渴望基督降临的日子为万事之中最可喜的事，”“忠心信徒的全家都要殷勤仰望那日。”他又说：“我们必须渴望基督，我们必须追求、思慕祂，直到那大日的黎明，那时，我们的主要全然显出祂国度的荣耀。”(注5)

苏格兰的改革家诺克斯曾说：“我们的主耶稣岂不是已经带着与我们相同的肉身升天了么？祂岂不是要再回来么？我们知道祂必回来，而且甚快。”那为真理殉身的黎特理和拉替麦曾凭着信心仰望主的降临。黎特理写道：“我相信——因此我才说，这世界无疑地已经临到终局。但愿我们同上帝的仆人约翰一样，从心里向我们的救主基督呼吁说：主耶稣啊，我愿你来！”(注6)

巴克斯特曾说：“主降临的事对于我乃是最甜蜜最愉快的。”(注7)“信心的工作和圣徒的特性就是爱慕主的显现，并持守那有福的盼望。”“在复活的时候，死亡既要成为最后被毁灭的仇敌，那么，我们作信徒的人就应当如何渴望并祈求基督的复临啊！到那时我们就要得到完全和最后的胜利了。”(注8)“一切的信徒应当渴望、希望，并等候那日。他们得赎的一切工作，和他们心灵上的一切愿望与努力，在那日都要成全了。”“主啊，求你使这有福的日子速速来到！”(注9)这就是使徒时代的教会，“旷野的教会”和一班宗教改革家的指望。

先知的预言不但提到基督降临的样式和目的，同时也提供了一些预兆，叫人得以知道那日子的临近。耶稣说：“日月星辰要显出异兆。”(路21:25)“日头要变黑了，月亮也不放光，众星要从天上坠落，天势都要震动。那时，他们要看见人子有大能力、大荣耀，驾云降临。”(可13:24—26)启示录的著者形容主复临之前的第一个预兆，说:“我又看见地大震动，日头变黑像毛布，满月变红像血。”(启6:12)

这些预兆在第十九世纪开始之前就已经出现了。这个预言的应验是在一七五五年，那时有了一次空前惨重的地震。虽然这次地震通称为里斯本地震，但它却延及欧洲、非洲和美洲的大部分。在格陵兰、在西印度、在马地拉岛、在挪威与瑞典、在英格兰与爱尔兰等处，都感觉到它的震动。这次地震的范围，不下四百万方里。在非洲所遭到的震动，也差不多像欧洲一样的猛烈。阿尔及尔城大部分被毁灭了。在离摩洛哥不远的地方，一个拥有八千至一万人口的乡村全部被陷没了。西班牙与非洲的沿岸有了巨大的海啸，淹没了许多城邑，以致酿成了大灾浩劫。

在西班牙与葡萄牙，这场灾祸最为惨重。据说在加底斯冲上岸来的海浪竟达六十呎之高。许多山岭，“其中有一些是葡萄牙最大的山，都受了剧烈的震撼，似乎连根基都摇动了。还有一些山却在峰顶上开了口，很希奇地分裂了，然后其破裂部分则滚落到山下的各山谷中。据说从这些山上还喷出火焰来。”(注10)

在里斯本，“从地底下发出了隆隆的声音，随即起了一个强烈的震动，城中大部分的房屋倒塌了。约在六分钟的过程中，城内死亡的人数已达六万。海水先行退落，露出沙滩，然后又涌流回来，超过平常水位五十呎以上。”“在里斯本的这场浩劫中，发生了许多非常的事，其中的一件就是有一个耗费巨款，用大理石筑成的新码头，全部塌陷了。在未陷之前，曾有一大群人，聚集在其上，以求安全，他们以为在那里不至被倒塌的房屋所伤害；不料那码头和其上的群众，忽然之间陷了下去，后来连一个尸首也没有浮上来。”(注11)

地一起了震动，“随即城内每一个教堂和修道院都倒塌了，一切伟大的公共建筑物差不多都倒了，城市四分之一的房屋也坍陷了。约在地震两小时之后，城中数处起火，火势极为猛烈，焚烧达三天之久，以致全城都变成废墟了。地震发生的那一天正是一个圣日，当时各教堂和修道院都挤满了人，所以死里逃生的极其稀少。”(注12)“民众的惊惶恐怖，真是无法形容。没有人哭泣，因为那是根本无法哭泣的时候。人们只有惶恐若狂地东奔西跑，捶胸击面，喊叫说:‘天啊，救我！世界末日到了！’母亲们竟忘记了自己的儿女，只是抱着许多基督钉十字架的神像乱跑。不幸的很，有许多人竟跑到教堂里去避难。神父们虽然把‘圣体’陈设了出来，也是无济于事。这些可怜的人虽然抱着圣坛，也是无用。所有的偶像、神父与民众，都在这一场普遍的毁灭中同归于尽。”后来有人估计约有九万人在这一天丧失了性命。

二十五年之后，预言中的第二个预兆——日月无光——出现了。这个预兆所以更能使人惊异的缘故，乃是因为它应验的时候早已明确的指出了。当救主在橄榄山上与门徒谈话的时候，祂曾描述到教会所要经过的长期试炼，就是罗马教逼迫圣徒的一千二百六十年，祂也曾应许要把这苦难的时期减短。在祂说完了这些话之后，祂又提到在祂降临之先所必有的几个预兆，并且确定了头一个预兆出现的时候:“在那些日子，那灾难以后，日头要变黑了，月亮也不放光。”(可13:24)圣徒受逼迫的一千二百六十年是在一七九八年结束的。不过约在二十五年以前，逼迫已全部停止了。按着基督的预言，在这逼迫停止之后，日头就要变黑了。在一七八〇年五月十九日，这个预言果然应验了。

“在自然界的现象中，最特殊、最不可思议，而尚未得到解释的，就是一七八〇年五月十九日的‘黑日’了。这一天在新英格兰一带地方，整个天空笼罩着极奇怪的黑暗。”(注13)

马萨诸塞省一个亲眼看到这现象的人，描写当时的情况说:

“早晨天气晴朗，日光普照，但不久之后，黑云蔽日，云雾越降越低，深而且浓，继之即有闪电、雷击并微雨。及至九时，云雾变为淡薄，显出黄铜的色彩，于是大地的岩石、树木、房屋、水流和人，都因这道奇异非凡的光而变色。数分钟后，一片浓云密雾，布满全天，仅余海平面上一隙之光，整个地面已如夏夜九时的黑暗。”

“人们心中渐渐充满了恐惧、焦虑和严肃之感。妇女们站在房门口，观望着黑暗的景色。男人们则停止了田园里的农作而回家，木匠摆下工具，铁匠离开熔炉，各业工人也都关门闭户。学校放学了，儿童们都惊惶地逃返家中。旅行的人也到最近的农家借宿去了。人人的口中和心里都发问题说：‘将有什么事情发生呢？’看上去似乎是将有一阵暴风袭来，或是万物的结局已经到了。”

“人们点起蜡烛，烧着了壁炉，火光照耀，有如深秋无月之夜。家禽上埘入睡，牛羊家畜也都回圈，青蛙鸣叫，夜莺奏曲，蝙蝠飞舞。只有人们知道黑夜并没有来到。”

“撒冷城教堂的牧师韦得客博士召集了聚会，在讲道中，他也说这场黑暗乃是超乎自然的。其他许多地方也有聚会。在各地临时讲题新用的圣经章节，都指明这场黑暗正是应验圣经上的预言。上午十一时之后不久，黑暗最为浓厚。”(注14)“该地各处，这在日间所看到的黑暗是那么浓密，甚至若不借用火烛之光，就不能看明钟点，不能进餐，也不能作家常事务。”

“这场黑暗范围之大也是非常的。在东方的法尔矛斯可以见到，在西部康乃提克省极远之处，直到阿本尼城，也有这黑暗。南方到海口，北方到美国人最远的居留地，都可看到这同样的景象。”(注15)

这一天异常的黑暗一直延续到黄昏之前，天空才局部开朗，太阳微现，但仍有浓黑的云雾笼罩着。“日落之后，又是浓雾当头，很快就到了黑夜。”“这一夜的非凡黑暗与可怕，不减于当日。虽然那天晚上将近月望，但若不借用灯火就不能看见什么东西。而那从邻居或远处所发出来的灯火，似乎都被古时埃及人所经历的黑暗所蒙蔽，几乎无法穿透。”(注16)有一位看到此种情景的人说：“当时我不禁想到，如果宇宙间一切发光体都被不能穿透的阴影所蒙蔽，或是完全被消灭，其所致的黑暗也不会比这天晚上的黑暗更甚。”(注17)当晚九点钟虽然皓月升上天空，“但对于这死沉沉的阴影，却不能消散分毫。”午夜之后，黑暗才消退。而月亮初现的时候，它的颜色是血红的。

一七八〇年五月十九日，在历史上通称为“黑日”。自从摩西的时代以来，历史上从来没有见过像这一次一样浓密普遍而长久的黑暗，当时亲眼看见的人对于这桩大事所作的描述，不过是圣经中话语的回声而已，因为在这些事应验之前二千五百年，先知约珥就已经说过了：“日头要变为黑暗，月亮要变为血，这是在耶和华大而可畏的日子未到以前。”(珥2:31)

基督曾经嘱咐祂的门徒要注意祂复临的预兆，并在见到这些兆头的时候，应当欢喜。祂说：“一有这些事。你们就当挺身昂首，因为你们得赎的日子近了。”祂又指着那些春天发芽的树木，对门徒说：“你们看无花果树和各样的树，它发芽的时候，你们一看见，自然晓得夏天近了。这样，你们看见这些事渐渐的成就，也该晓得上帝的国近了。”(路21:28，30，31)

但是自从教会失去谦卑与敬虔的精神，变为骄傲而形式化之后，那爱基督的心和盼望祂复临的信仰也就冷淡了。那些自称为上帝子民的人既专心追求世俗并寻欢作乐，他们对救主所发有关祂复临预兆的教训就盲目无知了。基督第二次降临的道理竟被人忽略，凡与此有关的经文，因被人曲解而暧昧，以致大都被人轻视而忘掉了。这情形在美国的各教会中尤其如此。社会各阶层所有自由安舒的生活，贪图财利与奢华的欲望，产生了专求致富的心理。他们一心追求名誉和势力，因为人人似乎都有成功的希望，这一切便使他们的志趣与希望都集中于今生的事物上，并将那大而可畏的日子，就是今生事物尽都要化为乌有的日子，推到遥远的将来。

当救主向门徒指出祂复临的预兆时，祂预先提到在祂第二次降临之前所必有的背道退后的情形。那时要像挪亚的日子一样，人人要忙于世俗的业务和宴乐的生活——买卖、栽种、建造、嫁娶——忘记了上帝，忘记了来生。对于一般生存在这时代中的人，基督曾发出劝告说：“你们要谨慎，恐怕因贪食、醉酒并今生的思虑累住你们的心，那日子就如同网罗忽然临到你们。”“你们要时时儆醒，常常祈求，使你们能逃避这一切要来的事，得以站立在人子面前。”(路21:34，36)

论到这一时代中教会的情形，救主也在启示录书中说明了：“按名你是活的，其实是死的。”(启3:1)对于那些不肯从怠惰苟安中儆醒振作的人，救主发出严重的警告说：“若不儆醒，我必临到你那里，如同贼一样。我几时临到，你也决不能知道。”(启3:3)

人们必须觉悟起来，看出自己的危险，必须儆醒预备，以应付救恩结束时期中的严重大事。上帝的先知宣告说：“耶和华的日子大而可畏，谁能当得起呢？”(珥2:11)在主显现的时候，谁能站在这位“眼目清洁不看邪僻，不看奸恶”的主面前呢？(哈1:13)将有一等人呼叫说：“我的上帝啊，我们认识你了。”但他们同时却违背祂的约，以别神代替耶和华，(何8:2；诗16:4)并在心中隐藏罪恶，喜爱不义的道路，对于这一等人，耶和华的日子乃是“黑暗没有光明，幽暗毫无光辉”的。(摩5:20)主耶和华说：“那时，我必用灯巡察耶路撒冷，我必惩罚那些如酒在渣滓上澄清的。他们心里说，耶和华必不降福，也不降祸。”(番1:12)“我必因邪恶刑罚世界，因罪孽刑罚恶人，使骄傲人的狂妄止息，制服强暴人的狂傲。”(赛13:11)“他们的金银不能救他们；”“他们的财宝必成为掠物，他们的房屋必变为荒场。”(番1:18，13)

先知耶利米观望到这个可怕的时辰，呼叫说：“我心疼痛！”“我不能静默不言，因为我已经听见角声和打仗的喊声。毁坏的信息连络不绝，因为全地荒废。”(耶4:19，20)

“那日，是忿怒的日子，是急难困苦的日子，是荒废凄凉的日子，是黑暗、幽冥、密云、乌黑的日子，是吹角呐喊的日子。”(番1:15，16)“耶和华的日子临到，使这地荒凉，使其中除灭罪人。”(赛13:9)

鉴于那大日所有的情景，圣经用最庄严而动人的话语，呼召上帝的子民要从属灵的昏睡中儆醒起来，并要存悔改和谦卑的心去寻找祂的面。“你们要在锡安吹角，在我圣山吹出大声。国中的居民都要发颤，因为耶和华的日子将到，已经临近。”“分定禁食的日子，宣告严肃会。聚集众民，使会众自洁；招聚老者，聚集孩童和吃奶的，使新郎出离洞房，新妇出离内室。侍奉耶和华的祭司，要在廊子和祭坛中间哭泣。”“虽然如此，你们应当禁食、哭泣、悲哀，一心归向我。你们要撕裂心肠，不撕裂衣服，归向耶和华你们的上帝，因为祂有恩典，有怜悯，不轻易发怒，有丰盛的慈爱。”(珥2:1，15－18，12，13)

为要预备一班子民能在上帝的日子站立得住起见，势必先完成一番伟大的改革工作。上帝见到许多称为祂子民的人没有为永生建造品格，因此祂便本着慈悲的心怀，发出一道警告的信息，要把他们从昏迷中唤醒，预备等候主的降临。

这道警告可从启示录十四章上看出来。这里有一个三重的警告，由三位天使传扬出来，紧接着便是人子降临，“地上的庄稼就被收割了。”第一重警告宣布审判的时候已经到了。先知见到有一位天使“飞在空中，有永远的福音要传给住在地上的人，就是各国、各族、各方、各民。他大声说，应当敬畏上帝，将荣耀归给祂，因祂施行审判的时候已经到了，应当敬拜那创造天、地、海和众水泉源的。”(启14:6，7)

这个信息乃是“永远的福音”的一部分。传福音的工作并没有委托给天使，乃是交托给世人的。上帝固然用圣天使来指导这工作，他们在救人的大运动上固然负有责任，但实际宣传福音的工作，却是交给基督在地上的仆人去执行的。

忠心的人们，也就是那些顺从上帝圣灵的指示和圣经教训的人，要将这警告传给世人。这些人曾经留意“先知更确的预言，如同灯照在暗处，直等到天发亮晨星出现的时候。”(彼后1:19)他们曾寻求上帝的知识，过于寻求一切隐藏的财宝，并认为“得智慧胜过得银子，其利益强如精金。”(箴3:14)所以主耶和华就将有关天国的大事启示他们。“耶和华与敬畏祂的人亲密，祂必将自己的约指示他们。”(诗25:14)

那些能理解这真理并进行传扬的人，不是一班博学的神学家。如果那些神学家真是忠心的守望者，殷勤恳切地查考圣经，他们便要知道夜间的更次，并且先知的预言也必把那快来的种种大事向他们显明了。可惜他们没有作到这一步，所以这警告只好交给一班更卑微的人去传扬了。耶稣曾说：“应当趁着有光行走，免得黑暗临到你们。”(约12:35)

凡是离开上帝所赐的光，或是在可以得到光的时候而不寻求的人，都要被撇弃在黑暗之中。但救主宣称：“跟从我的，就不在黑暗里走，必要得着生命的光。”(约8:12)凡是专心一致努力遵行上帝的旨意，认真顺从所赐之光的人，必要得到更大的光亮。对于这一等人，天上必要发出光来，引导他们进入一切真理之中。

在基督第一次降临的时候，耶路撒冷城中有许多祭司和文士，他们曾受托保管上帝的圣言，很可以明察时兆，并宣扬应许之主的降临。弥迦的预言已经指出主诞生的地点，(弥5:2)但以理也曾特别说明主降临的时期。(但9:25)上帝曾把这些预言委托给犹太的领袖，如果他们还是不明白，而又不向百姓宣告弥赛亚的降生已近在目前，那真是无可推诿的了，他们的无知乃是由于恶意的疏忽所致。那时候的犹太人一面为许多被杀的先知建造纪念碑，而一面却在尊敬地上的伟人——也就是敬服撒但的仆人。他们专心争夺人间的地位和权力，甚至于盲目看不出天上之君所乐意赐给他们的神圣光荣。

以色列家的长老对于这个历史上最大的事件——上帝儿子降世来完成救赎的工作地点、时间和情形，原是应当用深切而恭敬的兴趣去研究的。众人也应当在儆醒等候，以便争先欢迎这位世界的救赎主。可是你看那两个疲惫的旅客，从拿撒勒的山地下来，到了伯利恒，走遍那狭窄的街道，直到该镇的东头，也找不到一个安身过夜之所。没有人开门接待他们，他们最后找到的安身之处乃是一个圈养牲畜的破旧茅舍，世界的救主便在这里诞生了。

众天使已经看见过这位上帝圣子在创世之前与上帝同享的荣耀，他们也曾深切注意地展望到救主降世的时候，并认明这桩大事要为万民带来极大的喜乐。他们奉差遣去把这大喜的信息传给那些预备领受，也喜欢把这信息转告万民的人。基督已经虚己取了人的性质，祂要献上己身作为赎罪祭，并担负人类祸患的无穷重担，但天使们还是希望这位至高者的儿子在屈辱之中，仍可在世人面前得到与祂品格相称的尊严与荣耀。世界各地的大人物是否要聚集在以色列的首都来欢迎祂的降生呢？众天使是否要将祂介绍给那些期待着的人呢？

有一位天使到地上来，要看一看谁是预备欢迎耶稣的，但他却看不出世人有什么迫切等待的举动，他听不到什么赞美和欢呼的声音庆祝弥赛亚降生日期的临近。这位天使在这蒙选之城和上帝历代显现的殿上徘徊了一时，然而在这样的场所中，也显有同样的冷淡状态。祭司们正在趾高气扬，满心骄傲的于圣殿中献上有玷污的祭物。法利赛人也正在向民众高谈阔论，或是在街头作夸大自矜的祈祷。在王宫内，在哲人学者的会所中，在拉比的学校里，人们对于这使全天庭充满快乐与赞美的奇妙大事——人类的救赎主要降生世上，都毫不在意。

没有什么现象足以表明人们是在期待着基督，也没有人准备欢迎这生命之君。

这位天使在惊奇之余想要回到天庭，去报告这令人非常羞愧的消息，正在此时，他发现了几个在夜间看守羊群的牧人，他们注视着满天星斗的穹苍，思想有关弥赛亚降世的预言，并盼望这世界的救赎主降临。这里有一班人是已经预备好了，可以接受天上的信息。这位天使便忽然向他们显现，宣布这大喜的信息。随后有天庭的荣耀照射在全平原之上，无数的天使显现了，好像这场欢乐是过于一位天使所能传扬的，众天使便同声唱出赞美的诗歌，也就是将来有一天万国得救的子民所要唱的歌，说:“在至高之处荣耀归与上帝，在地上平安归与祂所喜悦的人。”(路2:14)

这段伯利恒的奇妙故事，对于我们有何等大的教训啊！它斥责我们的不信、骄傲和自满。它警告我们务要儆醒，免得我们因有罪的冷淡而也看不出现代的兆头，以致不知道自己蒙眷顾的日子。

众天使不但在犹太的山地上看到了一班低微的牧羊人守候着弥赛亚的降生，他们也曾在异邦人之地找到了一些正在仰望祂的人。这些人乃是博士，富贵之士，东方的哲学家。这几位博士是研究自然界的学者，他们已经从上帝的作为中看到上帝。他们研究过希伯来人的圣经，知道“出于雅各”的星必要出现，便切切等待祂的降生，并知道祂不但要成为“以色列的安慰者，”同时也是“照亮外邦人的光，”“施行救恩直到地极。”(路2:25；32)他们乃是寻求真光的人，所以从上帝宝座那里就射出光来照亮他们脚前的路。正当那些受托为真理之保守者和解释者的耶路撒冷的祭司与拉比们被笼罩在黑暗中的时候，有一颗天庭所差来的明星引领这些异邦的客人来到了新生君王的诞生地点。

对于一切“等候祂的人，”基督“将来要第二次显现，并与罪无关，乃是为拯救他们。”(来9:28)基督第二次降临的信息正如救主降生时的佳音一样，也没有交给民间的宗教领袖们。他们既没有和上帝保持联络，又拒绝了从天而来的光亮，所以他们就不能列在使徒保罗所形容的那一等人之中:“弟兄们，你们却不在黑暗里，叫那日子临到你们像贼一样。你们都是光明之子，都是白昼之子，我们不是属黑夜的，也不是属幽暗的。”(帖前5:4，5)

锡安城墙上的守望者按理应当最先得到救主降生的佳音，最先高声传扬主的临近，并且最先向民众发出警告叫他们准备欢迎祂的降临。但他们却怡然自得地梦想着平安与稳妥，同时百姓已昏睡在自己的罪恶之中。耶稣看见祂的教会像不结果子的无花果树一样，长满虚伪的叶子，而没有结出宝贵的果子。对于宗教形式，他们作夸耀的遵守，但对于真正谦卑、悔改和守信的精神，他们却一无所有。他们不但没有显出圣灵的美德，反而显出骄傲、形式主义、虚荣、自私和欺压。一个冷淡退后的教会对于时代的兆头，是闭着眼睛看不见的。上帝并没有撇弃他们，也没有对他们失信，乃是他们离开了上帝，并使自己与祂的爱隔绝了。他们既拒绝履行上帝的条件，上帝的应许也就不能为他们实现了。

这就是不看重和不善用上帝所赐的亮光与权利的必然结果。教会若不顺从上帝的引导，接受每一线亮光，实践主所启示的每一个本分，则不免要堕落到徒具形式，而没有活泼敬虔之精神的地步。这种真理已经在教会历史中多次证实了。上帝要求祂的子民务要按所赐的恩典与特权，将信仰与顺从实践出来。顺从的条件乃是牺牲，也包含十字架在内。因此许多自称为基督徒的人就不肯接受从天而来的亮光，并像古时的犹太人一样，不知道自己蒙眷顾的时候。(路19:44)因为他们的骄傲和不信，上帝就越过他们，而把自己的真理启示给那些像伯利恒的牧人和东方的博士一样顺从所领受的一切亮光的人。

注1：Taylor, Daniel T.,“The Reign of Christ on Earth; or, The Voice of the Church in Ages,”第33面。

注2：Taylor, “The Voice of the Church in Ages,” 第54面。

注3：同上第129－132面。

注4：同上第132－134面。

注5：同上第158，134面。

注6：同上第151，145面。

注7：Baxter, Richard, “Works,” 卷17，第555面。

注8：同上第500面。

注9：同上第182，183面。

注10－11：“Lyell, Sir Charles, “Principles of Geology,” 第495面(1858年纽约版)。

注12：Encyclopaedia Americana, art. Lisbon, note(1831年版)。

注13：Devens, R. M., “Our First Century,” 第89面。

注14：“The Essex Antiquarian,” Salem, Mass., April 1899(卷3，第4号，第53，54面)。

注15：Gordon, Dr. Wm., “History of the Rise, Progress, and Establishment of the Independence of the U.S.A.” 卷3，第57面(1789年纽约版)。

注16：Thomas, “Massachusetts Spy; or American Oracle of Liberty,” 卷10、第472号(1780年5月25日)。

注17：Letter by Dr. Samuel Tenney, of Exeter, N. H., December 1785(in “Massachusetts Historical Society Collections,” 1792, 1st Series，卷1，第97面)。

第十八章
一个重要的预言

米勒耳威廉是一个行为端正、心地诚实的农夫，他虽然一度怀疑圣经是上帝所默示的，但也却是一个真诚追求真理的人，所以上帝特别拣选他领导传扬基督复临的工作。他像许多其他的改革家一样，幼年曾从贫穷的环境中奋斗出来，因此学会了劳动和克己的重要教训。他出身的家庭是以独立和爱好自由的精神，以及刻苦耐劳热爱祖国为特征的——这些美德在他的品格上也是突出的。他的父亲曾在独立战争中担任军队的队长，而且在那多事之秋的挣扎和艰苦中，他父亲所付出的牺牲，使米勒耳的幼年生活非常穷困。

米勒耳有坚强的体格，并且在童年就已显明智力超于常人。当他渐渐长大时，这种特点就更为明显了。他的心智是活泼而健全的，他也有渴求知识的欲望。虽然没有享受大学教育的机会，但他好学的天性和慎思明辨的习惯使他成为一个判断稳健和见识渊博的人。他德高望重，人人都尊他为一个正直、俭朴和仁厚的君子。由于勤奋努力，他很早就能购置一点产业，同时他一直保持好学的习惯。他在政府和军队中所担任的职务，都有良好的成绩，所以名利双收，指日可得。

他的母亲是一个非常敬虔的妇人，所以他从小就受宗教的印象很深。虽然如此，他在成人之后，常常被自然神教徒所包围。(译者按:自然神教主张有上帝，但不相信祂与人类有来往。)这些人都是良好的公民，性情高雅、仁慈，所以他们在他身上的影响力颇大。这些人都是生活在基督教的环境之中，所以他们的品格多少受了这种环境的陶冶。原来使他们博得人们尊重和信任的美德，本该归功于圣经，孰料这些美德反被错用，以致发挥了反对圣经的影响。米勒耳既与这些人作伴，也就感染到他们的思想。当时一般人对于圣经的解释引起了他所认为无法解决的难题，同时他那种新的信仰既把圣经完全抹煞，又没有提供更好的道理，所以他心中仍然不能满意。他继续保持这种自由神教论约有十二年之久。到他三十四岁的时候，圣灵感动了他的心，使他感觉到自己是一个罪人。他在过去的信仰中找不到来生指望的保证；他的将来是黑暗而渺茫的。他后来提到这时的情绪，说：

“我一想到灭亡，就不寒而栗，人若真要为自己的行为负责的话，那么人人都必要灭亡了。我头上的天变为铜，脚下的地变为铁。永恒——到底是什么？死亡——到底为什么？我越推究，越得不出其所以然。越思想，越得不到统一的结论。我想不去思考它，可是我却无法控制自己的思想。我真是狼狈可怜，但又不明白其原因何在。我抱怨诉苦，但又不知道怨谁恨谁。我知道有错误，却不知道怎样或到哪里去找真理。我悲哀，却没有希望。”

他陷于这种境地中数月之久。后来他说：“忽然有一个像救主一样的人物，生动地出现在我心中。我想，或许可能有那么良善慈悲的一位愿意亲自救赎我们违犯律法的罪，借以拯救我们脱离罪的刑罚。我立时感觉到这样的一位必是多么可爱，并想像自己必要投奔在这一位的怀抱之中而依靠祂的怜爱。但问题又来了，我怎能知道这样的一位果真存在呢？除了圣经之外，我找不到其他的凭据可以证明这样的一位救主是存在的，或证明一定有来生。

“我看到圣经中正有我所需要的这样的一位救主。但我不明白，若不是上帝所默示的一本书，怎样提出那么完全适应堕落世界之需要的原则呢？结果我就不能不承认圣经必是上帝所启示的。于是圣经成了我的喜乐，我也找到了耶稣为我的良友，祂成了超乎万人之上的救主。从前我所认为玄秘，矛盾的圣经，如今成了我脚前的灯，路上的光。我的心也安定而满足了。我认明主上帝乃是人生苦海中的磐石。这时圣经成了我主要的读物，我能肯定说，我是以极大的兴趣来研究的。我发现了许多珍宝，才知道人所告诉我的还不到一半。我奇怪自己以前怎样会看不到其中的华美和荣耀，而加以拒绝。我发现圣经中有我心中所能愿望的一切美物，对于心灵的每一疾病，它都备有救治之方。我对其他读物完全失了趣味，只是专心从上帝那里寻求智慧。”(注1)

米勒耳公开承认了他先前所轻蔑的宗教。可是他那些不信的同伴立时提出许多他自己先前所常用过的论据，来反对圣经神圣的权威。他这时虽然还不能解答，但他推论，圣经既是从上帝而来的启示，就一定是前后一贯的。再者，圣经既是为教训人而赐的，就一定是人所能明白的。于是他决意亲自下手研究，要确定其中每一个表面上的矛盾是否可以和谐。

他试图摆脱一切先入为主的成见，不用任何解释圣经的书籍，只以串珠编注圣经和经文索引为辅助来将经文互相对照。他用有规律和有次序的方式进行研究，从创世记开始逐节研读，非彻底明白每段经文的意义，就不往下阅读。当他发现一段隐晦难懂的经文时，他的习惯就是拿每一段与这问题有关的其他经文来对照比较。他要让每一个字对于一节经文的题目有其相当的意义，如果他对于该文的见解能与每一个相关的经文没有冲突，其中的困难就算解决了。这样，他何时遇到一段难以明白的经文，他总可以在圣经其他部分找到解释。当他恳切地祈求上天的光照研读圣经时，那先前似乎艰涩深奥的经文都清楚明了了。他亲身体验到诗人之话的真理:“你的言语一解开，就发出亮光，使愚人通达。”(诗119:130)

他以深切的兴趣解释其他经文的同样原则，来研究但以理书和启示录二书，他发现预言的表号也是他所能明白的，便大为欢喜。他看出凡是已经应验的预言都已字字具体实现，而且一切不同的表号、隐语、譬喻和对比等等，若不能从上下文得到解释，其所应用的语词就可从其他经文得到说明，而且在得到说明之后，就应根据字面解释。他说:“我得出了圆满的结论:圣经乃是上帝所启示有系统的真理，它是如此清楚简明，甚至‘行路的人虽愚昧，也不致失迷。’”(注2)当他这样一步一步地探索预言的各大系统时，真理的链条就一环一环地向他显明，作为他努力的报偿。有天上的使者领导他的思想，启迪他的悟性，使他能明白圣经。

他认为过去预言应验的方式，可以作为一个规律来断定有关将来的预言将要如何应验，这样，他就认明所流行有关基督属灵之国的说法——在世界末日之前，要有一千年的地上天国——是没有上帝的话为根据的。这种道理主张:在救主亲自降临之前，世上将要有一千年公义与和平的日子，这就把上帝大而可畏的日子推到遥远的将来。这种道理虽然悦耳动听，但与基督和祂使徒的教训是相抵触的，因为基督曾说，麦子和稗子要一齐生长，直到收割的日子，就是世界的末了。(见太13:30，38－41)又说:“作恶的和迷惑人的，必越久越恶。”“末世必有危险的日子来到。”(提后3:13，1)黑暗之国必要存到主降临的日子，那时才被祂口中的气所灭绝，被祂降临的荣光所废掉。(见帖后2:8)

使徒时代的教会并不相信全世界都要悔改和基督属灵统治的道理。到第十八世纪初叶，这种道理才为人所普遍接受。它像其它谬论一样，发挥了毒害的影响。它教导人说，主的降临还在遥远的将来，使他们不注意那些传说祂快要复临的预兆。它使人生出一种没有实在根据的信心和安全感，结果使许多人忽略预备迎见主的重要工作。

米勒耳曾发现圣经中清楚地教训基督亲自复临的真理。保罗说:“因为主必亲自从天降临，有呼叫的声音和天使长的声音，又有上帝的号吹响。”(帖前4:16)救主说:“他们要看见人子有能力，有大荣耀，驾着天上的云降临。”“闪电从东边发出，直照到西边，人子降临，也要这样。”(太24:30，27)那时有天上的全军护送祂。“人子在祂荣耀里，同着众天使降临。”(太25:31)“祂要差遣使者，用号筒的大声，将祂的选民，都招聚了来。”(太24:31)

在祂来的时候，死了的义人必要复

活，活着的义人必要改变。保罗说："我们不是都要睡觉，乃是都要改变，就在一霎时，眨眼之间，号筒末次吹响的时候。因号筒要响，死人要复活，成为不朽坏的，我们也要改变。这必朽坏的总要变成不朽坏的，这必死的总要变成不死的。"(林前15:51－53)在他写给帖撒罗尼迦人的书信中，他形容主的降临之后，说："那在基督里死了的人必先复活。以后我们这活着还存留的人必和他们一同被提到云里，在空中与主相遇。这样，我们就要和主永远同在。"(帖前4:16，17)

上帝的子民必须等到基督亲自复临之后，才能被接到祂的国里。救主说："当人子在祂荣耀里，同着众天使降临的时候，要坐在祂荣耀的宝座上。万民都要聚集在祂面前。祂要把他们分别出来，好像牧羊的分别绵羊、山羊一般。把绵羊安置在右边，山羊在左边。于是，王要向那右边的说，你们这蒙我父赐福的，可来承受那创世以来为你们所预备的国。"(太25:31－34)我们从以上所引的经文中可以看出，当人子来的时候，死了的义人必要复活成为不朽坏的，活着的义人必要改变。由于这种大改变，他们才准备妥当可以承受上帝的国，因为保罗说："血肉之体不能承受上帝的国，必朽坏的不能承受不朽坏的。"(林前15:50)人类目前的状况是必死的，必朽坏的，而上帝的国乃是不能朽坏的，存到永远的。所以人类在其目前的状况中不能进入上帝的国。但当耶稣来时，祂先赐给祂子民永生，然后才叫他们承受上帝的国，在这时之前，他们不过是承继人而已。

当时一般人所盼望在基督复临之前将要发生的事，例如普世的和平，上帝的国建立在地上等等，米勒耳根据以上所引证和其他的经文，清楚地证明是要在基督复临之后才发生的。再者，一切时兆和世界的局势同预言所形容末日的情形完全符合。单单由于圣经的研究，他不能不得出以下的结论:世界在目前的状态中继续存在的预定时期即将结束了。

他说："还有一个凭据有力地影响了我的思想，就是圣经中的年代学。我发现过去所应验的预言常是在所指定的时期之内实现的。洪水时代的一百二十年；(创6:3)洪水之前的七天和降雨四十天的预言；(创7:4)亚伯拉罕子孙的寄居异地四百年；(创15:13)酒政和膳长梦中的三天；(创40:12－20)法老梦中的七年；(创41:28－54)旷野中飘流的四十年；(民14:34)三年半的饥荒；(王上17:1；见路4:25)被掳的七十年；(耶25:11)尼布甲尼撒的七期；(但4:13－16)以及七个七，六十二个七，和一个七，就是为犹太人定出的七十个七(但9:24－27)——这些年代所限定的大事在其尚未发生之前都不过是几句预言，而结果都已按照预言的话应验了。"(注3)

所以当米勒耳照他所有的认识，在圣经中发现不同的年代和时期都一直伸展到基督复临的日子时，他就不能不以这些预言为"预先定准的年限"，是上帝所已经显示给祂仆人的。摩西说："隐秘的事是属耶和华我们上帝的，惟有明显的事是永远属我们和我们子孙的。"主又借着先知阿摩司说，祂"若不将奥秘指示祂的仆人众先知，就一无所行。"(申29:29；摩3:7)从此看来，每一个研究上帝圣言的人可以确信:真理的圣经必能清楚地向他指出人类历史上最惊人的大事。

米勒耳说："我既然完全相信'圣经都是上帝所默示的，于教训、督责、使人归正、教导人学义都是有益的。'(提后3:16)而且是从来没有出于人意，乃是人被圣灵感动而写的。(彼后1:21)又'是为教训我们写的，叫我们因圣经所生的忍耐和安慰，可以得着盼望'的，(罗15:4)就不能不相信圣经中有关年代的一部分同任何其他部分一样是上帝的圣言，是一样值得我们去郑重查考的。所以我觉得在企图明白上帝凭着祂的慈怜所显示给我们的事上，我是不可以轻忽这些预言的时期的。"(注4)

预言之中似乎最清楚指明基督复临之时期的，乃是但以理书八章十四节，说："到二千三百日，圣所就必洁净。"按照以经解经的规则，米勒耳知道预言表号的一天是代表一年。(民14:34；结4:6)他看出二千三百日或二千三百年的时期要远远地延到专为犹太人得救所分定的时期结束之后，因此他不可能指旧约时代的圣所而言。米勒耳接受了当时流行的看法，以为在新约时代，这个地球就是圣所，所以他认为但以理书八章十四节所预言的洁净圣所乃是代表基督复临时期用火洁净地球的事。所以他的结论是:若能找到二千三百日的正确起点，就能很容易地决定基督复临的时期。如此就能显明那伟大结局的定期。那时，目前的局面及“其骄傲和权势，炫耀和虚荣，罪恶和压迫，都要结束了。”那时，咒诅必要“从地上除去，死亡必被吞灭，必有赏赐赐给上帝的仆人，先知和圣徒，以及一切敬畏祂名的人，而那些败坏世界的人必遭败坏。”(注5)

于是米勒耳以更深切的热诚继续查考预言，夜以继日地研究那已显为非常重要而压倒一切的题目。在但以理书八章中他找不到二千三百日起点的线索，天使加百列虽然奉命来使但以理明白异象，但结果只给了他一部分的解释。当那将要临到教会可怕的逼迫在先知的异象中展开的时候，他的体力就消失了。他再也忍受不住了，所以天使暂时离开了他。“但以理昏迷不醒，病了数日。”他说:“我因这异象惊奇，却无人能明白其中的意思。”(但8:27)

然而上帝已经吩咐祂的使者“要使此人明白这异象。”这个任务是必须完成的。天使遵照这个命令，后来又回到但以理那里，说:“现在我出来要使你有智慧、有聪明，”“所以你要思想明白这以下的事和异象。”(但9:22，23，25—27)但以理第八章中还有一个要点没有解释清楚，那就是有关时间的预言——二千三百日。所以天使在继续他的解释时，就专注于这有关时间的题目上:

“为你本国之民和你圣城，已经定了七十个七。你当知道、当明白，从出令重新建造耶路撒冷，直到有受膏君的时候，必有七个七和六十二个七。正在艰难的时候，耶路撒冷城连街带濠都必重新建造。过了六十二个七，那受膏者必被剪除，一无所有。一七之内，祂必与许多人坚定盟约，一七之半，祂必使祭祀与供献止息。”(但9:24—27)

天使曾奉差遣到但以理这里来，是为了一个明显的目的，要向他解释但以理书第八章的异象中他所还没有明白的一点，就是有关时间的那一句话——“到二千三百日，圣所就必洁净。”在天使吩咐但以理“你要思想明白这事和异象”之后，他的头一句话就是:“为你本国之民和你圣城，已经定了七十个七。”这里所译为“定了”二字，原文的意思是“截出”。那七十个七代表四百九十年，天使说明是特别截出来属于犹太人的。但这是从哪里截出来的呢？但以理书第八章中既然只提到一个二千三百日的时期，所以七十个七必是从这个时期中截出来的；因此七十个七必是二千三百日的一段，而且这两个时期也必是在同一个时候开始的。天使说明那七十个七是从出令重新建造耶路撒冷的时候算起的。所以若能找到这个出令的日子，则二千三百日时期的起点必可确定了。

在以斯拉记第七章中可以找到这个命令。(见拉7:12—26)这命令最完整的方式乃是由波斯王亚达薛西在公元前四五七年颁布的。但是以斯拉记六章十四节提到在耶路撒冷耶和华的殿是遵着“波斯王居鲁士、大流士、亚达薛西的旨意”建造的。这三个王，一个发起，一个坚定，一个完成这道命令，使它完全符合预言的条件以便标志二千三百年的起点。若拿公元前四五七年，就是那命令完成的一年做为起点，则有关七十个七之预言的每一项细目都显然是已经应验了。

“从出令重新建造耶路撒冷，直到有受膏君的时候，必有七个七和六十二个七；”就是六十九个七或四百八十三年。亚达薛西的命令是在公元前四五七年秋季生效的。从这一年起算，过了四百八十三年，就到了公元二十七年。(见附录)到那时，这段预言就应验了。“受膏君”是指着“弥赛亚”说的。在公元二十七年秋天，基督受了约翰的洗，并受了圣灵的膏。使徒彼得证明“上帝怎样以圣灵和能力膏拿撒勒人耶稣。”(徒 10:38)救主也曾亲自宣布：“主的灵在我身上，因为祂用膏膏我，叫我传福音给贫穷的人。”(路4:18)祂在受洗之后，就往加利利去，“宣传上帝的福音，说日期满了。”(可1:14，15)

“一七之内，祂必与许多人坚立盟约。”这里所提到的“一七”就是七十个七之中最后的一个七，也就是特别定给犹太人的最后七年。这七年从公元二十七年到三十四年，先是基督本人，后来是借着祂的门徒，特别向犹太人发出福音的邀请。当使徒带着天国的佳音出去时，救主指示他们说：“外邦人的路，你们不要走；撒玛利亚人的城，你们不要进。宁可往以色列家迷失的羊那里去。”(太10:5，6)

“一七之半，祂必使祭祀与供献止息。”在公元三十一年，就是在祂受洗三年半之后，我们的主就被钉十字架了。随着髑髅地所献上的大牺牲，那四千年来预指上帝的羔羊的献祭制度就截止了。表号已经遇到实体，仪文制度的一切祭祀和供献就此止息了。

这样我们可以看出七十个七或四百九十年，就是特别留给犹太人的时期，到公元三十四年就届满了。那一年，因为犹太公会的决议，造成司提反的殉道和基督门徒的遭受逼迫，犹太国就作了最后的决定要拒绝福音，顽抗到底。于是救恩的信息不再限于选民，而要传给全世界了。门徒因受逼迫，不得不逃离耶路撒冷，而“往各处去传道。”“腓利下撒玛利亚城去，宣讲基督。”(徒8:4，5)彼得受了上帝的引领，将福音传给凯撒利亚的百夫长，就是敬畏上帝的哥尼流。热心的保罗既皈依了基督，就奉差遣带着大喜的信息“远远地往外邦人那里去。”(徒22:21)

到此为止，预言的每一个细目都已显著地应验了，七十个七的起点毫无疑问地是定在公元前四五七年，它的终点在公元三十四年。根据这些已知的事实，就很容易找出二千三百日的终点。七十个七——四百九十日——既是从二千三百日中截出来的，所以二千三百日还剩下一千八百一十日。在四百九十日过去之后，还有一千八百一十日必须应验。从公元三十四年算起，再过一千八百一十年，就到一八四四年。因此，但以理书八章十四节二千三百日的终点必是一八四四年。按照上帝使者的见证，在这一段漫长的预言时期结束时，“圣所就必洁净。”这样，洁净圣所的时候——当时的人几乎普遍相信是要在基督复临时发生——已是正确地指出来了。

米勒耳和他的同工起先相信二千三百日要在一八四四年春季届满，然而预言却是指着那一年的秋季。这一点误会使那些为主的复临规定更早的日子的人大为失望而困窘。但二千三百日之必定在一八四四年届满，以及洁净圣所所预表的大事之必定在这一年发生，这两个事实所有确凿的论据并没有因此而受到一点影响。

当米勒耳起初专心研究圣经，为要证明它是上帝所赐的启示时，他真没有想到他会得出现在的这种结论。他几乎不敢相信自己研究的结果。可是圣经的证据既是那么清楚而有力，他就不能将其置之脑后。

一八一八年，在他用了两年的工夫研究圣经之后，他得出了这个严肃的结论：约在二十五年之内，基督必要显现来救赎祂的子民。米勒耳说：“我无需描述我因这可喜的指望而心中所充满的快乐，或是因希冀与赎民共享喜乐而产生的热望。这时圣经对于我已是一本新的书。它真成了一席理智的盛筵。过去我在其教训中所看到的隐秘、玄妙或艰涩之处，如今都在它神圣篇幅所发清楚的光芒之下完全消散了，真理所显示的光辉真是华丽灿烂！我过去在圣经中所找出的一切冲突和矛盾都不存在了，虽然其中还有许多我所未能完全明了的经文，但我蒙昧的心灵已经得到了那么多的亮光，甚至我在研究圣经时感到一种快乐，这种快乐是我先前所没有想到可以从圣经的教训中得到的。”(注6)

“我心中既有这种严肃的信念，知道

圣经中所预言那么重大的事情行将在那么短促的时间之内应验，所以鉴于这个已经感动我自己内心的凭据，我就不禁想到我对于世人的责任是何等重大。”(注7)他不能不觉得他有责任将自己所已经接受的真光传给人。他预料自己必要遭遇不敬虔之人的反对，但深信一切基督徒必要因希望迎见他们所自称敬爱的救主而大为喜乐。他惟一的顾虑就是怕他们一看到这光荣的拯救那么快就要实现，就会大喜过望，并在还没有充分研究那显明这真理的经文前，就贸然接受这复临的道理。因此他还迟疑不敢把这道传给人，惟恐自己或许还有错误，因而引领别人走入歧途。于是他再着手复查他所得出结论的证据，仔细考虑他心中所想到的一切难题。他所能想到的种种非难都在上帝圣言的光照之下消失了，正如雾气在日光之前消散一样。他在这工作上费了五年工夫，以后他就完全确信自己的见解真是准确无误了。

他既相信圣经中所那么清楚教导的事，就更深刻地感觉自己有责任将这信息传给人。他说：“当我从事自己的工作时，我耳中不断听见这句话：‘去把世人的危险警告他们。’我也时常想到以下的经文：‘我对恶人说，恶人哪，你必要死。你以西结若不开口警戒恶人，使他离开所行的道，这恶人必死在罪孽之中，我却要向你讨他丧命的罪。倘若你警戒恶人转离所行的道，他仍不转离，他必死在罪孽之中，你却救自己脱离了罪。’(结33:8，9)我觉得恶人若是受到有效的警戒，他们当中必有许多人悔改，倘若他们没有受到警戒，他们丧命的罪或许要在我手中追讨。”(注8)

这时他开始在有机会的时候私下向人说明自己对于预言的见解，希望有某一位牧师能感觉到这些预言的重要性，而献身从事宣传的工作。但是他还是排除不了他自己有责任传扬警告的感觉。以下的话仍在他心中萦回不已：“去把这信息传给世人，我要向你讨他们丧命的罪。”他等待了九年之久，可是这重担仍压在他心上，直到一八三一年他才开始向公众宣讲自己信仰的缘由。

古时以利沙怎样在耕地赶牛的时候蒙召接受圣职的衣袍，从事先知的工作，照样，米勒耳威廉蒙召撇弃他的农事来向众人阐明上帝国度的奥秘。他战战兢兢地开始了他的工作，引领他的听众从预言的时期逐步明白基督的第二次显现。当他看到自己的话所引起广泛的兴趣时，他从每一次的努力中得到更多的力量和勇气。

米勒耳最先在他弟兄的请求中听到上帝的呼召，才同意公开宣讲自己的见解。这时他年纪已五十岁，又不惯于演讲，并觉得自己不配担任当前的工作，故心中忐忑不安。但他的工作从起始就特别蒙福，拯救了许多人。他第一次的演讲引起了宗教的奋兴，结果，除了二人之外，计有整整十三家的人都悔改了。他立时被请到别处去演讲，他的工作在每一处几乎都奋兴了上帝的圣工。罪人悔改了，基督徒被鼓舞起来作更大的奉献，信奉自然神教和无神主义者也因而承认了圣经的真理和基督徒的信仰。听众的见证是：“他所能感动的一等人不是别人的影响所能及的。”(注9)他的演讲正足以唤醒众人去注意宗教的伟大真理，并遏制当时滋长着的俗念和荒淫。

他讲道的结果几乎使每一个城市有几十——有时多至几百个人悔改。在许多地方，几乎各宗派的改正教会都欢迎他讲道，而且经常是由于这些团体的牧师提出邀请的。他一贯的作风是没有被请就不到任何地方讲道，但不久他发现自己应付不了从各地如雪片飞来之要求的一半。

许多人虽然不同意他所核算出来基督复临的确定时期，但他们还是深信基督必要降临，而且降临的日子已经临近，同时也感到自己有准备的必要。他的工作在一些大城市产生了深刻的印象。开酒馆的人放弃了他们的事业，并把店铺改作聚会的场所。赌窟也关门了，无神主义者和信奉自然神教或宇宙神教的人，连最放荡荒淫的人也悔改归正了，其中有些人是多年没有进过教会的门的。各宗派都举办祷告会，在各处几乎每小时都有聚会，许多商人在中午聚集唱诗祷告。而且一般的聚会都没有过激的兴奋，几乎人人心中都有一种严肃的感觉。米勒耳的工作像早期的改革家一样，注重折服人的理性，唤醒人的良心，而不单是要刺激人的情绪。

一八三三年，米勒耳从浸礼会领到传道证书，他原是该会的教友。他所信奉的这个宗派的多数牧师也赞同他的工作，这张证书就是他们正式的许可，准他继续工作。于是他不住地游行讲道，虽然他本人的工作大致限于新英格兰和中部各省。好几年工夫他的旅费完全由自己支付，就是后来他所收受的款项也不足以偿付他旅行到被请之地的费用。这样，他的公共服务不但没有使他得到经济上的利益，反而对于他是一种重大的负担，因此他的产业在他一生的这一个阶段中渐渐减少了。他是一个大家庭的父亲，幸亏他的家人都能勤俭度日，所以他的农场还够维持他和一家人的生活。

在米勒耳开始公开宣讲基督复临二年之后，就是一八三三年，救主所应许作为祂复临之记号的最后一个预兆出现了。耶稣说："众星要从天上坠落。"(太24:29)约翰在异象中看到那宣告上帝大日的景象时，他在启示录中声称："天上的星辰坠落于地，如同无花果树被大风摇动，落下未熟的果子一样。"(启6:13)这一段预言在一八三三年十一月十三日的大流星雨中显著而动人地应验了。那真是一次范围最广大，现象最新奇的流星雨，是历史上空前绝后的事迹："那时，全美国的穹苍中星火四射，达好几个小时之久。自从美国立国以来，从来没有发生过天上的异象，足使一等人看来大为叹赏，而另一等人却惶恐不已。""这辉煌而可怕的奇观，如今仍在许多人心中萦回不已。就是雨点也从来没有比这次落在地上的流星更密，东南西北，全是一样。总而言之，整个天空似乎都在震动着。这种异象北美洲全地都可看见，正如西里曼教授的日报上所形容的。从半夜二时直到天亮，天空晴朗，万里无云，整个穹苍不停地发射着灿烂夺目的光芒。"(注10)

"实在没有什么言语足以形容那壮丽的奇观，若非亲自目睹这景象，就无法对它的光耀得到充分的概念。似乎天上一切的星都集中在靠近天顶的一点上，然后以极大的速度向地平线上的各方面射去，而射也射不尽——千万颗流星接着千万颗流星的踪迹急速射来，似乎是特为这时机而创造的。"(注11)"人也再不能看到什么景象，更像无花果树被风摇动落下果子一样的了。"(注12)

一八三三年十一月十四日的纽约商业日报登载了一篇文章，论到这次希奇的天象有以下的话："我想没有任何哲学家或学者曾讲论或记载过一件大事，像昨天早晨的一样。惟有一位先知在一千八百余年之前正确地预言过了，如果我们认定众星坠落是指着流星而言，那么，这就正好应验了他的预言，况且只有根据这种解释，这个预言才能实现。"

这样，耶稣再来的最后一个兆头出现了，关于这些预兆，祂曾嘱咐祂的门徒，说："你们看见这一切的事，也该知道人子近了，正在门口了。"(太24:33)在这些兆头出现之后，约翰看到那即将随之而来的大事:天就挪移，好像书卷被卷起来，地大震动，山岭海岛都被挪移离开本位，使恶人恐惧战兢，设法逃避人子的面。(见启6:12—17)

许多看到众星坠落的人认为这是将来之审判的先声——"大而可畏之日的一个可怕的表号，一个确实的先驱，一个慈怜的兆头。"(注12)这样，众人就注意到预言的应验，许多人就留意复临的警告了。

在一八四〇年，另有一个显著应验的预言引起了普遍的兴趣。两年之前，传讲复临的一个著名牧师李奇约西亚发表了启示录第九章的解释，预言土耳其帝国的败亡。依照他的计算法，这个政权必在"一八四〇年八月间"倾覆。就在这事成就之前几天，他写道："如果第一段一百五十年的时期正在弟珂西斯由于土耳其人的许可登位之时届满，那么，三百九十一年零十五天若从以上一段时期结束时算起，就要在一八四〇年八月十一日截止，那时，土耳其帝国在君士坦丁堡的权势就要倾覆。我相信事情必然这样成就。”

正在那指定的时候，土耳其通过她的使节，接受了欧洲列强的保护，这样，她就投身于基督教国家的控制之下。事情果然正确地应验所预言的话。(见附录)众人既知道这事，就信服了米勒耳和他同工所用以解释预言之原则的准确性，于是复临运动得到了一次非常的鼓舞。一些有学问有地位的人来和米勒耳联合同工，宣讲并刊行他的见解，因此从一八四〇年到一八四四年，他们的工作就迅速地扩展了。

米勒耳威廉具有坚强的智力，受过思想和研究的锻炼。此外，他又因与智慧的泉源联络而得到天上的智慧。他品质高贵，为一切重视人格和道德的人所景仰所钦佩。他有一颗真诚仁爱的心，又有基督徒的谦卑和自制的能力，所以他总是殷勤有礼地对待各人，愿意倾听别人的意见，衡量他们的论据。他心平气和地用上帝的话来试验一切学说和道理，他那正确的理解和透彻的圣经知识，使他能以反驳谬论，揭破虚谎。

但他进行工作也不是没有遭遇到剧烈反对的。正如早期的改革家一样，他所提出的真理终于不为一班宗教教师所赞同。他们既不能用圣经来维持自己的立场，就不得不借助于人的学说和道理，或教父的遗传。但那些传扬复临真理的人只承认上帝圣言的见证。“圣经乃是惟一的权威，”这句话乃是他们的格言。反对他们的人既缺少圣经的根据，就用讥诮和嘲骂的手段来弥补。他们不惜用时间、经济和才能来毁谤米勒耳和他的同仁，而这些人惟一的罪状就是他们以喜乐的心情仰望救主回来，努力度圣洁的生活，并劝勉别人预备祂的降临。

一班牧师竭力设法使人转离复临的题目。他们把有关基督复临和世界末日之预言的研究当作一种罪恶可耻的事。这样他们就颠覆了上帝圣言的信仰。他们的教训竟使人成为无神主义者，许多人因此就自由自在地随从自己的情欲行事。然后这些祸害的创始者却把责任都归在相信基督复临的人身上。

米勒耳虽然经常吸引满堂有知识而殷切的听众，但他的名字除了作为讽刺和毁谤的话柄之外，在一般宗教刊物上很少提起。一班轻浮和亵慢的人因宗教教师们的态度而胆大妄为，竟以侮辱的谩骂和卑鄙而亵渎的讥讽，尽量诬蔑他和他的工作。这个白发的老人曾离开舒适的家庭，用自己的钱旅行各城各镇，辛劳不倦地把“审判近了”的严肃警告传给世人，竟被人讥诮并排斥为狂热之徒、说谎的人、卑鄙的投机分子。

那堆在他头上的讥诮、诬蔑和侮辱引起了许多人的愤慨不平，连社会上的报刊也提出异议。不信宗教的人也说这等人用轻佻污亵的话来“谈论那么严肃而关系重大的题目，”“非但是戏弄那些宣传和维护这道理的，”而也是“取笑审判的大日，讥诮上帝，并轻侮祂审判台的威严。”(注14)

祸患的煽动者不但想要抵制复临信息的影响，而也要消灭那传讲这信息的人。米勒耳用圣经的真理切实地打动了听众的心，谴责他们的罪恶，妨碍他们的自满，因此他那清晰锐利的话引起了他们的仇恨。各教会的教友对于他的信息所显示的反对，使一班下流社会的人更为胆大妄为了，他的敌人计划要在他离开会场的时候杀害他。但有圣天使在会众之中，有一个天使装作人的样子拉着上帝这个仆人的臂膀，领他平平安安地脱离了狂怒的暴徒。他的工作还没有作完，撒但和他使者的计谋失败了。

虽然有这一切的反对，人们对于复临运动的兴趣却不断增高。会众从几十几百加增到几千了。各教会的人数都大大增加起来了，但过了不久，反对真理的精神竟向这些新悔改的人发作了，各教会开始对那些拥护米勒耳主张的人予以惩戒的处分。这种行动使米勒耳不得不提出抗议，他写了一篇文章向各宗派的基督徒致辞，强调若是他的道理是虚谬的，请他们从圣经中指出他的错误。

他说：“我们所相信的有什么不是上帝

的圣经所吩咐我们相信的呢？这圣经你们自己也承认是信仰和行为的惟一规律。我们到底犯了什么错，以致遭到你们在讲台和刊物上这样恶毒的非难，你们到底有什么正当的原因来排斥我们(相信复临的人)于你们的教会和团体之外呢？”“如果我们有错，请指出我们错在哪里。务要从上帝的圣言中拿出凭据证明我们的错，我们所受的讥诮已经够了，讥诮绝不能使我们折服，惟有上帝的话能改变我们的主张。我们的结论是经过深思熟虑，多方祷告，并在圣经中找出凭据之后才得出来的。”(注15)

历代以来，上帝借祂仆人所传给世人的警告，一直是这样被人怀疑不信的。当洪水时代之人的罪孽招致上帝降下洪水时，祂曾先宣明自己的旨意，使他们有机会离弃他们的恶行。祂的警告在他们耳中作响计达一百二十年之久，劝他们悔改，免得上帝显示祂的忿怒毁灭他们。但是这个信息在他们看来似乎是无稽的戏言，所以他们不肯相信。他们在罪恶中肆无忌惮，竟敢讥诮上帝的使者挪亚，轻视他的劝告，甚至于诬告他是僭越狂妄。他一个人怎敢起来反对地上的一切伟人呢？如果他所传的信息是确实可靠的，为什么人人不都看出其中的真理而相信呢？一个人的主张竟敢反对千万人的智慧！他们不肯相信这警告，也不肯在方舟里避难。

讥诮的人指出自然界的事物——一年四季循环不息，蔚蓝的天空从来没有下过雨，碧绿的原野受夜间的露水所滋润欣欣向荣，他们说：“他岂不是说比喻的么？”他们轻蔑地说传义道的挪亚是一个狂热之徒。于是他们比从前更热衷于追求宴乐，更专心于放纵罪行。可是他们的不信并不能阻止所预言之大事的来临。上帝长久容忍他们的罪恶，给他们充足的悔改机会了。但到了指定的时候，祂的刑罚就要临到一切拒绝祂恩典的人身上了。

关于基督的复临，祂说世上也必有这同样的不信存在。正像挪亚日子的人，“不知不觉洪水来了，把他们全都冲去。人子降临也要这样。”(太24:39)当自命为上帝子民的人和世人联合，随俗浮沉，与他们一同追求上帝所禁止的娱乐时，当世界的奢华成了教会的奢华，众人吃喝嫁娶，展望到将来多年的繁荣时，那时，像晴天霹雳一般，他们光明的幻梦和迷人的希望都必化为泡影。

上帝古时怎样差遣祂的仆人警告世人洪水将要来到，照样，祂也差遣祂所拣选的使者向世人宣告最后审判大日的临近。挪亚时代的人怎样讥诮那传义道之人的预言，照样，在米勒耳的日子，有许多人——连自称为上帝子民的人在内，也讥诮他所传的警告。

那时的教会为什么这样不欢迎传讲基督复临的道理呢？主的降临对于恶人固然是灾祸和荒凉，但对于义人乃是充满着喜乐和希望的。这个伟大的真理乃是历世历代上帝忠心之儿女的安慰，为什么它倒像基督一样，成了那些自命为祂子民之人“绊脚的石头，跌人的磐石”呢？我们的主亲自应许祂的门徒说：“我若去为你们预备了地方，就必再来接你们到我那里去。”(约14:3)我们慈悲的救主顾念到祂门徒将来的孤寂和忧郁，所以差遣天使来安慰他们、应许他们，祂必亲自再来，像祂亲自升天一样。当门徒定睛望天要作最后一见他们所爱之主的一面时，有以下的话引起了他们的注意：“加利利人哪，你们为什么站着望天呢？这离开你们被接升天的耶稣，你们见祂怎样往天上去，祂还要怎样来。”(徒1:11)门徒心中的希望因天使的信息而重现光明了，他们“大大地欢喜，回耶路撒冷去，常在殿里称颂上帝。”(路24:52，53)他们的欢喜并不是因为耶稣离开了他们，留下他们去应付世上的磨炼和试探，乃是因为天使的保证，说祂必要再来。

基督再来的信息，今日应当像从前天使向伯利恒的牧羊人报告基督降生的时候一样，是大喜的佳音。那些真正热爱救主的人，不能不快乐欢呼地接受这以上帝的话为根据的信息，就是说他们的希望和永生所寄托的主将要再来，不再像第一次降临时遭侮辱，受轻视，被拒绝，乃是在能力和荣耀中降临，来救赎祂的子民。惟有那些不爱主的人才不愿望祂回来，这些教会既因那上天所赐的信息而生出愤怒和仇恨，就再没有什么确凿的凭据较此更足以证明他们已经离开了上帝。

那些接受复临道理的人，深觉自己有在上帝面前悔改和自卑的必要。许多在基督和世界之间长久迟疑不决的人，现在觉得这是应该决定立场的时候了。“永恒的事物在他们像是非常的真理。天国临近人间了，他们觉得自己在上帝面前是罪人。”(注16)许多基督徒觉醒起来度着新的属灵生活。他们觉得时间短促，他们所要为同胞作的事必须赶快去作。他们看地上的事如同粪土，而永恒以及其所包括的永远祸福似乎在他们面前展开了，他们就觉得一切属世的追求都是无足轻重的。上帝的灵降在他们身上，使他们有能力向弟兄和罪人发出热切的恳劝，叫他们预备应付上帝的大日。他们日常的生活也是无声的见证，对于那些徒具形式而没有献身的教友乃是经常的责备。这些人不愿意在他追求享乐和图谋名利的事上受到滋扰。因此他们生出了仇恨的心，去反对复临的信仰和那些宣传这真理的人。

反对的人既看出预言时期的论据是辩驳不倒的，就教训人说，预言是封闭着的，企图借此阻止人查考这个题目。这样，改正教会就步了罗马教会的后尘。罗马教会不许人看圣经，(见附录)改正教会则声称圣经中重要的一部分——那特别适用于本时代的真理是我们所不能明白的。

牧师和信徒都说但以理书和启示录的预言是人所不能了解的奥秘。但基督把先知但以理有关当时的话指示祂的门徒，说:“读这经的人须要会意。”至于说启示录是一个奥秘，是人所不能明白的这个意见，与这卷书开篇的话是相抵触的:“耶稣基督的启示，就是上帝赐给祂，叫祂将必要快成的事指示祂的众仆人。念这书上预言的和那些听见又遵守其中所记载的，都是有福的，因为日期近了。”(启1:1—3)

先知说:“念这书上预言的，是有福的。”——有一些不愿意念的人，福气就不是他们的。“和那些听见”的——也有一些人不肯听任何与这预言有关的事，这一等人也得不到福气。“遵守其中所记载的”——许多人不肯留意启示录中的警告和教训，这一等人没有一个能得到这所应许的福。凡讥诮预言的题旨，并戏笑其中所严肃提出之表号的人，凡不肯改正自己的行为并预备等候人子降临的人，都必得不到福气。

鉴于圣灵的见证，世人怎敢说启示录是一个奥秘，是人类的悟性所不能领悟的呢？事实上它乃是一个显明了的奥秘，一本敞开了的书。启示录书的研究能使人注意但以理书的预言，这两卷书提出上帝所赐给世人的最重要的训诲，有关世界历史结束时所要发生的种种大事。

基督曾向约翰展开教会的经验中一些旨趣深奥而动人的景象。他看到上帝子民的情况、危险、争战和最后蒙救。他记载了那将要收割地上庄稼的最后信息，那庄稼，或是收入天仓的禾捆，或是捆成捆的稗子预备用火焚烧。基督曾把非常重要的题旨，尤其是有关末期教会的事，显示给他，使一切弃假归真的人都可以得到教训，准备应付那摆在他们面前的危险和斗争。关于那将要临到地上的事，没有一个人是必需留在黑暗之中的。

既然如此，世人为什么普遍地不知道圣经中这重要的一部分呢？为什么一般人不肯查究其中的教训呢？这是黑暗之君深谋远虑的结果，要把那能显明他骗术的一卷书隐蔽起来。正因这缘故，启示者基督预先看到这一场反对研究启示录的争战，所以祂宣布，凡是念、听，并遵守这预言的人是有福的。

注1：Bliss, S.,“Memoirs of Wm. Miller,”第65—67面。

注2：Bliss, S.,“Memoirs of Wm. Miller,”第70面。

注3：Bliss, S.,“Memoirs of Wm. Miller,”第74，75面。

注4：Bliss, S.，“Memoirs of Wm. Miller,”第75面。

注5：Bliss, S.，“Memoirs of Wm. Miller,”第76面。

注6：Bliss, S.，“Memoirs of Wm. Miller,”第76，77面。

注7：Bliss, S.，“Memoirs of Wm. Miller,”第81面。

注8：Bliss, S.，“Memoirs of Wm. Miller,”第92面。

注9：Bliss, S.，“Memoirs of Wm. Miller,”第138面。

注10：Devens, R. M.，“American Progress; or The Great Events of the Greatest Century,”第28章，1－5段。

注11：Reed, F.， in the Christian Advocate and Journal， 1833年12月13日。

注12：“The Old Countryman,” in Portland Evening Advertiser, 1833年11月26日。

注13：Litch, Josiah, article in Signs of the Times and Expositor of Prophecy, 1840年8月1日。

注14：Bliss, S.，“Memoirs of Wm. Miller,”第183面。

注15：Bliss, S.，“Memoirs of Wm. Miller,”第250，252面。

注16：同上第146面。

第十九章
失望中的希望

历代以来，上帝在地上的工作，在一切伟大的改革和宗教的运动上，都呈现着一种显著的相似之点。上帝对待世人的原则，古今都是一样的。现在的重要运动有过去的运动作为戒鉴，所以古时教会的经验对于现代有非常宝贵的教训。

圣经中最清楚的一项真理，说明上帝常借圣灵特别指示祂在地上的仆人去进行救恩工作的大运动。人乃是上帝所用来成就祂恩典和怜爱之旨意的工具。每一个人都有指定的工作，每一个人都可得到适合于当时需要的亮光，足供帮助他负起上帝所交付他的工作。但是人无论多么蒙上天的尊荣，他总不能得到有关救赎大计划的全部知识，甚至也不能完全体会到上帝在当时代的工作中所有的旨意。人不能充分明白上帝交托他们的工作所要达成的目的，他们也不能体会到他们奉祂名所发之信息的全部关系及意义。

“你考察，就能测透上帝么？你岂能尽情测透全能者么？”“耶和华说，我的意念非同你们的意念，我的道路非同你们的道路。天怎样高过地，照样，我的道路高过你们的道路，我的意念高过你们的意念。”“我是上帝，再没有能比我的。我从起初指明末后的事，从古时言明未成的事。”(伯11:7；赛55:8，9；46:9，10)

连那些特别蒙圣灵光照的先知也没有充分明了那交托给他们的启示的意义。这意义乃是要根据上帝子民对其所含之教训的需要而一代一代地逐步向他们展开的。

彼得提到那借着福音所显明的救恩，说：“论到这救恩，那预先说你们要得恩典的众先知，早已详细地的寻求考察，就是考察在他们心里基督的灵，预先证明基督受苦难，后来得荣耀，是指着什么时候，并怎样的时候。他们得了启示，知道他们所传讲的一切事，不是为自己，乃是为你们。”(彼前1:10－12)

众先知虽然不能完全明白所启示给他们的事，但他们却热切追求要获得上帝的美意所显明的一切亮光。他们“详细地寻求考察，”“考察在他们心里基督的灵，是指着什么时候，并怎样的时候。”这对新约时代的上帝子民是何等的一个教训啊，何况上帝把这些预言赐给祂的众仆人原是为现代圣徒的益处！“他们得了启示，知道他们所传讲的一切事，不是为自己，乃是为你们。”且看上帝的圣先知怎样“详细地寻求考察”关于上帝为未来世代的人所赐给他们的启示。且以他们圣洁的热忱和现代信徒对待上天恩赐所表示冷淡和漠视的态度作一对照。这些喜好安逸，贪爱世俗而漠视一切的人，竟不惜声称：“预言是人所不能明白的”，先知热爱真理的表现对于他们是何等的责备啊！

世人有限的心智固然不足以领会无穷之主的谋略，也不能充分明白祂旨意的成就，但是他们对于上天的信息之所以如此模糊不明，往往也是因为他们自己的错误或疏忽。许多人的思想，连上帝的仆人也在内，往往会被人的成见和遗传以及虚伪的教义所蒙蔽，以致他们只能局部地了解上帝在祂圣言中所启示的大事。基督的门徒，就是当救主亲自与他们同在的时候，也是如此。他们的思想充满了当时所流行的对于弥赛亚的观念，认为祂要作一个属世的君王，并要高举以色列在普世大国的宝座之上，因此他们不能明白祂预言自己要受苦受死的意义。

基督曾亲自差遣他们出去宣告以下的信息：“日期满了，上帝的国近了！你们当悔改，信福音。”(可1:15)这个信息乃是以但以理书第九章的预言为根据的。天使所说的六十九个七是要伸展到“有受膏君的时候，”因此门徒抱着远大的希望和喜乐的理想，指望他们的夫子在耶路撒冷建立弥赛亚的国度，治理全地。

他们宣讲了基督所交付他们的信息，但他们自己却看错了其中的意义。他们的宣告虽然以但以理书九章二十五节为根据，但他们没有看出同章下一节弥赛亚要被“剪除”的话。从他们有生以来，他们的心一直专注于地上大国的光荣理想上，这就蒙蔽了他们的悟性，以致他们不能明白预言的指示和基督的话语。

他们履行了本分，向犹太国发出慈怜的邀请，然后正在他们希望看到他们的主升上大卫的宝座时，他们却看见祂像一个囚犯一样被捉拿、鞭打、侮辱、定罪，并在髑髅地的十字架上被举起来。当救主睡在坟墓里的那两天中，门徒的心是何等地失望而痛苦啊！

原来基督已经按照预言所指定的时候和方式来到世上。圣经的见证已经在祂服务生活中的每一个细节上应验了。祂已经宣讲救恩的信息，而且“祂的话里有权柄。”听众的心感觉到祂的话是从天上来的。上帝的话和祂的灵都证明祂儿子的神圣使命。

门徒在失望之中仍然是热爱他们慈悲的夫子的。然而他们的心却被不安和疑云所笼罩。他们在惨痛之中，没有回想到基督指着自己受苦受死所说的话。如果拿撒勒的耶稣真是弥赛亚，他们怎么会这样陷于忧愁和失望之中呢？当救主在被钉之后复活之前的安息日躺在坟墓里，而门徒感觉没有希望的时候，那使他们精神上受到万分痛苦的，就是这个问题。

虽然有忧愁之夜的黑暗包围着耶稣的门徒，但他们并没有被丢弃。先知说：“我虽坐在黑暗里，耶和华却作我的光。祂必领我到光明中，我必得见祂的公义。”“黑暗也不能遮蔽我使你不见，黑夜却如白昼发亮，黑暗和光明，在你看都是一样。”上帝曾说：“正直人在黑暗中，有光向他发现。”“我要引瞎子行不认识的道，领他们走不知道的路，在他们面前使黑暗变为光明，使弯曲变为平直。这些事我都要行，并不离弃他们。”(弥7:8，9；诗139:12；112:4；赛42:16)

门徒奉主的名所传的信息在各方面都是正确的，而且这信息所指的种种大事正在一一发生。他们的信息是：“日期满了，上帝的国近了。”在“日期”满足，就是但以理书第九章的六十二个七伸展到“受膏君”弥赛亚的时候，基督在约旦河受了约翰的洗之后，曾接受了圣灵的膏。门徒所宣称已经临近的“上帝的国”，要因基督的死而建立起来。这并不是地上的国，像他们向来所相信的。这国也不是那将来永不朽坏之国，不是那在“国度、权柄和天下诸国的大权，必赐给至高者的圣民”的时候所要建立的，“一切掌权的都必侍奉祂、顺从祂”的永远的国。(但7:27)圣经中所用“上帝的国”这个口气是指着恩惠的国，也是指着荣耀的国说的。保罗在写给希伯来人的书信中说明了恩惠的国。使徒在指明基督为“体恤我们的软弱”的慈悲大祭司之后，便说：“所以我们只管坦然无惧的来到施恩的宝座前，为要得怜恤，蒙恩惠，作随时的帮助。”(来4:16)施恩的宝座代表恩惠的国，一个宝座的存在暗示一个国度的存在。基督在祂的许多比喻中，用“天国”二字来叙述上帝的恩典在人心中所施行的工作。

照样，荣耀的宝座代表荣耀的国度。救主提到这个国度说：“当人子在祂荣耀里，同着众天使降临的时候，要坐在祂荣耀的宝座上，万民都要聚集在祂面前。”(太25:31，32)这个国度要等到将来基督复临的时候才建立起来。

在人类堕落，并在上帝拟定一个救赎有罪之人类的计划以后，这恩惠的国就立时建立起来了。那时，它存在于上帝的旨意之中，并因上帝的应许而成立，人也能因着信而成为这个国度的子民。然而直到基督钉死的时候，这国才实际成立。因为在救主开始祂地上的使命之后，祂仍可以因世人的顽梗不化和忘恩负义而厌弃他们，以致不肯到髑髅地去牺牲。在客西马尼园中，那灾祸的苦杯在祂手中摇摇欲坠。那时，祂很可以从祂的额上擦去那如大血点的汗珠，而听凭犯罪的人类死在他们的罪孽之中。如果祂这样作的话，堕落的世人就不能得蒙救赎了。但当救主舍弃了祂的性命，而用祂最后的一口气呼喊“成了”的时候，救赎计划的成功就确定了。那向伊甸园犯罪的夫妇所发救恩的应许就批准生效了。前此借着上帝的应许而存在的恩惠的国，这时才算正式成立。

这样，基督的死——门徒所看为使他们的希望归于幻灭的事，正好使他们的希望永远确定。这一件使他们临到极为难堪之失望的事正是一个最可靠的凭据，证明他们的信仰是正确无误的。那使他们充满忧愁失望的事，反倒为亚当的每一个儿女打开了希望之门，而且上帝各世代的忠心儿女将来的生命和永久的幸福都以此为中心。

那无穷怜爱的旨意正好借着门徒的失望而实现了。他们的心虽然因上帝的恩惠和那“从来没有像祂这样说话的”主之教训而感动，但他们对于耶稣的爱心还搀杂着属世的骄傲和自私的野心，正像金子里搀合着杂质一样。就是在逾越节的楼房中，当他们的夫子正在进入客西马尼的阴影时。“门徒起了争论，他们中间哪一个可算为大。”(路22:24)他们的心目中充满了宝座、冠冕和荣耀的幻想，殊不知摆在他们面前的，却是客西马尼园、审判厅和髑髅地十字架的羞辱与惨痛。那使他们固守当时的虚伪教训，而没有留意救主所说阐明祂国度的性质和预指祂受苦受死的话的，乃是他们心中的骄傲和对于属世荣誉的渴望。结果这些错误使他们受到了考验，这考验虽然剧烈却是必需的，而且上帝容许这考验临到他们，乃是为要纠正他们。门徒虽然误会他们所传之信息的意义，又没有看到自己的希望实现，但他们毕竟是传开了上帝所给他们的警告，主也必报偿他们的信心并重看他们的顺从，还要把复活之主的光荣福音托付他们去传给各国的人听。他们之所以经过那似乎是难以忍受的经验，正是为要准备他们去担任这工作。

耶稣复活之后曾在往以马忤斯去的路上向门徒显现，并“从摩西和众先知起，凡经上所指着自己的话，都给他们讲解明白了。”(路24:27)门徒的心鼓舞起来了，信心也油然而生。可见他们在耶稣向他们显露自己之前，他们是已经“重生了，有活泼的盼望。”祂的旨意是要启发他们的悟性，并使他们的信仰建立在“更确切的预言”上。祂期望真理能在他们心中根深蒂固，不单是因为有祂亲口的见证为根据，而也是因为仪文律法的表号和影像以及旧约预言中所提供确凿的凭证。基督的门徒必需有一种出于理智的信心，不单是为他们自己的益处，也是使他们能将认识基督的知识传给世人。耶稣指示门徒以“摩西和众先知”为传授这知识的第一步。这就是复活的救主对旧约圣经的价值和重要性所作的见证。

当门徒再一次看到他们夫子可爱的面容时，他们心中有了多么大的改变啊！(路24:32)这次他们以比从前更清楚而透彻的眼光“遇见了”“摩西在律法上所写的，和众先知所记的那一位。”他们的疑虑、惨痛、失望，一变而成为完全的把握和明朗的信心。难怪他们在主升天之后，“常在殿里称颂上帝。”犹太人只知道救主受了可耻的死，故想在门徒脸上必可看到忧伤、狼狈和失望的表情，谁知他们所看到的乃是快乐和得胜的笑容。这些门徒为他们当前的工作得到了何等的准备啊！他们已经历过他们所能经验的最严重的试炼，并已看出在人所看为完全失败的时候，上帝的话如何胜利地成全了。从此以后，还有什么能挫折他们的信心或消灭他们爱心的火焰呢？他们已经在最难堪的忧伤之中“大得勉励”，并得到指望“如同灵魂的锚，又坚固又牢靠。”(来6:18，19)他们已经看到上帝的智慧和能力，而且他们已经“深信无论是死、是生、是天使、是掌权的、是有能力的、是现在的事、是将来的事、是高处的、是低处的、是别的受造之物，”都不能叫他们“与上帝的爱隔绝，这爱是在我们的主基督耶稣里的。”他们说：“然而靠着爱我们的主，在这一切的事上已经得胜有余了。”(罗8:38，39，37)“惟有主的道是永存的。”(彼前1:25)“谁能定他们的罪呢？有基督耶稣已经死了，而且从死里复活，现今在上帝的右边，也替我们祈求。”(罗8:34)

耶和华说：“我的百姓，必永远不至羞愧。”(珥2:26)“一宿虽然有哭泣，早晨便必欢呼。”(诗30:5)当主复活的那一天，这些门徒遇见救主时，当他们倾听祂的话而心中火热起来时；当他们看着那曾为他们受伤的头和手脚时；当耶稣在升天之前领他们到伯大尼去，并举手为他们祝福，吩咐他们“往普天下去，传福音给万民听，”又说：“我就常与你们同在”时；(可16:15；太28:20)当五旬节的那天那应许的保惠师降临，那从上头来的能力的赐予，信徒心中觉得有他们升天的主与他们同在时——那时，虽然他们像主一样要经过牺牲和殉道的路，他们肯不肯拿祂恩惠福音的工作和在祂降临之时所要领受的“公义的冠冕”，来换取他们早年作门徒时所希望的地上宝座的荣耀呢？那能“充充足足的成就一切超过我们所求所想的”主，已经赐给他们“和祂一同受苦”并和祂一同享乐，——“领许多的儿子进荣耀里去”的说不出来的喜乐。关于这种喜乐，保罗说：“我们这至暂至轻的苦楚，”若比起那“极重无比永远的荣耀，”“就不足介意了。”

在基督第一次降临的时候，那些宣传“天国福音”之门徒的经验，在那些宣传祂第二次降临之人的经验上重演了一番。从前门徒怎样出去宣传：“日期满了，上帝的国近了，”照样，米勒耳和他的同工也曾宣传圣经中最长最后的预言时期行将届满，审判的时候已近，永远的国将要来临。从前门徒所宣传“日期满了”的信息，是以但以理书第九章的“七十个七”为根据的。米勒耳和他的同工所宣传但以理书八章十四节的二千三百日将要满期的信息，是包括“七十个七”在内的。两次的宣传都根据同一段预言时期中不同部分的应验。

米勒耳威廉和他的同工像早期的门徒一样，自己没有充分明白他们所传之信息的意义。当时教会中所长久存在着的错误妨碍了他们，使他们对于预言中重要的一点，没有得到正确的见解。因此，他们虽然宣扬了上帝所交托他们传给世人的信息，但因他们误会了其中的意义，就遭受到失望的痛苦。

米勒耳在解释但以理书八章十四节“到二千三百日，圣所就必洁净”这一段预言的时候，他既采用了一般所说地球就是圣所的见解，就相信“洁净圣所”乃是代表地球在主来的时候用火洁净。所以当他发现二千三百日的结束已肯定地预言了，他就作出结论，以为二千三百日届满之时就是基督复临之日。他的错误是由于接受一般人所说何为圣所的见解而来的。

在那作为基督的牺牲和祭司职任之影像的表号制度中，洁净圣所乃是大祭司在全年的供职之中所执行的最后礼节。这是赎罪的最后工作——从以色列中挪去或清除罪恶。这事预表我们的大祭司在天上供职的最后工作，就是移除或涂抹祂子民登载在天上册子里的罪恶。这个仪式包括一种查案的工作，就是一种审判的工作；这项工作一完毕，基督就要带着能力和大荣耀，驾着天云降临，因为祂来的时候，一切的案件都已决定了。耶稣说：“赏罚在我，要照各人所行的报应他。”(启22:12)启示录十四章七节所宣告的第一位天使的信息。“应当敬畏上帝，将荣耀归给祂，因祂施行审判的时候已经到了。”就是指着这在基督复临之前所施行的审判工作。

那些宣传这警告的人在合适的时候传了合适的信息。初期的门徒怎样根据但以理书第九章的预言宣传“日期满了，上帝的国近了，”而没有在同一章经文中看出弥赛亚受死的预言。照样，米勒耳和他的同工根据但以理书八章十四节和启示录十四章七节传出了信息，而也没有看出在主复临之前，启示录第十四章中还有其他必须传开的信息。早期的门徒怎样误会弥赛亚要在“七十个七”的末了建立祂的国，照样，传扬复临信息的人也误会了二千三百日届满之时所要发生的大事。双方都是因为接受，更可以说是固守流行的错误而未能看明真理。但这两等人都成全了上帝的旨意，传达了祂所交托他们的信息，他们也都因自己误解了他们的信息而遭受失望的痛苦。

然而上帝让审判的警告按照这种方式传开，正足以成全祂自己慈悲的旨意。那大日临近了，在祂的安排之下，众人都面临一个有指定时间性的考验，为要显明他们心中的真意。这个信息的宗旨是要试验并洁净教会，要看他们是思念世界呢，或是思念基督和天国。他们自称是热爱救主的，如今他们要以行动证明自己的爱心。他们是否愿意放弃世俗的希望和野心而欣然迎接他们主的复临呢？这个信息的宗旨是要使他们能以辨明自己属灵的真实状况，上帝要凭着祂的慈怜用这个信息来唤醒他们，叫他们以悔改自卑的心来寻求他们的主。

他们的失望虽然是他们误解自己所传之信息的结果，但这事也有上帝掌管，使他们得到益处。这是要试验那些自称接受警告之人的心。他们在遭受失望的时候，是否要轻率地抛弃自己的资历并丢弃对于上帝圣言的信任呢？或是要以祈祷和自卑的精神，设法辨明他们不了解预言之意义的原因何在呢？有多少人的信仰是出于惧怕的动机，或是出于感情的冲动和刺激呢？有多少人是不冷不热和没有信心的呢？自称爱慕主显现的人实在不少，但当他们必须忍受世人的讥诮和侮辱，以及迟延和失望的考验时，他们是否要抛弃信仰呢？他们是否因为没有立时明白上帝对待他们的手段，而放弃那有圣经最清楚的见证为根据的真理呢？

在那些以真理的信心去顺从他们所相信为圣经和圣灵之教训的人，这种考验也必显明他们的力量。惟有这样的一种经验才能教训他们，使他们警觉到接受人的理论和解释，而不用圣经去解释圣经，有多大的危险。那因错误而产生的困惑和忧虑，必按上帝有信心之儿女的需要改正他们。他们必要更细心地去研究圣经的预言。他们必能学习如何更谨慎地去考查自己信仰的基础，并拒绝一切没有圣经真理为根据的学说，不管这些学说是多么普遍地被基督教世界所接受。

这些信徒正像早期的门徒一样，他们在试炼之中所不能了解的事，后来就都明白了。当他们看明主的旨意时，他们就知道:虽然他们因自己的错误而经不起考验，但是上帝对于他们的慈爱旨意还是在步步应验着。他们必能从丰富的经验中，体会到祂是“满心怜悯，大有慈悲；”而且“凡遵守祂的约和祂法度的人，耶和华都以慈爱诚实待他。”(诗25:10)

第二十章
普世的宗教奋兴

启示录十四章第一位天使的信息，预言到在传扬基督快要复临时必有一番普世的宗教奋兴。先知看见一位天使“飞在空中，有永远的福音要传给住在地上的人，就是各国、各族、各方、各民。他大声说，应当敬畏上帝，将荣耀归给祂，因祂施行审判的时候已经到了，应当敬拜那创造天、地、海和众水泉源的。”(启14:6，7)

圣经说传扬这警告的是一位天使，这个事实是很有意义的。上帝的智慧乐意用天使的纯洁、荣耀和能力来代表这警告所必成就之工作的崇高性质，及其所附有的能力和荣耀。这位天使“飞在空中”“大声”传扬警告。他的宣传范围是一切“住在地上的人，就是各国、各族、各方、各民。”这就说明了这个运动的迅速发展和普世范围。

这个信息本身说明该运动当在何时发起。它乃是“永远福音”的一部分，它也宣告审判时期的开始。固然各世代都曾传过救恩的信息，但这一个信息却只能是在末期传扬的福音中的一部分，因为只有在这时才能说审判的时候“已经到了”。预言提供一连串的事件，直到审判时期的开始。但以理书尤其是如此。至于该书中有关末日的一部分，天使却吩咐但以理“要隐藏这话，封闭这书，直到末时。”所以在尚未进入末时之前，我们就不能根据预言传扬那有关审判的信息。但到了末时，先知说，“必有多人切心研究，知识就必增长。”(但12:4)

使徒保罗曾经警告当时的教会不要想望基督在那一个时代降临。他说：“因为那日子以前，必有离道反教的事，并有那大罪人，就是沉沦之子，显露出来。”(帖后2:3)由此可知非到那“离道反教的事”发生和“大罪人”长期统治之后，我们是不能希望见到主降临的。这“大罪人”必又称为“不法的隐意”，“沉沦之子”，或“不法的人”，都是指着罗马教皇说的。据预言的提示，教皇的至上威权要维持一千二百六十年之久。这段时期的终结在一七九八年。可见基督的降临绝不能在这一年之前。保罗的告诫包括了一七九八年以前的整个时期。从这一年以后，基督复临的信息便要传开了。

这个信息在以前的世代中一直没有传过。照以上所述，保罗没有传过这个信息，他向弟兄们指示说，主降临的时日还在遥远的将来。历代的宗教改革家也没有传过这个信息。路德马丁曾说，从他那时算起，还要经过三百年左右，才到审判的时候。但在一七九八年之后，但以理书被启封，人们对于预言的知识增长了，许多人便传开审判已近的严肃信息。

像第十六世纪宗教大改革的情形一样，复临运动在同一个时期之内，在基督教世界的各国中发起了。在欧洲和美洲，许多大有信心、恒切祷告的人，都被引导去研究圣经的预言。在他们查考这些上帝所默示的经文之后，便发现了明确的凭据，证明万物的结局已经近了。在世界各地，有许多孤立的基督徒团体，单靠研究圣经而相信救主的复临已近。

一八二一年，在米勒耳威廉解释预言并指出审判的时期的三年之后，那闻名为“世界布道士”的伍尔夫博士便开始传扬主快要复临的信息了。伍博士原籍犹太国，诞生于德国，他的父亲是一个犹太教的拉比。伍尔夫在年轻的时候就信服了基督教。在他童年当虔诚的犹太人每日在他父亲的家里聚会，详述国人的指望和弥赛亚的荣耀降临以及以色列国的复兴等问题时，他那活泼而好奇的思想使他成了一个热心的旁听者。有一天，他听见了提到拿撒勒的耶稣，他便开口问祂是谁。他们回答说，“祂是一个最有才干的犹太人，但因为祂冒称自己是弥赛亚，所以犹太公会就处祂死刑。”这位疑问者接着又说：“后来耶路撒冷城为什么遭了毁灭？并且我们为什么要被掳到异邦？”他的父亲回答说：“唉！这是因为犹太人杀害先知的缘故！”这位童子的心中立即起了感想，“

或许这位耶稣也是先知，是没有罪的，却被犹太人冤杀了。”(注1)这种思想是那么强烈，以致他虽被禁止不准进基督教的礼拜堂，他却常逗留在门外，听聆里面所讲的道理。

当他只有七岁的时候，他曾向一个信基督的老年邻居夸口说起弥赛亚降临的日子和以色列人所要得到的胜利。但那老年人慈祥地对他说：“亲爱的孩子，我现在告诉你这位真实的弥赛亚是谁，祂就是拿撒勒的耶稣，你们的先祖曾把祂钉在十字架上，正如杀害了古时的先知一样。你且回去，读一读以赛亚第五十三章，你便不得不信服耶稣基督就是上帝的儿子了。”(注2)这话立即折服了这孩子的心。他回家去，阅读了那一章圣经，见到这些话多么完全地应验在拿撒勒耶稣的身上，便大为惊奇。那位基督徒所说的话难道是真的么？这孩子又去问自己的父亲，请他解释这段预言，但他所得到的却是一场极严厉的缄默，甚至他后来一直不敢再发这个问题了。但这反而增强了他的渴望，使他更要多明白基督教的真理。

他在自己的犹太家庭中，所寻求的知识被家里的人故意地隐讳了，使他无从寻找。但到了十一岁的时候，他便离开父家到社会上去求学，并选择自己的宗教信仰和终身事业。他曾寄居在亲戚的家里一段时期，但不久便被看为犹太教的叛徒而被驱逐。此后他便伶仃孤苦，一文不名，只好到陌生人中去自谋生活。他飘流各处，殷勤读书研究，并借教授希伯来文谋生。由于一个罗马教教师的感化，他便信奉了罗马教，并立志向本国同胞传道。数年之后，他抱着这种目的，入了罗马城的宣传大学去升学。他在那里不久，便因自己那独立的思想和率直的言语而被视为叛教徒。他公然攻击教会的恶习和弊端，并坚称需要一番改革。起初他虽蒙罗马教会诸显要人物的特别优待，但不久之后，他却被遣离罗马城。在教会监视之下，他飘流各地，直到他表显自己永不能屈服于罗马教的奴役为止。教会便宣布他为顽梗不化的分子，随即放他出去自由行动。此后，他动身到英国去，信了基督教，并且加入了英国的国教。经过两年的研究之后，他便在一八二一年开始传道工作。

当伍尔夫接受基督作为“多受痛苦，常经忧患”者第一次降世的伟大真理时，他也看出预言中一样清楚地提到基督带着能力和荣耀第二次降临。因此，他一方面领导本国同胞相信拿撒勒的耶稣为上帝所应许的主，并向他们指明祂第一次降临而在羞辱之中为人类的罪孽牺牲，同时他也教导他们关于基督第二次降临作为君王与拯救者的道理。

他说道：“拿撒勒的耶稣是真弥赛亚，祂的手和脚被钉子钉穿，祂像羔羊被牵到宰杀之地，祂多受痛苦，常经忧患。当犹大的圭，和立法的权力从祂“两脚之间”被夺去之后，耶稣便第一次降临了，将来祂还要第二次驾着天云降临，并有天使长的号筒吹响。”(注3)而且“祂将要站在橄榄山上。那在创造之时曾一度交给亚当而又被他丧失的统治权(创1:26；3:17)将要归给耶稣，祂将要作全世界的君王。自创世以来，一切呻吟悲哭之声将要止息，而颂赞和感谢的歌声将要洋溢宇宙。当耶稣在祂父的荣耀里，同着众天使降临的时候，死了的信徒必先复活。(帖前4:16；林前15:23)这就是我们基督徒之所谓第一次复活。此后各种动物的本性都要改变(赛11:6—9)并驯服于耶稣。(诗8:)全宇宙要共庆升平。”(注4)“主耶和华要再度观看全地，并说，‘看哪，一切都甚好。’”(注5)

伍尔夫相信主来的日子甚近，他所讲解的预言时期，所推算人类的大终局，和米勒耳所算的时期仅有数年之差。当时有一些人引用圣经“那日子，那时辰，没有人知道”的话，坚称世人不能知道主的复临何时临近。对于这等人，伍尔夫回答说：“我们的主可曾说过那日子那时辰是人永远不得而知的么？祂岂不是给了我们许多时兆，使我们至少可以知道祂降临的日子已近，正如人看见无花果树长出叶子，便知道夏天已近了么？祂既亲自劝人不但要读先知但以理的书，同时也‘须要会意，’我们难道永远不能知道那个时期么？况且但以理书中曾说明，那些话隐藏到末时(按伍尔夫在世时已是“末时”了，)必有‘多人切心研究，’(按希伯来原文的意义是“观察”与“思想”时事，)并且‘知识’(认识时事的知识)‘就必增长’。再者，我们主的意思并不是说，那时期的临近绝无人知道，祂乃是说那确定的日子和时辰，是没有人知道的。祂所说的时兆，足能使我们认识到那个时期，以便预备等候祂来，正如挪亚预备方舟一样。”(注6)

关于当时一般人解释圣经的方法，以及误解圣经的流弊，伍尔夫写道:“基督教大部分的人士已经偏离了圣经中简明的意义，趋向佛教玄妙的讲法，他们相信人类来生的幸福在乎浮翔空中，并认为在读经时，一读到‘犹太人’，就应当认为是‘外邦人’；一读到‘耶路撒冷’，就应当想到这是指着‘教会’；并且圣经上所说的‘地’，意思就是‘天’；还有‘主的降临’，意思就是传道事业的进步；至于‘万民要流归耶和华殿的山，’其意义是指美以美会的盛大聚会。”(注7)

从一八二一年至一八四五年的二十四年之间，伍尔夫旅行的范围甚广。在非洲，他曾游历埃及和阿比西尼亚；在亚洲，他曾遍游巴勒斯坦、叙利亚、伊朗、巴基斯坦和印度。他也到过美洲，并在路过圣赫勒拿岛时在那里传道。一八三七年八月，他抵达纽约，在该城传道之后，又到菲列得尔菲亚和巴尔的摩尔传道，最后他来到华盛顿。他说:“前任总统亚当斯向国会众议院提议之后，全体都同意让我借用议会大厅，在某一个星期六作一次演讲。我很是荣幸，出席的人计有全体议员，维基尼亚省的主教，以及华盛顿各教会的牧师和一些公民。此外，我也很荣幸得蒙新泽西及宾夕法尼亚两省的官员邀请，使我在他们面前演讲我在亚洲所进行的考查，和耶稣基督亲自作王的题目。”(注8)

伍尔夫博士曾在最野蛮的国家中旅行，经受许多的痛苦，遭遇无数的危险，都没有得到欧洲任何殖民国家的保护。他曾挨打挨饿，被卖为奴，三次被判死刑，被强盗所困逼，并且数次几乎渴死。有一次，他所有的东西都被洗劫一空，然后赤足在山岭间行走数百里，风雪扑面，手脚冻僵。

有人警告他说，旅行在野蛮的部落中而手无寸铁，必有危险，他则宣称自己是备有武装的——那武装就是“祈祷，为基督发热心，并信任祂的救助。”他又说，“我还备有爱上帝和爱邻舍的心，并且手中备有圣经。”(注9)他无论何往，都带着希伯来文和英文圣经。论到他晚年的旅行，他说，“我手中的圣经总是敞开的，我觉得我的力量全在这本书里，并且它的能力必要支持我。”(注10)

他这样坚苦卓绝地操劳了许多年，直到这审判的信息传遍了地上大部分的地方。在犹太人、土耳其人、拜火教徒、印度教徒和异国异族的人民之中，他分散了许多译成他们方言的圣经，并到处宣传弥赛亚的王权已经临近。

当他旅行到巴基斯坦的时候，他找到一班在偏僻地带孤居独处的人，他们也相信主快复临的道理。他说:“也门的阿拉伯人有一部书，名叫‘西拉’(Seera)，其中提到基督和祂的王国要在荣耀中降临，他们也期望在一八四〇年将有一些大事发生。”(注11)“在也门，我曾经与利甲族人(见耶35:)相处六日之久。他们不饮酒，不置葡萄园，不种地，只住在帐棚里，而且记得那位老先祖利甲之子约拿达。并发现以色列但支派的子孙也与他们同居，这两族人都具有一种希望，就是弥赛亚快要驾着天云降临。”(注12)

另有一个传道士发现在鞑靼人中也有这同样的信仰。有一个鞑靼僧侣问他基督要在何时复临。当这位传道士声称自己不知道的时候，那僧人对于这位自称是圣经教师之人的蒙昧无知，似乎大吃一惊，随即把他自己从预言中所得的信仰叙述出来，说基督大约要在一八四四年降临。

远在一八二六年，英国已经有人开始传扬基督复临的信息了。在那里的运动并不像在美国那样有具体的形式，他们也没有那么普遍地教训人关于基督复临的准确时日，但他们却广事宣扬基督快要带着能力和荣耀降临的伟大真理。这种宣传并不限于那些反对英国国教的独立教派之内。据英国作家布洛克所论述的，那时约有七百多英国国教的牧师参加传扬这“天国的福音”。后来那指明耶稣要在一八四四年降临的信息也曾传到英伦三岛。在美国出版复临运动的书报，曾在英国畅销，也有翻版重印的。在一八四二年间，那位原籍英国而在美国接受复临运动信仰的文特也曾回到英国去传扬复临的信息。同时有许多人与他合作，把这审判的信息传遍英国各地。

在南美洲那种尚未开化而由罗马教神父统制的环境中，有一个西班牙籍的耶稣会神父，名叫拉昆萨，因研究圣经而接受了基督快要再来的真理。他的心受了圣灵的激奋，要传扬这警告，但又不愿受到罗马教的惩戒，因此他便化名为“一个信基督的犹太人拉比便以色列”把自己的心得著书问世。拉昆萨生于第十八世纪，但他的著作却在一八二五年才流传到英国伦敦，并被译成英文。这著作的刊行使那些已被复临运动唤醒的英国人士兴趣更为加深了。

在第十八世纪已有本哥尔在德国宣讲基督复临的道理。他原是路德会的一个牧师，并是素负盛名的圣经学者和评经家。在他学业完成之后，“他便献身研究神学，他那稳重而富有宗教意识的心志，因早年所受的教育和锻炼而加深加强，就很自然地使他倾向神学了。他像古今其他有思想的青年人一样，必须与一些有关宗教的疑问和难题奋斗。他深深感叹地谈到‘刺伤他那可怜的心灵的许多利箭，如何使他的青年时代非常难堪。’”(注13)

在他担任符腾堡教堂的监督时，他常拥护宗教信仰的自由。他“一方面维护教会的权利，一方面却主张应当容许那些受良心所迫使的人得到合理的自由，任凭他们退出国教。”(注14)这种政策的良好影响，直到今日依然存留在他的故乡。

某次，在本哥尔研究启示录第二十一章，要为“降临节中第一个星期日”准备讲题的时候，基督复临之真理的光辉就照射在他的心上。启示录书中的预言使他的悟性空前地豁然开朗了。先知所提述的重大事件与极其光荣的情景使他赞赏不已，只得暂时掩卷，默默沉思。后来当他在台上讲道的时候，这个题目又生动地向他显出它的能力。从那时起，他便埋头研究先知的预言，尤其是启示录的预言，并在不久之后他便深信这些预言所指明的基督复临业已临近。他所推断的基督复临的日子，与后来米勒耳所定的只有数年之差。

本哥尔的著作已经散布于全基督教界。他对于预言的见解为他故乡符腾堡省的人所普遍接受，并且还传到德国的其他各地。这运动在他死后继续进行，这样，便在同一个时期内，那在别国引人注意的复临信息也在德国境内传开了。除此之外，还有一些德国信徒在早年迁居到俄国去垦殖，因此基督快来的信仰在俄国的德人教会中一直存留到今日。

复临真理的光辉也曾照耀在法国和瑞士国。在法勒尔和喀尔文宣传宗教改革真理的日内瓦，有一个名叫高生的，传扬了基督复临的信息。他在求学时期就已接触到那从第十八世纪末叶到第十九世纪初叶弥漫于全欧的唯理主义。所以在他开始传道的时候，他对于真实的信仰非但茫然无知，而还要倾向怀疑论。在青年时期，他已有志于研究先知预言。在读了罗林的上古史之后，他便注意到但以理书第二章的预言。当他参照历史家的记载，证实预言已经巧妙而准确地应验时，他便大受感动。这段预言证明了圣经确是上帝所默示的，这种见证在他晚年遭遇危险的时日时，像一个锚碇一样使他信心坚定。他不能满意于唯理主义的教训，故下手研究圣经，并寻求更清明的亮光，过了一个时候，他果然得到了一种正确的信仰。

当他探究预言的时候，他得了基督复临已近的信仰。这伟大真理的严肃性与重大性感动了他的心，他就想要向民众传扬，然而一般人的信仰却都认为但以理书的预言是神秘而不能明白的，这在他面前就成了一个重大的障碍。他最后决定采用昔日法勒尔在日内瓦传道的方法:先从一班儿童着手，盼望借着他们引起父母的兴趣。

后来他叙述自己采用这种方法的目的，说:“我盼望大家能明白我采用这种方法，并非因为讲题不关重要，反之，却正因为它有极大的价值，所以我才设法用普通浅近的方式向儿童讲解。我本来盼望人人都能听到这道，但我又怕若先传给成年人，他们或许不要听。”“因此我决定先传给年纪最小的人。我先招聚儿童来听讲，如果他们的人数增多，如果他们能听得津津有味，并且能领会而又能解说我所传的题目，我便确知，不久必有另一等听众，就是一批成年人，他们也就要认为他们来坐下研究是值得的了。到了这个地步，我的目的也就达到了。”(注15)

他的这种努力是成功的。当他向儿童传道的时候，年长的人也来听了。他教堂中的楼座坐满了全神贯注的听众。在他们中间有一些是上流阶级和有学问的人，有一些是从各处来日内瓦游历的旅客和外国人，在这种情形之下，这信息便传遍各地。

由于这次成功的鼓舞，高生便刊印了自己的教材，希望能在说法语之人的教会里鼓励人去研究先知的预言。他说:“我将自己对儿童所讲的道理刊印成册，这便是对成年人说，‘你们的儿童既能了解这预言，你们还有什么难懂的地方呢？’因为成年人往往借口说这预言是难懂的，所以就忽略这些预言。”他又说:“我有一个极大的希望，如果可能的话，我要使我们的羊群爱好这预言的知识。”“据我看来，再没有什么课程能较此更足以应付时代的需要。”“我们必须借着这种预言的知识预备应付那迫近的大灾难，并儆醒等候耶稣基督。”

在操法语的传道人中，高生虽是最著名最受人敬爱的，但他在传道服务之后不久，便被撤职了，他的主要罪名就是没有采用教会出版的教义问答——一种平凡无味，纯属理论而缺乏活泼信仰的手册，却本着圣经教训青年人。后来他在一个神道学院里担任教员，而在星期日继续进行讲解教义，并向儿童教导圣经的工作。他关于预言的著作，也很引起一般人的注意。这样，他在大学的讲座上，在出版物中，并在他所最喜爱的儿童教师工作上，多年发挥了一种强大的感化力。他作了上帝的工具，唤起许多人去研究那指明救主复临已经近了的预言。

在斯干的那维亚也有人传扬救主复临的信息，并且引起了普遍的注意。许多人从疏忽安逸中被唤醒，承认并丢弃自己的罪恶，奉基督的名祈求赦免。但国教的牧师们却反对这种运动，并且由于他们的势力，有几位传扬基督复临的人被下在监里。可是在许多地方，传扬主快要复临的传道人虽然这样被禁止发言，但上帝的美意却用一种神奇的方法，就是借着小孩子的口，将这信息传给人。他们既都是尚未成年的儿童，国家的法律就不能禁止他们，所以他们也就不受任何拦阻，自由传讲。

这运动大都是在低层社会中传扬的，在许多劳工的陋室中，人们聚集着倾听警告。这一班少年传道士大半也是穷苦的孩子。其中有些儿童的年龄还不到六岁或八岁。他们的生活固然证明他们是爱主，并竭力顺从上帝神圣的要求，但他们在智力与才能方面，却与普通同等年龄的儿童无异。可是当他们站在众人面前讲道的时候，却显明他们是受一种超乎自己才能的力量所感动。他们的声调和态度都改变了，并且以严肃的能力发出审判的警告，引用圣经的原句说:“应当敬畏上帝，将荣耀归给祂，因祂施行审判的时候已经到了。”他们斥责一般人的罪恶，不但定他们不道德和邪恶的罪，同时也责备他们爱恋世俗，冷淡退后，并警告听众务必快快逃避那将要来的忿怒。

众人听见了，便大为震惊。上帝感服人心的灵向他们的心讲话了。许多人因此以新的兴趣更深切地去查考圣经，不节制和不道德的人悔改归正了，还有一些人放弃了他们不诚实的作风。如此便成就了一番伟大的工作，甚至于国教的牧师们也不得不承认这运动确是出于上帝的圣手。

救主降临的喜讯必须在斯干的那维亚半岛的各国中传开，乃是上帝的旨意。当祂仆人的声音被禁止而沉寂的时候，祂就降祂的圣灵在儿童身上，使这工作得以完成。从前当耶稣行近耶路撒冷时，有一群欢乐的民众拥护祂，欢呼胜利，挥舞棕枝，宣告祂为大卫的子孙，于是嫉妒猜忌的法利赛人就来请耶稣制止他们。但祂回答说:这一切都是应验先知的预言，如果他们默不作声，石头便要喊叫起来了。在民众进入耶路撒冷城门时，他们因慑于祭司和官长们的威胁，便抑止了自己欢乐的声音。但那在圣殿院子里的儿童后来竟不受约束地挥舞棕枝，大声喊叫说:“和散那归于大卫的子孙！”(太21:8－16)那时法利赛人极为不悦，便对救主说：“这些人所说的，你听见了么？”耶稣回答说：“是的，经上说，‘你从婴孩和吃奶的口中，完全了赞美的话。’你们没有念过么？”在基督第一次降临时，上帝怎样使用儿童做工，这时祂照样用他们去传扬祂复临的信息。上帝的话必要应验，救主降临的宣告必须传给各民、各方、各国。

在美国传扬这警告的，有米勒耳威廉和他的同工。这个国家后来就成了伟大复临运动的中心。第一位天使信息的预言，在这里得了最直接的应验。米勒耳和他同工的著作散布到远方各处。世界上凡是传福音之人足迹所到的地方，都有基督快要再来的喜信传开。这永远福音的信息传到远近各地说:“应当敬畏上帝，将荣耀归给祂，因祂施行审判的时候已经到了。”

那似乎指明基督要在一八四四年春天复临的预言见证，深深地影响了众人的心。这信息一省又一省地传开了，到处引起了普遍的兴趣。有许多人深信这预言时期的论据是正确的，便放弃了自己的成见，欣然接受真理。有一些传道人放下了他们宗派的观点和感情，舍弃了薪俸和母会，来联合传扬耶稣复临的信息。虽然如此，接受这信息的传道人比较起来还在少数。因此，这种工作便大半由许多卑微的平信徒担负起来了。农夫离开了田园，工匠放下了工具，商人撇弃了买卖，专门职业者牺牲了职位。然而工作人员的数目与所需要完成的大工相比，仍然不足应付。教会的不敬虔和世界卧在恶者手下，使那些忠实守望者的心如荷重负。他们甘心忍受劳苦、穷乏和困难，以便劝人悔改得救。虽然有撒但作对，但工作依然稳步前进，复临的真理竟被成千成万的人所接受了。

这种鉴察心肠肺腑的见证到处可闻，警告罪人，不论教内教外，都要逃避那将要来的忿怒。像基督的先锋施洗约翰一样，这一班传扬信息的人把斧头放在树根上，恳劝众人结出果子来与悔改的心相称。他们那动人的劝告与普通说教所传的平安稳妥的虚言大不相同，这个信息无论在何处传扬，总是使人受感动的。借着圣灵的能力，圣经简明直接的见证得以深入人心，使人折服，少有人能以全然抗拒。许多有名无实的基督徒，从虚伪的安全感中警醒过来了。他们看出自己的冷淡退后、迷恋世俗、没有信心和骄傲自私，许多人怀着悔改和谦卑的心来寻求上帝。那长久依恋世俗的感情现在却专注天上的事了。有上帝的灵降在他们身上，他们便怀着温柔而顺服的心，参加传扬那信息:“应当敬畏上帝，将荣耀归给祂，因祂施行审判的时候已经到了。”

许多罪人声泪俱下地问道:“我当怎样行才可以得救？”那素来惯于讹诈人的，现在都急于要赔偿。凡在基督里得到平安的人，都渴望见到别人也享受这种福惠。父母的心转向儿女，儿女的心也转向父母。傲慢和保守的隔阂被撤除了。大家都衷心地认罪，每个家庭中的人都为自己至亲至爱之人的得救问题而做工。人们常常可以听到极诚恳迫切的代求声。到处都有人在深刻的忧伤痛悔中祈求上帝。许多人为求自己的罪得蒙赦免，或是为求自己亲戚或邻居的悔改，竟彻夜地热切祈祷。

各色各等的人都蜂拥来参赴复临运动的聚会。贫富贵贱的人在种种的动机之下，都急切要亲耳聆听复临的道理。在上帝的仆人讲解自己信仰的缘由时，上帝便抑制了反对真理的精神。有时上帝所用的器皿是软弱的，但祂的灵却使祂的真理大有能力。在这些聚会中可以感觉到有圣天使莅临，每天有许多人加入信徒的行列。当他们重述基督快来的凭据时，广大的听众都屏息静听那严肃的警告。天与地似乎是更相接近了。男女老幼都感觉到上帝的能力。人人都在归途中高声赞美，使万籁俱寂的深夜洋溢着喜乐的诗歌。凡是参赴过这些聚会的人没有一个能忘记那种兴味深浓的情景。

这确定是基督复临时日的宣告，同时招惹了各等人的反对，从讲台上的传道人起，直到最放肆、最大胆的罪人为止，都纷纷起来反对。这正应验了预言的话说："在末世必有好讥诮的人，随从自己的私欲出来讥诮说：主要降临的应许在哪里呢？因为从列祖睡了以来，万物与起初创造的时候仍是一样。"(彼后3:3，4)许多自以为热爱救主的人，宣称他们并不反对基督复临的道理，只是反对定出一定的时候。但上帝无所不见的慧眼却能鉴察这些人的心，事实上他们是不愿意听闻基督要复临凭公义审判世界的道理。他们素来是不忠心的仆人，他们的工作经不起那鉴察人心之上帝的检验，所以他们害怕迎见他们的主。像基督第一次降临时的犹太人一样，他们并没有预备欢迎耶稣。他们非但不听圣经上的明显论据，反而还要讥诮那些等候基督复临的人。因此撒但和他的使者深为庆幸欣喜，并当着基督和圣天使的面，大肆嘲笑，说那些自称为上帝子民的人，竟这样不爱基督，甚至不希望祂显现。

那些拒绝复临信仰的人所最惯用的论据，就是"没有人知道那日子和那时辰。"其实，经上的话是这样说的："那日子、那时辰，没有人知道，连天上的使者也不知道，子也不知道，惟独父知道。"(太24:36)那些仰望主复临的人对于这节圣经作了清楚而合理的解释，并把那些反对的人所作的误解明白地指示出来了。这几句话原是耶稣末次离开圣殿后与门徒在橄榄山上作重要谈话之时所说的。先是门徒发问，说："你降临和世界的末了，有什么预兆呢？"随后耶稣给他们许多的预兆，并说："你们看见这一切的事，也该知道人子近了，正在门口了。"(太24:3，33)我们不应当拿救主的一句话来破坏另一句话。虽然没有人能知道祂来的日子和时辰，但祂却教训并要我们知道那时辰何时临近。祂又进一步教训人说，我们若不顾祂的警告，或是忽略不肯注意祂的复临已近，则必有可怕的危险临到我们，正如挪亚的日子人不知道洪水来到时的情形一样。在同一章圣经里，祂又用比喻将忠心和不忠心的仆人作一对照，并说明那心里以为"我的主人必来得迟"的恶仆人所必遭遇的厄运。这比喻向我们显明，基督将要怎样重视而报偿那些儆醒等候并传讲复临道理的人，而又怎样看待那些否定这道理的人。祂说："所以你们要儆醒，主人来到，看见他这样行，那仆人就有福了。"(太24:42－51)"若不儆醒，我必临到你那里，如同贼一样。我几时临到，你也决不能知道。"(启3:3)

保罗提到主的显现对于某一等人将是一件出乎意外的事："主的日子来到，好像夜间的贼一样。人正说平安稳妥的时候，灾祸忽然临到他们，他们决不能逃脱。"但他接着又向那些注意救主警告的人说："弟兄们，你们却不在黑暗里，叫那日子临到你们像贼一样。你们都是光明之子，都是白昼之子。我们不是属黑夜的，也不是属幽暗的。"(帖前5:2－5)

可见圣经并没有给人借口，使他们可以对于基督降临已近的事保持无知的态度。但那些想要找到借口来拒绝这真理的人却掩耳不听这种解说。并且"没有人知道那日子和那时辰"这句话，就被那些大胆的讥诮者，甚至于自称为基督教牧师的人，反复引用。及至众人被唤醒了，并开始查问得救之道的时候，宗教的教师们便置身在众人与真理之间，用曲解圣经的方法来镇抚他们的恐惧。不忠心的守望者参加了大骗子的工作，在上帝没有说平安的时候，他们却喊叫说，平安了，平安了！正如基督时代的法利赛人一样，许多人自己不愿意进入天国，还要拦阻别人也不得进去，这些人的血必要归在他们的头上。

各教会中最谦卑而最献身的人常是最先接受这信息的。凡自行研究圣经的人便不能不看出那流行的预言解释法是不合圣经的。并且凡不受一班牧师势力支配的人，和那些自行查考圣经的人，对基督复临的教义只要与圣经一比，便可确定它的神圣权威。

许多人被他们不信的弟兄所逼迫。有些人为要保持自己在教会中的地位起见，便同意不再宣讲自己的指望。但别的人却觉得自己若要效忠上帝，就不该将祂所委托他们的真理隐藏起来。有不少人只因为表示自己信仰基督复临就被驱逐出教。先知以下的话对于这些忍受信仰磨炼的人真是极其宝贵的："你们的弟兄，就是恨恶你们，因我名赶出你们的，曾说：'愿耶和华得荣耀，使我们得见你们的喜乐'，但蒙羞的究竟是他们。"(赛66:5)

上帝的天使以非常深切的关怀注视着这次警告的结果。当各教会普遍地拒绝了这信息的时候，天使便忧忧愁愁地转身离开了。虽然如此，那时还有许多人尚未因复临的真理受过考验。有许多人竟被自己的丈夫、妻子、父母或儿女所迷惑，以为这种真理乃是异端邪道，甚至于去听复临信徒的教训也是罪恶。上帝便命令天使继续忠心看守这些人，因为还有一道亮光从上帝宝座那里发出照射在他们身上。

那些已经接受这信息的人心里怀着说不出的渴望，儆醒等候他们救主的降临。他们所盼望与主会面的时辰已经迫在眼前了。他们怀着恬静严肃的心情等待这个时辰。他们一心与上帝作甜蜜的交通，这种经验乃是他们在光明的将来所必要享受之平安的预尝。凡是经验过这种盼望和信靠的人，没有一个能忘记那宝贵的等待时期。在那时候的前几个星期，世俗的业务大半被撇弃在一旁了。那些忠实的信徒非常精确地检查了自己心中的每一个思想和情绪，好像在病榻上将要瞑目不再看见地上的景物一样。当时并没有人缝制所谓"升天的白衣"(注15)，但大家都觉得需要内心的凭据来证明自己已经预备好迎见救主。他们的白衣乃是心灵的纯洁，——基督赎罪的血把他们品格上的罪污都洗净了。惟愿现代自称为上帝子民的人也有这种检查内心的精神和恳切坚定的信仰。如果他们能一直在上帝面前自卑，将自己的祈祷呈上施恩座，他们就必得到更丰富的经验，远胜于现在所有的经验。可是他们太少祈祷，太少真实地感觉有罪，并且缺少活泼的信仰，以致许多人对于我们救赎主如此充分供给的恩典仍是缺乏的。

上帝原是要试验自己的子民。在他们算错预言时期的时候，祂的手掩盖了那个错误。复临信徒没有觉察到这个错误，而那些反对他们的人中最有学问的人也没有觉察到。这些人只说："你们对于预言时期的推算是正确无误的。到了时候，将要发生一件大事，但这大事却不是米勒耳先生所预告的。这大事乃是指着全世界要悔改，而不是指着基督要复临。"

所期待的时辰过去了，基督并没有显现来拯救祂的子民。凡真心信仰并爱慕救主降临的人都经验了一场苦楚的失望。然而上帝的旨意正在实现，祂正在试验那些自称为等候祂显现之人的心。其中有许多人的动机无非是惧怕。他们口头上的信仰并没有影响到他们的内心和生活。在所希望的大事落空之后，这些人宣告说，他们并不感到失望，他们本来就不相信基督会复临。他们也是最先向那些陷于忧苦中的真实信徒大肆讥诮的。

然而基督和众天使却以慈爱和同情的心垂顾那些受了试炼而仍然忠心的失望者。如果这隔开能看见的与不能看见的帘幔能揭开，人们就会见到天使正在就近那些坚信不拔的信徒，并在掩护他们脱离撒但的毒箭。

注1："Travels and Adventures of the Rev. Joseph Wolff,"卷1，第6面(1860年版)。

注2：同上第7面。

注3：Wolff, “Researches and Mission- ary Labors,” 第62面(1835年版)。

注4：“Journal of the Rev. Joseph Wolff,” 第378，379面(1839年版)。

注5：同上第294面。

注6：同注3第404，405面。

注7：“Journal of the Rev. Joseph Wolff,” 第96面。

注8：同上第398，399面。

注9：Adams, W. H. D., “In Perils Oft,” 第192面。

注10：同上第201面。

注11：“Journal of the Rev. Joseph Wolff,” 第377面。

注12：同上第389面。

注13：Encyclopaedia Britannica, art. Bengel (ninth edition).

注14：Gaussen, L., “Daniel the Prophet,” 卷2，序言。

注15：当时反对复临运动的人散布谣言说:复临信徒曾为自己作升天的白袍，想借此戏弄真信徒。此种谣言传播甚广，并为多人所置信，但事后有人悬赏征求具体实据来证明这一件事，却始终无人提出任何凭据。反之，基督复临运动在一八四四年以前出版的报刊，多次声明信徒中并没有制造白袍的人，信徒惟一的白袍乃是基督的义。(见启19:8)

第二十一章
拒绝真理的后果

米勒耳威廉和他的同工传扬复临信息的时候，他们惟一的宗旨乃是要唤醒众人准备应付审判的大日。他们曾设法使一切信奉基督教的人看明教会的真希望，并看出自己需要一种更深刻的基督徒经验。他们也曾努力唤醒那些没有悔改信主的人，使他们看出自己需要立即悔改归向上帝。“他们没有试图使人加入任何宗派。所以他们是在各宗派的范围里工作的，他们也没有干涉这些团体的组织或管理。”

米勒耳说：“在我一切的工作中，我从来没有想要设立与既有的宗派不同的个别组织，或是帮助某一个宗派去损害另一个宗派。我的意思是要帮助一切的宗派。我也想一切的基督徒一听到基督快要回来的信息，必都是欢喜的，而且那些与我持有不同见解的人对于相信这道理的人总在以爱心相待，所以我没有想到有分别聚会的必要。我的惟一宗旨乃是要引领人归向上帝，警告世人关于将来的审判，并劝戒我的同胞务要作心灵方面的准备，以便安然迎见上帝。那些因我的工作而悔改的人大多参加了现有的基督教会团体。”(注1)

米勒耳的工作既有利于各教会的发展，故曾一度博得他们的好感。后来一般传道人和宗教领袖不肯接受基督复临的道理，所以企图制止一切有关这一方面的活动，他们非但在讲台上反对，同时还要拦阻教友去参赴传讲复临信息的聚会，甚至不让他们在自己教会的见证会上谈论到他们的指望。因此，凡相信这真理的人便处于非常的考验与困惑之中。他们热爱自己的教会，很不愿意退出教籍。但当他们看到自己的教会禁止上帝的圣道，又不准他们去查考预言，他们就感觉自己既要效忠上帝，就不能服从这种限制。他们也不能承认那些想要排斥圣灵之见证的人是基督教会——“真理的柱石与根基”的忠实分子。因此他们认为自己应该脱离这些团体。在一八四四年夏季退出各教会的人数，约有五万之多。

约在此时，美国各地的教会中呈现了显著的变化。在过去的几年，各教会中已经有了一种逐渐而不断增强的依附世俗的趋势，和真实属灵生活方面的相同的退化。但在一八四四年有许多现象，说明几乎全地各教会中间有了一次突然而显著的退步。虽然当时没有人能说明这现象的原因，但这种现象本身乃是许多人所注意并在报章与宣讲中加以评论的。

那以编著圣经注释闻名的巴恩斯，也是当时非拉德非亚城一大教会的牧师，他在美国的长老会所召开的一次会议中说，“在他作牧师的二十年中，每次主持圣餐礼时，总有或多或少的人加入教会，但这最后的一次却没有一个人加入。现在再没有人觉悟自己的罪，再没有人悔改归主。而在一班已经信主的人中，也看不出有什么灵性上的长进，再没有人来找他谈论自己灵魂得救的问题了。随着经济的繁荣和贸易与工业的光明远景，众人也就相应地更注意世俗了。这种现象是普遍存在于各宗派之中的。”(注2)

在同一年的二月，美国欧伯林大学的芬尼教授说：“我们常看到一个普遍性的事实，就是本国的各基督教会对于现代的一些道德改革运动所抱的态度不是冷淡，就是敌对。固然也有少数的例外，但这并不足以影响大体上的趋势。还有另一个肯定的事实，就是各教会中普遍地缺乏奋兴的精神。现在灵性方面的麻木症几乎是普及各地的，又是非常严重，这也是全国的宗教出版界所证实的。各处教会的教友都变成了时髦的崇拜者——常在宴会、跳舞和狂欢的场合中与不敬虔的人同流合污。但我们无需赘述这不幸的事实。总而言之，这种现象的具体实例，铁证如山，不容声辩，说明各教会已经普遍而可怜地退化了。他们已经远远地离开上帝，而上帝也离弃他们了。”

还有一个作家在“宗教望远镜”刊物里写道：“我们从来没有见过像现代这样普遍的宗教退化。教会真应当觉醒起来，探究这病患的症结所在。因为凡是热爱锡安的人势必把这种现象看为一种病患。当我们考虑到罪人真实悔改信主的事是多么稀少罕见，以及一般罪人空前的顽梗不化，我们不禁感叹说：‘难道上帝忘记开恩，或是恩典的门已经关闭了么？’”

这种情形之所以存在，完全是因为教会本身的缺欠。凡落在国家、教会或个人身上的属灵黑暗，绝不是因为上帝任意收回祂恩典的福惠，乃是因为人们疏忽了或是拒绝了上帝所赐的亮光。在基督的时代，犹太人的历史对于这一点足以作有力的说明。他们因为沉溺于世俗而忘记了上帝和祂的圣言，所以他们的灵性变为黑暗，心思因世俗的影响而被情欲所腐蚀。这样，他们对于弥赛亚的来临一无所知，他们便因自己的骄傲与不信而拒绝了救赎主。就是在这种情形之下，上帝还没有让犹太国完全失去救恩的知识和享受。但是那些拒绝真理的人根本就不重视上天赐的恩惠。他们已经“以暗为光，以光为暗，”直到那在他们里头的光变成了黑暗，那黑暗是何等大呢！

只要人们保持宗教的形式而失去活泼敬虔的精神，这与撒但的计策是完全符合的。在犹太人拒绝了福音之后，他们依然维持着他们古代的仪式，严格地闭关自守，保持着狭隘的民族主义，而同时他们也不能不承认上帝久已不与他们同在了。但以理书的预言曾那么确切地指出弥赛亚的来临，而又曾那么直接地预言到祂的死，以致犹太人不愿意让人研究这预言。最后拉比们还要发誓咒诅一切试图计算弥赛亚降临之时期的人。以色列民顽梗不化，经过一千八百余年，直到如今，他们对于救恩的邀请一直漠不关心，对于福音的恩赐毫不介意，这一族人对于一切拒绝天赐亮光的人，成了一个严肃而可怕的鉴戒。

有其因必有其果。凡故意昧着良心，并因自己的本分与心愿相违而不肯履行的人，终必失去一切分辨真理与谬论的能力。他的悟性必要昏昧不明，良心麻木不仁，心地刚硬不化，灵性与上帝隔绝了。所以哪一个教会若拒绝或轻忽上帝的真理，那一个教会就必被黑暗所笼罩。她的信心和爱心必要变为冷淡，其内部必发生离间和纷争的事。教友必要专注世俗，而罪人则越发顽梗不化。

启示录十四章第一位天使的信息宣布上帝施行审判的时候，并呼召众人敬畏并崇拜祂，其目的乃是要使一切自命为上帝子民的人与世界的腐化影响隔绝，并唤醒他们，使他们看出自己沉溺世俗和冷落退后的状况。在这个信息中，上帝曾给教会一个警告，如果教会接受的话，这警告就必能改正那使他们与上帝隔绝的弊病。如果他们肯接受上天所传来的信息，在主面前虚心自卑，并诚恳地准备站立在祂面前，上帝的圣灵和能力就必显现在他们中间。教会就必重新呈现使徒时代团结一致，大有信心和彼此相爱的情形了。从前信徒“都是一心一意的，”“放胆讲论上帝的道，”“主将得救的人天天加给他们。”(徒4:32；31；2:47)

如果自称为上帝子民的人肯接受那从圣经中照耀在他们身上的亮光，他们就必达到基督所祈求的合而为一的地步，也就是使徒保罗所谓“圣灵所赐合而为一的心。”他说：“身体只有一个，正如你们蒙召，同有一个指望。一主，一信，一洗。”(弗4:3－5)

这就是那些接受复临信息的人所经验的福分。他们是从各宗派里出来的，但他们派别的隔阂都已消除了；互相矛盾的教条也被粉碎了。那不合乎圣经的一千禧年在地上成立天国的指望被放弃了，有关基督复临的错误看法也被纠正了，骄傲和属世的心理都被扫除了，弟兄得罪弟兄的事都和解了；同道之间心心相印，彼此交通，仁爱与喜乐乃是当时的空气。这样的道理在那些少数接受的人身上既然有了此种作用，只要众人都肯接受，它在众人身上也必能有相同的作用。

可惜一班教会没有接受这警告。他们的传道人作为“以色列家守望的人”，本应最先看出耶稣再来的征兆，却没有从先知的见证或时事的兆头中看明真理。当属世的希冀和奢望充满他们的心时，他们爱上帝和笃信祂圣言的心就渐渐冷淡了。及至基督复临的道理传来时，他们反而生出偏见和不信的心理。当时有许多人反对的缘故，乃是因为这信息多半是由平信徒传扬的。像古时一样，反对的人用以下的问题去对付上帝圣言明白的训诲：“官长或是法利赛人岂有信祂的呢？”许多人发觉:想要反驳那些以预言时期为基础的论据是不容易的，因此他们就劝人不要研究预言，并声称预言书都是封闭着，又是不可能明白的。许多人坚信自己的牧师，就不肯听从那警告。另有一些人虽然看明真理，只是不敢承认，惟恐被“赶出会堂”。上帝所用来试验并洁净教会的信息果然很确切地显明了有多少人已经把爱情寄托在这世界上面，而没有寄托在基督身上。那把他们缠在世界上的力量比那吸引他们走向天国的力量更强。他们宁愿听从属世智慧的声音，而转离了那能鉴查人心的信息。

这等人既然拒绝了第一位天使的警告，也就拒绝了上天所指定来恢复他们灵性的方法。他们排斥了这惟一能改正那使他们与上帝隔离之弊病的信息，而以更热切的心情去追求与世俗为友。这就是一八四四年各教会中所呈现世俗化、退后和属灵死亡之可怕现象的原因。

在启示录第十四章中，有第二位天使紧随着第一位天使宣布说：“叫万民喝邪淫大怒之酒的巴比伦大城倾倒了，倾倒了！”(启14:8)“巴比伦”一词是从“巴别”而来的，是“混乱”的意思。圣经用这字来代表各种虚假或叛道的宗教。启示录第十七章用一个妇人来代表巴比伦——圣经中常用妇人来代表教会:贞洁的妇人代表纯洁的教会，淫乱的妇人代表叛道的教会。

圣经中用婚姻的契合来代表基督和祂教会之间神圣不变的关系。救主已经用一个严肃的契约使祂的子民与祂联合，祂应许作他们的上帝，他们也立约愿意作祂的子民，完全归祂所有。祂曾说：“我必聘你永远归我为妻，以仁义、公平、慈爱、怜悯，聘你归我。”(何2:19)又说：“我作你们的丈夫。”(耶3:14)保罗在新约圣经中采用同一表号，说：“我曾把你们许配一个丈夫，要把你们如同贞洁的童女献给基督。”(林后11:2)

教会让自己的爱情转离基督，反而让属世的事物充满了自己的心，这种不忠于基督的行为，正好比作破坏婚姻契约的罪。所以圣经中就用这个表号来形容以色列偏离耶和华的罪，同时也生动地描述了上帝奇妙的大爱，说:我“向你起誓，与你结盟，你就归于我，这是主耶和华说的。”“你也极其美貌，发达到王后的尊荣。你美貌的名声传在列邦中，你十分美貌，是因我加在你身上的威荣。只是你仗着自己的美貌，又因你的名声就行邪淫。”“以色列家，你们向我行诡诈，真像妻子行诡诈，离开她丈夫一样。这是耶和华说的。”“你这行淫的妻啊，宁肯接外人不接丈夫。”(结16:8，13—15，32；耶3:20)

在新约中，也有同样的话责备那些一面说自己是基督徒，一面追求与世俗为友过于追求上帝喜悦的人。使徒雅各说：“你们这些淫乱的人哪，岂不知与世俗为友就是与上帝为敌么？”(雅4:4)

启示录第十七章形容那妇人(巴比伦)说：“那女人穿着紫色和朱红色的衣服，用金子、宝石、珍珠为妆饰；手拿金杯，杯中盛满了可憎之物，在她额上有名写着说：奥秘哉！大巴比伦，作世上的淫妇和一切可憎之物的母。”先知说：“我又看见那女人喝醉了圣徒的血和为耶稣作见证之人的血。”巴比伦又被称为“管辖地上众王的大城。”(启17:4—6，18)那在中古世纪称霸于基督教世界，凌驾各国君王之上的，乃是罗马教廷。以上所述的紫色和朱红色的衣服，以及黄金、宝石、珍珠等物，逼真地描述到那高傲的罗马教皇所自取高过一切君王的威风和奢华。没有任何其他大势力能像这个曾经残酷地逼迫基督门徒的教会那么切实地应验了“喝醉了圣徒的血”这一句话。巴比伦也被控告与“地上众王”发生不正当关系的罪。从前犹太的教会远离了耶和华而与邪教徒同盟，因此成了一个淫妇。这时罗马教会照样因追求属世权威的支持而污秽了自己，所以也得到这同样的罪名。

巴比伦称为“淫妇的母”。可见她的女儿就是那些迷恋于她的教义和遗传的各教会。这些教会都效法她的榜样，甘愿牺牲真理和上帝的悦纳，以求和世俗发生不正当的关系。启示录第十四章宣布巴比伦倾倒的信息，必是指着那些一度纯洁而后变成腐败的宗教团体。这个信息既然是随着审判的警告而发的，就必然是在末期宣扬的。所以它不可能单指罗马教会，因为那个教会已经在多年之前呈现堕落的状态。再者，在启示录第十八章中，上帝呼召祂的子民从巴比伦出来。根据这节经文，上帝一定还有许多子民在巴比伦之中。试问现今基督的门徒多半是在哪些宗教团体当中呢？无疑地，他们多半是在一班信奉改正教的教会中。从前在这些团体发起的时候，它们曾勇敢地为上帝并为真理奋斗，而且有上帝的恩惠赐给他们。那时连一般不信的人也不得不承认福音的原则给社会带来了良好的影响。以色列的一位先知说：“你美貌的名声传在列邦中，你十分美貌，是因我加在你身上的威荣。”(结16:14)可是他们曾因那造成以色列败亡的同一个欲望而跌倒了，他们曾想与不敬虔的人结交，并效法他们的行为。“只是你仗着自己的美貌，又因你的名声就行邪淫。”(结16:15)

现今有许多改正教会正在步罗马教的后尘去与“地上众王”行淫——这事应验在一些与属世政权勾结的国教，和其他追随世俗的许多基督教团体身上。而且“巴比伦”——混乱的名称正适用于这些团体，它们都声称自己的信仰是以圣经为根据的，而又是分门别类，派别之多，几乎无法数算，各宗派的信条和理论自相矛盾。

这些曾经脱离罗马教的教会除了与世俗行淫之外，还有她的另一些特点。

有一本罗马教的出版物辩论说：“如果说罗马教会崇敬圣像是有罪的话，那么，她的女儿，就是英国国教也犯了这同样的罪，因为她奉献给马利亚的教堂比奉献给基督的要多出十倍呢。”(注3)

何布根斯博士在“论一千禧年”的论文中说：“莫想敌基督的精神和行为完全限于罗马教会。一班改正教会还有相当敌基督的成分在它们中间，若是说它们要从腐败和邪恶的状态中完全改正过来，那还差得很远呢。”(注4)

关于长老会脱离罗马的问题，葛特利博士写道：“三百年前，本教会曾以一部敞开的圣经为标帜，并以‘查考圣经’为口号，走出罗马的门。”随后他又提出一个意义深长的问题说：“但他们是否已经完全脱离了巴比伦呢？”(注5)

英国的著名布道家斯博金说：“英国国教似乎是完全被形式主义所捆绑了，但一班非国教的教会显然也被哲学派的无神主义所腐蚀了。许多我们所景仰的人竟一个一个地偏离了信仰的基本信条。我确知英国的心脏肺腑已经被可憎的无神主义所渗透了，而这种无神主义竟敢登上讲台宣称自己是基督教。”

试问，这个大叛教的原因何在？不妨先问教会最早是怎样偏离纯正之福音的呢？乃是由于效法异教的作为，为要让异教徒更容易接受基督教。使徒保罗在他的时代就已声明，“那不法的隐意已经发动。”(帖后2:7)当使徒还在世的时候，教会是比较纯洁的。但“在第二世纪末叶，多数的教会呈现了一种新的状态，早期的纯洁不见了，而在年老的门徒死去之后，他们的儿女和新入教的信徒便出来把教会改装一番。”(注6)为要争取更多人信教起见，他们把基督教信仰的崇高标准降低了，结果“一股异教的洪流涌进了教会，并带来了异教的风俗、习惯和偶像。”(注7)在基督教得到了属世统治者的优待和支持之后，成群的人就前来信奉基督教，许多人虽然在表面上是基督徒，“但在本质上还是异教徒，并且还在暗中敬拜他们的偶像。”(注8)

这同一过程岂不是几乎在每一个自命为改正教之教会的历史中重演了么？在这些教会的创办者，就是具有真实改正精神的人去世之后，他们的后代便起来“改装一番”了。他们一面盲目地拘泥于祖先们的教条，一面却拒绝一切比祖先所能看到的更进一步的真理，同时先贤们所留下的谦卑、克己、舍弃世界的榜样，他们却远远地偏离了。这样，“早期的纯洁不见了”，一股世俗的洪流涌进教会，并且“带来异教的风俗、习惯和偶像。”

哀哉，那“与上帝为敌”的迷恋世俗的风气，目前在自称是跟随基督之人中间，该是多么普遍啊！基督教界中一班的教会已经多么严重地偏离了圣经所提出的谦卑、克己、纯洁和虔诚的标准啊！关于正当使用金钱的教训，卫斯理约翰曾说：“不要仅仅为满足眼福，或购买奢侈贵重的衣服，或不必要的首饰而浪费这宝贵的恩赐。也不要滥用钱财把自己的房屋装饰得特别美丽，或购买贵重而不必需的家具、图画或进行大规模的装修。也不要为满足今生的骄傲，或博得世人的称赞与景仰而花费金钱。‘你若利己，人必夸奖你。’只要‘你穿着紫色袍和细麻布衣服，天天奢华宴乐，’一定有许多人称赞你的高贵风雅，并感激你的慷慨和款待。其实你不要出那么贵重的代价去买得人的称赞。宁可以上帝所赐的尊荣为满足。”(注9)可惜在现代许多的教会中，这样的教训竟被忽略。

社会上最流行的是口头上的宗教信仰。官员、政客、律师、医生、商人等，往往加入教会，来博得一班社会人士的尊重和信任，以便促进自己属世的利益。这样他们企图给自己所有不义的行为，加上一层基督化的色彩。各宗教团体既然收容了这些受过洗礼而依然迷恋于世俗的教友，并得到他们财富和势力的支持，便要更进一步地追求与世俗为友，博得众人的赞助。于是装饰得富丽堂皇的大教堂，在宽广的马路上建造起来了。参加礼拜的人穿戴着华贵而时髦的服装前来赴会。他们聘请一个有才干的传道人，并给他优厚的薪俸，让他上台给大家助兴，并吸引更多的听众。他们讲章万不可涉及流行的罪恶，却要使一班讲究时髦的人听得愉快入耳。这样，时髦的罪人就得以录在教会名册之上，而他们时髦的罪恶也能在虚伪的敬虔之下掩饰过去了。

一个有领导作用的报刊有一次评论到一般基督徒对于世俗的态度，说：“不知不觉地，教会已经依附了时代的潮流，并已使其崇拜的形式适应现代的要求。”“凡足以增强宗教吸引力的方法和手段，教会都已经利用了。”还有一个作者在纽约独立报中对于美以美会当日的情况作了以下的评论：“那划分敬虔分子与不敬虔分子的界线已经模糊不明了，况且双方都在尽力把他们行动与享乐之方式的区别完全取消。”“现代的宗教既能迎合时流，结果那些愿意享受其利益而不必严格遵守其义务的人就大大增多了。”

郝瓦德克罗斯比说：“我们看到基督的教会离开祂的理想那么远，不禁深为关怀。古时犹太人怎样与拜偶像的国家亲密来往，结果他们的心便偏离了上帝，照样，耶稣今日的教会也是因与不信的人联合，而把自己生活的神圣方式放弃了，去依从非基督化社会那种表面上合理而实际上邪恶的习俗，他们所提出的理由和所得出的结论都是与上帝的启示相违，并与一切美德的发展直接抵触的。”(注10)

在这种贪爱世俗和追求宴乐的潮流中，刻苦耐劳和为基督牺牲的精神几乎完全淹没了。“参加我们各教会宗教活动的一些男女还记得自己作儿童的时候曾受过克己牺牲的教育，以便对基督有所奉献并尽到服务的责任。”但“今日每当教会需要经费的时候，切不可叫任何人奉献。万万不可！却要设法举办一次联欢会，或演一出话剧！或开一次伪装的公审大会，或是化装的晚餐，或吃吃喝喝——无论如何，总要想出一些给大家助兴的方法。”

威斯康新省的省长华施本在一八七三年一月九日的新年致辞中声称：“我们需要一种律法来取缔一切足以养成赌博习惯的场所。这些场所到处皆是。就是教会往往也在无意之中作出魔鬼的工作。摸彩音乐会、投机性的赠品、彩票、义卖等等，有时固然以宗教或慈善事业为济助的对象，但其收入往往也作为比较没有价值的用途，诸如此类的彩票、奖品等等方法都教育人不出相当的代价而有所获得。让青年人这样不劳而获是最容易使他们受到腐蚀和毒害的。现在既有许多有身分的人士参加这一类的投机事业，同时还要安抚自己的良心说，这些钱都是有良好用途的，我们就不难看出为什么本省的青年时常养成这些投机性的游戏所必然产生的不良习惯。”

基督教界的各教会都被效法世界的精神所侵袭了。罗伯艾特金某一次在伦敦讲道时，曾对那普及英国的属灵退化状态，描绘了一幅黑暗的图景：“真实正直的人已经寥若晨星了，也没有人把这事放在心上。今日的各教会中信奉宗教的人都是迷恋世俗，效法世界，贪图安逸，并喜爱名誉的。他们被召去为基督受苦，但他们连一点凌辱也不肯受。每一个教堂的大门上彷佛有字刻在上面说：‘叛道，叛道，叛道！’如果大家能知道并能体会到这种情形，那么或许还有希望，可是哀哉！他们反而大声自夸，‘我是富足，已经发了财，一样都不缺。’”(注11)

巴比伦的大罪乃是她“叫万民喝邪淫大怒之酒。”这酒象征她因与世上的伟人发生不正当关系而接受的谬论。“与世俗为友”腐蚀了她的信仰，她便散播了许多与圣经明文相抵触的假道，因此对全世界发挥了一种腐化的影响。

罗马教会扣留圣经，不让人阅读，同时要众人都接受她的教训来代替圣经。宗教改革的工作原是要把圣经再放回到众人手中，可是今日的各教会岂不是在教训人把信仰建立在他们的教条上而不是在圣经上么？著名的布道士查理彼彻论到一般基督教会说：“他们忌讳批评教条，正像从前的教父们忌讳批评自己所倡导崇拜圣徒和殉道者的事一样。现代的基督教团体已经把自己的手捆绑起来了，甚至一个人不能在他们中间任何一个团体中传道，除非他同意在圣经之外接受另一本书为标准。我们真可以说，现在的教条主义已经开始排斥圣经，像罗马教过去所作的一样，不过现在的方法还要微妙一些，这话也绝不是出于幻想而说的。”(注12)

当忠诚的教师们向人讲解上帝的圣言时，就必有一些学问渊博的人和自作聪明的传道人出来排斥这种教训为异端，借此使许多寻求真理的人偏离正路。若不是全世界已经因巴比伦的“酒”而醉迷不醒，就必有成群的人因圣经明白锋利的真理而折服了。但一般的宗教信仰看上去是那么混乱而互相矛盾，甚至众人不知道应该相信哪一些道理为真理。可见世界顽梗不化的罪是必须由教会负责的。

启示录第十四章第二位天使的信息最早是在一八四四年夏季传开的，而且最适合于当时美国的各教会，因为那里是审判的警告宣传最广而被人广为拒绝的地方，又是各教会退化最为迅速的地方。但这第二位天使的信息在一八四四年还没有达到全面的应验。那时各教会固然因拒绝基督复临的信息，而经验了一次属灵方面的堕落，但那一次的堕落还不是完全的。当他们继续拒绝特别适合于本时代的真理时，他们便越降越低了。虽然如此，我们还不能说“巴比伦倾倒了，因为列国都被她邪淫大怒的酒倾倒了。”到此为止，她还没有使列国都这样作。效法世界的精神和对于现代考验性之真理的冷淡态度，固然早已存在于基督教世界各国的改正教教会中，并且仍在蔓延发展，因此这些教会都包括在第二位天使可怕的斥责中。可是叛道的工作还没有达到最高峰呢。

圣经说明在救主复临之前，撒但要“行各样的异能、神迹和一切虚假的奇事，并且行各样出于不义的诡诈。”于是那些“不领受爱真理的心，使他们得救”的人，便要得到“一个生发错误的心，叫他们信从虚谎。”(帖后2:9—11)及至各教会发展到这个地步，而教会与世俗的联合在基督教界全面实现之后，巴比伦的倾倒才能算为完全。这种变化乃是逐步发展的，所以启示录十八章四节的全面应验还在将来。

组成巴比伦的各教会虽然因灵性的黑暗而远离了上帝，但基督的真信徒多半还是在这些团体中。他们当中有许多人还没有看明那特别适合于现时代的真理。也有不少人很不满意现状，并且正在渴望得到更清楚的亮光。他们妄想在自己所属的教会中看见基督的形像。当这些团体偏离真理越远，并与世俗越为接近时，这两等人之间的区别便要越为明显，而结果必要造成决裂。时候将到，那些以爱上帝为至上的人不能再与那些“爱宴乐不爱上帝，有敬虔的外貌，却背了敬虔的实意”的人长久联合了。

启示录第十八章预指将来的教会因拒绝启示录十四章六至十二节的三重警告而完全呈现第二位天使所预言的状况，那时，凡留在巴比伦的上帝的子民要听见祂的呼召，叫他们与巴比伦断绝关系。这乃是那将要传给世界的最后信息，而且这个信息也必完成它的工作。当那些“不信真理，倒喜爱不义的人”(帖后2:12)大受欺骗而信从虚谎时，真理的亮光却要照耀一切敞开心门去接受它的人，于是一切仍然在巴比伦中的上帝的儿女必要听从祂的呼召：“我的民哪，你们要从那城出来。”(启18:4)

注1：Bliss, “Memoirs of Wm. Miller,” 第328面。

注2：Congregational Journal，1844年5月23日号。

注3：Dr. Challoner, “The Catholic Christian Instructed,” Preface，第21，22面(1897年版)。

注4：Hopkins, Samual, “Works,” 卷2，第328面(1854年版)。

注5：Guthrie, John, “The Gospel in Ezekiel,” 第237面(1857年爱丁堡版)。

注6：Robinson, Robert, “Ecclesiastical Researches,” 第6章，第17段(1792版第51面)。

注7—8：Gaviazzi’s Lectures，第278面(1854年版)。

注9：Wesley’s Works, Sermon 50, “The Use of Money.”

注10：“The Healthy Christian: An Appel to the Church,” 第141，142面(1871年版)。

注11：Second Advent Library, Tract No. 39.

注12：Sermon on “The Bible a Sufficient Creed,” delivered at Fort Wayne Ind.，1846年2月22日。

第二十二章
预言的应验

一八四四年春季，就是复临信徒第一次指望救主降临的时候过去之后，那些凭着信心仰望祂显现的人曾一度被困在怀疑和彷徨之中。世人虽然都认为他们是完全失败，是显然受了欺骗，但他们仍从圣经中找到安慰。许多人继续研究圣经，重新检查自己信仰的根据，并仔细钻研预言，为要得着进一步的亮光。圣经对于他们的见解所提供的佐证是清楚而确凿的。许多不容误会的预兆都证明基督复临的日子已近。况且许多罪人的悔改和基督徒属灵生命的奋兴所彰显上帝的特别恩赐，都证明这一个信息是从天上来的。所以信徒虽然不能解释自己失望的原因，但他们总相信自己过去的一段经验乃是出于上帝的引领。

在他们所相信有关基督复临的许多预言中，交织着一些特别适合于他们那彷徨和悬虑之心情的教训，这些教训鼓励他们忍耐等候，并相信现在似乎黑暗的事终必有明朗的一天。

在这些预言中有哈巴谷二章一至四节的教训:“我要站在守望所，立在望楼上观看，看耶和华对我说什么话，我可用什么话向祂诉冤。祂对我说，将这默示明明的写在版上，使读的人容易读。因为这默示有一定的日期，快要应验，并不虚谎。虽然迟延，还要等候；因为必然临到，不再迟延。迦勒底人自高自大，心不正直，惟义人因信得生。”

早在一八四二年，这段预言中的指示:“将这默示明明的写在版上，使读的人容易读，”曾使一个传道人斐奇查理设计一幅预言图表，来说明但以理书和启示录的异象。在这个图表出版之后，当时的信徒便相信这是应验了上帝所传给哈巴谷的预言。可是没有人注意到这同一段预言，也指明这异象应验的过程中，必有一段显然迟延的时期，也就是一个等待的时期。但在大失望之后，以下的话就显明了它的意义:“这默示有一定的日期，快要应验，并不虚谎。虽然迟延，还要等候；因为必然临到，不再迟延。义人因信得生。”

那时以西结的一段预言也使信徒得到力量和安慰:“耶和华的话临到我说：人子啊，在你们以色列地怎么有这俗语说：日子迟延，一切异象都落了空呢？你要告诉他们说，主耶和华如此说:日子临近，一切的异象都必应验。我耶和华说话，所说的必定成就，不再耽延。”“以色列家的人说：他所见的异象是关乎后来许多的日子，所说的预言是指着极远的时候。所以你要对他们说：主耶和华如此说，我的话没有一句再耽延的，我所说的必定成就。”(结12:21—25， 27，28)

那些等候主的信徒因此就欢喜了。他们相信那从起初看到末后的主曾在古时预先看到他们的失望，而赐给他们这些鼓励和有希望的勉言。若是没有这几段经文来劝勉他们忍耐等候并坚信上帝的话，他们就必在那考验的时辰失去信心了。

马太福音二十五章里十个童女的比喻也说明复临信徒的经验。在马太福音二十四章，基督答复门徒所发有关祂降临和世界末日之预兆的问题时，祂曾指出从祂第一次降临到第二次降临的时期中，世界历史和教会历史上的一些主要事件，例如耶路撒冷的毁灭，教会在异教和罗马教的逼迫之下所经受的大患难，以及日月黑暗，众星坠落等事。此后，祂便谈到祂得国降临的事，并叙述了那等待祂降临的两等仆人的比喻。随即有第二十五章开头的话说:“那时，天国好比十个童女。”这话是为我们指出末期的教会，也就是第二十四章末了几节经文所讲论的。这个比喻用近东地区的婚礼来说明末期教会的经验。

“那时，天国好比十个童女拿着灯，出去迎接新郎。其中有五个是愚拙的，五个是聪明的。愚拙的拿着灯，却不预备油；聪明的拿着灯，又预备油在器皿里。新郎迟延的时候，她们都打盹、睡着了。半夜有人喊着说：‘新郎来了，你们出来迎接祂。’”(太25:1—6)

新郎的到来预表第一位天使所宣告

的基督复临。童女出来迎接，代表那因基督复临的信息而普遍展开的改革运动。这个比喻像第二十四章里的比喻一样，指出两等人。他们都带着灯，就是圣经，并靠灯光出去迎接新郎。但“愚拙的拿着灯，却不预备油；聪明的拿着灯，又预备油在器皿里。”这后一等人已经领受了上帝的恩典，就是那使人重生，并光照他们的圣灵的能力，惟独这灵能使圣经成为脚前的灯和路上的光。他们曾存敬畏上帝的心去查考圣经，为要明白真理，他们也曾恳切追求心灵和生活的纯洁。这一等人亲自得了实在的经验，并对上帝和祂的话具有一种信心，这种信心是灰心和迟延所不能磨灭的。其余的人则“拿着灯，却不预备油。”他们是出于情感的冲动。这严肃的信息曾引起他们的恐惧，但他们只以弟兄们的信仰为依据，并满意自己感情上明灭不定的灯火，而没有追求彻底明白真理，也没有追求心中真实有圣灵做工。这等人曾满心盼望立即得着赏赐而出去迎接救主，但他们没有准备应付迟延和失望。及至考验临到，他们的信心便支持不住，他们的灯火便暗淡无光了。

“新郎迟延的时候，他们都打盹、睡着了。”新郎的迟延代表信徒所指望救主回来的日子过了期，以及随之而来的失望和显然的迟延。在这个彷徨的时期中，那些经验肤浅和不冷不热的信徒很快就动摇了，他们作基督徒的努力也松弛了。但那些把信心建立在亲自查考圣经的基础上的人已经把脚立在磐石上，是失望的浪潮所不能冲毁的。“他们都打盹、睡着了”一等人因不关心而放弃了信仰，另一等人则耐心等候更清楚的亮光。但在那考验的黑夜里，这些人的热心和虔诚似乎多少也有所减退。那些不冷不热的信徒再不能依靠弟兄们的信心来支持他们。各人或站立或跌倒完全在于自己。

约在此时，狂热的风潮开始发作了。一些曾经表示热心相信基督复临的人不再以上帝的圣言为惟一绝无错误的向导，却声称自己受了圣灵的直接引领，结果就完全被自己的情绪、感觉和幻想所支配了。有一些人则表现一种盲目而偏执的热忱，并且排斥一切不赞同他们的人。他们狂热的见解和行动，是一班的复临信徒所不同情的，但这些狂热之徒终于使整个真理的伟业受到羞辱。

那时，撒但正在努力用这种方法反对并破坏上帝的工作。众人已经因复临的信息而大受感动，成千的罪人已经悔改信主，并有许多忠诚分子献身宣传真理，就在那迟延的时候，也是如此。那时邪恶之君见自己的许多臣仆离开了他，所以为要使上帝的圣工蒙受羞辱起见，他就设法欺哄一些似乎有信仰的人，驱使他们走向极端。于是他的爪牙就准备利用这等人的每一个错误，每一次的失败，和每一件不体面的事，加以夸大的宣传，使复临运动的信徒和信仰显著可憎。因此撒但竭力使他所控制的许多人表示相信基督的复临，而同时还让他控制他们的心，这样的分子越多，撒但就越能指出这一等人为全体信徒的代表。

撒但是那“控告弟兄的，”所以他的灵常鼓动人去窥伺并暴露上帝子民的错误和缺点，至于他们的善行则一字不提。每逢上帝努力救人的时候，撒但也必活跃起来。每当神的众子来侍立在耶和华面前时，撒但也必来在其中。在每一次的奋兴中，他总要把一些内心不圣洁，思想不稳健的人带进来。当这样的人接受了真理的某几点并在信徒中得到地位之后，撒但便要利用他们传出一些理论来迷惑一班没有防备的人。一个人虽然和上帝的儿女来往，甚至进入礼拜堂并参加主的圣餐，这并不足以证明他就是一个真基督徒。撒但常爱参加最严肃的聚会，他露面的方式就是借着他所能利用的爪牙工具。

邪恶之君必要在上帝的子民向天城迈进的路程上，步步与他们为难。在教会的全部历史中，没有一次的改革运动不是冒着严重的障碍而前进的。在保罗的日子也是这样。这位使徒无论在什么地方兴起教会，就必有一些自称是接受这信仰的人带来一些异端邪道，这些异端如果被众信徒接受的话，就必把热爱真理的心排斥出去了。路德也曾因一些狂热之徒的作风而经受许多困难和烦恼，这些人说有上帝直接借着他们讲话，所以他们重看自己的感想和意见过于圣经的见证。许多缺少信心和经验的人反而会感觉十分自满，他们喜欢“说说听听”新奇的事，结果就受了这些新教师的迷惑，并帮助撒但的爪牙去破坏上帝借路德所建立的圣工。卫斯理弟兄二人和其他以自己的影响和信心为世人造福的人，也都曾处处遭遇撒但之诡计所策动的过激、偏执和不圣洁的分子所发起的各等各式的狂热。

米勒耳威廉一点也不赞同那些造成狂热现象的影响。他像路德一样，声称每一个灵必须受上帝圣言的试验。他说：“魔鬼今日在某一些人的思想上是控制得非常有力的。而我们又怎能知道他们是出于什么灵的感动呢？圣经有回答说：‘凭着他们的果子，就可以认出他们来。’世上有许多的灵已经出来了，而且有命令吩咐我们要试验那些灵。凡不使我们在今生自守、公义、敬虔度日的灵就不是基督的灵。我越来越相信这些狂热的运动和撒但有很密切的关系。在我们当中有很多人自命完全圣洁，实际上却在随从人的遗传，况且他们同一些不如此自负的人一样不明白真理。”(注1)“邪恶的灵必使我们远离真理；而上帝的灵能引领我们明白真理。但你或许要问，一个人可能是错了，但他总以为自己拥有真理，那么怎样呢？我们回答说，圣灵和《圣经》必然是一致的。如果一个人用《圣经》来审查自己，而发现自己能与全部《圣经》协调，他就可以确信自己拥有真理；但如果他发现那引领他的灵与上帝的律法或圣经一贯的教训不能符合，他就应当谨慎自己的脚步，惟恐陷入魔鬼的网罗。”(注2)“从人们脸上的神色，眼中的泪珠或富有感情的几句话里，我所能看出内心虔诚的表现，要比全基督教界所发出的狂呼乱喊更多呢？”(注1)

在宗教改革的日子，这运动的敌人曾把狂热派所惹起的祸患都归罪于那些最反对这种风潮的人。后来那些反对复临运动的人也用了这同样的手段。他们不止是诬蔑并夸大极端主义者和狂热派的谬论，而还要散布许多毫无根据的谣言。这些人是被偏见和仇恨所鼓动。他们曾因基督快要复临的信息而感到不安。他们惟恐这信息是真的，而又希望它是假的，这就是他们逼迫复临信徒和复临信息的真原因。

有一些狂热之徒钻进了复临信徒的团体，这并不足以证明这运动不是出于上帝，正如保罗和路德时代的教会中虽然发现有骗子和狂热之徒，也不足以否定他们的工作。只要上帝的百姓从睡梦中儆醒，并诚恳地从事悔罪改革的工作；只要他们查考圣经，学习那在耶稣里的真理；只要他们完全献身于上帝，他们就必看到许多现象，说明撒但仍是活跃而警惕着的。他必利用一切迷人的方法来显扬他的能力，并发动他领域之内全部堕落的使者来帮助他。

造成狂热和分裂状态的缘故，绝不是因为基督复临的信息广为传开。这种不良的现象是在一八四四年的夏季，正当复临信徒对自己真实境遇惶惑不定的时候才出现的。原来第一位天使的信息和那随之而来的“半夜的呼声”，正足以抑制狂热和分裂的事。因为那些在这两次严肃的运动中有份的人是彼此十分和谐的，他们彼此相爱，并热爱他们所希望快要看见的耶稣。同一的信仰和同一的指望，已成了他们抵御撒但的盾牌，并使他们超出一切属于血气的影响。

“新郎迟延的时候，他们都打盹、睡着了。半夜有人声喊着说：新郎来了，你们出来迎接他。那些童女就都起来收拾灯。”(太25:5－7)在复临信徒起先以为二千三百日结束的春季和该年的秋季之间，就是一八四四年夏季，他们用了圣经的话去传“新郎来了！”的信息，因为他们查出那二千三百日实在是伸展到秋季的。

那发起这次运动的，乃是他们对于那确定二千三百日的起点的新发现，就是说：亚达薛西王重建耶路撒冷的命令是在公元前四五七年秋季，而不是在他们失望前所认为的春季生效的。那二千三百年既从四五七年秋季算起，就必在一八四四年秋季结束。(见

附录)

还有以旧约圣经的预表为根据的论据，也确定秋季为举行“洁净圣所”之礼的时候。当信徒注意到那些有关基督第一次降临的预表是怎样应验的，这个问题就更为明朗化了。

逾越节的羔羊之被杀，乃是基督舍命的预表。保罗说：“我们逾越节的羔羊基督，已经被杀献祭了。”(林前5:7)在逾越节期内所献初熟庄稼的摇捆则预表基督的复活。保罗论到主的复活和祂百姓的复活，说：“初熟的果子是基督，以后在祂来的时候，是那些属基督的。”(林前15:23)正像那在收割庄稼之前最先割下来要摇的禾捆一样，基督乃是那在将来复活时被收入上帝仓库的蒙赎之民初熟的果子。

这些预表不但在事实上，而且也在时间上应验了。在犹太历的正月十四，就是一千五百年来，宰杀逾越节羔羊的日子，基督既同门徒吃了逾越节的筵席，就设立了圣餐礼，这个礼节将要记念祂的死，作为“上帝的羔羊，除去世人罪孽的。”在那同一天晚上，祂被恶人捉拿，要把祂钉死在十字架上。祂又作为摇捆所预表的对象在第三天复活了，“成为睡了之人初熟的果子。”(林前15:20)并成为一切复活之义人的典型，他们卑贱的身体将要改变形状，“和祂自己荣耀的身体相似。”(腓3:21)

照样，一切有关基督复临的预表也必按照表号性之礼节所指明的时候应验。在摩西律法的制度之下，洁净圣所或赎罪大日，乃是在犹太历的七月初十，(见利26:29—34)那时，大祭司既为全以色列行了赎罪之礼，并借此把他们的罪从圣所里挪去，就出来为百姓祝福。所以当时的信徒认为我们的大祭司基督也要显现来毁灭罪恶与罪人，借以洁净全地，然后将永生的福分赐给祂的百姓。所以他们认为七月初十的赎罪大日，即洁净圣所的时候，按公历是一八四四年十月二十二日，也就是救主复临的时候。这与过去所提的证据符合，说明那二千三百日必要在秋季结束，这种结论显明是肯定而无可非议的。

在马太福音二十五章的比喻中，紧接着等待和睡觉的时期便是新郎的来临。这和以上根据预言和预表所提出的论据是完全符合的。这些论据有力地说明了其本身的真实性，于是有成千的信徒宣传了这“半夜的呼声。”

这个运动像潮水一样扫荡了全地。从这城到那城，从这村到那村，深入最遥远的地区，直到一切等候基督的上帝子民都被唤醒了。在这个消息传扬之下，狂热的现象云消雾散了。信徒的怀疑和困恼也已解除，他们的心被希望和勇气所鼓舞。这次工作不像一般出于感情的刺激而不受圣经和圣灵控制的运动那样有极端的趋势。它乃像古时以色列人在听到耶和华的仆人传来责备信息之后所发起的自卑和转向耶和华的运动。它呈现了上帝在每一个世代所发动之工作的特点。这特点少有狂欢的表现，而多有深刻自省，悔改认罪和放弃世俗的精神。许多经过内心挣扎之人的抱负是要预备迎见救主。他们恒切祈祷，毫无保留地献身给上帝。

米勒耳形容那时的工作说：“我们当中并没有人表示极度的欢乐，大家好像是把欢乐的事留到将来，因为将来天地万物都要一同欢庆，并有说不出的喜乐和盈溢着的荣耀。我们当中也没有人大声喊叫，这也留到将来，那时从天上必要发出‘呼叫的声音’。歌唱的人也止息了，他们正等待参加天使的队伍和天上的歌咏队呢。我们当中也没有争论的事，众人都有一样的心思，一样的意念。”(注3)

另有一个参加这运动的人证明说：“这运动到处引起了深刻的反省，使人在上帝和高天之下虚心自卑。它使人的感情不再迷恋于今世的事物，使人互相和睦解怨，彼此认罪，在上帝面前伤心痛哭，向祂忏悔祈祷，为要得蒙赦免与悦纳。它使人空前地谦虚与自卑。正像上帝借约珥吩咐人在祂大而可畏的日子未到之前所要作的，它使人撕裂心肠，不撕裂衣服，借着禁食、痛哭和悲哀归向耶和华。正如上帝借撒迦利亚所说的祂曾将那施恩叫人恳求的灵浇灌祂的儿女，他们也曾仰望他们所扎的并为祂悲哀，那些等候主复临的人都曾

在祂面前刻苦己心。”(注4)

自从使徒的日子以来，没有任何宗教运动比一八四四年秋季的运动更少搀有人的缺欠和撒但的诡计。就是经过了许多年，凡参加过那次运动而仍坚立在真理基础上的人，仍可感受到那次工作的神圣的影响，并能证明那是出于上帝的。

等待新郎的人一听见“新郎来了，你们出来迎接他，”便“起来收拾灯。”他们以空前的热烈情绪研究上帝的圣言。有天使奉命从天上下来唤醒那些已经灰心的人，预备他们去接受这信息。这次的工作没有依靠人的智慧和学问，却是依靠上帝的大能。最先听见而最先响应上帝呼召的不是最有天才的人，而是最谦卑、最忠诚的人。农夫把未收的庄稼留在田里，工匠撇下他们的工具，都以欢喜的热泪出去宣扬警告。那些先前领导圣工的人倒是最后参加这次运动的。一般的教会却闭门拒绝这信息，于是许多接受的人便退出了这些教会。在上帝的领导之下，这个信息同第二位天使的信息联合起来了，并加强了圣工的力量。

“新郎来了！”的信息虽然有清楚而确切的经文为根据，但它并不是一个足资辩论的题目。它却带有一种动人的力量。所以没有人怀疑，没有人问难。从前在基督胜利地进入耶路撒冷的时候，从各地云集来过节的人都蜂拥到橄榄山上，于是在他们参加那护送耶稣的行列时，他们也就感染到当时的热烈情绪，并同声喊叫，“奉主名来的是应当称颂的！”(太21:9)那些拥到复临运动会场的非信徒，有的是出于好奇，也有的仅仅出于讥刺的动机——也曾同样地感受到那推动“新郎来了”之信息的力量。

那时信徒有强大的信心——就是必得大赏赐的信心，使自己的祈祷得蒙应允。恩惠的圣灵像落在干渴土地上的雨水一样，降在热切寻求的人身上。那些准备很快就迎见救赎主的人感到一种说不出来而严肃的喜乐。当祂的恩典丰丰富富地降在那些忠诚相信的人身上时，圣灵感化和抑制的能力使他们的心融化了。

那些接受这信息的人谨慎而严肃地等候他们所指望迎见救主的时候。每天早晨他们感觉自己第一个本分就是得蒙上帝悦纳的凭据。他们的心都团结一致，所以他们时常在一起彼此代祷。他们常在幽静的地方聚集，与上帝交通，使他们祈祷的声音从田野和树林中升到天上。他们认为救主的嘉纳比他们每日的饮食更为重要。如果有乌云遮蔽他们的心灵，他们就不能安心，直到它消散为止。当他们感受到赦罪之恩的印证时，他们就渴望看见他们所热爱的主。

但这次他们又是注定要失望了。他们所等候的时期过去了，而他们的救主并没有显现。他们曾以坚稳的信心指望祂复临，所以这时他们的心情正像马利亚来到救主的坟前而发现一个空墓的时候一样。那时她悲叹说：“有人把我主挪了去，我不知道放在哪里。”(约20:13)

不相信这信息的世人一度惟恐这信息或许是真的，所以不免有一种严肃感一时抑制着他们。在时候过去之后，这种感觉没有立时消退，起先众人不敢向失望的人夸胜，但后来众人既看不到什么上帝忿怒的征象，他们就再没有什么惧怕，于是重新进行辱骂嘲笑。有许多曾经承认相信救主快要复临的人放弃了信仰。有一些一度笃信无疑的人因失望而感觉再没有脸见人，巴不得能逃出这世界才好。像约拿一样，他们埋怨上帝，向祂求死。那些曾经把信仰建立在别人的意见而不是在圣经上的人，这时又准备改变看法了。那讥诮的人把一些不坚固而怯懦的信徒说服了，于是这些人一同宣称今后再不可能有什么值得惧怕或等待的事了。时候既然过去，而主又没有来，现今的世界可能就一直这样存留下去好几千年，也未可知。

那些认真诚心的信徒已经为基督舍弃了一切，并曾感受到祂特别与他们同在。他们也相信他们已经向世界传了最后的警告，他们希望很快就被接去与他们神圣的夫子和天使同在，所以他们已经很少和那些没有接受这信息的人来往。他们曾热切地祈祷说：“主耶稣啊，我愿你来，愿你快来。”但结果祂没有来。现在他们必须重新负起每日操劳和困恼的重担，并忍受那些嘲笑他们之人的讥讽和辱骂，这真是信心和忍耐最艰苦的考验。

但这次的失望还没有像从前基督第一次降临时祂的门徒所经验的失望那么大呢。当耶稣胜利地骑驴进入耶路撒冷时，祂的门徒却信祂即将登上大卫的宝座，并拯救以色列脱离那些压迫他们的人。他们以热切的希望和快乐的预感，争先向他们的王表示尊敬。许多人把自己的衣袍铺在路上，让祂经过，或拿棕树枝散铺在祂脚前。他们在热烈的狂欢中，共同地喊叫说：“和散那归于大卫的子孙！”当法利赛人因这种欢乐的表现而受到搅扰并发怒时，他们就请耶稣斥责祂的门徒。耶稣回答说：“我告诉你们，若是他们闭口不说，这些石头必要呼叫起来。”(路19:40)预言是必定要应验的。那些门徒正在实现上帝的旨意，但他们还是注定要痛苦失望的。过了不多几日，他们便亲眼看到救主惨痛的死，并把祂放在坟墓里。他们所希望的许多事竟没有一样实现，所以他们的希望也就和耶稣一同死了。及至他们的主胜利地从坟墓里出来时，他们才看明这一切早已在预言中指出来了，并看明基督必须受害，从死里复活。(徒17:3)

五百年前，主曾借先知撒迦利亚说：“锡安的民哪，应当大大喜乐！耶路撒冷的民哪，应当欢呼！看哪，你的王来到你这里，祂是公义的，并且施行拯救，谦谦和和地骑着驴，就是骑着驴的驹子。”(亚9:9)如果门徒当时知道基督正在走向审判和死亡，他们就不可能应验这个预言了。

照样，米勒耳和他的同工也应验了预言，并把圣灵所预言的信息传给世人。如果他们事先充分地明白那指明他们先要失望而在主复临之前还有另一个信息要传给各国的预言，他们就不会把头一个信息传出去了。可见第一和第二位天使的信息是在预定的时候传开的，并且成就了上帝所要成就的工作。(见附录)

那时世人一直在观望着，总想时候一过，而基督没有显现，复临运动的整个系统将要完全瓦解。虽然有许多人因强烈的试探而放弃了信仰，但仍有一些人坚立不动。复临运动所结的果子，就是那随着这运动而发展的虚心自卑、反省己罪、舍弃世俗和改正生活的精神，证明这运动是出于上帝的。他们不敢否认圣灵的大能确已为复临信息作了见证，同时他们也查不出自己对于预言时期的算法有什么错误。连他们最有学识的敌人也未能推翻他们解释预言的方法。因此他们在没有得到圣经的凭据之前，不能同意放弃他们经过诚恳祈祷，研究圣经而得出的结论。那时他们的思想曾受圣灵的光照，内心曾因祂活泼的能力而火热起来。这些结论曾受许多著名的宗教教师和世上的智慧人最严格的批评和最恶毒的反对，又曾经受许多拥有学问和口才联合之势力的攻击，但始终没有因大人物的讥讽或小人的辱骂而动摇。

固然，他们所期望的事没有实现，但这并不足以动摇他们对于圣经的信心。约拿曾在尼尼微的街道上宣传说，再过四十天那城就要倾覆了，后来上帝悦纳了尼尼微人的自卑，并把他们的宽容时期延长了。虽然如此，约拿的信息仍是出于上帝的，而且尼尼微也照祂的旨意受了试验。所以复临信徒相信上帝也是这样引领了他们去传扬审判的警告。他们说：“这个警告已经试验了每一个听见这信息之人的心，使一等人生出喜爱救主复临的心，而使另一等人憎恨祂的复临，这种心情无论是显露的或是隐藏的，总为上帝所鉴察。可见这信息已经划清一条界线，使一切愿意省察自己内心的人可以知道如果救主来了，他们必要站在哪一边——他们还是要喊着说：‘看哪，这是我们的上帝，我们素来等候祂，祂必拯救我们。’或是要‘向山和岩石说，倒在我们身上吧，把我们藏起来，躲避坐宝座者的面目和羔羊的忿怒。’我们确信上帝已经如此试验了祂的子民，并已考验他们的信心，要知道他们在考验之下是否要畏缩，不敢立在祂所要他们站的地位上。并且是否能放弃这世界，笃信上帝的圣言。”(注5)

米勒耳威廉以下的话，足以代表那些依然相信自己过去的经验是出于上帝引领之人所抱的态度：“如果我能重新作人，而所能看明的真理和过去完全一样的话，那么我也只得照我过去所作的去作，才能对得起上帝和人。”“我想我的衣服上可以不再染有别人的血。我感觉我已经尽到我的责任，所以无论何人灭亡，罪都不在我身上。”这个属上帝的人写着说：“我虽然两次失望，但我仍不灰心，也不丧志。我对于基督复临的信仰依然是坚强的。我所作的无非是我经过多年的审慎考虑之后，认明是我们所必须尽到的严肃义务。如果我错了，那么我是错在爱心的一边——爱我的同胞，并向上帝尽责。”“我确知一件事，就是我过去所宣讲的，都是我所诚心相信的。而且上帝也曾与我同在，祂的能力已经在我的工作上表现出来，并且这工作有了良好的效果。”“成千的人，照人的眼光看来，已经因这有关时间的道理而开始研究圣经了，而且因此他们借着信心和基督宝血的功劳，也已经与上帝和好了。”(注6)“我从来没有设法讨骄傲之人的喜欢，或因世人的敌意而恐惧。现今我也绝不求他们的友谊，或越出范围去惹他们的仇恨。我永不会因苟全性命而同他们妥协，如果上帝的美意是要我死的话，并希望自己也不会怕死。”(注7)

上帝没有丢弃祂的子民，祂的灵仍与那些不肯冒昧否定过去所接受的亮光，或转过来痛斥复临运动的人同在。在希伯来书中，有勉励和忠告的话给那些在这个危机中受考验而忍耐等候的信徒说：“所以你们不可丢弃勇敢的心，存这样的心必得大赏赐。你们必须忍耐，使你们行完了上帝的旨意，就可以得着所应许的。因为还有一点点时候，那要来的就来，并不迟延。只是义人必因信得生，他若退后，我心里就不喜欢他。我们却不是退后入沉沦的那等人，乃是有信心以致灵魂得救的人。”(来10:35－39)

这段勉言显然是上帝对末期的教会所讲的，其中指明救主复临追近的话就可以说明这一点：“因为还有一点点时候，那要来的就来，并不迟延。”这话也暗示一种显然的迟延，说救主似乎要耽搁一时。可见本节经文所发挥的教训是特别适合复临信徒这时的经验。它所警戒的人有放弃信心的危险。他们已经因顺从上帝的灵和圣经的引领而遵行祂的旨意，但他们还不明白祂在他们过去的经验中有什么旨意，也看不明自己的前途，因此他们怀疑上帝究竟是不是在引领着他们。这时以下的话就适用了：“义人必因信得生。”当那“半夜的呼声”之光辉照耀他们的路途，而他们又能看到预言应验和许多时兆出现，来说明基督的复临已经近了的时候，他们可以说是凭着眼见而行走。但这时在他们因失望而悲伤，他们只能借着相信上帝和祂的圣言而站立得稳。讥诮的人向他们说：“你们是受骗了，放弃信仰吧！承认复临运动是出于撒但的吧！”但上帝的话却声明：“他若退后，我心里就不喜欢他。”这时若有什么人放弃信仰或否定那推进这运动的圣灵的能力，他就是“退后入沉沦”的人了。他们却因保罗以下的话受了勉励，坚定不移：“你们不可丢弃勇敢的心，”“你们必须忍耐，”“因为还有一点点时候，那要来的就来，并不迟延。”他们惟一安全的途径乃是保守他们已经从上帝那里所领受的光，坚守祂的应许并继续查考圣经，而忍耐等候更进一步的亮光。

注1：Bliss, “Memoirs of Wm. Miller,”第236，237，282面。

注2：The Advent Herald and Signs of the Times Reporter，第8卷，第23期(1845年1月15日)。

注3：Bliss, “Memoirs of Wm. Miller,”第270，271面。

注4：Bliss, in the Advent Shield and Review,卷1，第271面(1845年1月)。

注5：The Advent Herald and Signs of the Times Reporter, 卷8，第14期

(1884年11月13日）。

注6：Bliss, “Memoirs of Wm. Miller,” 第256，255，277，280，281面。

注7：White, J.,“Life of Wm. Miller,” 第315面。

第二十三章
洁净圣所

“到二千三百日，圣所就必洁净。”(但8:14)这一句话比任何其他经文更可作为复临运动之信仰的根基和柱石。它对于一切信仰救主快要复临的人已是耳熟能详。许多人反复重提这个预言作为他们信仰的口号。大家都觉得他们最光明最宝贵的希望都寄托在这节经文所预言的大事上。他们已指明这一段预言的时期要在一八四四年秋天结束。那时，复临运动的信徒与一班教会抱有相同的见解，以为这个地球或其上的某一部分就是圣所。所以他们认为洁净圣所就是末后大日用火洁净全地，并且这件事要在基督复临的时候实现。因此，他们得出结论说，基督要在一八四四年复临。

但这预定的时日过去了，主并没有降临。那时的信徒知道上帝的话是不会落空的，所以必是他们对于预言的解释有了错误，但错误究竟在哪里呢？有许多人不肯耐心地探讨难题的症结，索性就否认二千三百日的结束是在一八四四年。他们这样做，全是因为基督没有照着他们所盼望的时期降临，除此之外，他们说不出什么其它的理由。他们辩论说，如果这个预言的时期果真在一八四四年结束，则基督必在那时降临，洁净圣所，也就是用火洁净这地，但现在祂既没有降临，可见那日期还没有结束。

人若同意这种结论，就必须放弃先前对于这个预言时期的算法。他们先前已经查出二千三百日是在亚达薛西王重建耶路撒冷的命令生效，就是公元前四百五十七年秋季开始的。照着这个起点来计算，则但以理书九章二十五至二十七节所预言的事都可历历应验，若合符节。二千三百年的头一段，就是六十九个七(四百八十三年)，要延到受膏君弥赛亚的时候，这在公历二十七年基督受洗被圣灵恩膏的时候恰好应验了。在第七十个七当中，弥赛亚必被剪除，果然基督在受洗后三年半就被钉死在十字架，时在公历三十一年春。七十个七，就是四百九十年，乃是特别为犹太人定出来的。在这时期结束的时候，犹太人还是坚执拒绝基督，迫害祂的门徒，所以门徒便转向外邦人去传道了，时在公历三十四年。到了此时，那二千三百年的前部时期，即四百九十年便终止了，所余下的还有一千八百一十年。公历三十四年加上一千八百一十年，延到了公历一八四四年。在这时候，照天使所预言的“圣所就必洁净。”这预言中的前部各节，都已毫无疑问地按着预定的时候完全应验了。

既有这种算法，一切就都清楚而协调了，只是在一八四四年还没有看到什么事发生，来应验洁净圣所这一项预言。现在如果否认一八四四年是二千三百年的终点，就必使全部问题陷于混乱，又必须否定一些已经确定是应验了的预言所证实了的论点。

但上帝在这复临运动中已经引导了祂的子民，祂的能力和荣耀也已经表现在这运动上，祂必不让这运动就此在黑暗与失望之中消沉下去，以致被人辱骂为一种虚伪而狂妄的骚动。祂必不让自己的圣言陷于可疑与混乱的地步。虽然有许多人放弃了他们先前对于预言时期的算法，并否定了那以这算法为根据的复临运动，但还有一些人不肯否定自己的信仰与经验，因为这是有圣经和上帝圣灵的见证为基础的。他们确信自己在研究预言的时候，所用的乃是正确的解经法，所以他们现在的责任，就是要坚守这些既有的真理，并要保持这一个方针，继续研究圣经。他们恳切地祈祷，检讨了自己的立场，并研究圣经，要发现自己的错误。他们在预言时期的见解上既看不出有什么错误，他们便被圣灵引导，对于圣所的题目作更详尽的查考。

在他们查考的时候，他们发现圣经中并没有什么凭据，可以支持一般人所相信，这个地球就是圣所的说法。反之，他们却从圣经中找出有关圣所题目的圆满解释，借此认识到圣所的性质、场所和礼节。圣经著者的证言是那么清楚而丰富，以致这个问题已经不成其为问题了。在使徒保罗致希伯来人的书中，他说：“原来前约也有(见英文或原文圣经)礼拜的条例和属世界的圣幕。因为有预备的帐幕，头一层叫作圣所，里面有灯台、桌子和陈设饼。第二幔子后又有一层帐幕，叫作至圣所，有金香炉，有包金的约柜，柜里有盛吗哪的金罐和亚伦发过芽的杖并两块约版。柜上面有荣耀基路伯的影罩着施恩座。”(来9:1—5)

保罗在这里所提到的圣所就是摩西奉上帝的命令所建造的圣幕，作为至圣者在地上的居所。“当为我造圣所，使我可以住在他们中间，”(出25:8)这是摩西与上帝同在西奈山时所受的指示。那时，以色列人在旷野旅行，所以圣所的构造是轻便而易于移动的，虽然如此，它仍是一个十分华丽的建筑物。墙壁是用精金包裹的木板，安插在银座上，顶用幔子盖着，幔子的外层，用公羊皮和海狗皮罩着，幔子的内层是精巧地绣着基路伯的细麻布。在外院里，有献燔祭的坛，圣幕分为两层，叫作圣所和至圣所，其中用一幅华丽的幔子隔开，在第一层圣所的入口处也挂有一个相似的幔子。

在圣所里，南面有灯台，七盏灯昼夜照亮着圣所，北面有摆着陈设饼的桌子，在圣所与至圣所相隔的幔子前有金香坛，烟云缭绕，与以色列人的祈祷天天升到上帝面前。

在至圣所里有约柜，是用贵重的皂荚木制成的，里外都用精金包裹，其中藏有上帝亲手镌刻十条诫命的两块石版。约柜的盖子就是施恩座，是精工巧制的，上面有两个基路伯安置在施恩座的两边，都是用纯金锤出来的。在这一层至圣所中，上帝常在两个基路伯之间的荣耀云彩中显现。

及至希伯来人在迦南地安居立业之后，所罗门建造的圣殿便代替了圣幕。圣殿乃是固定的建筑，规模更大，但仍是按着圣幕的比例而建造的，各种陈设也是相同的。这个圣殿除了在但以理的时代一度被破坏之外，一直都保持着这种格式，直到主后七十年，才被罗马军队毁坏。

地上只有这一个圣所，圣经也再没有提到地上有什么别的圣所。这就是保罗所提到属于旧约的圣所。但新约难道就没有圣所吗？

那些寻求真理的人再把希伯来书研究一下，便发现以上所引的保罗的话中暗示另有一个属于新约的圣所存在。他说：“原来前约也有(见英文或原文圣经)礼拜的条例和属世界的圣幕。”保罗在这里既用了“也有”二字，那就暗示他在上文已经提到这个圣所。因此他们便翻阅前一章经文，在开头的几节中看到这样的话：“我们所讲的事，其中第一要紧的，就是我们有这样的大祭司，已经坐在天上至大者宝座的右边，在圣所，就是真帐幕里作执事。这帐幕是主所支的，不是人所支的。”(来8:1，2)

这里显明了新约的圣所。旧约的圣所是人所支的，是摩西建造的。但这个圣所却是主所支的，不是人所支的。在旧约的圣所中有地上的祭司供职，但在这一个圣所中却有我们的大祭司基督在上帝的右边服务。一个圣所是在地上，另有个圣所乃在天上。

再者，摩西所建造的圣所乃是按照一个模型而制造的。上帝命令他说：“制造帐幕和其中的一切器具，都要照我所指示你的样式。”(出25:9)祂又叮嘱说：“要谨慎作这些物件，都要照着在山上所指示你的样式。”(出25:40)保罗也说，那头一个圣所乃是“作现今的一个表样，”它是“照着天上样式作的，”那按律法奉献礼物的祭司所“供奉的事，本是天上事的形状和影像，”而且“基督并不是进了人手所造的圣所，(这不过是真圣所的影像)乃是进了天堂，如今为我们显在上帝面前。”(来9:9，23；8:5；9:24)

这个有耶稣在里面为我们服务的天上的圣所乃是伟大的原本，摩西所建造的圣所乃是一个副本。上帝曾赐下圣灵给那些建造地上圣所的人。工匠精巧的艺术是上帝智慧的表现。壁板用精金包裹，四面反射七盏金灯台的辉煌光耀。陈设饼的桌子与香炉，也都金光夺目。那盖在顶上华丽的幔子，绣着天使的形像，蓝的、紫的、朱红色的、五彩斑斓，益增美丽的景象。在第二层幔子里面有圣洁的约柜，在那里可以见到上帝荣耀的显现。除了大祭司之外，没有人能进到这里而仍能存活。

这地上圣所无比的辉煌壮丽，向世人反映出天上圣殿的光明灿烂，在那里，有我们的先锋基督站在上帝的宝座之前，为我们服务。在这万王之王的居所里，“侍奉祂的有千千，在祂面前侍立的有万万。”(但7:10)在那个圣殿里充满着永恒宝座的荣光，还有那光辉四射的守卫者撒拉弗蒙着脸崇拜上帝。人手所造极其富丽堂皇的建筑物，实不足反映这殿的伟大和光荣于万一。虽然如此，那有关天上圣所的重要真理和在那里所进行救赎人类的伟大工作，还是借着地上的圣所和其中的礼节来阐明的。

从地上的圣所分为两层的事上，可以想见天上圣所的情形。当使徒约翰在异象中得以看到上帝天上的殿的时候，他见到那里有“七盏火灯在宝座前点着。”(启4:5)他见“有一位天使拿着金香炉来站在祭坛旁边，有许多香赐给他，要和众圣徒的祈祷一同献在宝座前的金坛上。”(启8:3)使徒约翰这次得以看见天上第一层圣所中的情景，他看到“七盏火灯”和“金坛”，这就是地上圣所中的金灯台和香坛所代表的。后来他又看见“上帝天上的殿开了，”(启11:19)显出第二幅幔子后面的至圣所，那里有“祂的约柜”，也就是从前摩西用来存放上帝律法的圣柜所代表的原本。

这样，那些研究圣所题目的人得到了一个无法辩驳的凭据，证明天上是有一个圣所的。摩西所建造地上的圣所乃是按着那指示他的模型而造的。保罗也说，那模型就是天上的真圣所。此外，约翰也作见证说，他曾见过这个天上的圣所。

在上帝的居所，就是天上的圣殿里，上帝的宝座是以正义与公平为基础的。在至圣所中有祂的律法，就是公理正义的大宪章，全人类都要按此受审判。在存放法版的约柜盖子上有施恩座，在施恩座之前，基督用祂的宝血为罪人代求。这样就显出在人类的救赎计划中，有公义与慈爱相辅并济。这种结合，惟有无穷的智慧才能想得出，也只有无穷的能力才能作得到，无怪天庭全体充满惊奇与赞美。在地上圣所里的基路伯尊敬地低头看着施恩座，表明众天使如何关心细察这救赎的工作。上帝怎能称悔改的罪人为义，并与堕落的人类恢复交通，而同时自己仍不失其为公义。基督怎能屈身救拔无数人类脱离毁灭的深渊，把自己无瑕疵的义袍给他们披上，使他们与从未堕落的天使联合，并永远存留在上帝面前。这真是慈悲的奥秘，是众天使所切望察看的。

撒迦利亚的美妙预言曾论到基督为人类作中保的工作，说：“那名称为大卫苗裔的”“要建造耶和华的殿，并担负尊荣，坐在(父的)位上掌王权。又必在位上作祭司，使两职之间筹定和平。”(亚6:13)

“祂要建造耶和华的殿。”由于基督的牺牲与代求的工作，祂自己就成为上帝教会的根基和建造者。使徒保罗指明祂“为房角石，各房靠祂联络得合式，渐渐成为主的圣殿，成为上帝借着圣灵居住的所在。”(弗2:20—22)

祂要“担负尊荣。”救赎堕落人类的尊荣是属于基督的。从世世代代直到永永远远，得蒙救赎之人所要唱的歌，就是:“祂爱我们，用自己的血使我们脱离罪恶，但愿荣耀、权能归给祂，直到永永远远。”(启1:5，6)

祂要“坐在位上掌王权，又必在位上作祭司。”因为荣耀的国度还没有降临，所以现今祂还没有“坐在祂荣耀的宝座上。”到祂作中保的工作结束之后，上帝才“把祂祖大卫的位，”就是一个“没有穷尽”的国给祂。(路1:32，33)基督现今在父的宝座上与祂同坐，(见启3:21)乃是作祭司。这与永存的自有永有者同坐在宝座上的一位，乃是那“担当我们的忧患，背负我们的痛苦”的主，祂“也曾凡事受过试探，与我们一样，只是祂没有犯罪，”所以祂“能搭救被试探的人。”“若有人犯罪，在父那里我们有一位中保。”(赛53:4；来4:15；　　2:18；约壹2:1)祂作中保的工作乃是凭着祂那被钉穿而压伤的身体和一个没有瑕疵的人生。祂受伤的双手、被刺的肋旁、被钉的两脚，都为堕落的人类代求，人类的救赎乃是以这样无穷的代价买来的。

祂要“使两职之间筹定和平。”天父的爱和圣子的爱同是堕落人类的救恩之源。耶稣在离别之前对门徒说：“我并不对你们说，我要为你们求父，父自己爱你们。”(约16:26，27)“上帝在基督里，叫世人与自己和好。”(林后5:19)所以祂也在天上圣所的服务中“使两职之间筹定和平。”“上帝爱世人，甚至将祂的独生子赐给他们，叫一切信祂的，不至灭亡，反得永生。”(约3:16)

何谓圣所？这个问题在圣经中已经解答得很清楚了。圣经中所用的“圣所”一词，第一是指着摩西所建造的圣幕，乃是天上事物的表样。第二是指着天上的“真圣幕”，也就是地上圣所所预表的。这预表的崇祀在基督钉死的时候就废止了。天上的“真圣所”乃是新约的圣所。但以理书八章十四节的预言既然要在这个时代中应验，可见这里所提的圣所必定是指着新约的圣所了。在二千三百日结束的一八四四年，地上已经有好几百年没有圣所了。因此这预言所说“到二千三百日，圣所就必洁净，”无疑地是指着天上的圣所而言。

但还有一个最重要的问题亟待解决，就是:洁净圣所是什么意思？旧约圣经中固然提述到洁净地上圣所的种种礼节，但天上的圣所是否也有什么必需洁净的事物呢？希伯来书第九章很清楚地论到洁净地上和天上圣所的事。“凡物差不多都是用血洁净的，若不流血，罪就不得赦免了。照着天上的样式作的物件，必须用这些祭物去洁净，但那天上的本物自然当用更美的祭物去洁净，”(来9:22，23)那就是基督的宝血。

不论是表号性的圣所，或者是天上圣所的真体，都是必须用血去洁净的。前者是用动物的血，后者则用基督的血。保罗提到洁净时必须用血的理由，说:“若不流血，罪就不得赦免了。”罪得赦免或是被涂抹，就是这洁净工作的目的。但罪究竟怎能与地上或天上的圣所发生关系呢？关于这一点，我们可以从预表性的崇祀上得到解释，因为地上祭司供奉的事，“本是天上事的形状和影像。”(来8:5)

地上圣所中供奉的事可分为两部分:一是祭司们每日在圣所中的服务；一是大祭司每年一度在至圣所中执行赎罪的特别工作，以便洁净圣所。平时天天有悔改的罪人带着祭物到圣幕门口，按手在它头上，承认自己的罪，如此就在表号中把自己的罪移到无辜牺牲的身上，然后就把这祭物宰杀了。使徒保罗说:“若不流血，罪就不得赦免。”“因为活物的生命是在血中。”(利17:11)上帝的律法既被破坏，就规定违犯者必须以命抵罪。那代表罪人受死，并为他担当罪责之牺牲的血被祭司带到圣所中，弹在幔前，在幔子背后就是约柜，柜中藏有罪人所干犯的律法。这种礼节预表罪借着血被移到圣所中。有时祭司不把血带到圣所中，但祭牲的肉必须由祭司吃掉，正如摩西吩咐亚伦的子孙说:主又给了你们，为要你们担当会众的罪孽。”(利10:17)这两种礼节都是同样地预表罪愆从忏悔者的身上转移到圣所中。

这种工作日复一日地进行着，一年到头都是如此。以色列人的罪既然是这样地被移到圣所内，因此便需要一种特别的工作来清除这些罪。上帝曾吩咐人要为这两层圣所各行赎罪之礼。“他因以色列人诸般的污秽、过犯，就是他们一切的罪愆，当这样在圣所行赎罪之礼，并因会幕在他们污秽之中，也要照样而行。”祭坛上也必须行赎罪之礼，为要“洁净了坛，从坛上除掉以色列人诸般的污秽，使坛成圣。”(利16:16，19)

一年一度，在赎罪日，大祭司要进到至圣所，作洁净圣所的工作。这种工作就把全年的崇祀作一个结束。在这赎罪日，祭司要带两只公山羊到圣幕门口，为它们拈阄，“一阄归与耶和华，一阄归与阿撒泻勒。”(利16:8)那归与耶和华的羊，便要被杀，作为百姓的赎罪祭。大祭司要把它的血带到圣所的幔内，弹在施恩座上面和前面。同时这血也要弹在幔子前面的香坛上。

亚伦要“两手按在羊头上，承认以色列人诸般的罪孽、过犯，就是他们一切的罪愆，把这罪都归在羊的头上，借着所派之人的手，送到旷野去。要把这羊放在旷野，这羊要担当他们一切的罪孽，带到无人之地。”(利16:21，22)这只归与阿撒泻勒的羊不再进到以色列人的帐棚中，至于那带这只羊到旷野去的人，在他进营之前必须洗净身体和衣服。

这全部礼节原是要使以色列人对于上帝的圣洁和祂如何憎恶罪恶，受到深刻的印象。并要向他们说明，他们若与罪接触便不能不沾染污秽。当这种赎罪工作正在进行的时候，每一个人要“刻苦己心”；把一切事务放下，无论何工都不可做。以色列全会众在这一天要在上帝面前严肃谦卑、祈祷、禁食，并深刻地省察自己的心。

这表号性的崇祀对于赎罪的重要真理富有教训。罪人虽然有了一个替身，但牺牲的血并没有立即把罪债勾销，只是预备方法把罪移到圣所。借着血的奉献，罪人承认了律法的权威和自己干犯律法的罪，并表示自己信仰一位未来的救赎主，使自己的罪孽得蒙赦免。虽然如此，罪人还没有全然脱离律法的制裁。在赎罪日，大祭司既从会众那里取了一个祭物，就把这祭物的血带进至圣所中，弹在那遮盖律法的施恩座上，借以满足律法的要求。然后，他以中保的资格把罪负在自己身上，带出圣所。随后他两手按在那归与阿撒泻勒的山羊头上，把这些罪都承认出来，这样就在表号中把罪都转移到羊身上。然后，这只羊便担当罪孽出去，被放逐在旷野，这些罪永远与百姓隔绝了。

以上崇祀的礼节是在那按着“天上事的形状和影像”所造的圣所中举行的。地上圣所中所行各种表号性的崇祀，在天上的圣所中都要真实执行。我们的救主在升天之后就开始祂的工作，作我们的大祭司。保罗说：“基督并不是进了人手所造的圣所，(这不过是真圣所的影像)乃是进了天堂，如今为我们显在上帝面前。”(来9:24)

在全年之中，祭司都是在第一层的圣所里，也就是在那分隔圣所与外院的“幔子内”供职，这是代表基督升天之后的职务。地上祭司每天的职务是把赎罪物的血，以及那和以色列人的祈祷一同上升的香，奉献在上帝面前。照样，基督也在天父面前用自己的血为罪人代求，同时也把自己公义的馨香与悔改信徒的祈祷一同献在天父面前。这就是天上第一层圣所里的工作。

当基督在门徒眼前升天之后，他们的信心就随着祂进入圣所。他们的盼望都集中于此，正如保罗所说的：“我们有这指望，如同灵魂的锚，又坚固，又牢靠，且通入幔内。作先锋的耶稣，成了永远的大祭司。”“并且不用山羊和牛犊的血，乃用自己的血，只一次进入圣所，成了永远赎罪的事。”(来6:19，20；9:12)

基督曾在第一层圣所中执行这种赎罪的工作凡一千八百多年。祂的血曾为悔改的信徒代求，从父那里领受饶恕和悦纳，同时他们的罪还留在记录册上。在地上圣所的表号崇祀中，到一年结束的时候，必有一番赎罪的工作。照样，在基督为人类所作的救赎工作完成之前，也要行一番赎罪的工作，从圣所中清除罪迹。这就是在二千三百日结束的时候开始的工作。那时，按着先知但以理所预言的，我们的大祭司进了至圣所，去执行这严肃工作的最后一部分，就是洁净圣所。

按着古时的规例，百姓怎样凭着信心把罪放在赎罪祭牲上，并在表号上借着它的血将罪移到地上的圣所中。照样，在新约时代，悔改的人必须凭着信心把罪放在基督身上，并将罪实际上移到天上的圣所中。再者，这洁净地上圣所表号性的工作必须怎样把那污秽圣所的罪除掉，才能完成。照样，那洁净天上圣所的实际工作也必须把那记录在圣所里的罪除掉，或是涂抹，然后才能完成。但在完成这事之前，必须有一番审查记录册的工作，以便决定谁是因悔罪改过，信仰基督，而有资格得蒙救赎的人。从此看来，洁净圣所的工作势必包括一种审查案卷，也就是审判的工作。这种工作必须在基督来救赎祂子民之前完成，因为在祂来的时候，祂是要带着赏罚，照各人所行的报应他。(启22:12)

这样，那些随着预言的亮光而研究这圣所题目的人，到此便恍然大悟，知道在二千三百日结束的一八四四年，基督不是要来到地上，乃是要进入天上的至圣所里去执行结束赎罪的工作，准备复临。

此外他们也看出，赎罪的祭物预表基督作牺牲，同时大祭司也是预表基督作中保，归于阿撒泻勒的羊则预表罪恶的创始者撒但，凡真实悔改之人的罪，最后都要归到他头上。当大祭司凭着赎罪祭物之血的功劳把罪从圣所中移出去的时候，他就将罪卸在阿撒泻勒之羊的身上。照样，当基督凭自己血的功劳把祂百姓的罪从天上的圣所中移出，来结束祂的服务工作时，祂便要将这罪卸在撒但身上，在执行审判的时候，撒但必领受到最后的惩罚。那归于阿撒泻勒的羊要被流放在没有人烟之地，永不再回到以色列的会众中。照样，撒但也必从上帝和祂的百姓面前，被永远赶逐，而该在罪恶与犯罪之人所遭受的最后毁灭中永远消灭。

第二十四章
作中保的耶稣基督

圣所的题目乃是一把钥匙，将一八四四年失望的奥秘开启了。它使人看出一部有系统而彼此关联互相符合的真理，显明上帝的手曾在指引这伟大的复临运动，并且说明上帝子民的地位和工作，以此向他们指出他们当前的本分。从前耶稣的门徒怎样经过了苦闷和失望的悲惨之夜，而后看见主就喜欢了，照样，那些凭着信心仰望祂二次复临的人这时也就喜乐了。他们曾盼望主在荣耀中显现，给祂的仆人带来报偿。及至他们的希望变为失望，他们便看不到耶稣，而像马利亚在墓园中一样地哭喊说："有人把我主挪了去，我不知道放在哪里。"这时他们在至圣所中又见到主了，这位慈悲的大祭司不久就要作他们的王和拯救者了。从圣所发出来的亮光照明了过去、现今与将来。他们知道上帝已经按祂绝无错误的旨意引导了他们。他们虽然像早期的门徒一样，没有完全了解自己所传的信息，但这信息仍是面面正确的。他们在宣传这信息中，已经实现了上帝的旨意，他们的劳苦在主里面不是徒然的。他们既"重生了我们，叫我们有活泼的盼望，"就"有说不出来满有荣耀的大喜乐。"

但以理书第八章十四节的预言，"到二千三百日，圣所就必洁净。"以及第一位天使的信息，"应当敬畏上帝，将荣耀归给祂，因祂施行审判的时候已经到了，"这两处的话都指着基督在至圣所中的服务和查案审判的工作，而不是指着基督复临来救赎祂的子民，并毁灭恶人。他们对于预言时期的解释并没有错误，只是看错了二千三百日结束时所要发生的事。因了这一点错误，门徒便受到一场失望之苦。虽然如此，先知所预言的一切话，以及圣经的明文所能支持的希望，到底还是实现了。正在他们失望忧伤的时候，信息中所预言的事，也就是那必须在主降临赏赐祂仆人之前所要应验的事，却实现了。

基督已经来了，但不是照着他们所希望的来到地上，祂乃是照着表号所预指的来到上帝天上的殿的至圣所中。祂曾来到亘古常在者面前，正如古时先知但以理所形容的："我在夜间的异象中观看，见有一位像人子的，驾着天云而来，"——不是来到地上，而是"被领到亘古常在者面前。"(但7:13)

先知玛拉基也曾预言祂这次"来"的情形，说："万军之耶和华说：你们所寻求的主，必忽然进入(原文作"来到")祂的殿，立约的使者，就是你们所仰慕的，快要来到。"(玛3:1)主来到祂的殿中是忽然的，对于祂的子民是出于意外的，因为他们并没有想到祂会在那里出现。他们乃是盼望祂来到地上，"在火焰中显现，要报应那不认识上帝和那不听从我主耶稣福音的人。"(帖后1:7，8)

但是一般信徒还没有预备好迎见他们的救主。还有一番预备的工作要为他们成就。有亮光要赐给他们，将他们的心思意念指引到上帝在天上的殿，及至他们凭着信心跟从那位在至圣所服务的"大祭司"时，就必有新的本分显示出来。而且还有一个警告与教训的信息必须传给教会。

先知曾说："祂来的日子谁能当得起呢？祂显现的时候谁能立得住呢？因为祂如炼金之人的火，如漂布之人的碱。祂必坐下如炼净银子的，必洁净利未人，熬炼他们像金银一样，他们就凭公义献供物给耶和华。"(玛3:2，3)当基督在天上的圣所中停止祂中保工作的时候，那些活在地上的人就要直接立在圣洁的上帝面前，而再没有中保了。他们的衣袍必须是无玷污的，他们的品性必须是被血弹过而纯洁无罪的。借着上帝的恩典和他们自己的勤勉努力，他们必须与罪恶搏斗而得胜。当天上进行查案审判的时候，当悔改信徒的罪要从天上圣所被移除的时候，上帝在地上的子民之中也要进行一番特别的洁净和除罪的工作。这番工作在启示录十四章的信息中讲得更为清楚。

当这种工作完成之后，基督的信徒就已准备好等候祂的显现。"那时犹大和耶路撒冷所献的供物，必蒙耶和华悦纳，彷佛古时之日，上古之年。”(玛3:4)到那日，我们的主在降临时所要接去的教会，必是一个“荣耀的教会，毫无玷污、皱纹等类的病。”(弗5:27)她也要“向外观看如晨光发现，美丽如月亮，皎洁如日头，威武如展开旌旗军队的。”(歌6:10)

先知玛拉基除了曾预言主来到圣殿的情形之外，也曾提到祂的复临，就是祂来执行审判的时候，他说:“万军之耶和华说:我必临近你们，施行审判。我必速速作见证，警戒行邪术的、犯奸淫的、起假誓的、亏负人之工价的、欺压寡妇孤儿的、屈枉寄居的和不敬畏我的。”(玛3:5)犹大也曾提到这同一情景，说:“看哪，主带着祂的千万圣者降临，要在众人身上行审判，证实那一切不敬虔的人所妄行一切不敬虔的事。”(犹14，15)祂的这一次来临，与祂的“来到祂的殿，”是截然两件不同的事。

但以理书八章十四节所说我们的大祭司基督的来到至圣所作洁净圣所的工作；但以理书七章十三节所提到人子的来到亘古常在者面前；先知玛拉基所预言主的来到祂的殿；这三处圣经都是叙述同一件事，并且这件事也就是基督在马太福音二十五章十个童女的比喻中所说新郎来娶亲的事。

在一八四四年的夏季秋季，发出了“新郎来了”的呼声。聪明的童女和愚拙的童女所代表的两等人此时便显明出来了——有一等人欢喜仰望主的显现，他们曾经殷勤预备要迎见祂；还有一等人却出于畏惧的心理或出于感情的冲动，只满足于真理的理论，而缺乏上帝的恩典。在比喻中，新郎来的时候，“那预备好了的，同祂进去坐席。”从这里就可以看出新郎的来临，乃是在举行婚礼之前。这婚礼是代表基督承受祂国度的事。这国的首都与代表，乃是圣城新耶路撒冷，也被称为“新妇，就是羔羊的妻。”天使对约翰说：“你到这里来，我要将新妇，就是羔羊的妻指给你看。”先知说：“我被圣灵感动，天使就带我到一座高大的山，将那由上帝那里从天而降的圣城耶路撒冷指示我。”(启21:9，10)在这里很明显地可以看出，新妇是代表圣城，那去迎接新郎的童女，则代表教会。启示录的预言称上帝的子民为婚姻筵席上的宾客。(见启19:9)他们既是宾客，则自然不能也是新妇。先知但以理宣称，基督要从天上亘古常在者那里承受“权柄、荣耀、国度，”并要承受这国度的首都新耶路撒冷，因她“预备好了，就如新妇妆饰整齐，等候丈夫。”(但7:14；启21:2)在祂承受了国度之后，祂便要在荣耀中降临，作万王之王、万主之主，来救赎祂的子民，使他们“在天国里与亚伯拉罕、以撒、雅各一同坐席，”(太8:11；路22:30)共享羔羊的婚筵。

在一八四四年夏季所发出“新郎来了”的呼声，引动了成千成万的人盼望主立即降临。到了预定的时候新郎来了，但却不是按照一般人所盼望的来到这个地上，而是来到天上亘古常在者的面前，举行婚礼，接受祂的国度。“那预备好了的，同祂进去坐席，门就关了。”他们并不是亲身去参加婚礼，因为那婚礼是在天上举行的，而他们却仍在地上。基督的信徒乃是要“等候主人，从婚姻的筵席上回来。”（路12:36）然而他们却要明白祂的工作，并要本着信心跟随祂进到上帝面前。在这种形式之下，他们可以说是去参加那婚礼了。

比喻中说明:那些去参加婚礼的人都是提着灯并在器皿中预备油的。凡是拥有圣经真理的知识，并有上帝的圣灵和恩惠，又在惨重试炼的黑夜里忍耐等候，查考圣经，寻求更清明亮光的人，结果都认识了有关天上圣所以及救主更换职务的真理，他们本着信心仰望祂在天上的圣所中供职。所以一切凭着圣经的见证而接受相同真理的人，又本着信心而仰望基督，看祂进到上帝面前执行祂末后的中保工作，并在这工作结束时承受祂的国度，这一等人正可以说是去参加婚礼。

在马太福音二十二章中，也提到与此相同的婚姻比喻，这里很清楚地说明，查案审判是在婚礼之前举行的。在婚礼之前，王进来观看宾客，(太22:11)要看这些人是否都穿着婚姻的礼服，是否具有那在羔羊的血中洗净洁白，毫无污秽的品格。(启7:14)凡没有穿这礼服的人必被赶逐出去，但那些在检查时身穿礼服的人，便要蒙上帝的悦纳，并被认为配得享受祂的国度，又要与祂一同坐在祂的宝座上。这种审查品格，并决定谁配进入上帝之国的工作，就是查案审判，也就是天上圣所中最后的工作。

在查案工作结束，历代自称为基督信徒者的案件都被检查审定之后，试验的时期便要结束，恩典的门也就关闭了。这样，“那预备好了的，同祂进去坐席，门就关了，”这一句话包括救主的最后一段服务时期，一直到拯救人类的伟大工作告成为止。

我们已经研究过，地上圣所的崇祀乃是天上圣所崇祀的表号。在地上圣所的崇祀中，大祭司在赎罪大日要进到至圣所里，同时，那第一层圣所中的供奉也停止了。上帝吩咐说:“他进圣所赎罪的时候，会幕里不可有人，直等到他为自己和本家，并以色列全会众赎了罪出来。”(利16:17)照样，当基督进到至圣所执行结束赎罪工作的时候，祂就停止了在第一层圣所中的职务。但在第一层圣所中的职务停止时，同时祂在第二层圣所中的职务便开始了。在表号性的地上圣所崇祀中，大祭司在赎罪日离开圣所时，他便进到上帝面前，为一切真心悔罪改过的以色列人，奉献赎罪祭牲的血。照样，基督也只是先完成了中保工作的第一段，然后再开始作第二段工作，在天父面前仍然为罪人献上自己的宝血。

一八四四年的复临信徒没有看明这一番真理。所以在他们所盼望救主复临的时期过去之后，他们仍相信主的降临已近，他们以为自己已经临到了一个重大的转机，而且基督在上帝面前为人类作中保的工作已经停止了。据他们看来，圣经的教训是:在主驾着天云降临之前的一个短的时期中，人类的恩典时期就必结束。这显然是圣经的教训，因为有经文说，到了一个时候，人要寻求、叩门，并在恩典的门前哭号，但门却不再开了。所以当日的信徒疑问说，他们先前所盼望基督降临的日子，会不会就是这一个短时期的开始，而后紧接着就是基督复临呢？他们既已传扬审判近了的警告，便觉得自己为世人所作的工作已经作完了，他们就不感觉自己还有责任去拯救罪人，同时那些不信上帝的人大胆的亵渎和讥诮使他们觉得这又是一个凭据，证明上帝的灵已经从那些拒绝祂恩典的人身上收回了。凡此一切，使他们越发深信，人类的宽容时期已经结束了，正如他们当时所说的，“恩典之门已经关闭了。”

但在他们查考圣所题目的时候，他们便得了更清楚的亮光。他们现在看出了自己所相信的:在二千三百日终止的一八四四年必有重大的转机，这是正确的。一千八百年以来，罪人借以进到上帝面前的那一个盼望与恩典之门，这时虽然已经关闭，但另有一扇门敞开了，而且借着基督在至圣所中的中保工作，有赦罪的恩典赐给世人。祂已结束了祂职务的一部分，而开始了另一部分。天上的圣所还有一扇“敞开的门”，基督正在那里为罪人服务。

基督在启示录内，对这一个时期的教会所说的话，这时他们才看出其中的用意:“那圣洁、真实，拿着大卫的钥匙，开了就没有人能关，关了就没有人能开的，说:我知道你的行为，看哪，我在你面前给你一个敞开的门，是无人能关的。”(启3:7，8)

在耶稣执行赎罪的伟大工作时，凡本着信心仰望祂进行赎罪工作的人，才能领受祂为他们作中保的帮助。而那些拒绝这使他们明白此种服务工作之亮光的人，却得不到帮助。那些拒绝基督第一次降临时所发的亮光，又不肯相信祂是世人之救主的犹太人，绝不能靠祂得蒙赦罪。当耶稣升天，带着自己的血进入天上的圣所，为祂的门徒作中保求福的时候，犹太人却仍留在黑暗之中，继续的进行他们那无用的献祭与供奉。那属于表号和影像的崇祀已经停止了，先前可以通到上帝面前的门也已关闭了。犹太人已经拒绝那寻见上帝的惟一方法，不肯借天上圣所的崇祀去寻求祂，故此他们无法与上帝交通。对于他们，那门是关着的。他们既不承认基督为真正的牺牲和在上帝面前的惟一中保，所以他们便不能得到祂为他们作中保的帮助了。

从前不信之犹太人的景况，说明那些故意不明白慈悲大祭司之工作的许多挂名基督徒所有粗率和不信的态度。在表号性的崇祀中，当大祭司进到至圣所的时候，以色列全会众都要聚集在圣所的附近，以极庄严的态度在上帝面前存谦卑的心，以便得蒙赦罪，而不至从民中被剪除。在这实际的赎罪日上，我们岂不更当明白大祭司的工作，并知道主所要我们尽的本分是什么！

人若拒绝上帝慈悲的警告，就必不能逃罪。在挪亚的时代，上天曾发给世人一道警告，他们的得救与否全在乎他们怎样看待这个警告。他们既然拒绝，上帝的灵就从犯罪作恶的人身上收回，结果，他们便在洪水中灭亡了。在亚伯拉罕的时代，所多玛城的居民恶贯满盈，上帝的慈悲就不再恳劝他们了，结果，除了罗得和他的妻子与两个女儿之外，全城的人都被从天上降下的火所烧灭。基督的时代也是这样。上帝的圣子向当时不信的犹太人宣告说：“看哪，你们的家成为荒场，留给你们。”(太23:38)这位无穷大能的主展望到末日的情形，论到那些 “不领受爱真理的心，使他们得救”的人宣告说：“故此，上帝就给他们一个生发错误的心，叫他们信从虚谎，使一切不信真理，倒喜爱不义的人都被定罪。”(帖后2:10－12)他们既拒绝了上帝的道，上帝便收回自己的圣灵，听凭他们随从自己所喜爱的欺骗。

但基督现今还在为人类代求，所以祂要赐亮光给那些寻求的人。复临信徒当初虽然没有看明这一点，但及至那说明他们真实处境的经文向他们展开之后，他们就明白了。

一八四四年的定期既过，那些坚持复临信仰的人便临到一段严重的考验时期。就他们的真实处境而论，他们惟一的安慰，就是那引导他们的思想转向天上圣所的亮光。有一些人不再相信自己先前对于预言时期的算法，并且把复临运动所呈现的圣灵大能的感化，归之于人或撒但的作为。但还有一等人却坚信他们过去的经验乃是主所引导的，因此他们便等待、儆醒、祈求，要明白上帝的旨意。结果他们看出他们的大祭司已经进入救赎工作的另一阶段，他们便凭着信心跟从祂，于是也看明了教会最后的工作。他们已经更清楚地了解第一和第二位天使的信息，并且预备好了，可以接受启示录十四章第三位天使的严肃警告，并把它传给世人。

第二十五章
预言中的美国

“上帝天上的殿开了，在祂殿中现出祂的约柜。”(启11:19)上帝的约柜安放在圣所的第二层，也就是至圣所中。在这“本是天上事的形状和影像”的地上圣所的崇祀中，只有在赎罪大日，才能打开这第二层圣所，执行洁净圣所之礼。因此，约翰宣布：“上帝天上的殿开了，在祂殿中现出祂的约柜。”这是指着一八四四年天上的至圣所开了，基督进到那里去执行赎罪的最后工作。凡本着信心跟随他们大祭司进入至圣所的人，便得以看到上帝的约柜。他们在研究圣所的题目之后，便明白救主的职务有了变更，并且看见祂这时正在上帝的约柜之前供职，用自己的血为罪人代求。

在地上圣所的约柜中，藏有两块石版，上面刻着上帝的十条诫命。这柜不过是保藏这两块法版的器皿，而且这柜之所以成为贵重而神圣，乃是因为其中神圣的诫命。当上帝天上的殿开了，祂的约柜便显了出来。在天上的至圣所中，藏有上帝的律法——这律法乃是祂在西奈山的雷声轰轰中，亲口宣布，并亲自用指头写在石版上的。

在天上圣所中的上帝的律法，乃是伟大的原本。那些刻在石版上，并由摩西记录在他所著的五经中的律法，乃是真确无误的副本。凡能明白这一点重要真理的人便可以看出上帝律法的神圣性与不变性。他们空前地体会到救主以下一句话的威力：“就是到天地都废去了，律法的一点一画也不能废去。”(太5:18)上帝的律法既是祂旨意的启示，是祂品德的写真，就必“如天上确实的见证，”存到永远。上帝并没有取消诫命中的任何一条，也没有废掉其中的一点一画。诗人说：“耶和华啊，你的话安定在天，直到永远。”“祂的训词都是确实的，是永永远远坚定的。”(诗119:89；111:7，8)

正像最初颁布律法的时候一样，第四诫今日仍是十诫的中心：“当记念安息日，守为圣日。六日要劳碌作你一切的工，但第七日是向耶和华你上帝当守的安息日。这一日你和你的儿女、仆婢、牲畜，并你城里寄居的客旅，无论何工都不可作，因为六日之内，耶和华造天、地、海和其中的万物，第七日便安息，所以耶和华赐福与安息日，定为圣日。”(出20:8—11)

上帝的灵感动了那些研究圣经之人的心。他们深深地觉悟自己过去一直忽视了创造主的安息日，无意中干犯了这条诫命。他们开始查究，为什么人要遵守七日的第一日来代替上帝所定为圣的日子。他们在圣经中找不出凭据证明第四诫已经废去，或是安息日已经更改了，当初赐给第七日的福气，也始终没有变动。他们素来是诚心追求明白并愿实行上帝旨意的。现在他们既然看出自己干犯了上帝的律法，便满心忧伤，并立即开始遵守主的安息日来表明自己是忠于上帝的。

敌人多次努力想要推翻他们的信仰。人人都能看出，如果这地上的圣所真是天上圣所的表样和模型，那么地上约柜中所藏的律法，自必也是天上约柜的律法的真确副本了。并且人若接受这有关天上圣所的真理，他也不得不承认上帝律法的要求，以及遵守第四诫安息日的义务。正因为人们反对这种真理，所以他们对于圣经内有关基督在天上圣所中服务的前后一贯的解释，也就起了剧烈而坚决的反对。人们竟想关闭上帝所开了的门，并打开上帝所关了的门。但那位“开了就没有人能关，关了就没有人能开的”主却说：“看哪，我在你面前给你一个敞开的门，是无人能关的。”(启3:7，8)基督已经开了至圣所的门，也就是开始在那里服务，所以有亮光从祂所开的门中照射出来，显明第四诫仍然列在至圣所的律法之中，凡是上帝所建立的，没有人能推翻。

凡已经接受亮光，明白基督的中保工作和上帝律法之永恒性的人，都发现这些真理正是启示录第十四章中所显明的。这一章经文的信息乃是一个三重的警告，为要预备地上的居民迎见主的复临。“祂施行审判的时候已经到了”的宣告，乃是指着基督为拯救人类而作的最后一段工作。这个宣告传出一种真理，这真理必须一直传到救主的中保工作结束，和祂复临接祂的子民去与祂同住的时候。在一八四四年开始的审判工作必须继续下去，直到死人和活人的一切案件都决定为止。这样看来，这审判的工作是要延续到人类的宽容时期结束为止。为帮助人可以在审判之日站立得住起见，这信息便吩咐人说：“应当敬畏上帝，将荣耀归给祂，”“应当敬拜那创造天、地、海和众水泉源的。”这里也提到接受这信息的结果，说：“圣徒的忍耐就在此，他们是守上帝诫命和耶稣真道的。”可见人若要预备应付审判，就必须遵守上帝的律法。这律法将要在审判之日作为衡量世人品格的标准。使徒保罗说：“在上帝借耶稣基督审判人隐秘事的日子，”“凡在律法以下犯了罪的，也必按律法受审判。”“原来在上帝面前，乃是行律法的称义。”(罗2:12－16)人若守上帝的律法，信心乃是首要的，因为“人非有信，就不能得上帝的喜悦。”“凡不出于信心的都是罪。”(来11:6；罗14:23)

第一位天使呼召人“应当敬畏上帝，将荣耀归给祂，”并要敬拜祂为创造天地的主。为了要作到这一点，他们就必须顺从祂的律法。智慧人说：“敬畏上帝，谨守祂的诫命，这是人所当尽的本分。”(传12:13)人若不顺从上帝的诫命，他的敬拜就不能蒙上帝的喜悦。“我们遵守上帝的诫命，这就是爱祂了。”“转耳不听律法的，他的祈祷也为可憎。”(约壹5:3；箴28:9)人应当敬拜上帝的理由乃是因为祂是创造主，而且所有的众生都因祂而存在。所以在圣经中，每逢提到上帝要人尊崇敬拜祂为超乎异邦万神之上的时候，总是引述祂创造的权能为明证。“外邦的神都属虚无，惟独耶和华创造诸天。”(诗96:5)“那圣者说，你们将谁比我，叫他与我相等呢？你们向上举目，看谁创造这万象？”“创造诸天的耶和华，制造成全大地的上帝，祂如此说，我是耶和华，再没有别神。”(赛40:25，26；45:18)诗人说：“你们当晓得耶和华是上帝，我们是祂造的，也是属祂的。”“来啊，我们要屈身敬拜，在造我们的耶和华面前跪下。”(诗100:3；95:6)天上许多敬拜上帝的圣洁生灵，也提出他们尊崇祂的理由说：“我们的主，我们的上帝，你是配得荣耀、尊贵、权柄的，因为你创造了万物。”(启4:11)

在启示录第十四章中，天使呼唤人应当敬拜创造主，这预言提到一等因三重警告的结果而遵守上帝诫命的人。在诫命之中，有一条直接提出上帝为创造主。第四诫说：“第七日是向耶和华你上帝当守的安息日。因为六日之内，耶和华造天、地、海和其中的万物，第七日便安息，所以耶和华赐福与安息日，定为圣日。”(出20:10，11)论到安息日，主耶和华又说：“这日在我与你们中间为证据，使你们知道我是耶和华你们的上帝。”(结20:20)祂又提出理由，说：“因为六日之内，耶和华造天地，第七日便安息舒畅。”(出31:17)

“安息日之成为创造工作的记念，其要点乃在乎它时常向人提出应当敬拜上帝的真正理由，”——因为祂是创造主，我们是祂造的。“因此，安息日乃是神圣敬拜的真基础，它以最动人的方式，发挥这伟大的真理，这是任何其他制度所不能作的。敬拜上帝——不单指在第七日的敬拜，而指一切的敬拜的真基础，乃建立在创造主与受造之物中间的区别上。这个伟大的事实，永远不会废去，人也永远不可忘记。”(注1)上帝之所以在伊甸园制定安息日，乃是要把这个真理时常摆在人面前，所以何时我们仍以祂为我们的创造主而敬拜祂，则同时安息日也要继续的存留，作为这个事实的证实和记念。如果安息日一直被普遍遵守的话，则人类的思想与爱情便要一直归向创造主，以祂为尊崇敬拜的对象，而世上也就一直不会有拜偶像的人、无神主义者或怀疑派了。遵守安息日乃是一个证据，表明遵守的人是忠于那“创造天、地、海和众水泉源”的真上帝。因此，在发出那吩咐人敬拜上帝并守祂诫命的信息之后，接着便特别呼召他们要谨守第四条诫命。

在那些守上帝诫命和耶稣真道的人之外，第三位天使又提出了另一等人作为对照，并发出一种庄严而可畏的警告，来攻击他们的异端谬论:“若有人拜兽和兽像，在额上或在手上受了印记，这人也必喝上帝大怒的酒。”(启14:9，10)我们若要明白这道信息的意义，就必须用一种正确的方法来解释这些表号。这里所提到的兽、兽像、印记等，到底是代表什么呢?

这一段预言中表号的线索在启示录第十二章里，就是那在基督降生时要毁灭祂的龙。这条龙指撒但，(启12:9)他曾鼓动希律王设法害死救主。后来在基督教初期的两百年中，撒但所用来打击基督和祂的子民的，就是罗马帝国，在这个帝国中，异教盛行，所以那龙一方面代表撒但，同时也代表信奉异教的罗马国。

在启示录第十三章形容另一个兽，它的形状“像豹，那龙将自己的能力、座位和大权柄，都给了它。”大多数的改正教都相信这个表号是代表罗马教皇，因为他是承袭了古罗马帝国的能力、座位和权柄的。先知提到这个形状像豹的兽，说:“又赐给它说夸大亵渎话的口，就开口向上帝说亵渎的话，亵渎上帝的名并祂的帐幕，以及那些住在天上的。又任凭它与圣徒争战，并且得胜。也把权柄赐给它，制服各族、各民、各方、各国。”(启13:1－10)这段预言与但以理书七章所记的小角大致相同，不问而知其为罗马教皇。

先知也说:“又有权柄赐给它，可以任意而行四十二个月。”又说:“我看见兽的七头中，有一个似乎是受了死伤。”后来又说：“掳掠人的必被掳掠，用刀杀人的必被刀杀。”这里所提到的四十二个月是与但以理书七章的“一载、二载、半载，”即三年半，或一千二百六十日，都是同一个预指教皇掌权压迫上帝子民的时期。我们已经在上文提过，这一段时期从公元五三八年教皇兴起的时候起，直到一七九八年为止。届时，教皇被法国军队掳去，他的权势便“似乎是受了死伤，”预言的话便应验了:“掳掠人的必被掳掠。”

在这一个阶段里预言又提出另一个表号。先知说:“我又看见另有一个兽从地中上来，有两角如同羊羔。”(启13:11)这一个兽的形状和兴起的方式，都说明它所代表的国家与先前几个表号所代表的国家不同。历代以来统治世界的几个大帝国，先知但以理在四大猛兽的预言中已经提过了，他提到那些国度兴起的时候，有“天的四风陡起，刮在大海之上。”(但7:2)在启示录第十七章中有一位天使解释说:“众水就是多民、多人、多国、多方。”(启17:15)“风”代表战争的风云。“天的四风陡起，刮在大海之上，”代表那些国度在战争和叛乱的惨状中兴起。

但这个两角像羊羔的兽，却是“从地中上来”的。这一个国家既不是由于征服别的国家而兴起的，就必是在未曾有人占领过的疆土上渐渐而和平地成长起来的。她不可能在人烟稠密和邦国纷争的旧世界——即“多民多人多国多方”的波涛汹涌之海——中兴起。她必是在新大陆出现的。

在公元一七九八年，新大陆上兴起了哪一个强盛伟大，并博得世人注意的国家呢?这个表号在此可以肯定下来了。有一个国家，而且只有这一个国家，应验了预言中所提出的各种特点——那就是美利坚合众国。许多历史家和演说家，也常在不知不觉中一再采用了圣经的口吻，几乎可以说是原文的字眼，来形容美国的兴起与成长。圣经中提到这个兽是“从地中上来。”这里所用的“上来”一词，据许多的译经家说:其原文字义乃是“像一棵植物生长出来。”再者，照我们先前所指出的，该国必须是在先前没有人占领过的疆土中兴起。有一位著名的作家形容美国的兴起，说:“她从荒凉之地神秘地出现，”又说:“我国好像一粒无声无息的种子，生长成为一个大国。”(注2)在一八五〇年，欧洲有一个杂志提到美国为一个伟大的国家，说:“在寂静之地出现，权力与光荣日见增长。”(注3)艾福勒特在一次演说中，提到美国的创业先祖们，说：“他们岂是仅仅来寻找一片净土，以便归隐，不遭人的侵犯，而在遥远偏僻的地方，生活安全，使这小小的来顿教会可以享受信仰自由的权利么？看哪，他们在和平的征服中，竟得了这么一片大地，竖起了十字架的旌旗。”(注4)

这兽“有两角如同羊羔。”这如同羊羔的两角象征着青春、纯洁与柔和，这正是先知看见美国在一七九八年“上来”时的情形。那些最先逃到美国去的基督徒，原要寻找一个避难所，以便脱离君王的压迫和神父的残害。因此他们便决定，在政治自由与宗教自由的基础上建立一个政府。在美国的独立宣言中，便说明了这伟大的真理：“人人皆属平等，”并赋有不可侵犯之“求生存、求自由和求幸福”的权利。而且宪法也保证人民有自治的权利，由公众投票，推选代表来制定并执行律法。同时也承认人民有宗教信仰的自由，容许人人本着良心的指示去敬拜上帝。共和主义与改正教主义便成了国家的基本原则，这些原则就成了该国权势和繁荣的秘诀。凡是基督教界中遭受压迫和蹂躏的人，无不怀着关注与希望的心情来到该地。千万的人奔赴它的海岸，于是美利坚合众国便兴起而跻于地上列强之林了。

但这个“两角如同羊羔”的兽却“说话好像龙。它在头一个兽面前，施行头一个兽所有的权柄，并且叫地和住在地上的人，拜那死伤医好的头一个兽。就迷惑住在地上的人，说：要给那受刀伤还活着的兽作个像。”(启13:11－14)

表号中有两角如同羊羔，说话好像龙，表明这个国家在其主张与行动之间存在着的惊人矛盾。一个国家的“说话”就是该国立法与司法当局的行动。借着这种行动，它就把先前提出作为国家政治基础的自由与和平的原则推翻了。预言中说到它“说话好像龙，”并且要“施行头一个兽所有的权柄，”这明显地预言到这个国家要发展一种褊狭的和逼迫的精神，正如那龙与像豹的兽所代表的国家一样。预言中又提到这两角如同羊羔的兽，要“叫地和住在地上的人，拜那死伤医好的头一个兽。”这是说明这个国家当局将要强迫人民遵守某一条法令，这法令就是一种敬拜教皇的行为。

这种行动对于立国的原则，对于自由公正的制度，以及率直而严肃的独立宣言和国家宪法，都是直接相反的。美国的创立者曾贤明地设法防止教会利用政治的势力，及其必然的结果，就是褊狭和逼迫的事。所以在宪法上制定了：“国家不得制定有关设立宗教或禁止行使宗教权利的法律，”并且“不得以任何宗教信仰作为美国公务员的必备资格。”由此可见政府当局惟有在公然破坏这些保障人民自由权利的法令之后，才能强迫实行这有关宗教礼节的事。但是主义与行动之间的矛盾，也正是预言表号中所披露的。那说话像龙的也正是那自称是纯洁、温和与驯良而有两角如同羊羔的兽。

它迷惑住在地上的人，说：“他们(见原文)要给那受刀伤还活着的兽作个像。”这话很明白地指出，这个政府的立法权柄是属于人民的，这一点乃是最显著的凭据，证明这预言中的国家就是美国。

但是“兽的像”是什么？它是如何形成的？这个像是两角如同羊羔的兽所作的，又是给头一个兽作的，也是依照兽的样式而作的。既要知道“兽像”是什么样式，并如何形成的，我们就必须研究这个兽本身——罗马教的特点。

在早期的教会偏离福音纯朴的本质，而接受异教的仪式和风俗，变为腐败，并失去上帝的圣灵与能力之后，她为要操纵人民的良心起见，便寻求政治权力的支持。结果，便出现了罗马教教廷制度，由一个教会来统治国家的权力，并运用这权力来推进自己的目的，尤其是作为制裁“异端”之用。至于美国之作“兽像”，也必是先由宗教的势力来操纵政治权柄，然后教会就要利用政府来遂行她的目的。

何时教会握有政治权力，她总必运用这权力来制裁一切不接受她教义的人。凡步罗马教后尘而与属世权力结盟的基督教宗派，都曾表现一种相同的倾向，要限制众人的信仰自由。这从英国国会长期逼迫反对者的历史上可以看到一个实例。在第十六和第十七世纪，成千不信从国教的传道人竟被迫离开自己的教堂，还有许多教友与牧师被判罚款、囚禁、拷问或死刑。

离道反教的事曾经使早期的教会向政府请求援助，这就给罗马教廷——兽，开了一条进路。正如保罗所说："必有离道反教的事，并有那大罪人，就是沉沦之子，显露出来。"(帖后2:3)照样，现代教会中离道反教的事也要为兽像预备条件。

圣经中提到在主来之前，宗教界必要呈现衰微的状态，正像早期的教会一样。"末世必有危险的日子来到。因为那时人要专顾自己、贪爱钱财、自夸、狂傲、谤讟、违背父母、忘恩负义、心不圣洁、无亲情、不解怨、好说谗言、不能自约、性情凶暴、不爱良善、卖主卖友、任意妄为、自高自大、爱宴乐不爱上帝，有敬虔的外貌，却背了敬虔的实意。"(提后3:1－5)"圣灵明说，在后来的时候，必有人离弃真道，听从那引诱人的邪灵和鬼魔的道理。"(提前4:1)撒但要"行各样的异能神迹和一切虚假的奇事，并且行各样出于不义的诡诈。"所以凡"不领受爱真理的心，使他们得救"的人，"上帝就给他们一个生发错误的心，叫他们信从虚谎。"(帖后2:9－11)当教会到了这种不敬虔的地步时，早期教会所遭遇的同一结果便要接踵而至。

许多人认为各基督教会中信仰方面的分门别类，乃是一个确定的凭据，证明人无论如何努力，绝不能迫使各教会联合为一。但是好几年来，在各教会中有一种强烈而不断得势的意见，赞成大家以共同的教义为基础，联合一致。为要成就这种联合起见，他们只好避免讨论一切得到各公会全体同意的题目，不论这些题目从圣经的观点上看来是多么重要。

毕查耳牧师在一八四六年的一篇讲章中说："各基督教宗派，不但是在各方面表现着惧怕人的心理，同时也在一种根本腐化的气氛中生活、动作、呼吸着。并且时刻在引起人们最卑鄙的动机，要他们避讳真理而向离道反教的势力屈膝，这岂不是与天主教发展的过程一样么？我们岂不是重蹈她的覆辙么？我们目前所见到的是什么呢？——又一次的全体会议！一次世界性的大会！福音同盟和统一的教条！"(注5)这些事何时实现，那时，在追求完全联合的努力之下，就必再进一步借助于强权了。

何时美国的一些主要的基督教会，在他们所有相同的教义上互相联合，那时他们便要运动政府去执行他们的教规，并支持他们的制度。美国的基督教就此为罗马教的教廷作了一个像，结果总不免要向一切反对的人施行法律的制裁。

这有两角的兽"又叫众人，无论大小贫富，自主的、为奴的，都在右手上或是在额上受一个印记。除了那受印记、有了兽名或有兽名数目的，都不得作买卖。"(启13:16，17)第三位天使的警告乃是："若有人拜兽和兽像，在额上或在手上受了印记，这人也必喝上帝大怒的酒。"这信息中所提到的兽，即两角兽所强迫人敬拜的对象，乃是启示录第十三章的头一个像豹的兽，也就是罗马教廷。"兽像"代表那在各基督教会借助政权来强迫众人遵从他们的教义时所必发展离道反教的机构。至于那"兽的印记"究竟是什么，我们还必须解释一下。

先知警告人不要拜兽和兽像之后，又说："圣徒的忍耐就在此，他们是守上帝诫命和耶稣真道的。"先知在这里将守上帝诫命的人与拜兽和兽像并受它印记的人作一个对照，可见守上帝诫命的人站在一边，而干犯上帝律法的人则站在另一边，使人人可以看出，拜上帝的人和拜兽的人有什么区别。

兽的特征以及兽像的特征，就是破坏上帝的诫命。先知但以理曾预言到小角(即罗马教廷)，说他"必想改变节期和律法。"(但7:25)使徒保罗也称这同一个权力为高抬自己超过上帝的"大罪人"。这两段预言是互相辅佐，彼此补充的。教廷惟有借着改变上帝的律法，才能高抬自己超过上帝。凡是明知真相而又遵守这被更改之律法的人，便是向那更改律法的权势致敬。这种行为就是效忠教皇来代替上帝的记号了。

罗马教廷曾企图改变上帝的律法。那禁止人拜偶像的第二条诫命已被废除了，第四条诫命也被更改了，吩咐人遵守七日的第一日来代替第七日的安息日。但是那些罗马教徒却强辩说，第二诫是不必需的，因为已经包括在第一诫之内，所以说，他们现在所修订的律法，正是上帝的本意。可见这一项变更还不能算是先知所预言的改变。先知所预言的，乃是一种存心蓄意而经过深思熟虑的改变。先知说：他“必想改变节期和律法。”所以第四条诫命的更改，正好应验了先知的预言。因为这种改变完全以教会的权威为根据。从此可见教廷的势力竟公然高抬自己超过上帝。

安息日既然是上帝创造权能的记号，并说明上帝理应受人的尊崇和敬拜，所以当敬拜上帝的人注意第四诫为特征的时候，那些拜兽的人也要以破坏创造主的记念日，而高举罗马教所定的圣日为特征。罗马教最初提出他傲慢的主张乃是在倡导星期日的事上，而且他最初利用政治的权力也是在强迫人遵守星期日为“主日”的事上。其实圣经中之所谓“主日”，却是指第七日，而不是第一日。因为基督说：“人子也是安息日的主。”并且第四诫也说明，“第七日是向耶和华你上帝当守的安息日。”此外，耶和华曾借先知以赛亚的口称安息日为“我的圣日。”(可2:28；赛58:13)

常有人主张安息日乃是基督所更改的，其实基督自己的话就足以反证此说。在山边的宝训中，主说：“莫想我来要废掉律法和先知，我来不是要废掉，乃是要成全。我实在告诉你们，就是到天地都废去了，律法的一点一画也不能废去，都要成全。所以无论何人废掉这诫命中最小的一条，又教训人这样作，他在天国要称为最小的。但无论何人遵行这诫命，又教训人遵行，他在天国要称为大的。”(太5:17—19)

事实上，一般的改正教会也公认圣经中没有什么更改安息日的根据。在美国福音出版社和美国主日学联合会所发刊的出版物中，也明白地提到这一点。其中有一本承认：“新约圣经中没有一句话提到‘安息日’(指星期日，七日的第一日)的明确命令，也没有什么关于遵守该日的规章。”(注6)

在另一部著作中说：“直到基督死的时候为止，还没有什么更改安息日的事。”并且“按着圣经的记载，使徒们也没有发过什么肯定的命令，提到废弃第七日的安息日，或遵守七日的第一日。”(注7)

罗马教徒承认改变安息日的事是他们教会所作的，并且说，各改正教会遵守星期日，正是承认罗马教的权威。在“罗马教教义问答”一书中，曾提到顺从第四诫应守的日子，这样说：“在旧律法的时代，星期六是分别为圣的。但教会在耶稣基督的指示和上帝的圣灵引导之下，已经以星期日代替星期六。这样我们现在便是以星期日为圣，而不以第七日为圣了。所以现在星期日就算是主日了。”

这种更改安息日的事已被视为罗马教会权力的证据，罗马教的作家也说：“把安息日改为星期日，这种行动已经得到各改正教会的承认。他们既遵守星期日，就是承认罗马教会有权制定节期，并命令人遵守。”(注8)这样看来，安息日的更改岂不应当算为罗马教会的权柄的证据或印记——“兽的印记”么？

罗马教会并没有放弃她僭取至高权力的主张。所以当世人和各改正教会接受她所创立的“安息日”，而拒绝圣经中的安息日，他们事实上便是承认这种僭越的主张了。固然，他们或许要说这种改变有遗传和教父的著作为根据。但在他们这样讲的时候，他们却忽视了那使自己与天主教有所区别的原则——“圣经，惟有圣经，才是改正教会的宗教信仰。”今日的罗马教徒能看出这些人正是欺哄自己，并故意抹煞事实。罗马教徒既看到强迫人守星期日的运动博得众人的赞同，便甚欢喜，并确信此项运动终必使改正教会全体归投于罗马教的旗帜之下。

罗马教徒声称:“改正教会之遵守星期日，证明他们是自相矛盾，是向罗马教会的权威低头。”(注9)改正教会这种强迫人守星期日的运动，乃是一种强迫人敬拜教皇——兽，的运动。凡明知第四诫的条件而又故意遵守伪安息日来代替真安息日的人，正是向那制定这伪安息日的权力致敬。但各教会既利用政权强迫人遵行宗教的本分，它们便是为“兽”作了一个像。可见在美国所发起强迫人守星期日的运动，也就是一种强迫人拜兽和兽像的运动。

但在以前的各世代中，有许多基督徒遵守星期日，以为这样行正是遵守了圣经中的安息日。况且在现今的各教会——罗马教会在内，也有很多真实的基督徒，诚心相信星期日就是上帝所设立的安息日。对于这一等人，上帝自必悦纳他们向祂所表示的诚意和正直。但及至人要用法律来强迫人守星期日，而世人看明自己对于守真安息日的义务之后，那时凡干犯上帝的命令而顺从一种单凭罗马教的权威而制定之条例的人，就是尊敬教皇过于尊敬上帝了。他正是向罗马教致敬，也是向那执行教皇所定之法令的权力致敬，他正是拜兽和兽像了。此后，人若拒绝上帝所宣布为祂权威印记的制度，而尊敬罗马教所用来标志其最高权力的制度，他们就此接受效忠罗马教的印记，也就是“兽的印记”了。惟有在这场争论明显地摆在民众之前，并要他们在守上帝的诫命与守人的法令二者选择其一之后，那些继续违背上帝律法的人就要受“兽的印记”了。

在第三位天使的信息中，有一道空前惊人的警告向人发出。这个招致上帝毫无怜悯之忿怒的罪，必是非常严重的。关于这桩重大的事，上帝绝不让人茫然无知。在上帝降罚之前，那叫人不可犯这罪的警告必须向世人传扬，使人人可以知道自己为什么要受刑罚，并有机会逃脱。预言中提到第一位天使的信息要向“各国各族各方各民”传扬。这第三位天使的警告既是这三重信息中的一部分，其范围自必是同样普遍的。预言中提到天使飞在空中，并用大声说，可见这信息势必引起全世界人类的注意。

争执的结果必使全基督教界分为两大阵营:一边是守上帝诫命和耶稣真道的，另一边则是拜兽和兽像并受他印记的。虽然教会与政府要联合一致，用权力逼迫“众人，无论大小贫富，自主的、为奴的，”叫他们受“兽的印记，”(启13:16)但上帝的子民却不肯接受。拔摩岛上的先知曾看见“那些胜了兽和兽的像并它名字数目的人，都站在玻璃海上，拿着上帝的琴，唱上帝仆人摩西的歌和羔羊的歌。”(启15:2，3)

注1：Andrews, J. N.，“History of the Sabbath,”第27章。

注2：Townsend, G. A.，“The New World Compared with the Old,”第462面(1869年版)。

注3：The Dublin Nation.

注4：Speech delivered at Plymouth. Mass.，December 22，1824，第11面。

注5：Sermon on “The Bible a Sufficient Creed,” delivered at Fort Wayne. Ind.，February 22，1846.

注6：Elliott, George，“The Abiding Sabbath,”第184面。

注7：Waffle, A. E.，“The Lord’s Day,”第186，187，188面。

注8：Tuberville, H.，“An Abridgement of the Christian Doctrine,”第58面。

注9：“Plain Talk about Protestantism,”第213面。

第二十六章
最后的改革运动

安息日的复兴工作必要在末期完成，先知以赛亚曾经预言说：“耶和华如此说：你们当守公平、行公义，因我的救恩临近，我的公义将要显现。谨守安息日而不干犯，禁止己手而不作恶，如此行、如此持守的人便为有福。”“还有那些与耶和华联合的外邦人，要侍奉祂，要爱耶和华的名，要作祂的仆人，就是凡守安息日而不干犯，又持守祂约的人。我必领他们到我的圣山，使他们在祷告我的殿中喜乐。”(赛56:1，2，6，7)

以上的话正好应用在基督教时代，这是我们从下文可以看得出的：“主耶和华，就是招聚以色列被赶散的，说，在这被招聚的以外，我还要招聚别人归并他们。”(赛56:8)这经文预表福音要招聚外邦人的情形，同时宣布要降福给一切尊敬安息日的人。可见遵守第四条诫命的义务是一直存在的，经过基督被钉、复活、升天，直到祂的仆人将这大喜的信息传遍万国万民的时候。

耶和华又借着这同一位先知说：“你要卷起律法书，在我门徒中间封住训诲。”(赛8:16)这封住律法的印鉴乃在第四条诫命中。在全部十诫之中，惟有这一条诫命使人看出这一位立法者的名字和头衔。第四诫称祂为诸天和全地的创造主，如此显出祂理应受人尊荣敬拜，超过一切。除了这一条诫命之外，在十诫中看不出这个律法是由于谁的权威所颁布的。当安息日被教皇的权力所更改时，这个律法的印鉴就被取消了。现今耶稣的门徒是奉命要把它恢复起来，就是高举第四诫的安息日，并恢复其应有的地位，作为创造主的记念日和祂权威的记号。

“人当以训诲和法度为标准。”际此教义与理论繁杂而互相矛盾的时代，上帝的律法乃是一个无误的标准，一切的见解、教义和理论都当凭此鉴定。先知说：“他们所说的若不与此相符，必不得见晨光。”(赛8:20)

主又发出命令，说：“你要大声喊叫，不可止息，扬起声来好像吹角，向我百姓说明他们的过犯，向雅各家说明他们的罪恶。”这不是向犯罪作恶的世人，而是向上帝所称为“我百姓”的人指责他们的过犯。主还说：“他们天天寻求我，乐意明白我的道，好像行义的国民，不离弃他们上帝的典章。”(赛58:1，2)这使人看出，有一等人自以为义，并在表面上显示非常热心侍奉上帝，但那鉴察人心的主所发严肃的责备，却指明他们犯了践踏神圣律例的罪。

先知用以下的话指出他们所离弃的典章，说：“你要建立拆毁累代的根基，你必称为补破口的，和重修路径与人居住的。你若在安息日掉转你的脚步，在我圣日不以操作为喜乐，称安息日为可喜乐的，称耶和华的圣日为可尊重的，而且尊敬这日，不办自己的私事，不随自己的私意，不说自己的私话，你就以耶和华为乐。”(赛58:12－14)这预言也适用于我们这个时代，在罗马教更改安息日之后，上帝的律法就有了破口。但现在时候已到，那神圣的制度必须恢复，那破口必须加以修补，那拆毁累代的根基必须建立起来。

安息日是创造主所分别为圣的，祂曾在这日安息，并赐福给这日。亚当在未犯罪之前，还住在神圣的伊甸园中的时候，就已遵守安息日，甚至在他堕落悔改，被逐出那幸福的乐园之后，他还是遵守圣日的。一切的先祖从亚伯到义人挪亚，以至于亚伯拉罕和雅各都遵守安息日。当选民在埃及地为奴的时候，许多人在拜偶像的环境中失去了对于上帝律法的认识，及至耶和华拯救以色列人之时，祂在非常庄严的场合中向会众宣布自己的律法，使他们明白祂的旨意，而永远敬畏顺从祂。

从那时直到今日，认识上帝律法的知识一直保留在地上，并且第四诫的安息日也一直有人遵守。虽然那“大罪人”已把上帝的圣日践踏脚下，但就是在他权威极盛的时期，仍有许多忠心的人，在秘密的地方尊重安息圣日。宗教改革以后，在每一世代中，都有人继续遵守安息日。他们虽然时常被辱骂及逼迫，但仍是不断地作见证，证明上帝律法永远不变，以及人对于记念创造的安息日所有的神圣义务。

这些真理，按照启示录第十四章所提出与“永远的福音”的关系，在基督复临的时候必要把主的教会甄别出来。因为圣经中说明，这就是三重信息的结果，“他们是守上帝诫命和耶稣真道的。”这个信息是主降临之前的最后一个信息。在宣布这信息之后，先知紧接着就看到人子在荣耀的云中降临，要收割地上的庄稼。

那些领受了这有关圣所和上帝律法的永恒性之真光的人，既看到那向他们展开的真理系统所有的美妙与和谐，便满心喜乐而惊叹。他们切望这在他们看为极宝贵的亮光，也可以分赐给一切的基督徒，并且深信他们必要欣然领受。可是有许多自称信主的人，因为这真理会使他们与世俗为敌，就不欢迎它。顺从第四条诫命所需付出的牺牲，使大多数人因而退后。

当人提出安息日的诫命时，许多人便站在世俗的立场上辩论，说:“我们向来遵守星期日，我们的祖先也遵守星期日，并且有许多善良而敬虔的人都遵守这一天，而安然去世了。如果他们是对的，那么我们也必是对的。若要遵守这新的安息日，难免使我们和世人不能相容，我们就不能感化他们了。这遵守第七日的一小群人，在一个守星期日的世界中能有什么成就呢？”昔日犹太人也是用同样的论据，想为自己拒绝基督的行为辩护。他们的列祖在所献的祭上既蒙了上帝的悦纳，如今他们的子孙采取这同样的办法，又怎能得不到救恩呢？照样，在路德的时代，罗马教徒也辩论说，有许多真实的基督徒曾抱着罗马教的信仰而去世，因此这个宗教足能使人得救。这种论调对于宗教信仰与行为的一切进步，乃是严重的障碍。

有许多人坚决说，星期日的遵守，在好几百年来已经成为教会的固定教义和普遍习惯。为要反驳这一点理论，我们只需说明，安息日及其遵守乃是更为悠久，更为普遍，甚至于同这个世界一样悠久，并有上帝和众天使的赞助。当上帝安置大地的根基，晨星一同歌唱，神的众子也都欢呼的时候，安息日的根基就已奠定了。(伯38:6，7；创2:1－3)可见这个制度理应得到我们的尊敬，它不是人的权威所制定，也不是出于人的遗传，乃是亘古常在者所设立的，并由祂那永不改变的圣言所命定的。

当众人注意到安息日的题目时，一班著名的牧师便颠倒歪曲上帝的话，尽量镇抚人的疑问之心。凡没有自行查考圣经的人，便很满意的接受了这些迎合他们心意的结论。有许多人想借着争论、诡辩、教父的传说，以及教会的权威来推翻真理。所以真理的拥护者不得不用圣经来维护第四诫的威信。这些卑微的人以真理的圣经为惟一的武装来反抗学者和名人的攻击，使他们既表惊异又感恼怒，发觉自己的巧言诡辩竟无力对抗那些不懂得烦琐哲学而精通圣经之人的简单率直的理论。

许多人既没有圣经证据的支持，便不息不倦的坚持说:“为什么一班有声望的人不明白安息日的问题呢？只有少数的人相信你们所信的。假使说你们是对的，而世界上所有的闻人学者都是错了，那是不可能的。”他们忘了古时的犹太人也曾用这同样的理论来反对基督和祂的众使徒。

为要辩倒这一类的辩论，我们只需引用圣经的教训，以及上帝在各时代向祂子民所行的事。上帝做工乃是借着那些听从祂的话，并在必要的时候肯讲逆耳的真理，而毫无忌惮地谴责流行罪恶的人。上帝之所以不常拣选有学问和有地位的人去领导宗教改革的运动，乃是因为这等人专赖自己的信条、理论和神学，并且觉得自己无需受上帝的教导。惟有那些亲自与智慧之源有联络的人，才能明了并解释圣经。上帝有时呼召一班没有受过多少学校教育的人去传扬真理，这不是因为他们没有学问，而是因为他们能虚心领受上帝的教导。他们乃是基督门下的学生，他们的谦逊与顺服使他们成为伟大。上帝将祂真理的知识交托他们，乃是他们的光荣，世上的名誉和人间的尊荣与此相比，实在微不足道了。

大多数的复临信徒弃绝了那有关圣所和上帝律法的真理，还有许多人也放弃了他们对于复临运动的信仰，而接受了不确实并与复临运动的预言相抵触的见解。有些人又陷入迷途，一再为基督复临规定准确的时间。那照射在圣所题目上的亮光原可向他们显明，并没有什么预言的时期是一直伸展到基督复临的日子的，而且基督复临的准确时间也是未曾预言过的。虽然如此，他们却转身不顾这亮光，而继续一再规定主复临的时日，因此每次遭到失望。

当帖撒罗尼迦的教会对于基督复临的问题有了错误的见解时，使徒保罗劝导他们要用上帝的圣经来仔细察验自己所盼望的事。他向他们提出那有关基督再来之前必要发生之事的预言，并说明他们盼望主在他们的日子降临，乃是没有根据的。他警告他们说："人不拘用什么法子，你们总不要被他诱惑。"(帖后2:3)如果他们怀有圣经所没有认可的希望，结果必致采取错误的行动，他们所遭受的失望，必使他们受非信徒的嘲笑，并使他们趋于冷淡灰心，以致疑惑那作为他们救恩之基础的真理。使徒写给帖撒罗尼迦人的忠告，对于一切生在末世的人含有重大的教训。许多复临信徒认为除非他们能将复临的信仰寄托在一个确定的日子上，他们就不能发热心而殷勤从事预备的工作。但当他们的希望一再受到鼓舞而结果化为泡影时，他们的信仰就必遭受那么沉重的打击，甚至他们几乎不能再被伟大的预言真理所感动了。

在第一位天使的信息中，传扬审判的确定日子乃是出于上帝的安排。作为这信息根据的预言时期的算法，确定了二千三百日的终点是在一八四四年秋季，这一点是无可辩驳的。后来有人屡次设法找出预言时期的新的起点，他们必须用着不合理的论据来支持这些主张，结果，不但使人转离现代的真理，同时也使一班人轻视一切有关解释预言的尝试。他们为基督复临定出准确日期的次数越多，宣传的越广，而也就越合乎撒但的目的。及至定出的日期过去之后，撒但便发动众人去讥诮并轻侮这些倡导的人，这就使一八四三年到一八四四年间的整个复临运动受到羞辱。那些坚持这种错误的人最后不得不为基督复临定出一个过于遥远的日期。如此，他们便在虚伪的安全感中逍遥自在，而且许多人非至后悔莫及的时候，就不会觉悟自己的错。

古代以色列人的历史对于复临信徒的经验，正是一幅惊人的写照。上帝曾在复临运动中引导祂的百姓，正如古时引导以色列民出埃及一样。复临信徒在大失望之中所受的信心的考验，正像希伯来人在红海边上所经历的一样。他们若能一直信赖那在过去的经验中引导他们的手，他们就必能看出上帝的救恩了。如果那些在一八四四年运动中协力同工的人都接受了第三位天使的信息，并用圣灵的能力去传扬，那么，上帝就必借着他们的努力施行大事。全世界就要被大光所照耀，地上的居民早就听到警告，末日的工作早已完成，基督也就早已复临救赎祂的子民了。

以色列人流浪在旷野四十年之久，原不是上帝的旨意，祂切望要引导他们直入迦南，在那里建立他们为一个圣洁而幸福的国度，但"他们不能进入，是因为不信的缘故。"(来3:19)他们因为退后和背道，便死在旷野，上帝就兴起另一班人进入应许之地。同样，基督的复临耽延了这么长久，以致祂的子民留在罪恶忧患的世界这么多年，也不是上帝的旨意，而是他们因自己的不信而与上帝隔绝了。当他们不肯作上帝所交给他们的工作时，就有别人兴起去传扬这信息。耶稣怜悯世人，所以迟迟没有降临，使罪人有机会可以听见警告，并在上帝的忿怒发出之前在祂里面找到避难所。

现今正和先前的时代一样，传扬一种指责当代罪恶与过错的真理，必要惹起人的反对。"凡作恶的便恨光，并不来就光，恐怕他的行为受责备。"(约3:20)当人们看出他们不能用圣经来维持自己的主张时，许多人便要不择手段地坚持这主张，并存恶毒的心去诬蔑那些为不受人欢迎之真理辩护的人的品格和动机。这种办法是每一个世代的人所用过的。以利亚曾被斥为使以色列遭灾的人，耶利米被控为卖国贼，保罗则被诬蔑为污秽圣殿的。从那时直到如今，凡是效忠真理的人，都被斥为犯上作乱、宣传异端或造成分裂的人。许多不肯相信真确预言的人，倒要轻信人们控告那些胆敢指责流行罪恶之人的话。这种精神将要越来越甚。圣经明明教训我们说，到了一个时候，国家的律法要与上帝的律法相冲突，甚至一切顺从上帝全部诫命的人必要被辱骂为作恶的人，并要受到制裁。

有鉴于此，真理使者的责任是什么呢？他是否要认为传扬真理的惟一结果往往只能使人设法规避或抗拒之，因此便断定不去传扬吗？不是的。现代的真理使者不比早期的改革家更有保持缄默的借口，不比他们更能因圣经的训诲引起反对而闭口不言。昔日的信徒和殉道者所作的见证原是为后人的益处。他们圣洁坚贞的生活模范流芳百世，要鼓励现代蒙召为上帝作见证的人。古人所接受的恩惠和真理不单是为他们自己，乃是要使认识上帝的知识得以因他们而普照全地。现今上帝是否也有光亮赐给祂在本世代的仆人呢？若然，他们也应当让它照耀全世界。

古时上帝曾向一位奉祂的名说话的人说：“以色列家却不肯听从你，因为他们不肯听从我。”祂又说，无论如何，“他们或听、或不听，你只管将我的话告诉他们。”(结3:7；2:7)现今上帝给祂仆人的命令乃是这样：“你要大声喊叫，不可止息，扬起声来好像吹角，向我百姓说明他们的过犯，向雅各家说明他们的罪恶。”(赛58:1)

每一个接受真理之光的人在他的影响范围之内，正像以色列的先知一样，都有这同一严肃可畏的责任，主耶和华的话临到他，说：“人子啊，我照样立你作以色列家守望的人。所以你要听我口中的话，替我警戒他们。我对恶人说：‘恶人哪，你必要死！’你以西结若不开口警告恶人，使他离开所行的道，这恶人必死在罪孽之中，我却要向你讨他丧命的罪。倘若你警戒恶人转离所行的道，他仍不转离，他必死在罪孽之中，你却救自己脱离了罪。”(结33:7—9)

人接受或宣传真理所遇到的最大障碍，乃是因为真理本身附带有使人不方便并受毁谤的因素。这就是反对真理惟一的真正原因，也是真理的捍卫者所不能否认的，但这却不足以拦阻那些真心跟从基督的人。他们不等到真理先得了人心之后才肯领受，他们既看出自己的责任，就毅然决然地接受这个十字架，像使徒保罗一样，认为这乃是“至暂至轻的苦楚，要为我们成就极重无比永远的荣耀。”(林后4:17)并像先贤摩西一样，“看为基督受的凌辱，比埃及的财物更宝贵。”(来11:26)

不论他们口头上怎样讲，惟有心里贪爱世界的人在宗教问题上才是以个人的利益为重，而不能主持正义的。我们应当为正义而主持正义，并把一切后果交给上帝。世上过去的许多伟大的改革，全赖乎一班有主义、有信心和有勇敢的人。现代的改革工作也必须由这样的人去推动。

耶和华如此说：“知道公义、将我训诲存在心中的民，要听我言。不要怕人的辱骂，也不要不因人的毁谤惊惶。因为蛀虫必咬他们，好像咬衣服；虫子必咬他们，如同咬羊绒。惟有我的公义永远长存，我的救恩直到万代。”(赛51:7，8)

第二十七章
真悔改的必要

无论何处，只要人忠心传讲上帝的话，就必有效果证明它是出于神圣的来源。上帝的灵常随着祂仆人所传的信息，因此，他们的话里有权柄。罪人觉得自己的良心苏醒起来了。那“照亮一切生在世上的人”的光照亮了他们心灵深处的秘密，一切隐藏的事就都显明了。他们心中有了深切的感悟，为罪、为义、为将来的审判，自己责备自己。他们感觉到耶和华的公义，以及自己犯罪和不洁的丑态，在那鉴察人心的主面前暴露出来是何等可怕。他们在剧烈的精神痛苦中不禁呼喊说:“谁能救我脱离这取死的身体呢？”当髑髅地的十字架及其为世人的罪所付上的无限牺牲显现出来时，他们就看出:除了基督的功劳之外，没有什么足以救他们脱离违犯律法的罪，惟有祂的功劳能使人类与上帝和好。他们就凭着信心和谦卑接受了那除去世人罪孽的上帝的羔羊，借着耶稣的宝血，他们“先时所犯的罪”就得蒙赦免了。

这些人结出了果子，与悔改的心相称。他们在相信之后就受了洗，并起来过一种新的生活——在基督耶稣里作新造的人，不是要效法从前那放纵私欲的样子，乃是借着相信上帝的儿子而跟从祂的脚踪，反映祂的品德，并洁净自己，像祂洁净一样。他们一度憎恨的事，如今却喜爱了；从前所喜爱的事，如今却憎恨了。骄傲自恃的人变成心里柔和谦卑了。虚荣傲慢的人变成严肃慎重的了。亵渎变为恭敬，醉酒变为清醒，放荡变成纯洁了。世俗的虚荣和时髦都废除了。基督徒不追求“外面的辫头发、戴金饰、穿美衣为妆饰，只要以里面存着长久温柔安静的心为妆饰，这在上帝面前是极宝贵的。”(彼前3:3，4)

属灵的奋兴使人深深地自省自卑。这些奋兴的特征是向罪人发出严肃恳切的劝导，向基督用宝血所换来的人表示怜爱之情。信徒都为罪人的得救问题向上帝代求，与祂“角力”。这种奋兴的结果使人们不致因克己和牺牲而退避，反因配为基督的缘故受羞辱和试炼而欢喜快乐。人们可以看出那些承认耶稣之名的人生活上有所改变，社会因他们的影响而获益。他们是“同基督收聚的，”并是“顺着圣灵撒种的，”结果必“从圣灵收永生。”

他们实在可以说是“从忧愁中生出懊悔来。”“因为依着上帝的意思忧愁，就生出没有后悔的懊悔来，以致得救，但世俗的忧愁是叫人死。你看，你们依着上帝的意思忧愁，从此就生出何等的殷勤、自诉、恐惧、想念、热心、责罚，在这一切事上你们都表明自己是洁净的。”(林后7:9—11)

这就是上帝圣灵工作的结果。悔改若不能使人彻底的改变就不是真正的悔改。如果罪人还人的当头和所抢夺的，承认他的罪，爱上帝和他的同胞，他就确知他已与上帝相和。这就是早年宗教奋兴的果效。从这些结果上看来，它确是上帝所用来拯救生灵，并提拔人类的。

但是近代的宗教奋兴与往日随着上帝仆人之工作的神恩显示是大不相同的。这些奋兴固然也引起普遍的兴趣，许多人表示悔改加入教会，但其结果并没有使实在的属灵生活有相应的长进。一时燃起的火光不久就熄灭了。后来的黑暗反而比先前更为深沉了。

现代一般的奋兴会时常只能迎合人的幻想，刺激人的感情，并满足人喜新好奇的心。用这种方法得来的教友无心听聆圣经的真理，并对先知和使徒的见证没有多少兴趣。宗教的聚会若不带有什么动人听闻的事物，就不足以吸引他们。一种以冷静的理智发出的信息不能在他们心中起任何作用。圣经中有关他们永远利益的简明警告，就得不到他们的注意。

在每一个真正悔改的人，凡有关上帝和永恒的事必是他人生的大前提。但是在今日一般的教会中哪里有献身与上帝的精神呢？教友并没有放弃他们的骄傲和爱世界的心。他们不比悔改之前更愿克己，更愿背起十字架来跟从那心里柔和谦卑的耶稣。因为许多人只有宗教之名，而对于宗教的原理一无所知，所以宗教已经成为不信和怀疑之人的笑柄。敬虔的力量几乎完全离开了许多的教会。宴会、演剧、博览会、壮丽的房舍、个人的炫耀，已经排斥了一切有关上帝的思想。田地、财产和属世的业务占据了人的全部思想，至于那有关永恒利益的事，却难得他们偶然的注意。

这些教会的信心和敬虔虽然普遍衰落，但其中仍有基督的忠实信徒。在上帝的刑罚最后临到地上之前，在主的子民中间必有一番奋兴，表现着原始教会的敬虔，是自从使徒时代以来所没有见过的。上帝的圣灵和能力必要倾降在祂儿女的身上。那时，许多人要离开那些贪爱世俗而不爱上帝不爱圣经的教会。许多牧师和平信徒必要欣然接受上帝叫人在这时传扬的伟大真理，以便为主的复临预备合用的百姓。人类的仇敌必要拦阻这工作，所以在这运动来临之前，他要提供一种赝品来鱼目混珠。在他欺骗的势力所能控制的教会中，他要发起一种奋兴运动，叫人看起来好像是上帝特别的恩赐已经倾注下来了，就以为会有对宗教大感兴趣的情形出现。许多人要大大庆幸，以为有上帝在为他们施行大事，殊不知这种工作却是由于另一个灵的运行。撒但要在宗教的伪装之下，在基督教世界中扩充自己的势力。

在过去半世纪中所看到的许多宗教奋兴运动或多或少都是出于这种影响的，而且它还要出现在将来更广泛的运动中。这种影响着重于感情方面的刺激和一种真理与假道的搀杂，是很容易领人走入歧途的。虽然如此，任何人都没有受欺骗的必要，因为在上帝的圣言光照之下，我们不难辨明这些运动的性质。人何时忽略圣经的见证，背弃那些明白而试验人心的真理，就是那些叫人克己并放弃世界的真理，那时我们就可以确知上帝是绝不会赐福的。根据基督亲自所赐的规律："凭着他们的果子，就可以认出他们来，"(太7:16)这些运动明显不是出于上帝圣灵的工作。

上帝已经在圣经的真理中向世人显示自己，这些真理对于一切接受的人乃是抵挡撒但骗术的保障。今日基督教界中之所以流行着种种罪恶，正是因为人们忽略了这些真理。上帝律法的本质和重要性几乎完全被人忘记了。人们对于神圣律法的实质，永久性和遵守的本分所有错误的观念，造成了种种有关悔改和成圣的谬论，结果降低了教会中敬虔的标准。这就是现代一般的宗教奋兴之所以缺乏上帝的圣灵和能力的缘故。

在各宗派中都有以敬虔著称的人承认这种事实，并且为之表示遗憾。柏克教授在提出宗教方面流行的危险时说得很好："现今存在着的一种危险，乃是忽略在讲台上维护上帝的律法。在过去的日子，讲台乃是良心之声的回音。我们最有名望的传道人效法夫子的榜样在他们的讲道上发出非常的威严，高举律法和它的训词与警告。他们再三讲述两条大原则:律法是上帝完全美德的写真，不爱律法的人也不会爱福音，因为律法和福音同是反照上帝真品德的镜子。这一种危险必使人陷入另一个危险，就是看轻罪的邪恶、罪的程度和罪的污浊。遵守诫命的正当义务与违背诫命的不法罪恶是成正比例的。

"与上述的危险不相上下的危险，就是看轻上帝的公义。近代讲台上的趋向是将上帝的公义与上帝的慈悲分开，并把上帝的慈悲说成一种情感，而没有看明它是一个原则。近代的新神学把上帝所联合在一起的公义和慈悲分开了。试问，上帝的律法是良善的或是邪恶的？是良善的。律法既是良善的，那么公义自然也是良善的，因为公义乃是执行律法的意向。人们既惯于看轻上帝的律法和公义，并看轻叛逆的程度和罪恶，就很容易陷入另一个习惯，就是把上帝为罪人所准备救赎的恩典也看轻了。"这样，福音就在人心中失去它的价值和重要性，不久他们就几乎连圣经也置之不理了。

许多宗教的教师主张:基督已经借着祂的死将律法废去了，从此以后，世人就不必再受其条例的限制。也有一些人说，律法是一个难负的轭，他们一面强调律法的捆绑，一面提倡在福音之下所享受的自由。

但是众先知和使徒对于上帝圣律法的见解并非如此。大卫说："我要自由而行，因我素来考究你的训词。"(诗119:45)使徒雅各在基督死后写信时，提到十条诫命为"至尊的律法"，为"使人自由之律法。"(见雅2:8；1:25)写启示录的约翰在耶稣被钉的半世纪之后说："那些遵守诫命(“洗净自己衣服”英文原意为“遵守诫命”)的有福了，可得权柄能到生命树那里，也能从门进城。"(启22:14)

有人主张基督借着自己的死已经废除祂父的律法，这种说法是毫无根据的。假使律法真能改变或废弃的话，那么，基督就不必舍命来拯救人类脱离罪的刑罚了。基督的死非但没有废除律法，反而证明了律法是不变的。上帝的儿子来，是要"使律法为大、为尊。"(赛42:21)祂说："莫想我来要废掉律法，""就是到天地都废去了，律法的一点一画也不能废去。"(太5:17，18)祂论到自己说："我的上帝啊，我乐意照你的旨意行，你的律法在我心里。"(诗40:8)

上帝的律法，就其本质而言，乃是不变的。这律法显明其创立者的旨意和品德。上帝就是爱，祂的律法也是爱。律法的两条大原则，就是爱上帝和爱人。"爱就完全了律法。"(罗13:10)上帝的品德是公义诚实，祂律法的性质也是如此。诗人说："你的律法尽都真实，""你一切的命令尽都公义。"(诗119:142，172)使徒保罗说："律法是圣洁的，诫命也是圣洁、公义、良善的。"(罗7:12)这样的律法既是上帝心意的表现，就必像创立律法的主一样是存到永远的。

悔改成圣的工作乃是要使世人与上帝和好，使他们与律法的原则相符。起初，人是照着上帝的形像造的。他是与上帝的性质和律法完全协调的，有公义的原则写在他心上。但是人类因为犯了罪，就与创造主隔绝了。他就不再反照上帝的形像。他的心就与上帝律法的原则为敌。"原来体贴肉体的，就是与上帝为仇，因为不服上帝的律法，也是不能服。"(罗8:7)但"上帝爱世人，甚至将祂的独生子赐给他们，"使人类可能与上帝和好。借着基督的功劳，人就能重新与创造他的主和谐。人的心必须因上帝的恩典而更新，他必须有那从上头来的新生命。这种改变就是重生，非此，耶稣说:人"就不能见上帝的国。"

人与上帝和好的第一步，乃是觉悟自己的罪。"违背律法就是罪。""律法本是叫人知罪"的。(约壹3:4；罗3:20)罪人若要知道自己的罪，他必须以上帝公义的大原则来衡量自己的品格。律法是一面镜子，显明一个公义品格的完全，并使罪人看出自己的缺点。

律法显明人的罪，但没有为人准备救治之方。它固然应许顺从的人可得生命，但它也宣布死亡乃是违犯律法之人的命分。惟有基督的福音能救人脱离罪的裁判和污秽。罪人当向上帝悔改他违犯律法的罪，并信靠基督救赎的牺牲。这样，他先前所犯的罪就得蒙赦免，他就能与上帝的性情有份。他既领受了圣灵的印证，得作后嗣，就成了上帝的一个孩子，因此他呼叫"阿爸，父！"

他是否从此就可以自由违犯上帝的律法了呢？保罗说："这样，我们因信废了律法么？断乎不是，更是坚固律法。""我们在罪上死了的人，岂可仍在罪中活呢？"约翰说："我们遵守上帝的诫命，这就是爱祂了，并且祂的诫命不是难守的。"(罗3:31；6:2；约壹5:3)人既重生，他的心就得与上帝和谐，并与祂的律法相符。当罪人心中起了这种变化时，他就已出死入生，出罪入圣，不再违背叛逆，而是服从效忠了。与上帝隔绝的旧生活终止，和好、信心、爱心的新生活业已经开始了。于是"律法的义"必要"成就在我们这不随从肉体，只随从圣灵的人身上。"(罗8:4)我们心中的言语必是："我何等爱慕你的律法，终日不住的思想。"(

诗119:97)

“耶和华的律法全备，能苏醒人心。”(诗19:7)若没有律法，人对于上帝的纯洁和圣善，以及自己的罪过和污秽，就不能有正确的认识。他们不会真正觉悟自己的罪，也不会觉得自己有悔改的必要。他们既没有看出自己丧亡的景况，又没有看出自己是违犯上帝律法的人，也就没有认明自己需要基督赎罪的宝血。他们虽然接受救恩的盼望，但内心并没有根本的改变，生活也没有根本的更新。这样，表面上悔改的人到处皆是，许多从来没有真正与基督联合的人也加入了教会。

那由于轻忽或拒绝上帝的律法而产生有关成圣的谬论，在今日的宗教运动上起了很大的作用。这些学说在道理上既属虚伪，在实际的效果上又是有危害性的，况且它既为多人所赞同，这就更能说明人人必须清楚地了解圣经对于这个问题有什么教训。

真正的成圣乃是圣经的道理。保罗在写给帖撒罗尼迦教会的书信中这样说：“上帝的旨意就是要你们成为圣洁。”他又祈祷说：“愿赐平安的上帝，亲自使你们全然成圣。”(帖前4:3；5:23)圣经清清楚楚地教训我们何为成圣，以及如何可以达到成圣的地步。救主曾为祂的门徒向上帝祷告说：“求你用真理使他们成圣，你的道就是真理。”(约17:17)保罗教训信徒要 “因着圣灵，成为圣洁。”(罗15:16)圣灵的工作是什么呢？耶稣告诉祂的门徒说： “只等真理的圣灵来了，祂要引导你们明白一切的真理。”(约16:13)诗人说：“你的律法尽都诚实。”(按:诗119:142。“诚实”原文即“真理”)上帝的话和祂的灵都向世人阐明祂律法中所含公义的大原则。上帝的律法既然是“圣洁、公义、良善的，”既然是上帝完美品德的写真，那么，那由于顺从律法而造成的品格必然也是圣洁的。基督是这种品格的完全模范。祂说：“我遵守了我父的命令。”“我常作祂所喜悦的事。”(约15:10；8:29)基督的门徒必须变成祂的样式，靠着上帝的恩典造就一个符合祂圣洁律法之原则的品格。这就是圣经中所显示的“成圣”。

这种工作惟有借着信靠基督，并因上帝圣灵住在心中的能力才能完成。保罗劝勉信徒说：“当恐惧战兢，作成你们得救的工夫。因为你们立志行事，都是上帝在你们心里运行，为要成就祂的美意。”(腓2:12，13)每一个基督徒不免要感觉到罪恶的怂恿，但他总对罪恶进行持久的战争。这就是我们需要基督帮助的地方。人类的软弱既与上帝的力量联合，就能凭着信心说：“感谢上帝，使我们借着我们的主耶稣基督得胜。”(林前15:57)

圣经明明的告诉我们，成圣的工作乃是渐进的。当罪人悔改并借着赎罪的宝血与上帝和好时，他不过是刚刚开始基督徒的生活。此后他必须“竭力进到完全的地步，”渐渐成长，“满有基督长成的身量。”使徒保罗说：“我只有一件事，就是忘记背后，努力面前的，向着标竿直跑，要得上帝在基督耶稣里从上面召我来得的奖赏。”(腓3:13，14)彼得把达到圣经中的“成圣”所必经的步骤摆在我们面前：“你们要分外的殷勤。有了信心，又要加上德行；有了德行，又要加上知识；有了知识，又要加上节制；有了节制，又要加上忍耐；有了忍耐，又要加上虔敬；有了虔敬，又要加上爱弟兄的心；有了爱弟兄的心，又要加上爱众人的心。你们若行这几样，就永不失脚。”(彼后1:5－10)

那些有圣经中所阐明成圣之经验的人，必能显出一种谦卑的精神。他们像摩西一样，已经看见上帝圣洁的威荣，并因自己在无穷之主纯洁完全的对照之下而深觉不配。

先知但以理是一个真正成圣的模范。他那漫长的一生，充满了他为主所作崇高服务的伟迹，他是大蒙上天眷爱的一个人。(见但10:11)然而他并没有自居纯洁圣善，当他在上帝面前为他的同胞祷告时，这位尊贵的先知却把自己与犯罪的以色列视同一体，说：“我们在你面前恳求，原不是因自己的义，乃因你的大怜悯。”他说：“我们犯了罪，作了恶。”“我说话、祷告，承认我的罪和本国之民以色列的罪。”后来当上帝的儿子向他显现赐给他教训时，但以理说：我便“面貌失色，毫无气力。”(但9:18，15，20；10:8)

当约伯听见耶和华从旋风中所发的声音时，他说道：“我厌恶自己，在尘土和炉灰中懊悔。”(伯42:6)当以赛亚看见耶和华的荣耀，听见撒拉弗呼喊：“圣哉，圣哉，圣哉，万军之耶和华”时。他就说：“祸哉，我灭亡了。”保罗在被提到第三层天上去并听见人不可说的事之后，他说自己“比众圣徒中最小的还小。”(见林后12:2－4；弗3:8)那曾仆倒在天使脚前，像死了一样的，乃是那靠着耶稣胸膛并看到祂荣耀的蒙爱的约翰。(见启1:17)

凡行在髑髅地十字架阴影之下的人不能有自高的表现，或夸口说自己已经脱离了罪。他们觉悟到:那使上帝的儿子惨痛以致心碎的，乃是他们的罪，这种认识必使他深为自卑。那些生活与耶稣最亲近的人最能看清楚血肉之体的脆弱和邪恶，而且他们惟一的希望乃是倚仗那钉死而复活之救主的功劳。

现代在基督教界得势的“成圣”带有一种自高自大和轻看上帝律法的精神，这就证明它是与圣经的宗教毫无相干的。维护这种谬论的人教训人说，成圣乃是一种立时成功的工作，他们只要有信心，就能达到完全圣洁的地步。他们说：“只要相信，这福气就是你的。”他们以为接受这恩典的人就不需要作进一步的努力了。同时，他们否定上帝律法的权威，力主自己已经摆脱了一切遵守诫命的义务。其实人若与那表现上帝性质和旨意，并显明什么是祂所喜悦之事的原则不协调，又怎能成为圣洁而与上帝的旨意和品德相符呢？

世人都愿望一种容易的宗教，不愿作任何努力，不愿克己，不愿与世俗愚妄的事断绝，这就使那主张单靠信心的说法成为一种很流行的道理。但是上帝的圣言是怎样说呢？使徒雅各说：“我的弟兄们，若有人说自己有信心，却没有行为，有什么益处呢？这信心能救他么？虚浮的人哪，你愿意知道没有行为的信心是死的么？我们的祖宗亚伯拉罕把他儿子以撒献在坛上，岂不是因行为称义么？可见信心是与他的行为并行，而且信心因着行为才得成全。这样看来，人称义是因着行为，不是单因着信。”(雅2:14－24)

圣经的见证反对这种单靠信心而没有行为的迷惑人的道理。单想领受上天的恩典而不肯履行蒙恩的条件的心理绝不是信心，而是僭越自恃的心，因为真正的信心是以圣经的应许和条件为基础的。

不要自欺，不要相信任何人能故意违犯上帝律法中的一条而还能成为圣洁。人何时犯一个明知的罪，势必止息圣灵向人心作见证的声音，并且使自己与上帝隔绝。“违背律法就是罪。”“凡犯罪(违背律法)的，是未曾看见祂，也未曾认识祂。”(约壹3:6)约翰在他的书信中虽然那么充分地讲论爱心，但他毫不迟疑地揭露了那一班自称成圣却违犯上帝律法之人的真面目。“人若说我认识祂，却不遵守祂的诫命，便是说谎话的，真理也不在他心里了。凡遵守主道的，爱上帝的心在他里面实在是完全的。”(约壹2:4，5)这可以测验每一个人的信仰表白。我们若不先用上帝在天上地下惟一圣洁的标准来衡量一个人，就不能以任何人为圣洁。如果人不觉得道德律法的重要，如果他们藐视轻忽上帝的训词，并破坏这些诫命中最小的一条，又教训人这样行，那么，他们在上天看来将是不足尊重的，而我们也可以知道他们的主张是没有根据的。

一个说自己没有罪的人，就此证明自己离圣洁很远。这是因为他对于上帝无限的纯洁和圣善，以及自己必须达到怎样的程度才能符合上帝的品德，没有正确的认识。一个人对于耶稣的纯洁和崇高美德，以及罪恶的毒害与邪恶，既没有正确的认识，所以他才会看自己为圣洁。他与基督之间的距离越远，他对于上帝品德和律例的认识越狭，他就要在自己眼中越显为义。

圣经所提出的成圣，乃包括整个人——灵、魂与身子。保罗曾为帖撒罗尼迦人祈求，愿他们的“灵、魂与身子，得蒙保守，在我主耶稣基督降临的时候，完全无可指摘。”(帖前5:23)他又写信给信徒说：“所以弟兄们，我以上帝的慈悲劝你们，将身体献上，当作活祭，是圣洁的，是上帝所喜悦的。”(罗12:1)在古代以色列的时候，一切奉献给上帝的祭牲必须详为查验。如果在所带来的祭牲身上发现任何残缺，就必拒绝不用，因为上帝已经命令，一切祭牲必须是“没有残疾”的。所以保罗嘱咐基督徒献上他们的身体，“当作活祭，是圣洁的，是上帝所喜悦的。”为要作到这一点，他们一切的能力都必须尽可能地保持着最健全的状态。任何足以减弱体力或智力的事，都会降低他为创造主服务的资格。我们若不把最好的献给上帝，祂岂能悦纳呢？基督说：“你要尽心爱主你的上帝。”凡是真正尽心爱上帝的人必渴望把他们一生最好的服务献给祂，他们也必不断地追求使自己所有的力量都符合那些能增进他们的能力去遵行上帝旨意的定律。他们必不会因放纵食欲或情欲，以致减弱或污损他们所献给天父的祭物。

彼得说：“你们要禁戒肉体的私欲，这私欲是与灵魂争战的。”(彼前2:11)每一种罪性的放任都足以减弱人的能力，麻木他的心智和灵性的理解力，以致上帝的圣言和圣灵只能在他心中留下微薄的印象。保罗写信给哥林多的人说：“我们当洁净自己，除去身体、灵魂一切的污秽，敬畏上帝，得以成圣。”(林后7:1)他把“节制”列在圣灵的果子——“仁爱、喜乐、和平、忍耐、恩慈、良善、信实、温柔、节制”——之中。(加5:22，23)

虽然有这许多出于圣灵的劝戒，可是多少自命为基督徒的人因追求利得或崇拜时髦而减弱自己的力量啊！多少人因贪食醉酒和不正当的享乐而败坏自己那原来照上帝形像而创造的人格啊！同时教会不但没有加以谴责，反倒时常利用一些足以引起食欲，贪图利得，或爱好宴乐之心的方法来鼓励这些恶事，以便充实教会的财库，因为她若想单靠人们爱基督的心来充实经济，那是无济于事的。如果耶稣进入今日的教会，看到那些以宗教的名义来举行的宴会和买卖，祂岂不要赶出那些污损教会的人，像祂从前从圣殿里赶出兑换银钱的人一样么？

使徒雅各说明那从上头来的智慧，“先是清洁”的。如果他遇到那些用他们被烟草玷污的口称呼耶稣尊名的人，他们的呼吸和身体因烟草的臭味而致污浊，而且薰污了空气，使周围的人不得不吸收其毒素，如果使徒与这种违反福音纯洁的行为接触，他岂不要痛斥它为“属地的，属情欲的，属鬼魔的”么？一些身为烟瘾之奴隶的人，竟自称有完全成圣的福乐，并谈论他们天国的盼望，但上帝的话说明“凡不洁净的，总不得进那城。”(启21:27)

“岂不知你们的身子就是圣灵的殿么？这圣灵是从上帝而来，住在你们里头的；并且你们不是自己的人，因为你们是重价买来的，所以要在你们的身子上荣耀上帝。”(林前6:19，20)人的身子既是圣灵的殿，他就必不作一个有毒害之习惯的奴隶。他的才能都属于基督，因为基督是出了宝血的代价把他买来的。况且他的财产也是属于主的。他怎能浪费这受托的资本而算为无罪呢？自命为基督徒的人每年花费大量的资财在不但无益而且有害的放纵上，其他的人却因得不到生命之道而趋于沦亡。上帝在十分之一和供物上受了抢夺，而他们在放纵情欲的事上所消耗的金钱，比用在救助贫人或支援福音的工作上更多。如果一切自称跟从基督的人真是成圣的话，则他们的经济必不致花费在不必需或甚至有害的放纵上，却要交到主的府库中，而且基督徒就必立下一个节制、克己和牺牲的榜样。这样，他们才能成为世上的光。

世人都沉溺于自私的放纵之中。“肉体的情欲，眼目的情欲，并今生的骄傲，”控制了许多人的心。但是基督的门徒有更圣洁的使命，主说：“你们务要从他们中间出来，与他们分别，不要沾不洁净的物。”在上帝圣言的光照之下，我们可以说，人若不全然弃绝罪恶的追求和世俗的享乐，就不是真正的成圣。

“务要从他们中间出来，与他们分别，不要沾不洁净的物。”对于那些遵从以上条件的人，上帝的应许乃是：“我就收纳你们。我要作你们的父，你们要作我的儿女，这是全能的主说的。”(林后6:17，18)在上帝的事上获得丰富的经验，这是每一个基督徒的特权和本分。耶稣说：我“是世界的光。跟从我的，就不在黑暗里走，必要得着生命的光。”(约8:12)“义人的路好像黎明的光，越照越明，直到日午。”(箴4:18)人们每次凭着信心和顺从前进一步，他就必更进一步地接近“世界的光”，“在祂毫无黑暗”。“公义日头”的赫赫光辉既照耀在上帝的仆人身上，他们就应当反照祂的光辉。正如我们看见行星的光，就知道天上有一个大光，并知道它们的光是由它的荣耀而来的；照样，基督徒是要向世人显明，有一位上帝坐在宇宙的宝座上，祂的品德是值得我们颂赞并效法的。祂圣灵的美德和祂品德的纯洁与圣善，必要在祂的见证人身上显明出来。

保罗写给歌罗西人的书信中曾说明上帝赐给祂儿女的丰富恩典。他说：我们“为你们不住地祷告祈求，愿你们在一切属灵的智慧悟性上，满心知道上帝的旨意，好叫你们行事为人对得起主，凡事蒙祂喜悦，在一切善事上结果子，渐渐地多知道上帝，照祂荣耀的权能，得以在各样的力上加力，好叫你们凡事欢欢喜喜地忍耐宽容。”(西1:9—11)

他又写信给以弗所的弟兄，希望他们能明白基督徒崇高的特权。他用意义最广泛的言辞把他们作为至高者的儿女所可以承受的奇妙能力和知识展开在他们面前。他们是可以“借着祂的灵，”使“心里的力量刚强起来，”并使“爱心有根有基，”“能以和众圣徒一同明白基督的爱是何等长阔高深，并知道这爱是过于人所能测度的。”当使徒祈求“叫上帝一切所充满的，充满了你们”时，他的祷告就到了人所能获得之特权的最高峰了。(弗3:16—19)

这里显明我们履行了天父的条件之后，借着信靠祂的应许所能有的伟大成就。借着基督的功劳，我们就可以临近那无限权能者的宝座。因“上帝既不爱惜自己的儿子为我们众人舍了，岂不也把万物和祂一同白白地赐给我们么？”(罗8:32)天父赐圣灵给祂的儿子是没有限量的，所以我们也可以分享它的丰盛。耶稣说：“你们虽然不好，尚且知道拿好东西给儿女，何况天父，岂不更将圣灵给求祂的人么？”(路11:13)“你们若奉我的名求什么，我必成就。”“如今你们求就必得着，叫你们的喜乐可以满足。”(约14:14；16:24)

基督徒的生活固然要以谦卑为特征，但他却不该表示愁眉苦脸和自暴自弃的态度。每一个人都有特权，可以度一种蒙上帝悦纳并赐福的生活。天父的旨意并不是要我们永远处在罪责和黑暗的状况之下。一个人若是天天垂头丧气，时时刻刻想到自己，这并不是真正谦卑的表现。我们尽可来就耶稣，得蒙洁净，无羞无愧地站在律法面前。“如今那些在基督耶稣里的，就不定罪了。”(罗8:1)

亚当堕落的儿子得以借着耶稣而成为“上帝的儿子”。“因那使人成圣的和那些得以成圣的，都是出于一，所以祂称他们为弟兄，也不以为耻。”(来2:11)基督徒的生活应当是信心的生活、得胜的生活和在上帝里面喜乐的生活。“因为凡从上帝生的，就胜过世界。使我们胜了世界的，就是我们的信心。”(约壹5:4)上帝的仆人尼希米说得好：“因靠耶和华而得的喜乐是你们的力量。”(尼8:10)保罗说：“你们要靠主常常喜乐；我再说，你们要喜乐。”“要常常喜乐，不住的祷告，凡事谢恩，因为这是上帝在基督耶稣里向你们所定的旨意。”(腓4:4；帖前5:16—18)

这就是圣经所显示悔改和成圣的果子，而且正因上帝律法所标榜的公义大原则被基督教界所如此漠视，这些果子才是那么稀少。往年的奋兴所显示圣灵深刻而实在的工作在今日之所以不常看见，其原因就在于此。

心理的定律是:我们所常注意的事物足以改变我们的性格。所以世人既忽略那彰显上帝品德之完全和圣洁的神圣律法，而被引去注意人的教训和理论，何怪教会中活泼的敬虔每况愈下呢？耶和华说:“我的百姓离弃我这活水的泉源，为自己凿出池子，是破裂不能存水的池子。”(耶2:13)

“不从恶人的计谋，惟喜爱耶和华的律法，昼夜思想，这人便为有福。他要像一棵树栽在溪水旁，按时候结果子，叶子也不枯干，凡他所作的尽都顺利。”(诗1:1—3)惟有把上帝的律法恢复到它应有的地位，才能在那些自命为祂子民的人中恢复原始教会的信心和敬虔。“耶和华如此说：你们当站在路上察看，访问古道，哪是善道，便行在其间；这样，你们心里必得安息。”(耶6:16)

第二十八章
查案审判

先知但以理说:“我观看,见有宝座设立,上头坐着亘古常在者,祂的衣服洁白如雪,头发如纯净的羊毛,宝座乃火焰,其轮乃烈火。从祂面前有火,像河发出,侍奉祂的有千千,在祂面前侍立的有万万。祂坐着要行审判,案卷都展开了。”(但7:9,10)

这就是先知在异象中所见的那伟大而严肃之日的景象。那时人类的生活与品格都要经过审判全地之主的检阅,各人要“照自己所行的受审判。”这位“亘古常在者”就是父上帝。诗人说:“诸山未曾生出,地与世界你未曾造成,从亘古到永远,你是上帝。”(诗90:2)这位宇宙众生之源,又是一切律法之本的上帝,将要主持审判。有“千千万万”的圣天使要担任差役和见证人,出席这个伟人的法庭。

“我在夜间的异象中观看,见有一位像人子的,驾着天云而来,被领到亘古常在者面前,得了权柄、荣耀、国度,使各方、各国、各族的人都侍奉祂。祂的权柄是永远的,不能废去,祂的国必不败坏。”(但7:13,14)这里所描写的基督的降临,并不是指着祂第二次临到世上,祂乃是来到天上亘古常在者面前,要承受权柄、荣耀、国度,这些都是要在祂的中保工作结束之时赐给祂的。预言中所提到在一八四四年(二千三百日的终点)要实现的,乃是祂这次的来临,而不是祂复临到地上。那时我们的大祭司由众天使护送着进入至圣所,到了上帝的面前,进行祂为人类所作的最后服务——开始查案审判的工作,为一切显明配蒙救恩的人赎罪。

在预表的礼节中,惟有那些已到上帝面前认罪悔改,并且借着赎罪祭牲的血将自己的罪迁进圣所的人,才能参加赎罪日的礼拜。照样,在最后赎罪和查案审判的大日,也只有那些承认自己是上帝子民之人的案件才被审查。审判恶人乃是一个特殊而分别举行的工作,要在审判的后期进行。“审判要从上帝的家起首,若是先从我们起首,那不信从上帝福音的人将有何等的结局呢?”(彼前4:17)

在天庭的案卷中,记录着人的姓名和行为,这些审判的结果是根据案卷来决定的。先知但以理说:“祂坐着要行审判,案卷都展开了。”蒙启示的约翰也曾形容这一场情景,并补充说:“另有一卷展开,就是生命册。死了的人都凭着这些案卷所记载的,照他们所行的受审判。”(启20:12)

凡曾为上帝服务之人的名字都记在生命册上。耶稣曾吩咐门徒说:“要因你们的名记录在天上欢喜。”(路10:20)保罗提到他忠诚的同工,说:“他们的名字都在生命册上。”(腓4:3)但以理展望到末日“有大艰难,从有国以来直到此时,没有这样的,”并且说:上帝的子民“凡名录在册上的,必得拯救。”蒙启示的约翰也说:“只有名字写在羔羊生命册上的才得进”上帝的圣城。(但12:1;启21:27)

在上帝的面前还有一本“记念册”,其中记载着“敬畏耶和华思念祂名的人”的善行。(玛3:16)他们信心的言语和爱心的行为都被记录在天上。尼希米在祷告的时候也提到这事说:“我的上帝啊,求你因这事记念我,不要涂抹我为上帝的殿与其中的礼节所行的善。”(尼13:14)义人的每一行为都要留在上帝的记念册中,永垂不朽。他们每次拒绝试探,每次战胜罪恶,以及每次发表慈怜的言语,都要据实记录下来。此外,每一件牺牲的行为和为基督而受的每一次苦难和忧愁,也都要被记下来,诗人说:“我几次流离,你都记数。求你把我眼泪装在你的皮袋里。这不都记在你册子上么?”(诗56:8)

关于人的罪恶,天上也有记录。“因为人所作的事,连一切隐藏的事,无论是善是恶,上帝都必审问。”救主说:“凡人所说的闲话,当审判的日子,必要句句供出来。因为要凭你的话定你为义;也要凭你的话定你有罪。”(传12:14;太12:36,37)人的秘密心意和动机,都要在这毫无错误的记录册中显露出来,因为上帝“要照出暗中的隐情,显明人心的意念。”(林前4:5)“看哪，这都写在我面前，我必不静默，必施行报应，必将你们的罪孽和你们列祖的罪孽，一同报应。这是耶和华说的。”(赛65:6，7)

每一个人的行为，都要经过上帝的检阅，定为忠心或不忠心。在天庭案卷中每一个人的名字下面非常准确地记着:每一句错误的言语，每一件自私的行为，每一个未尽的本分，以及每一种巧妙伪装的秘密罪恶。人忽略了上天所发的警告或责备，旷废光阴，错失机会，以及在别人身上所发挥或善或恶的影响及其深远的结果，这一切都要被记录的天使登载下来。

上帝的律法是在审判时候用来测验人类的品格与生活之标准的。智慧的人说:“敬畏上帝，谨守祂的诫命，这是人所当尽的本分。因为人所作的事，上帝都必审问。”(传12:13，14)使徒雅各警戒他的弟兄说:“你们既然要按使人自由的律法受审判，就该照这律法说话行事。”(雅2:12)

凡在这次审判中被定为“配得”的人，将要在义人的复活中有份。耶稣说:“惟有算为配得那世界，与从死里复活的人，他们不能再死，和天使一样，既是复活的人，就为上帝的儿子。”(路20:35，36)祂又说:“行善的复活得生。”(约5:29)死了的义人要一直等到这次审判完结，他们被定为“配得”的人之后，才“复活得生。”因此，当他们的记录在审判台前被检查，他们的案件被决定的时候，他们本人是不在场的。

在这次审判中，耶稣要作他们的中保，在上帝面前为他们代求。“若有人犯罪，在父那里我们有一位中保，就是那义者耶稣基督。”(约壹2:1)“因为基督并不是进了人手所造的圣所，(这不过是真圣所的影像，)乃是进了天堂，如今为我们显在上帝面前。”“凡靠着祂进到上帝面前的人，祂都能拯救到底，因为祂是长远活着，替他们祈求。”(来9:24；7:25)

当案卷在审判台前展开时，一切信奉耶稣之人的生活都要在上帝面前被检查。我们的中保要陈述每一个人的案情，从第一个生在世上的人开始，顺序而下，世世代代，直到现今还活着的人为止。每一个名字都要被提出，每一桩案情都要经过详尽的审查。有些名字要蒙悦纳，有些名字要被弃绝。什么人若是在案卷上还留有未经悔改未蒙赦免的罪，他们的名字就要从生命册上涂去，同时他们所留在上帝记念册中的善行也要被涂抹。上帝曾晓谕摩西说:“谁得罪我，我就从我的册上涂抹谁的名。”(出32:33)先知以西结也说:“义人若转离义行而作罪孽，他所行的一切义都不被记念。”(结18:24)

凡过去已经真心悔改，并凭着信心领受基督的血作为自己赎罪牺牲的人，在天上的案卷中已有赦免二字写在他们的名字下面。当他们在基督的义上有份，他们的品格也显明是与上帝的律法相符时，他们的罪恶就要被涂抹，他们也要被认为是配得永生的人。上帝曾借着先知以赛亚说:“惟有我为自己的缘故涂抹你的过犯，我也不记念你的罪恶。”(赛43:25)主耶稣也曾说:“凡得胜的，必这样穿白衣。我也必不从生命册上涂抹他的名，且要在我父面前和我父众使者面前认他的名。”“凡在人面前认我的，我在我天上的父面前也必认他；凡在人面前不认我的，我在我天上的父面前也必不认他。”(启3:5；太10:32，33)

人们在地上法庭判决时所表示的最深切的关注，只能隐约地说明在天上的法庭中所有的情绪。那时，在审判全地的主面前，凡记在生命册上的名字，要一一被检查。我们神圣的中保要为一切因信赖祂的宝血而蒙赦免并得胜罪恶的人代求，使他们可以回到伊甸故乡，并戴上冠冕与祂同作后嗣，承受“从前的权柄。”(弥4:8)撒但曾尽力欺骗并试探人类，想要破坏上帝创造人类的计划，可是基督现在却请求上帝实行祂的计划，好像是人类从来没有犯过罪一样。祂不但为自己的子民要求完全的赦免与称义，而同时也要求他们在祂的荣耀里有份，并在祂的宝座上与祂同坐。

当耶稣为祂蒙恩的子民代求之时，撒但却在上帝面前控告他们是犯罪作恶的人。这个大骗子曾经设法使他们怀疑圣经，不信靠上帝，与祂的爱隔绝，并破坏祂的律法。现在他更指出他们生平的记录上品格的缺欠，使救赎主受辱的不像基督的行为，以及他引诱他们去犯的许多罪——为了这一切，他宣称他们是他的子民。

耶稣并不否认他们有罪，但祂却指出他们的忏悔与信心，并为他们祈求赦免，在天父和众天使面前举起祂受伤的双手，说道："我按名认识他们，我已将他们铭刻在我的掌上。'上帝所要的祭，就是忧伤的灵。上帝啊，忧伤痛悔的心，你必不轻看。'"(诗51:17)祂又向那控告祂子民的说："撒但哪，耶和华责备你，就是拣选耶路撒冷的耶和华责备你，这不是从火中抽出来的一根柴么？"(亚3:2)基督要将自己的义披在祂忠心的信徒身上，把他们奉献给祂的父，"作个荣耀的教会，毫无玷污、皱纹等类的病。"(弗5:27)他们的名字要留在生命册上，圣经上也提到他们说："他们要穿白衣与我同行，因为他们是配得过的。"(启3:4)

新约的应许就要这样完全实现。"我要赦免他们的罪孽，不再记念他们的罪恶。""耶和华说：当那日子，那时候，虽寻以色列的罪孽，一无所有，虽寻犹大的罪恶，也无所见。"(耶31:34；50:20) "到那日，耶和华发生的苗必华美尊荣，地的出产必为以色列逃脱的人显为荣华茂盛。那时，剩在锡安、留在耶路撒冷的，就是一切住耶路撒冷、在生命册上记名的，必称为圣。"(赛4:2—4)

查案审判和涂抹罪恶的工作，是要在主第二次降临之前完成的。死了的人既是要凭着案卷所记载的受审判，所以人的罪不能在查案审判决定案情之前被涂抹。使徒彼得曾清清楚楚地说明："你们当悔改归正，使你们的罪得以涂抹。这样，那安舒的日子就必从主面前来到。"(徒3:19，20)在查案审判结束之后，基督就要降临，按着各人的行为报应各人。

在预表性的崇祀礼节中，大祭司为以色列人赎罪之后，就出来为会众祝福。照样，基督也要在中保工作结束之时显现，"并与罪无关，乃是为拯救他们，"(来9:28)将永生之福赏赐给一切等候祂的人。古时祭司怎样把圣所中的罪带出来，按手在那归与阿撒泻勒的羊头上，照样，基督也要把一切的罪归在罪恶的发起者和主动者撒但的身上。那担负以色列民众罪恶的阿撒泻勒羊，要被"带到无人之地。"(利16:22)照样，撒但也要担负他引诱上帝子民所犯的一切罪恶，而被拘禁在将来凄凉荒废杳无人烟的地球上一千年之久，到了最后，他还要在那毁灭一切恶人的烈火中遭受罪恶充分的刑罚。这样，在罪恶彻底清除，和一切愿意放弃罪恶之人都已得救之后，救赎的大计划就完成了。

到了预定审判的时候——二千三百日的末了，即公历一八四四年——查案审判和涂抹罪恶的工作便开始了。凡曾信奉基督圣名的人，都必须经过一次精密的审查，无论活人死人，"都凭着这些案卷所记载的，照他们所行的受审判。"

人所没有悔改，没有丢弃的一切罪，绝不能蒙赦免，也不能从记录册上涂掉，乃是要留到上帝大而可畏之日来证明罪人的不是。他所犯的罪行，无论是在光天化日，或是在黑夜深更，在那与我们有关系的主面前都是赤露敞开的。上帝的使者看见了每一桩罪恶，并记录在毫无错误的案卷中。或许人可以隐蔽、否认、遮掩、瞒过了父母、妻子、儿女和同伴，以致除了犯罪者本人之外，没有人会对他罪行有丝毫的嫌疑，但这在天庭众圣者面前却是彰明昭著的。最浓黑的夜色，最诡秘的手段，都不足以掩盖一个念头以瞒过那位永在者。每一笔不诚实的账目和每一件不公道的行为，上帝都留有准确的记录。祂是不会被外表的敬虔所欺骗的，祂对于品格的估计绝无错误。人们也许会被那内心腐败的人所欺蒙，但上帝却能看穿一切的伪装，洞察各人的内心。

这该是何等严肃的感想啊！日复一日，光阴一去不回，把当日的记录登载在天上的案卷中。一切说过的话和行过的事，已是“驷马难追”了。天使已把善事和恶事都作了记录。世上最有势力的雄主也不能把一天的记录追回来。我们的言语行为，甚至我们最秘密的动机，在决定我们一生终局的祸福，都有相当的份量。纵使我们已经把它都忘记了，但它还是要作见证，定我们为义，或定我们有罪。

美术家怎样在画板上维妙维肖地绘出人的容貌，照样，天上的案卷也要切实地描写人的品格。这些记录都要经过天上生灵的检查，但一般人对它却是何等地漠不关心啊！如果这隔开可见的与不可见的窗幕被揭开，使人得以看见天使正在把一言一行都记录下来，并知道一切在审判之日还要显露出来，那么我们在每天所说的话中将有多少话留住不说，有多少行为留住不行啊！

在审判之时，也要详细察看人们是否善用自己的才能。上天所交托给我们的资本，我们是怎样运用的呢？在主降临时，祂是否能连本带利收回自己的银子呢？我们曾否增进了那委托给我们的体力、心力和脑力来荣耀上帝，造福世人呢？我们的光阴、文笔、口舌、金钱和感化力是怎样使用的呢？在贫穷困苦的人和孤儿寡妇身上，我们已为基督做了什么呢？上帝已经委托我们保管祂的圣言，我们是否曾经利用这赐给我们的亮光和真理来使人有得救的智慧呢？单是口头承认信仰基督是毫无价值的，惟有用行为来表现的爱心才算为真实。在上天看来，惟有爱心才能使任何行动显为可贵。凡是出于爱心的行为，无论其在人的估计中是何等微小，都必蒙上帝的悦纳与报偿。

人心中所隐藏的私念，在天上的案卷中都要显露出来。人对于同胞所未尽的义务，以及对于救主所忽略的责任，都要记在那里。在这些案卷中，人们将要看出自己是怎样时常将那应归给基督的光阴、心思和精力献给了撒但。众天使所送到天上的记录，真是可惨。许多身为万物之灵，自称为基督门徒的人，竟然专心致志于世俗的财利，或沉溺迷恋于地上的享乐。金钱、光阴和精力，大都牺牲在夸耀和纵欲的事上，而很少用在祈祷、查经、自卑和认罪的事上。

撒但发明无数的计谋，要占据我们的思想，使我们不去想念我们所应当最熟悉的工作。这大骗子痛恨那足以使人仰望一位赎罪羔羊和全能中保的伟大真理。他知道自己的成功全在乎能否引诱人的思想离开基督和祂的真理。

凡欲领受那作为中保的救主所赐之帮助的人，不可让任何事物妨碍他们“敬畏上帝，得以成圣。”(林后7:1)不要把宝贵的光阴耗费在享乐、夸耀或得利的事上，却要以恳切祈祷的精神研究真理的道。上帝的子民应当清楚地明白圣所和查案审判的题目。人人需要知道他们大祭司的职分和工作，否则，他们便不能操练那在现今时代所最不可少的信心，也不能担任上帝所要他们担任的职分。每一个人都有一个或要得救或要灭亡的灵魂；每一个人在上帝的审判台前都有待决的案件；每一个人将来必须与伟大审判之主面面相对。既然如此，人人的思想应当如何时常想念那严肃的景象，就是在展开案卷进行审判之时，每一个人必须在末期像但以理一样站在自己的位分上。

凡已领受这些要道之亮光的人，都当为上帝所交托他们的伟大真理作见证。天上的圣所乃是基督为人类服务的中心。它对于地上的每一个生灵都有关系。它显明了救赎的计划，使我们可以一直展望到末日，又显明公义与罪恶之争的最后胜利。这实在是极其重要的，人人都应当彻底查明这些极其重要的题目，并能以回答那些问他们心中盼望之缘由的人。

基督在天上圣所为人类代求，这件事与祂钉十字架的功劳，一样是救恩计划的要素。祂借着死开始了祂在复活升天之后所要继续完成的工作。故我们必须本着信心进到幔内，就是“作先锋的耶稣”为我们进入的地方。(来6:20)在那里，有从髑髅地十字架射来的亮光照耀着。在那里，我们可以对救赎的奥秘有更清楚的认识。人类的救赎已由天庭付出无限的代价，其牺牲之重大，相当于人所破坏的上帝律法的最大要求。耶稣已经开了通达天父宝座的道路，借着祂的中保工作，凡本着信心来就祂之人的诚实心愿便可呈到上帝的面前。

“遮掩自己罪过的，必不亨通，承认离弃罪过的，必蒙怜恤。”(箴28:13)如果那些隐藏并辩护自己过失的人，能见到撒但是怎样因他们而欢喜雀跃，并拿他们的行为来讥讽基督和圣天使，他们就要急忙地承认并丢弃自己的罪了。撒但利用人品格中的缺点来管制人的整个思想，同时他也知道只要人保留这些缺点，他就必能成功。因此他现今正在时刻设法，用他最狠毒的诡计来迷惑基督的门徒，这些毒计是他们自己所不能胜过的。但耶稣却用祂受伤的双手和带着伤痕的身体为他们代求，并向一切愿意跟从祂的人宣布说：“我的恩典够你用的。”(林后12:9)“我心里柔和谦卑，你们当负我的轭，学我的样式，这样，你们心里就必得享安息。因为我的轭是容易的，我的担子是轻省的。”(太11:29，30)所以任何人都不要以为自己的缺点是无可救药的，因为上帝要赐给他信心和恩典，足可得胜。

我们现今正处在赎罪的大日中。在古时的预表崇祀中，当大祭司为以色列民进行赎罪的工作时，全体会众必须刻苦己心，认罪悔改，并在上帝面前自卑，以免自己从民中被剪除。照样，凡想要在生命册上保留自己名字的人，也应当趁现今这最后短短的救恩时期，在上帝面前刻苦己心，痛悔己罪，真实悔改。我们必须深刻而诚实地检查自己的心。现今许多自命为基督徒的人所表现轻佻虚浮的精神，必须立刻放弃。罪恶的癖性正在争取上风，凡要胜过这些癖性的人必须经过一番苦斗。预备得救的工作乃是一种个人的工作；我们的得救，不是成群成批的。某一个人的纯洁与热忱，并不能抵消另一个人品格上在这方面的缺欠。天下万国的人固然都要经过上帝的审判，但祂还是要查察每一个人的案情，其严密精细的程度，犹如世上只有这一个人存在一样。每一个人必须经过考验，必须显出自己毫无瑕疵、皱纹等类的病。

那有关赎罪工作结束时的情景，实在是非常严肃的，其所有利害的关系，也是非常重大的。现今天上圣所中正在进行审判的工作，这工作已经进行多年了。再过不久，——究竟多久，无人知道——就要审问到现今还活着的人了。在可敬畏的上帝面前，我们的生活要经过检查。现今每一个人最重要的事，就是听从救主的劝告：“你们要谨慎，儆醒祈祷，因为你们不晓得那日期几时来到。”(可13:33)“若不儆醒，我必临到你那里，如同贼一样。我几时来到，你也决不能知道。”(启3:3)

在查案审判结束之时，一切人或生或死的命运都要决定了。救恩时期将要在主驾云降临之前不久结束了。在启示录书中，基督展望到那个时辰说：“不义的，叫他仍旧不义；污秽的，叫他仍旧污秽；为义的，叫他仍旧为义；圣洁的，叫他仍旧圣洁。看哪，我必快来。赏罚在我，要照各人所行的报应他。”(启22:11，12)

在上帝最后宣布这一句话时，义人和恶人的生活都要保持现状，人们仍要栽种、建造、吃喝，完全不理会在天上圣所中已经宣布了那最后而不能改变的判决。在洪水之前，挪亚进方舟之后，上帝曾把他关在里面，把不敬虔的人关在外面。此后七天之久，人们不晓得自己的劫运已经注定，而仍继续过着漫不经心贪爱宴乐的生活，并讥诮那报应临头的警告。救主说：“人子降临也要这样。”(太24:39)现今那决定各人命运的最后关头，以及那向罪人所发恩惠之邀请的最后撤回，将要静悄悄而出人意料地来到，如同半夜里的贼一样。

“所以你们要儆醒，恐怕祂忽然来到，看见你们睡着了。”(可13:35，36)凡长久儆醒而感到疲倦并转向世俗之引诱的人，他的处境是非常危险的。正当工商业家图利，贪爱宴乐之徒恣情纵欲，而摩登女郎修饰装扮之时——可能正在这一刹那间，审判全地之主要下判决说：“你被称在天平里，显出你的亏欠。”(但5:27)

第二十九章
罪恶及痛苦的起源

罪恶的起源以及其存在的理由，在许多人的思想中乃是一个引起许多疑虑的谜。他们看到罪恶的发展，以及其造成祸患与荒凉的惨果，便发出疑问说，在一位具有无穷智慧、能力和慈爱之主的治理之下，这一切怎能存在呢？这是他们所百思莫解的奥秘。他们在惶惑犹疑之中，便看不到圣经里所明白启示并与救恩密切相关的真理。有一些人为要探讨罪恶存在的原因，就致力研究上帝所从未启示的事，因此他们的困难得不到解决，于是那些轻易疑惑并吹毛求疵的人，就抓住这一点作为弃绝圣经的借口。此外，还有一等人因为人的遗传和误解蒙蔽了圣经中有关上帝的品德，祂政权的性质和祂应付罪恶的原则等教训，所以他们对于罪恶的大难题就得不到圆满的解答。

我们固然不能解释罪恶的起源，以便说明罪恶存在的理由。然而我们可能对于罪恶的起源，及其最后的处理问题得到相当的了解，以便充分显明上帝在应付罪恶的一切方法上，都是公义而慈悲的。圣经中的教训真是再清楚明白没有了，说明上帝对于罪恶的产生是绝无责任的。因为上帝的恩典没有任意收回，祂的政权也没有什么缺欠足以造成什么发生叛变的缘由。罪恶乃是一个侵入宇宙的仇敌，它的出现是毫无理由的。它是神秘而不可思议的，原谅它就等于袒护它。如果能找出一点足以原谅它的理由，或是指出它存在的原因，那么罪就不成其为罪了。我们对于罪恶所下的惟一定义，就是圣经所说:“违背律法就是罪。”它乃是出于一个与爱的伟大的律法相抗衡之原则的发展，而爱乃是神圣政权的基础。

在罪恶侵入之前，全宇宙是和平而喜乐的。万物都是与创造主的旨意完全和谐的，他们以爱上帝为至上，并且彼此相爱，不偏不倚。基督是道，是上帝的独生子，是与永生之父合而为一的——在性质、品格和意志上都是一致的——祂是全宇宙中惟一能参与上帝一切谋略和旨意的。借着基督，圣父创造了天上的众生。“因为万有都是靠祂造的，无论是天上的、地上的，或是有位的、主治的、执政的、掌权的，一概都是借着祂造的。”(西1:16)天庭全体都效忠基督，正如效忠天父一样。

爱的律法既是上帝政权的基础，一切受造之物的福乐，就在于他们完全符合这个伟大的公义原则。上帝所求于祂一切受造之物的，乃是出于爱心的侍奉，乃是因为充分认识祂的品德而崇敬祂。上帝不喜悦出于勉强的效忠，所以祂赐给众生自由的心志，让他们出于自愿地侍奉祂。

可惜有一个天使竟滥用了这个自由。罪恶便从他开始了。他原是上帝所最器重的，地位仅次于基督，在天上居民中是最有权柄最有尊荣的。他名叫“路锡甫”。(译者按:赛14:12。的“明亮之星”，拉丁和英文译本均作“路锡甫”，意即“明亮之星”。)在他未堕落之前，他在遮掩约柜的基路伯中居首位，是圣洁而没有玷污的。“主耶和华如此说:你无所不备，智慧充足，全然美丽。你曾在伊甸上帝的园中，佩带各样宝石。你是那受膏遮掩约柜的基路伯，我将你安置在上帝的圣山上，你在发光如火的宝石中间往来。你从受造之日所行的都完全，后来在你中间又察出不义。”(结28:12－15)

路锡甫本来可以一直蒙上帝喜悦，并受众天军的敬爱，又可运用他高贵的能力来造福其他天使，并荣耀他的创造主。但先知却说:“你因美丽心中高傲，又因荣光败坏智慧。”(结28:17)路锡甫渐渐放纵了自高的心愿，“居心自比上帝”。“你心里曾说:我要高举我的宝座在上帝众星以上；我要坐在聚会的山上；我要升到高云之上；我要与至上者同等。”(结28:6；赛14:13，14)路锡甫不愿尊上帝为至上，为祂所造之物最爱戴、最忠顺的对象，反而尽力收揽他们的心来侍奉并敬拜他自己。这个天使的野心竟贪图全能天父所赐给祂圣子的尊荣，并羡慕基督所独有的特权。

天庭全体本来是乐于反照创造主的荣耀并宣扬祂的尊名的。当上帝受到这样崇敬之时，全天庭都是和平而喜乐的。但这时忽然有一个不协之音，破坏了天上的和谐。路锡甫这种侍奉自己抬高自己的心意，是与创造主的计划相反的，使那些以上帝的荣耀为至上的众天使警觉到不祥之兆。天庭的议会向路锡甫作了多次的恳劝；上帝的儿子也向他说明了创造主的伟大、良善、公正，以及祂律法的神圣性与不变性。天庭的秩序原是上帝亲自设定的，路锡甫若偏离这个秩序，就必亵渎他的创造者，并毁灭自己。然而这出于无穷慈爱和怜悯的警告，结果只有激起他反抗的精神。路锡甫让妒忌基督的心理得势，并且愈加顽强。

路锡甫对于自己荣耀的骄傲，助长了贪图高位的欲望。他不以自己所得的尊荣为上帝的恩赐，他对于创造主竟没有一点感激的心。他以自己的光耀和高位自豪，妄想与上帝同等。他原来享有众天军的爱戴和尊敬。众天使都乐于奉行他的命令，他也赋有智慧和荣耀，超过一切的天使。但上帝的儿子却是天庭所公认为君王的，在能力和权柄上，祂原是与天父合为一的。在上帝的一切谋略中，基督都是有份的，但路锡甫则不得像基督一样参与上帝的一切旨意。因此这位大能的天使便疑问说：“为什么基督是至上的呢？为什么要这样尊重祂过于我路锡甫呢？”

路锡甫离开了他在上帝面前的本位，出去到众天使中间散布不满的精神。他神秘地进行工作，有一个时期还用敬畏上帝的伪装来掩饰自己的真面目，他尽力要激动众天使对于那管理天上众生的律法生出不满之念，并暗示这律法使他们受到一种不必要的约束。他主张：众天使的本性既是圣洁的，他们就可以顺从自己的意志行事。他设法使众天使对他表同情，说上帝以最高的尊荣赐给基督，乃是亏待了他。他宣称自己之所以图谋更大的权柄和尊荣，不是为要抬高自己，而是要为天庭全体居民争取自由，借此使他们达到更高的生存境地。

上帝本着祂的大怜悯长久容忍了路锡甫。当他初次表现不满的精神时，上帝并没有立即撤除他的高位，就是到他开始在忠心的天使面前陈述他的虚伪主张之后，上帝还是没是这样做；祂却让路锡甫长久留在天庭。路锡甫一再得蒙赦免的机会，其惟一的条件就是要他悔改顺从。上帝所用来使他悔悟自己错误的种种方法，只有上帝无穷的慈爱和智慧才能作到。天庭中从来不知道什么叫做不满。路锡甫自己当初也看不出他将要发展到什么地步，他不明了自己情绪的真相。及至他不满之念被证明为毫无理由之后，路锡甫才看出自己是做错了，看出上帝的律例是公正的，并且他应当在天庭全体之前承认之。如果他曾这样行，他就可以挽救自己和许多天使了。这时他还没有完全放弃效忠上帝的心。虽然他已离开遮掩约柜之基路伯的职位，但如果肯回到上帝面前，承认创造主的智慧，并在上帝的伟大计划中安分守己，他还是可以恢复原职的。然而他的骄傲不容他顺服，他固执地维护自己的行径，坚持自己是无需悔改，并悍然投入善恶的大斗争之中，反抗他的创造主。

从此他那卓越的智力便完全用在欺骗的工作上，为了要博得那些曾经受他指挥之天使的同情。他甚至歪曲了基督警告并劝诫他的话，来遂行自己叛逆的阴谋。对于这些忠诚爱戴他，并与他发生最密切关系的天使，撒但声称自己受了不公正的裁判，并声称他的地位没有被重视，他的自由将要受限制了。他起先只是歪曲基督的话，后来索性狡赖强辩，直接撒谎，诡称上帝的儿子蓄意在天上居民之前侮辱他。他也设法在自己与忠心的天使之间无事生端。凡他所不能勾引来支持他的天使，他便诬告他们不关心天庭众生的幸福。他把自己所正在进行的工作抵赖到那些仍然效忠上帝的天使身上。为要证实他所说上帝亏待他的话起见，他歪曲了创造主的言语和作为。他的手段是用狡猾的论据，使众天使对上帝的旨意发生怀疑。他给每一件简单的事物加上一层神秘的色彩，并用巧妙的曲解，对于耶和华最明显的指示提出疑问。他那崇高的地位既与上帝的政权有那么密切的关系，他的诡辩就格外有力，结果有许多天使受迷惑与他联合，同谋反叛上天的威权。

上帝凭着自己的智慧容忍撒但进行他的工作，直到不满的精神酿成积极的叛乱。撒但的计谋必须充分发展，使宇宙众生都可以明了他这些计谋的性质与趋势。路锡甫原是受膏的基路伯，素来大受尊荣，天上的众生极其爱戴他，所以他在他们身上的影响力也是强大的。上帝的政权不但包括天庭的众生，也包括祂所创造的诸世界。路锡甫曾推想，只要他能勾引众天使共谋叛乱，则不难得到诸世界的响应。他已经把自己对问题的看法巧妙地表白出来，同时利用诡辩和欺诈来达到他的目的。他欺骗的能力非常厉害，他既披上虚伪的外衣，就取得了优势。甚至忠诚的众天使也不能充分辨识他的真面目，也看不出他的工作将要发展到什么地步。

撒但过去一向大受尊敬，他的一切行动又是那么神秘，甚至很不容易向众天使揭露他工作的真相。除非罪恶全然成熟，其恶毒的性质是不会显明的。在此以前，罪恶在上帝的宇宙中是没有立足之地的，所以宇宙中圣洁的众生不明白罪恶的性质与恶毒。他们看不出废弃上帝律法之后的可怕结果。起初，撒但还借口效忠上帝来掩护自己的工作。他宣称自己是要促进上帝的尊荣，确保政权的安定并谋求天庭全体的幸福。他一面向他属下的天使灌输不满之念，一面却又奸猾地显明自己正在设法消除不满。在他主张更改上帝政权的律法和秩序之时，他借口说，这些变更乃是保持天庭和谐所必需的。

上帝在应付罪恶时只能采取合乎真理和公义的方法。而撒但则能用上帝所不能用的谄媚和欺骗的手段。他曾设法篡改上帝的话，并在众天使面前曲解上帝政权的方针，宣称上帝为天上的居民定立律法和规条是不合理的。并称上帝要祂所创造的万有顺从祂，不过是要高抬自己。因此，上帝必须在天庭全体和诸世界之前证明祂的政权是公正的，祂的律法是完全的。撒但曾声称他是在设法促进全宇宙的幸福，所以这个篡夺者的真面目和他实在的企图必须为大众所明了。他必须有充分的时间借着他邪恶的行为暴露自己的真相。

撒但的变节破坏了天庭的安宁，但他竟把责任推到上帝的政权与律法上。他说一切的祸患都是上帝施政的结果，并声称自己的目的乃是要改进耶和华的法令。因此，上帝必须让他显明他的主张究竟是什么性质，并让他显明他在上帝的律法上所建议的更改将有什么结果。他自己的作为必要定他自己的罪；撒但从起初就宣称自己并没有反叛；因此上帝必须在全宇宙之前撕下这个大骗子的假面具。

无穷智慧之主就是在决定不能再容忍撒但留在天庭之后，仍没有立即毁灭他。因为只有出于爱心的侍奉才能蒙上帝悦纳，祂所创造的万有对于祂的效忠，必须以认识祂的公义与慈爱为基础。天庭全体和诸世界既然还不能充分领会罪恶的性质与结果，这时若毁灭撒但，他们就不能看出上帝的公义与慈悲。如果上帝当即除灭撒但，他们就必存畏惧的心而不存敬爱的心来侍奉上帝了。同时那大骗子的影响不能完全消灭，叛逆的精神也不会根除净尽。所以为全宇宙永久的利益起见，上帝必须让罪恶成熟。撒但必须更充分地发展他的主张，使一切受造之物都能见到撒但控告上帝政权的真相，并使全宇宙对于上帝的公义与慈悲，以及祂律法的永久不变性，不再发生任何问题。

撒但的叛逆，要在以后的各世代中，作全宇宙的一个教训，永远说明罪恶的性质及其可怕的后果。撒但统治的发展，以及它对于人类和天使的影响，必要显明废除上帝的权威将有怎样的结果。事实必要证明:上帝的政权和祂律法的存在与祂所创造万有的幸福是息息相关的。如此，这一次叛逆的尝试将要作为一切圣洁的生灵的永远鉴戒，不让他们对于罪恶的性质还存有任何幻想，并保守他们不致犯罪，不致受罪的刑罚。

直到这一场争战在天上告一段落之后，这个大篡夺者还是强辩自己有理。及至上帝公布撒但和一切同情他的天使将要被逐出天庭之后，这个叛逆的魁首就大胆表示轻蔑创造主的律法。他再度声明，天使无需受管束，却应当有自由随从自己的心意，而这心意必能永远引导他们行义。他抨击上帝的律法为一个抑制他们自由的轭，并宣布他的宗旨乃是要废除律法，以便众天使可以达到更崇高，更光明的生存境地。撒但和他的全军异口同声地把自己叛逆的罪完全归咎基督，并声称祂若没有责备他们，他们是绝不会叛变的。他们就是这样的存心不忠，顽梗不化，大胆无礼，妄图推翻上帝的政权，同时还说自己是专制暴力之下的无辜牺牲者。如此，这个大叛徒和他的同党终于被逐出天庭了。

这在天庭发动叛乱的同一个精神，现今还在地上鼓动叛乱。撒但从前在天使身上施用什么手段，今日他在世人身上也施用什么手段。撒但的精神现今在悖逆之子心中作主。他们像他一样，设法废除上帝律法的约束，并应许人可以借着干犯律法而获得自由。斥责罪恶的人现今还是会惹起憎恨和反抗之精神的。当上帝的警告感动人心之时，撒但却叫人自以为义，并设法使别人同情他们的罪行。他们不但不改正自己的错误，反而挑唆众人去反对那斥责罪恶的人，令众人看他为造成困难的惟一祸根。从义人亚伯的日子起，直到我们现今的时代为止，世人向一切胆敢指责罪恶之人所表现的都是这一种精神。

撒但引诱始祖犯罪，也是用诬蔑上帝品性的方法，像他过去在天上所作的一样，他使亚当看上帝为严酷专制的暴君。撒但既然使人类堕落了，便宣称这都是上帝不合理约束所造成的，正如先前造成他的叛变一样。

那永远长存的主却亲口宣布自己的品德，说：“耶和华是有怜悯、有恩典的上帝，不轻易发怒，并有丰盛的慈爱和诚实。为千万人存留慈爱，赦免罪孽、过犯和罪恶，万不以有罪的为无罪。”(出34:6，7)

在驱逐撒但离开天庭的事上，上帝声明了自己的公义，并维护了祂宝座的声誉。但及至人类屈服于这叛逆之灵的欺骗而犯了罪之后，上帝竟牺牲了自己的独生子，来为堕落的人舍命，作为祂慈爱的证据。上帝的品德在基督为人赎罪的事上显明出来了。十字架的有力论据向全宇宙说明:路锡甫所自取犯罪的途径是绝不能归罪于上帝的政权的。

当救主在地上服务时，基督与撒但之间的争战揭露了这个大骗子的真面目。他向世界的救赎主所进行残酷无情的打击，使众天使和效忠上帝的全宇宙对于撒但再没有丝毫感情了，此外再没有什么事足以那么有效地作到这一点。且看他胆敢叫基督敬拜他，僭妄地把祂带到高山和殿顶上，存心毒辣地催逼祂从高处跳下。夜以继日凶狠地到处追逐祂，后来又煽动祭司和民众拒绝祂的爱，最后喊叫说:“钉祂十字架！钉祂十字架！”——凡此一切，使全宇宙震惊愤慨不已。

那鼓动世人拒绝基督的乃是撒但。邪恶之君用尽他一切的力量和狡计要毁灭耶稣，因为他看出救主的慈悲与仁爱，祂的同情与怜悯，都在向世人表显上帝的品德。撒但对于上帝的儿子所提出的每一项主张和权分都进行抗争，并利用人作他的爪牙使基督的生活充满痛苦和忧伤。他所用来阻碍耶稣工作的诡诈与虚伪，和他借悖逆之子所表显的仇恨，以及他为诬告这一位度着空前良善之生活的主所用的手段，都是出于他那根深蒂固的报仇雪恨之心。那郁积在他胸中的嫉妒、怨毒、仇恨、报复之念像烈火一般，在髑髅地山上都爆发在上帝儿子的头上了，同时全天庭惊愕万状，哑口无言，凝视这一幕惨景。

及至那最伟大的牺牲成功之后，基督便升上天庭，祂拒绝众天使的敬拜，直等到祂向父请求说：“父啊，我在哪里，愿你所赐给我的人也同我在那里。”(约17:24)然后天父从祂的宝座那里以无法形容的大爱和能力发出回答说:“上帝的使者都要拜祂。”(来1:6)那时那耶稣身上毫无玷污瑕疵。祂的屈辱结束了，祂的牺牲完成了，有一个超乎万名之上的名赐给祂。

撒但的罪恶这时便显明是毫无理由的

了。他已显露出自己的真相，显明自己是说谎的和杀人的。从他统治世人的手段上可以看出:如果让他管理天上的居民，他将要表现怎样的精神。他曾声称，谁违犯上帝的律法，谁就可得到自由而超升，但现在所看到的结果，却是奴役和堕落。

撒但对于上帝品德和政权的诬告，这时才显出它的实质。他曾指责说，上帝要受造之物顺从祂，目的不过是要高抬自己。他又宣称，创造主要求万有舍己为人，而祂自己却没有舍己为人。但现在可以看出，为要拯救这堕落有罪的人类起见，宇宙的主宰已经作了爱心所能作的最大牺牲，因为“上帝在基督里，叫世人与自己和好。”(林后5:19)此外，还可以看出，路锡甫因贪图尊荣和高位而打开了罪恶的门，但基督为要除灭罪恶起见，竟谦卑虚己，顺命至死。

上帝已经显明祂对于叛逆的痛恨。从撒但所受的制裁和人类所蒙的救赎这两件事上，天庭全体已经看出上帝的公义。路锡甫曾说，如果上帝的律法不能更改，犯罪的刑罚也不能取消，那么，一切犯罪的人就必永远不能蒙创造主的喜悦。他又声称，犯罪的人类已无救赎之望，所以他们已经成为他的合法俘虏。如今基督的死，乃是为人类所作的辩证，是不能被推翻的。律法的刑罚已经归在那与上帝同等的基督身上，人类便得到自由可以承受基督的义，并借着悔改和自卑的生活胜过撒但的权势，正如上帝的儿子得胜一样。这样看来，上帝是公义的，同时祂也可以称一切信耶稣的人为义。

基督降世受苦受死，不单是为要成全人类的救赎，而也是要“使律法为大为尊。”不单是要叫地上的居民心中对于律法存应有的尊重，而也是向全宇宙的诸世界显明上帝的律法是不能改变的。如果律法的要求可以作废，上帝的儿子就不必来舍身为违犯律法的人赎罪了。基督的死证实律法是不能更改的。圣父与圣子由于无穷之爱的激动为救赎罪人所付的牺牲，向全宇宙证明——况且除了这救赎的计划之外，别无其他证明——公义与慈悲乃是上帝政权和律法的基础。

在将来最后执行审判时，必要显明罪恶的存在是毫无理由的。当审判全地的主质问撒但说:“你为什么反叛我，并掳去我国度的子民呢？”那时罪恶的魁首必无可推诿。只见万口无声，全体叛逆的群众无言可答。

髑髅地的十字架不但宣明了律法是不能更改的，同时也向全宇宙公布罪的工价乃是死。在救主临终喊叫“成了”的时候，撒但的丧钟就此敲响了。进行已久的大争战胜负已决，罪恶的最后根除已成了定案。上帝的圣子经过了坟墓之门，“特要借着死，败坏那掌死权的，就是魔鬼。”(来2:14)路锡甫企图高抬自己，并说:“我要高举我的宝座在上帝众星以上，我要与至上者同等。”但上帝却对他说:我要使你“变为地上的炉灰。不再存留于世，直到永远。”(赛14:13，14；结28:18，19)“万军之耶和华说:那日临近，势如烧着的火炉，凡狂傲的和行恶的必如碎秸，在那日必被烧尽，根本枝条一无存留。”(玛4:1)

那时全宇宙就要看出罪恶的性质与结果了。如果上帝在起初就消灭罪恶的话，总不免使天使发生恐惧，以致破坏上帝的威信，这时却能在一切欢喜遵行祂旨意而心中持守祂律法的宇宙众生面前，证明祂的大爱，并维护祂的威信。罪恶从此永不再出现，正如圣经所说:“灾难不再兴起。”(鸿1:9)上帝的律法曾被撒但控为奴役人的重轭，到那时却要被尊为“使人自由的律法”了。一个经过了试炼和考验的宇宙将要永远不再改变效忠创造主的心，因为祂的品德已经在他们面前充分显明为无穷的慈爱和无尽的智慧了。

第三十章
人类的大敌

“我又要叫你和女人彼此为仇；你的后裔和女人的后裔也彼此为仇。女人的后裔要伤你的头，你要伤他的脚跟。”(创3:15)这是上帝在人类堕落之后对撒但所下的判决，而也是一个预言。这预言包括所有的世代，直到世界的末了，并且所预表的大争战也包括世上所有的人类。

上帝宣布说：我要叫你们“彼此为仇。”这种仇恨不是自然而有的。当人违犯了上帝的律法时，人的本性就变成邪恶，他与撒但便是和谐而不是敌对的了。罪人和罪的创始者之间并没有自然的仇恨。二者都是在叛逆之中变为邪恶的。这叛逆者非引诱人跟从他的榜样而得到人的同情与支持，他是绝不罢休的。因此堕落的天使与有罪的人类在垂死的挣扎中联合起来了。若不是上帝特地干涉，撒但和人类将要结成反对天庭的大同盟，整个人类家庭非但不会对撒但怀有仇恨，反而要与他联合反抗上帝了。

撒但引诱人犯罪，正像他从前煽动天使叛乱一样，为要获得他们的合作来与天庭作战。撒但和恶天使虽然在别的问题上意见分歧，但对基督的恨恶乃是一致的，他们紧密地联合起来反对管理宇宙之主的权威。但当撒但听见上帝宣布他和女人，他的后裔和女人的后裔要彼此为仇时，他就知道他那败坏人类的努力必受阻挠，并知道人类终必有方法抵拒他的势力。

这时撒但对人类的仇恨像火一样的燃烧起来了，因为他们借着基督而成了上帝慈爱和怜悯的对象。他企图破坏上帝为人类所设立的救赎计划，又借着毁损并污秽祂所造的人来侮辱祂，他要使天庭忧愁，使全地充满祸患与荒凉。并且指出这一切邪恶都是上帝造人的结果。

那在人类心中引起仇恨撒但之意的，乃是基督的恩典。若没有这改变人心的恩典和更新的力量，人将继续作撒但的俘虏，作他顺命的仆人。可是这种新的原动力要在那本来与罪恶和睦相处的心中引起斗争。基督所赐的力量，使人有能力抵抗那暴君和篡夺者。什么人若是不但不喜爱罪恶，反倒憎恨罪恶，什么人若能抵抗并克服那些辖制他内心的邪情恶欲，他就此显明有那完全由上面而来之能力在祂心中运行。

基督的灵与撒但的灵二者之间的仇恨，在世人接待耶稣的事上有了最明显的表现。犹太人拒绝基督的主要原因还不是因为祂没有属世的财富、威风或尊荣。因为他们看出祂具有一种能力，足以弥补这些表面上的缺欠而有余。但是基督的纯正和圣洁引起了不敬虔之人的仇恨。祂那克己、无罪和忠诚的生活，对于一班骄傲纵欲的人乃是一种不断的谴责。这就是他们仇恨上帝儿子的原因。于是撒但和恶天使与恶人联合起来了，他汇合了一切叛逆的力量共谋反抗这一位真理的捍卫者。

撒但对基督徒所表示的仇恨，也就是他对他们的夫子所表示的仇恨。凡看出罪恶的可憎并靠着上面来的力量抵抗试探的人，必要惹起撒但和他爪牙的忿怒。只要有罪和罪人存在，那对于纯洁之真理原理的仇恨，以及对于维护真理之人的侮辱和逼迫也必存在。基督的门徒和撒但的爪牙是不能调和的。十字架讨厌的地方仍然存在。“凡立志在基督耶稣里敬虔度日的，也都要受逼迫。”(提后3:12)

撒但的爪牙常在他的指导之下进行工作，为要建立他的权势和国度来对抗上帝的政权。他们以此为目的，设法欺骗基督的信徒，引诱他们不再效忠上帝。他们像他们的领袖一样歪曲并强解圣经，来达到自己的目的。撒但怎样侮辱上帝，他的爪牙也怎样设法诽谤上帝的百姓。那曾置基督于死地的精神总是鼓动恶人去毁灭跟随祂的人，这一切都在那头一句预言中有了暗示：“我要叫你和女人彼此为仇，你的后裔和女人的后裔也彼此为仇。”而且这种情形将要一直存在，直到世界的末了。

撒但汇合他所有的力量，全然投入这一场争战中。他为什么没有遇到更顽强的抵抗呢？基督的战士为什么如此昏迷不醒漠不关心呢？因为他们与基督真实的联络不够，并且缺乏圣灵。在他们看来，罪并不像在他们的夫子眼中那么可憎可厌。他们也没有像基督一样有坚决的态度来抵挡罪恶。他们没有认识到罪的极端恶毒和凶险，也没有看明那黑暗之君的性情和能力。他们对于撒但和他的工作少有仇恨的心，因为他们对他的魔力和奸恶，以及他对于基督和祂的教会所进行争战的广大范围，都一无所知。许多人在这问题上受欺骗，他们不知道他们的仇敌是一个控制着恶天使思想的大有能力的将领，也不知道他正以深思熟虑的计划和精巧灵敏的手段向基督作战，为要拦阻人类得救。在自称为基督徒之间，甚至在传道人之间，除了在讲台上偶而说起之外，很少听到他们提到撒但。他们对于撒但不断的活动和成功视若无睹，他们轻忽圣经中有关撒但诡计的许多警告，他们似乎根本不理会他的存在。

世人虽然不知道撒但的阴谋，但这警觉的仇敌却时刻在他们的路上追踪他们。在家庭的日常生活中，在城市的每一条街道上，在各教会里面，在国家的议会和法庭中，他都是不速之客，要进行迷惑、欺骗、引诱，并且到处毁灭男女老幼的灵魂和身体，破坏家庭，散播仇恨、争竞、争斗、暴动、谋杀的种子。而基督教界却认为这些都是上帝所命定的，是必须存在的。

撒但在不断地设法拆毁那使上帝的子民与世俗隔开的藩篱，借以制胜他们。古时以色列民曾贸然与外邦人发生上帝所禁止的关系，他们就被引诱而犯罪了。现今的以色列民也是这样误入歧途。“此等不信之人被世界的神弄瞎了心眼，不叫基督荣耀福音的光照着他们，基督本是上帝的像。”(林后4:4)凡不决心跟从基督的人都是撒但的奴仆。未经重生的心是喜爱罪恶的，并且有保留罪恶和原谅罪恶的倾向。重生的心是恨恶而坚决反抗罪恶的。当基督徒与不敬虔或不信主的人结交时，他们就把自己置于试探之中了。撒但不让人看见他，并用迷惑人的烟幕，偷偷地蒙蔽人的眼睛。他们看不出自己与这些人为友能受什么损害，当他们的性情、言语，举动都因与世俗接近而与之同化时，他们就越来越为盲目了。

随从世俗只能使教会世俗化，而绝不能使世界基督化。与罪恶亲昵，就必使人觉得罪恶不是那么可憎。凡故意与撒但的奴仆为友的人，到了一个时候，也就不再惧怕这些奴仆的主人了。当我们为尽本分而像但以理在宫庭中一样接受试炼时，我们可以确信上帝必要保护我们，但我们若把自己置于试探之中，那么迟早总是要跌倒的。

众人所认为不会受撒但控制的人，常是他所最能利用的工具。博学多才的人往往受到世人的钦佩和尊敬，好像是这些优点可以弥补他们所缺乏对于上帝的敬畏之心，或使他们有资格得蒙上帝的喜悦。才干和学识固然是上帝的恩赐，但它若被用来代替敬虔，若不使人亲近上帝，反而远离祂，那么，这些恩赐反要变成咒诅和陷害人的罗网了。许多人以为那些表面上似乎有礼貌，态度也很优雅的人多少是与基督有关系的。殊不知这个错误再大也没有了。固然，每一个基督徒都应当具有这些美德，因为这些美德能发挥有力的影响，为真的信仰增光，可是这些美德必须专为上帝而用，否则，就要为邪恶张目了。许多造诣高深，态度风雅的人固然不至于行出普通人所认为不道德的事，其实这等人正足以作撒但手中文明的工具。他们那圆滑欺人的影响和榜样，使他们成了基督的仇敌，其危险性更甚于一班没有文化和教育的人。

所罗门借着恳切的祈祷和依靠上帝，竟得到了那使举世羡慕而惊奇的智慧。但当他背弃了他能力的泉源而靠自己行事时，他就成了试探的掠物。于是上帝所赐给这个最有智慧之帝王的非常才能，反而使他变成众人的仇敌更有效的工具。

虽然撒但努力使人忽略以下的事实，但基督徒却永不可忘记：“我们并不是与属血气的争战，乃是与那些执政的、掌权的，管辖这幽暗世界的，以及天空属灵气的恶魔争战。”(弗6:12)以下警告的声音从古至今一直是响着的:“务要谨守、儆醒,因为你们的仇敌魔鬼,如同吼叫的狮子,遍地游行,寻找可吞吃的人。”(彼前5:8)“要穿戴上帝所赐的全副军装,就能抵挡魔鬼的诡计。”(弗6:11)

从亚当的日子直到如今,我们的大仇敌常在施用他的能力来进行压迫和毁灭,他现在正准备着与教会作最后的争战,凡想追随基督脚踪的人都必与这无情的仇敌作战。一个基督徒越接近那神圣的模范,他就更确定地使自己成为撒但攻击的目标。凡积极参加上帝的工作,设法揭露恶者的欺骗,并把基督介绍给人的人,必能与保罗一同作见证说:“我们服侍主凡事谦卑,眼中流泪,经历试炼。”

撒但曾用他最凶狠最狡猾的试探来攻击基督,但在每一次冲突中他都被击退了。那些仗是为我们打的,那些胜利也使我们有得胜的可能。基督必赐能力给一切寻求能力的人。没有人能不先经自己的同意而被撒但所胜,试探者没有能力去控制人的意志,或强迫人犯罪。他可以使人受苦难,但非经本人同意,他就不能玷污他,他可以使人受惨痛,但他不能任意污秽人。基督已经得胜,这一个事实应当鼓舞祂的门徒勇敢地与罪恶和撒但作战。

第三十一章
邪灵的工作

圣经明白指出能看见的与不能看见的二者之间的关系，以及上帝使者的服务和邪灵的工作，这一切也是和人类的历史密切交织着的。但现今一般人不大相信有邪灵存在，同时认为那些“奉差遣为那将要承受救恩的人效力”(来1:14)的圣天使就是死人的灵魂。圣经不但说明天使和邪灵的存在，而同时也提供确凿的凭据证明他们绝不是死人的灵魂。

在上帝创造人类之前，就已经有天使存在了，因为在上帝奠立大地的根基时，“晨星一同歌唱，上帝的众子也都欢呼。”(伯38:7)在人类堕落之后，有天使奉命把守生命树的道路，这也是在还没有一个人死亡之前的事。再者，天使在本性上乃是超人一等，所以作诗的人说，上帝叫人“比天使微小一点。”(诗8:5)

关于天使的数目、能力和荣耀，以及他们和上帝的政权所发生的关系，圣经也提供一些资料。“耶和华在天上立定宝座，祂的权柄统管万有。”(诗103:19)先知又说：“我听见宝座周围有许多天使的声音。”(启5:11)他们侍立在万王之王的面前，作为“大能的天使”“听从祂命令成全祂旨意。”(诗103:20，21)先知但以理所看到的天使，为数千千万万。(但7:10)保罗也提到“千万的天使”。(来12:22)他们作为上帝的差役，“往来奔走，好像电光一闪。”(结1:14)他们的荣光如此炫耀，飞翔如此迅速。从前来到救主坟墓之前的天使“像貌如同闪电，衣服洁白如雪，”使看守坟墓的人“吓得浑身乱战，甚至和死人一样。”(太28:3，4)当那傲慢的亚述王西拿基立辱骂并亵渎上帝，又以毁灭来威胁以色列的时候，“当夜耶和华的使者出去，在亚述营中杀了十八万五千人。”(王下19:35)这个使者“进入亚述王营中，把所有大能的勇士和官长、将帅尽都灭了。亚述王满面含羞地回到本国。”(代下32:21)

天使也常奉命把恩惠带给上帝的儿女。他们曾将赐福的应许带给亚伯拉罕；曾到所多玛的城门口，去营救义人罗得脱离那城的厄运；他们又在以利亚行将因疲劳和饥饿而死在旷野时来帮助他；并用火车火马去围住那有以利沙被敌人困在其中的小城。当但以理在异教宫庭中寻求上帝的智慧，或被丢在狮子洞里的时候，他们曾来站在他的身旁；或在彼得注定要死在希律王的牢狱之中时为他打开铁门；并为那两个囚在腓立比监狱的使徒行神迹；当保罗和他的同伴在海上遇见暴风时，他们曾来保护他们；又曾启发哥尼流的思想去领受福音；并差派彼得去把救恩的信息传给这个陌生的外邦人，圣天使就是这样在各世代为上帝的子民效力的。

每一个跟从基督的人都有一位护卫的天使奉命来帮助他。这些天上的守望者常保护义人脱离恶者的权势。撒但在以下的一句话中也承认了这一个事实：“约伯敬畏上帝，岂是无故呢？你岂不是四面圈上篱笆围护他和他的家，并他一切所有的么？”(伯1:9，10)诗人用以下的话说明上帝所用来保护祂子民的方法：“耶和华的使者在敬畏祂的人四围安营，搭救他们。”(诗34:7)救主论到那些相信祂的人说：“你们要小心，不可轻看这小子里的一个。我告诉你们，他们的使者在天上常见我天父的面，”(太18:10)奉命为上帝的儿女效力的天使是经常来到祂面前的。

可见上帝的子民虽然经常作为黑暗之君迷人之力量和不休之毒恨的目标，但他们也可以确知自己有天使时刻在保护着他们。这样的应许是有其必要的。上帝之所以要赐给祂儿女恩典和保护，正是因为他们必须应付强有力的邪灵——这些邪灵是那么众多、 凶狠而猖獗，以致没有人能忽视它们的恶毒和能力而想幸免遭害。

邪灵起初被造的时候是没有罪的，那时他们和现今充当上帝差役的天使在性质、能力和荣耀方面是相等的。如今他们既因罪而堕落了，就团结一致要侮辱上帝并毁灭世人。他们既与撒但联合，并和他一同被赶出天庭，他们便在以后的各世代中在抗拒上帝之权威的争战上与撒但合作。圣经有许多教训论到邪灵的同盟和政权，他们不同的类别，他们的诡诈与狡猾，以及他们破坏人间和平与幸福的阴谋。

旧约的历史中有几处提到邪灵的存在和他们的工作，但他们以最显著的方式表现自己能力的时候，乃是当基督在世的日子。那时基督已经降临来实施救赎人类的计划，所以撒但便决心要行使自己统治全世界的权利。当时除了巴勒斯坦之外，他已经在世界各处很顺利地建立了拜偶像的制度。于是基督到这独一没有完全依从那试探人者之统治的地方，来将天上的光芒照耀那里的人。这里便有两个敌对的势力互相争雄了。耶稣在那里伸出慈爱的膀臂，邀请一切愿意的人来，在祂里面得到赦罪与平安。因此黑暗的大军看明自己并没有支配全局的权柄，而且明白如果基督的使命成功的话，他们的统治即将结束。于是撒但如同困兽一般，大肆狂怒，并放胆在人的身体和灵魂上逞凶。

新约圣经明白记载鬼魔附在人身上的事。那些遭受这种残害的人，不仅是患了自然的病痛。基督很明了祂所要对付的是什么，并且祂也承认有邪灵亲自出动并直接做工。

圣经所记载基督医好那两个格拉森被鬼附着之人的经过，有力地说明邪灵的众多、力量和凶恶，同时也说明基督的能力和慈爱。那两个可怜疯狂的人不受任何约束，只知挣扎、吐沫咆哮，使空中充满他们的喊叫声，同时他们还毁伤自己的身体并危害一切胆敢就近他们的人。他们那血迹斑斑，伤痕累累的身体和失了常态的意识，使黑暗之君甚为满意。附在他们身上的一个鬼魔说："我名叫群，因为我们多的缘故。"(可5:9)在当时代的罗马军队中，一"军团"(译者按:此处所用的"群"在原文与"军团"为同一字)约有三千至六千人之多。撒但的军队也是分列成队的，每一队所有鬼魔的数目并不较一军团为少。

一经耶稣吩咐，那些邪灵便离开了那两个被害者，让他们安静地坐在救主脚前。他们已经是驯服，清醒而温良的了。同时耶稣准许那些邪灵把一群猪赶到海里去，在格拉森的居民看来，这一个损失比基督所赐的远为重大，所以他们去求这位神圣的医师离开他们。这正是撒但所希望的结果，他把他们受损失的责任推到耶稣身上，借此引起了民众自私的顾虑，不让他们听到耶稣的训言。撒但也经常这样把损失、不幸和受苦的事怪罪基督徒，而不让这责任落在自己和自己的爪牙身上。

但结果基督的旨意并没有受到阻挠。祂让那些邪灵毁灭那一群猪，借此责备那为财利而豢养这些不洁净之动物的犹太人。况且如果基督没有限制那些邪灵的话，他们就会把养猪的人一起扫入海中。他们之所以幸存，完全是因为基督慈爱地施用了祂的能力来保护他们。再者，基督准许这事发生，使门徒可以目睹撒但对于人类和兽类所行使的残酷能力。救主要这些跟从祂的人对自己所必须应付的仇敌有所认识，以便不致被他的诡计所迷惑而被他制服。基督也要那一带的居民看出祂打破撒但之捆锁，并解救他俘虏的大能。而且耶稣本人虽然离开了那地，但那两个蒙祂神奇拯救的人却仍留在那里向人宣讲恩主的慈爱。

圣经中还记载一些其它类似的事件。那叙利腓尼基族妇人的女儿曾被鬼附身，而耶稣的一句话就把鬼赶走了。(见可7:26—30)还有那"被鬼附着，又瞎又哑的人；"(太12:22)和那被哑巴鬼附着的青年，屡次被鬼"把他扔在火里、水里要灭他；"(可9:17—27)还有那搅扰迦百农会堂中安息日聚会的"被污鬼的精气附着"的疯子，(路4:33—36)——这些人都被慈悲的救主医好了。基督几乎每一次都以邪灵为有思想有意识的对象同他们讲话，并吩咐他们从所害的人身上出来，不许再摧残他们。在迦百农会堂敬拜的人看到基督的大能时"都惊讶，彼此对问说，这是什么道理呢？因为祂用权柄能力吩咐污鬼，污鬼就出来。"(路4:36)

一般说来，被鬼附的人是受着剧烈痛苦的，但也有一些例外。为要得着超自然的能力起见，有一些人还要欢迎撒但的势力，这等人自然就不会与邪灵发生什么矛盾了。古时具有占卜之灵的人——行邪术的西门，行法术的以吕马和那在腓立比跟随着保罗和西拉的女孩子——都是属于这一等的人。

那些抹煞圣经所提供坦白而充足之见证，而不承认魔鬼和他使者之存在与工作的人，最容易受邪灵的危害。只要我们不理会他们的诡计，他们就必占有几乎无限的优势，许多人在听从邪灵的建议时，还以为是在遂行自己的智慧呢。因此，当我们临近末期，就是撒但用他最大的能力迷惑并毁灭人的时候，他便要到处散布那种主张他根本不存在的看法。他的策略乃是要隐蔽自己和自己的工作方式。

那大骗子所最怕的就是被我们认出他的诡计。所以为要更好地伪装自己的真性质和用意起见，他叫人把他形容成一种只足以引人戏笑或轻视的怪物。他喜欢人把他描绘成一个四不像，或极为可憎、半人半兽的妖怪。他很喜欢听一些自作聪明通达的人用他的名字作为笑谈和讥刺的话柄。

正因撒但已经巧妙地伪装了自己，所以许多人要问:“这样的东西究竟是存在的么？”一般宗教界既然是那么普遍地接受了一些否认圣经明文的学说，这就足以说明撒但在这方面所有的成功了。而且正因为撒但能很容易地控制那些不理会他存在之人的思想，所以圣经才给我们提出那么多的例子来说明撒但恶毒的工作，借此揭露他潜伏的力量，使我们可以提防他的进袭。

我们若不能在救赎主的卓越大能里面找到避身的所在和拯救，那么我们真该因撒但的能力和凶狠而惊慌了。我们时常很谨慎地用门闩和锁钥保守自己的住宅，使自己的生命财产不致受恶人侵犯。但我们很少想到那些经常在设法陷害我们的邪灵恶魔，何况我们对于他们的侵袭自己还没有任何的抵御方法呢！如果邪灵得到许可的话，他们很能打乱我们的思想、残害我们的身体，并毁灭我们的生命财产。他们惟一的乐趣就是使人类受痛苦、遭毁灭。可见那些抗拒上帝的旨意并顺从撒但的试探，直到上帝任凭他们受邪灵控制之人的情况是何等可怕。但那些跟从基督的人既然受祂的看顾，就是永保安全的了。必有大能的天使奉命下来保护我们。那恶者绝不能冲破上帝在祂子民四围所设置的保障。

第三十二章
撒但的罗网

基督与撒但之间的大争战已经进行了几乎六千年之久，现在快要结束了，所以那恶者现今要加倍努力击败基督为人类所成就的工作，并把人紧紧套在他的罗网之内。他的目的是要将世人笼罩在黑暗与顽梗之下，直到救主中保的工作完结，罪人再没有赎罪祭的时候为止。

当人们不作特别的努力去反抗撒但的势力，而不冷不热的精神风行于教会和社会之中的时候，撒但是很放心的，因为这样就不怕那些受他任意支配的人离开他。但什么时候人的心意被唤起来注意永生的事物，以致发问说:“我当怎样行才可以得救？”此时，撒但就要出动设法与基督抗衡，并消灭圣灵的感化。

圣经中提到有一次，当上帝的众天使来到上帝面前时，撒但也来到他们中间，(见伯1:6)他并不是来跪拜永生之君，而是来推行他那攻击义人的毒计的。当世人聚集敬拜上帝的时候，他也必以这同样的目的参加。他虽然不为人眼所能看见，但他却在全力做工，要管制敬拜之人的心思意念。他像一位精明干练的将帅，争先筹定种种计划。在他看到上帝的仆人查考圣经的时候，他便注意那要传给众人的题目。然后他就要运用自己一切的伎俩和诡诈，来尽力操纵环境，使他所要欺骗的对象得不到那一次讲道的帮助。撒但要鼓动那最需要警告的人，使他在工商业务上忙得不能脱身，或是用一些别的方法去阻止他，使他听不到那一篇像活的香气叫他活的道理。

再者，撒但见到上帝的仆人因那笼罩众人的属灵黑暗而焦虑，他听到他们的恳切祈祷，听到他们求上帝的恩典与能力来打消冷淡、大意与怠惰的迷阵。于是撒但便再发热心去运用自己的手段，引诱人放纵食欲或其它恣情享乐的事，以便麻木他们的感觉，而听不到他们所最需要明白的事。

撒但深知凡能被他引诱忽略祈祷与查经的人，终必倒在他的势力之下。因此，他便发明种种足以牢笼人心的方法。世人向来有一等人，他们自命是敬虔，却不追求明白进一步的真理，他们所有的宗教无非是在他们所不赞成之人的品格或信仰上吹毛求疵，这种人乃是撒但有力的助手。现今控告弟兄的人真是为数不少，并且当上帝正在做工，而祂的仆人正在忠心侍奉祂的时候，他们常是很活跃的。他们要在那些热爱并顺从真理之人的言语和行动上加以虚伪的色彩。他们要诬蔑那些最恳切、热心、克己的基督仆人为受骗或骗人的。他们的工作就是要歪曲每一桩忠实高贵行为的动机，用冷言冷语讥刺人，并在没有经验的人心中灌输疑念。他们总要千方百计地使人把纯洁与正义的事看为污秽而邪僻的。

但是任何人都不必受他们的欺骗。我们能很容易地看出他们是谁的子民，是跟随谁的榜样，作谁的工作。“凭着他们的果子，就可以认出他们来。”(太7:16)他们的态度和行动乃是与撒但，那恶毒的诽谤者，“控告我们弟兄”的魔鬼相同的。(启12:10)

这大骗子有许多的部下随时散布各种玄虚的错误来陷害世人——他预备许多的异端邪说来近合他所要毁灭之人的各种不同的口味和理解力。他的计划是要引领一些不诚心而未重生的分子进到教会之中，以便助长怀疑与不信，并阻碍一切渴望上帝圣工发展，而自己亦随之而发展的人。现今有许多非真心信仰上帝和圣经的人，只是对于真理的一些原则表示赞同，便被看为基督徒了，这样，他们就能提出他们的异端邪说，作为圣经的道理去传扬。

撒但最有成效的骗术之一，就是使人以为自己不管相信什么都是无关重要的。他知道人因爱慕而接受的真理，足使接受者的心灵成圣。因此，他便不断地想出虚伪的理论、寓言，就是“别的福音”来代替真理。从创世以来，上帝的仆人一直必须驳斥一些假师傅，这些师傅不单是阴险分子，也是传讲那危害人心灵之邪说的人。以利亚、耶利米、保罗，都曾毅然决然地反对这些使人背离圣经的人。凡自作开明而以正确的宗教信仰为无关紧要的人，乃是那些捍卫圣洁真理之人所不容的。

现今在基督教界所见到的含糊而离奇的圣经解说，和许多互相冲突的宗教理论，都是出于我们大仇敌的作为，他尽力要混乱人的思想，使人不能辨识真理。近代基督教各公会中所存在着的彼此不和，分门别户的情形，大半是由于曲解圣经所致，因为各人都要支持自己所爱好的理论。许多人不肯虚心地借仔细查考圣经来明白上帝的旨意，而只想发现一些怪异或新奇的事物。

有一些人为要支持异端左道或非基督教的规例起见，竟在圣经中断章取义，甚至连一节经文也要截掉一半来证明自己的主张，殊不知他们所截掉的半句正足以说明与他们主张相反的意思。他们狡猾如蛇，常引用一些互不相关的章节，根据自己的私意解说，借以掩饰自己的不是。有许多人就这样故意曲解圣经。此外还有一些人具有活泼的想像力，他们按自己的幻想解释圣经中的比喻和表号，却毫不注意以经解经的方法，只知拿自己的幻想当作圣经的教训去传。

人研究圣经，若非本着诚恳祷告，虚心领教的精神，则最明显而最简单的经文也要像最难懂的经文一样被人曲解。罗马教的领袖选了几段最能符合自己宗旨的圣经，加以私意的解释，然后向人传讲，同时不让人有查考圣经并明白其中真理的权利。我们应当把全部圣经原原本本地传给人。与其把圣经歪曲强解，还不如不解释为妙。

圣经的宗旨原是要作为一切愿意明白创造主旨意之人的向导。上帝已将正确的预言赐给人。天使，甚至基督自己，曾从天上下来，使但以理和约翰知道那即将发生的事。凡是有关我们得救的各项大事，都没有被隐藏在神秘奥义之中。上帝对于这些大事的启示，并没有用费解的方法，使诚心寻找真理的人步入歧途。主耶和华曾借先知哈巴谷说：“将这默示明明的写在版上，使读的人容易读。”(哈2:2)圣经的话对于一切以虔诚的心来研究的人，乃是简明的。每一个真正诚实的人必能看明真理的亮光。“散布亮光是为义人。”(诗97:11)教会中的教友若不热切寻求真理，像寻求隐藏的财宝一样，则教会绝不能达到圣洁的地步。

人们借着高唱自由主义，就看不出他们仇敌的种种阴谋，也不理会他一直在那里努力达成自己的目的。他既能以人为的学说来代替圣经，上帝的律法就要被废弃，各教会也就要处于罪恶的捆绑之下，同时还要以“自由”自豪。

科学的研究对于许多人已经成了一种祸害。上帝固然已经赐下很多亮光，使科学与技术有了惊人的发明，但即或是人间最伟大的思想家，若不在科学的研究上遵循圣经的指引，便要在试图考察科学与圣经的关系时感到惶惑不解了。

人类对于物界和灵界的知识都是局部而不完全的，因此，有许多人对于科学的见解不能符合圣经的启示。许多人接受一些理论和学说作为科学的事实，并想以“似是而非的学问”(提前6:20)来批判圣经。创造主和祂的工作原是超乎他们所能理解的，他们既不能用自然的定律来解释这些事，便认为圣经中的历史是不可靠的。这些以新旧约的记载为不可靠的人，往往还要进一步怀疑上帝的存在，并把无穷的能力归功于大自然。他们既割断了真理的锚碇，结果只有撞在无神主义的礁石上。

许多人就是这样偏离了真的信仰而受到魔鬼的诱惑。世人竟要比创造主更聪明，人的哲学竟想搜索上帝所永远不会启示的奥秘。如果世人肯搜求并明白上帝对于自己和自己的旨意所作的启示，他们就必能对于耶和华的荣耀、威严和权能得到那么清楚的认识，以致他们能体会到自己的渺小，并以上帝所已经启示给他们和他们子孙的事为满足了。

撒但骗术的一个杰作，就是不断地使人查究并臆测上帝所没有显示，而且无意让人明白的事。原来路锡甫就是这样失去他在天上的地位的。他因为上帝旨意的一切秘密没有向他说明，便大为不满，因此他也就全然忽视了上帝在安排他在高位上所指示给他的工作。他在自己属下的天使中引起了这同样不满的精神，使他们堕落。现今他设法把这同样的精神灌注在世人心中，使他们忽视上帝直接的命令。

凡不愿意接受圣经中简明而锐利真理的人，一直想寻找一些足以镇抚良心的悦耳之教训。人所传的道理越不属灵，不需要克己，不需要自卑，便越能得到众人的赞同。这些人竟降低自己的智能，去迎合自己的情欲。他们既然过于聪明自负，就不肯存痛悔的心去查考圣经，不肯恳切祈求上帝的指导，他们便没有什么抵御迷惑的保障了。撒但随时准备要满足人心的欲望，并提供他的欺骗来代替真理。昔日罗马教就是这样得到控制世人思想的能力，现今的基督教会也是因为拒绝了那为他们带来十字架的真理而蹈入这同一的覆辙。凡忽视上帝的圣言而只考虑到自己的方便与利益，以便迎合世俗之要求的人，必被上帝遗弃，任凭他们去接受异端邪教作为宗教的真理。凡故意拒绝真理的人，将要接受种种希奇古怪的谬论。有人或许厌恶某一种骗人的事，同时却欣然接受另一种骗人的事。使徒保罗说，有一等人“不领受爱真理的心，使他们得救，”“故此，上帝就给他们一个生发错误的心，叫他们信从虚谎，使一切不信真理、倒喜爱不义的人都被定罪。”(帖后2:10－12)我们既有这样的警告在面前，就应当慎重考虑自己所接受的是什么道理。

大骗子最有效的一个骗术，就是招魂术迷人的教训和虚假的奇事。他装成一个光明的天使，在人所最想不到的地方布置他的罗网。只要人专心研究圣经，并恳求上帝使他们明白这经，他们就不致留在黑暗之中而接受虚伪的道理。但人既拒绝真理，就必受骗。

还有一个危险的异端，它否认基督的神性，说基督在降世之前是不存在的。虽然有一大群自称相信圣经的人接受这种理论，但它却是与圣经中说明救主与天父之关系，以及祂的神性和祂太初早已存在等最明白的经文直接相抵触的。人若不是极端强辞夺理地曲解圣经，便不能接受这种谬论。它不但要降低人们对于救赎工作的概念，而同时也要破坏人的信仰，使人不信圣经是出于上帝的启示。这一个结果使这种谬论显得更为可怕，但也是使它更难于应付。人既拒绝上帝所默示的圣经过于基督的神性所作的见证，那么，与他们争辩这个问题是枉然的，因为无论多么有理的论据，都不足以说服他们了。“属血气的人不领会上帝圣灵的事，反倒以为愚拙，并且不能知道，因为这些事惟有属灵的人才能看透。”(林前2:14)无论何人若相信这种异端，就不能对于基督的品德和使命，以及上帝救赎人类的大计划，有正确的认识。

此外还有一个迅速蔓延的阴险毒害的异端，说撒但并不是一个实有位格的东西，又说圣经中用这种名称不过是代表人的邪情恶欲而已。

现今一般讲台上普遍响应着的又一种谬论，说基督的第二次降临乃是在每一个人临死的时候，这种教训使人不相信基督要亲自驾着天云降临。撒但多年以来就是这样说：“看哪，基督在内屋中，”(太24:23－26)可惜有许多人竟接受了这种欺骗而沉沦了。

属世的智慧还教训人说，祈祷是不必要的。科学界的人说，祷告不能得到真实的答复，因为这是与自然律相违背的，是一种神迹，而神迹根本是不可能有的。他们说这个宇宙是被一些固定的自然律所支配，连上帝也不能做什么与这些定律相违背的事。这样，按着他们的见解，上帝是受祂自己的律法所束缚的，似乎是说上帝律法的运用，足以限制祂的自由权。这种教训是与圣经的见证相反的。昔日基督与门徒岂不是行过神迹么？这大有慈悲的同一位救主，今日依然活着，祂乐意垂听人们有信心的祈祷，如同祂从前在人间生活的时候一样。自然力是与超自然力合作的。上帝的计划原来是要我们凭着信心祈祷，祂就必应允，反之，我们若不祈求，祂就不赐给我们了。

在现今基督教各公会中，有无数的异端邪说和离奇的观念。圣经所建立的基石，若是被挪移了一块，其所必致的恶果是人所不能估计得到的，这样作的人总不会以拒绝一项真理为满足。大多数的人必要继续一项又一项地取消真理的原则，直到最后他们完全成为无神主义者为止。

现代流行的神学的种种错误，已经驱使许多原可相信圣经的人成为怀疑主义者。他们既不能接受这些违反正义、慈悲与仁爱的道理，而这些道理又被人说成是圣经的教训，他们就不肯接受圣经为上帝的圣言了。

这正是撒但所要达成的目的。他的最大希望就是要破坏世人对于上帝和圣经的信仰。撒但是一切怀疑者的魁首，他竭力要诱惑人来加入他的队伍。怀疑之风现在已经甚为得势。有很多人不敢相信圣经，正像他们不敢相信上帝一样，因为圣经是指责罪恶的。凡不愿意顺从圣经中命令的人就竭力要推翻它的权威。他们读圣经或是听讲台上所讲的圣经教训，只是为要在圣经或讲章中吹毛求疵。有不少人成了无神主义者，因为他们要辩护或曲宥自己疏忽责任的罪。还有一些人却因傲慢和怠惰的心理而取了怀疑派的立场。他们太贪图安逸而不肯努力克己去作一些有价值的事，来显扬自己，便以批评圣经来表现自己有优越的智慧。其实圣经中有许多教训不是人类有限而未经神圣智慧启迪过的心思所能明了的，因此他们就有了机会可以进行批评。有许多人以为自己站在不信、怀疑、无神派的一边是自己的长处，这等人虽然在外表上自作开明，但在实际上他们是自负而骄傲的。有许多人只知从圣经中找出一些事物来使别人希奇诧异。还有一些人因喜好争辩，就假定站在错误的一方面来批评问题。他们却不明白自己正是自投撒但的罗网。他们既然公开表示不信，便觉得必须坚持自己的立场。这样，他们便与不敬虔的人同流合污，并替自己关闭了乐园的门。

上帝已经在圣经中留下充分的凭据，可以证明圣经的神圣性质。凡有关我们得救问题的种种伟大真理，都在圣经中很清楚地说明了。主已应许要赐圣灵给一切诚心祈求的人，各人靠圣灵的帮助，便可以亲自明白这些真理。上帝已经赐给人类一个稳固的根基，使人可以在其上建立自己的信仰。

但人有限的智力还是不能充分理解无穷之主的计划与旨意。我们永不能测透上帝；我们万不可用僭越的手，去揭开那蒙蔽着上帝威严的帘幕。使徒说：“深哉！上帝丰富的智慧和知识。祂的判断何其难测！祂的踪迹何其难寻！”(罗11:33)我们最多只能从祂向我们所行的事上了解祂的作为和动机，以便体验到那配合着无穷大能之祂的无限仁爱与慈悲。我们的天父本着智慧与公义掌管万事，所以我们不可焦躁不满，惶惑不信，却当屈身敬拜而顺服祂。凡有关我们利益的事，祂无不尽量地把祂的旨意向我们显明，至于在这范围以外的事，我们就当信赖祂全能的手和慈爱的心。

上帝虽已赐人充分的凭证，作为信心的根据，但祂总不会为不信之人除去一切怀疑的借口。人若想找疑惑的托辞，总是可以找到的。如果非等到每一个反对的意见圆满解决，而再无怀疑的余地之后，就不肯接受并顺从圣经，这样的人是永远不能得见光明的。

不信上帝原是一颗没有重生而与上帝为敌之心的自然现象。但信心乃是圣灵所感召的，并且人惟有保持信心，信心才能成长。人非下一番决心的努力，信心便不能坚强。不信的心也是在得到鼓励之后才加强的。因此，人若不注意上帝所赐那足以支持他们信心的凭据，而让自己疑问并强辩，结果他们便要发现自己的怀疑越来越固执了。

那些怀疑上帝的话而不信任祂赐恩之应许的人，无异是羞辱了上帝，他们的感化力不是吸引人来归向基督，反而是驱使别人离开祂。他们是不结果子的树，枝叶茂密，荫蔽天日，使别的植物在其荫下因不得阳光而凋落枯萎。这种人的一生工作将要永远证明他们的不是，他们正在播撒怀疑和不信的种子，将来必要得到相应的收获。

对于那些真心渴望摆脱怀疑心理的人只有一个办法可循，那就是:不要疑问和强解自己所不明白的事，却要留心主所已经照射在他们身上的亮光，这样他们就必得到更大的亮光。他们应当实行自己所已经明白的每一个本分，然后主就要使他们明白并实行过去所怀疑的本分了。

撒但能提供一种与真理极其相似的赝造品，来欺骗一切愿意受骗并存心逃避真理而不肯克己牺牲的人。但一个不惜任何代价而诚心要明白真理的人，撒但是无法把他再留在自己权下的。基督就是真理，也是“真光，照亮一切生在世上的人。”(约1:9)真理的圣灵已经奉差遣，来引领人明白一切的真理。上帝的圣子已经本着自己的权威，声明“你们祈求，就给你们。”“人若立志遵着祂的旨意行，就必晓得这教训。”(太7:7；约7:17)

一班基督徒对于撒但和他的使者陷害他们的奸计是罕有所知的。但那坐在诸天之上的主却要掌管一切，使这些毒计反而完成祂深远的旨意。上帝让自己的子民经受如火如荼的严酷试探，并不是因为祂乐于见到他们受苦遭难，乃是因为这种过程是他们所必需的，使他们可以得到最后的胜利。祂为顾全自己的荣耀起见，就不能保护他们脱离试探，因为这种考验的目的正是要预备他们去抵抗罪恶的一切诱惑。

如果上帝的子民肯以顺服和忏悔的心承认并离弃自己的罪，本着信心领受主的应许，则不论是恶人或鬼魔，都不能拦阻上帝的工作，或使上帝不与他们同在。每一次的试探，每一种反对的势力，不论是公开的或是秘密的，他们都能予以有效的抵抗。“万军之耶和华说:不是倚靠势力，不是倚靠才能，乃是倚靠我的灵方能成事。”(亚4:6)

“因为主的眼看顾义人，主的耳听他们的祈祷。你们若是热心行善，有谁害你们呢？”(彼前3:12，13)在巴兰因厚赂重赏的应许而动心，想要行邪术攻击以色列民的时候，他便献祭给耶和华，祈求祂咒诅祂的子民，但上帝的灵却禁止他所要宣布的咒诅，并迫使他开口说:“上帝没有咒诅的，我焉能咒诅？耶和华没有怒骂的，我焉能怒骂？”“我愿如义人之死而死，我愿如义人之终而终！”及至再度献祭之后，这位不敬虔的先知又说:“我奉命祝福，上帝也曾赐福，此事我不能翻转。祂未见雅各中有罪孽，也未见以色列中有奸恶。耶和华他的上帝和他同在，有欢呼王的声音在他们中间。”“断没有法术可以害雅各，也没有占卜可以害以色列。现在必有人论及雅各，就是论及以色列说：上帝为他行了何等的大事！”第三次筑好祭坛之后，巴兰尽力设法咒诅以色列，但上帝的灵仍是借着这位先知不情愿的口宣明了上帝选民的昌盛繁荣，并斥责了他们仇敌的愚顽恶毒，说:“凡给你祝福的，愿他蒙福；凡咒诅你的，愿他受咒诅。”(民23:8，10，20，21，23；24:9)

那时以色列人是忠心侍奉上帝的，只要他们一直顺从祂的律法，则地上或阴间必没有任何权势能胜过他们。巴兰虽被禁止，不得宣布那攻击上帝子民的咒诅，但他后来在引诱以色列人犯罪的事上却成功了。在他们干犯了上帝的诫命之后，他们就把自己与上帝隔绝了，于是他们被撇弃在那毁灭者的权势之下了。

撒但很明白，住在基督里面最软弱的人，也足能得胜黑暗的大军而有余。他也知道，若是露出自己的真面目，人们就必抗拒他。因此他设法勾引十字架的战士离开他们那坚强的堡垒，另一方面埋下伏兵，预备毁灭一切冒险到他阵地上来的人。我们惟有虚心信赖上帝，并遵守祂的全部诫命，才能得到安全。

人若忽略祷告，则没有一日一时是安全的。我们特别需要求上帝赐智慧，使我们明白祂的话。因为圣经已将试探者的奸计，以及抵挡他的有效方法都指明了。撒但是善于引用圣经的，他常加上自己的解释，希望借此使他们跌倒。所以我们应当虚心研究圣经，永不可忘记自己是必须依赖上帝的。我们一方面必须时刻谨防撒但的诡计，一方面应当不住地作信心的祈祷说：“不叫我们遇见试探。”

第三十三章
永生的奥秘

在世界历史发端的时候，撒但就已开始欺骗人类了。这个曾在天庭发动叛变的撒但切望地上的居民与他联合，共同敌对上帝的政权。亚当和夏娃曾因顺从上帝的律法而度全然幸福的生活，这个事实乃是一个恒久的凭据，反证了撒但在天上所力陈的主张，就是他所说，上帝的律法是压迫人的，是与被造之物的利益相冲突的。此外，当撒但看到上帝为这一对无罪的夫妇所预备的美丽家乡时，他便妒火中烧。定意要使他们堕落，及至他们与上帝隔绝，而落到他的权势之下，他便可以承受全地为业，并在其上建立自己的国度与至高者抗衡。

如果撒但在伊甸园显露了自己的真面目，势必立时被斥退，因为亚当和夏娃早已受了警告，要提防这个危险的仇敌。所以他在暗中进行工作，掩饰了自己的毒计，以便更有效地达到目的。他所利用为媒介的，乃是当时极为艳丽的蛇。他对夏娃说："上帝岂是真说，不许你们吃园中所有树上的果子么？"(创3:1)如果夏娃当时没有和这试探者交谈，她就不至于有什么危险，但她竟冒险与他周旋，结果便陷入他的圈套，成了他的掠物。今日有许多人也是这样被魔鬼所胜。他们对于上帝的律法进行怀疑和辩论，不但不顺从祂的命令，反倒接受人的理论，而这些理论不过是撒但诡计的伪装。

"女人对蛇说:园中树上的果子，我们可以吃，惟有园当中那棵树上的果子，上帝曾说：你们不可吃，也不可摸，免得你们死。蛇对女人说：你们不一定死，因为上帝知道，你们吃的日子眼睛就明亮了，你们便如上帝能知道善恶。"(创3:2—5)他说他们会像上帝一样，比先前更有智慧，并且可以度更高尚的生活。夏娃在试探之下屈服了，并且由于她的影响，亚当也跟着犯罪了。他们相信了蛇的话，说上帝所讲的话不是出于诚心的，他们不信任自己的创造主，以为祂是束缚他们的自由，并以为自己可以干犯祂的律法，借以得到大智慧并且得以高升。

但亚当在犯罪之后，对于"你吃的日子必定死"这句话，发现什么意思呢？是否真如撒但所言，使他达到更高的生活境地呢？如果真是这样，那么，犯罪就可大得利益，而撒但也必证明为人类的福星了。然而亚当对于上帝那一句话的体验却不是这样的。上帝宣布说，人类犯罪所必须受的刑罚乃是归回他所从之而出的尘土，"你本是尘土，仍要归于尘土。"(创3:19)撒但所说"你们吃的日子眼睛就明亮了"这句话只有在这一方面是对的，在亚当和夏娃违背上帝之后，他们的眼睛果然开了，但所看到的乃是自己的愚蠢。他们果然知道了恶事，并尝到了犯罪的苦果。

在伊甸园当中长着生命树，它的果子有使人长生不老之功。亚当若顺从上帝，便可一直自由享用这棵树的果子，并可生存到永远。但在他犯罪之后，他便与这棵生命树隔绝，而成为必死的人了。那神圣的判语，"你本是尘土，仍要归于尘土，"说明了生命的全然灭绝。

上帝曾应许人在顺从的条件之下，可以长生不老，但人类因犯罪而丧失了这个权利。亚当不能把自己所没有的传给子孙，所以上帝若没有牺牲自己的儿子，使人可以恢复永生，堕落犯罪的人类就毫无指望了。在"死就临到众人，因为众人都犯了罪"的时候，基督"借着福音，将不能坏的生命彰显出来。"(罗5:12；提后1:10)惟有借着基督，我们才能得永生。耶稣说："信子的人有永生，不信子的人得不着永生。"(约3:36)只要人肯顺从这个条件，他们都可以得到这个无上的幸福。"凡恒心行善，寻求荣耀、尊贵和不能朽坏之福的，"都可以得到永生。(罗2:7)

只有那大骗子撒但曾应许亚当可以在背逆之中接受永生。蛇在伊甸园中对夏娃说："你们不一定死，"这一句话乃是第一个主张灵魂不死的讲章。这种说法虽是完全以撒但的权威为根据，但各基督教会的讲台上都随声附和，并且大多数人也像我们的始祖一样，立即加以接受。上帝的判决乃是，“犯罪的，他必死亡。”(结18:20)但人却把它改成犯罪的必不死亡，反要永远存活。这不可思议的迷惑竟使人那么轻易相信撒但的话，而不相信上帝的话，真足令人惊异万分。

如果人在犯罪堕落之后仍得自由享用生命树的果子，他就可以永远生存，而罪恶也就永远存在了。但在基路伯和发火焰的剑“把守生命树的道路，”(创3:24)亚当家庭中的人就没有一个可以越过这道关口，去摘取生命树的果子了。因此，世上就没有一个永远不死的罪人。

但在人类犯罪堕落之后，撒但吩咐他的使者特别努力以灵魂不死的道理教训人，及至他引诱人类相信这个异端之后，他便要进一步使他们相信罪人必永远活在痛苦之中。这样，黑暗之君利用他的爪牙工具诬蔑上帝为一个喜好报复的暴君，说祂要把一切祂所不喜悦的人投入地狱，使他们永远受祂的忿怒，并说当他们在永远的火焰中因极度的痛苦而挣扎哀哭时，创造主便要隔岸观火得意洋洋了。

借着这种方法，这位大魔王就把自己的特性加在那创造并赐福与人类的主身上。撒但的特性就是残忍暴虐，但上帝却是爱，凡祂所创造的，尽是纯全、圣洁、可爱的，及至那第一个大叛徒把罪恶带进来之后，情形就不是这样了。撒但自己才是人类的仇敌，他先引诱人犯罪，随后又尽他所能的去毁灭那人，及至他确知那人已在掌握之中，他便要因自己所行的毁灭而欢欣鼓舞。如果许可的话，他恨不得把全人类一网打尽。若不是上帝的权能阻挡他，亚当的子孙便没有一个能逃出他的魔掌。

今日撒但正在设法要胜过人类，正如他胜过我们的始祖一样，他所用的手段就是摇动世人对于创造主的信任，并引诱他们怀疑上帝政权的智慧和祂律法的公正。撒但和他的使者把上帝形容得比他们更坏，借以掩护他们自己的恶毒和叛逆。那大骗子尽力把自己极度残忍的性格加在我们天父的身上，借以显明他自己是因为不顺服这极不公正的统治者而被逐出天庭的，如此，他表明自己是大受冤屈的。他向世人说明他们服在他的宽大政策之下所必能享受的自由，并以此与耶和华严酷之命令所加在他们身上的束缚作个对照，这样他便很成功地引诱许多人不效忠上帝。

有人说，恶人死后要在地狱里受永远不灭的硫磺火苦刑，他们犯罪的时间虽然短暂——顶多不过是今世的一生，但将来竟要永永远远受苦，像上帝的生命一样长久，这样的道理是多么不符合上帝的爱心与怜悯啊！就是我们的正义感也不能容忍这事吧？然而这种道理现今还是到处流行，并且还列在许多教会的信条之中。有一个著名的神学博士说：“恶人在地狱中受刑的情形，将来要永远增进圣徒的幸福。当他们看到一些与自己性质相同，并生在同一环境之下的人，被投在那么悲惨的苦境中，而自己却受到特别的优待，这就必使他们感觉自己是多么幸福了。”还有一位却说过这样的话：“当那责罚的命令永远执行在上帝忿怒的对象身上时，他们痛苦的烟要在蒙恩子民面前永远上腾，这些子民不但与受刑之人无份，反而要说:阿们，哈利路亚！主啊，我们赞美你！”

在圣经中哪里能找出这样的教训呢？天上蒙救赎的人难道都要失去恻隐之心，甚至于连普通的人情都没有了么？难道他们要把自己的天良换成斯多亚派的不动情哲学，或野蛮人的残忍性情么？断乎不是，这绝不是圣经的教训。凡怀有以上见解的人纵然学问渊博，心地诚实，但他们还是被撒但的诡辩所欺骗了。他引他们去误解圣经中一些厉害的措辞，并加以苛刻和恶毒的色彩，其实这全是他自己的特性，绝不能加在我们创造主的身上。“主耶和华说，我指着我的永生起誓，我断不喜悦恶人死亡，惟喜悦恶人转离所行的道而活。你们转回，转回吧，离开恶道，何必死亡呢？”(结33:11)

即或我们承认上帝喜欢看到永不止息的苦刑，而以祂所投入地狱火中受苦之人所发的呻吟、哀号和咒诅为乐，这对于上帝能有什么益处呢？难道这些令人毛骨悚然的声音在无穷慈爱之主能成为悦耳的音乐么？有人主张，罪人永远受苦刑的道理，是要显明上帝如何憎恨罪恶，如何视罪恶为破坏宇宙安宁与秩序的大患。唉，这又是多么可憎的亵渎啊！这好像是说上帝恨恶罪，所以才让它永远存在！因为根据这些神学家的教训，这毫无怜悯的恒久刑罚，要使那些可怜的受苦者越发疯狂，以致大肆咒骂而亵渎上帝，如此，使自己的罪情越为严重。其实如果真是这样，要在无穷的岁月中使罪恶增加无已，又焉能增进上帝的荣耀呢？

恶人要受永远的痛苦，这种异端邪说所酿成的恶果，诚非人的智力所能估计得到的。圣经的宗教信仰原是充满着仁爱、良善，而富有怜悯的，但现在却被迷信所笼罩，为恐怖所蒙蔽了。我们既认识到撒但所加在上帝品德上的虚伪色彩，就不难看出为什么有许多人以我们慈悲的创造主为可畏、可怖，甚至于可憎的了。现今在各教会的讲台上所宣传的教训，造成了许多对于上帝极不合理的看法，这些看法已经传遍全世界，使成千上万的人变成怀疑派和无神论者。

这永刑的假道理乃是组成巴比伦叫万民所喝她邪淫大怒之酒的邪道之一。(启14:8；17:2)基督的传道人竟接受这种异端，并在讲台上宣讲出来，真是令人难解。其实，这都是他们从罗马教会承受下来的，正如他们承受了假的安息日一样。固然，过去有一些伟大而善良的人也曾传讲这种邪道，但这乃是因为他们在那时对于这个题目还没有清楚的认识，像我们现今所认识的一样。他们的责任只是要对得起他们当时代所有的真光，而我们则必须为本时代的亮光负责。如果我们转离圣经的见证，并因一些老前辈的教训而接受谬论，我们就必落在上帝向巴比伦所宣布的刑罚之下，我们就是喝了她那邪淫大怒的酒。

有许多人对于永久痛苦的道理起了反感，但他们却矫枉过正地犯了反面的错误。他们看出圣经所表明的上帝是一位仁爱怜悯的神，所以他们不相信祂会把祂所造的人投在永久的地狱中焚烧。同时他们既相信人的灵魂是永远不死的，所以他们便不得不作出结论说，到了最后，全体人类都必得救。许多人以为圣经上所有严厉的话，其目的无非是要恫吓人去顺从而已，而实际上是不会实现的。这样，罪人就能在自私的宴乐中生活，不顾上帝的要求，而还能希望最后蒙祂悦纳。这种道理妄测上帝的慈悲，忽视祂的公正，徒快私欲之心，使恶人在罪孽中胆大妄为。

为要明白那些相信人人都必得救的人，是怎样曲解圣经来支持他们那足以害人的教义，我们只需引录他们自己的言论。有一次一个没有信仰的青年遭遇了不幸的意外而死，在举行丧礼时，有个相信人人都必得救的牧师选了一节有关大卫的记载：“暗嫩死了以后，大卫王得了安慰。”(撒下13:39)

牧师便演讲说：“常有人问我，许多人在罪恶之中离世，或是在酩酊状态中死了，或是犯法处刑血溅衣衫而死，或是像这一位青年，从未信仰宗教或得过宗教信仰而死，他们的结果到底怎样呢？我们现在从圣经中可以得到圆满的回答，把这个大难题解决了。暗嫩是一个罪大恶极的人，他没有悔改，他被人灌醉之后就此被杀。大卫是一个上帝的先知，他必定知道暗嫩的来世究竟是吉是凶。他怎样发表他的心意呢？‘暗嫩死了以后，大卫王得了安慰。心里切切想念押沙龙。’”

“我们从这句话中，可以得到什么结论呢？这里岂不是说明，在大卫的宗教信仰中并没有永远痛苦的道理么？这就是我们所想到，同时我们也可从此发现一个绝对的论据，证实那更愉快、更开明、更慈善的理论，就是说，全宇宙终必变成纯洁而和平的。大卫王见到自己的儿子既已死了，心里就得了安慰。为什么呢？原来先知的慧眼能展望到光辉的来生，他见到自己的儿子摆脱了一切的试探，从罪的捆绑中得到释放，从罪的腐败中化为纯洁，而且经过一番洁净而成为圣洁开明之后，得以参加那些死后升天的快乐灵魂的团体。他惟一的安慰就是，自己的爱子既离开这个罪恶痛苦的现实世界，就到了那有圣灵伟大的感化力光照他黑暗心灵的地方，在那里他的思想要吸取上天的智慧，并得永远之爱的甜蜜喜乐，经过了这种预备，使他品性圣化之后，他便能在天上的基业中享受安息与交通了。”

“以上的思想足以表明我们的信念：天庭的救恩是不在乎我们今生能做什么。现今的心地改变与否，现今的信仰如何，或现今是否相信宗教，那都是没有关系的。”

这个人自称是基督的传道者，竟作了这样的宣讲，就是把蛇在伊甸园中所说的谎言又重述了一遍，——“你们不一定死。”“你们吃的日子眼睛就明亮了，你们便如上帝”一样。他说，最卑贱的罪人——杀人犯、盗贼、奸夫、淫妇，在死后仍可预备进入那永远的幸福。

这个曲解圣经的人从哪里得出这种结论呢？原来他是从大卫表示顺服天意的话中，截出一句来。从这节圣经，“暗嫩死了以后，大卫王得了安慰。心里切切想念押沙龙”上，我们可以看出，他的忧苦伤痛随着时间而逐渐消逝了，他的思想也从死者身上转移到那因自己的罪而恐慌逃命的押沙龙身上了。现在有人竟以这一节圣经为凭据，证明乱伦醉酒的暗嫩在死时便能立即转入极乐世界，在那里变成圣洁，预备作无罪天使的友伴！这真是何等悦耳的虚言谎语，徒快私欲之心！这是撒但自己的道理，正好达到他的目的。现今世上既有这种教训流行，则犯罪作恶的事充满各地，又何足怪？

以上所引假师傅的教训，不过是许多谬论中的一个例子而已。他们从圣经中断章取义，歪曲强解，有许多地方只要略读其上下文，便能看出本意是正和他们所解释的意思相反。他们曲解几段互不相干的经文，用来证明那没有圣经为凭据的道理。他们引用上面的一节圣经作为凭据，证明醉酒的暗嫩是上了天堂，那不过是一种推想而已，与圣经明白的、正面的意义是直接相反的。因为圣经明说醉酒的不能承受上帝的国。(见林前6:10)现今许多的疑惑者、不信的人和怀疑派，用这种方法把真理变成谎言，并有许多人受了他的诡辩的欺骗，醉生梦死，得过且过。

如果一个人在断气之时真能直接升天，我们现在尽可以贪爱死亡过于生存了。真有不少人被这种信仰所迷惑，结束了自己的性命。每遇困难、烦恼、失望的打击时，人若要割断自己的命脉，而翱翔于永生的极乐世界，这似乎不是一种难事。

上帝在祂的圣经中已经给人明确的凭据，说明祂必刑罚一切干犯祂律法的人。但有一些人以虚言自欺自慰，以为上帝是太慈悲，不会向罪人执行报应的，他们只要一看髑髅地的十字架，便可明白真相了。上帝无瑕无疵之圣子的死，证明“罪的工价乃是死”，每一个干犯上帝律法的人必然受到公正的报应。无罪的基督为人类成了罪，担当了干犯律法的罪债，被上帝掩面不看，直到祂的心碎肠断，生命断绝。这一切的牺牲原是要使罪人能以得救，除此之外，别无方法使世人脱离罪的刑罚。凡拒绝这附有重大代价的赎罪救恩的人，就必须自己担当罪的刑罚。

据那相信人人得救论的人说来，不敬虔与不悔改的人死后要升天，像圣洁快乐的天使一样。我们且看圣经有什么教训：

“我要将生命泉的水白白赐给那口渴的人喝。”(启21:6)这个应许只是向那些口渴的人发的。惟有那些觉得自己需要生命之水，并愿牺牲一切去寻求的人，才可以得到这种供给。“得胜的，必承受这些为业。我要作他的上帝，他要作我的儿子，”(启21:7)在这里也是附有特别条件的。要承受这些为业，我们必须抵抗并得胜罪恶。

主耶和华借着先知以赛亚说：“你们要论义人说，他必享福乐。”“恶人有祸了，他必遭灾难，因为要照自己手所行的受报应。”(赛3:10，11)智慧的人说：“罪人虽然作恶百次，倒享长久的年日。然而我准知道，敬畏上帝的，就是在祂面前敬畏的人，终久必得福乐。恶人却不得福乐。”(传8:12，13)使徒保罗也证明了罪人是“为自己积蓄忿怒，以致上帝震怒，显祂公义审判的日子来到。祂必照各人的行为报应各人。”“将患难、困苦加给一切作恶的人。”(罗2:5，6，9)

“无论是淫乱的，是污秽的，是有贪心的，在基督和上帝的国里都是无份的。”(弗5:5)“你们要追求与众人和睦，并要追求圣洁，非圣洁没有人能见主。” (来12:14)“那些洗净自己衣服的(英译本为“遵守诫命的”)有福了！可得权柄能到生命树那里，也能从门进城。城外有那些犬类、行邪术的、淫乱的、杀人的、拜偶像的，并一切喜好说谎言、编造虚谎的。”(启22:14，15)

上帝曾向人宣布祂自己的品德，以及祂对付罪恶的方法说：“耶和华，耶和华，是有怜悯、有恩典的上帝，不轻易发怒，并有丰盛的慈爱和诚实。为千万人存留慈爱，赦免罪孽、过犯和罪恶，万不以有罪的为无罪，必追讨他的罪。”(出34:6，7)“耶和华却要灭绝一切的恶人。”“至于犯法的人，必一同灭绝，恶人终必剪除。”(诗145:20；37:38)上帝将要用祂神圣政权的能力和权威敉平叛逆，但这一切施行公正报应的作为，仍要完全符合祂那怜悯、忍耐、慈爱的品德。

上帝不强迫任何人的意旨，或压制任何人的判断力。祂不喜欢人奴隶般的顺从。祂切望自己手所造的万物因祂配得爱戴而爱祂。祂要人凭着理智感佩祂的智慧、公正与慈爱而顺从祂。所以凡正确认识到上帝这些品德的人，必要爱祂，因为他们赞赏祂的美德而为祂所吸引。

我们救主所教导和亲身实践的仁爱慈悲的原则乃是上帝品德和旨意的副本。基督曾说，凡祂所教导的，没有不是从父那里领受的。神圣政权的原则是与救主的教训“爱你的仇敌”完全符合的。上帝向恶人执行报应，乃是为了全宇宙的益处，并且对于那些身受刑罚的人也是有益的。在不违背祂政权的律法和祂那公正品德的原则之下，祂是乐意尽量使人得到幸福的。祂在他们周围布置许多足以表示祂爱的事物，使他们认识祂的律法，并向他们提供祂的恩典。但他们竟轻视祂的爱，废弃祂的律法，并拒绝祂的恩典。他们一面不住地接受祂的恩惠，一面却亵渎这位厚赐百物的主，他们恨恶上帝，因为他们知道祂憎厌他们的罪。上帝长久忍耐着他们的顽梗倔强，但最后的关头终必来到，他们的命运届时就要决定了。那时，祂是否要把这些叛徒用锁链绑在自己身边呢？祂是否要强迫他们实行祂的旨意呢？

凡已选择撒但为领袖，并被他的势力所约束的人，乃是没有预备好到上帝面前来的。骄傲、虚伪、荒淫、残忍等罪，已经是他们根深蒂固的性格了。他们怎能进天国去与那些他们在世上所轻视所憎恶的人永远同居呢？真理绝不能得到说谎者的喜悦；温柔必不能满足骄傲自负的心理；纯洁必不为腐败者所接受；无私之爱绝不为自私自利者所羡慕。对于一班沉溺世俗，追逐私利的人，天庭能有什么福乐可以供他们享受呢？

难道那些一生反抗上帝的人能立即变化升天，眼见那里常存着崇高、圣洁、完美的景象么？那里人人心中充满着爱，个个脸上焕发着喜乐的光辉，又有美妙的音乐颂赞上帝和羔羊，坐宝座者的圣颜不断放射荣光在得救者的身上，——难道那些满心恨恶上帝，恨恶真理和圣洁的人们，能够混杂在天庭群众之中，并同声歌唱赞美么？他们见到上帝与羔羊的荣耀，能忍受得住吗？——断乎不能。许多年的恩典时期已经赐给他们，使他们可以造就合乎天庭的品格，他们却一直没有训练自己去爱慕纯洁，一直没有学习天国的语言，此时是悔之晚矣。他们那种反抗上帝的人生，使他们不配居住天上。那里的纯全、圣洁与和平只能使他们坐立不安、极端苦恼。对他们，上帝的荣耀要成为烧尽的烈火，他们要速速逃离那圣洁的地方，他们要欢迎灭亡，以便逃避那为救赎他们而舍命的主。恶人的命运乃是出于他们自己的选择，他们的远离天庭乃是出于他们的自愿。在上帝一方面，这也是公正而慈悲的。

像上古滔滔的洪水一样，那最后大日

的烈火要宣布上帝的审判，说明恶人是无可救药的了。他们没有一点意思要顺服上帝的权威。他们的意志已经习惯于叛逆，及至生命结束之后，再想把他们的思想潮流倒转方向，已经是太晚了，他们再不能从犯罪变为顺从，从仇恨变为仁爱了。

上帝从前暂时饶了凶手该隐的命，乃是要给世人一个实例，说明容忍罪人生存，任意放肆，将有什么结果。由于该隐的教训和榜样所发出的影响，他的子子孙孙都陷入了罪恶中，直到“人在地上罪恶甚大，终日所思想的尽都是恶。”“世界在上帝面前败坏，地上满了强暴。”(创6:5，11)

上帝本着慈悲怜悯的心把挪亚时代世上的恶人全然除灭了。祂又本着慈悲，毁灭了所多玛城中腐败的居民。借着撒但的欺骗之力，犯罪作恶的人时常博得众人的同情与称赞，如此就不断地引诱别人参加叛逆。该隐与挪亚的日子，以及亚伯拉罕与罗得的日子都是如此，我们现今的日子也是如此。上帝最后除灭一切拒绝祂恩典的人，也是因为祂怜爱这个世界。

“因为罪的工价乃是死，惟有上帝的恩赐，在我们的主基督耶稣里，乃是永生。”(罗6:23)义人的基业是生命，恶人的命分乃是死亡。摩西向以色列人说：“看哪，我今日将生与福，死与祸，陈明在你面前。”(申30:15)这几节圣经中所说的死，并不是指着上帝向亚当所宣布的死，因为那个死乃是亚当犯罪的刑罚，是一切人类所必要经受的。但这里所说的死乃是与永生相对的“第二次的死”。

由于亚当犯罪的结果，死亡便临到全人类了。人人都要进入坟墓，但借着救恩计划的安排，人人都要从坟墓中被带出来。“死人无论善恶，都要复活。”(徒24:15)“在亚当里众人都死了，照样，在基督里众人也都要复活。”(林前15:22)但这两等复活的人要有完全不同的区别。“凡在坟墓里的，都要听见祂的声音，就出来。行善的复活得生，作恶的复活定罪。”(约5:28，29)凡被“称为配得”复活生命的人，“有福了，圣洁了，第二次的死在他们身上没有权柄。”(启20:6)但那些没有借着悔改与信心去获得赦免的人必要受犯罪的处罚——“罪的工价。”他们受刑罚时间的长短与痛苦的程度各不相同，“都照各人所行的，”但最后的结局都是第二次的死。上帝的公正与慈悲并济，祂既不可能在罪人还保留罪恶的情形之下赐他永生，便只好剥夺他们因罪而丧失的生存权利，何况他们已经显明自己不配享有这种权利。有一位受灵感的著者说：“还有片时，恶人要归于无有，你就是细察他的住处，也要归于无有。”(诗37:10)另有一位说：“他们就归于无有。”(俄16)他们秽德昭彰地沉沦于没有希望的永久灭亡之中。

罪恶及其所结的祸患就此毁灭，永远结束了。作诗的人说：“你曾灭绝恶人，你曾涂抹他们的名，直到永永远远。仇敌到了尽头，他们被毁坏，直到永远。”(诗9:5，6)在启示录中，约翰展望到永远的国度，听见全宇宙发出洪亮的颂赞歌声，其中没有一点不协之音。他听见天上地下每一个被造之物，都将荣耀归给上帝。(见启5:13)在那里并没有什么丧亡的人在无穷尽的痛苦中翻腾辗转，咒诅上帝。也没有什么悲惨的沦亡者在地狱中发出尖锐的叫苦声，杂在得救者的歌声中。

灵魂不死这一个根本的错误乃是死人有知觉的谬论基础——这种道理如同永刑的道理一样，是与圣经、理智及人情相抵触的。按着一般人的说法，得救的人在天上，熟知地上的一切情形，尤其知道自己所离别亲友的生活。可是如果死人真知道自己所亲爱之人的种种困难，并看到他们犯罪，经受忧患、失望与人生的痛苦，这些死人怎能得到快乐呢？他们既然徘徊于自己地上的亲友之间，他们对于天庭的福乐，究竟能享受几分呢？我们再想一想，不悔改的人在一断气之后，如果立即被投进烈火的地狱中，这种信念又是何等的可厌！相信这种说法的人见到自己的亲友在生前没有预备好，而忽然转入那永远的祸患与罪恶中，你想他们是要陷入何等的悲苦之中啊！有许多人已经被这种可怕的观念逼到疯狂的地步了。

圣经对于这问题是怎样说的呢？大卫说明人死后是没有知觉的。“他的气一断，就归回尘土。他所打算的，当日就消灭了。”(诗146:4)所罗门也作这同样的见证说：“活着的人知道必死，死了的人毫无所知。”“他们的爱，他们的恨，他们的嫉妒，早都消灭了。”“在日光之下所行的一切事上，他们永不再有份了。”“在你所必去的阴间，没有工作，没有谋算，没有知识，也没有智慧。”(传9:5，6，10)

在上帝应允希西家王的祈祷，增加他十五年的岁数之时，王满心感激，作歌颂赞主的大慈悲。在这篇诗歌中，他说明自己这样欢喜快乐的原因：“原来阴间不能称谢你，死亡不能颂扬你，下坑的人不能盼望你的诚实；只有活人，活人必称谢你，像我今日称谢你一样。”(赛38:18，19)据现在流行的神学说，死了的义人都在天上，已经进入福地，用不朽的舌头颂赞上帝，而希西家却见不到人死后能有这种光荣的景象。他所说的话是与作诗者的见证完全一致的：“因为在死地无人记念你，在阴间有谁称谢你？”“死人不能赞美耶和华，下到寂静中的也都不能。”(诗6:5；115:17)

在五旬节的时候彼得提到先祖大卫说：“他死了，也葬埋了，并且他的坟墓直到今日还在我们这里。”“大卫并没有升到天上。”(徒2:29，34)大卫仍然留在墓中等待复活之日，这一个事实足以证明义人死后并不是立即升天的。惟有借着复活，并靠着基督复活的大能，大卫才能在末日坐在上帝的右边。

使徒保罗说：“因为死人若不复活，基督也就没有复活了。基督没有复活，你们的信便是徒然，你们仍在罪里。就是在基督里睡了的人也灭亡了。”(林前15:16—18)如果这四千余年来，义人已经在死时立即升天，保罗怎能说，若没有复活，“在基督里睡了的人也灭亡了”呢？因为若是那样，复活已经是不必要的了。

殉道者廷达尔论到人死后的景况说：“我公开承认，我不相信他们(指死人)已经是在基督或上帝的圣天使所处的完全荣耀之中。这也不是我信仰中的一条。如果是这样，那么我只好说肉体复活的道理是虚空的了。”(注1)

人死后立即升天享福的盼望，已经使人大大地忽略了圣经中复活的道理，这是一个无可否认的事实。亚当克拉克博士曾提到这种潮流说：“对于复活的道理，现今的基督徒似乎远没有古人那么多加注意！何以这样呢？原来古时的使徒时刻坚持这种道理，并借此激动上帝的信徒，要殷勤、顺从并喜乐。但现今承继他们的人，竟然对这道理少加注意！昔日使徒们怎样传，古时的基督徒便怎样信，照样，我们现今怎样传，我们的听众也就怎样信。在全部福音中，没有什么比这个道理更为重要。而现代人所传的道理系统中，竟没有什么比这个道理更为人所轻忽。”(注2)

这种情况已经多年存在，以致这复活的光荣真理几乎全部被埋没，并被基督教界所忽视了。有一位著名的宗教作家，曾这样评注保罗在帖前四章十三至十八节的话，说：“为实际上的安慰起见，义人灵魂不死的道理，足能代替那渺茫无凭的基督复临的道理。在我们死的时候，主就来接我们了。这就是我们所应当等待并注意的。死了的人已经进入荣耀之中了。他们并不等待号筒吹响，才受审判而享福。”

但当耶稣要与门徒离别的时候，祂并没有告诉他们说，他们很快就要到祂那里去。祂乃是说：“我去原是为你们预备地方去。我若去为你们预备了地方，就必再来接你们到我那里去。”(约14:2，3)使徒保罗更进一步告诉我们说：“因为主必亲自从天降临，有呼叫的声音和天使长的声音，又有上帝的号吹响，那在基督里死了的人必先复活。以后我们这活着还存留的人必和他们一同被提到云里，在空中与主相遇。这样，我们就要和主永远同在。”接着他又加上一句话，说：“所以你们当用这些话彼此劝慰。”(帖前4:16—18)这些安慰的话与前文所引主张人人得救的那个牧师的话相比，真有天渊之别！这个人安慰受伤的亲友，向他们保证说：死了的人无论是多么罪大恶极，在他断气的时候，却要与天使为伴。但保罗却向他的弟兄指明，在主将来降临的时候，坟墓的枷锁要被打断，“那在基督里死了的人”，要复活而得永生。

在任何人得以进入那福乐家乡之前，他们的案件必须先经审查，他们的品格与行为也必须先在上帝的台前受检阅。众人都要按案卷上所记的受审判，并照自己所行的受报应。这一场审判并不是在人死的时候举行的。我们且注意保罗的话，他说：“因为祂已经定了日子，要借着祂所设立的人按公义审判天下，并且叫祂从死里复活，给万人作可信的凭据。”(徒17:31)使徒保罗在这里很清楚地说明了，上帝已经确定了一个日子要审判天下，而且在保罗的时代，这日子还在将来。

犹大提到这样一个时期说：“又有不守本位，离开自己住处的天使，主用锁链把他们永远拘留在黑暗里，等候大日的审判。”他又引用以诺的话说：“看哪，主带着祂的千万圣者降临，要在众人身上行审判。”(犹大:14，15)约翰也宣布说，他“看见死了的人，无论大小，都站在宝座前。案卷展开了，”“死了的人都凭着这些案卷所记载的，照他们所行的受审判。”(启20:12)

但是如果死了的人已经升天享福，或已入地狱被火焚烧，那么又何必要一个将来的审判呢？圣经的教训对于这些重要的问题并不是蒙昧不明或互相矛盾的，而且是一般人所可以明白的。但请问，是哪一个思想开通的人能在这流行的神学理论中看出一点智慧和公理呢？义人如果已经长久住在主的面前，怎么还要在末日审判查明案件之后才蒙祂的嘉奖说，“好，你这又良善又忠心的仆人，可以进来享受你主人的快乐”呢？(太25:21)至于那些恶人，难道还要把他们从地狱的苦刑中召出来，以便接受审判全地之主的判决说：“你们这被咒诅的人，离开我，进入永火里去”么？(太25:41)唉，这是何等的挖苦！对于上帝的智慧与公义又是何等的诬蔑！

灵魂不死的神学理论乃是罗马教从异教迷信中拿来混合在基督教信仰里的谬论之一。路德马丁把它列在“那组成罗马教皇谕旨的粪堆的许多荒唐虚谈”之中。(注3)论到所罗门在传道书中所说死人毫无知觉的话，这位宗教改革家评注说：“这又是一个凭据，证明死人是毫无知觉的。他说那里没有知识，没有智慧。所罗门认定死人都是在睡觉，是没有知觉的。他们躺下，不知时日岁月，及至醒了，只觉得是假寐片时而已。”(注4)

圣经中无论何处，都找不出话来说在人死时，义者得报偿，恶者受刑罚。先祖与先知都没有留下这一类的保证。基督与使徒们也没有这样的提出。圣经很清楚地教训人说，死人并非立刻升天，他们乃是像睡觉一样，一直睡到复活。(帖前4:14；伯14:10－12)在“银链折断，金罐破裂”之日，(传12:6)人的思想就消灭了。凡下到坟墓的，乃是在寂静之中。日光之下的一切事物，他是毫无所知，(伯14:21)对于疲劳的义人，这是可幸的安睡，时日或久或暂，在他们只觉得是瞬息之间。他们睡着了，并要被上帝的号筒所唤醒，以便承受光荣的永生。“因号筒要响，死人要复活，成为不朽坏的，这必朽坏的既变成不朽坏的，这必死的既变成不死的，那时经上所记‘死被得胜吞灭’的话就应验了。”(林前15:52－54)当他们从深沉的睡眠中被唤醒时，他们的思想也必恢复先前断气时所停止的地方。他们最后的感觉是临死的痛苦，最后的思想是自己正落到坟墓的权势之下。及至他们从坟墓中出来，他们第一个快乐思想，将要流露于那胜利的喊声：“死啊，你得胜的权势在哪里？死啊，你的毒钩在哪里？”(林前15:55)

注1：Tyndale Wm., preface to “New Testament” (ed. 1534). Reprinted in “British Reformers-Tindal Frith, Barnes,” p. 349 (ed. 1830).

注2：Commentary on the New Testament, Vol. II, General Comments on 1 Corinthians 15, par. 3.

注3：Petavel, E., “The Problem of Immortality,” p. 255 (ed. 1892).

注4：Luther’ s “Exposition of Solomon’ s Booke Called Ecclesiastes,” p. 152 (ed. 1573, London).

第三十四章
招魂术

圣经中所阐明有关圣天使之服务的真理，对于每一个基督徒乃是最足安慰而最宝贵的。但圣经关于这一方面的教训，已被现代流行的神学所蒙蔽所曲解了。灵魂不死的道理最初是从异教哲学中传来的，以后在离道反教的大黑暗时期竟渗入基督教的信仰之中，以图取代圣经明白的教训，就是“死了的人毫无所知”的真理。故此，虽然圣经已经证明在人尚未死亡之前，天使早已存在，而且他们与人类的历史已经发生关系，但仍有许多人相信那“奉差遣为那将要承受救恩的人效力”的“服役之灵”，就是死人的灵魂。

人死后仍有知觉的说法，尤其是死人的灵魂要回来服务活人的信念，已经给现代的招魂术预备了道路。既说死人可以来到上帝和圣天使面前，并能获得比生前远为高超的知识，那么，何以他们不能重返人间来开导并指教活人呢？如果照一般神学家的教训来说，死人的灵魂时常徘徊于他们在世的亲友之间，那么，他们为何不与这些亲友相交通，警告他们避免祸患，或在他们忧伤时安慰他们呢？那些相信人死后仍有知觉的人，怎能拒绝从那些所谓荣耀之灵传来的神圣的亮光呢？这就是一条被他们视为神圣的渠道，撒但便用来达成他的目的。那些在他指挥之下堕落的天使常化装为来自灵界的使者。这邪恶之君自称能使活人与死人交通，借以在人的思想上逞其蛊惑的魔力。

他有能力使人们已故之亲友的面容出现。他的赝造品是无懈可击的，音容声色，维妙维肖。许多人听见故人在天享福的消息，便大得安慰，于是他们毫不顾及任何危险，去听从“那引诱人的邪灵，和鬼魔的道理。”

在他们相信死人确能与他们相交之后，撒但便叫自己的使者装作那些未曾悔改而去世之人的形状出现。他们说自己在天上过着幸福的生活，甚至于还得了高尚的地位。这样，异端便到处传开了，使人相信义人与恶人之间是没有区别的。那来自灵界的骗子有时也会发出一些事后显明为正确的训诫和警告。及至这些邪灵博得人信任之后，他们便要传出一些直接摧毁圣经信仰的谬道。他们在表面上表示深切关怀他们世上亲友的幸福，但在暗地里却传出最危险的异端。他们所讲的话多少含有几分真理，有时他们也能预言未来的事，这样，他们的话就能显为可靠，许多人也就欣然接受他们的教训而笃信不疑，把它看作是圣经最神圣的真理一般。于是上帝的律法被废弃了，恩典的圣灵被藐视了，而立约的血也被认为是不圣洁的了。这些邪灵否认基督的神性，甚至妄将他们自己与创造主同列。在这种新的伪装之下，大叛徒撒但就此进行反抗上帝的战争，这战争最先在天上发动，然后在地上延续了几达六千年之久。

许多人想解释这种招魂术的表现，说它完全是出于巫婆术士们的欺骗和戏法。固然，江湖骗子的法术时常能造出显灵的幻象，但此外确实也有显然是超自然的能力出现。那发起现代招魂术的神秘现象，绝不是出于人的骗术或巧计，而是恶使者直接的工作，他们借此发动了一种最容易毁灭人心灵的骗术。许多人因为相信招魂术不过是人为的戏法，所以就要陷入魔鬼的网罗中。在他们亲眼见到自己所不得不承认是超自然之能力的表现时，他们就要受迷惑，因而相信这乃是上帝的大能。

这些人竟忽略圣经中有关撒但和他的使者所行之奇事的教训。古时法老的术士曾靠撒但的帮助仿效上帝的作为。保罗也说明，在基督复临之前，撒但的能力必要这样显现。在主降临之前，必有“撒但的运动，行各样的异能、神迹和一切虚假的奇事，并且在那沉沦的人身上行各样出于不义的诡诈。”(帖后2:9，10)使徒约翰曾形容末日所要显现的神迹奇事，说：“又行大奇事，甚至在人面前，叫火从天降在地上。他因赐给他权柄能行奇事，就迷惑住在地上的人。”(启13:13，14)这里所预言的，不仅是人所行的一些骗术。原来这些迷惑人的奇迹乃是撒但的爪牙所实在有权柄能行的，并不是他们假装行出来的。

黑暗之君对于欺骗的工作已有多年的经验，故能很巧妙地把他的骗术配合各等阶层和各种环境中之人的心理。对于有学问有造诣的人，他强调招魂术优雅和学术的一方面，借此勾引许多人陷入他的网罗。关于招魂术所给予人的智慧，使徒雅各曾形容说："这样的智慧不是从上头来的，乃是属地的、属情欲的、属鬼魔的。"(雅3:15)但这一点那大骗子撒但是要遮盖起来的，因为他总以不露真相为最有利于自己的目的。那能在试探的旷野中披上天使的荣光而出现在基督面前的撒但，也会用最动人的姿态，装作光明的天使来到人面前。他提出高尚的题旨来迎合人的理智，他用奇妙的情景使人欣赏出神，他高谈仁爱与慈善，以挑动人的感情。他刺激人的想像力，使之想入非非，令人因自己的智慧而骄傲，以致心中藐视永生的上帝。这位大有能力的魔鬼既能把世界的救赎主带到极高的山上，并将地上的万国和万国的荣华都摆在祂面前，他也必向世人提供许多试探，来混乱一切未蒙神圣能力保护之人的感官。

撒但现今欺骗人类的方法和他古时在伊甸园中欺骗夏娃一样，利用谄媚的话，设法唆使人追求上帝所禁止的知识，并鼓励人生出自高自大的野心。他自己曾因这些恶念而堕落了，现在又想利用这些来遂行他毁灭世人的目的。他声称："你们便如上帝能知道善恶。"(创3:5)招魂术教导人说："人类是进步的生物，他一生的命运就是前进，永远向着上帝前进。"又说："各人要判断自己的思想，而不必受别人的判断。""判断既出于自己，这判断就必是正确的。你就是你自己的主。"有一位招魂术的教师在他受"灵感"时，说："各位同人，我们大家都是未曾堕落的神人。"还有一位说："任何公正与完全的人就是基督。"

这样，撒但使人不以无穷的上帝为敬拜的真对象，不注意祂的公义与完全，也不以祂完全公义的律法为人类应当追求的真标准，而以人自己有罪有错的本性为敬拜的惟一对象，为审判的惟一法则，为品格的惟一标准。这种"进步"绝不是向上的，而是向下的。

心理与灵性的一个定律就是:我们所常注意的事物足以使我们改变。人的思想专注于什么事，就必渐渐适应之，并与所爱所敬的事物同化。人绝不会超过自己所决定的纯洁、良善和真理的标准。如果人以自己为最高的模范，他便永不能达到比自己更高的标准，反而要愈降愈低。唯独上帝的恩典有能力使人高升。人若单靠自己，他的生活一定是向下的。

招魂术必要在有学问、有造诣的人身上用比较微妙的伪装，但对于那些放荡无羁、贪爱宴乐、纵情声色的人，却不必那么奸猾，因为他们能在招魂术比较粗俗的形式中，找到与自己的性情相投的事。撒但研究人本性中的每一个弱点，他注意每一个人所容易犯的罪，然后尽量布置一切有利的条件，给人机会去满足他们邪恶的倾向。他引诱人在一些本身是合法的事上趋于极端，借此减弱他们的体力、智力和道德力。从古至今，他用放纵情欲的方法，使千万人归于毁灭，并使人的天性变为兽性。最后为完成他的工作起见，他又借着邪灵说："真知识能使人超脱一切律法；""凡存在的，都是正当的；""上帝绝不会定人的罪；"甚至说："人所犯的一切罪都是无辜的。"因此，众人便以自己的欲望为最高的律法，以自由为纵情任性的特权，并以为人只需要对自己负责。这样看来，世界上充斥着腐败与堕落，又何足为怪？许多人欢喜接受这些教训，使自己可以自由依从情感的冲动行事。许多人不肯克己自制，只知随从情欲的支配，使心智和灵性的能力屈服于兽性的倾向。这样，撒但便欢欣雀跃地看着成千上万自称为基督徒的人陷入他的罗网之中。

但无论何人都无需因招魂术的虚谎主张而受迷惑。上帝已经赐给世人充分的亮光，使他们能以发现这种罗网。例如前面所提到的几点说明那种为招魂术理论的基本论调，都是与圣经最明显的教训相抵触的。因为圣经明说，人在死后是毫无所知的，他们的思想也已消灭，在日光之下的一切事，他们都没有份，他们对于世上最亲爱之人的喜乐或忧伤，也是一无所知的。

更进一步来说，这一切与死人灵魂交往的事，都是上帝所明令禁止的。在古犹太国的时候，有一等人正如今日交鬼的人一样，自称能与死人来往。但圣经却说明这些“用迷术的、交鬼的、行巫术的、过阴的，”(申18:11)乃是与“鬼魔的灵”相交。(参看民25:1—3；诗106:28；林前10:20；启16:14)与鬼交通的事，是耶和华所憎恶的，并且是以死刑来严禁的。(利19:31；20:27)“邪术”这个名词现今固然被人轻视，人与邪灵相交的事，也被看为黑暗时代的神话。然而招魂术在今日所招引的信徒，不止几千几百，而是百万之众了。它已经钻进科学界，侵入了教会，并得了一些国家立法团体的赞助，甚至于插足于王室宫廷之内，这种招魂术的大欺骗乃是旧约时代所严禁的邪术，现在以新的伪装出现而已。

基督徒要看明招魂术的真性质，只需以这一个证据:就是这些灵在义人与恶人之间不作任何区别，并把基督最高贵最纯洁的使徒与撒但最腐败的仆人同列。撒但说最卑鄙的人已在天上并且大享尊荣，这无异是向世人说:“不管你们是多么罪大恶极，不管你是否相信上帝和祂的圣经，你们尽可随心所欲，天国必是你们的家。”这些交鬼的教师们简直就是说:“凡行恶的，耶和华眼看为善，并且祂喜悦他们。或说，公义的上帝在哪里呢？”(玛2:17)但圣经却说:“祸哉!　那些称恶为善、称善为恶、以暗为光、以光为暗的人。”(赛5:20)

这些虚谎的灵虽然装作使徒，但他们所讲的话却与使徒在世时受圣灵感动而写作的道理相反。他们否认圣经的神圣来源，借此破坏基督徒希望的根基，并熄灭那照明天路的亮光。撒但正在使世人相信:圣经只是一部小说，或者只是一本合乎未开化时代之人的书，而现代人士尽可以轻视它，甚至也可以看它为过时的废物而全然丢弃之。他要用招魂术的显灵法来代替圣经。这是一条完全受他控制的孔道，借此他可以使世人相信他所要他们相信的事。那将要审判他和他党羽的圣经，他竟置之一边，因为他不要人注意这经，同时他把世界的救主说成一个平常的人。古时看守耶稣坟墓的罗马兵丁怎样被祭司长老们收买，否认救主复活并散布虚谎的报告，照样，现今招魂术的信徒也尽力说在救主生平的事迹中，并没有什么神秘的因素。及至他们设法把耶稣置于度外之后，他们便请世人注意他们自己的奇迹，并宣称这些奇迹都比基督的工作远为伟大。

招魂术现在固然已在那里改头换面，把那些容易引起反感的几方面隐蔽起来，并装上一副基督化的假面具。但根据它这许多年来借讲台和刊物对公众所发表的言论看来，它的真情实况便显露出来了。这些言论是无法否认或隐藏的。

现代招魂术的形式不但并不比从前更值得容受，而事实上它的危险性更大，因为它是更狡猾而阴险的了。先前，它否认基督与圣经，而现在却扬言要接受基督与圣经了。但它解释圣经所用的方法却专迎合未曾重生之人的心理，并使圣经中严肃而紧要的真理失去效力。它固然承认爱乃是上帝的主要特性，但它却把这爱讲成一种懦弱的情感主义，在善与恶之间不作多少区别。至于上帝的公正，和祂对于罪恶的谴责，以及神圣之律法的要求等等，它却一字不提。他们教导众人把十条诫命看作死的条文。他们那种悦耳并迷惑人的谎言使人心夺神移，因而拒绝圣经为信仰的基础。实际上，基督已被他们拒绝了，正像从前祂被拒绝一样。但因为撒但已经蒙蔽了众人的眼目，所以他们觉察不出这种欺骗。

很少有人能正确地认识到招魂术的欺骗能力以及感觉其影响的危险性。许多人为要满足自己的好奇心，竟不惜贸然尝试。他们本来对它没有什么真实的信任，而且若是想到把自己交给邪灵去支配，不免毛骨悚然。但他们还是大胆踏上了禁地，于是那大有能力的毁灭者便能在他们身上行使他的权力，这原是他们所不愿意的。只要他们一次受了引诱，让他来支配他们的思想，他就要把他们牢牢地缠住。他们想要靠自己的力量来挣脱这蛊惑并引诱人的束缚，是不可能的。只有上帝因信心的恳切祈祷而赐的能力，才能拯救这些陷入网罗中的人。

人若纵容自己品格上的恶习，或明知自己的罪而不肯放弃，就是招致撒但的试探。他们使自己与上帝和祂使者的照顾隔绝，及至那恶者施行欺骗时，他们就没有保障，并且很容易成为掠物。这样把自己放在撒但势力之下的人，没有想到自己将要落到什么地步。那试探者既使他们堕落，便要利用他们作为自己的工具去引诱更多的人趋于灭亡。

先知以赛亚说："有人对你们说：当求问那些交鬼的和行巫术的，就是声音绵蛮，言语微细的。你们便回答说:百姓不当求问自己的上帝么？岂可为活人求问死人呢？人当以训诲和法度为标准，他们所说的若不与此相符，必不得见晨光。"(赛8:19，20)圣经已经明白提出人的本性和死后的状况，如果人们乐意接受这真理，自必看出招魂术的主张和显灵法乃是撒但所施行的"异能、神迹和一切虚假的奇事。"但许多人不愿放弃那迎合情欲之心的自由和自己所爱好的罪恶，故闭眼不看真光，不顾警告，昂然前进，同时撒但就在他们周围布置罗网，使他们成为他的掠物。"因他们不领受爱真理的心，使他们得救。故此，上帝就给他们一个生发错误的心，叫他们信从虚谎。"(帖后2:10，11)

反对招魂术之教训的人，不单是在攻击人，而也是在攻击撒但和他的使者。他们已经参加了那反抗空中执政掌权之邪灵的斗争。若不是天庭使者的权力迫使撒但败退，他是绝不放弃寸土的。上帝的子民应当像救主一样以"经上记着说"这一句话去应付他。撒但今日也会引用圣经，像在基督的时代一样，并且要曲解其中的教训来加强自己的欺骗。所以凡要在现今危险时代中站立得住的人，必须亲自领悟圣经的训诲。

许多人将要遇到邪灵所化装的亲友，并听他们讲述最危险的异端邪说。这些灵体必能引起我们最深切的同情，并要施行奇迹来加强他们的骗术。我们必须预备以圣经的真理击退他们，这真理说明死人毫无所知，并指出这些出现的死人事实上乃是鬼魔。

当前的时辰，正是"普天下人受试炼的时候。"(启3:10)凡是没有在圣经上坚立信仰的人将要受迷惑，并要被制胜。"撒但行各样出于不义的诡诈"来取得控制人类的权柄，而且他的欺骗要与日俱增。虽然如此，但也只有在人们自愿受他试探的时候，他才能达到目的。那些恳切寻求真理的知识，并因顺从而努力洁净心灵，准备作战的人，将要在上帝的真理中找到确切可靠的保障。救主的应许是："你既遵守我忍耐的道，我必保守你免去你的试炼。"(启3:10)祂情愿差遣天庭所有的天使去保护祂的子民，而绝不容一个信赖祂的人被撒但所胜。

先知以赛亚形容恶人所要受的可怕欺骗，使他们竟以为自己不致受上帝的刑罚，说："我们与死亡立约，与阴间结盟，敌军如水涨漫经过的时候，必不临到我们，因我们以谎言为避所，在虚假以下藏身。"(赛28:15)这里所形容的一等人中，有一些是顽梗不肯悔改，以罪人不致受刑罚的话来自欺自慰，并说一切人类，无论多么腐败，都要在天上大享尊荣，变成像上帝的使者一样。但还有一等人更坚持说是与死亡立约，与阴间结盟的，他们竟放弃上天所赐那使义人在灾难之日作为保障的真理，而接受了撒但所提供的谎言——招魂术的欺骗，作为避难所。

现代世人的盲目现象已非言语所能形容的了。千万人拒绝圣经，认为它是不值得相信，同时却热切而诚心地接受了撒但的欺骗。怀疑主义者和一班喜好嘲笑并攻击那些为先知和使徒的信仰争辩的人，说这些人是有偏见的。他们把圣经中有关基督，救恩计划，以及那将要临到拒绝真理之人的报应等等严肃的训言作为笑柄。他们表示可怜那些承认上帝的命令并顺从祂律法要求的人，认为他们的心思太狭窄、衰弱、迷信。他们似乎很有把握，好像是他们真已与死亡立约，与阴间结盟，似乎是他们在自己与上帝的报应之间已筑成一道无法越过的屏障。没有什么事能使他们起恐慌了。他们已经那么一味地顺服那试探者，那么密切地与他联合，那么完全地感染他的精神，甚至他们再没有能力也没有意思要挣脱他的网罗了。

撒但久已为欺骗世人的最后努力作了准备。他在伊甸园中给夏娃的保证，也就是为他将来的工作奠定基础，说："你们不一定死。""你们吃的日子，眼睛就明亮了，你们便如上帝，能知道善恶。"(创3:4，5)他一步一步地为他欺骗的杰作——招魂术预备了道路。现在他还没有完全实现他的计划，但是末日最后的一段时期内，这计划就必实现。先知预言说："我又看见三个污秽的灵，好像青蛙，他们本是鬼魔的灵，施行奇事，出去到普天下众王那里，叫他们在上帝全能者的大日聚集争战。"(启16:13，14)除了那些因信仰圣经而有上帝能力保守的人之外，全世界的人都要尽数陷入这一次的欺骗之中。众人都在一种致命的安全感中逍遥自在，只有上帝忿怒的爆发才能使他们惊醒过来。

耶和华上帝如此说："我必以公平为准绳，以公义为线砣。冰雹必冲去谎言的避所，大水必漫过藏身之处。你们与死亡所立的约必然废掉，与阴间所结的盟必立不住。敌军如水涨漫经过的时候，你们必被他践踏。"(赛28:17，18)

第三十五章
罗马教廷的策略

现今改正教对于罗马教的态度比往年亲善得多了。在一些罗马教会未占优势，而罗马教徒正在利用迁就的手段争取权威的国家中，有一种普遍的趋势，就是一般人不重视那使改正教与罗马教区分的教义。现在有一种流行的看法，就是说：在改正教和罗马教的基本信条之间，究竟没有我们所想像那么大的距离，只要我们稍微让步，便可使双方更为谅解。昔日的改正教徒非常重视那以极贵重的代价换来的宗教自由。他们曾教训自己的儿女憎恶罗马教，并且主张与罗马妥协就不是忠于上帝。但是今日一班改正教徒所发表的意见，又是何等地不同啊。

罗马教的辩护者声称他们的教会是被人诬蔑了，同时改正教界多少也接受了这种说法。许多人主张，若以罗马教在黑暗无知的世纪中所行可憎和可笑的事来批评今日的罗马教，这是不合理的。他们原谅她的恐怖和残忍的手段，认为这些都是当时野蛮落后之社会的结果，并声辩说，现代的文明已经使她改变主张。

讲这样话的人难道忘记了这骄傲的权力八百年来所自夸的“绝无错误”的主张么？这个主张她非但没有放弃，反而在第十九世纪用比先前更为肯定的话来重申了。罗马教既说自己是“绝无错误，永无错误的，”(注1)她又怎能否定自己在中古世代的行动方针呢？

罗马教会永不会放弃她那绝无错误的主张。她过去向那些拒绝她教义之人所施行的种种逼迫，她现在还坚持是正当合理的，况且今日如果再有机会的话，她是否还能作出同样的事呢？是的，只要除去现今世上政府的约束，并恢复罗马教先前的权势，她那种残暴和逼迫的惨剧必要迅速重演。

一个近代有名的著作家曾就宗教自由问题论到罗马教的态度，以及其所行的政策将要如何威胁美国的安全，说：

“现今有许多人认为，若对美国的罗马教怀有戒心，乃是顽固或幼稚心理的表现。说这话的人看不出罗马教的性质与态度对于我们的自由有什么妨害，也看不出她的发展有什么不祥的先兆。现在我们不妨将美国政府的基本原则，与罗马教会的相比一下，便可明白了。”

“美国的宪法，是保证人民有宗教自由权的。再没有什么能比这个权利更为宝贵更为基本的了。但教皇庇护九世在一八五四年八月十五日向各地罗马教会发布公告说：‘那拥护宗教自由权的谬论和狂言，乃是一种最有毒害的错误——在一切错误之中，这一个对于国家是最为可怕的。’这同一个教皇又在一八六四年十二月八日的公告中，咒诅了‘那些主张宗教信仰与崇拜自由的人’以及‘一切主张教会不可采用武力的人。’”

“美国的罗马教虽然声调和婉，但这却不能算是内心的改变。她在孤弱无助的地方总是雍容宽大的。欧康诺主教说：‘我们现在只是容忍宗教自由，何时我们能取消这个自由而不致危害到罗马教界，我们就不再容忍它了。’圣路易市的大主教有一次说：‘信奉异端和没有信仰都是罪恶，所以在信奉罗马教的国家，例如意大利和西班牙就是众人都是罗马教徒，而罗马教已经成为当地律法首要一部分的地方，信奉异端和没有信仰的罪都受法律制裁，像其他罪恶一样。’”

“罗马教会的每一个红衣主教、大主教和主教都必须向教皇宣誓效忠，其誓词如下：‘凡背叛教皇及其承继者的叛教徒和裂教者，我必尽全力逼迫反对之。’”(注2)

在罗马教会中确有真实的基督徒。在该教会中，确有成千的人按自己所有的一点真光侍奉上帝。罗马教会不允许他们阅读圣经，所以他们也就不能辨识真理。他们从来没有看到出于心灵和诚实的敬拜与徒具形式的侍奉之间有多大的区别。这些人虽然在虚妄而不能使人满意的信仰中受了教育，上帝依然是怜爱他们的。祂必使光明射透那包围着他们的浓密黑暗。祂将要向他们显现那在耶稣里面的真理，他们中间将来必有许多人立志与主的子民站在同一条阵线上。

但罗马教这个制度现今不比往日更能与基督的福音协和。各改正教会正处于极大的黑暗之中，否则她们必能看出这时代的兆头。罗马教会的策略和行动方针是广泛而远大的。她正在千方百计地努力扩展自己的势力，并增强自己的权柄，准备作一番猛烈而坚决的斗争，为要重新得到统治世界的权柄，再度施行逼迫，并推翻改正教所有的成就。现今罗马教在各方面都有发展。我们且看她在各改正教国家中教堂数目的激增，看她在美国所办的各大学和神学院的声誉日隆，并拥有多少信奉改正教的学生。再看英国国教形式主义的发展，以及其教徒脱离母会而加入罗马教会的普遍现象。这一切都应该使那些重视福音纯正原则的人不胜焦虑之至。

改正教徒已经向罗马教表示参与，并且予以赞助。他们所作的种种妥协与让步，连罗马教徒都不禁惊奇而莫名其妙。人们闭眼不看罗马教会的真实性质，以及她掌权之后所必有的危险。现今人人需要警惕起来，去抵拒这个政治与宗教自由最阴险的敌人。

许多改正教徒以为罗马教是没有吸引力的，以为她的敬拜仪式是一套枯涩而没有意义的形式。他们这种看法错了。罗马教固然是以欺骗为基础的，但她的骗术却不是粗劣笨拙的。罗马教会的宗教仪式是最动人的。她那种华丽的炫耀和严肃的礼节，足能蛊惑人的视听，并止息理智与良心的声音。它的外表足使人的视觉陶醉。壮丽的教堂，盛大的游行，黄金的圣台，珠玉的神龛，精彩的壁画，细巧的雕刻，都足以唤起人的爱美之心。在那里，人的听觉也能入迷，卓绝无比的音乐，洪亮的琴声和大众和谐的雄壮歌声，响彻屋宇，余音绕梁，使人油然生出肃敬尊崇之感。

其实这种外表上的富丽堂皇和隆重的仪式，对于苦恼罪人的心灵不过是望梅止渴，画饼充饥而已，反倒是该教会内部腐化的一个征象。原来基督的真宗教无需这些动人视听的外表作为推荐。在十字架所发的光辉之下，真实的基督教显明其为那么纯洁可爱，甚至任何外表的装饰都不足以增进其本质的可贵。上帝所重视的乃是圣洁的美，乃是温柔而恬静的心灵。

外形的显赫不一定是纯洁高尚之思想的标志。艺术上的高度鉴赏，嗜好的清幽雅致，往往还能存在于属世与荒淫的人心中。撒但常利用这些事物来引诱迷惑人，使他们忘记心灵上的需要，以致想不到永久的来生，并转离那位无穷的帮助者，而专为今世而生活。

一种看重外表的宗教，是每一个未经重生的人所欢喜的。罗马教隆重的崇拜仪式，确有一种引诱蛊惑人的力量，许多人因而受了欺骗，他们就把罗马教会看为天堂的门户一般。惟有那些已经稳稳地立在真理的基础上，并且心地已被上帝的灵所重生的人，才能抵挡她的影响。成千上万未曾实在认识基督的人，将要被引诱去接受这徒有敬虔外貌却背了敬虔实意的宗教。这种宗教正是大众所欢迎的。

罗马教会主张自己有赦罪的权柄，这就使她的教徒觉得可以自由犯罪了，他们所行忏悔认罪的仪式——据他们说，非此罪就不得赦免，也有纵容罪人去作恶的趋向。那跪在一个堕落之人的面前，承认自己心中的秘密思想与意念的人，正是降低了自己的人格，并败坏了自己灵性上的每一种高尚的天性。人向一个有错误、有罪恶，并常为酒色所腐化的神父披露自己生平的罪恶，那就是降低自己人格的标准，结果使自己受了污秽。因为他既以神父为上帝的代表，他对于上帝的观念也就降低到堕落的人类一般。这种腐败的“人向人”的忏悔认罪，乃是一个隐秘的泉源，涌出许多的罪恶，污秽了全世界，并准备使之临到最后的毁灭。虽然如此，但一班喜爱放纵私欲的人还是宁愿向同类的俗人认罪，而不愿向上帝倾心吐意。人的天性宁可苦修而不肯放弃罪恶，用披麻蒙灰，挂链苦行的方法去折磨肉体，总比把肉体的情欲钉在十字架上更容易。喜爱世俗的心只要能规避基督的轭，是不辞任何困难的。

罗马教会和耶稣在世时的犹太教会有着显著的相同点。那些犹太人虽然暗中践踏了上帝律法的每一原则，但在表面上还是严格遵守，并且加上许多枝节和遗传的规则，使顺从律法成了痛苦与烦恼的事。犹太人怎样在口头上尊重律法，罗马教徒也怎样主张尊重十字架。他们一面高举基督受难的象征物，一面却在自己的生活上否认了十字架所代表的主。

罗马教徒把十字架放在他们教堂的屋顶、讲坛和衣服上。到处都可见到十字架的徽章。各处各地，他们在外表上尊重并高举十字架。但是基督的教训，却被埋没在许多无意义的遗传、虚伪的解说和严格的规条之下。救主指着顽固执迷的犹太人所讲的话，更适用于这些罗马教的领袖："他们把难担的重担，捆起来搁在人的肩上，但自己一个指头也不肯动。"(太23:4)当这些教会的显贵过着奢华纵欲的生活时，一般真心实意的教徒却经常地被他们慑服于恐怖之中，只怕自己受到所触犯之上帝的忿怒。

敬拜圣像和遗物，向诸圣徒祈祷，并尊崇教皇等等，都是撒但的诡计，要引诱人转离上帝和祂的圣子。为要使人趋于毁灭起见，他尽力使他们不注意那惟一能使他们得救的主。他诱惑人去注意任何其他的对象来代替那曾说，"凡劳苦担重担的人，可以到我这里来，我就使你们得安息"的主。(太11:28)

撒但处心积虑要误表上帝的品性，罪恶的本质和大斗争的真实关键所在。他的诡辩减轻了人遵守上帝律法的义务，并使人自由犯罪。同时他使人对上帝怀不正确的观念，以致他们不以爱心而以恐惧和憎恨的心看待上帝。他把自己本性的残忍归之于创造主，并搀杂在一些宗教制度中，又用某种敬拜的仪式表现出来。这样许多人的思想便被蒙蔽了，撒但也就利用他们作自己的工具，去与上帝抗战。撒但利用人对于上帝所有不正确的观念，使信奉邪教的各国以为人必有献上活人为祭才能蒙神明的喜悦，因此在各种拜偶像的形式之下，发生了许多骇人听闻的残忍暴行。

罗马教会既把异教和基督教在形式上混合为一，并像异教一样误表上帝的品德，所以她也采用了同样残忍可憎的手段。在罗马教掌权的时代，她发明了许多强迫人赞同她教义的严酷刑具。凡不顺服她主张的人要被绑在柱上用火焚烧。那时惨遭屠杀的人数极多，非至审判大日，无人能知其真相。教会中的显贵们，在他们的主人撒但指使之下，多方研究，发明种种方法，使人受到最剧烈的痛苦，而又不结束他的生命。他们时常重复施行凶恶的手段，直到受难者精疲力尽，无法支持，而欢迎死亡来结束他们的生命。

以上是那些与罗马教为敌者的遭遇，但对于一些皈依罗马教的人，她却另有一套使人伤心的苦行，例如鞭挞、饥饿和虐待身体等等。这些忏悔者为要得蒙上帝的喜悦，竟违反了自然的律法，因而也就干犯了上帝的律法。教会教训他们要割断上帝所制定使人类地上生活得有幸福与快乐的天伦关系。在教堂的坟地里埋着千万的牺牲者，他们在生前曾妄想制服自己的天然感情，以为上帝憎厌他们对于同胞的同情之念，所以他们设法抑制这些感情。

如果我们要明白撒但数百年来所表显的暴戾残虐，不是在没有听说过上帝的人中，而是在基督教界的中心以及其整个范围之内，我们只要翻阅罗马教的历史，便可以一目了然了。罪恶之君利用这个庞大的欺骗机构，遂行自己的目的，使上帝受羞辱，使人类被摧残。只要他们能看明她怎样善于改装自己，又利用教会的领袖去作成她的工作，我们便能更明白她为什么对于圣经如此憎恨。人若念了圣经，上帝的慈悲与仁爱就必彰显出来，人也必看出，上帝并没有把这些重担放在他们身上。上帝所要的，不过是一颗忧伤痛悔的心和一个谦卑顺从的灵。

基督在祂的生活中并没有什么榜样，叫人把自己禁闭在修道院中，以便取得进天国的资格。祂从来没有教训人必须抑制爱心和同情心。原来救主的心是盈溢着慈爱的。人越就近纯全道德的标准，他的感觉便要越为灵敏，他对于罪的知觉也必越为敏锐，对于受苦的人也必越为同情。教皇宣称自己是基督的代理人，但他的品格经得起与我们的救主一比么？基督可曾因为人没有以祂为天上的君王而敬拜祂，就把他们投入狱中或放在拷问台上么？有谁听见过祂向那些不接纳祂的人宣布死刑呢？当撒玛利亚某一个村庄的人轻视祂时，使徒约翰义愤填膺，向主说："主啊，你要我们吩咐火从天上降下来，烧灭他们，像以利亚所作的么？"耶稣怜惜地望着自己的门徒，并斥责他的暴躁精神，说："人子来不是要灭人的性命，是要救人的性命。"(路9:54，56)基督所表现的这种精神，与那自称是祂代理者所表现的精神，是何等地不同啊。

今日的罗马教会在世人面前摆出一副善良的面目，并用许多推诿之辞遮盖她那残忍可怖的历史。她虽然披上了基督化的外衣，但她本质上并没有改变。罗马教在过去的世代中所具有的每一个行动原则今日依然存在。她在最黑暗的世纪所创的教义，今日依然全部保留。人不可自欺，须知现今基督教徒所极推崇的罗马教，也就是那在宗教改革时期管辖世界的罗马教，那时曾有许多属上帝的人冒着性命的危险，起来揭露她的罪恶。她现今具有像往日凌驾王侯之上的同样傲慢作风，并同样宣称自己享有上帝所独有的特权。她现今所有的精神，其残酷和暴虐的程度，比往日扑灭人类自由并杀戮至高者的圣徒时，可谓毫无逊色。

现代的罗马教，正像预言中所形容的，是末时期的离道反教运动。(见帖后2:3，4)她改装自己的面目，以便最有利于遂行自己的目的，这原是她策略的一部分，但在这变色蛇幻惑的外表之下却藏着永不变质的毒液。她宣告说："我们对于叛教徒和叛教嫌疑犯不必拘守信义与诺言。"(注3)难道这一种势力，就是一千余年来用圣徒的血来写成她历史的教会，我们还能承认她是基督教会的一部分？

现今在信奉改正教的各国中流行着一种意见说：罗马教与改正教之间的距离，并不如昔日那么远，这种说法倒也不是没有根据的。现今确实有了改变，但这种改变，却不是在罗马教一方面。现代的罗马教确有许多方面是与改正教相同的，因为改正教自从宗教改革运动的日子以来，已经大大退化了。

现今的改正教因为渴欲博得世人的欢心，便让一种虚伪的爱心蒙蔽了自己的眼睛。他们认为应当看一切的恶事未必是那么恶，结果终不免看一切的善事也未必是那么善。他们不但不为那从前一次交付圣徒的真道竭力的争辩，反而为自己过去对罗马教没有爱心的态度谢罪道歉，并请她饶恕他们过去的偏见。

大多数的人，连那些对罗马教没有好感的人在内，都以为罗马教的权力和影响不会有多大危险。许多人说，中古时代学识与道德方面的黑暗有利于罗马教教义、迷信与压迫的滋长。但现代文化开明，知识普及，宗教自由日益发展等等现象，不容许逼迫与残虐的事再度发生。若有人想在这文明的时代将要重见黑暗世纪的现象，那是要被人嘲笑的。现今固然是学识、道德和宗教方面的光明世代。上帝的圣经已经展开了，并有天上的亮光照耀在世上，但也要记得，上帝所赐的亮光越多，那些错用或拒绝这光的人所面临的黑暗也就越深。

改正教徒若以祈祷的精神去查考圣经，就可以看明罗马教的真情实质，并使他们憎恶而远避之。然而有许多人自以为聪明，甚至觉得自己无需谦卑祈求上帝引导他们明白真理。他们虽然夸张自己开明，但在实际上，他们对于圣经和上帝的权能都是一无所知。同时他们必须有一种镇静自己良心的方法，他们便寻找那最不属灵和最不需要自卑的道路。他们所要的乃是一种在外表上是记念上帝，而在实际上是忘记上帝的办法。罗马教正足以适应这一等人的需要。她已经预备好方法可以应付世上的两等人，几乎全世界的人都包括在内——一等人是想靠自己的功劳得救，另一等人是想在自己的罪中得救。罗马教权力的秘诀就在于此。

我们已经看明:知识黑暗的时代是罗马教成功的有利条件。但我们将必看出，知识开通的时代，也有利于罗马教的成功。在以往的时代，人们没有圣经，没有真理的知识，他们的眼睛蒙蔽不明，以致千万人看不见那布置在自己脚前的罗网，结果遭受了陷害。在现今的时代，人们的眼睛倒被一些人为的推论，就是“似是而非的学问”所眩惑，他们没有觉察其中的罗网，所以像盲人一样，轻易陷入其中。上帝的本意是要人把智力视为创造主所给的一种恩赐，应当用来为真理与公义效劳。但人若存骄傲和野心，并高举自己的理论过于圣经，那么他的智力便要比无知更为有害。因此，现代的假科学既摧毁了人们信仰圣经的心，就必很成功地预备道路使人接受罗马教，及其悦人心目的种种形式，正如在黑暗时代，知识的落后曾为罗马教的昌盛预备条件一样。

现今美国的改正教正在运动国家来支持教会的制度和习俗，这就是步罗马教的后尘。但在实际上，其意义还不止于此，因为他们正是为罗马教开辟道路，使她在信奉改正教的美洲得以恢复她在欧洲所失去的优势。那使这运动具有更重大意义的，就是他们的主要目标是要强制人遵守星期日，这原是罗马教所创立的制度，也是她所认为是她权力的标记。罗马教的精神也就是要迎合世俗的习惯，尊重人间的遗传过于上帝的诫命，这种精神现今正在渗透于各改正教的教会中，使他们去进行同样的工作，就是罗马教在他们以前所行过的高举星期日的工作。

如果读者要明白在这快要来的大斗争中，罗马教将要如何运用她势力的话，只要翻阅历史的记载，查看在以往的各时代中，罗马教为实现这同一目标所使用的种种手段。如果读者要知道罗马教徒与改正教徒联合之后将要如何对待那些拒绝他们教义的人，可以看一看罗马教过去向安息日和拥护安息日的人所表示的精神。

这异教的节日之所以能逐渐在基督教世界达到尊贵的地位，乃是由于皇帝的谕旨、宗教的会议和政府所支持的教会法案。历史上第一个强迫人遵守星期日的措施，乃是君士坦丁皇帝所制定的法令。(见附录)这道法令吩咐城市的居民在“可敬的太阳日”休息，但准许农民继续他们的农作。这道法令虽然根本是属于异教的条例，但总是在皇帝名义上信奉基督教之后颁布的。

皇帝的谕旨既然不足以代替上帝的权威，就有一个专门讨君王欢心，又与君士坦丁特别接近而喜爱奉承他的主教犹西比乌主张说，基督曾把安息日改为星期日。但他并没有从圣经中举出一点凭据来证实这个新的教训。况且犹西比乌自己还在无意之中承认了这种主张的虚假，并说明了这个改变究竟是谁主动的，他说:“凡是人应在安息日遵守的本分，我们已经移到主日上去了。”(注4)这个守星期日的论点虽然毫无根据，但总能使一班人大胆践踏主的安息日了。凡是喜爱受世人尊敬的，都接受了这通行的节日。

及至罗马教廷的权势愈形巩固之后，高举星期日的工作也就继续发展下去了。一班信主的农民一度还在星期日不做礼拜的时候从事农作，同时他们也遵守第七日为安息日。但这种情形渐渐又起了变化。到了一个时候，一切担任圣职的人不得在星期日受理一般有关俗务的纠纷。再过不久，当局颁布法令，吩咐众人，不论地位身价如何，都必须在星期日停止普通劳作，凡违犯这命令的，自主的必须付罚款，为奴的必须受鞭打。后来有法令规定:富人必须付出财产的一半作为罚款，如果顽梗不化，最后要被卖为奴。低层阶级的人则要被永远逐出国境。

为要充分加强星期日的法令起见，他们还要捏造许多神迹奇事。其中的一个传说，论到一个农人擅敢在星期日下田耕地。正当他用一个铁条括犁头时，那铁条就黏在手上了，他只得把它带来带去，两年之久，“痛苦之至，羞耻非常。”(注5)

后来教皇下令吩咐各地的神父应当告诫一切干犯星期日的人，劝他们到礼拜堂去祷告，否则必有严重的灾祸临到他们和他们的邻舍身上。某一次的宗教会议还提出论据说，既然有人因在星期日做工而被闪电击杀，可见星期日一定就是安息日了。自古以来，常有人利用这种论据，连改正教徒也不例外。会议上的主教们强调说：“上帝对于人们忽略这日子的极度不悦，于此可见一斑。”于是他们就发布通知，督促各地神父、王侯以及一切忠心守道的庶民，“务要尽力恢复这日子应有的尊荣，并为增进基督教的荣誉起见，今后更要虔诚地遵守这日。”(注6)

宗教会议的通令既然还不足以达到高举星期日的目的，教会便要求政府当局颁发命令胁迫人民在星期日停工。于是罗马召开一次会议，将过去一切的会议所通过的法案以更有力更严肃的措辞重申一遍。然后把这些法案编入教会的法典之中，由各地政府在基督教界全境之内予以执行。(注7)

虽然如此，他们还是没有圣经的权威作为守星期日的根据，这使他们不胜烦恼。同时，人们还要提出疑问:他们的宗教教师究竟有没有权柄废除耶和华所颁布的明令:“第七日是向耶和华你上帝当守的安息日，”去尊重太阳日呢？所以为要弥补圣经方面所没有的证据起见，他们必须想出其他方法。在第十二世纪末叶，有一个热心提倡星期日的人去访问英国各地教会，到处遇见忠心为真理作见证的人，他的一切努力都显然无效，于是他暂时离开英国去寻找更好的方法来支持自己的教训。及至回到英国时，他所缺少的凭据果然找到了，而且他日后的工作也因而有了更好的成绩。他带来的是一个文件，据说是上帝亲自发下来的，其中记载着那人所缺少的有关星期日的命令，并附带着可怕的威胁来恐吓一切不肯听从的人。这一个宝贵文献——原来它是与它所支持的制度一样的卑鄙赝造品，据说是从天上落下来的，后来在耶路撒冷的各各他山圣西缅的神坛上被人发现。其实它的真实来源乃是罗马教皇的宫庭。因为罗马教廷向来认为一切旨在增进教会权势和荣誉的伪造品都是合法的。

那个文件禁止人从星期六下午三点钟到星期一日出之时做工，据说这禁令还有许多神迹奇事为证据。说有人因工作越过钟点，便全身瘫痪了。有一个磨坊的主人试图在星期日磨包谷，结果发现磨石间流出鲜血，而且发动磨石的水车虽有大量的水力，但忽然自行停止了。有一个妇人将面团置入烤炉之后，虽然炉中的火甚为炽烈，但拿出来还是一团生面。另一个妇人曾预备一团面，准备在星期六下午三时放入烤炉，但她决定把它留到星期一，次日发现这面已经变成面包，是由神圣的能力烤熟的。还有一个在星期六下午三时烤面包的人次日早上把它擘开时，有血从面包里流出来。提倡星期日的人就是用这一类荒诞迷信的虚言来确定这日子的神圣性质。(注8)

在苏格兰，也像在英格兰一样，人们曾设法把安息日一部分的光阴划归星期日，借以使之更显神圣。但所规定守为圣日的时间各有出入。苏格兰国王所发布的命令，规定“圣日从星期六中午开始，”从这时起，人人都不许从事俗务，直到星期一早晨为止。(注9)

罗马教徒虽然多方努力要确定星期日为圣日，但他们自己还是公认安息日乃是有上帝的权威为根据的，并承认那代替安息日的日子乃是人所设立的。在第十六世纪，某一次罗马教的会议曾明白宣布说:“基督徒都应记得，第七日是上帝所定为圣的。它不但为犹太人，而也是为一切愿意敬拜上帝的人所接受而遵守的，但我们基督徒已经把他们的安息日变更为主日了。”(注10)可见这些蓄意破坏上帝律法的人对于自己所进行之工作的性质，并不是不知道的。他们明明是故意抬高自己在上帝之上。

罗马教向瓦典西派(其中有些是守安息日的)所施行长期血腥的逼迫，可以有力地说明她对待反对者的策略。那时还有许多别的人也因忠心遵守第四诫而遭受同样的苦待。埃赛俄比亚和阿比西尼亚的教会史，尤其有重大的意义。在黑暗时代的朦胧之中，中非洲一带的基督教会被世人所忽视所遗忘了，因此他们几百年来，一直享有自由，遂行自己的宗教。但到了后来，罗马教既知道有他们存在，便立刻用奸计欺骗阿比西尼亚的皇帝承认教皇为基督的代理者。随后他又作了许多的让步。他发出一道敕令，用严刑禁止人遵守安息日。(注11)但教皇的暴政不久成了一个苛酷的重轭，以致阿比西尼亚的人民决定要把它挣断。经过了惨烈的斗争之后，罗马教徒被逐出国境，阿比西尼亚便恢复了古代的信仰。那里的教会因他们所有的自由而欢庆，以后也再没有忘记自己从罗马教的欺骗、狂妄和暴虐专横的势力中所得的教训。他们甘愿在他们那偏僻的地区，而不求闻达于各基督教国家。

非洲的各教会所遵守的安息日就是罗马教会没有完全背道之前所遵守的。他们一面顺从上帝的诫命遵守第七日，一面依照教会的习惯，在星期日停止工作。及至罗马教会获得了至上权力之后，她便践踏了上帝的安息日，为要高举她自己的。非洲的教会既隐藏了几有一千年之久，就没有参与这种背道。但到了他们屈就罗马教的权力之后，他们便被迫废弃真的安息日，而高举假的。但后来他们一恢复独立，就重新遵守第四条诫命了。(见附录)

这些历史记载清楚地显明罗马教对于真安息日及其拥护者所怀的敌意，以及她为尊敬自己所创立的制度而施用的种种手段。上帝的圣经告诉我们，当罗马教徒与基督教徒联合起来高举星期日的时候，以上的史实必要重演。

启示录第十三章预言说，两角如同羊羔的兽将要“叫地和住在其上的人”，去敬拜罗马教皇——“形状像豹”的兽。这两角如同羊羔的兽也要“迷惑住在地上的人，说，要给那受刀伤还活着的兽作个像。”并且命令“众人，无论大小贫富，自主的，为奴的，”都要受“兽的印记。”(见启13:11—16)我们已经证明，这两角如同羊羔的兽代表美国，并且这段预言将要在美国政府强迫人遵守星期日——罗马教所宣称为其最高权力的特别标记的时候完全应验。但在这敬拜罗马教皇的事上，美国政府倒也不是独自进行的。在那些受过罗马教统治的国家中，罗马教的势力至今依然存在。预言也说罗马教的权力必要东山再起。“我看见兽的七头中，有一个似乎受了死伤，那死伤却医好了，全地的人都希奇跟从那兽。”(启13:3)这兽所受的死伤是指一七九八年罗马教皇的势力衰败而言。先知说：在它受了死伤之后，“那死伤却医好了，全地的人都希奇跟从那兽。”保罗很明白地说：这大罪人要存留到主第二次降临的日子。(见帖后2:8)他要进行欺骗的工作，直到末日。蒙启示的约翰也预言到罗马教皇说：“凡住在地上、名字从创世以来没有记在被杀之羔羊生命册上的人，都要拜它。”(启13:8)将来不论在旧大陆或新大陆，人们都要在遵守星期日——完全根据罗马教的权威而创立的制度上崇奉罗马教皇。

近数十年来，在美国研究圣经预言的人已经向世人发出这种见证了。从现今的时事上可以看出以上的预言正在迅速应验。现今基督教的教师们正在同样地主张星期日是出于上帝神圣的权威，但他们也同样地拿不出圣经的凭据来，正像那些伪造神迹奇事来代替上帝命令的罗马教领袖们一样。他们将要旧话重提，说上帝的刑罚要临到一切干犯星期日的人，现今已经有人提出这种论调。那强迫人遵守星期日的运动现今正迅速地得势了。

罗马教会的欺诈与奸巧实在惊人。她有先见之明，料事如神。她能静待时机，因她看出现今的基督教会正是因接受伪安息日而向她致敬，并且正在准备把她从前所用过的手段如法炮制，强迫人守星期日。凡拒绝真理之光的人将要求助于这自称为绝无错误的权威来高举她自己所创立的制度。在这种工作上，我们不难想像到她将要如何乐于赞助这些改正教会！有谁能比罗马教的领袖们更有办法去应付那些不顺从罗马教会的人呢？

罗马教会分布于全球各地，他们是一个庞大的组织，完全受教皇的控制，并共图促进教皇的势力。散居全球各国的千百万罗马教徒都受过效忠教皇的训练。不论他们的国籍和政府如何，他们总要以罗马教会的权威为至上。纵然他们向国家宣誓效忠，但在这个誓约之外，他们还有顺从罗马教会的誓言，这一个誓言自动取消一切与教皇势力相冲突的其他誓约。

我们查阅历史，便可看出罗马教是怎样奸巧而恒切地设法干预国政，及至得到立足地之后，她便要遂行自己的策略，甚至于摧残王侯与庶民。一二〇四年，教皇英诺森三世曾勒令阿拉冈王彼得第二向他宣誓如下：“我彼得，阿拉冈人的王，今特承认并应许永远效忠我主英诺森教皇和他的继承者，与罗马教会，并忠心保持我全国顺从教皇，努力护卫天主教的信仰，并逼迫异端邪教。”(注12)这正与罗马教皇自取的权力相合，他声称“自己有合法的权力，可以废除君王，”并“能吩咐其臣民解除效忠不义之统治者的义务。”(注13)

我们还要记着，罗马教会向来自夸说她是永不改变的。贵钩利七世和英诺森三世的政策至今还是罗马教会的政策。只要她有权在手，仍必雷厉风行，像在中古世纪一样。在高举星期日的事上，基督教会想要接受罗马教会的帮助，但他们对于自己所行之事的实际性质，却没有充分的认识。当他们正在努力达成自己的目的时，罗马教会却在设法重建自己的势力，并恢复她所失去的至上权威。美国何时实现政教联合，就是说，教会可以运用或统治政府的权力，并用政治法令强迫人遵守宗教礼节，总而言之，何时教会与国家的权力可以管制人的信仰，那时罗马教在美国的胜利也就确定了。

关于这种迫近的危险，圣经已经发出警告，基督教徒若忽略不听，他们就要在那难逃罗网，悔之晚矣的时候，才发觉罗马教的真实性质与宗旨。她现今正在暗暗地扩充势力。她的教义正在立法院中、各教会内和世人的心理上发挥作用。她正在为自己建造高大雄伟的教堂，而在这些建筑物的隐密处，她过去的残忍逼迫将要重演。现今她正在静悄悄而出人不意地增强自己的势力，及至她采取行动的时候一到，她就要推行自己的策略。目前，她所渴望的是要取得优势，这种便利，她已逐渐得到了。我们不久将要看到并感受到罗马教的企图何在。凡信仰并顺从圣经的人将要因而招致侮辱和逼迫。

注1：Mosheim, “Eccl. History ,” b.3, cent. II, part 2, ch. 2, sec. 9, note I.

注2：Strong, Dr. Josiah, “Our Country,” 第5章，第1－3段。

注3：Lenfant, “History of the Council of Constance,” 卷1，第516面(1728年版)。

注4：Cox, R., “Sabbath Laws and Sabbath Duties,” 第538面(1853年版)。

注5：West,Francis, “Historical and Practical Discourse on the Lord’ s Day,” 第174面。

注6：Morer, Tho., “Discourse in Six Dialogues on the Name, Notion, and Observation of the Lord’ s Day,” 第271面(1701年版)。

注7：See Heylyn, “History of the Sabbath,” 第2篇，第5章，第7节。

注8：See Roger de Hoveden, “Annals,” 卷2，第528－530面。

注9：Morer, “Dialogues on the Lord’ s Day,” 第290－291面。

注10：同上第282，283面。

注11：See “Church History of Ethiopia,” 第311，312面。

注12：Dowling, J., “History of Romanism,” 卷5，第6章，第55节。

注13：Mosheim, “Eccl. History,” b. 3, cent. II, part 2, ch. 2, sec. 9, note 8.

第三十六章
迫近的争斗

自从天上的大争斗最初发动以来，撒但的目的就是要推翻上帝的律法。为了要达到这个目的，他才进行背叛创造主，后来他虽然被逐出天庭，但他还是在地上继续这同一的争战。他所坚持的目的，就是要欺骗世人，以便勾引他们去干犯上帝的律法。无论是要使人把律法完全作废，或是要使人弃绝其中的一条训诫，其结果总是一样的。因为人若干犯“一条”，就是藐视全部律法，故此他的影响和示范所及，都是在引诱别人犯罪，无形中也就是“犯了众条。”(雅2:10)

撒但为要设法使人藐视上帝的诫命，竟歪曲颠倒圣经的道理，就此在千万自称相信圣经之人的信念中搀进了许多错谬。真理与谬道最后的大冲突，无非是那有关上帝律法之长期战争的最后一次决战。现今这一场战争正在发动——就是人的律法与耶和华诫命的战争，也就是圣经之信仰与神话遗传之信仰的战争。

那些行将联合起来抵抗真理与公义的种种势力，现今正在积极工作。上帝的圣言，就是那经历了那么多痛苦和流血的牺牲而传给我们的圣经，现在不为一般人所重视。圣经已经是人人都可以得到的一本书，但只有少数人切实地接受它为人生的指南。不信上帝的风气流行各地，实在惊人，不但在社会上如此，就是在教会里也是如此。有许多人已经否定了那作为基督教信仰柱石的圣经要道。受圣灵感动而写作圣经的人所提出创造天地的重大事实，以及人类的堕落，罪人得赎和上帝律法的永存不废等等真理，实际上已被多数自称为基督徒的人加以全部或部分的弃绝了。千万自夸为有智慧并有独立思想的人，认为笃信圣经乃是弱者的表现，他们以为若能找出圣经的缺点，并用所谓灵意的解释去抹煞其中最重要的真理，借此证明他们才能和学识的卓越。如今有许多传道人教训众人，也有许多教授和教师教训他们的学生说，上帝的律法已经被更改或废除了。至于那些承认律法依旧生效并应认真遵守的人，倒被众人看为是应受嘲笑和蔑视的。

人们弃绝真理，就是弃绝真理的创立者。他们践踏上帝的律法，也就是否定立法者的威权。把异端邪说当作偶像崇拜，正如制造一个石像木偶一样的容易。撒但歪曲上帝的品德，借此使人对上帝养成错谬的观念。多数的人拥戴了一个哲学的偶像来代替耶和华，只有少数的人才是真正敬拜那表现在圣经中，在基督里和在创造之工上的永生上帝。千万的人崇拜自然界，同时却否认自然界的上帝。在今日的基督教界中，拜偶像的事仍旧存在，虽然形式上有所不同，而实际上正如古时以色列人在以利亚时代所行的一样。近代许多称为智慧人、哲学家、诗人、政治家，以及新闻记者所崇拜的神，——社交场中的士绅和许多学院、大学，甚至于一些神学院中所拜的神——与从前腓尼基人的太阳神巴力并没有多大的区别。

现在很流行的一种教训声称上帝的律法不再约束世人了，在基督教界所接受的许多谬论中，没有什么比这种说法更厚颜无耻地打击到上帝的权威，更直接违背理性的要求，或更足以产生毒害的恶果。原来每一个国家都有她的律法，要人民尊重而顺从。也没有什么政府可以没有律法而还能成立。既然如此，天地的创造主焉能没有律法来管理祂所创造的生灵呢？如果一些有名望的牧师公然教训人说，那治理本国和保障公民权利的律法不是必须遵守的——那些律法是限制人民自由的，因此我们不应遵守。请问，人们能容忍这样的牧师在台上讲道多久呢？藐视国家的律法尚且如此，何况有人践踏那作为一切政府基础的上帝的律法，其罪岂不更为严重么？

即使国家的律法可以作废，让人民任意行事，宇宙统治者绝不废除祂的律法，而让世界没有一个制裁罪人或嘉奖义人的标准。我们愿意知道废除上帝的律法必有什么结果么？这种试验已经实行过了。当无神主义在法国得势之后，所演出的惨剧是非常可怕的。这就向世人证明，人若废除上帝所加在人身上的约束，就必须接受最残暴之王的管制。公义的标准一被废弃，就给魔君开了门路，让他在世上建立他的权柄。

哪里弃绝这神圣的诫命，那里罪就不再显为罪，而义也不再显为可羡慕的了。凡不愿受上帝管理的人是完全不够资格来管理自己的。他们那种毒害的教训，给一些本来不耐约束的儿童和青年灌输了犯上作乱的精神，结果便造成无法无天，荒淫无耻的社会。正当许多人讥诮那些顺从上帝诫命的人是迷信的时候，他们自己却热切地接受了撒但的迷惑。于是他们就放纵情欲，实行那些使邪教徒遭受天谴的种种罪恶。

那些教导人轻看上帝诫命的人，乃是在播散悖逆的种子，所以也必收获悖逆的果子。人只要将上帝的律法所给人的约束完全抛开，则人类自己的律法不久也必置之不顾了。上帝既禁止人犯不诚实的行为，或贪心、说谎、欺骗，人们便认为祂的律法阻碍他们昌盛发达，故此加以践踏，但废弃这些诫命的结果却是他们所没有料到的。倘若律法真不再约束人的话，人又何必惧怕犯法呢？结果人的产业便再无保障。人可以用强权夺取邻舍的财物，而那最强横的人必然要成为最富足的了；生命也不再被人重视了；婚姻的誓约也不再作为维护家庭的神圣保障了，谁有力量，只要他愿意，他便可以用强权把人的妻子夺去；十诫中的第五条诫命也要与第四条同被抛弃。儿女们为要达到自己败坏的心愿，也不惜悍然杀害父母的性命。这个文明的世界就要变成强盗和凶手的渊薮，而和平、安康与喜乐都要从地上消灭了。

那宣称世人不必顺从上帝律法的谬论已经削弱了道德的义务，并且在全世界打开了犯罪作恶的洪流。犯法、放肆和腐败的事，像汹涌的潮水向我们冲来。在家庭中，撒但正在工作。即使在一班自称为基督徒之人的家庭中，也有他的旗帜在飘扬着。其中有嫉妒、猜忌、伪善、离间、暗斗、纷争，辜负圣洁的委托和放纵情欲的事。那本应作为社会生活之基础的全部宗教原理和教训，已经变成一堆摇摇欲坠即将毁灭的废物。穷凶恶极的罪犯，在被囚入狱时，往往还领受了各地送来的赠品，好像是他们有了值得羡慕的名声一样。他们的性格和罪状被人广为宣传。各地报纸还披露他们犯罪作恶的详细情形，等于教导别人也去欺骗、劫掠、凶杀，于是撒但便因自己毒计的成功而大大欢喜。现今这样迷恋邪恶，草菅人命，任性纵欲和各等各色黑暗的事惊人地激增了，这应当使一切敬畏上帝的人警觉起来，寻求一种足以阻止罪恶洪流的办法。

法庭腐败，官吏利禄薰心，贪爱宴乐。不节制的生活麻木了许多人的心志，以致撒但几乎完全管辖了他们。执法者颠倒是非，贪赃枉法，擅行欺骗。在司法界中，常见酗酒喧饮，放纵情欲，嫉妒纷争与各种不诚实的行为。“公平转而退后，公义站在远处，诚实在街上仆倒，正直也不得进入。”(赛59:14)

古时在罗马教的统治之下，罪恶风行，灵性黑暗，乃是他禁止圣经的必然结果，但在这福音真光普照，宗教自由的时代中，竟然仍有不敬虔的风气弥漫遍地，又有那因弃绝上帝的律法而产生的腐败流行各处，这到底是什么原因呢？现在撒但既然不能再用禁闭圣经的方法来使世人服在他的统治之下，他便想出另一个方法来达到这同一个目的。原来破坏人对于圣经的信任和毁灭圣经一样能符合他的宗旨。他若能使人相信上帝的律法不再约束人，他就能很容易地领人去干犯律法，正像他们完全不明白律法一样。况且他今日像古代一样，利用教会去遂行他的计划。今日的各宗教团体已经不肯听信圣经所明显提示的那些不受人欢迎的真理，所以为要推翻这些真理起见，他们便采用了一些荒谬的解释和看法，公然播散怀疑的种子。他们固守罗马教的异端，相信人的灵魂永远不死，而且人死后仍然有知觉，这样就放弃了那足以抵挡招魂术之欺骗的惟一防线，同时那主张恶人永远受苦的道理已经使许多人不再相信圣经。及至有人传讲第四条诫命的真理，并劝导众人加以注意的时候，他们便看出这条诫命吩咐他们遵守第七日的安息日。但一班讨人喜欢的教师，既想摆脱他们所不愿实行的本分，只得向人宣讲上帝的律法已不生效。这样，他们就将律法和安息日一同废弃了。当复兴安息日的工作广为传开的时候，这种反对上帝律法来规避第四诫之要求的运动也要几乎普及全世界。宗教界的领袖所讲的教训已经为不敬虔的风气、招魂术，以及对上帝神圣律法的轻蔑，开了门户，现今存在于全基督教界中的罪孽，应当由这些领袖负其可怕的责任。

但正是这一等人倒要主张说，世上罪恶之败坏的迅速蔓延，大半是因为众人破坏了他们之所谓"基督教的安息日(即星期日)，" 所以说，若能力行遵守星期日的律法，便可大大改善社会的道德。这种宣传在美国尤为迫切，因为那里也正是真安息日的道理传得最广的地方。在这里，禁酒的工作，就是最特殊而重要的改革运动，往往被人利用与提倡守星期日的运动并行。那些提倡守星期日的人就此自命为努力促进社会最高福利的人。因此，凡不与他们联合的人，便被斥为禁酒和社会改良运动的敌人。但在实际上，一个提倡异端谬道的运动，虽然和一个本身是善良的工作合在一起，并不足以使那异端谬道更加显为合理。譬如我们可以改装毒品，把它搀合在养身的食物里，但这并不能改变它的本质。事实上它倒成了更危险的毒品，因为人们更容易把它误吃下去。撒但的一个巧计就是用恰够份量的真理，来搅拌假道，使那假道显为合理可取。提倡守星期日的领袖可能也提倡一些众人所需要的改革，以及与圣经相合的原理，但只要其中仍有一个与上帝律法相违的条例，主的仆人绝不可与他们联合。因为要他们放弃上帝的诫命而去遵守人的教训，是无法证明其为正当的。

撒但要利用这两个大异端，就是灵魂不死和守星期日为圣日的道理，使世人受他的迷惑。前一个异端是给招魂术布置条件，后一个异端使人产生一种同情罗马教的心理。美国的基督教徒将要最先伸手越过鸿沟与招魂术握手，他们还要把手伸过深渊与罗马的教权勾结，在这三合一的大同盟之下，美国将要步罗马教的后尘去摧残人民信仰自由的权利。

招魂术越是摹仿今日有名无实的基督教的样式，就越有力量欺骗并牢笼人。按着现代招魂术的说法，撒但自己是悔改维新了。他要以光明天使的姿态出现。借着招魂术为媒介，他将要施行神迹，医治疾病，作出许多令人不能否认的异能。这些邪灵将要自称相信圣经，并表示尊重教会的种种制度，这样，他们的工作便要被众人接受，被承认为神圣权能的表现。

现今在一班自称为基督徒的人和不信的人之间，几乎看不出什么区别。教友们喜爱世人所喜爱的事，所以随时可与他们联合，同时撒但也定意要使他们合为一体，以便把他们全都罗致在招魂术的行列中来增强他的势力。罗马教徒素来以神迹奇事为真教会的可靠凭据，所以也必很容易地受这行奇事之能力的欺骗。至于一般的基督教徒，他们既然抛弃了真理的盾牌，就要同受迷惑。罗马教徒、一般基督教徒和世俗之徒都要一同领受这背了实意的敬虔外貌，他们要在这个同盟中看到一个必能叫全世界的人悔改，并引进那仰望已久的一千禧年的大运动。

借着招魂术，撒但要以人类的施惠者姿态出现。他要医治众人的疾病，并要提供一种新的和更高尚的宗教制度，但同时他也要进行毁灭的工作。他的试探使无数人趋于败亡。不节制使人失去理性，于是放纵情欲，互相纷争和杀人流血等事便相继发生了。撒但最喜欢战争，因为战争能激起人类最恶劣的情绪，然后正当他们沉溺于罪恶与流血之中时，他就要把他们全数推到永久的死亡里去。撒但的目的是要鼓动列国彼此争战，这样，他就能转移人的心思，叫他们忽略他们应当从事在上帝的日子可以站立得住的准备。

撒但也会利用天然的灾害把许多没

有准备好的生灵收入他的仓库。他已经研究过大自然的奥秘，并在上帝许可的范围之内，竭力控制这些自然的能力。当他得到许可去磨炼约伯的时候，约伯的牛群、羊群、仆人、房屋和儿女等，是多么迅速地一扫而尽，在一刹那间，灾难接二连三地降下来了。惟有上帝能保护祂所造的万物，并荫庇他们脱离毁坏者的势力。但基督教界已经表示轻蔑耶和华的律法，所以主必要照着自己所说的话去行，祂要从地上收回祂的福惠，并从那些背叛祂律法而又教导并强迫别人如此行的人身上撤回祂的保护。撒但必要统治一切不受上帝特别护卫的人。他要向某一些人赏恩，使他们兴旺，以便推进他的计划，但他也要使另一班人遭遇患难，同时叫他们相信，那使他们受苦的乃是上帝。

撒但一方面向世人显出自己是一个大医师，能医治他们所有的疾病，但另一方面他却把疾病和灾祸降在世上，直到许多人口稠密的大都市荒废冷落。就是今天，他仍在工作。在海洋与陆地上的许多意外事故和灾害中，在大火灾中，在剧烈的暴风和可怕的冰雹中，在暴风雨、水灾、旋风、浪潮和地震中，在各处地方，在千变万化的形式之下，撒但正在施展他的能力。成熟的庄稼被他一扫而光，饥荒和艰难就接踵而来。他分布致命的毒菌在空气中，使成千成万的人遭受瘟疫而死。这些灾害将要越久越多，也要越来越烈。毁灭要临到人类和走兽。“地上悲哀衰残，”“居高位的人也败落了。地被其上的居民污秽，因为他们犯了律法，废了律例，背了永约。”(赛24:4，5)

随后，那大骗子撒但要使人相信，这些灾祸都是那些侍奉上帝的人所招来的。那真正激动上天忿怒的一等人，要把自己所受的一切灾难归咎于那些顺从上帝诫命的人，因为他们顺从的行为对于犯法作恶的人乃是不断的责备。有人要宣布说，那些不守星期日的人已经得罪了上帝，所以招致这许多灾祸，而且除非人人严格执行星期日的律法，这些灾祸也不停止。他们还要说，那些宣传第四条诫命的人破坏了众人尊重星期日的心，所以他们是扰乱民心的，使众人不能重得上帝的喜悦和属世的昌盛。这样，那在古时控告上帝仆人的话要根据同样无理的借口重提出来。“亚哈见了以利亚，便说：使以色列遭灾的就是你么？以利亚说：使以色列遭灾的不是我，乃是你和你父家，因为你们离弃耶和华的诫命，去随从巴力。”(王上18:17，18)当民众听见那些诬告圣徒的话而被激怒时，他们就要效法叛道的以色列人而以从前对待以利亚的方法来对待上帝的使者。

那借着招魂术显出行神迹的权势必要行使他的势力，去攻击一切宁愿听从上帝而不听从人的人。邪灵要传出信息说，上帝已差他们来说服那些反对星期日的人，叫他们看出自己的错误。这些邪灵竭力声明世人应当遵守国家的律法，如同遵守上帝的律法一样。他们要因世人的罪大恶极而表示悲愤，并赞成宗教领袖们的见证说，社会道德的堕落是因为众人亵渎星期日的缘故。凡不接受这种见证的人必要惹起群众极端的忿怒。

撒但在这次与上帝的子民进行最后争斗中所用的策略，与古时他在天庭发动大争斗时所用的手段是一样的。那时他口头上说是要巩固上帝的政权，同时却暗地里力图把它推翻，但他还把自己努力进行的破坏工作诬赖到忠心的天使头上。在罗马教的历史中，也明白地显示出这同样的欺骗手段。他自称是天庭的代理人，同时却力图高举自己超过上帝，并想更改上帝的律法。在罗马教的统治之下，那些效忠福音的殉道者倒被斥为作恶的，被宣布为撒但的同盟者。罗马教用尽方法，诬以臭名，蒙以耻辱，使他们在民众眼中，甚至于在他们自己眼中，显明为穷凶极恶的罪犯。从前如此，现今也必如此。当撒但企图毁灭那些尊敬上帝律法之人的时候，他反要使他们被人控为犯法的，侮辱上帝的和使灾难临到世界的。

上帝从来不勉强人的意志和良心，但撒但用来控制他所无法诱惑之人的一贯办法，就是用酷刑加以压迫。他企图用恐吓或武力来控制人的良心，叫人崇拜他。为要达到这个目的，他便利用宗教和政治双方面的权威，鼓动他们故意冒犯上帝的律法去执行人为的律法。

一切遵守安息日的人要被斥为律法和治安的公敌，为破坏社会道德风纪，引起叛乱与败坏，并招惹上帝刑罚降在地上的罪魁。他们信仰方面的坚贞要被人斥为顽固、刚愎和藐视权威。人要控告他们犯了反抗政府的罪。许多否定上帝律法的传道人要在讲台上宣讲说，在上有权柄的，人人应当顺服，因为他们是上帝所命定的。在各地的法院和审判厅里，遵守诫命的人要被诬告并被定罪。恶人要给他们的言语染上虚伪的色彩，给他们的动机加以恶意的歪曲。

当一般的基督教会拒绝了圣经中维护上帝律法的清楚论据之后，他们便要竭力设法叫这些他们所无法用圣经推翻其信仰的人闭口住声。他们虽然闭眼不顾事实，但他们这时正在走一条路，其结果必使他们逼迫那些因信仰的缘故而不肯按照全基督教界所行的去行，又不承认教皇所立之伪安息日的人。

教会和政府中的要人将要联合一致，用贿赂、劝诱或强迫的手段，使人人都尊崇星期日。他们要用强迫人的法令来弥补星期日所缺少的上帝的权威。现今政治方面的腐败，正在破坏人的爱护公义和真理的心，所以就是在这爱好自由的美国，官长和议员为要博得众人的欢心起见，将要依从群众的要求，制定一条强迫人遵守星期日的律法。到了那时，那曾以极重的代价换来的宗教信仰自由便不再为人所尊重了。在这迫近的争斗中我们将要看见先知的话字字应验："龙向妇人发怒，去与她其余的儿女争战，这儿女就是那守上帝诫命，为耶稣作见证的。"（启12:17）

第三十七章
我们惟一的保障

“人当以训诲和法度为标准，他们所说的若不与此相符，必不得见晨光。”(赛8:20)上帝的子民应当以圣经作为自己的保障，借以抵挡假教师的势力和黑暗之灵的迷惑。撒但总要千方百计地不让人得到圣经的知识，因为圣经的明白启示完全揭露了他的欺骗。每当上帝的工作复兴时，魔王就要加紧活动，他现今正在竭尽全力与基督和祂的信徒作最后的决斗。最后的大骗局快要在我们面前展开了。那敌基督者将要在我们眼前施行他奇异的作为。他的赝造品将要与真的事物极为相似，以致若非借用圣经便无法辨明真伪。人必须以圣经的训诲为标准，去试验每一个学说和每一件奇事。

凡尽力要遵守上帝全部诫命的人将要受到世人的反对和嘲笑。他们只有靠着上帝，才能站立得住。为要忍受当前的试炼起见，他们必须明白圣经中所启示的上帝的旨意，他们必须先对上帝的品德、政权和旨意有正确的认识，并在行为上与之配合一致，然后才能知道如何尊敬祂。惟有那些以圣经的真理来巩固自己心灵的人，才能在最后的大斗争中站立得住。每一个人都要受到这种严重的考验:我是否要顺从上帝不顺从人呢？作决定的严肃时辰即将来到。试问，我们的脚是否立在上帝永不变更之真道的磐石上呢？我们是否准备在“上帝诫命和耶稣真道”的防线上坚立不移呢?

救主在被钉十字架之前，曾向门徒说明祂要被人置于死地，并要从坟墓里复活，当时有天使把这些话铭刻在他们的心中。但那时门徒正在希望挣脱罗马帝国的铁轭，所以他们对于自己一切希望所寄托的主将要受可耻之死的这个思想，颇难容受。因此他们把所应当牢记的话置于脑后，及至考验来到时，他们都没有准备。基督的死使他们的希望全归幻灭，好像是基督事先没有警告过他们一样。照样，先知的预言已经把未来的事明明白白地展开在我们面前，正如昔日基督的话向门徒展开一样。一切有关恩典时期结束的种种大事，以及应付大灾难时期的预备工作，主都已向我们清楚地揭明了。但有许多人根本不明白这些重要的真理，好像圣经没有把它启示给人一样。撒但准备随时消灭一切足以使人有得救智慧的印象，以致大艰难的时期来到的时候，他们还没有作好准备。

上帝所传给世人的警告既是那么重要，甚至用飞在空中的圣天使来形容传扬这警告的工作，因此祂要每一个负有理智的人注意这个信息。那要临到拜兽和兽像之人的可怕刑罚(见启14:9—11)应当使人人都殷勤研究预言，为要明白兽的印记是什么，并知道如何才能避免接受这个印记。可惜大多数的人对于真理置若罔闻，反而偏向邪说神话。使徒保罗展望到末日的情形说:“时候要到，人必厌烦纯正的道理。”(提后4:3)那个时候现在已经到了。现今大多数的人不欢迎圣经的真理，因为它干涉到他们爱好罪恶和贪爱世俗的私欲，于是撒但便要将他们所喜爱的欺骗提供给他们。

但是上帝必要有一等人在世上维护圣经，并专以圣经为一切教义的标准和一切改革的基础。学者的见解，科学家的推理，宗教会议的信条或议案，以及多数人的意见，这一切都不应该作为证据，来确定或反对任何一项宗教的信仰，何况宗派繁多，而各派所议定的教义更是五花八门呢。在接受任何道理或教训之前，我们应当查问明白，它是否以“耶和华如此说”为根据。

撒但经常设法使人的注意力转离上帝，而去注意人。他叫人仰望主教、牧师和神学教授们，作为他们的向导，而不愿亲自查考圣经来明白自己的本分。这样，撒但就能借着管理这些领袖的思想，去影响广大群众随从他的意旨。

在基督降世传讲生命之道的时候，一般民众都很欢喜听祂讲道，而且连许多祭司和官长也相信了祂。但祭司中的领袖和国内的首脑人物，却决意要制裁并弃绝祂的教训。他们设法寻找祂的把柄，虽然已经计穷力竭，他们自己虽然也感觉到祂的话里有上帝权能的力量和智慧，但他们依然固执偏见，拒绝那证明祂为弥赛亚的最明显的凭据，惟恐自己也不得不作祂的门徒。这些反对耶稣的人乃是百姓从幼年就习惯尊敬的，他们的权威是百姓素来所绝对服从的。因此百姓彼此相问说：“我们的官长和文士怎么不信耶稣呢？倘若祂真是基督，这些敬虔的人岂不一定要接纳祂么？”这些教师们的感化力终于使犹太全国拒绝他们的救赎主。

那鼓动祭司和官长们的精神，现今还是许多自夸敬虔之人所表现的精神。他们不肯查考圣经中有关现代特别真理的教训。他们只仗着自己人多、钱多、声望高，便轻看那些提倡真理的人，认为他们人少、钱少、没有声望，而他们的信仰又与群众脱节。

基督早已看到法利赛人和文士们那种僭越专权的作风，就是到了犹太人分散之后，还是不会消灭的。祂的先见之明早已看到这种高举人的权柄来辖制良心的作风，必将如何使历代的教会受到非常悲惨的祸害。祂对于文士和法利赛人所发的可怕斥责，和祂警告百姓不要随从这些盲目的领袖的话，都记在经中作为后世的警戒。

罗马教会把解释圣经的权利保留在神父手中。他们主张只有神父有资格去讲解圣经，所以不准一般平民阅读。虽然宗教改革运动已经把圣经提供给众人，但罗马教所主张的同一个原则还是影响了许多基督教徒，使他们不去自行查考圣经。他们所受的教训叫他们根据教会的解释去相信圣经，所以有千万人对于圣经中的教训，无论是多么清楚明显，只因与自己的信条不合，或与教会素常所守的教训不同，他们就不敢接受。

圣经虽然充满了劝人谨防假师傅的警告，但许多人还是把自己的灵性完全交给传道人去看守。今日有成千上万自称为信道的人对于自己所信的道理提不出任何理由，只说这是他们的宗教领袖所教导他们遵守的。他们对于救主的教训毫不注意，但对于传道人的话却诚心的信服。难道传道人是绝无错误的么？若非上帝的圣经证明他们真是传讲真光的人，我们怎可把自己的灵性随便交给他们去引领呢？有许多人因为缺少见义勇为的毅力，不敢偏离众人所循行的老路，因此就跟从了一些有学问之人的脚步。又因为他们懒得自行查考圣经，所以便被异端的锁链牢牢地捆住了。他们明明看到圣经所启示的合乎现时代的真理，他们也感受到在宣扬这真理所发挥的圣灵的能力，然而他们还是听从自己传道人反对的意见，而转离了真光。他们的理性和良心虽然认定那道理是真实的，但他们既受了迷惑，就不敢有什么与自己传道人意见不同的思想，他们自己的判断力和永久命运，都因别人的不信、骄傲和固执而断送掉了。

撒但用许多方法借着人的感化力去捆绑他的俘虏。有许多人因为与一些基督十字架的仇敌发生密切的关系，撒但就借此笼络他们。这种关系各有不同，或父母、或子女、或夫妻、或社交等等，但其结果却是一样的。真理的敌人既尽力设法辖制人的信仰，那些受他们影响的人就没有充分的毅力、独立的精神，去依照自己所认定的责任行事。

上帝的真理和祂的荣耀是分不开的。我们既有圣经在自己的掌握中，就不能再用错误的意见来荣耀上帝了。有许多人说，只要人的生活端正，他的信仰如何是无关紧要的。殊不知人的生活乃是他的信仰所陶冶的。如果光明和真理是我们所能找到的，而我们却不利用听聆和研究真理的上好权利，我们实际上就是拒绝真理，也就是爱黑暗过于爱光明了。

“有一条路，人以为正，至终成为死亡之路。”(箴16:25)人既有机会可以明白上帝的旨意，就不能以蒙昧无知作为犯罪作恶的借口。譬如一个人出门旅行，到了一个十字路口，看见那里有一块路牌指明每条道路通到何方。如果他不注意那路牌而走上自己所以为正的路上，纵使他是极其诚心实意地走，但结果总不免要发现自己是走错路了。

上帝已经把祂的圣经赐给我们，使我们可以熟悉其中的教训，并亲自查明祂对我们的要求是什么。从前有律法师来问耶稣说："我该作什么才可以承受永生？"救主便指着圣经对他说："律法上写的是什么？你念的是怎样呢？"无论老少都不得以蒙昧无知为借口，以求避免干犯上帝律法的刑罚，因为在他们手中的圣经详细说明上帝律法的原则和要求。他们存心为善，却是不够的，单照自己所以为是正的，或传道人所说是正的去行，也是不够的。这有关每人自己灵性的得救问题，所以人人必须亲自去查考圣经。不管他自己的信念是多么坚强，也不管他怎样确信某一个传道人是明白真理的，这都不能作为他的立足点。他既有一幅指明天国路程的图表，他就不应该凭空臆测了。

每一个有理性的人的首要和最高的任务乃是在圣经中查明什么是真理，然后行在光中，并鼓励别人去效法他的榜样。我们应当每天殷勤研究圣经，仔细揣摩其中的每一个思想，以经文对照经文。靠着上帝的帮助，我们必须自己作出结论，因为人人必须在上帝的台前为自己作交代。

圣经中最明显的真理已经被一些有学问的人笼罩在怀疑黑暗之中了。他们自以为大有智慧，便教训人说，圣经有一种奥妙而神秘的灵意，是不露在字面上的。这等人乃是假师傅。耶稣曾论到他们说："你们不明白圣经，也不晓得上帝的大能。"(可12:24)

圣经中的话，除了一些明显是采用表号或比喻之外，都应当按照其明白的意思解释。基督已经应许说："人若立志遵着祂的旨意行，就必晓得这教训。"(约7:17)人们若能按照圣经字面上的教训去行，同时也没有假师傅在旁引诱并混乱他们的思想，那就必能完成一番足以使众天使欢乐的工作，而现今那些还在谬论之黑暗中流浪的人，也必成千成万地归入基督的羊圈了。

我们应当尽一切的智力去研究圣经，并在人的悟性所能及的范围之内竭力明白上帝深奥的事。同时也不要忘记，我们必须有孩童般的温良和顺服的心，这就是学者的真精神。圣经的难题断不能用解决哲学问题的方法去解释。我们不应当以自恃的心去研究圣经，如同很多人研究科学的态度一样。却当存祈祷和依靠上帝的心，并要诚心愿意明白祂的旨意。我们应当存一种虚心领教的精神，向那伟大的"自有永有"者求得知识。否则，恶使者就要蒙蔽我们的思想，并使我们的心地刚硬，以致不能领受真理的感应。

圣经中有许多章节是有学识的人所认为奥妙莫测或无关紧要的，但对一班在基督门下受过教化的人，这些章节却充满了安慰和教益。许多神学家之所以不能更明白圣经，其中一个缘故乃是因为他们故意闭眼不看自己所不愿实行的真理。人对圣经真理的认识，并不全赖乎智力的运用，而是最需要纯正的宗旨，就是热切爱慕正义的心。

无论何时去研究圣经，必须先祈祷。只有圣灵能使我们体会到圣经中一些容易明白的教训是何等重要，并阻止我们不致曲解圣经中深奥难懂的真理。圣天使的职务乃是要预备我们的心去领会上帝的话，以致我们能欣赏其中的优美，领受其中的警告，并因其中的应许而得到鼓舞和力量。我们应当像诗人一样的祈祷说："求你开我的眼睛，使我看出你律法中的奇妙。"(诗119:18)信徒之所以往往无力抵抗试探，乃是因为他们忽略了祷告和查经，以致在受试探时，不能立时记起上帝的应许，并以圣经的武器去应付撒但。但天使要在那些愿意领受上帝教训之人的周围，并要在最紧要的时候使他们想起所需要的真理。这样，当仇敌如同急流的水冲来时，耶和华的灵必要把他驱逐出去。(见赛59:19)

耶稣应许祂的门徒说："但保惠师，就是父因我的名所要差来的圣灵，祂要将一切的事指教你们，并且要叫你们想起我对你们所说的一切话。"(约14:26)但我们必须先将基督的教训藏在心中，以便在危

险的时候圣灵可以帮助我们回想起来。大卫说:“我将你的话藏在心里，免得我得罪你。”(诗119:11)

凡以自己的永生幸福为宝贵的人，应当谨防怀疑主义的侵入。一切真理的柱石将要受打击。近代无神主义的讥刺、巧辩，以及阴险狡猾而含有毒素的教训真是无孔不入，使人无法避免其影响。撒但能用各种各式的试探去配合各等各色的人。他以戏弄和嘲笑来攻击没有学识的人，而以科学的反驳和哲学的推理来应付受过教育的人，其结果都是一样地叫人不信或轻看圣经。现在连一些经验浅薄的青年人也要擅自疑惑基督教的基本原理呢，这等青年的无神主义者虽然见识肤浅，却也有其影响。许多人竟因此而被引诱去藐视自己祖先的信仰，并亵渎恩典的圣灵。(见来10:29)常见一些前途远大，很可以荣耀上帝并造福同胞的人，后来竟因不信之风变为腐败。凡信赖人的理智所作出的夸大主张，并以为自己很会解释上帝的奥秘，又能不求助于上帝的智慧而明白真理的人，都是撒但罗网中的掠物。

我们现今正处在世界历史最严重的时期。地上亿万人的命运行将永远决定了。我们自己来生的幸福以及别人的得救或灭亡，全在乎我们现在所遵循的途径。我们需要真理之灵的引导。每一个跟随基督的人应当恳切求问说:“主啊，你要我作什么呢?”我们需要在主面前谦卑、禁食、祈祷，并多多默想祂的话，尤其是关乎审判的每一幕情景。我们现今应当在一切有关上帝的事上寻求深刻而活泼的经验，不容稍懈。许多极其重大的事件正在我们的周围发生。我们现今正处在撒但施行魔力蛊惑人心的范围之内。上帝的守望者啊，不可贪睡！仇敌正在旁边埋伏，等待机会，何时你松懈昏迷，他就要一跃而出，把你掳去。

许多人自欺，不明白自己在上帝面前的真情实况。他们因为自己没有作过错事而自命清高，却没有想到自己曾疏忽了上帝所要他们去行的善事。他们单作上帝园中的树木是不够的，他们必须迎合上帝的希望而结出果子来。他们原可以靠上帝的恩典所加给他们的力量去行许多善事，但他们若在这事上疏忽了，上帝就必追讨他们的罪。在天上的记录册中，他们要被定为白占地土的。然而就是这等人，也不是完全没有希望的。那位存心忍耐，满有怜爱的上帝对于那些轻看祂慈悲并滥用祂恩典的人，还是劝告说:“你这睡着的人当醒过来，从死里复活，基督就要光照你了。你们要谨慎行事，要爱惜光阴，因为现今的世代邪恶。”(弗5:14—16)

及至试炼的时期来到，凡以圣经为自己生活准则的人就必显露出来。在夏天，常绿树和一般的树木之间没有什么显著的区别，但冬季的风霜一到，常绿树没有改变，而其它的树木则叶落枝枯了。照样，一班有名无实的基督徒，现今与真实的基督徒或许难以分明，但他们中间的区别很快就要显明了。何时反对兴起，而宗教偏见再度活跃，以致逼迫重新燃起，那心怀二意假冒为善的人就要动摇起来，而放弃信仰。但真实的基督徒却要站立稳固，坚如磐石，他的信心与希望反要比平安顺利的日子更为坚强，更放光明。

诗人说:“因我思想你的法度。”“我借着你的训词得以明白，所以我恨一切的假道。”(诗119:99，104)

“得智慧得聪明的，这人便为有福。”“他必像树栽于水旁，在河边扎根，炎热来到，并不惧怕，叶子仍必青翠，在干旱之年毫无挂虑，而且结果不止。”(箴3:13；耶17:8)

第三十八章
最后的警告

“此后，我看见另有一位有大权柄的天使从天降下，地就因他的荣耀发光。他大声喊着说：巴比伦大城倾倒了，倾倒了！成了鬼魔的住处和各样污秽之灵的巢穴，并各样污秽可憎之雀鸟的巢穴。我又听见从天上有声音说：我的民哪，你们要从那城出来，免得与她一同有罪，受她所受的灾殃。”(启18:1，2，4)

这段经文预指一个时期，就是启示录第十四章第二位天使(见启14:8)所传巴比伦倾倒的警告将要重新被传扬的时候，同时还要提述自从一八四四年夏季开始传扬这信息以来，侵入巴比伦各团体中的许多腐败现象。这里形容到宗教界中所存在着的可怕状况。世人每次拒绝真理，他们的思想就越为黑暗，心地也就越为顽固，直到他们完全大胆不信为止。他们要反抗上帝所赐的警告，并要继续践踏十诫中的一条，直到他们还要逼迫那些尊重这诫命的人。人轻看基督的真道和祂的子民，就等于否认基督。当一班教会接受招魂术的教训时，那抑制人情欲之心的力量就要撤回，人便要以宗教的外衣掩饰那最卑劣的罪行。人既相信招魂术，这就必为那引诱人的邪灵和鬼魔的道理敞开门户，这样，恶使者的势力就必在各教会中发动了。

在这预言所指的时期中，圣经提到巴比伦的情形说，“她的罪恶滔天，她的不义，上帝已经想起来了。”(启18:5)她的恶贯已经满盈，所以毁灭快要临到她了。但上帝还有一班子民在巴比伦城中，所以在祂降罚之前，这些忠诚分子必须被呼召出来，“免得与她一同有罪，受她所受的灾殃。”因此必要发起一个运动，正如这位天使所象征的，他是从天上来的，以荣光照耀全地，并大声呼叫，宣布巴比伦的罪恶。随着他的信息有呼召发出说：“我的民哪，你们要从那城出来。”这些宣告要与第三位天使的信息联合起来，成为那要传给地上居民的最后警告。

全世界所面临的结局是极其可怕的。地上的掌权者将要联合一致来反对上帝的诫命，并要下令“叫众人，无论大小贫富，自主的、为奴的，”(启13:16)都要遵守伪安息日来表示尊重教会的习惯。凡不肯顺从的人都要受法律的制裁，最后还要宣布他们是该受死刑的。但在另一方面，上帝的律法却吩咐人遵守创造主的安息日，并向一切违背的人宣布上帝的忿怒必要降在他们身上。

在这结局的关键如此明白地摆在众人面前之后，无论何人，若是践踏上帝的律法去顺从人的法令，就是受了兽的印记。因为他既不顺从上帝，而又自愿顺从另一个权势，所以就是受了效忠于那权势的记号。从天上来的警告说：“若有人拜兽和兽像，在额上或在手上受了印记，这人也必喝上帝大怒的酒，此酒斟在上帝忿怒的杯中纯一不杂。”(启14:9，10)

但非至一个人的思想和良心对这问题的实情真相有了充分的认识，上帝的忿怒是不会这样临到他身上的。有许多人一直还没有机会听到现代的特殊真理。遵守第四诫的本分还没有向他们显明其真实的意义。那能看透人心并鉴察人一切动机的上帝，不愿让一个愿意明白真理的人对于这大斗争的结局有所误会。那叫人遵守上帝律法的命令，绝不致在众人蒙蔽无知的时候贸然加在他们身上。人人都要有充分的亮光，以便作有意识的决定。

安息日必要作为忠诚的大试验，因为它是特别引起人争辩的真理。当这最后的试验临到世人的时候，在侍奉上帝和不侍奉上帝的人之间，就必划清界限。人若顺从政府的法令去守伪安息日而违犯第四诫，那就要证明他乃是忠于那反对上帝的权势，同时那依照上帝的律法遵守真安息日的人就此表明自己是效忠创造主的。在一等人接受那服从地上掌权者的记号而受“兽的印记”时，另一等人则拣选那效忠上帝权威的记号而受了“上帝的印记”。

这时以前，那些宣讲第三位天使信息的人时常被人看为是一班无故惊扰社会的杞忧家。他们预言说，美国政府将要统制宗教，施行压迫，又说教会要与政府联合来逼迫守上帝诫命的人，这些话常被人看为是没有根据的胡言乱语。曾有人肯定的说，美国永不会改变她历来所抱的宗旨——就是作宗教自由的捍卫者。但及至强迫人守星期日的运动广泛展开时，这久已被人怀疑不信的大事竟显然要实现了，到那时，第三位天使的信息必要产生一种空前的效果。

在每一个世代中，上帝都曾差遣祂的仆人在社会上并在教会中斥责罪恶。但人们总喜爱听一些悦耳的话，而不肯接受纯正赤诚的真理。许多改革家在开始工作的时候，曾决定用极审慎的方法去抨击教会和国家的罪恶。他们盼望能用一种纯正基督徒生活的模范来引导人归向圣经的真道。但是上帝的灵竟临到他们如同临到以利亚一样，激动他去指责暴君和逆民的罪，他们不能自禁，不能不传圣经明言的真理——就是他们本来不愿意讲的道理。他们乃是被迫去热心传扬真理和那临到众人头上的危险。于是上帝所传给他们的话，他们便毅然决然地讲了出来，叫人们不得不听到警告。

第三位天使的信息也必这样传开。及至这个信息以最大的能力传开的时候，上帝要用卑微的器皿为祂做工，祂要引导那些献身为祂服务之人的意志。这些工人的资格多半出于圣灵的恩膏，而少由于学校的训练。大有信心和恒切祷告的人要受激奋而以圣洁的热忱出去宣讲上帝所交给他们的信息。巴比伦的罪恶都要暴露出来。那用政治权力来强迫人遵守教规的可怕结果:招魂术的侵入，教皇势力的潜长急进，这一切事实都要被揭露了。因了这些严重的警告，众人就要深受感动。成千上万从来没有听过这样道理的人这时就要倾听了。他们要惊异地听人见证说，巴比伦就是那因自己的异端和罪恶，又因拒绝上天所赐的真理而堕落的教会。然而这些人要往他们从前的教师那里切心询问说，这些事果然如此么？那时他们的传道人就要说出一些虚谎的话，预言悦耳的事来抚慰他们的恐惧，并镇静他们那惊觉了的良心。但是既有许多人不满意这些仅以人的权威为根据的话，并要求一个坦白的“耶和华如此说”的答复，那班专讨人喜欢的传道人便要像古时的法利赛人一样，因为有人怀疑他们的权柄，就满怀愤怒，申斥这信息是出于撒但的，并要鼓动那喜爱罪恶的群众起来嘲骂逼迫那些传扬警告的人。

当这斗争发展到新的地区，唤起众人去注意那被人践踏的上帝律法之时，撒但就要大大活动起来。那警告所带来的能力徒使那些反对的人震怒如狂。各教会的教牧人员必要用出几乎超人的力量来阻拦真光，免得它光照他们的羊群。他们要尽一切方法制止人讨论这个重大的问题。各教会要请求政治权力的臂助，而且在这种工作上，罗马教徒与改正教徒要联合起来。当这强迫人守星期日的运动愈演愈烈的时候，国家就要执行律法来逼迫那些遵守上帝诫命的人。人要以罚款和监禁去威胁他们，也有人要用地位和其他的奖励与利益来诱惑他们，要他们放弃信仰。但他们始终如一的回答乃是:“请从圣经中指出我们的错误来。”——这就是从前路德马丁在同样情况中所说的话。那些被传到法庭的人要为真理作强有力的辩证，并使一些听众立志遵守上帝的全部诫命。这样，亮光就必临到千万没有其他方法得知这些真理的人。

凭着良心顺从圣经的人要被斥为叛徒。人们的眼光要被撒但所蒙蔽，作父母的要用严酷凶狠的手段来对待信从真理的儿女，男女主人也要压迫那遵守诫命的仆人。人的感情要疏远冷淡了，作儿女的要被父母逐出家庭，断绝亲子关系。保罗的话将要字字应验:“凡立志在基督耶稣里敬虔度日的，也都要受逼迫。”(提后3:12)在拥护真理而不肯尊敬星期日的人中，有一些要被投入牢狱，有一些要被放逐，也有一些要受奴隶的待遇。按着人的智慧看来，这一切情形在现代似乎是不可能发生的。但及至上帝约束人心的灵从人间撤回之后，世人就要受那恨恶上帝律法的撒但的管辖，那时必有非常的情形出现。世人心中既然丧尽了敬畏和爱慕上帝之念，他们就会变成极度残忍而无情的了。

在这次暴风雨临近的时候，必有许多素来承认相信第三位天使信息而未曾借着顺从真理而成圣的人要放弃他们的立场，去加入反对真理的队伍。这等人因久与世界联合，已感染到它的精神，以致对于一切问题的看法几乎和世人完全相同。及至试炼临到，他们就要随波逐流，拣选那容易走的道路。一些多才多艺，能言善辩的人，一度曾因真理而欢喜，这时却要用他们的才能去欺骗并诱惑人。他们要成为从前同道弟兄的最狠毒的敌人。当遵守安息日的人被带到公庭上为他们的信仰辩护时，这些背道者要成为撒但最得力的爪牙工具，诬蔑他们，控告他们，并利用明枪暗箭激动官长去反对他们。

在这种逼迫之中，上帝仆人的信心要受到试炼。他们已经忠心传扬警告，专一仰望上帝和祂的道。上帝的灵感动了他们的心，激发他们去作证。他们为圣洁的热忱所鼓舞，为上帝的能力所驱策，便勇往直前，尽到自己的本分，而没有事先冷静地考虑他们向众人述说上帝所赐给他们的话将有什么后果。他们没有顾及今生的利益，也没有设法保全自己的名誉或生命。但在反对的暴风雨向他们爆发的时候，其中有些人不免被惶恐所压倒，并说："早知说话的结果如此，我们就该守口如瓶了。"他们被许多艰难所围困了。撒但用凶猛的试探向他们进攻。他们所下手进行的工作似乎远非他们的力量所能胜任。他们受到毁灭的威胁，那曾鼓舞他们的热忱，这时已经消沉了，然而他们也不能退后。那时，他们感觉自己完全软弱无能，便要逃到大有权能者那里去求力量。他们记起自己先前所讲的话并不是出于自己，而是出于那派他们去警告的主。那把真理放在他们心中的乃是上帝，所以他们不得不传。

过去各世代中的上帝的子民，也曾经历过这同样的试炼。威克里夫、胡斯、路德、廷达尔、巴克斯特、卫斯理等人，都曾主张必须用圣经的标准来检查一切的道理，并宣称凡圣经所否定的，他们都要放弃。仇敌对于这些人进行残酷无情的逼迫，但他们却没有停止传讲真理。教会历史中的各时代，都有特别符合当时代上帝子民之需要的真理发挥出来。每一个新的真理都是冒着恨恶和反对而向前迈进的，凡领受它的亮光而蒙福的人，都曾受过试探和磨炼。每逢有非常危急的时候来到，上帝总有一个特别的真理赐给祂的子民。谁敢不宣讲呢？主既吩咐自己的仆人把这恩典的最后邀请传给全世界。他们若闭口不言，就有祸了。基督的使者，不必考虑事情的后果，他们必须执行自己的任务，把后果问题留给上帝去处理。

在反对的势力愈演愈烈的时候，上帝的仆人们又感到困恼了，因为在他们看来，似乎危机是他们造成的。但良心和圣经却证明他们的行径是对的，所以虽然那试炼有增无已，他们却能加强力量，可以忍受得住。这场斗争越来越紧急，越剧烈，但他们的信仰和勇气却随着危机而增长。他们的见证是："我们不敢妄改上帝的圣经，或划分祂圣洁的律法，说这一部分重要，那一部分不重要，借以博取世人的欢心。我们所侍奉的主是能拯救我们的。基督已经胜过世上的权力，难道我们还怕这个已被击败的世界么？"

各种各式的逼迫都是从一个原则发展出来的，只要撒但一天存在，只要基督教一天不失去它的活力，这个原则也必存在一天。人不能侍奉上帝而不同时招惹黑暗大军的反对。恶使者必要来攻击他，因为看到他的感化力把他们的俘虏夺去。世人既因他的榜样而受到责备，便要与恶使者合作，设法用种种引诱使他远离上帝。这些方法既不成功，他们就要运用强权来胁迫他的良心。

但只要耶稣还在天上圣所中为人类作中保，世上的官长和民众仍要受圣灵的限制。现今圣灵还多少影响着人间的法律。若是没有这些法律，世界的局势就要比现今远为恶劣。虽然在官长中有许多是撒但的积极代理人，但在国家的领袖之间上帝也有祂的代理人。仇敌撒但时常鼓动自己的仆人发起一些足以使上帝的工作大受拦阻的法令，但一些敬畏上帝的政治家却受到圣天使的感化，就用无可辩驳的论据来反对这一类的提案。这样，很少的几个人就能挡住强大的罪恶狂澜。真理之敌的反对势力必要受到约束，让第三位天使的信息可以完成它的工作。当这最后的警告被人传开的时候，它就必引起现今上帝所使用的领袖们的注意，其中也必有一些人接受这警告，并在大艰难的时期中与上帝的子民站在一起。

那与第三位天使联合传扬其信息的另一位天使将要用他的荣耀照亮全世界。这话预言到一种普及全球的工作和非常的能力。一八四〇至一八四四年的复临运动仍是上帝能力的光荣显现，第一位天信的信息曾传遍世上一切有福音传到的地方，并在一些国度中引起了极大的宗教奋兴，乃是从第十六世纪宗教改革以来所未曾有过的。然而在传扬第三位天使最后警告时所发起的伟大运动却要超过这一切。

这工作将要像五旬节的工作一样。在开始传福音的时候，圣灵的“早雨”曾沛然下降，使那宝贵的种子发芽生长。照样，在福音结束的时候，圣灵的“晚雨”也要降下，使庄稼成熟。“我们务要认识耶和华，竭力追求认识祂，祂出现确如晨光，祂必临到我们像甘雨，像滋润田地的春雨。”(何6:3)“锡安的民哪，你们要快乐，为耶和华你们的上帝欢喜，因祂赐给你们合宜的秋雨，为你们降下甘霖，就是秋雨、春雨，和先前一样。”(珥2:23)“上帝说，在末后的日子，我要将我的灵浇灌凡有血气的。”“到那时候，凡求告主名的，就必得救。”(徒2:17，21)

在福音大工结束时，上帝能力的显现并不逊于福音开始宣传的时候。在福音开始，“早雨”沛降时所应验的预言，还要在福音结束，“晚雨”沛降时再次应验。这就是使徒彼得所仰望的“安舒的日子”，他说:“所以你们当悔改归正，使你们的罪得以涂抹，这样，那安舒的日子就必从主面前来到，主也必差遣所预定给你们的基督耶稣降临。”(徒3:19，20)

上帝的仆人因献身归主而脸上焕发圣洁的光辉，到处奔波，传扬那从天上来的信息。这警告要借着成千上万之人的声音传遍全球。信徒要行神迹，医治病人，并有异能奇事随着他们。同时撒但也要施行虚假的奇事，甚至在人面前，叫火从天降下来。(见启13:13)这样，世上的居民就必须决定自己要站在哪一边了。

这信息的传开，要少靠辩论，多靠上帝的灵使人心深深感服。真理的论据早已有人说明了，真理的种子早已有人撒出了，这时就必生长结实。福音工作者所散的印刷品已经发挥了它们的感化力。虽然当时有许多人受了感动，但因为种种拦阻，未能完全了解真理，也没有顺从上帝。到了此时，真理的光辉深入各处，他们就要清清楚楚地看明真理，于是上帝一切忠诚的儿女就要挣脱那羁绊他们的绳索。家属的牵连，教会的关系，到此都不足以挽留他们了。他们要看真理比一切更为宝贵。虽然很多的势力要团结起来反对真理，但还是有一大群人决心要站在上帝一边。

第三十九章
大艰难的时期

“那时，保佑你本国之民的天使长米迦勒必站起来，并且有大艰难，从有国以来直到此时，没有这样的。你本国的民中，凡名录在册上的，必得拯救。”(但12:1)

在第三位天使的信息结束的时候，便不再有为世上罪人求恩的了。那时，上帝的子民已经完成他们的工作。他们已经领受“晚雨”，“安舒的日子”已经从主面前来到，他们已经为当前的试炼时期作好准备。众天使在天上来来往往。有一位天使从地上回来，宣告他的工作已经完成。最后的试验已经临到世人，而且已证明自己是忠于上帝诫命的人已经受了“永生上帝的印记。”于是耶稣就停止祂在天上圣所里的中保工作。祂举起手来，大声说，“成了。”当时全体天军都摘下自己的冠冕，敬听主作严肃的宣告说:“不义的，叫他仍旧不义；污秽的，叫他仍旧污秽；为义的，叫他仍旧为义；圣洁的，叫他仍旧圣洁。”(启22:11)每一个人的案件都已作了或生或死的决定。基督已经为祂子民作了赎罪的工作，涂抹了他们的罪恶。祂子民的数目已经满足了。“国度、权柄和天下诸国的大权，”将要赐给那承受救恩的人，同时耶稣也要作万王之王、万主之主了。

当祂离开圣所的时候，黑暗就要蒙蔽全地的居民。在这可怕的时期，义人必须自己站在圣洁的上帝面前而再没有一位中保为他们代求。那约束恶人的灵已经收回，撒但就要完全控制那些始终不肯悔改的人。上帝的忍耐已经到了尽头。这世界已经拒绝祂的恩典，藐视祂的慈爱，并践踏祂的律法。恶人已经跨过了他们蒙恩时期的界线，上帝的灵既然被他们一味地拒绝，现在已经收回了。他们既没有上帝恩典的保护，便无法脱离那恶者的手。这时撒但要把世上的居民卷入一次最大最后的艰难之中。当上帝的使者不再抑制人类情感的狂焰时，一切足以引起纷乱斗争的因素都要发动了。全世界要陷入一次巨大的毁灭，比较昔日耶路撒冷的灾祸更为可怖。

古时，一个天使击杀了埃及国一切的长子，使全地充满了哀哭的声音。在大卫核点民数而得罪上帝的时候，也只有一位天使来处罚他的罪，使国中遭受惨怖的毁灭。圣天使在上帝命令之下所施行的破坏，恶使者在上帝许可之下也必施行。现在已经是剑拔弩张的局面，只待上帝许可，遍地就要遭受毁灭。

那些敬重上帝律法的人已被控告为使刑罚临到世界的人，他们也要被视为一切灾害的祸根，就是引起自然界可怖的灾异和人世间流血的惨剧，使地上充满祸患的人。最后的警告所发挥的能力已经使恶人恼怒，他们痛恨一切接受这信息的人，而且撒但还要火上加油，使世人仇恨与逼迫的精神越为炽烈。

当上帝的灵最后离开犹太国的时候，祭司和民众却不知道。虽然他们处于撒但的控制之下，并受最残酷而恶毒的情绪所支配，但他们还自以为是上帝的选民。圣殿里的礼节还是照旧奉行，祭牲照旧献在已被污秽的祭坛上，祭司们每日照旧祈求上帝赐福给那染了上帝爱子之血而同时还在设法杀害祂仆人和使徒的子民。照样，正当天上圣所中宣布那无法挽回的判决，而这世界的命运已经永远决定的时候，地上的居民也是不知道的。上帝的圣灵已经最后收回了，但那些人还是照旧举行宗教礼拜，而且邪恶之君所用以鼓动恶人去完成他毒计的热忱，看上去倒像是为上帝发热心呢。

安息日的问题已经成为全基督教界斗争的焦点，宗教和政治的权威已经联合起来要强迫人遵守星期日。那时，少数坚决不肯服从群众之要求的人，便要普遍地成为憎恶和咒骂的目标。有人要鼓动说，对于少数反对教会制度和国家法令的人不应予以宽容，宁可让他们受苦，免得全国陷于混乱和无法律的状态之中。在一千八百多年前，犹太“治理百姓的，”也曾拿这同一个论据来反对基督。那狡猾的该亚法说:“独不想一个人替百姓死,免得通国灭亡,就是你们的益处。”(约11:50)这一个论据要显为非常合理,最后便有命令发出,制裁那些尊第四诫之安息日为圣的人,斥责他们为应受最严厉处分的人,并指定一个期限,让众人在期满之后,得以自由把这些人置于死地。旧大陆的罗马教和新大陆背道的基督教都要采取一致的行动,去对付那些尊重全部神圣诫命的人。

这时,上帝的子民要被卷入困苦和患难之中,就是先知所形容“雅各遭难的时候。”“耶和华如此说:我们听见声音,是战抖惧怕而不平安的声音。脸面都变青了呢?哀哉!那日为大,无日可比,这是雅各遭难的时候,但他必被救出来。”(耶30:5—7)

雅各在那惨痛的一夜为脱离以扫的手而“摔跤”祈祷(见创32:24—30)乃预表上帝的子民在大艰难时期中的经验。雅各因骗取父亲所打算赐给以扫的福,就因他哥哥凶狠的威吓而逃命。在流亡他乡多年之后,他便遵照上帝的吩咐带着妻子儿女,羊群和牛群,起身转回故土。及至到了本乡的边界时,他便满心恐慌,因为听说他的哥哥以扫带有一队战士迎面而来,无疑地是要报仇雪恨。雅各这一队人既无武装,又无防御,显然要沦为强暴与屠杀的可怜牺牲品了。这时,他除了焦虑和惧怕之外,还有自责自恨的重担压在心上,因为这次的危险乃是他自己的罪所招来的。他的惟一希望乃是上帝的怜悯,他的惟一保障就是祷告。虽然如此,他还是尽到自己的力量,去向哥哥认错求和,以避免临头的危险。照样,基督徒也应在艰难的时期临近时,尽量在众人面前把真情实况阐明,为要消除偏见,并避免那威胁良心自由的危险。

雅各在打发他的家属前行,使他们不得看见他的忧愁之后,他便单独留在后面向上帝祈求。他承认自己的罪,并感谢上帝所赐给他的恩典,同时也深自谦卑地申述上帝与他列祖所立的约,和主在伯特利夜间的异象中,以及在他逃亡之地向他所发的应许。他一生的危机已经来到,形势严重,千钧一发。在黑暗与孤寂之中,他继续祈祷,在上帝面前自卑。忽然有一只手按在他的肩头上,他以为是仇敌来寻索他的命,他就使出全身的力量与这个敌人拼命摔跤。及至天快亮的时候,那个陌生的人用他超人的力量一摸他的对手,强壮的雅各就似乎全身瘫痪了,他便软弱无力地伏在那神秘的敌人颈项上哭泣。这时他才晓得这同他摔跤的乃是立约的天使。雅各虽然毫无能力,而且极其疼痛,但他还是不放弃自己的宗旨。他已经长久因自己的罪而忍受困惑、痛悔和苦恼,现在他必须得到蒙赦免的保证。这位神圣的访问者似乎要离开了,但雅各却拉着他,求他祝福。天使催着说,“容我去吧,因天黎明了。”但这位先祖却请求说,“你不给我祝福,我就不容你去。”这里所显示的是何等的信赖、坚毅和恒忍!倘若这是一种自夸或僭妄的要求,雅各就不免要立刻被除灭,但他所表现的乃是一颗赤心:承认自己的软弱和不配,而依然信赖守约之上帝的恩典。

他“与天使较力,并且得胜。”(何12:4)借着自卑、痛悔和献身,这个有罪、犯错而必死的人竟然得胜了天上的主宰。他曾用战战兢兢的手紧紧握住上帝的应许,而无穷慈爱的主不能拒绝这个罪人的恳求。为要标志他的胜利,并鼓励别人效法他的榜样起见,他的名字就改变了,把那叫他想起自己罪恶的名字改为一个记念他胜利的名字。雅各既“得胜”了上帝,这就保证他也必得胜世人。他不再惧怕去应付他哥哥的忿怒了,因为上帝已经作了他的保障。

撒但曾在上帝的众天使面前控告雅各,并因他的罪而声称自己有权毁灭他。撒但已经激动以扫前来攻击他,并且在这位先祖整夜角力时,设法用一种自知有罪的感觉压迫他,使他灰心,并折断他那握住上帝的手。雅各被迫濒于绝境,但他知道若没有从天上来的帮助,他就必灭亡。他已经真诚地悔改自己的大罪,并且祈求上帝的怜悯。所以他绝不转离自己的宗旨，却紧紧握住天使，并用热切和惨痛的哭声呈上他的恳求，直到他得了胜利为止。

撒但怎样鼓动以扫来攻击雅各，照样，他也要在大艰难的时期鼓动罪人起来毁灭上帝的子民。他从前如何控告雅各，将来也要如何控告主的百姓。他把全人类都看为自己的属下，只有少数遵守上帝诫命的人拒绝他的威权。如果他能把他们从地上除灭，他的胜利就必是完全的了。他看见有圣天使在保护他们，从此他推断他们的罪必是已蒙赦免，但他还不知道他们的案件在天上的圣所里已经决定了。他清楚地知道自己过去引诱他们犯了什么罪，这时他把这些罪夸大地罗列在上帝面前，并声称这些人应该像他一样被排除在上帝的恩眷之外。他声称上帝若赦免这些人的罪，而毁灭他和他的使者，那是不公平的。他主张这些人是他的俘虏，所以要求把他们交在他手中，任他除灭他们。

当撒但因上帝子民的罪而在祂面前控告他们时，主让他尽量试炼他们。他们对于上帝的信心，他们的忠心和坚毅将要受到严格的考验。当他们回顾自己的一生时，他们的希望消沉了，因为在他们的整个生活中简直看不出什么良善。他们充分认识自己的软弱和不配。撒但要恐吓他们，叫他们想自己是没有希望的，以为自己污秽的罪迹是永远不能洗除的。他希望能破坏他们的信仰，叫他们屈从他的试探，并不再效忠上帝。

虽然上帝的子民被那些决心要毁灭他们的仇敌所围困，但他们所感到的愁苦，还不是因怕为真理受逼迫，乃是怕自己还没有悔改一切的罪，或因自己的某一些过失而使救主的应许不能实现在他们身上：“我必在普天下人受试炼的时候，保守你免去你的试炼。”(启3:10)他们若能得到赦免的保证，就不怕受苦刑或死亡了。但如果他们不配作祂的子民，并因自己品格上的缺点而丧命，那么上帝的圣名就必受到羞辱。

他们从各处所听到的尽是背信的阴谋，所看到的尽是叛逆的积极活动，这使他们从心中发出一种迫切的渴望，希望这种大叛道早日结束，恶人的罪恶立即终止。但当他们祈求上帝制止这叛逆的工作时，他们也深深自责，因为他们没有更大的力量去抗拒并阻止这罪恶的洪流。他们感到如果他们过去用尽一切的才能来侍奉基督，并再接再厉地向前迈进，撒但的势力就不至于这么猖獗地攻击他们了。

他们在上帝面前刻苦己心，指出自己过去怎样为许多罪恶悔改，并提出救主的应许说：“让他持住我的能力，使他与我和好，愿他与我和好。”(赛27:5)他们并不因自己的祷告未能立时蒙允而失去信心。他们虽能感到深切的焦虑、恐惧和窘迫，但他们仍不停止祈祷。他们持住上帝的能力，正如雅各持住天使一样，他们心灵的呼声，乃是“你不给我祝福，我就不容你去。”

雅各过去若没有悔改那骗取长子权分的罪，上帝就不会垂听他的祈祷而慈怜地保全他的性命。照样，在大艰难的时期中，当上帝的子民因惧怕和痛苦而受折磨时，如果他们发现还有未曾承认的罪，他们就必站立不住，他们的信心必因绝望而消灭，他们就再没有把握祈求上帝拯救他们了。但事实上他们虽然深觉自己不配，他们并没有发现什么隐藏的罪。原来他们的罪已经“先到审判案前”被涂抹了，这时他们自己也想不起来了。

撒但引诱许多人相信，上帝必要放过他们在小事上的不忠心，但从主对待雅各的事上，我们可以看出祂绝不容忍罪恶。凡想原谅或遮盖自己的罪，并让它留在天上的案卷中未经承认也未蒙赦免的人，都要被撒但所胜。他们的表白越夸耀，他们的地位越尊贵，他们的罪在上帝看来就越为严重，而他们的大仇敌撒但所作的胜利也就越为确定了。凡迟迟不为上帝的大日作准备的人，绝不能在大艰难的时期之中，或在该时期之后，再有准备机会了。这一等人的案件都是没有希望的。

那些不为最后可怕的大斗争作准备的自命为基督徒的，将要在绝望之中用悔恨悲痛的话承认自己的罪，同时恶人要因他们的苦恼而欢喜雀跃。这些人的认罪同以扫和犹大的认罪是一样的，他们乃是为罪的结果，不是为罪的本身而悔恨。他们没有感觉真实的痛悔，也没有憎恨罪恶。他们之所以承认自己的罪，乃是因为惧怕刑罚，但他们正像古时的法老一样，只要刑罚一消除，他们就必转过来反抗上天。

雅各的历史也是一个凭据，证明凡受欺骗、遭试探并陷于罪恶之中的人，只要回头，真心悔改归主，上帝绝不丢弃他们。撒但虽然设法除灭这一等人，但上帝却要差遣天使在艰难中安慰并保护他们。撒但的袭击固然猛烈而坚决，他的欺骗固然可怕，但耶和华的眼目必眷顾祂的子民，祂的耳朵垂听他们的呼求。他们的苦难虽然惨重，熊熊的烈火似乎要烧灭他们，但那熬炼他们的主必要把他们从火中取出来，如同火炼的金子一样。上帝对祂儿女的爱心在试炼最剧烈的时候，和在顺利繁荣的时候是一样坚强而温慈的。但把他们放置于炉火中乃是必需的，他们那世俗化的成分必须焚烬，使基督的形像可以在他们身上完全反映出来。

我们需要一种能以忍受疲劳、迟延和饥饿的信心来应付那即将临到我们的忧患和痛苦的时期——这种信心纵然经受最惨重的试炼，也不至于衰退。上帝给人一个恩典时期，使人人都可以准备应付这未来的考验。雅各的得胜是因为他有恒心和决心。他的胜利说明了恳切祈祷的力量。凡能像雅各一样持守上帝的应许，并像他一样热切呼求坚持到底的人，必能像他一样成功。凡不愿克己，不愿在上帝面前挣扎，不愿恒切求主赐福的人，必一无所得。与上帝“角力”，能体会这一句话的人，真是寥寥无几！有几个人曾因渴慕上帝而不遗余力地寻求祂呢？当那说不出来的绝望之感，像浪涛一样猛然冲击祈求上帝的人时，又有几个人能以不屈不挠的信心持住上帝的应许呢？

那些在目前很少操练信心的人，将来最容易屈服于撒但诱惑的能力和强迫信仰的法令之下。即或他们经得起这种试炼，但他们在大艰难的时期却要被卷更深的忧患和痛苦之中，因为他们没有养成信赖上帝的习惯。他们现今所忽略信心的操练，他们必须在灰心绝望的非常压力之下从头学起。

我们现今就应当借着实验上帝的应许去认识祂。每一个真诚恳切的祈祷，天使都要记录下来。我们宁可放弃自私的享乐，而不可忽略与上帝交往。最贫困的环境和应克己的生活，只要得到上帝的喜悦，总比安富尊荣，高朋满座更有价值。我们必须恒心祈祷。如果我们让自己的思想专注于属世的事业上，上帝或许会挪去我们的美宅良田、金银财宝等偶像，使我们有功夫与祂亲近。

青年人若能远离歧途，而只行在他们所确信上帝能以赐福的道路上，他们就不至于受引诱而陷入罪恶之中了。现今那些向世人宣传最后严肃警告的福音使者若不是以冷淡、轻率和懒惰的态度，而能像雅各一样热切地凭着信心祈求上帝赐福，他们就必有许多的地方可以说：“我面对面见了上帝，我的性命仍得保全。”(创32:30)天庭也要看他们为“以色列”，有得胜上帝和世人的能力。

“从有国以来直到此时”所没有过的大艰难，很快就要在我们面前展开了，所以我们需要一种我们现今还没有，而许多人懒于寻求的经验。世间往往有一些艰难，实际上并不像所预料的那么严重。但这一个摆在我们面前的危机却不是这样，最生动的言语也不足以形容这一次的大考验于万一。在这个时期中，每一个人必须单独站立在上帝面前。“虽有挪亚、但以理、约伯在其中，主耶和华说，我指着我的永生起誓，他们连儿带女都不能救，只能因他们的义救自己的性命。”(结14:20)

现今，在我们的大祭司还在为我们赎罪的时候，我们应当追求在基督里得以完全。我们的救主就是在一个念头上，也从来没有屈服于试探的势力。撒但在人的心中总能找到立足之地，在那里总保留有一点罪恶的欲望，使撒但能发挥他试探的力量。但基督却论到自己说：“这世界的王将到，他在我里面是毫无所有。”(约14:30)

撒但在上帝儿子里面找不到什么可以使他胜过基督的余地。基督已经遵守天父的诫命，所以在祂里面没有罪恶可供撒但利用。这种条件乃是一切要在大艰难的时期中站立得住的人所必须具备的。

我们必须在今生借着信赖基督赎罪的宝血与罪恶脱离关系。我们可爱的救主邀请我们与祂联合，使祂的力量补足我们的软弱，使祂的智慧代替我们的愚昧，使祂的功劳遮盖我们的不配。上帝所引领的道路无异是我们的学校，使我们可以学习耶稣的柔和与谦卑。上帝为我们指明的途径不是我们自己所要选择似乎比较容易比较愉快的，而是那符合人生真宗旨的途径。我们的责任就是与上天的能力合作，这能力要使我们的品格与那神圣的模范相符。没有人能忽略或延误这种工作，而不在灵性上受到极可怕的危害。

使徒约翰在异象中听见从天上有大声音说:“地与海有祸了！因为魔鬼知道自己的时候不多，就气忿忿的下到你们那里去了。”(启12:12)那使天庭发出这种感叹的现象是极其可怕的。撒但的时间越短，他的忿怒就越大，所以他欺骗和毁灭的工作要在大艰难的时期中达到顶点。

不久天空要出现一种超自然的惊人现象，作为行奇事的魔鬼能力的表征。恶魔的灵将要出动到“普天下众王”那里，诱惑他们，并怂恿他们在反抗天上政权的最后斗争中与撒但联合。因这些恶灵的工作，统治者和一般平民都要受他的欺骗。有人要起来假冒基督，叫人把那应当归给世界救赎主的尊号敬拜归给他们。他们要行医病的神迹奇事，并声称自己有天上来的启示与圣经的见证相反。

这巨大的骗局之中最惊人的一幕乃是撒但亲自化装为基督。教会久已声称她仰望救主的复临，作为她一切希望的最后实现。这时那大骗子撒但便要出现，使人相信基督已经来了。撒但要在许多地方以辉煌和威严的姿态出现在人面前，好像先知约翰在启示录中所形容上帝儿子的样式。(见启1:13－15)他周围的荣光是肉眼所从来没有见过的。于是凯旋呐喊要响彻云霄，说:“基督已经来了！基督已经来了！”众人要俯伏在他面前敬拜他，同时他要举起双手，为他们祝福，正像基督在世上为门徒祝福一样。他的声调优美、温柔、和婉。他也要用文雅慈祥的口吻，说出一些救主从前所发表亲切的属天的真理。他先治众人的疾病，最后便要冒基督的名宣称自己已经把安息日改为星期日，并命令人人都要守他所赐福的日子为圣日。他又说，那些坚持遵守第七日为圣的人正是亵渎了他的圣名，因为他们不听从他所差来带亮光与真理给他们的天使。这乃是最强烈而压倒一切的大欺骗。正如古时撒玛利亚人受了行邪术的西门的欺骗一样，许多的人，从最小的到最大的，都要信服这些邪术，说:这是“上帝的大能。”(徒8:10)

但上帝的真子民却不至于受迷惑，因为这个假基督的教训是与圣经不相符合的。他乃是为那些拜兽和兽像的人祝福；论到这一等人，圣经有话说，上帝纯一不杂的忿怒必要倾在他们身上。

再者，上帝也不准撒但伪装基督复临的真样式。救主已经警告祂的子民，在这一点上不要受欺骗，并且已经很清楚地预言到自己复临的样式，说:“因为假基督、假先知将要起来，显大神迹、大奇事。倘若能行，连选民也就迷惑了。若有人对你们说，看哪，基督在旷野里，你们不要出去；或说，看哪，基督在内屋中，你们不要信。闪电从东边发出，直照到西边。人子降临，也要这样。”(太24:24－27，31；25:31；启1:7；帖前4:16，17)这种降临的样式是撒但所无法假冒的，而是全世界的人所必定知道，必亲眼看见的。

惟有那些殷勤查考圣经，并“领受爱真理的心”的人，才能得蒙护庇不受这迷惑全世界的大欺骗。由于圣经的见证，这些人必能看穿欺骗者的伪装。这试验的时候将要临到每一个人。由于试探的淘汰作用，真实的基督徒就要显露出来。今日上帝的子民是否能坚立在圣经上，以致不屈从自己耳闻目睹的事情呢？在这危机之中，他们能不能固守圣经，以圣经为惟一的根据呢？撒但必要在可能的范围之内阻止他们，不让他们有功夫作准备，以便在那日来到时能以站立得住。他要布置环境拦阻他们的进路，用属世的财富来缠住他们，使他们担负沉重烦恼的担子，以致他们的心被今生的思虑所累。这样，那试炼的日子就必像贼一样的临到。

当基督教世界各国的执政者发布命令制裁守诫命的人，声明政府不再保护他们，并任凭那些希望看他们消灭的人肆意蹂躏的时候，上帝的子民便要从各城镇各乡村中，成群结队地迁居到极荒凉的偏僻之处。许多人要在山寨中找到避难所。像昔日皮德梦特山谷中的瓦典西信徒一样，他们要以地上的高处作他们的居所，并且为这“磐石的坚垒”感谢上帝。(见赛33:16)但从各国和各阶层中必有许多人，不分富贵贫贱，不论肤色黑白，都要落到极不公平而残酷的束缚之下。

上帝所喜爱的子民必要经过困苦的日子，被铁链捆锁，囚在牢狱之内，被判死刑，有些人要被放在黑暗而污浊的地窖里，显然被丢在那里饿死。那时没有人倾听他们的哀苦呻吟，也没有人伸手援助他们。

在这考验的时候，耶和华是否要忘记祂的百姓呢？当刑罚临到洪水世代的时候，上帝曾忘记了忠心的挪亚么？当天上降火焚烧所多玛平原诸城的时候，祂曾忘记罗得么？当约瑟被困在埃及拜偶像的人中时，主曾忘记他么？当耶洗别发誓要使以利亚与巴力诸先知同遭杀戮时，主曾忘记以利亚么？主曾忘记那在黑暗凄凉的泥坑中的耶利米么？祂曾忘记那在烈火窑中的三个志士么？祂曾忘记那在狮子洞中的但以理么？

“锡安说，耶和华离弃了我，主忘记了我。妇人焉能忘记她吃奶的婴孩，不怜恤她所生的儿子？即或有忘记的，我却不忘记你。看哪，我将你铭刻在我掌上。”(赛49:14－16)万军之耶和华说：“摸你们的，就是摸祂眼中的瞳人。”(亚2:8)

仇敌虽然把他们投在监牢里，但监牢的墙却不能阻隔他们与基督之间的交通。那知道他们每一弱点，熟悉他们每一试炼的主，是超乎一切地上权威之上的。祂要差遣天使到这些凄凉的牢狱中，将天上的平安与光辉带给他们。这些监牢将要变成王宫，因为大有信心的人住在其中，阴沉的墙垣将被天上的光辉所照耀，如同保罗和西拉在腓立比的监牢中半夜唱诗祈祷的时候一样。

上帝的刑罚要临到一切想要压迫并消灭祂子民的人。因上帝长久宽容恶人，所以他们就大胆犯罪，他们的报应虽然迟延多时，但至终必然来到，毫厘不爽。“耶和华必兴起，像在毗拉心山；祂必发怒，像在基遍谷。好作成祂的工，就是非常的工；成就祂的事，就是奇异的事。”(赛28:21)在我们慈悲的上帝看来，施行刑罚乃是一桩奇异的事。“主耶和华说：我指着我的永生起誓，我断不喜悦恶人死亡。”(结33:11)耶和华“是有怜悯、有恩典的上帝，不轻易发怒，并有丰盛的慈爱和诚实。赦免罪孽、过犯和罪恶，万不以有罪的为无罪。”“耶和华不轻易发怒，大有能力，万不以有罪的为无罪。”(出34:6，7；鸿1:3)主将“以威严秉公义”维护祂那被践踏之律法的权威。从耶和华的迟迟不愿执行公义报应的这一件事上，我们可以看出那将要临到世人身上的刑罚必是多么可怕。上帝所容忍已久的百姓，祂不加以打击，直到他们在上帝面前恶贯满盈，那时他们便要喝那“纯一不杂”的忿怒之杯。

当基督在天上的圣所中停止祂中保的工作时，那宣布在一切拜兽和兽像和接受兽印之人身上的纯一不杂的忿怒，将要倾出。(见启14:9，10)上帝在要拯救以色列人出埃及的时候所降给埃及人的灾难，和祂子民最后得救之前所要降给世人更可怖、更普遍的刑罚是相似的。蒙启示的使徒约翰形容这些骇人的惩罚，说：“有恶而且毒的疮，生在那些有兽印记、拜兽像的人身上。海就变成血，好像死人的血，海中的活物都死了。江河与众水的泉源，水就变成血了。”(启16:2－4)这些灾害固然极其可怕，但上帝的公义却借此完全显明了。上帝的天使说：“昔在、今在的圣者啊，你这样判断是公义的，他们曾流圣徒和先知的血，现在你给他们血喝，这是他们所该受的。”(启16:5，6)他们既然判定上帝的子民受死，所以即或他们没有亲手去执行，但实际上他们已经流了圣徒的血。正如基督所说，自从亚伯的时代起，杀害一切圣人的血，都要归在基督时代的犹太人身上，这是因为他们具有屠杀先知者的同一个精神，并打算作同一种工作。

接着而降的灾难，就是有能力加给日头，“叫日头能用火烤人，人被大热所烤。”(启16:8，9)先知形容世界在这可怖时期中的景况，说：“田荒凉，地悲哀，因为五谷毁坏，田野一切的树木也都枯干，众人的喜乐尽都消灭。”“谷种在土块下朽烂，仓也荒凉。牲畜哀鸣，牛群混乱，因为无草。溪水干涸，火也烧灭旷野的草场。”“主耶和华说：那日殿中的诗歌变为哀号，必有许多尸首在各处抛弃，无人作声。”(珥1:10—12，17—20；摩8:3)

这些灾难并不是普遍的，否则，地上的居民都要全数消灭了。虽然如此，这些灾难仍是人类有史以来所从来没有见过的极悲惨的灾殃。在恩典时期结束之前，上帝所降给人类的一切刑罚，其中都带有慈悲怜悯的成分。那时有基督的宝血护庇罪人，使他们不致受尽罪恶的刑罚，但在最后的刑罚中，上帝要发出纯一不杂的忿怒，其中没有一点慈悲怜悯的成分。

在那日，许多人要渴望得到他们所长久轻视的上帝的怜悯为避难所。“主耶和华说：日子将到，我必命饥荒降在地上。人饥饿非因无饼，干渴非因无水，乃因不听耶和华的话。他们必飘流，从这海到那海，从北边到东边，往来奔跑寻求耶和华的话，却寻不着。”(摩8:11，12)

上帝的子民也不免遭受苦难，但他们虽然常遭逼迫，多经忧患，忍受穷乏，缺乏饮食，却必不至灭亡。那眷顾以利亚的上帝绝不疏忽一个克己牺牲的儿女。那曾数过他们头发的主必要眷顾他们，而且在饥荒的时候他们必得饱足。当罪人因饥荒瘟疫而死亡的时候，天使要保护义人，并供应他们的需要。主曾应许那“行公义”的人说，“他的粮必不缺乏，他的水必不断绝。”“困苦穷乏人寻求水却没有，他们因口渴，舌头干燥。我耶和华必应允他们，我以色列的上帝必不离弃他们。”(赛33:16；41:17)

“虽然无花果树不发旺，葡萄树不结果，橄榄树也不效力，田地不出粮食，圈中绝了羊，棚内也没有牛；然而，我要因耶和华欢欣，因救我的上帝喜乐。”(哈3:17，18)

“保护你的是耶和华，耶和华在你右边荫庇你。白日，太阳必不伤你；夜间，月亮必不害你。耶和华要保护你，免受一切的灾害。祂要保护你的性命。”“祂必救你脱离捕鸟人的网罗和毒害的瘟疫。祂必用自己的翎毛遮蔽你，你要投靠在祂的翅膀底下。祂的诚实是大小的盾牌。你必不怕黑夜的惊骇，或是白日飞的箭；也不怕黑夜行的瘟疫，或是午间灭人的毒病。虽有千人仆倒在你旁边，万人仆倒在你的右边，这灾却不得临近你。你惟亲眼观看，见恶人遭报。耶和华是我的避难所。你已将至高者当你的居所，祸患必不临到你，灾害也不挨近你的帐棚。”(诗121:5—7；91:3—10)

照人的眼光看来，上帝的子民不久必要用自己的血来印证他们的见证，如同先前的殉道者一样。他们自己也开始疑虑，耶和华已把他们交在仇敌手中了。那真是一个令人极其惊惶苦恼的时候。他们昼夜呼求上帝施行拯救。那时，恶人欢喜雀跃，发出讥诮的喊声说：“你们的信心现今在哪里呢？你们若真是上帝的子民，祂为什么不拯救你们脱离我们的手呢？”但那些等候拯救的人却要想起耶稣在髑髅地十字架上临死时候，大祭司和官长如何大声戏弄祂说：“祂救了别人，不能救自己。祂是以色列的王，现在可以从十字架上下来，我们就信祂。”(太27:42)上帝的子民也要像雅各一样，与上帝摔跤角力。他们的脸上要表露内心的挣扎，各人面若死灰，然而他们仍是不住地恳切祈求。

如果他们能用属天的眼光来观察，

他们就必看见成群大有能力的天使在一切遵守基督忍耐之道的人四围安营。天使怀着同情的怜悯，已经看见他们的苦难，并听见他们的祈祷。他们正在等候他们元帅的命令去抢救他们脱离危险，但是他们还必须等候片刻。上帝的子民必须喝基督所喝的杯，并受祂所受的洗。这种迟延虽然在他们是那么痛苦难堪，却是上帝对于他们的祈求所能作最美满的答复。当他们竭力信靠而等候耶和华的作为时，他们就不得不操练信心、盼望和忍耐，这些都是他们在属灵的经验上向来所缺少的。虽然如此，但为选民的缘故，这艰难的时期将要缩短。“上帝的选民昼夜呼吁祂，祂纵然为他们忍了多时，我告诉你们：要快快地给他们伸冤了。”(路18:7，8)末日之来临，要比人们所想望的更快。麦子要被收割成捆，藏入上帝的仓库，但稗子却要像柴薪一样捆成捆，准备投入毁灭的火中。

守望的天使忠于职责，继续看守。虽然当局已经发出公告，规定一个期限，要把遵守诫命的人置于死地，但他们有一些仇敌不等限期来到就要设法害死他们。然而没有一个人能越过那驻守在每一个忠心信徒身旁的大能守卫者。有的地方，恶人想要袭击那从城市和乡村中逃出的义人，但那举起来击杀他们的刀剑忽然折断，并坠落于地，脆弱如草。另一些义人则有天使显出战士的形状来保护他们。

在各世代中，上帝常用天使援助并拯救祂的子民。众天使时常积极参加人间的事务。他们曾穿着发光如同闪电的衣服出现，也曾装作一个旅客来到人间；天使曾以人的形状出现在上帝的仆人面前；他们曾装作疲倦的行人在炎热的晌午，休息于橡树荫下；他们曾接受人的款待；他们曾作迷路旅客的向导者。他们曾亲手点燃祭坛上的火；他们曾打开监狱的铁门释放上帝的仆人；他们曾披着天上的甲胄，来挪移救主坟墓门口的石头。

天使时常以人的样式来参赴义人的聚会，也去访问恶人的议会，像从前到过所多玛城去察看他们的行为，以便决定他们是否已经越过上帝宽容的限度。耶和华喜悦怜悯，所以为了少数真心服侍主的人，祂就遏制灾害，延长多数人的平安。一般的罪人很少想到自己生命之所以幸存，乃是为了他们所乐于讥诮、压迫的少数忠心信徒的缘故。

地上的掌权者虽然不理会此事，但在他们的议会中，常有天使向他们发言。人的眼睛曾看见他们的形体；人的耳朵曾听见他们的劝告；人的口曾反对他们的建议，并讥诮他们的规劝，人的手也曾侮辱虐待他们。在议事厅和法庭上，这些天使曾显明自己是极熟悉人类历史的，他们也善于为许多受压迫的人代求，强过最有能干最有口才的辩护者；他们曾经破坏许多足以使上帝工作大受阻拦或使祂子民大受痛苦的恶计阴谋。在危险多难之秋，“耶和华的使者，在敬畏祂的人四围安营，搭救他们。”(诗34:7)

上帝的子民怀着热切的渴望等候他们的王降临的征兆。当人们问守望者说：“夜里如何？”他就毫不踌躇地回答说：“早晨将到，黑夜也来。”(赛21:11，12)在山顶的云彩上已经发出微光，不久主的荣耀就要显现，公义的日头即将出现。早晨和黑夜都已近在眼前，在义人，这是永恒白昼的开始，在恶人，则是永久黑夜的来临。

当那些与上帝角力的人在祂面前殷切祈祷的时候，那阻隔人的目光，使他们看不见属灵世界的帷幔似乎将要揭开了。诸天放射着永恒白昼的曙光，又有声音像天使和谐的歌声，传到义人耳中说：“务要坚持着你们的忠贞，援助即将来到。”全能的得胜者基督举起永不衰残的荣耀冠冕，要赐给祂那些疲乏的战士，祂从稍微开启的天门里发出声音说：“看哪，我与你们同在，不要惧怕。我熟知你们一切的忧伤，我已经担当你们的悲苦。你们不是与未经败仗的敌人争战，我已经为你们打过仗了，所以你们要奉我的名得胜而有余。”

我们可爱的救主要在我们最需要的时候来援助我们。那走向天国的路因为有了祂的足迹而成为神圣；一切伤害我们脚的荆棘也曾伤害祂的脚；我们蒙召去背负的每一个十字架，祂都已在我们前头背负过了。耶和华让斗争兴起，为要预备人心得享平安。大艰难的时期是上帝子民必经的一次可怕的磨难，但那也是每一个忠实信徒应当挺身昂首的时候，并因着信得以看见那应许之虹环绕他们。

“耶和华救赎的民必归回，歌唱来到锡安，永乐必归到他们的头上，他们必得着欢喜快乐，忧愁叹息尽都逃避。惟有我，是安慰你们的。你是谁？竟怕那必死的人，怕那要变如草的世人，却忘记 铺张诸天，立定地基，创造你的耶和华。又因欺压者图谋毁灭要发的暴怒，整天害怕！其实那欺压者的暴怒在哪里呢？被掳去的快得释放，必不死而下坑；他的食物也不致缺乏。我是耶和华你的上帝，搅动大海，使海中的波浪砰訇，万军之耶和华是我的名。我将我的话传给你，用我的手影遮蔽你。”(赛51:11－16)

“因此，你这困苦却非因酒而醉的，要听我言。你的主耶和华，就是为祂百姓辨屈的上帝如此说：看哪，我已将那使人东倒西歪的杯，就是我忿怒的爵，从你手中接过来，你必不至再喝。我必将这杯递在苦待你的人手中。他们曾对你说：你屈身，由我们践踏过去吧！你便以背为地，好像街市，任人经过。”(赛51:21－23)

上帝的眼睛看到万世万代，早已注意到自己的子民在地上掌权者攻击他们时所必有的遭遇。他们像被掳的囚犯一样，将要陷于被饿死或受残暴的恐怖之中。但那位在以色列人面前分开红海的圣者将要彰显祂的大能，使他们从苦境转回。“万军之耶和华说：在我所定的日子，他们必属我，特特归我。我必怜恤他们，如同人怜恤、服侍自己的儿子。”(玛3:17)基督的忠心见证人若在此时舍身流血，那就不能像从前殉道者的血一样作为福音的种子，为上帝生长庄稼。他们的忠诚再也不能作为一种见证，使别人信服真理。因为那些顽梗刚愎的心已经多次击退慈爱的浪涛，直到这浪涛不再回来了。倘若义人这时被他们的仇敌掳去，那就要成为黑暗之君的胜利了。诗人说：“我遭遇患难，祂必暗暗的保守我；在祂亭子里，把我藏在祂帐幕的隐密处。”(诗27:5)基督已经说过：“我的百姓啊，你们要来进入内室，关上门，隐藏片时，等到忿怒过去。因为耶和华从祂的居所出来，要刑罚地上居民的罪孽。”(赛26:20，21)凡忍耐等候主复临，并有名字录在生命册上的人所蒙的拯救，乃是光荣的。

第四十章
上帝的子民蒙拯救

当人间的法律不再保护那些尊重上帝律法之人的时候，在各方各处必要发起一种消灭他们的运动。及至那谕旨中所预定的时辰临近，众人将要共同策划根绝他们所恨恶的宗派。他们将要决定在一夜之间发动一次决定性的突击，使一切反对和责备的声音全然止息。

那时上帝的子民——有的在牢狱中，有的隐藏在深山丛林和幽密之处——一直在祈求上帝的保护，同时在各地都有武装的人群，在恶使者的鼓动之下，正在预备进行杀戮的工作。正在这千钧一发之际，以色列的上帝必要出面干涉，来拯救祂的选民。耶和华说：“你们必唱歌，像守圣节的夜间一样，并且心中喜乐，上耶和华的山，到以色列的磐石那里。耶和华必使人听祂威严的声音，又显祂降罚的膀臂和祂怒中的忿恨，并吞灭的火焰与霹雷、暴风、冰雹。”(赛30:29，30)

正当成群的恶人狂叫呐喊，讥诮辱骂，声势汹汹地向他们的俘虏猛扑的时候，忽然有一阵浓密的，比午夜更深的黑暗笼罩在地上。随后有一道虹放射着那从上帝宝座而来的荣光，拱在天上，似乎是包围着每一群祈祷的人。那些发怒的群众忽然呆住了。他们的讥诮呐喊声消沉了。他们忘记了自己所要行凶施暴的目标。他们怀着恐惧知祸的心注视着上帝立约的记号，并急欲逃避其压倒一切的光辉。

那时上帝的子民要听见一个清朗而悦耳的声音说，“举目观看，”他们随即举目望天，看见那应许之虹。那遮盖穹苍的黑暗怒云此时裂开了，他们像司提反一样定睛望天，看见上帝的荣耀和人子坐在祂的宝座上。在祂神圣的身体上，他们还能看出祂从前受凌辱的痕迹，从祂口中听见祂在祂父和圣天使之前所提出的请求：“父啊，我在哪里，愿你所赐给我的人也同我在那里。”(约17:24)随后，他们又听见音乐般的欢呼声说：“他们来了！他们来了！他们都是圣洁、无邪恶、无玷污的。他们已经谨守了我忍耐的道，他们必要在众天使中间行走。”于是，那些曾经坚持信仰之人的灰白而颤动的口中发出了一阵胜利的呐喊。

上帝显出权能拯救自己的子民，乃是在半夜的时候。那时太阳要出现，全力照耀。许多兆头和奇事接二连三地迅速显现出来。恶人满心恐怖而惊奇地望着这幕景象，同时义人却怀着严肃的喜乐，目睹自己得救的征兆。自然界中的一切事物似乎都颠倒了秩序。江河的水停止流动了。浓密的乌云彼此相撞。在那狂怒的诸天之中却留出一片明亮的空隙，显出光华灿烂的荣耀，从那里发出来上帝的声音，如同众水的声音说：“成了！”(启16:17)

那声音震动了诸天和全地。于是有一阵大地震，“自从地上有人以来，没有这样大、这样利害的地震。”(启16:17，18)穹苍似乎一开一闭，从那里似乎有上帝宝座所发出的荣光闪射下来。山岭摇动，像风前的芦苇，破碎的岩石散布各处；有大声音怒号像暴风雨临到一般；海洋砰訇翻腾；飓风长啸，像鬼魔施行毁灭的声音；全地此起彼伏，像海洋中的波涛一样；地面破裂，地的根基似乎都塌陷了，山岭下沉；有人居住的海岛淹没不见了，那充满罪恶像所多玛一样的海口商埠被忿怒的水所吞没。“上帝也想起巴比伦大城来，要把那盛自己烈怒的酒杯递给她。”(启16:19，21)那时有大冰雹，“每一个约重九十斤，”施行毁灭的工作。地上最骄奢的城邑要被降为卑。世上伟人为彰显自己而斥资兴建的辉煌大厦，此时要在他们眼前倒塌毁灭，变为废墟。监狱的墙垣破裂，使那些因保守自己信仰而被监禁的上帝的子民得到释放。

坟墓要裂开，“睡在尘埃中的，必有多人复醒，其中有得永生的，有受羞辱、永远被憎恶的。”(但12:2)那时，一切曾经坚守第三位天使信息而死了的人要从坟墓里出来得着荣耀，并听见上帝与一切遵守祂律法的人立和平之约。“连刺祂的人，”(启1:7)就是那些在基督临死痛苦之时戏弄祂讥诮祂的，同那些穷凶极恶反对上帝真理和祂子民的人，也要复活，他们要看见主在祂的荣耀中，并看见那些忠心顺从之人所要得的尊荣。

这时密云仍然遮蔽天空，但太阳却偶尔出现，好像是耶和华施行报应的眼睛。猛烈的闪电从天空发射，像一片火焰包围着地球。有神秘而可怖的声音，驾乎那骇人的雷轰之上，宣告恶人的劫运。所宣告的话并非人人都能听懂的，但那些传讲假道理的教师却能明白。那在不久之前肆无忌惮，狂傲自夸，而欢喜虐待守上帝诫命者的人，此时却被恐怖所压倒，在惊慌之中战栗不已。他们哭号的声音高过暴风和雷霆的声音。这时鬼魔要承认基督的神性，并在祂的权能之前战栗不已，同时人也要哀求慈悲怜悯，在极狼狈的恐怖中俯伏在地。

古时的先知在圣洁的异象中看到上帝的日子便说：“你们要哀号，因为耶和华的日子临近了，这日来到，好像毁灭从全能者来到。”(赛13:6)“你当进入岩穴，藏在土中，躲避耶和华的惊吓和祂威严的荣光。到那日，眼目高傲的必降为卑，性情狂傲的都必屈膝，惟独耶和华被尊崇。必有万军耶和华降罚的一个日子，要临到骄傲狂妄的，一切自高的都必降为卑。”“到那日，人必将为拜而造的金偶像、银偶像，抛给田鼠和蝙蝠。到耶和华兴起使地大震动的时候，人好进入磐石洞中和岩石穴里，躲避耶和华的惊吓和祂威严的荣光。”(赛2:10－12，20，21)

这时从乌云的缝隙中透出一颗明星，它的光辉因为四围的黑暗而增加了四倍。它向那些忠诚守法的人宣示希望与喜乐，但对于干犯上帝律法的人却表显严厉与忿怒。凡曾为基督牺牲一切的人，此时要得安全，似乎是藏身在耶和华帐幕的隐密处。他们已经受过试炼，而且在世人和那藐视真理者的面前，已经证实自己为忠于那为他们而死的主。那些冒着死亡的威胁而坚守忠贞的人，此时要起一番奇妙的变化。他们已经从那些变成鬼魔之人黑暗而可怕的压制之下忽然被拯救出来。他们的面容在不久之前是灰白、焦急、枯槁的，现在却焕发着惊奇、信心和爱心。他们要高唱凯旋之歌：“上帝是我们的避难所，是我们的力量，是我们在患难中随时的帮助。所以地虽改变，山虽摇动到海心，其中的水虽砰訇翻腾，山虽因海涨而战抖，我们也不害怕。”(诗46:1－3)

当这些表示圣洁信心的言语上升到上帝面前时，空中的乌云便向四边散开，显出星光灿烂的诸天，具有说不出来的荣耀，与周围黑暗而忿怒的乌云形成对照。天国圣城的荣耀从半开的门户中发射出来。随后，天上忽然显出一只手，拿着合起来的两块法版。先知曾说：“诸天必表明祂的公义，因为上帝是施行审判的。”(诗50:6)那圣洁的律法，就是上帝的公义，从前曾在西奈山的雷轰和火焰中被宣布为人生的指南，这时却要显现在世人眼前作为审判的标准。那一只手揭开了法版，其中便显出十条诫命，像是用火焰的笔写成的。其中的字迹极为清楚，使人人都能阅读。这时人们的记忆力要豁然觉醒，人人思想中所有迷信和异端的黑暗都要被扫除净尽，上帝那简明、广泛，而有权威的十句话，这时显现在地上一切的居民眼前。

这时，那些曾经践踏上帝神圣诫命的人心中的恐怖与绝望，真是无法形容的。上帝曾把祂的律法赐给他们，在他们还有悔改和自新的机会时，他们尽可将自己的品格与律法对照一下，并看出自己的缺点。然而他们为要博得世人的欢心起见，却废弃了律法的训词，而还要教导别人去干犯。他们曾尽力强迫上帝的子民去亵渎主的安息日，现在他们所藐视的律法便要定他们的罪，他们很清楚地看出自己是无可推诿的，他们已经拣选自己所要侍奉的要敬拜的。“那时你们必归回，将善人和恶人、侍奉上帝的和不侍奉上帝的分别出来。”(玛3:18)

敌对上帝律法的人，从牧师起直到他们中间最微小的为止，这时对于真理和义务有了新的认识。他们看出第四诫的安息日乃是永生上帝的印记，但已为时太晚了。他们看出伪安息日的真相以及自己所用以建造的沙土根基，也已为时太晚了。他们发觉自己一直是在与上帝为敌。宗教界的教师们自称是引领人进入乐园之门，但实际上却把他们带到灭亡之地。我们非至那最后清算的日子，就不能知道担任圣职之人的责任是何等重大，以及他们不忠心的结果是多么可怕。惟有在永恒的天国中，我们才能正确地估计一个人的沉沦是多么大的损失。将来凡听见上帝说:“你们这作恶的仆人，离开我去吧”的人，他们的结局是极其悲惨的!

这时人要听见上帝的声音从天庭发出，宣告耶稣降临的日子与时辰，并将永远的约交给祂的子民。祂说话的声音传遍地极，像震动天地的雷轰一样。上帝的以色列人站在那里侧耳倾听，定睛望天。他们的脸上焕发着祂的荣耀，光辉四射像古时摩西从西奈山下来时一样。恶人不敢观看他们。当上帝向那些因守安息日为圣而尊荣祂的人宣布降福的时候，便有一阵胜利的呐喊发出。

不久之后，在东方出现一小块黑云，约有人的半个手掌那么大。这就是包围着救主的云彩，从远方看上去似乎是乌黑的。上帝的子民知道这就是人子的兆头。他们肃静地举目注视，那云彩越临近地面，便越有光辉，越有荣耀，直到它变成一片大白云，它底下的荣耀好像烈火，其上则有立约之虹。耶稣驾云前来，作为一位大能的胜利者。这时祂不再是“常经忧患”的人，不再喝那羞辱和祸患的苦杯，而是天上地下的胜利者，要来审判活人与死人。祂“诚信真实”、“审判争战都按着公义，”并有“在天上的众军”跟随祂。(启19:11，14)有不可胜数的大队圣天使，欢唱天国的圣歌护送着祂。穹苍似乎充满了他们发光的形体，他们的数目有“千千万万”之多。人类的笔墨无法描述这种情景，属血气的人也不能想像到那辉煌的场面。“祂的荣光遮蔽诸天，颂赞充满大地。祂的辉煌如同日光。”(哈3:3，4)当那活动的云彩就近地面的时候，众目都要看见生命之君。这时，祂圣洁的头上不再为那荆棘冠冕所污损，却有荣耀的冕旒戴在祂神圣的额上。祂的荣颜射出了比正午的太阳更眩目更明亮的光彩。“在祂衣服和大腿上有名写着说：万王之王，万主之主。”(启19:16)

在祂面前，众人的“脸面都变青了，”那永远绝望的恐怖要笼罩在拒绝上帝恩典之人的身上。“人心消化，双膝相碰，”“脸都变色。”(耶30:6；鸿2:10)义人要战兢说:“谁能站立得住呢？”天使的歌声止息了，随即有一刻可怕的沉寂。然后，主耶稣开口说:“我的恩典够你用的。”于是义人的容貌焕发起来，他们的心中洋溢着喜乐。当天使再临近地面的时候，他们便以更悠扬嘹亮的声音从新歌唱。

万王之王四围发着烈火驾云降临了。天就被卷起来像书卷一样，地在祂面前颤动，各山岭海岛都被挪移离开本位。“我们的上帝要来，绝不闭口，有烈火在祂面前吞灭，有暴风在祂四围大刮。祂招呼上天下地，为要审判祂的民。”(诗50:3，4)

“地上的君王、臣宰、将军、富户、壮士和一切为奴的、自主的，都藏在山洞和岩石穴里，向山和岩石说：倒在我们身上吧！把我们藏起来，躲避坐宝座者的面目和羔羊的忿怒，因为祂们忿怒的大日到了，谁能站得住呢？”(启6:15—17)

嘲笑的戏弄止息了，说谎的嘴唇也静默无言了。兵器相接和战场喊杀的声音，“战士在乱杀之间”的喧嚷都沉寂了。(赛9:5)此时所能听见的，只是祈祷、哭泣和哀号之声。在不久之前还在讥诮的人，此时便要呼号:“祂们忿怒的大日到了，谁能站得住呢？”恶人宁愿被埋在山岭和岩石之下，而不愿与他们所藐视所拒绝的主见面。

他们很熟悉那能刺透死人之耳朵的声音。他们曾多次听见这恳切温柔的声音招呼他们悔改。他们的朋友、弟兄和救赎主曾多次用这声音劝化他们。那声音曾长久规劝他们说:“你们转回、转回吧！离开恶道，何必死亡呢？”(结33:11)但此时这声音在那些拒绝祂恩典的人听来，只是充满了谴责、痛斥的意义。他们巴不得这声音是他们所没有听过的。耶稣说：“我呼唤，你们不肯听从；我伸手，无人理会。反轻弃我一切的劝戒，不肯受我的责备。”(箴1:24，25)那声音要唤醒他们的记忆，使他们想起他们所巴不得能忘掉的事——就是他们所藐视的警告、所拒绝的请求和所轻看的特权。

在基督受辱时戏弄祂的人也要在那，他们要震惊地想起这位受难者的话——那时，大祭司曾起誓吩咐祂讲话，祂便严肃地宣告说：“后来你们要看见人子坐在那权能者的右边，驾着天上的云降临。”(太26:64)现今他们果然看见祂在荣耀里了，而且将来还要看见祂坐在全能者的右边呢。

那些嘲笑祂自称为上帝儿子的人，这时都哑口无言了。那里有傲慢的希律，他曾讥诮耶稣的尊名，并吩咐轻慢的兵丁将冠冕戴在祂头上。那里也有那些曾用亵渎的手把紫袍穿在祂身上，把荆棘冠冕戴在祂圣洁的额上，把假的王圭放在祂毫无抵抗的手中，并跪在祂面前用亵慢的话讽刺祂的人。那些曾经击打祂，吐唾沫在生命之君脸上的人，此时要设法逃避祂那锐利的目光，并逃避祂面前压倒一切的荣耀。那些曾用钉钉祂手脚的人和那刺祂肋旁的兵丁，都要看见这些痕迹，而倍感惊惶与悔恨。

祭司与官长们都能极清楚地回忆当年髑髅地的情形。他们要战栗恐惧地想起自己曾如何以狰狞的笑脸，摇头说：“祂救了别人，不能救自己。祂是以色列的王，现在可以从十字架上下来，我们就信祂。祂倚靠上帝，上帝若喜悦祂，现在可以救祂。”(太27:42，43)

他们很清楚地回忆救主的比喻，论到园户怎样拒绝将果子交给主人，而还要打伤他的仆人，杀死他的儿子。他们也记起自己所作的判决，说那葡萄园的主人“要下毒手除灭那些恶人。”在这不忠心之园户的罪恶和刑罚上，祭司和长老们要看出自己的作风和应受的报应。此时他们要发出一阵非常痛苦的呼号。这惨怖绝望的哀声，要比那从前在耶路撒冷街上所喊叫“钉祂在十字架上！钉祂在十字架上”的声音更大，说：“祂是上帝的儿子！祂是真弥赛亚！”他们急欲逃避这万王之王的面。他们妄想逃到地的深处，就是那因自然的变动而裂开的地面，在那里藏身。

在一切拒绝真理之人的人生过程中，常有良心发现的时候，那时他们回忆一生的伪善，他们的心灵便因悔已晚矣而烦恼。这些感想若与那“惊恐临到好像狂风、灾难来到如同暴雨”(箴1:27)之日的痛悔比较起来，又算什么呢？那些想要除灭基督和祂忠诚之民的人，这时要见到那加在他们身上的荣耀。恶人要在恐怖惶惑之中听见圣徒欢乐的歌声说：“看哪，这是我们的上帝，我们素来等候祂，祂必拯救我们。”(赛25:9)

当地球东倒西歪，电光四射，雷声大作的时候，上帝儿子的声音要把睡了的圣徒唤醒起来。祂望着义人的坟墓，然后举手向天呼喊说：“醒起！醒起！醒起！你们这睡在尘埃中的要起来！”从天涯到地极，死人要听见那声音，凡听见的都要复活。那时从各国、各族、各方、各民中有人出来，聚成极大的队伍，他们的脚步声要响遍全地。他们要从死亡的监牢中出来，身上披着不朽的荣耀，呼喊着说：“死啊，你得胜的权势在哪里？死啊，你的毒钩在哪里？”(林前15:55)活着的义人和复活的圣徒要同声发出经久而欢乐的胜利呐喊。

从坟墓中出来之人的身材正如他们进坟墓时一样。亚当站在复活的群众当中，显出高大尊严的形状，身材只稍逊于上帝的儿子。他与后代的人类，形成鲜明的对照，使人看出人类的身材体格是大大退化了。然而所有复活的人都赋有永远青春的精力。最初，人是按着上帝的形像造的，不但在品格，同时也在形状和容貌上与上帝相似。后来罪恶几乎完全毁损了那神圣的形像，但基督已来恢复所失去的一切。祂要改变我们这污秽卑贱的身体，像祂自己的荣耀身体一样。这必死、败坏、丑恶，并一度为罪所污秽的身体，要变成完全、美丽和不朽坏的。一切瑕疵与残缺都已留在坟墓之中。蒙救赎的子民要吃那久已失落的伊甸园中之生命树的果子，便渐渐长成人类在起初的荣耀中所有的身量。罪的咒诅所留下的残痕余迹都要完全消除，基督忠心的子民要在“耶和华我们上帝的荣美之中”显现，在意识、心灵和身体三方面反照耶和华的完全形像。唉，奇哉救恩！久被人所谈论，久为人所仰望，并用热切预期的心情冥思默想，但始终不为人所完全领会。

活着的义人要在“一霎时，眨眼之间”改变。上帝的声音已使他们得荣耀，现在他们要变为不朽的，且要与复活的圣徒一同被提到空中与他们的主相遇。天使要将主的选民“从四方，从天这边，到天那边，都招聚了来。”天使要将小孩子送到他们慈母的怀抱里。因死亡而久别的亲友要团聚，永不再离散，随后他们要唱着欢乐的诗歌，一同升到上帝的城里。

在云车的两边都有翅膀，在车下有活轮，当车上升的时候，车轮要发出喊声，说：“圣哉，”翅膀飞动的时候也要发声，说：“圣哉，”随行的大队天使也要喊叫说：“圣哉！圣哉！圣哉！全能主上帝！”当车辇向新耶路撒冷上升的时候，得救的子民要欢呼说：“哈利路亚！”

在进入上帝的圣城之前，救主要把胜利的徽号赐给跟从祂的人，并将王的标记授与他们。光明灿烂的行列要在他们的王四围集成中空的方阵，祂的形体尊严高大，超乎众天使和圣徒之上，祂的脸向他们表示慈祥的爱。那数不过来的蒙赎群众目不转睛地注视着祂，众目要仰望那从前“面貌比别人憔悴，形容比世人枯槁”者的荣耀。耶稣要亲自用右手把冠冕戴在每一个得救的人头上。每个人都有一顶冠冕，上面刻着自己的“新名”(启2:17)和“归耶和华为圣”的字样。有胜利者的棕树枝和光亮的金琴交在每一个人手中。当司令的天使带头奏乐时，人人的手便要巧妙地拨动琴弦，发出和谐嘹亮的甜美音乐。各人心中洋溢着莫可言宣的欢乐热情，一齐扬起感恩的颂赞：“祂爱我们，用自己的血使我们脱离罪恶。又使我们成为国民，作祂父上帝的祭司。但愿荣耀、权能归给祂，直到永永远远。”(启1:5，6)

在得赎的群众面前有圣城出现。耶稣便打开珍珠的门，使谨守真理的国民进去。他们在那里要见到上帝的乐园，就是亚当未曾犯罪时的家乡。随后有声音发出，这声音比人类耳朵曾经听过的任何音乐更为甜美，说：“你们的争斗终止了。”“你们这蒙父赐福的，可来承受那创世以来为你们所预备的国。”

救主曾为门徒祷告说：“愿你所赐给我的人也同我在那里。”这祷告此时便应验了。基督要把自己宝血赎回的，“无瑕无疵、欢欢喜喜站在祂荣耀之前”(犹24)的人献给天父说：“我和你所赐给我的儿女都在这里。”“你所赐给我的人，我已保全了。”奇哉，救赎之爱！当无穷之父垂看这些蒙赎的子民，并在他们的身上看见自己的形像时——罪的杂音已经消灭了，它的咒诅已经除掉了，人类再与上帝和好了，那将是何等快乐的时辰啊！

耶稣用说不出来的爱欢迎祂忠心的子民来“享受他主人的快乐。”救主的快乐是因为祂能在荣耀的国里看到那些因祂的痛苦和羞辱而得救的人。得救的子民也要分享这快乐，因为他们要见到在这些蒙福的人中，有一些是由于他们的祷告、劳苦和仁爱的牺牲而归向基督的。当他们聚集在那伟大的白色宝座之前，他们要看到自己所引领归向基督的人，并要发现这些人又引了别人，而别人又引了更多的人，一齐都来到这永久安息的天乡，在那里他们摘下冠冕放在耶稣脚前，并永远颂赞祂，这时他们的心中要盈溢着莫可言喻的喜乐。

当得赎的人受欢迎进入上帝圣城的时候，空中便要发出一阵颂赞的欢呼。两个亚当将要相会了。上帝的儿子站在那里伸手来拥抱人类的始祖，亚当原是祂所造的，后来犯罪干犯了创造主，他的罪曾使救主的身体受到十字架的钉痕。在亚当看见这残酷的钉痕时，他不敢投身在主的怀中，只是谦卑抱愧地俯伏在祂脚前，说：“被杀的羔羊是配得权柄的！”救主温柔地把他扶起来，叫他再看伊甸的家乡，就是他长久离别的老家。

自从亚当被逐出伊甸之后，他在世上的生活是充满着忧患的。每一片凋残的树叶，每一个献祭的牺牲，以及自然美景中的每一个创痕，人类纯洁品性上的每一个污点，都曾使亚当清楚地想起自己的罪来。当他见到地上恶贯满盈，听见世人怎样拒绝他的警告，斥责他为罪恶祸首时，他的悔恨悲伤是非常剧烈的。他曾谦卑忍受犯罪的刑罚，几有一千年之久。他曾诚诚实实地痛悔己罪，信靠上帝所应许之救主的功劳，并怀着复活的希望而死。现在上帝的儿子已经救赎了人类的失败和堕落，所以借着祂赎罪和好的工作，祂已使亚当能以恢复他起初的国权。

亚当喜出望外地看到自己从前所喜爱的树木，这些树上的果子是他在无罪而快乐的日子中所摘取吃用的。他见到自己所亲手修理过的葡萄树和自己所曾爱护的花卉。他充分地体会到当前的现实，他认明这确是光复了的伊甸园，并且比他出亡时更为美丽可爱。救主领他到生命树前并摘下那荣美的果子请他吃。他观看周围的情景，只见蒙赎的子子孙孙都站在上帝的乐园中。于是他摘下闪烁的冠冕，放在耶稣脚前，并投身在祂的怀里，拥抱着救赎主。随后弹奏金琴，广大的穹苍便响应那凯旋之歌:“被杀而又活的羔羊是配得荣耀的！”然后，亚当的全家都同声歌唱，把自己的冠冕放在救主脚前，俯伏崇拜。

众天使都看见了这次的团聚。在亚当堕落的时候，他们曾为他痛哭流泪，及至耶稣复活升天，为一切信靠祂名的人敞开坟墓之后，他们便为之欢喜快乐。现今他们既见到救赎之工已经完成，便要同声颂赞。

在宝座之前彷彿有火搀杂的玻璃海，因上帝的荣耀而极其辉煌。聚集在其上的群众，就是那已经“胜了兽和兽的像，并他名字数目的人。”(启15:2)那从人间赎回来的十四万四千人，要与羔羊同站在锡安山上，他们手里“拿着上帝的琴，”随即有声音发出，“像众水的声音和大雷的声音，并且我所听见的好像弹琴的所弹的琴声。”(启14:1—5；15:3)他们要在宝座前唱出“新歌”，除了那十四万四千人之外，没有人能学这歌。这是摩西和羔羊的歌——一首拯救的歌。这歌除了那十四万四千人之外，无人能学，因为这乃是他们的经验之歌——其中所叙述的经验是他人所未曾经历的。“羔羊无论往哪里去，他们都跟随祂。”这些人是从世界上活着的人中变化升天的，要被算为 “初熟的果子，归与上帝和羔羊。”“这些人是从大患难中出来的，”他们曾经历过那从有国以来最大的艰难，他们已经忍受了雅各大患难的困苦，他们曾在上帝倾降最后刑罚和人类没有中保的时候坚定站立。这时他们已经蒙了拯救，是因为“曾用羔羊的血，把衣裳洗白净了。”“在他们的口中查不出谎言来，他们是没有瑕疵的”站在上帝面前。“所以他们在上帝宝座前，昼夜在祂殿中侍奉祂，坐宝座的要用帐幕护庇他们。”他们已经看见地球被饥荒和瘟疫所蹂躏，太阳发出大热烤人，并且他们自己也曾忍受患难和饥渴之苦。但今后“他们不再饥，不再渴，日头和炎热必不伤害他们，因为宝座中的羔羊必牧养他们，领他们到生命水的泉源，上帝也必擦去他们一切的眼泪。”(启7:14—17)

在各世代中，救主的选民都是在试炼的学校中受过教育和训练的。他们曾在世上行走窄路，他们曾在患难的火炉中被炼净。他们曾为耶稣的缘故忍受反对、恼恨和毁谤。他们曾在斗争和痛苦中跟从祂，他们曾坚忍克己并经验痛苦和失望。由于他们自己的痛苦经验，他们看出了罪的邪恶、权势和祸害，因此他们真心憎厌罪恶。他们既体会到救主用以消除罪恶的无穷牺牲，他们就自卑虚己，心中充满感恩和赞美，这种心情不是那些未曾犯罪堕落的生灵所能体会到的。因为他们蒙基督的赦免多，所以他们的爱也多。他们已经与基督一同受苦，所以也配分享祂的荣耀。

上帝的后嗣是从角楼、草舍、地窖、死刑台、荒山、旷野、地洞和海底出来的。他们在世之时，曾受穷乏、患难和苦害。千百万人曾因坚决不肯顺服撒但的欺骗主张，而死于臭名之上。在世人的审判厅中，他们曾被判为最恶劣的罪犯。但现在“上帝是施行审判的，”(诗50:6)世人的判决被祂推翻了。祂又“除掉普天下祂百姓的羞辱。”(赛25:8)“人必称他们为圣民，为耶和华的赎民。”上帝要定规“赐华冠与锡安悲哀的人，代替灰尘，喜乐油代替悲哀，赞美衣代替忧伤之灵。”(赛62:12；61:3)他们不再是软弱、受苦、离散、被压迫的了。从此以后，他们永远与上帝同在。他们站在宝座之前，身上披着华丽的衣袍，胜过世上最尊贵的人所穿的。他们头戴王冠，其荣美过于人间帝王所戴的。痛苦流泪的日子从此永远终止了。荣耀之君已擦去各人脸上的眼泪，一切忧苦的因素都被消灭了。在棕树枝条挥舞之下，他们要唱出清亮、甜蜜、和谐的赞美之歌，每个声音极其雄壮悠扬，响彻穹苍，“愿救恩归于坐在宝座上我们的上帝，也归于羔羊。”随即有天庭全体响应说：“阿们！颂赞、荣耀、智慧、感谢、尊贵、权柄、大力都归于我们的上帝，直到永永远远。”(启7:10，12)

在今生，我们只能明白这奇妙救恩之道的开端。我们纵然凭着有限的理解力，热切地思考那集中在十字架上的羞辱与荣耀，生命与死亡，公义与慈怜，但无论如何，我们总不能充分明了其全部意义。对于救赎大爱的长阔高深，我们今日只能模糊地看到一点。但即使在得赎之民能察看如同主察看他们，并知道如同主知道他们一样的时候，这救赎计划还是人所不能完全明白的，不过在永恒的岁月中，新的真理要不住地向他们那惊奇而愉快的意识展开。地上的忧患、痛苦和试探等虽已终止，而且那造成一切的祸根都已清除了，但上帝的子民仍要永远很清楚地明白救恩的代价是何等重大。

在那永恒的岁月中，基督的十字架要作为得赎子民的科学与诗歌。在得了荣耀的基督身上，他们要看出被钉十字架的基督。他们永不忘记那位创造并托住无数世界的主，上帝的爱子，天庭的君王，基路伯与发光的撒拉弗所乐意尊重的神——曾屈尊虚己来救拔堕落的人类。他们永不忘记祂曾担负罪的刑罚和羞辱，以致天父掩面不忍看祂，直到这沦亡世界的祸患使祂心碎，并在髑髅地的十字架上把祂害死了。祂是宇宙诸世界的创造主，是一切命运的支配者，竟愿因爱人而撇弃自己的荣耀并亲自忍受屈辱，这是要使宇宙众生永远感到惊奇而备致尊崇的。当蒙救的众民看到自己的救赎主，并见祂的脸上焕发着天父永远的荣耀，又目睹祂永远长存的宝座，并且知道祂的国度是永无穷尽的时候，他们就要唱出欢乐的诗歌，说：“那曾被杀，而借着祂的宝血救我们归于上帝的羔羊，是配得荣耀的！”

十字架的奥秘足以解释一切其他的奥秘。在髑髅地所发出的光辉中，那曾使我们惊惶畏惧的上帝之品性，却要显为美丽而可爱的了。同时也使人看出在上帝的圣洁、公正和权柄之中，都掺合着怜悯、温柔和父母般的慈爱。我们一面见到祂宝座的威严高大，一面也可看到祂品德的慈悲，便能比过去更清楚地体会到“我们的父”这个亲密的名称有何意义。

到那时我们便要看出这位智慧无穷的主，除了牺牲自己的儿子以外，是没有别的方法能以救我们的。这种牺牲的报酬就是祂能欢喜见到地上住满了圣洁、快乐和不死的赎民。救主与黑暗权势争战的结果就是蒙救之子民的欢喜，使上帝因而得荣耀，直到永永远远。这就说明天父重视人的价值，甚至情愿付出这样的代价，并且基督也要因见到自己大牺牲的效果而心满意足。

第四十一章
全地荒凉

“因她的罪恶滔天，她的不义，上帝已经想起来了。按她所行的加倍的报应她，用她调酒的杯加倍的调给她喝。她怎样荣耀自己，怎样奢华，也当叫她照样痛苦悲哀，因她心里说，我坐了皇后的位，并不是寡妇，绝不至于悲哀。所以在一天之内，她的灾殃要一齐来到，就是死亡、悲哀、饥荒。她又要被火烧尽了，因为审判她的主上帝大有能力。地上的君王，素来与她行淫，一同奢华的，看见烧她的烟，就必为她哭泣哀号。说，哀哉，哀哉！巴比伦大城，坚固的城啊，一时之间你的刑罚就来到了。”(启18:5—10)

“地上的客商”曾经“因她奢华太过就发了财，”此时也“因怕她的痛苦，就远远地站着哭泣悲哀，说：哀哉，哀哉，这大城啊！素常穿着细麻、紫色、朱红色的衣服，又用金子、宝石和珍珠为妆饰。一时之间，这么大的富厚就归于无有了。”(启18:3，15—17)

这就是在上帝发怒之日所要降在巴比伦身上的刑罚。她的恶贯已经满盈，她的时候已经来到，她应该遭受毁灭了。

当上帝的声音使祂被掳的子民“从苦境转回”之时，那些在人生的大斗争中已经完全失败的人必要恍然大悟。在恩典时期尚未结束时，他们一直被撒但的欺骗所蒙蔽，以为自己罪恶的行径是合理的。富足的人以养尊处优自豪，看自己比贫穷的人高出一等，殊不知他们的资财是由于干犯上帝的律法而得来的。他们没有使饥饿的人有食物吃，赤身的人有衣服穿，没有以公义待人，也没有以慈悲为怀。他们曾一心想高抬自己，为要博得众人的崇敬。现在上帝已经剥夺那使他们成为尊大的一切，以致他们落在困乏和没有保障的境地。他们眼看自己一度所重视过于创造主的偶像全遭毁灭，便惊惧万状。他们已经为属世的财富与享乐而出卖了自己的灵魂，却没有努力在上帝面前成为富足。结果，他们的人生是失败的，他们的宴乐变成苦胆，他们的财宝化为朽烂，一生的收获转眼成空。富人要因自己壮丽宅第的毁灭和金银的四散而恸哭。但他们因怕自己将与偶像同归于尽而止息了他们的哀号。

那时恶人要满心悔恨，不是因为自己对神对人没有尽到义务，乃是因为上帝已经得胜。他们为这一场结果而悲伤，却不痛悔自己的罪恶。如果他们还有得胜的希望，他们就必定要作最后的挣扎。

那时世人眼见自己所嘲笑侮蔑并蓄意除灭的一等人安然度过瘟疫、暴风和地震等浩劫而无伤无害。上帝对于干犯祂律法的人乃是灭命的烈火，对于自己的子民，却是一所安全的帐幕。

那些曾牺牲真理去博得世人欢心的牧师，这时要觉察自己教训的真相和影响。他们要看出当自己站在讲台上，行在街道上，并在生活的种种场合中与人接触的时候，都有一个无所不见的眼睛在旁鉴察。那令人苟安于虚伪之避难所中的每一个感想，每一节著作，每一句话语和每一件行为，都已成为播撒出去的种子。现今在这些围绕他们的悲惨丧亡的人中，他们可以看到自己的收获了。

主耶和华说：“他们轻轻忽忽地医治我百姓的损伤，说，平安了！平安了！其实没有平安。”“我不使义人伤心，你们却以谎话使他伤心，又坚固恶人的手，使他不回头离开恶道得以救活。”(耶8:11；结13:22)

“耶和华说：那些残害、赶散我草场之羊的牧人，有祸了！我必讨你们这行恶的罪。”“牧人哪，你们当哀号、呼喊；群众的头目啊，你们要滚在灰中，因为你们被杀戮分散的日子足足来到，牧人无路逃跑，群众的头目也无法逃脱。”(耶23:1，2；25:34，35)

那时一班传道人和民众都要看出自己素来没有与上帝保持正当的关系。他们要看出自己曾背叛那创立一切公平正义律法的主。他们因废弃了上帝的典章，便给邪恶、不睦、仇恨、罪孽等敞开了门户，直到全地成了一个广大的战场和一个腐败的渊薮。这就是那些曾拒绝真理并喜爱谬道的人此时所要见到的情景。那些不顺从，不忠心的人，对于自己所已经丧失的永生，心中感到说不出的渴望。那些曾因自己的能干和口才而受人崇拜的人，这时便要看明此事的真相了。他们要看出自己因犯罪而丧失的究竟是什么！于是他们俯伏在那些曾被他们轻视嘲笑的忠心圣徒脚前，并承认上帝是爱这些人的。

那时，人们要看出自己受了欺骗。他们群起互相控告，申斥那曾引诱他们进入灭亡之途的人，他们要联合一致而极其怨恨地责难他们的传道人。这些不忠心的传道人曾说了许多甜言蜜语，使听众废弃上帝的律法，他们曾逼迫那些要保守律法之神圣性的人。现今这些传道人在绝望之中要向世人承认自己所作的欺骗工作。那时，群众要忿怒填胸，喊叫说:“我们灭亡了！而你是叫我们遭毁灭的祸首！”于是他们就要攻击这些虚伪的牧人。那些一度最崇拜他们的人这时倒要向他们发出最恶毒的咒骂。那曾一度将桂冠加在他们头上的手这时要举起来毁灭他们。那原要用来杀戮上帝子民的利剑这时却要转过锋来，杀害他们的敌人。各处都要兴起争斗和流血的事。

“必有响声达到地极，因为耶和华与列国相争，凡有血气的祂必审问，至于恶人，祂必交给刀剑。”(耶25:31)这大斗争已经进行六千年之久，上帝的儿子和天庭的使者曾与那恶者的权势争战，为要警告、开导并拯救人类。现在众人都已经自行决定，恶人已经誓死与撒但联合抗拒上帝。现在时辰已到，上帝要维护祂那被践踏之律法的权威。此后祂不单要与撒但斗争，同时也与世人相争了。正如经上所说，“耶和华与列国相争，”“至于恶人，祂必交给刀剑。”

得救的记号已经画在“那些因城中所行可憎之事叹息哀哭的人”的额上。这时那灭命的天使便要出发，正如先知以西结在异象中所见的情形，“手拿杀人的兵器，”并奉命“要将年老的、年少的，并处女、婴孩和妇女，从圣所起全都杀尽，只是凡有记号的人不要挨近他。”先知说:“于是他们从殿前的长老杀起。”(结9:1—6)这种毁灭的工作要在那些自命为民众灵性保护者的身上开始。这些虚伪的守望者要先仆倒。那时再没有人怜惜他们，饶恕他们。男人、女人、处女和小孩子，尽都灭绝了。

“耶和华从祂的居所出来，要刑罚地上居民的罪孽。地也必露出其中的血，不再掩盖被杀的人。”(赛26:21)“耶和华用灾殃攻击那与耶路撒冷争战的列国人，必是这样:他们两脚站立的时候，肉必消没，眼在眶中干瘪，舌在口中溃烂。那日，耶和华必使他们大大扰乱。他们各人彼此揪住，举手攻击。”(亚14:12，13)在他们自己暴性冲动的疯狂残杀之下，再加上上帝所倾降的可怕而纯一不杂的忿怒，地上的恶人——祭司、官长、贫富贵贱都要倒毙。“到那日，从地这边直到那边，都有耶和华所杀戮的。必无人哀哭，不得收殓，不得葬埋，必在地上成为粪土。”(耶25:33)

在基督降临的时候，恶人要从地面上全被除灭，他们要被祂口中的气所灭绝，并要被祂的荣光所击杀。基督要带领祂的子民进入上帝的圣城，于是全地荒凉，无人居住。“看哪，耶和华使地空虚，变为荒凉；又翻转大地，将居民分散。”“地必全然空虚，尽都荒凉。因为这话是耶和华说的。”“地被其上的居民污秽，因为他们犯了律法，废了律例，背了永约。所以地被咒诅吞灭，住在其上的显为有罪。地上的居民被火焚烧，剩下的人稀少。”(赛24:1，3，5，6)

全地要呈现一片凄凉荒废的景象。被地震所毁灭的城邑和乡村，被狂风所拔出来的树木，被海啸和地震所抛出来的岩石，狼藉四散，同时还有许多宽阔的沟穴，乃是大山被挪离本位时所造成的。

这时所要发生的事正是古时赎罪日最后严肃的礼节所预表的。至圣所中的服务既毕，以色列人的罪已经借赎罪祭牲的血从圣所里迁移出来之后，他们便将那属于阿撒泻勒的公山羊活活地献在上帝面前。

大祭司就要在会众面前按手在羊头上，“承认以色列人诸般的罪孽、过犯，就是他们一切的罪愆，把这罪都归在羊的头上。”(利16:21)照样，在天上圣所中赎罪的工作完成之后，上帝子民的罪要当着上帝与众天使和得救群众的面前，被放在撒但头上，并要宣布一切的罪恶全要归他负责。古时阿撒泻勒的山羊如何被带到杳无人烟之地，照样，撒但将来也要被放逐到荒凉的地上，就是那无人居住而凄凉荒废的广大旷野中。

启示录的作者曾预言到撒但被放逐，以及地球荒凉的惨景，他也说明这种情形要延续一千年之久。在他描述了基督复临和除灭恶人的情景之后，便接着说：“我又看见一位天使从天降下，手里拿着无底坑的钥匙和一条大链子。他捉住那龙，就是古蛇，又叫魔鬼，也叫撒但，把他捆绑一千年，扔在无底坑里，将无底坑关闭，用印封上，使他不得再迷惑列国。等到那一千年完了，以后必须暂时释放他。”(启20:1－3)

这里所说的“无底坑”乃是指着那处于空虚混沌中的地球而言，关于地球“起初”的状态，圣经说：“地是空虚混沌，渊面黑暗。”(创1:2)先知的预言告诉我们，这地球将来要恢复先前的荒凉，至少几乎是如此。先知耶利米曾展望到上帝的大日，说：“我观看地，不料，地是空虚混沌；我观看天，天也无光。”“我观看大山，不料，尽都震动，小山也都摇来摇去。我观看，不料，无人，空中的飞鸟也都躲避。我观看，不料，肥田变为荒地，一切城邑在耶和华面前，因祂的烈怒都被拆毁。”(耶4:23－27)

撒但和他的恶使者便要以此荒凉的地球为家，达一千年之久。他被拘禁在这地上，不能到别的星球上去试探并搅扰那些从未堕落的生灵。这就是撒但被捆绑的意思，地上既然没有留下一个人，他也就陷于无用武之地。历代以来，他们所引以为乐的欺骗和破坏的行为，这时已全被截止了。

先知以赛亚展望到撒但倾倒时的情形说：“明亮之星，早晨之子！你何竟从天坠落？你这攻败列国的，何竟被砍倒在地上？你心里曾说:我要升到天上，我要高举我的宝座在上帝众星以上。”“我要与至高者同等。然而你必坠落阴间，到坑中极深之处。凡看见你的，都要定睛看你，留意看你，说:使大地战抖，使列国震动，使世界如同荒野，使城邑倾覆，不释放被掳的人归家，是这个人么？”(赛14:12－17)

六千年之久，撒但的叛逆工作，已“使大地战抖。”他已“使世界如同荒野，使城邑倾覆。”他又“不释放被掳的人归家。”六千年来，他一直将上帝的子民拘押在他的监牢中，恨不得能把他们永远囚禁，但基督已经挣断他所加于人类的捆绑，使被掳的得释放。

这时连恶人也已脱离了他的权势；只有他自己与恶使者留在地上，在那里觉察罪恶的咒诅所造成的惨局。“列国的君王俱各在自己阴宅（坟墓）的荣耀中安睡。惟独你被抛弃，不得入你的坟墓，好像可憎的枝子， ……你不得与君王同葬，因为你败坏你的国，杀戮你的民。”(赛14:18－20)

在此一千年间，撒但要在荒凉的地上来回飘荡，视察他那反抗上帝律法的结果。在这时期中，他所受的痛苦是极为剧烈的。自从他堕落以来，他那种活动不停的生活使他一直没有反省的机会，但现在他的权势已被剥夺，他就有功夫来反省自己从起初反叛天庭政权以来的行为，并且战兢恐惧地展望到那悲惨可怖的将来，那时他必须为他所犯的一切罪恶受苦，并因自己鼓动别人去犯的罪受刑。

上帝的子民对于撒但的被捆绑，却要欢喜快乐。先知说：“当耶和华使你脱离愁苦、烦恼，并人勉强你作的苦工，得享安息的日子，你必题这诗歌论巴比伦王(指撒但)说:欺压人的何竟息灭？强暴的何竟止息？耶和华折断了恶人的杖，辖制人的圭，就是在忿怒中连连攻击众民的，在怒气中辖制列国，行逼迫无人阻止的。”(赛14:3－6)

在第一次与第二次复活之间的一千

年中，要进行审判恶人的工作。使徒保罗曾指明这场审判乃是基督复临之后所发生的事。他说：“时候未到，什么都不要论断，只等主来，祂要照出暗中的隐情，显明人心的意念。”(林前4:5)先知但以理说，当亘古常在者来临的时候，祂要“给至高者的圣民伸冤。”(但7:22)这时，义人要作上帝的祭司，并与祂一同作王。约翰在启示录中说：“我又看见几个宝座，也有坐在上面的，并有审判的权柄赐给他们。”“他们必作上帝和基督的祭司，并要与基督一同作王一千年。”(启20:4，6)保罗所预言的“圣徒要审判世界，”(林前6:2)就是在这个时候。他们要与基督一同审判恶人，把他们的行为与上帝的法典，即圣经——互相对照比较，并按各人所行的定案。然后又照恶人的行为规定他们所当受的处分，并在死亡册中记在他们的名字下面。

撒但和恶天使也要受基督和祂子民的审判。保罗说：“岂不知我们要审判天使么？”(林前6:3)犹大也曾说：“又有不守本位，离开自己住处的天使，主用锁链把他们永远拘留在黑暗里，等候大日的审判。”(犹6)

及至一千年的末了，便是第二次的复活。那时恶人要从死里复活，在上帝面前出现，受那“所记录的审判。”正如蒙启示的约翰在描写义人复活之后所说的：“其余的死人还没有复活，直等那一千年完了。”(启20:5)先知以赛亚也曾提到这些恶人说：“他们必被聚集，像凶犯被聚在牢狱中，并要囚在监牢里，多日之后便被讨罪。”(赛24:22)

第四十二章
善恶之争的结束

在一千年的终点，基督要再度降临地上。祂要与得赎的群众一同降临，并有天使护送他们。当祂在极其显赫的威严中降临时，祂要吩咐一切死了的恶人复活受报应。他们从坟墓里出来，声势浩大，人数多如海沙。他们与第一次复活的人比较起来真是何等的对照啊！义人复活时是披着永存不朽的青春与美丽的，而恶人复活则带着疾病与死亡的痕迹。

这广大的群众都要转眼注视上帝圣子的荣耀。这些恶人同声喊叫说："奉主名来的有福了！"这种呼喊并不是出于敬爱耶稣的心，而是因真理的力量迫使他们不得不说出这话来。恶人从前进入坟墓的时候怎样，现在从坟墓里出来还是怎样。他们仍旧仇恨基督，仍旧怀有反叛的精神。他们不得再有什么新的恩典时期可以弥补生前的缺欠了。即或他们有这样的机会，也是无济于事。因为他们已经终身犯罪作恶，心地刚硬不化。纵然赐给他们再一次的恩典时期，他们还是会像前一次一样逃避守上帝诫命的责任，并发动叛逆来反抗祂。

基督要降临在橄榄山上，祂昔日复活后，曾从这个地方升天，曾有天使在这里重申祂复临的应许。先知也曾预言说："耶和华我的上帝必降临，有一切圣者同来。""那日，祂的脚必站在耶路撒冷前面朝东的橄榄山上。这山必从中间分裂，成为极大的谷。""耶和华必作全地的王，那日耶和华必为独一无二的。"(亚14:5，4，9)当那光耀夺目辉煌无比的新耶路撒冷从天下降，落在这块经过洁净并预备妥当的地方时，基督便要带着祂的子民和众天使进入圣城。

这时撒但便下手预备进行一次最后的大斗争，设法争取优势。在一千年的时期中，这邪恶君王的权力被剥夺，他无法进行迷惑人的工作时，他是悲惨颓丧的，及至死了的恶人复活之后，他一看到这拥护他的人山人海，他的希望便死灰复燃了，他决心在这场大斗争中顽抗到底。他要动员一切不能得救的人到他的旗帜之下，并要利用他们去执行他的计划。恶人都是撒但的俘虏。他们既已拒绝基督，就是接受了叛逆之首的统治。他们随时愿意接受他的建议，执行他的命令。他依然是老奸巨猾，不承认自己是撒但。他宣称自己是这世界合法的君主，而他的国权曾被非法强夺。他对那些受他迷惑的人说自己是他们的救赎主，并坚称他的能力已经使他们从坟墓里出来，并且他将要拯救他们脱离最残酷的暴政。基督既不在他们中间，撒但便施行许多奇迹来证明自己的说法。他使软弱的变为刚强，并把自己的精神和能力灌输给众人。他倡议要领导他们去进攻圣徒的营，占领上帝的城。他满面狞笑，洋洋自得，指着那从死里复活的无数群众，宣称自己作为他们的首领，足能攻陷圣城，并收复他的宝座和国度。

在这广大的群众中，有许多是洪水以前寿命很长的人种，他们身材魁梧，智力卓越，他们曾服从那些堕落了的天使的管辖，竭尽心机来高抬自己。他们曾创作精巧的艺术品，令世人崇拜他们的天才，但同时他们的残酷和许多邪恶的发明却污秽了全地，并毁损了上帝的形像，以致祂必须将他们从地上除灭。在这次复活的人中还有许多曾经征服列国，百战百胜的君王和将领，他们都是英勇无比，野心勃勃的战士，平生声势显赫，所向无敌。他们在死亡之中并没有经受任何的改变。所以他们临死时所想的是什么，从坟墓中出来时所想的还是什么。那在他们生前激动他们去征服世界的欲望，此时又在他们心中发作了。

撒但先同自己的众使者会商，然后再和这些君王、雄主及伟人商议。他们夸耀自己的实力和人数，并宣称圣城中的队伍比较弱小，所以是可以被消灭的。于是他们计划要夺取新耶路撒冷城的财富和荣美。全体立即动员起来准备作战。精巧的工匠制造各种武器。素负盛名的军事家把这些好战的群众，编成军队。

最后进攻的命令终于发出了，这数不尽的军旅便向前开动——这一支军队极其强大，是地上任何雄主从来没有带领过的，即使把地上自有战事以来历代的武力都综合起来，也不足与之比拟。最雄武的战士撒但在前领队，他的众使者集合全力，参加这最后的一战。世上的君王和武士都在他们的行列之中，其后还有无数的群众，各随其指定的军长前进。在严密的组织之下，各级军旅在崎岖不平的地面上向上帝的圣城进攻。耶稣要发出命令，新耶路撒冷的各城门便关闭了，于是撒但队伍前来包围，准备攻城。

这时，基督又要在祂的敌人眼前出现。远在圣城的上方有一个高大的宝座，其根基是发亮的精金。上帝的圣子要坐在这个宝座上，祂国度的子民要侍立在祂周围。基督的权力和威严是言语所不能形容，笔墨所不能描绘的。有永生之父的荣耀环绕祂的圣子。祂临格的荣光要充满上帝的城，并射出城外，使全地都充满光辉。

最靠近宝座的是那些曾一度热心为撒但效劳，后来像“从火中抽出来的一根柴”一样，以深切的热诚献身跟从救主的人。其次就是那些曾在虚伪和不信的环境中养成基督化品格的人，也就是那些在基督教界宣告废弃上帝律法之时仍然尊重祂诫命的人，还有历代以来为信仰殉身的千万群众。此外还有“许多的人，没有人能数过来，是从各国、各族、各民、各方来的，站在宝座和羔羊面前，身穿白衣，手拿棕树枝。”(启7:9)他们的战争已经结束，已经胜利。他们已经跑尽当跑的路，并已得到奖赏。他们手中的棕树枝是他们胜利的徽号，白衣则表明基督无瑕疵的公义现今已经是他们的了。

蒙赎的群众扬声颂赞，歌声响彻穹苍：“愿救恩归于坐在宝座上我们的上帝，也归与羔羊。”天使和撒拉弗也同声赞美。得救的群众既看到撒但的权势和恶毒，他们就空前地认识到:惟有基督的能力才使他们得了胜利。在这一队辉煌的群众中，没有一个人将救恩的功劳归于自己，或以为他们是靠自己的能力和善行得胜的。他们自己所行的事，所受的苦，他们却一字不提。每一诗歌的叠句，每一颂赞的中心都是:愿救恩归与上帝，也归与羔羊。

在天上和地上众生的大会之前，上帝圣子的最后加冕典礼开始了。于是那承受了最高威严和权力的万王之王便向那些反抗祂政权的叛徒宣告判决，并向一切干犯祂律法并压迫祂子民的人施行公义。上帝的先知预言说：“我又看见一个白色的大宝座与坐在上面的，从祂面前天地都逃避，再无可见之处了。我又看见死了的人，无论大小，都站在宝座前。案卷展开了，并且另有一卷展开，就是生命册。死了的人都凭着这些案卷所记载的，照他们所行的受审判。”(启20:11，12)

当案卷展开，而耶稣的慧眼定睛望着恶人时，他们立刻就感悟到自己所曾犯过的每一件罪恶。他们看出自己曾在何时何地偏离了那纯洁神圣的道路，以及骄傲与反叛的精神如何使他们干犯了上帝的律法。他们过去怎样因纵欲作恶而助长试探的势力，怎样滥用上帝所赐的福，藐视上帝的使者，并拒绝祂的警告，以及他们刚硬不化的心怎样击败恩典的浪潮——这一切都要显明出来，好像是用火写成的字一样。

在宝座之上有十字架出现，于是亚当受试探与堕落的情景，以及救恩的伟大计划各阶段的发展，像一幕一幕的活动电影放映出来:救主的卑微降生；祂幼年朴素和顺命的生活；祂在约旦河受洗；祂的禁食和在旷野的试探；祂的公开服务，并向世人所显示上天最宝贵的福分；祂白日忙于慈悲仁爱的事，祂黑夜在山间寂静之处儆醒祷告；人们所用以报答祂恩德的嫉妒、阴谋、仇恨和恶毒；祂在客西马尼园中因全世界罪孽的重负而感到惨重奇特的痛苦；祂的被卖和交在凶恶暴徒的手中；那恐怖之夜的种种惊人事件。这个毫不抵抗的囚犯，被自己心爱的众门徒所遗弃，在耶路撒冷的街道上被人粗暴的拖来拖去；上帝的圣子被人耀武扬威地带到亚拿面前，祂在大祭司的庭院中，在彼拉多的公堂上，又在那卑鄙怯懦而且残酷无道的希律面前受审问，被人嘲笑、侮辱、折磨、判处死刑——这一切都要生动地放映出来。

此后，在这波动的人山人海之前，出现最后的几幕景象——那位忍耐的“受难者”踏上髑髅地的刑场；天庭之君竟被挂在十字架之上；骄傲的祭司和讥诮的暴徒在那里嘲笑祂临终的痛苦；那超乎自然的黑暗；那震动的地面，崩裂的岩石，敞开的坟墓，都是世界救赎主牺牲性命之时的显著事件。

这残怖的情景要原原本本地出现。撒但、他的使者和他的百姓不能不看这暴露他们罪行的描绘。其中的每一分子都要回想自己所充当的角色。那曾经屠杀伯利恒无辜婴孩，妄想借此除灭以色列之君的希律；和卑鄙下贱，心术邪恶，染了施洗约翰之血的希罗底；还有那懦弱无能，随波逐流的彼拉多；和那些讥诮戏弄救主的兵丁、祭司、官长，以及疯狂乱喊“祂的血归到我们和我们的子孙身上”的群众，这些人都看出自己罪恶的严重性。他们妄想藏身躲避救主那比日头远为辉煌的神圣威严，同时，得救的群众却要摘下自己的冠冕，置于救主的脚前，喊叫说：“祂为我而死！”

在得赎的群众之中，有基督的众使徒，有英勇的保罗，热心的彼得，蒙爱而又爱人的约翰，以及他们许多忠诚的弟兄，还有大群的殉道者和他们站在一起。同时，那些曾经逼迫他们，囚禁他们，杀害他们的恶人，连同一切污秽可憎之物，却都关在圣城的墙外。其中有那残忍行恶的暴君尼罗皇帝，他曾逼迫圣徒，并以他们所受的痛苦为快。现在他却要看见他们得享欢乐与尊荣。他的母亲也在那里。她要亲眼看到自己行为的后果:看出她品格的邪恶怎样遗传给自己的儿子:她的感化力和榜样曾助长她儿子的邪情私欲，以致结出罪恶的果子，使全世界为之战栗。

在那里还有罗马教的神父和主教们，他们曾自命为基督的使者，却想用拷问台、牢狱和火刑柱等来统制上帝圣民的良心。那里有傲慢的教皇，他们曾抬举自己高过上帝，并擅敢改变至高者的律法。那些虚伪的神父终必向上帝作交代，这乃是他们巴不得可以逃避的。他们那时才要看出:全能者是严格执行自己律法的，而且绝不以有罪的为无罪，可是他们悔之晚矣。他们现在才明白基督是与祂受难之子民同受苦难的，他们这时也感到了主所说的这一句话的力量:“这些事你们既作在我这弟兄中一个最小的身上，就是作在我身上了。”(太25:40)

全体恶人要站在上帝的台前为反叛上天政权的大罪受审。这时没有人为他们代求，他们是无可推诿的，于是有永死的判决宣布在他们身上。

现在全体都看明罪的工价不是崇高的自由和永远的生命，而是奴役、毁灭和死亡。恶人看出自己因叛逆的生活而丧失的究竟是什么。当初上帝向他们提供那极重无比的荣耀时，他们曾傲慢地拒绝了，而现在看起来，这荣耀是何等地可贵啊！沉沦之子要喊叫说：“这一切都是我本来可以获得的，而我竟把它置于脑后。唉，这该是多么奇怪的昏迷啊！我已经把平安、幸福和荣誉换取悲惨、耻辱和绝望。”众人都要看出自己之被摒弃于天庭之外，乃是公正合理的处分。因为他们已经在自己的生活上宣称，“我们不要这耶稣作我们的王。”

恶人曾经心夺神移地观看上帝圣子的加冕典礼。他们见到祂手中有神圣律法的法版，就是他们所曾轻视并干犯的律法典章。他们目睹得救群众惊喜欢腾和敬拜的情形，当歌唱的声浪洋溢于圣城之外时，那里群众异口同声地感叹说:“主上帝，全能者啊，你的作为大哉，奇哉！万世之王啊，你的道途义哉，诚哉！”(启15:3)这时恶人也俯伏在地，敬拜生命之君。

撒但见到了基督的威严和光荣，似乎全身瘫痪了。这一度作过遮掩约柜的基路伯，想起自己是从何处堕落的。他曾是一个发光的撒拉弗，“早晨之子”这时何竟改变，何竟堕落了！他曾荣任天上的大议会的一员，如今却被永远排斥在外。他现在看到另一位天使侍立在圣父面前，遮掩祂的荣耀。他已经见到一位魁梧高大，威严英武的天使把冠冕戴在基督的头上，他也知道这位天使崇高的地位，本来是他所能得的。

他想起自己从前那无罪而纯洁的天家，在他埋怨上帝并妒忌基督之前，他本有平安和满足的喜乐。他的诬告，他的反叛，他的骗取天使之同情和支援，以及在上帝愿意饶恕他时，他的顽梗不化，使他现在再没有自新的机会，这一切都要生动地涌现在他面前。他要回顾自己在人间的工作以及这工作的结果——人类互相仇视，彼此残杀，邦国的兴亡盛衰，以及一连串的扰攘、纷争和叛乱。他也想起自己曾如何不断地努力反对基督的工作，使人类日趋败坏。他看出自己的恶毒阴谋并未能毁灭那些信靠耶稣的人。当撒但看到自己的国度和自己一生劳苦的结果时，他所看见的无非只是失败和消灭。他曾迷惑群众，使他们相信上帝之城是容易攻陷的，但他明知这是虚谎。在大斗争的漫长过程中，他已屡战屡败，被迫屈服。他对于永在之君的权利和威严原是素有认识的。

这个大叛徒的目的一向是要证明自己有理，而上帝的政权应当为叛乱的事负责。他曾用尽他的卓越智力以求达到这个目的。他曾坚决而有计划地奋斗，并获得了很大的成功，使许多人对于这进行已久的大斗争接受他的见解。几千年来，这叛逆的首领一贯地以虚伪冒充真理。现在时候已到，叛逆终必失败，撒但的历史和性格必须完全揭露。在他想要推翻基督的王权，毁灭祂的子民，并占领上帝圣城的这一次最后的努力上，这个大骗子已经显出他的庐山真面目了。那些曾与他合作的人都眼见他事业的完全失败。基督的门徒和忠心的天使都看明了他反叛上帝政权的全部阴谋。他已成为全宇宙所憎恨的目标了。

撒但看出他那出于自动的反叛已经使他不配居留天上。他已经惯于用自己的能力去反抗上帝，所以天庭的纯洁、平安与和谐对于他必是极端的痛苦。他对于上帝之慈爱与公义的诬告已经不能成立。他所想要加在上帝身上的罪名，现在完全都落在他自己头上了。到此撒但不得不低头下拜，承认自己所受的处分是公正合理的。

“主啊，谁敢不敬畏你，不将荣耀归与你的名呢？因为独有你是圣的，万民都要来在你面前敬拜，因你公义的作为已经显出来了。”(启15:4)在这长久斗争中一切有关真理与谬道的问题，现在都已显明了。叛逆的终局和废弃神圣律例的后果，都已在一切受造之物面前赤露敞开了。撒但统治的结果和上帝政权的对照，已经摆在全宇宙之前。撒但自己的工作已经定了他的罪。上帝的智慧、公义和良善现在都全然显明了。同时也显明:在这大斗争中，上帝的每一措施都是以祂子民的永久利益和祂的创造之诸世界的利益为前提的。“耶和华啊，你一切所造的都要称谢你；你的圣民也要称颂你。”(诗145:10)罪恶的历史要永远作为一个凭据，证明上帝律法的存在是与祂所创造之众生的幸福有密切关系的。这大斗争的全部真相既已大白于全宇宙之前，所以无论是忠诚或是叛逆之徒，都要同声赞扬:“万世之王啊，你的道途义哉，诚哉！”

在全宇宙之前，圣父与圣子为人类所作的伟大牺牲已经清楚的显明了。现在时候已到，基督要站在祂应有的地位上，并享受尊荣，远超过一切执政的、掌权的、有能的、主治的和一切有名的。祂因那摆在祂前面的喜乐——要领许多的儿子进荣耀里去——就轻看羞辱，忍受十字架的苦难。这苦难与羞辱虽然是大得不堪设想，但是祂的喜乐与荣耀却比之更大。祂看到这得救的群众已经恢复了祂自己的形像，人人心中具有上帝的完美印记，人人脸上反照他们君王的威仪。祂在他们身上看到了自己劳苦的功效，便心满意足。祂随即发出声音，对那聚集的义人和恶人说:“看哪，这是我的血所赎回来的！我曾为这些人受苦，为这些人舍命，使他们可以永永远远留在我面前。”然后从宝座周围穿白衣的群众中，扬起颂赞的歌声:“曾被杀的

羔羊是配得权柄、丰富、智慧、能力、尊贵、荣耀、颂赞的！”(启5:12)

撒但虽然不得不承认上帝的公正，并向基督的至高威权低头，但他的品性并没有改变。叛逆的精神像一股汹涌的洪流再度暴发了，他的心内充满狂怒，决意在这场大斗争中顽抗到底。时候已到，他必须对天上的君王作最后的挣扎。于是他冲到自己所统治的人中，尽力以自己的狂怒来鼓动他们，激发他们立即作战。不料，在他所引诱参加叛变的无数群众中，现在却没有一个人再承认他的主权了。到此，他的势力已经消灭了。恶人固然像撒但一样，仍旧充满仇恨上帝的心理，但他们看出大势已去，他们绝不能胜过耶和华了。他们便向撒但和他所用来欺骗众人的爪牙工具大发烈怒，并以恶魔般的疯狂向他们猛扑过来。

主耶和华如此说：“因你居心自比上帝，我必使外邦人，就是列国中的强暴人临到你这里，他们必拔刀砍坏你用智慧得来的美物，亵渎你的荣光。他们必使你下坑。”“遮掩约柜的基路伯啊，我已将你从发光如火的宝石中除灭。我已将你摔倒在地，使你倒在君王面前，好叫他们目睹眼见。使你在所有观看的人眼前变为地上的炉灰。你令人惊恐，不再存留于世，直到永远。”(结28:6—8，16—19)

“战士在乱杀之间所穿戴的盔甲，并那滚在血中的衣服，都必作为可烧的，当作火柴。”“耶和华向万国发忿恨，向他们的全军发烈怒，将他们灭尽，交出他们受杀戮。”“祂要向恶人密布网罗，有烈火、硫磺、热风作他们杯中的份。”(赛9:5；34:2；诗11:6)从天上上帝那里有火下降，地也裂开了，藏在地底深处的武器也拿出来了。从每道裂开的深坑中，有灭人的火焰喷出。连岩石本身也都着起来了。“那日临近，势如烧着的火炉。”“有形质的都要被烈火销化，地和其上的物都要烧尽了。”(玛4:1；彼后3:10)这时地面看起来像一片熊熊的熔岩——一个广大而沸腾着的火湖，这乃是不敬虔之人遭受报应与沉沦的时候，“因耶和华有报仇之日，为锡安的争辩，有报应之年。”(赛34:8)

恶人要在世上受报。(箴11:31)“万军之耶和华说:那日临近，势如烧着的火炉，凡狂傲的和行恶的必如碎秸。”(玛4:1)有一些人只烧片刻便毁灭了，但有一些人却要受苦多日，各人都是“照着他们所行的”受刑罚。义人的罪都已归到撒但的头上，所以他不但要为自己的叛逆受刑，也要为他所引诱上帝子民去犯的一切罪受刑。他所遭受的刑罚，要比一切受他迷惑之人所遭受的远为可怕。在那些受他迷惑之人都被烧尽之后，他还要活着受苦。在这一场洁净地球的火焰之中，恶人终于都被除灭了，根本枝条一无存留，撒但是根本，跟从他的是枝条。犯法的刑罚全已执行了，公义的要求都已达到了，于是天与地要同声宣扬耶和华的公义。

撒但毁坏的工作就此永远终止了。六千年来，他都是任意妄为，使地球充满祸患，使宇宙忧伤悲痛，一切受造之物一同叹息劳苦。但从今以后，上帝所造的万物得以永远脱离撒但和他的试探了。“现在全地得安息，享平静，人(义人)皆发声欢呼。”(赛14:7)从效忠上帝的整个宇宙，扬起一阵赞美与胜利的呐喊。有“群众的声音”好像“众水的声音，大雷的声音，”说：“哈利路亚，全能的主上帝作王了！”

当整个地球变成一团烈火时，义人却安然居住在圣城里。在头一次复活有份的，第二次的死在他们身上没有权柄。(启20:6)上帝对于恶人乃是烈火，但对于祂的子民却是日头和盾牌。(诗84:11)

“我又看见一个新天新地，因为先前的天地已经过去了。”(启21:1)那烧灭恶人的烈火把这个地球炼净了。咒诅的一切痕迹都消除净尽。再没有永远烧着的地狱使赎民一直看见罪恶的惨局。

但要留作记念的只有一件事:我们救赎主被钉十字架的伤痕要永远存在。罪恶残忍之工作的惟一痕迹乃是救主受伤的头，刺破的肋旁，被钉的手脚。先知看见基督在祂的荣耀中，说：“从祂手里射出光线，在其中藏着祂的能力。”(哈3:4)那被刺的肋旁曾流出宝贵的泉源，使世人与上帝和好——那正是救主的荣耀，那里“藏着祂的能力。”祂既因救赎的牺牲，“以大能施行拯救，”祂也就以大能向一切轻视上帝恩典的人执行公义的报应。基督受辱的记号正是祂最大的光荣，在永恒的岁月中，祂在髑髅地所受的创伤要彰显祂的荣耀，宣扬祂的权能。

“你这羊群的高台，锡安城的山哪，从前的权柄必归于你。”(弥4:8)时候到了，自从那发火焰的剑把始祖拒于伊甸园门外以来，圣洁的义人所长久渴望的“上帝之民被赎”(弗1:14)已经到了。这最初赐给人类作为国度，后来被人出卖到撒但手中，而被他长久占领的地球，现在已被伟大的救赎计划赎回来了。那因罪恶而丧失的一切就此都被恢复了。“创造诸天的耶和华，制造成全大地的上帝，祂创造坚定大地，并非使地荒凉，是要给人居住。”(赛45:18)上帝当初创造地球的目的现在已经实现了，这地要作为赎民永远的家乡。“义人必承受地土，永居其上。”(诗37:29)

许多人因为要避免把来生的基业看得太具体化，便用“属灵”的解释否定了那应当使我们仰望这基业为我们家乡的真理。但耶稣曾向祂的门徒确切保证说，祂去乃是要在父的家里为他们预备住处。凡接受圣经教训的人绝不至对于天上的住处一无所知。然而“上帝为爱祂的人所预备的，是眼睛未曾看见，耳朵未曾听见，人心也未曾想到的。”(林前2:9)义人的奖赏不是人的言语所能形容的，只有那些身历目睹的人才能知道。上帝乐园的荣美绝非人类有限的脑力所能理解的。

圣经上称得救之人的基业为“家乡”，(来11:14－16)那里有天上的好牧人领祂的群羊到活水的泉源。生命树要每月结果子，其上的叶子要供给万民使用。涌流不竭的清泉，明净如同水晶，河边绿叶成荫，使那为上帝救赎之民所预备的道路更为清幽。广大无垠的平原一直伸到荣美的山麓之下，那里有上帝的圣山，高峰耸立。上帝的子民，就是那些长久飘流的客旅，要在那宁静的平原上和生命水的河岸边，找到他们的家乡。

“我的百姓必住在平安的居所，安稳的住处，平静的安歇所。”“你地上不再听见强暴的事，境内不再听见荒凉毁灭的事。你必称你的墙为拯救，称你的门为赞美。”“他们要建造房屋，自己居住；栽种葡萄园，吃其中的果子。他们建造的，别人不得住；他们栽种的，别人不得吃。我选民亲手劳碌得来的必长久享用。”(赛32:18；60:18；65:21，22)

“旷野和干旱之地必然欢喜，沙漠也必快乐，又像玫瑰开花。”“松树长出，代替荆棘，番石榴长出，代替蒺藜。”(赛35:1；55:13)“豺狼必与绵羊羔同居，豹子与山羊羔同卧，小孩子要牵引它们。”“在我圣山的遍处，这一切都不伤人、不害物。”(赛11:6，9)这是万军之耶和华说的。

在天国里痛苦是不能存在的。那里不再有流泪或送葬的事，不再披麻戴孝。“不再有死亡，也不再有悲哀、哭号，因为以前的事都过去了。”(启21:4)“城内居民必不说：我病了。其中居住的百姓，罪孽都赦免了。”(赛33:24)

新耶路撒冷是这荣美新世界的京都，在“耶和华的手中要作为华冠，在你上帝的掌上必作为冕旒。”(赛62:3)“城的光辉如同极贵的宝石，好像碧玉，明如水晶。”“列国要在城的光里行走，地上的君王必将自己的荣耀归与那城。”(启21:11，24)耶和华说：“我必因耶路撒冷欢喜，因我的百姓快乐。”(赛65:19)“上帝的帐幕在人间，祂要与人同住，他们要作祂的子民，上帝要亲自与他们同在，作他们的上帝。”(启21:3)

在上帝的城中，“不再有黑夜。”没有人再需要或希望休息。在奉行上帝旨意并颂扬祂圣名的事上，是不会疲倦的。我们必长久享有早晨清新的精神，是永世无穷的。“他们也不用灯光日光，因为主上帝要光照他们。”(启22:5)太阳要被一种比现今正午的日光更辉煌的光芒所胜，但它并不令人眼花目眩。上帝和羔羊的荣耀使圣城充满永不熄灭的光荣。那里永远是白昼，得赎之民要在没有太阳的荣光之中行走。

“我未见城内有殿，因主上帝、全能者和羔羊为城的殿。”(启21:22)上帝的子民享有特权，得与圣父和圣子直接交通。“我们如今彷佛对着镜子观看，模糊不清。”(林前13:12)自然界和主对待世人的作为好像一面镜子，我们在其中模糊地看到上帝的形像，但将来我们都要面对面与祂相见，当中再没有隔阂。我们要侍立在上帝面前，瞻仰祂圣颜的光荣。

那时得赎之民要全知道，如同主知道他们一样。上帝所亲自培植在人心中的友爱和同情将要最切实最甜蜜地发挥出来。与众圣者纯洁的交通，与快乐的天使和历代以来用羔羊的血洗净衣服之许多忠心圣徒的社交生活，以及那使“天上地上的全家”(弗3:15)团结一致的神圣关系，这一切都要协助构成得赎之民的幸福。

在那里，永远不衰残的心智要因思考创造之能的奇妙和救赎之爱的奥秘，而得到无穷的喜乐。再没有残忍诡诈的仇敌来引诱人忘记上帝。人的各种才能都要发展，一切力量都要增强。知识的追求不会使脑力疲惫或精神穷竭。在那里，最伟大的事业必能推进，最崇高的志向必能达到，最雄伟的愿望必能实现。但此外还要出现新的高峰需要攀登，新的奇迹需要赞赏，新的真理需要推究，并有新的目标让人发挥脑力、心力和体力。

宇宙的全部宝藏都要开启，以供上帝所救赎的子民研究。他们不再受必死亡之身体的捆绑，却要展开不知疲倦的翅膀，一直飞翔到天外的诸世界——那些世界上的居民曾看见这个世界上人类的祸患并为之忧伤惊惧，也曾因听到世人得救的喜讯而欢唱。那时地上居民的心中要充满莫可言宣的快乐，与那些从来没有犯罪的生灵共享喜乐和智慧。他们要分享知识与聪明的宝藏，就是那世世代代因思念上帝的手段而得的收获。他们要以清晰的目光观察创造物的荣美——就是千千万万的太阳、星辰和天体，都环绕着上帝的宝座，在指定的轨道上运行。在万物之上，从最小到最大的，都写有创造主的尊名，无不显示祂丰盛的权能。

永恒的岁月要带来有关上帝和基督的更丰盛、更光荣的启示。知识是怎样发展，照样，爱心、敬虔和幸福也要增进不已。人越认识上帝，就越要钦佩祂的品德。当耶稣向人阐明救恩的丰盛，以及祂与撒但的大斗争中所有的惊人成就时，得赎之民便要以更热切的忠诚侍奉祂，并以更热烈的喜乐弹奏手中的金琴，亿万的声音要一同歌颂赞美。

“在天上、地下、地底下、沧海里和天地间一切所有被造之物都说:但愿颂赞、尊贵、荣耀、权势，都归给坐宝座的和羔羊，直到永永远远。”(启5:13)

善恶的大斗争结束了。罪与罪人也不再有了。全宇宙都是洁净的。在广大宇宙之间，跳动着一个和谐的脉搏。从创造万物的主那里涌流着生命、光明和喜乐，充满这浩大无垠的宇宙。从最小的原子到最大的世界，一切有生和无生之物，都在他们纯洁的荣美和完全的喜乐上，宣扬上帝就是爱。

附录

第四章

附录一——瓦典西人是最初将圣经译成法文的。在第十三世纪，他们已经译出短篇的法文圣经，全部圣经则是Olivetan在一五三五年译成的，以后的法文圣经译本都以此为基础。

附录二——这个谕旨是教皇英诺森八世在一四八七年发布的。(原稿存在英国剑桥大学图书馆)英文译本请见Dowling著的“罗马天主教史”，卷6，第5章，62段(1871年版)。

第五章

附录一——根据天主教教义，赦罪方式分为两种:(一)“亲听告解”(即神父听罪人忏悔)，(二)大赦(即Indulgence其形式之一就是赎罪券)。

天主教会对于这两种赦罪方式的说明，记在Dr. I. Kluy 原著的“公教教义的基本真理”(中文译本出版于北京方济堂，1950年)第205－212面。今引证如下:

“教会的权柄和罪人的责任，是今日天主教仍旧实施赦罪方式的两种成分，也就是实施自宗徒(即使徒)以迄今日所行的赦罪方式:即神父因天主之名，作天主的代表，并凭罪人的忏悔和密认己罪，以赦人的诸罪而给以某种补赎工夫(编者按:即功劳)。”——206面。

“基督规定人应将他的罪，置于教会的赦罪权下，亦即亲于神父前述明己罪。耶稣在世时亦非使人忏悔认罪，不赦其罪。

“然救主耶稣并未确定教会解释(即赦罪)的细节，却任教会来规定。因为祂知道，有天主圣神(即圣灵)领导祂的教会。教会得应时代的需要，或严或宽地运用教会的赦罪权。”——209面。

“大赦就是赦免告解时尚未免尽的暂时罪罚。

“罪的永罚于告解时已全部得免，但尚余罪的暂罚(即所谓在炼狱里的较为短暂的刑罚)。其用意在使人了解罪恶的严重，使人甘愿而忍耐地负起罪的结果。

“为避免任何误解的锋芒，这里要声明一句:大赦并不赦罪，仅免人在世上或在炼狱里所当受的罪罚。此所谓罪的暂罚。

“下列的思想作为大赦的前提条件:

“(一)基督及圣人的丰功伟绩。

“(二)众人有同类互相保证及团体的关系。——个人的善纵不能成为他人的功，但仍能作为他人手持的礼物，使能献与天主说:‘看啊！这是“我们人”所行的善工，我既是人中的一分子，我就将这礼物献给您吧；’

“(三)个人不仅是人中的一分子，领洗后更为‘诸圣团体’中的一分子，按‘诸圣相通功’的道理，自然也能享受诸圣人的功劳。

“(四)大赦之所以不侵犯道德范围，乃因人必须有天主的宠爱始能得之。”——209－211面。

“求大赦时应行的善工，因时代而有不同。

“教会初兴时，主教凭殉教函而免除公认赎罪者的部分罪罚。这种办法完全赖于殉教者的英勇行为。此外赎罪者若行了非常的补赎，也可以免除他们一部分罪罚。因为他们显明真诚的悔改，而得到宽恕。

“此后尚有他种善行可代替个人的补赎，例如修筑圣堂，(按:这就是现代罗马天主教的权威承认中古世纪贩卖赎罪券的“正义性”的凭据，因为当时贩卖赎罪券的目的就是建造罗马的圣彼得堂。见本书119－121面。)公益捐献等，也就是以这些善工，作为挚诚改过的证明。

“十字军东征时的大赦善工，就是参加或帮助十字军的征伐。

“今特提及新建罗马伯多禄(即彼得)大堂时所赐的大赦。因为这是教会在欧洲分裂的直接动机。诚然在劝人以捐献作善工的方法上，曾出过不可否认的弊端(编音按:但在原则上，贩卖赎罪或“大赦”券还是天主教所承认为正当的！)但多明我会(Dominican)的神父Tetzel(帖慈尔)的大赦道理，纵使不是教会大赦道理的楷模，至少也跃出他人所批评的错误之外。（编者按:可见现代的罗马天主教权威依旧是袒护中古世纪罪名昭彰的赎罪券贩子帖慈尔！）。”——211面。

附录二——教皇指令的原文及英文译本皆载于J. Foxe所著的“Acts and Monuments”卷3，第4－13面。

附录三——至于教皇绝无错误的教义，今再从“公教教义的基本真理”这一部权威性的著作中引录一段如下:

“教宗(即教皇)不能错误的道理，包括于整个教会不能错误之内。后者的意思即:教会的负司训责者，在解释启示真理而普世教友理当接受的道理上，不能错误。

“负教会司训权者:一为依宗座职位宣言的教宗，一为在教宗领导下的全体会议，及执行司训权或正式断定宣示的全体主教。单独一位主教却无此权。

“教会或她的负司训权者，其不能错误的范围，即启示的信条与道德的道理，以及为解释辩驳所需要的一切。

“教会在这条件下，其不能错误的道理，乃根据耶稣的话:祂必与祂的教会同在，直到末日不相分离，以及遣使圣神(即圣灵)降临，与建立伯多禄(即彼得)优越权的事实。

“此处须讨论的问题:教宗个人，于何时不能错误？

“答:几时他‘Ex Cathedra’意即依宗座职位宣言，即不能错误。但这句话是应加解释的。

“教宗依其宗座职权正式断定的宣示，有四种先决条件:

“第一，教宗应借伯多禄的最高司训权，教训普世教民。

“第二，教宗应愿意正式断定一条关于信德或道德的道理。

“第三，教宗应以清楚的言词，命全体教友接受他的断定。

“第四，教宗的断定应出于绝对自由，不受任何逼迫的。”——212，313面。

“教会的传统，自始即承认教宗的不能错误。所以君士坦公议会曾断定:凡否认这端道理的，被逐出教外，当梵蒂冈公议会将这端道理定为信条时，并未宣告新道理，仅将早经承认的道理，予以表达。”

第六章

附录一——赎罪券，详见第72面的附录。

附录二——康士坦司会议召开的年代是1414——1418年。该会议是天主教所承认为第十六届全世性的会议(即第86面附录最后一段的君士坦公议会)。康士坦司(Constance)是德国境内的一个城市。该次会议所吸引的旁听者，是在一切宗教会议中人数最多的，来宾总计有五万人之多，并有英、法、意、德、西五大国的代表出席，所通过的许多议案也是空前的。

第十二章

附录一——耶稣会(不是“耶稣教”)是罗马天主教会的一个派别，也是该教会内最大的附属机构。是Ignatius Loyola在一五四〇年组织成功的。该会会员皆受严格的训练(参加后受训时期皆在十年以上)，许愿终身不亲女色，不贪图私利，并绝对服从上级。耶稣会初成立的目的，乃是要到圣地去使回教徒信奉天主教，结果却奉教皇的命令去对抗新兴的宗教改革运动。

耶稣会的特点在于每一个会员服从上级的精神，发起人 Ignatius Loyola 写道:“每一个会员务要认识到:真实服从的人应该完全受天主通过他们上司的指挥，犹如自己是一个死的身体一样，任凭别人自由支配。”(John Gerand编，“论耶稣会”，伦敦1902年版。)

耶稣会的活动在中古时代为一班天主教国家的统治者所憎厌。葡萄牙女王Pompal在一七五九年将该会会员全数驱逐出境。法国在一七六四年亦开始镇压耶稣会，随后西班牙政府亦不准该会会员进入国境。结果教皇克里门十四世在法国贵族和教内权贵的压力之下，在一七七三年降旨解散耶稣会。此后教皇庇护七世于一八一四年又恢复了耶稣会，从此该会大为振兴，发展到全世界。

最先来到印度、日本和中国的天主教传教士，乃是耶稣会的发起人之一 Francis Xavier，他在一五五二年死于中国。

附录二——中古世纪的宗教裁判所最早是在一二三三年左右成立的。裁判的规程与方式是简单而灵活的，视环境而相机办理。裁判员大半属于天主教的多明我会的神父，因为该会会员最注重教条。宗教裁判所从最早就使用酷刑，并一贯采用长期的监禁，没收财产和火刑来惩罚“异教徒”。除一班笃信圣经而不承认教皇权威的基督徒之外，回教徒和犹太人也常受宗教裁判所的迫害。自从这种制度成立以来，它在欧洲各国有了不同的发展，也时常受当地政府的利用或限制，甚至完全脱离了教皇的控制。因此教皇保罗三世于一五四二年正式恢复、加强，并制定了罗马的宗教裁判所，配合着耶稣会的活动来敌对改革运动。

第十八章

附录一——

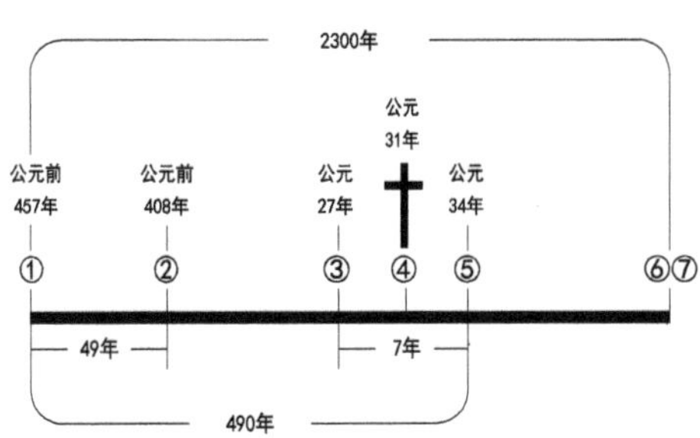

① 波斯王亚达薛西降旨恢复犹太国。(但7:25；拉7:7—26)

② 犹太国京都修建完竣，旧约经书三十九卷全部写成。(但9:25)

③ 耶稣受圣灵恩膏，受约翰的洗。(太3:16；徒10:38)

④ 弥赛亚在“一七之半”被剪除。(但9:27；太27:50，51)

⑤ 司提反被砍死，福音传给外邦。(但9:24；徒7:54—56；8:1)

⑥ 二三〇〇年结束，天上至圣所被洁净，上帝开始查案审判。(但8:14；启14:7)

⑦ 三位天使的警告传到全世界。(启14:6—12)

附录二——土耳其失去权柄的详情如下:——

“那时因埃及国不愿缴纳土耳其所要挟的赔款，土耳其帝即与埃及王美赫麦特阿利相战，但在一八三九年间，埃及王胜过土耳其的军队，同时又遣王子兴兵攻入叙利亚、小亚细亚，所战继续得胜，于是打算渡攻君士坦丁城，那时英国、奥地利、普鲁士、俄罗斯等国联合在一八四〇年七月十五日开会，表决了不许埃及王攻叙利亚，及小亚细亚以外之地的议案。土耳其王因遭失败，他就欢迎此数强国的干涉，因这四国已保全了土耳其国的生命，所以就甘心接受他们的决定，这样他就欣然的将统治权付诸西欧诸国之手，土耳其已应允将埃及王世袭的王权交付于埃及王，而埃及即当退还土耳其被掳的战船，埃及国不按此而行，最后所得恶劣的结果，乃当由埃及负责，列强却不负任何责任。

“诸国在所订之条约上签字，并在一八四〇年八月十一日递哀的美敦书于土耳其，从那时土耳其便有了东方病夫之称。自土国政治改革以后，虽其国政大有起色，但她的危机四伏，前途仍是未许乐观的。”(“启示录之研究”第153面)。

附录三——古代天主教权威因在多方面偏离了圣经的真理与道德，故禁止一般教徒和平民阅读圣经。现今该教会既无法禁止圣经的发行，便强调“全部圣经不能作为儿童及思想幼稚的人的读物”的说法。(“公教教义”第29面)天主教又强调其所谓“公教的司训权”，说，惟独天主教有权讲解圣经。(见“公教教义”第251—354面)

天主教教义的根据乃是其所谓之“圣传”(Tradition)或“传统”。他们说:“圣经是相帮圣传。圣传是天主的命，所以按命说，圣传比圣经还要紧。第二，圣经上的道理虽然不少，到底不全。因为天主的道理，没有全写在圣经上，所以还该有圣传，才能全备。

“问:什么道理，是从圣传下来的？

“答:无论哪一条道理规矩、礼节，但凡在圣经上没有写的，到底普圣教会常信服，全遵守，这都是从圣传上来的，比如，圣经上没有说小孩子能领洗，到底普天下的天主教，常信服小孩子能领洗，这样的道理规矩，就是从圣传来的。”(上海土山湾印书馆印行“邪正理考”，第九版订正版第144面)

耶稣说:“你们为什么因着你们的遗传，犯上帝的诫命呢？”(太15:3)这话正适用于这个问题上，因为每遇圣传与圣经有抵触时，罗马教总是注重圣传的，因为以上所引的话已经说明了他们的态度:“圣传比圣经还要紧。”可见罗马教所提出的标准实际上就完全废弃了圣经的权威，而代之以教会的风俗习惯。

至于圣经“不全”的说法，使徒保罗却说：“圣经都是上帝所默示的，于教训、督责、使人归正、教导人学义都是有益的，叫属上帝的人得以完全，预备行各样的善事。”(提后3:16)诗篇里又说:

“耶和华的律法全备，能苏醒人心。”(诗19:7)

第二十二章

附录一——见第341面附录年代表。

附录二——一八四三至一八四四年的复临运动完全应验了启示录第十章的预言。请注意以下各要点:

(一)第十章全部的经过发生在第六位天使吹号，与第七位天使吹号之间，第六号的最后年代(启9:15)乃是一八四〇年(见本卷297面及其附录)，而第七号(启11:15)明显是在基督复临的时候吹响。可见启示录第十章的事件理应发生在一八四〇年之后，而在基督复临之前。

(二)一八四〇年左右，基督教世界中惟一普世性的大运动，就是米勒耳所领导的复临运动。启示录十章一节的话，是用表号性的话语描述那次运动的盛大情况。

(三)“他手里拿着小书卷是展开的”复临运动，乃是以但以理书的预言为基础的。该卷确是一个“小书卷”。“展开”暗示它原来是“封住”的。但以理书十二章四节记载天使吩咐但以理的话说:“但以理啊，你要隐藏这话，封闭这书，直到末时，必有多人切心研究，知识就必增长。”根据这一句话，但以理书是封闭到末时的，及至末时来到(一八四〇年前后)，果然有许多人切心研究但以理书的预言，以致这卷书成了“展开”的小书卷。

(四)“大声呼喊”应验在“半夜的呼声”中。

(五)“七雷发声之后，我(约翰)正要写出来，就听见从天上有声音说：七雷所说的你要封上，不可写出来。”按“七”是圣洁和完全的数目。“雷”代表上帝的声音。(见约12:28，29；诗18:13；29:3)而上帝的声音是向人启示真理的。(见申4:36)可见“七雷”代表“完全的启示”。七雷与小书卷的关系就是:一八四〇年的复临运动固然是以“展开”的书卷(即但以理书)为根据的，但当时的信徒没有得到“完全的启示”。“天上有声音说：七雷所说的你要封上，不可写出来。”这说明约翰在异象中明白七雷的内容(像他在约翰12章28，29节明白众人所不明白的雷声一样)，因此他“要写出来”，但上帝不许他写，表明“洁净圣所”(但8:14)这一句话在一八四〇至一八四四年间仍然是“封上”的，以致米勒耳等先导对于这话未能完全了解，因而遭到一八四四年的大失望。

(六)“不再有时日了”这话宣布圣经预言中最后的一个“定时”已经届满了。一八四四年乃是全部圣经一切预言中最后的一个年代，以后再没有什么可以计算的年代了。

(七)天使对约翰说:“你拿着(小书卷)吃尽了，便叫你肚子发苦，然而在你口中要甜如蜜。”(启10:9)这时十二使徒中只有约翰一人生存在世，所以他正能预表末时最后一代的“余民教会”，就是教会“其余的儿女”。(启12:17)这些末时的信徒要因研究但以理书而经过一次“先甜后苦”的经验，就是一八四四年的大失望。请注意，天使预先将约翰所必有的经验告诉他，表明这经验是全在上帝的意料之中，并且也合乎上帝的美意。

（八）大失望之后，复临信徒要向万国“再说预言。”（启10:11）他们本来是讲说基督复临的预言的。按一般人情说来，他们在失望之后，一定不敢再讲基督复临的预言了，但天使所传来的命令乃是:“你必指着多民、多国、多方、多王再说预言。”基督复临安息日会的发展史正好应验了这一句话。基督复临的信息非但没有因一八四四年的失望而止息，s反而有了非常广泛的发展。

第三十五章

附录一——君士坦丁皇帝在公元321年3月7日所颁布的谕旨说:“一切官员、城市市民和商人必须在可敬的太阳日休息，但住在农村里的人可以自由从事农作。”（原文记在Codex of Justinian卷3，12目，第3条。）

附录二——北非洲的阿比西尼亚（又名埃提阿伯）教会是多年遵守安息日的教会。他们在使徒时代就立下了根基。（见徒8:26－39）惟因回教势力的包围，他们曾多年与欧洲教会隔离，到第十六世纪方得恢复交通。公元一五三四年他们受到回军的侵袭，故遣使往葡萄牙求援。阿比西尼亚的代表在葡萄牙朝廷上讲述他们守安息日的理由说:

“上帝创造天地的工作完成之后，祂就在该日安息。上帝既定这日为至圣，我们若不忠心遵守，显然是违犯上帝的旨意和诫命。祂宁愿天地废去，不愿祂的话作废。因基督来，不是要废掉律法，乃要成全。所以我们守安息日，不是要效法犹太人，乃是要顺服基督和祂的使徒。我们也遵守主日记念基督复活，像其他基督徒一样。”（Geddes著“埃提阿伯教会史”第87，88面）

葡萄牙政府当即派军队四百，及一班“耶稣会”的传教士，去援助埃提阿伯，传教士抵达阿京后，即迫使阿王撒登戈(Zadenghel)投诚教皇(1604年)。他又颁布法令禁止人民遵守安息日。但人民抗拒了王的命令，引起全面性的大革命，终于迫使王收回成命，宣布宗教自由。到一六三二年，他的儿子听从人民的要求，将罗马教会的传教士全数逐出国境，恢复古教，国内大享安宁。

www.ingramcontent.com/pod-product-compliance
Ingram Content Group UK Ltd.
Pitfield, Milton Keynes, MK11 3LW, UK
UKHW020145250726
13967UKWH00002B/868

9 780994 129345